保险拒赔诉讼实务

(Ⅱ)

福建泽良律师事务所 出品

陈海云 蔡函纬 编著

中国政法大学出版社

2025·北京

声　明　　1. 版权所有，侵权必究。

　　　　　2. 如有缺页、倒装问题，由出版社负责退换。

图书在版编目（CIP）数据

保险拒赔诉讼实务. Ⅱ / 陈海云编著. -- 北京：中国政法大学出版社，2025. 1. -- ISBN 978-7-5764-1962-7

Ⅰ. D922.284.4

中国国家版本馆 CIP 数据核字第 2025W4S946 号

出 版 者	中国政法大学出版社
地　　址	北京市海淀区西土城路 25 号
邮寄地址	北京 100088 信箱 8034 分箱　邮编 100088
网　　址	http://www.cuplpress.com（网络实名：中国政法大学出版社）
电　　话	010-58908586（编辑部）58908334（邮购部）
编辑邮箱	zhengfadch@126.com
承　　印	北京鑫海金澳胶印有限公司
开　　本	720mm×960mm　1/16
印　　张	32
字　　数	530 千字
版　　次	2025 年 1 月第 1 版
印　　次	2025 年 1 月第 1 次印刷
定　　价	120.00 元

前　言

一位31岁的年轻人，是家中独子。由于工作性质原因，他为自己买了一份包含猝死责任的意外险。后来，意外发生，年轻人在医院抢救了5天，仍不幸离世。然而，在这份承载了家人希望的保险单上，白纸黑字，"猝死"被定义为在24小时内发生的死亡，他的家人因而无法获得赔偿。

这是一个有悖伦理的死结：投保人希望用保险保障家人生活，家人希望尽力挽救投保人的生命，最后反而导致保险得不到赔付，一切归零。老百姓认为买了保险就是装上了"救生筏"，但当大浪打过来，他们才发现，"救生筏"是漏气的。

而这样的困境，只是泽良律师事务所经手过的上千例保险拒赔案件的一个缩影。

泽良律师事务所总部位于厦门，这是一家一体化管理的律所，人数逾200人，业务范围包括：企业法律顾问、保险、税务、执行、婚姻家事等，其中，保险拒赔是"王牌产品"。与大多数保险法律师服务于保险公司不同，泽良打出了"为投保人维权"的口号，累积了丰富的保险拒赔办案经验，涵盖保险拒赔的大部分情形，完成拒赔类型的"大满贯"，比如意外险我们代理过猝死、高空作业、超标电动车、醉酒等；重疾险代理过带病投保、待期出险、违反健康告知、遗传疾病、不属于重疾等；车险代理过无证驾驶、醉酒、逃逸、实习期驾驶拖挂车、自燃、私车营运等；财产险代理过火灾、台风、暴雨、临时建筑、定损差异。所有险种的大部分拒赔情形，我们都已经代理过了，并且都有胜诉的案例。

泽良所取名寓意**"善良比聪明更重要"**，泽良所为投保人提供免费法律咨询，达成委托后实行胜诉后收费的服务模式（即风险代理模式败诉不收费），并且全国办案垫付差旅费——看似非常规的操作，换来的是一组令人瞩目的数字：每年为上万的投保人提供免费的理赔咨询，年办案600+，85%的胜诉率，帮助投保人获赔保险金过亿元。

  法治本质上是一种公共产品，但是很多人由于经济能力、认知水平的限制，没办法享受这个公共产品。让我们更有热情的是为这些弱势群体提供专业的法律服务。从保险法的合理期待与最大诚信原则来看，保险的过度销售与老百姓对保险保障功能的期待，存在大量的矛盾冲突。买保险容易理赔难，这是一个社会现象。我们觉得为被拒赔的投保人维权，是帮助了困境中的投保人，有很强的社会意义，让我们泽良人充满自豪。因此，泽良律所保险法团队将办案经验总结汇编成书，希望能帮助投保人进行依法理赔。

目 录

前　言 // 001

第一章　以案说法 // 001

　　第一节　医疗险案析 // 001

　　　　一、罹患肺部恶性肿瘤，保险公司能否以"未如实告知病史"
　　　　　　为由拒赔？// 001

　　　　二、保险公司能否以"先天性疾病"为由拒赔？// 002

　　　　三、"先天性疾病"能否成为保险公司拒赔的理由？// 003

　　　　四、未如实告知既往病史，保险公司能否拒赔？// 005

　　　　五、暴发性心肌炎紧急救治，保险公司能否以"医保外费用不在保障范围"
　　　　　　为由拒赔？// 006

　　　　六、确诊心脏疾病，保险公司能否以"未如实告知心肌炎病史"
　　　　　　为由拒赔？// 008

　　　　七、非指定医院治疗，保险公司能否拒赔？// 009

　　　　八、重大交通事故后成为植物人，保险公司能否以"肇事司机负全责"
　　　　　　为由拒赔？// 011

　　　　九、突发脑出血，保险公司能否以"未如实告知高血压"为由拒赔？// 012

　　　　十、3岁孩子确诊白血病，保险公司能否以"未如实告知早产"
　　　　　　为由拒赔？// 014

第二节　重疾险案析 // 015

一、等待期出险拒赔，保险公司能否免责？// 015

二、先天性畸形拒赔，保险公司能否免责？// 017

三、未如实告知高血压史，保险公司能否拒赔？// 018

四、保险公司以等待期为由拒赔，能否免责？// 019

五、未如实告知进一步检查建议，保险公司能否拒赔？// 020

六、未如实告知拒赔，保险公司能否免责？// 021

七、未如实告知病史，保险公司能否拒赔？// 022

八、未如实告知白血病症状，保险公司能否拒赔？// 023

九、甲状腺结节确诊在等待期内，保险公司能否以此拒赔？// 024

十、4岁孩子因病身故，保险公司能否以"未如实告知病史"
　　为由拒赔？// 026

十一、确诊甲状腺癌，保险公司能否以"病理检查类型不符"
　　　为由拒赔？// 027

十二、确诊肝豆状核变性，保险公司能否以"病情不够严重"
　　　为由拒赔？// 028

十三、罹患甲状腺癌，保险公司能否以"未如实告知甲状腺结节"
　　　为由拒赔？// 029

十四、确诊视网膜色素变性，保险公司能否以"遗传性疾病"
　　　为由拒赔？// 031

十五、确认乳腺癌，保险公司能否以未如实告知为由拒赔重疾险？// 032

十六、确诊喉癌，保险公司能否以"未如实告知30年前患有甲型肝炎"
　　　为由拒赔？// 033

十七、确诊白血病，保险公司能否以"未如实告知病史"为由拒赔？// 034

十八、"交界性肿瘤"未达轻症标准，保险公司能否拒赔轻症
　　　保险金？// 035

十九、患"胰腺恶性肿瘤"，保险公司能否以"未达重症标准"和
　　　"未如实告知"为由拒赔？// 037

二十、确诊甲状腺癌，保险公司能否以"未如实告知结节"为由拒赔？// 038

目 录

第三节 意外险案析 // 040

一、未经尸检，保险公司能否拒赔？// 040

二、事故车辆与指定车辆不符，保险公司能否拒赔？// 041

三、无证驾驶拒赔，保险公司能否免责？// 042

四、暴发性心肌炎猝死，保险公司能否以"猝死时间超过24小时"
为由拒赔？// 043

五、医疗费用禁止双重赔付，保险公司能否拒赔？// 044

六、骑手配送完毕回家后猝死，保险公司能否以超出配送时间
为由拒赔？// 045

七、职业类别不符，保险公司能否拒赔？// 046

八、建筑工地交通事故，保险公司能否以"未提供劳动合同"
为由拒赔？// 048

九、无证驾驶是否会导致保险公司拒赔？// 049

十、高空作业未佩戴安全带，保险公司能否拒赔？// 050

十一、无证驾驶，保险公司能否拒赔？// 051

十二、保险合同约定伤残八级赔付比例竟是10%？泽良律师团队
如何争取赔付比例差额？// 052

十三、保险公司能否以"猝死"不属于意外险责任范围为由拒赔？// 054

十四、意外坠亡，保险公司能否以"非意外事故死亡"为由拒赔？// 055

十五、保险公司以"怀疑自杀"为由拒赔，是否合理？// 057

十六、意外身故却遭拒赔，保险公司能否以"未尸检且患高血压"
为由推脱责任？// 058

十七、职业类别不符，保险公司能否以此为由拒赔？// 059

十八、境外车祸受伤后手术，保险公司能否以"医疗事故"
为由拒赔？// 060

第四节 责任险案析 // 061

一、卸货过程中受伤，保险公司能否以"不属于赔偿范围"为由拒赔？// 061

二、保险公司能否以"无证驾驶"为由拒赔雇主责任险？// 063

三、雇员无证驾驶，保险公司能否以此为由拒赔雇主责任险？// 064

四、雇员因自身疾病身亡，保险公司能否以"公司未承担责任"
为由拒赔雇主责任险？// 065

五、骑手无证驾驶电动车致人受伤，保险公司能否以
"驾驶机动车"为由拒赔？// 066

第五节 车险案析 // 068

一、空车状态下发生交通事故，保险公司能否以"不属于货物
运输过程"为由拒赔？// 068

二、自卸货车发生交通事故，保险公司能否以"未从事保险货
物运输工作"为由拒赔？// 069

三、货运车辆发生交通事故，保险公司能否以"改变使用性质"
为由拒赔？// 070

四、货车用于运输自家建材，保险公司能否以"改变使用
性质"为由拒赔？// 071

五、高速公路发生多车碰撞，保险公司能否以"驾驶人无道路运输
从业资格证"为由拒赔？// 072

六、百万豪车泡水被拒赔，保险公司能否以"未达全损状态"
为由拒赔？// 074

七、家用车跑顺风车接单，保险公司能否以"改变使用性质"
为由拒赔？// 075

第六节 寿险案析 // 077

一、违法驾驶无有效行驶证车辆，保险公司能否以"主体不适格"
为由拒赔寿险？// 077

二、保险公司以"心脏疾病未如实告知"为由拒赔，家属能否获赔
全额保险金？// 078

三、驾驶二轮轻便摩托车意外身故，保险公司能否以"无证驾驶"
为由拒赔？// 079

第二章 保险实务问题研究 // 081

第一节 人身保险实务 // 081

一、如实告知义务中的"重大过失"认定标准浅析 // 081

二、在重疾险和医疗险中，保险公司以"未如实告知"为拒赔理由的案例研析 // 083

三、CIN Ⅱ在重疾险中能否获赔的争议点分析 // 086

四、较重急性心肌梗死在重疾险中如何获赔争议点分析 // 090

五、保险以自杀为由拒赔的法律分析及应对 // 094

六、意外险常见拒赔理由之伤残赔付比例系数 // 106

七、保险公司以"职业类别不符"为拒赔理由的裁判规则——以保险公司败诉案例视角研析 // 110

八、在意外险中，保险公司以"不构成意外事故"为由拒赔案例研析 // 112

九、意外发生，保险公司以"没有证据证明属于意外"拒赔，该如何收集证据？// 115

十、就缩限保额的特别约定条款的争议点分析 // 116

十一、意外险常见拒赔理由之"猝死不赔" // 119

十二、保险公司以保险条款中的责任免除事由拒赔的案例研析 // 123

十三、近因原则的释义与适用——以无证驾驶拒赔案件为例 // 127

第二节 财产保险实务 // 132

一、车险常见拒赔理由之改变车辆使用性质，导致危险程度显著增加 // 132

二、车险中，保险公司以"危险程度显著增加"拒赔的案例研析 // 134

第三章 法院裁判规则大数据报告 // 137

第一节 北京金融法院保险纠纷大数据报告 // 137

一、前言 // 137

二、大数据报告来源 // 137

三、检索结果 // 138

四、针对各类保险纠纷案件常见拒赔理由的法院裁判规则及律师分析 // 140

五、结语 // 154

第二节 上海金融法院保险纠纷大数据报告 // 154

一、大数据报告来源 // 154

二、检索结果 // 154

三、针对各类保险纠纷案件常见拒赔理由的法院裁判规则及律师分析 // 159

四、结语 // 177

第三节 成渝金融法院保险纠纷大数据报告 // 178

一、前言 // 178

二、大数据报告来源 // 178

三、检索结果 // 179

四、法院裁判规则研究及律师分析建议 // 180

五、结语 // 193

第四节 深圳地区保险纠纷大数据报告 // 193

一、前言 // 193

二、大数据报告来源 // 194

三、检索结果 // 194

四、深圳市中级人民法院辖区保险纠纷案件中常见拒赔情形的司法裁判标准与法律实务分析 // 195

五、结语 // 219

第四章 人民法院案例库案例解析 // 220

第一节 重疾险 // 220

一、何某等诉某保险公司人身保险合同纠纷案 // 220

二、艾某某诉某人寿保险股份有限公司等人身保险合同纠纷案 // 223

三、周某诉某某人寿保险公司人寿保险合同纠纷案 // 226

第二节 意外险 // 230

一、段某某等诉某财险股份有限公司某分公司人身保险合同纠纷案 // 230

二、杨某等诉某保险公司意外伤害保险合同纠纷案 // 233

三、仇某诉某保险公司人身保险合同纠纷案 // 235

四、邢某、郭某诉某保险公司人身保险合同纠纷案 // 238

五、鲁某某、高某某诉某某人寿保险公司人身保险合同纠纷案 // 242

六、何某等诉某人寿保险股份有限公司上海分公司人身保险
　　合同纠纷案 // 243

第三节　责任险 // 247

一、定远县某学校诉某财产保险股份有限公司某中心支公司
　　保险纠纷案 // 247

二、某环境公司诉某保险公司保险纠纷案 // 249

三、某物流公司诉某保险公司等财产保险合同纠纷案 // 252

四、昆山某电子材料有限公司与某财产保险股份有限公司上海分公司、
　　某财产保险股份有限公司财产保险合同纠纷案 // 255

五、何某某等诉某保险公司责任保险合同纠纷案 // 258

六、某财产保险公司上海分公司诉上海某餐饮公司财产
　　保险合同纠纷案 // 261

第四节　寿险、养老险 // 264

一、某保险公司诉高某保险代理合同纠纷案 // 264

二、廖某诉某保险公司南充市顺庆区支公司人身保险合同纠纷案 // 267

第五节　财产险 // 273

一、南京某保险公司诉上海某保险公司再保险合同纠纷案 // 273

二、某财产保险股份有限公司江苏分公司诉顾某、张某某返还
　　垫付款纠纷案 // 276

三、七台河某选煤工程技术北京分公司诉某财产保险大庆公司财产
　　损失保险合同纠纷案 // 279

四、万某诉某财产保险股份有限公司高新支公司财产保险合同纠纷案 // 282

五、某蔬菜合作社诉某财保公司合同纠纷案 // 284

六、某公司诉某保险公司财产保险合同纠纷案 // 287

七、亓某诉某保险莱芜支公司财产保险合同纠纷案 // 290

八、顾某诉某财产保险股份有限公司无锡分公司财产保险合同纠纷案 // 293

九、某财险公司诉某科技公司、某塑胶公司、某医疗公司、某装备
　　公司保险人代位求偿权纠纷案 // 297

十、钱某诉某财产保险股份有限公司无锡市分公司财产损失保险
　　合同纠纷案 // 301

十一、某安全器材公司诉某保险公司财产保险合同纠纷案 // 305

十二、上海某模具有限公司诉某财产保险公司财产保险合同纠纷案 // 308

十三、周某连诉章某根、某保险股份有限公司新余市中心支公司等
　　　财产保险合同纠纷案 // 310

十四、鲁某某诉贾某、某保险公司等财产保险合同纠纷案 // 314

十五、谢某诉某财产保险某支公司财产保险合同纠纷案 // 317

十六、郑某诉某某财产保险（中国）有限公司财产保险合同纠纷案 // 320

十七、王某诉某保险公司财产保险合同纠纷案 // 323

十八、某财产保险股份有限公司分公司诉吴某保险人代位求偿权案 // 325

十九、上海某建筑工程有限公司诉某财产保险股份有限公司上海分公司等
　　　财产保险合同纠纷案 // 328

二十、某财产保险股份有限公司北京市分公司诉被告某（上海）
　　　传动系统有限公司保险人代位求偿权纠纷案 // 330

二十一、田某某诉某保险股份有限公司北京市某支公司责任保险
　　　　合同纠纷案 // 333

二十二、某财产保险有限公司北京分公司诉李某贵、某1财产保险股份有限
　　　　公司河北省分公司张家口支公司保险人代位求偿权纠纷案 // 335

二十三、中国某财产保险股份有限公司江苏分公司诉江苏镇江某集团有限公
　　　　司保险人代位求偿权纠纷案 // 337

第五章　最高人民法院及部分高级人民法院司法观点汇编 // 342

第一节　最高人民法院关于保险纠纷及法律适用相关事宜的回复 // 342

一、最高人民法院对湖南省高级人民法院关于《中国工商银行郴州市苏仙区
　　支行与中保财产保险有限公司湖南省郴州市苏仙区支公司保证保险合同
　　纠纷一案的请示报告》的复函 // 342

二、最高人民法院执行工作办公室关于人民法院能否提取投保人在保险公司
　　所投的第三人责任险应得的保险赔偿款问题的复函 // 343

目 录

三、最高人民法院研究室关于对《保险法》第十七条规定的"明确说明"应如何理解的问题的答复 // 344

四、最高人民法院关于如何理解《中华人民共和国保险法》第六十五条"自杀"含义的请示的答复 // 344

五、最高人民法院关于对四川省高级人民法院关于内江市东兴区农村信用合作社联合社与中国太平洋保险公司内江支公司保险合同赔付纠纷合同是否成立等请示一案的答复 // 345

六、最高人民法院关于学校向学生推销保险收取保险公司佣金入账的行为是否构成不正当竞争行为的答复 // 346

七、最高人民法院关于中国人民保险公司厦门市分公司与中波轮船股份公司保险代位求偿纠纷管辖权问题的请示的复函 // 348

八、最高人民法院关于中国人民财产保险股份有限公司深圳市分公司诉广州远洋运输公司海上货物运输合同货损纠纷一案仲裁条款效力问题的请示的复函 // 352

九、最高人民法院关于保证保险合同纠纷案件法律适用问题的答复 // 357

十、最高人民法院关于大众保险股份有限公司苏州中心支公司、大众保险股份有限公司与苏州浙申实业有限公司海上货物运输保险合同案适用法律问题的请示的复函 // 358

十一、最高人民法院关于原告太平洋财产保险股份有限公司上海分公司诉被告太阳海运有限公司、远洋货船有限公司、联合王国保赔协会海上货物运输合同纠纷管辖权异议案请示的复函 // 372

十二、最高人民法院《关于中国太平洋财产保险股份有限公司北京分公司诉北京中远物流有限公司、天津振华国际船舶代理有限公司、尼罗河航运私有有限公司海上货物运输合同保险代位求偿纠纷所涉仲裁条款效力问题的请示》的复函 // 380

十三、最高人民法院《关于济宁九龙国际贸易有限公司与永安财产保险股份有限公司济宁中心支公司海上保险合同纠纷一案的请示》的复函 // 382

十四、最高人民法院关于汽船互保协会（百慕大）与中国人民财产保险股份有限公司厦门分公司海上保险合同纠纷一案时效法律适用问题的请示的复函 // 384

十五、最高人民法院关于申请人彭某与被申请人中国人民财产保险股份有限公司杭州市分公司申请确认仲裁协议效力纠纷一案请示的答复 // 386

第二节 北京地区裁判倾向 // 387

一、北京市高级人民法院关于审理保险纠纷案件若干问题的指导意见（试行）// 387

二、北京市高级人民法院审理民商事案件若干问题的解答之五（试行）（节选）// 392

三、北京市高级人民法院审理民商事案件若干问题的解答之五（试行）的说明（节选）// 394

四、北京金融法院保险类纠纷审判白皮书（节选）// 398

五、北京市高级人民法院关于审理汽车消费贷款纠纷案件及汽车消费贷款保证保险纠纷案件若干问题的指导意见（试行）// 402

六、《北京市高级人民法院关于审理汽车消费贷款纠纷案件及汽车消费贷款保证保险纠纷案件若干问题的指导意见（试行）》的说明 // 407

第三节 上海地区裁判倾向 // 414

一、上海市高级人民法院民事审判第五庭《关于审理保险代位求偿权纠纷案件若干问题的解答（一）》// 414

二、上海市高级人民法院民事审判第五庭《关于审理保险代位求偿权纠纷案件若干问题的解答（二）》// 419

三、上海市高级人民法院民事审判第一庭关于机动车交通事故强制责任保险若干问题的解答 // 424

四、上海市高级人民法院关于票据和保险纠纷案件中若干问题的意见 // 425

五、上海市高级人民法院关于审理保险合同纠纷案件若干问题的解答（一）// 430

六、上海市高级人民法院关于审理保险合同纠纷案件若干问题的解答（二）// 432

七、上海市高级人民法院发布 2011 年度上海法院涉保险纠纷案件审判情况
通报（节选）// 435

八、关于建立被执行人人身保险产品财产利益协助执行机制的会议
纪要 // 445

第四节　福建地区裁判倾向 // 448

福建省高级人民法院民事审判第二庭《关于审理保险合同纠纷案件的规范
指引》// 448

第五节　广东地区裁判倾向 // 454

一、广东省高级人民法院关于如何确定机动车第三者责任保险中"第三者"
范围的批复 // 454

二、广东省深圳市中级人民法院关于审理财产保险合同纠纷案件的裁判指引
（试行）// 455

三、广东省深圳市中级人民法院关于审理财产保险合同纠纷案件的裁判指引
（试行）的说明 // 459

四、广东省高级人民法院《关于规范保险公司为司法保全提供担保的若干意
见（试行）》附保单保函样式 // 469

五、广东省高级人民法院民二庭关于民商事审判实践中有关疑难法律问题的
解答意见（节选）// 471

第六节　杭州地区裁判倾向 // 474

一、浙江省高级人民法院关于审理财产保险合同纠纷案件若干问题的指导
意见 // 474

二、浙江省高级人民法院《关于加强和规范对被执行人拥有的人身保险产品
财产利益执行的通知》// 480

三、浙江省司法厅、国家金融监督管理总局浙江监管局、国家金融监督管理
总局宁波监管局关于规范涉及保险理赔司法鉴定工作的实施意见 // 481

四、杭州市住宅工程质量潜在缺陷保险试点实施办法 // 485

五、杭州仲裁委员会车辆保险案件速审速裁规则 // 494

第一章 以案说法

第一节 医疗险案析

一、罹患肺部恶性肿瘤,保险公司能否以"未如实告知病史"为由拒赔?

1. 基本案情[1]

2023年,郑先生的儿子在互联网上为其购买了医疗保险和重疾险。不久后,郑先生因身体不适前往医院检查,最终被确诊为肺部恶性肿瘤。郑先生得知病情后,庆幸自己购买了保险,随即向保险公司提出了理赔申请。

2. 保险拒赔

保险公司经过调查,以郑先生在2019年被诊断为慢性支气管炎,但投保时未如实告知为由,拒绝理赔。保险公司给出的拒赔理由如下:

(1) 违反如实告知义务:郑先生在2019年因慢性支气管炎急性发作前往医院就诊,但在投保的健康问询环节中,未提及该病史,违反了如实告知义务。

(2) 故意隐瞒病史:保险公司认为,郑先生的儿子作为投保人应知晓其父亲的健康状况,但在投保时选择隐瞒该病史,因此保险公司有权解除保险合同并不承担赔偿责任。

3. 专业应对

面对保险公司的拒赔,郑先生感到既气愤又无助。他意识到自己无法独

---

[1] 福建省惠安县人民法院,[2024]闽0521民初858号。

自应对保险公司，于是求助于泽良保险法团队。在详细了解案件情况后，泽良律师为郑先生梳理了案件要点，分析了保险公司的拒赔理由，并指出其并非无懈可击。

在充分信任泽良律师事务所的专业能力后，郑先生决定委托泽良团队代理此案。接受委托后，泽良律师团队迅速成立了专案组，由高级合伙人刘律师主办。团队对案件事实和证据材料进行了详细分析，特别针对保险公司提出的"慢性支气管炎病史"进行了深入调查，发现保险公司仅提供了网页照片作为证据，无法证明郑先生确实患有该病史。

4. 案件结果

在庭审过程中，泽良律师团队结合既往检查报告和用药记录，提出保险公司的证据不足以证明郑先生存在既往病史。团队对保险公司提交的证据进行了有力的质证，逐一击破其拒赔理由。经过激烈的庭审辩论，法院采纳了泽良律师的观点。

法院认定，保险公司未能提供确凿证据证明郑先生在投保前有相关病史，郑先生的儿子作为投保人，无法在郑先生未明确确诊慢性支气管炎的情况下履行如实告知义务。最终，法院判决保险公司应全额支付郑先生相应的保险金，保险合同继续有效。

二、保险公司能否以"先天性疾病"为由拒赔？

1. 基本案情[1]

在某个平常的工作日，陈女士在工作时突然感到头晕目眩，随即被同事紧急送往医院。经医生诊断，陈女士被确诊为脑血管畸形等重大疾病。虽然得到了及时的手术治疗，但陈女士在术后仍留下了后遗症，导致生活质量和工作能力大幅下降。这一突如其来的疾病给陈女士和她的家庭带来了巨大的身体、精神和经济负担。

2. 保险拒赔

陈女士在康复后，向其购买的医疗保险公司提出了理赔申请，然而保险公司却拒绝赔付。保险公司声称，依据保险合同中的免责条款，陈女士的疾病属于"先天性畸形、变形或染色体异常"范畴，因此不符合赔付条件。

---

[1] 江苏省南京江北新区人民法院，[2023]苏0192民初9673号。

同时，保险公司还提出，陈女士并未按照基本医疗保险进行治疗，因此即便赔偿，赔付比例也应调整并扣除一定的免赔额。

3. 专业应对

在详细了解案件后，泽良律师事务所的律师团队对陈女士的保险合同进行了仔细分析，认为保险公司的拒赔理由存在明显漏洞。根据《保险法》[1]第17条等相关规定，保险公司仅凭"先天性疾病"免责条款拒赔并不能成立，除非能证明该免责条款符合法定条件且在投保时履行了提示义务。泽良律师团队还建议陈女士收集更多证据，例如医院的详细诊断证明，以进一步证明她的病情不属于免责范围。

在经过充分准备后，泽良律师团队为陈女士制定了详细的诉讼策略。在法庭上，泽良律师团队质疑了保险公司在合同中对免责条款的解释是否具有法律效力，并指出保险公司未能履行其提示和说明义务。此外，律师强调，保险公司应当承担举证责任，证明陈女士的疾病符合"先天性疾病"定义并符合法律要求的免责条件。

4. 案件结果

最终，法院支持了泽良律师的观点，认定保险公司未能提供足够的证据证明免责条款的适用条件。法院还指出，保险公司应根据《保险法》的相关规定，合理解释保险合同条款，而不能随意扩大免责条款的适用范围。

三、"先天性疾病"能否成为保险公司拒赔的理由？

1. 基本案情[2]

2017年，孙先生为他的儿子小孙购买了一份医疗保险，旨在为未来可能发生的疾病提供保障。三年后，小孙因某些健康指标异常，辗转多家医院后最终被确诊为肝豆状核变性。这一诊断令孙先生及家人感到不安，但他庆幸为孩子提前购买了长期保证续保的医疗保险。然而，当孙先生向保险公司申请理赔时，保险公司却以"小孙的疾病属于先天性疾病"为由，根据免责条款拒绝支付保险金。

---

〔1〕为表述方便，本书中涉及我国法律文件直接使用简称，省去"中华人民共和国"字样，全书统一，后不赘述。

〔2〕辽宁省大连市中级人民法院，[2024] 辽02民终3288号。

2. 保险拒赔

保险公司拒绝赔付的主要理由是：

先天性疾病免责条款：小孙确诊的"肝豆状核变性"被认为是先天性疾病，依据保险合同中的免责条款，保险公司主张无须承担赔偿责任。

3. 专业应对

面对保险公司的拒赔，孙先生感到震惊与失望。他决定通过法律途径维权，并在网上搜索相关的维权案例时，发现了泽良保险法团队处理的多个类似胜诉案例，遂主动联系了泽良律师团队进行咨询。在咨询过程中，泽良律师团队的资深律师何律师指出了案件中的几个关键问题：

免责条款提示不明确：保险公司所依据的先天性疾病免责条款在合同中并未加粗加黑，也未进行足够的提示，因此不具备法律效力。

说明义务未履行：保险公司在投保时未能履行对免责条款的明确说明义务，投保人难以理解条款的含义及法律后果。

举证责任归属：是否为先天性疾病属于保险公司的举证责任，保险公司需提供足够证据来证明小孙的疾病在投保前已确诊或存在。

经过详细的分析和解答，孙先生对案件重新燃起了希望，决定全权委托泽良保险法团队代理此案，维护自己和孩子的合法权益。在庭审过程中，泽良律师团队为孙先生进行了充分准备，搜集了大量的法律依据及案例支撑，主办律师对保险公司的拒赔理由进行了逐一驳斥：

免责条款无效：根据《保险法》第17条及最高人民法院《关于适用〈中华人民共和国保险法〉若干问题的解释（二）》（以下简称《保险法司法解释（二）》）的相关规定，保险公司未履行对免责条款的提示与明确说明义务，因此该条款无法生效。

保险射幸原则：小孙在出生时及投保前并未确诊为"肝豆状核变性"，该病符合保险合同中的射幸原则，属于保险公司的承保范围，理赔请求是合乎保险合同合理期待的。

4. 案件结果

法院最终支持了泽良团队律师的观点，判决保险公司应向孙先生支付1.6万元保险金。法院判定，保险公司未能提供有效证据证明其履行了对免责条款的提示说明义务，且未能证明小孙的疾病属于免责条款所规定的先天性疾病范畴。因此，保险公司应承担赔偿责任。

四、未如实告知既往病史，保险公司能否拒赔？

1. 基本案情[1]

赵女士是一名普通的"90后"上班族，平日工作稳定，收入除了维持生活外，还有一些结余。为保障自己的健康，她于2021年购买了一份医疗保险。然而，2022年4月，赵女士感到身体不适，经过辗转浙江、上海、北京多家医院的治疗后，最终被确诊为罕见病Castleman病。

病情稳定后，赵女士想起自己购买的保险，便向保险公司提出理赔申请。然而，保险公司却以"未如实告知既往病史"为由拒绝了赔偿。

2. 保险拒赔

保险公司给出的拒赔理由如下：

违反如实告知义务：保险公司指出，赵女士在2020年曾因中度贫血、低蛋白血症、淋巴结增大、低钾血症等病症住院治疗。然而，在投保时，赵女士隐瞒了这些疾病的事实，未履行如实告知义务。

既往病史影响理赔：保险公司认为，赵女士投保时已知晓自己患有淋巴结肿大等疾病，而这些疾病与她申请理赔的Castleman病有直接联系，属于投保时即已存在的既往症。因此，保险公司有权拒绝理赔。

3. 专业应对

赵女士在接到保险公司的拒赔通知后，感到震惊与失望。她一度对自己的维权之路失去了信心，但在家人和朋友的鼓励下，决定通过法律途径维护自己的权益。她找到了泽良律师事务所寻求帮助。

泽良律师团队在详细分析案件后，认为保险公司的部分拒赔理由存在问题，并帮助赵女士梳理了案件的核心点。律师团队提出，虽然保单上有健康告知事项，但保险公司需要举证证明其在投保过程中已向赵女士明确询问了相关健康问题。

此外，泽良律师团队还指出，赵女士曾于2021年底和2022年初向保险公司提出过理赔申请，保险公司已知悉她的病史，但依然收取保费。根据保险法的弃权及禁反言原则，保险公司无权再以未如实告知为由拒赔。

---

[1] 浙江省乐清市人民法院，[2023]浙0382民初10406号。

4. 案件结果

经过几轮激烈的庭审，法院最终采纳了泽良律师的观点。法院认为，保险公司在评估赵女士病情及解释合同条款时存在不妥，未履行充分的提示义务。法院判决保险公司应全额支付赵女士的保险金，并承担案件的相关诉讼费用。

这一判决不仅为赵女士带来了经济上的支持，也给了她精神上的慰藉。该案件再次证明，即使面对复杂的保险拒赔问题，只要有专业的法律援助，普通人也能争取到自己的合法权益。

五、暴发性心肌炎紧急救治，保险公司能否以"医保外费用不在保障范围"为由拒赔？

1. 基本案情[1]

17 岁的高中生小 Y 原本是一个健康的少年，但在 2023 年 4 月 24 日 11 时许，突发暴发性心肌炎，导致呼吸、心跳骤停，被紧急送往医院抢救。在多次住院抢救治疗后，小 Y 的情况依然危急，最终不得不进行心脏移植手术。经过这场与死神的搏斗，小 Y 的生命终于被挽救回来，但随之而来的高额医疗费用却给他的家庭带来了沉重的负担——前后治疗花费近 150 万元，为了救小 Y，家长已经倾尽所有。

在经济压力之下，小 Y 的家长想起了在开学时，学校曾组织家长为学生购买过保险。他们找到保单后，发现其中有一项住院费用补偿医疗保险，保额为 20 万元。于是，小 Y 的父母急忙向保险公司提出了理赔申请，试图弥补部分医疗支出。

2. 保险拒赔

然而，保险公司的回应让小 Y 的家长感到失望。保险公司表示，该医疗保险仅保障医保范围内的费用，而小 Y 的治疗费用中，大部分属于医保外费用，不在保险的赔付范围内。保险公司据此向小 Y 的家长出具了拒赔通知书，明确拒绝赔偿大部分治疗费用。

对于本就陷入困境的家庭，这一拒赔决定无疑是雪上加霜。小 Y 的父亲

---

[1] 宁波市海曙区人民法院，[2023]浙 0203 民初 9772 号。

在无助之际，通过抖音了解到泽良律师团队的存在，决定寻求专业的法律帮助。在初步的线上咨询中，泽良律师认真听取了小 Y 父亲的情况描述，并为其分析了案件的突破口，指出有法律依据可以争取到应得的赔偿。看到一线希望，小 Y 的家长决定全权委托泽良律师团队来维护自己的合法权益。

3. 专业应对

在接受小 Y 父亲的委托后，泽良律师团队迅速展开行动，展现出高度的专业精神。团队首先对小 Y 的治疗过程、医疗费用明细进行了详细的梳理，整理好所有必要的立案材料后，立即向法院申请立案。

庭审过程中，泽良律师提出了以下几项重要代理意见：

（1）泽良律师指出，案涉保险条款属于格式条款，保险公司应当对涉及投保人重大利益的条款进行特别提示和说明。然而，保险公司并未履行该提示说明义务。因此，该条款不应成为合同内容。

（2）保险条款中排除医保外费用的规定，属于免除保险人责任的免责条款。根据法律规定，保险公司应当对免责条款进行明确的提示和说明，未尽提示和说明义务，该条款不生效。

（3）保险公司并未提供证据证明小 Y 的医疗费用超出了基本医疗保险同类医疗费用的标准，因此应承担不利后果。

通过这些论点，泽良律师团队为小 Y 家长争取到了有力的法律依据和谈判空间。

4. 案件结果

在泽良律师团队的努力下，案件取得了积极的进展。临近法院判决之际，保险公司意识到其拒赔理由无法在法律上站住脚，最终选择妥协，与小 Y 的父亲达成了调解协议。在人民法院的主持下，保险公司同意向小 Y 的父亲支付 19 万元的保险金。

小 Y 的家长终于为孩子争取到了一部分应得的保险赔偿金，这不仅缓解了他们的经济压力，也让他们在困境中看到了希望。泽良律师团队的专业精神和高效服务得到了小 Y 家长的高度认可和感谢。

六、确诊心脏疾病，保险公司能否以"未如实告知心肌炎病史"为由拒赔？

1. 基本案情[1]

2019年秋季，王先生通过互联网渠道为自己购买了一份医疗险，并在之后的每年按时续保。2022年，王先生突发急性症状，被紧急送往医院抢救。经过医生的诊断，王先生被确诊为扩张性心肌病和急性心脏衰竭等严重疾病。由于急性心脏衰竭的严重程度，王先生必须进行心脏置换手术。虽然手术最终成功，王先生得以生还，但高昂的手术和医疗费用却成了他难以承受的负担，花费已达十几万元，这对于王先生这样的普通工薪族来说无疑是沉重的经济压力。

希望通过保险理赔来缓解经济压力的王先生，在出院后立即向保险公司提交了理赔申请。然而，保险公司经过调查后，决定拒绝赔偿。

2. 保险拒赔

保险公司在收到王先生的理赔申请后，对他的既往病史进行了详细调查。调查结果显示，王先生在2018年曾被确诊为扩张性心肌病，而此次急性心脏衰竭的诊断结果也显示为扩张性心肌病，并且保险公司认为此次心脏病发作正是由于之前的扩张性心肌病引发的。因此，保险公司援引保险合同中的免责条款，以既往症为由拒绝赔偿，并解除了与王先生的保险合同。

王先生在面临巨大的医疗费用压力之际，突然被告知不能获得保险赔偿，这让他陷入了极大的困境和困惑。

3. 专业应对

正在王先生为巨大的经济压力感到无助之时，他通过多方打听，联系上了泽良律师团队，希望借助专业律师的帮助来争取应有的赔偿。在接受委托后，泽良律师团队迅速行动，资深律师何律师带领团队全面介入案件。

何律师首先对急性左心衰竭的医学背景进行了深入研究，包括疾病的编码和发病原理。他同时仔细核实了王先生的既往健康记录以及扩张性心肌炎之前的发病情况。在此基础上，律师团队还对王先生的投保过程进行了全面

---

[1] 广东省深圳市罗湖区人民法院，[2023] 粤0303诉前调17938号。

审查，仔细研究了保险合同中的各项条款，以及与本案相关的法律法规。

在完成这些准备工作后，泽良律师团队迅速制定了一套应对策略，并起草了必要的法律文件，为谈判和可能的诉讼做好了充分准备。

4. 极速调解

泽良律师团队迅速行动，仅用两周时间就整理好了起诉状和证据材料，并提交到深圳法院立案。何律师代理王先生提起诉讼后，立即开始与保险公司进行庭前调解谈判。经过多轮谈判，律师团队不断据理力争，驳斥保险公司关于既往症的拒赔理由，逐步迫使保险公司认识到其立场的薄弱之处。

最终，经过持续的谈判和积极调解，保险公司从最初的全额拒赔转变为同意支付 135 000 元的赔偿金。

5. 案件结果

在泽良律师团队的强有力介入和谈判下，王先生终于成功从无赔偿转变为获得 135 000 元的保险赔偿金。王先生对泽良律师团队的专业能力和坚定不移的态度表示高度认可，并感激他们的全力付出。

七、非指定医院治疗，保险公司能否拒赔？

1. 基本案情[1]

从 2019 年起，陈女士为其母亲连续投保了一份个人百万医疗保险，希望为母亲的健康提供一份保障。然而，不幸的是，2022 年 3 月，陈女士的母亲被确诊为口咽癌，随后接受了多次治疗，产生了高达 20 多万元的医疗费用，其中陈女士个人支付的部分就超过了 11 万元。面对高昂的医疗费用，陈女士急忙向保险公司提交了理赔申请。

然而，保险公司的回应让她大为不解。保险公司告知陈女士，由于她母亲的部分治疗未在二级或二级以上的公立医院进行，依据合同条款，这些费用将不予赔偿。保险公司最终决定，只赔付其中一家公立医院的费用，而对于另外两家私立医院的费用则坚决拒绝理赔。

2. 保险拒赔

根据保险公司的初步审核，陈女士母亲在三家医院接受了治疗，其中只有一家为符合条件的二级或二级以上公立医院，其余两家为私立医院。因

---

[1] 广东省深圳市罗湖区人民法院，[2024] 粤 0303 民初 7683 号。

此，保险公司仅同意赔付公立医院的费用，而拒绝赔偿其在私立医院产生的费用。这一决定令陈女士感到非常不解和无助，因为她的母亲在公立医院进行了主要手术，随后在医院的安排下转至另外两家私立医院进行放疗，放疗费用总计高达十几万元。

无论陈女士如何与保险公司沟通，保险公司坚持认为，依据合同条款，只有在二级或二级以上公立医院就诊的费用才能进行审核理赔。保险公司向陈女士下达了拒赔通知书，这让她陷入了深深的困境。

3. 专业应对

面对保险公司的拒赔决定，陈女士决定不再妥协。为了维护母亲的合法权益，她找到了泽良律师团队。在初次咨询中，泽良律师团队详细了解了陈女士的拒赔遭遇后，明确指出了案件中的关键问题，并制定了相应的应对策略。陈女士在与泽良律师沟通过程中感受到团队的共情与专业精神，她坚定了委托泽良律师团队与保险公司抗争到底的决心。

接受委托后，泽良律师团队立刻展开了全面调查。他们对非指定医院就诊拒赔的案件进行了大量的类案判例检索和相关法律文献的查询，制作了一整套的法律法规汇编和类案检索报告。同时，团队整理了陈女士母亲的就诊记录和相关证据材料，迅速进行了立案起诉。

在诉讼过程中，泽良律师团队做好了充分的庭前准备，通过对法律条款的深刻理解和对保险合同的详细分析，向保险公司施加了强有力的法律压力。泽良律师团队明确指出，陈女士母亲在公立医院的治疗和转诊到私立医院进行放疗的整个过程，均是在医院建议和安排下进行的，并不违反保险合同的条款，保险公司拒赔的理由并不成立。

4. 案件结果

在强大的法律压力下，保险公司逐渐意识到其拒赔的理由并不充分和合理，最终决定与陈女士达成调解。保险公司同意赔付陈女士母亲在治疗期间的所有应得的医疗保险金，案件顺利结案。陈女士最终为母亲争取到了本应属于她们的赔偿金，这一结果令她感到满意和欣慰。

八、重大交通事故后成为植物人，保险公司能否以"肇事司机负全责"为由拒赔？

1. 基本案情[1]

2021年9月9日，刘大爷在行走途中被一辆失控冲上人行道的摩托车撞上，事故导致他重伤入院，伤情极其严重，最终被诊断为植物人状态，未来的生活需要长期护理。截至目前，刘大爷的自费医疗费用已接近30万元，而后续的治疗和护理费用更是难以估量。交警部门在事后认定，肇事摩托车司机对事故负有全部责任。

更糟糕的是，肇事摩托车司机并未购买任何保险，且其个人赔偿能力极低。这意味着即使刘女士选择通过法律诉讼来主张赔偿，也很可能只会得到一纸判决，无法真正获得赔偿。随着医疗费用的不断增加，刘女士已经无法继续工作，家庭陷入了巨大的经济困境。

在这绝望的情况下，刘女士想到了她此前为刘大爷购买的医疗险，保额高达400万元。她立即向保险公司提交了理赔申请，希望能够获得赔偿来减轻家庭的经济压力。然而，保险公司却拒绝了她的请求。

2. 保险拒赔

保险公司拒绝赔偿的理由主要包括以下几点：

（1）保险公司认为，根据交警的认定，事故责任完全在于第三方摩托车司机，且该司机已经同意承担全部责任，因此，刘大爷的医疗费用不应由保险公司承担。

（2）保险公司进一步声称，医疗险属于财产险种，遵循损失填平原则，不得进行双重赔付。因此，刘大爷的情况不符合保险赔付的条件。

保险公司的强硬拒赔态度让刘女士陷入了极大的困境。巨额的医疗费用使她感到无助和绝望，而保险公司的拒赔更是雪上加霜。多次与保险公司沟通无果后，刘女士决定寻求法律帮助。

3. 专业应对

在这种情况下，刘女士了解到泽良律师团队的专业实力，决定向他们寻求帮助。经过初步咨询后，她决定全权委托泽良律师事务所代理该案件。

---

[1] [2023民] 泽字第628号。

接手案件后，泽良保险法团队的资深律师何律师迅速介入，审查了保险公司的拒赔依据和投保流程，仔细研究了保险合同条款和相关法律法规。何律师意识到，刘女士最迫切的需求是快速获得保险金，因此她立即制定了详细的谈判策略，准备了一份法规汇编和大数据报告，为谈判提供坚实的基础。

在谈判过程中，何律师首先从法律和合同的角度进行了详细的解释。她指出，保险合同中并未明确规定第三人侵权事故不在赔付范围之内。根据《保险法》及相关司法解释，刘大爷依然有权获得保险赔付。随后，何律师从人情角度阐明，要求受害人家属等待漫长的诉讼和执行程序，并且在明确对方无赔偿能力的情况下仍然拒绝赔付，是没有法律依据的，也不符合合同条款的规定。

此外，何律师进一步指出，如果因没有及时的医疗费用而导致刘大爷病情加重甚至去世，保险公司将面临更大的风险和法律责任。她的言辞有理有据，精准击中了保险公司的痛点。

4. 案件结果

最终，经过两个月的高效谈判，保险公司权衡了利弊，决定撤回拒赔决定，并同意赔偿刘大爷的全部医疗费用。保险公司在分析后认为，拖延拒赔不仅缺乏法律依据，还可能带来更多的法律风险。

案件的成功解决，不仅为刘女士解了燃眉之急，也体现了泽良律师事务所的专业能力和高效服务。通过本案，泽良律师团队再次展现了其在保险理赔纠纷中的卓越表现，为客户争取到应得的权益，赢得了客户的高度赞誉和信任。

九、突发脑出血，保险公司能否以"未如实告知高血压"为由拒赔？

1. 基本案情[1]

2023年2月，重庆的Z先生突发脑出血，被紧急送往医院住院治疗。在经过两个月的治疗后，Z先生康复出院，诊断结果为左侧基底节区出血溃入脑室，高血压3级（非常高危）。出院记录显示，Z先生有多年高血压病史。由于高昂的医疗费用，Z先生决定申请他之前投保的百万医疗险进行理赔。

---

[1] [2023非] 泽字第541号。

然而，在提交理赔申请时，Z先生也担心他的高血压病史会成为理赔的障碍。为此，他提前咨询并委托了泽良律师事务所处理这一案件。

2. 保险拒赔

2023年6月，Z先生正式向保险公司申请理赔。保险公司委托第三方调查了Z先生的病史。调查员在询问过程中，Z先生如实承认了自己有高血压病史，但不记得具体的血压数值。调查员随后记录了Z先生本次住院期间的血压值，并将其定性为2级以上的高血压，不符合投保时的健康告知要求。

基于此调查结果，保险公司以Z先生违反如实告知义务为由，拟作出解除合同、不退还保费并拒赔的决定。同时，保险公司认为Z先生的脑出血是由高血压引起的，属于既往疾病范围，依据保险合同的免责条款，保险公司无需承担赔偿责任。

3. 专业应对

面对保险公司的强势拒赔，泽良律师团队迅速介入，展开了详细的调查和分析。律师团队首先针对保险公司的调查过程进行了抽丝剥茧的审查，并对投保过程、保险条款及其法律效力进行了全面分析。

首先，泽良律师团队指出，保险公司所依赖的"如实告知义务"失之偏颇。根据现有证据，Z先生在投保前并未被诊断为2级以上的高血压。因此，保险公司无法证明Z先生存在故意隐瞒病史的行为。律师团队强调，根据法律原则，对投保人健康状况的解释应采取有利于被保险人的立场。

其次，针对保险公司认为脑出血属于既往疾病的论点，泽良律师团队强调，保险公司没有证据直接证明Z先生的脑出血完全由高血压引起。在司法实践中，免责条款的效力依赖于保险公司在签署合同前是否履行了明确提示和说明义务。如果保险公司未能履行这一义务，则该条款可能不具备法律效力。

最后，律师团队广泛研究了类似案件的判例，起草并提交了类案检索报告和相关法规汇编，清晰地向保险公司阐明拒赔的风险及可能的诉讼结果。

4. 案件结果

经过60天的紧张谈判，泽良律师团队的不懈努力和据理力争逐渐使保险公司的态度发生转变。最终，保险公司同意撤回原拒赔决定，按照80%的比例对Z先生的医疗费用进行赔付。

Z先生成功获得了应得的理赔款，对于泽良律师团队的专业能力和坚定不移的态度表示高度认可。他认为，正是因为律师团队的介入和有力支持，才使得这一案件得以圆满解决。

十、3岁孩子确诊白血病，保险公司能否以"未如实告知早产"为由拒赔？

1. 基本案情[1]

2020年初，蒋先生夫妇迎来了他们的孩子的出生，这个新生命为整个家庭带来了无限的欢乐。出于对孩子健康的关注和保障，蒋先生在孩子出生后不久便为其投保了一份医疗险。今年已是蒋先生为孩子续保的第三年。然而，2023年5月，这个家庭的幸福被突如其来的噩耗打破了——蒋先生的孩子被确诊为急性淋巴白血病。这个消息如同晴天霹雳，不仅给全家带来了巨大的心理冲击，也让他们面临着沉重的经济压力。

尽管遭遇了不幸，但蒋先生一家也庆幸之前为孩子投保了医疗险，希望能够通过保险赔付来应对巨额的治疗费用。然而，当蒋先生向保险公司申请理赔时，却遭到了保险公司的拒绝。保险公司声称，蒋先生在投保时并未如实告知孩子的早产情况，这一行为构成了未如实告知，因此决定拒绝支付赔偿金。面对这个突如其来的打击，蒋先生查阅了大量资料，多次与保险公司据理力争，但最终保险公司仍然维持了拒赔的决定。

2. 专业应对

在与保险公司多次沟通无果后，蒋先生感到无助。在一次偶然的机会下，他得知了泽良律师团队的存在，决定寻求专业法律援助。蒋先生立即联系了泽良保险法团队，希望借助他们的专业能力来争取应有的保险赔偿。

接到蒋先生的委托后，泽良律师团队的资深律师何律师迅速行动起来，对案件进行了全面分析。何律师仔细审查了保险公司拒赔的依据，蒋先生孩子的既往健康情况，以及投保过程中的细节。同时，他深入研究了保险合同中的各项条款和相关法律法规，迅速制定了针对本案的应对策略。为了确保谈判的成功，何律师起草了必要的法律文件，包括详细的案例检索报告，为接下来的谈判和可能的诉讼做好了充分准备。

---

[1] [2023非] 泽字第57号。

3. 极速谈判

泽良律师团队在接受委托后，迅速与保险公司取得联系。主办律师首先从法律和合同条款的角度，对保险公司的拒赔理由进行了详细的分析。他指出，保险合同中并未明确将早产作为拒赔的条件，且早产情况本身并不构成保险事故的直接原因，因此保险公司的拒赔理由缺乏法律依据。

接着，律师团队从司法实践的角度出发，向保险公司展示了类似案件的法律走向和判例，指出如果继续拒赔，诉讼的结果对保险公司来说风险很大。此外，何律师还进一步强调，保险公司此举不仅对客户不公，也会对其商业信誉造成负面影响。

最终，经过多轮反复的谈判，保险公司决定妥协，同意全额理赔蒋先生孩子的此次医疗费用，并承诺在本保险年度内，孩子的所有医疗费用都将按保险合同的约定正常赔付。整个谈判过程仅用时 22 天，快速解决了蒋先生一家的燃眉之急，为他们提供了及时的经济援助。

4. 案件结果

保险公司最终同意全额支付此次的医疗费用，令蒋先生一家在困境中得到了极大的帮助。此次谈判不仅迅速高效地解决了蒋先生的理赔难题，也为他和他的家庭带来了希望和安慰。

第二节　重疾险案析

一、等待期出险拒赔，保险公司能否免责？

1. 基本案情[1]

2021 年 1 月，黄先生通过互联网为其母亲 L 女士购买了一份重疾险，保额为 10 万元。L 女士本应安享晚年，然而，2023 年 4 月，她被诊断为慢性阻塞性肺疾病，并在与病魔斗争一个月后不幸去世。处理完母亲的后事后，黄先生想起了为母亲购买的重疾险，遂向保险公司申请理赔，然而却遭到了保险公司的拒绝。

2. 保险拒赔

保险公司给出的拒赔理由包括以下几方面：

---

[1] 广东省茂名市中级人民法院，[2024] 粤 09 民终 898 号。

（1）等待期出险。L女士在保险合同的等待期内被诊断患病，因此不符合保险合同的赔付条件。

（2）程序不合法。黄先生在未经过保险公司理赔程序的情况下直接提起诉讼，违反了合法的理赔流程。

（3）带病投保。L女士在投保前已确诊患有慢性阻塞性肺疾病，属于带病投保，但未如实告知病史，保险公司因此拒绝赔付。

3. 专业应对

面对保险公司的拒赔决定，黄先生决定通过法律途径维权。他通过互联网搜索相关案例，并咨询了多家律师事务所。最终，黄先生在与泽良律师事务所的深入沟通后，感受到了团队的专业素养与务实精神，决定将案件全权委托给泽良律师团队。

一审法院径直以"等待期出险"为由驳回了黄先生的诉求。面对这一判决，泽良律师团队立即提出上诉。在二审中，泽良律师团队提出了以下关键的法律依据和上诉理由：

（1）解除权已消灭。根据《保险法》第16条及相关司法解释的规定，保险公司在法定期限内未行使合同解除权，因此已丧失解除合同的权利，不能以未履行如实告知义务为由拒绝赔付。

（2）符合重大疾病标准。L女士的病情符合保险合同中对重大疾病的定义，保险公司应承担保险责任。其死亡原因符合合同中关于重大疾病的保障要求，保险公司不应免责。

（3）证据不足。保险公司仅依据L女士在就医时的"患者主诉"部分，认为她未如实告知病情。然而，患者主诉不同于医院通过医学检查得出的诊断结果，不能作为投保人未如实告知的直接依据。

（4）续保合同无等待期。本案涉及自动续保的保险合同，续保期间不应再适用等待期条款。而一审法院未对这一点进行详细调查和讨论，导致事实认定及法律适用错误。

4. 案件结果

在二审过程中，泽良律师团队进行了充分的法律论证，并提出了充足的证据支持。在激烈的庭审辩论后，二审法院最终采纳了泽良律师团队的意见，判决保险公司全额支付10万元的保险金。

二、先天性畸形拒赔，保险公司能否免责？

1. 基本案情[1]

2015年，孙女士为她7个月大的女儿购买了一份终身寿险，同时附加了重大疾病保险。当时，孙女士还沉浸在初为人母的幸福中，然而，2020年1月，她的女儿被确诊为罕见的脑穿透畸形。面对女儿的病情，孙女士十分焦虑，意识到需要为未来做打算。于是，她想起了之前为女儿购买的重疾险，决定申请理赔，希望通过保险为女儿的治疗提供一份保障。

2. 保险拒赔

孙女士本以为保险可以提供帮助，然而申请理赔的过程却充满了波折。2021年9月，当孙女士向保险公司申请理赔时，保险公司以"先天性畸形"为由拒绝支付保险金，并声称孙女士在投保时未如实告知。这一消息令孙女士十分愤怒，因为她在投保时已经告知了女儿是低出生体重儿，根本不存在未如实告知的情况。

孙女士随即向保险消费者权益服务中心进行投诉，要求督促保险公司履行赔付义务。然而，消费者权益服务中心反馈的结果并未如她所愿，建议孙女士通过法律诉讼维权。

无奈之下，孙女士通过网络查询维权途径，发现了泽良保险拒赔事业部处理的类似案例。她决定与泽良律师事务所取得联系，并详细咨询了案件。泽良的何律师认真听取了孙女士的情况，并制定了初步的应对策略，令孙女士看到了胜诉的希望。她决定全权委托泽良保险拒赔事业部处理此案。

3. 专业应对

接受委托后，泽良律师团队迅速整理了相关材料，并向法院提交了诉状。在庭审准备阶段，律师团队从以下几个方面进行了详细准备：

诉讼时效是否届满：根据相关法律规定，孙女士向消费者权益服务中心提出投诉的行为中断了诉讼时效，因此其诉讼请求仍在时效内。

保险人能否解除合同：根据《保险法》第16条，保险人在合同成立超过两年后无权解除合同。即使存在先天性畸形，保险公司也无法解除合同，且应承担赔付责任。

---

[1] 广东省深圳市坪山区人民法院，[2024] 粤0310民初774号。

免责条款的有效性：保险公司未能提供充分证据证明其已向孙女士解释清楚"先天性畸形"的定义及法律后果，且脑穿透畸形是病情加重的表现，并不属于合同中定义的先天性疾病范畴。

如实告知问题：孙女士在投保时已明确告知女儿的低出生体重情况，且出生病历中并无"发育迟缓"字样，因此不存在故意隐瞒的行为。

4. 案件结果

最终，法院支持了泽良律师团队的诉讼请求，并全面采纳了律师团队的观点。法院判决保险公司支付孙女士13.5万元的保险金，确保了她的合法权益得到了充分保障。

三、未如实告知高血压史，保险公司能否拒赔？

1. 基本案情[1]

2021年初，陈女士通过保险经纪人的推荐购买了多份重大疾病保险，并顺利通过了保险公司的体检审核。2022年9月，陈女士因身体不适前往医院检查，最终确诊为心脏瓣膜病，并被医生建议进行开胸手术治疗。陈女士本以为之前购买的重大疾病保险可以为这次手术提供保障，然而她在向保险公司申请理赔时却遭遇了拒赔。

2. 保险拒赔

保险公司在审核陈女士的理赔申请时，调取了一份陈女士此前的医疗记录，发现她曾有过高血压病史，但未在投保时如实告知这一情况。保险公司随即以"陈女士未履行如实告知义务"为由，拒绝支付保险金，认为她违反了合同中的诚信告知条款。

面对保险公司的拒赔，陈女士感到非常无助。她明确记得自己在投保时按照要求进行了体检，并提交了所有补充检查报告，因此无法理解为何在关键时刻保险公司拒绝理赔。

3. 专业应对

在经历多次与保险公司交涉未果后，陈女士决定通过法律途径维护自己的权益。经过多家律师事务所的咨询和筛选，陈女士最终选择了在保险领域拥有丰富经验的泽良律师团队，希望借助他们的专业能力解决问题。

---

[1] 重庆市璧山区人民法院，[2023] 渝0120民初2152号。

泽良保险法团队何律师详细分析了陈女士的保险合同、投保流程和相关法律规定，全面评估了案件的核心问题。经过深入研究，何律师指出，保险公司无法提供确凿证据证明陈女士故意隐瞒病史，且陈女士的心脏瓣膜病与高血压之间并无直接关联。

4. 案件结果

在诉讼过程中，何青思律师引用了《保险法》及其司法解释中的相关规定，并结合已有判例，成功为陈女士争取了有利的立场。何律师指出，保险公司并未履行规范性询问义务，且未能证明陈女士未如实告知的情况与其病情存在直接联系。因此，保险公司无权解除合同或拒绝赔付。

经过激烈的法庭审理，法院最终采纳了何青思律师的观点，判决保险公司应全额赔偿陈女士50万元的保险金。法院认定，保险公司无法证明高血压与心脏瓣膜病的直接关联，且在投保过程中也未履行合理的询问义务。

四、保险公司以等待期为由拒赔，能否免责？

1. 基本案情[1]

2020年12月，马女士为其女儿购买了一份组合保险，包括寿险、附加重疾险及附加豁免险。根据保险合同约定，如果投保人确诊重大疾病，后续的所有保费将被豁免。然而，2021年2月，也就是等待期180天内，马女士被确诊为甲状腺结节（高危类）。到了2022年11月（等待期结束后），马女士被确诊为甲状腺癌。随即，她向保险公司提出申请，要求按照合同约定豁免后续保费，金额共计212 308.2元。

2. 保险拒赔

2023年1月28日，马女士收到了令人沮丧的消息，保险公司拒绝了她的理赔申请。保险公司给出的拒赔理由是：马女士的甲状腺癌属于在180天等待期内初次出现的甲状腺结节所引发的疾病，因此不符合合同约定的等待期要求，也不属于保险合同保障范围。

这一拒赔结果让马女士感到非常失落。尽管业务员上门解释了保险公司的理由，马女士依然感到不解与无助，甚至认为案件几乎没有争取的余地。

---

[1] 江苏省南京市秦淮区人民法院，[2023] 苏0104民初4719号。

3. 专业应对

抱着最后一线希望，马女士找到了泽良律师团队进行咨询。通过视频会见和详细案件分析，泽良律师团队的专业能力让马女士感受到了案件的胜诉希望，最终决定全权委托泽良律师团队代理案件。

在接受委托后，泽良律师团队立即展开了细致的调查工作，对保险合同条款的合理性和有效性进行了全面研究，并结合马女士的病情和治疗过程，对全国类似拒赔案件的判例进行了详细分析。团队的资深律师何律师主导了案件的法律策略制定，确保了案件的每个环节都万无一失。

4. 案件结果

经过充分的庭前准备和激烈的庭审辩论，法院最终支持了马女士的全部诉讼请求，判决保险公司应豁免马女士后续的所有保费。对于这一结果，马女士非常满意。整个过程中，泽良律师团队为她处理了所有的法律事务，从立案、开庭到文书撰写和沟通，马女士几乎无须操心。最终，她通过专业的律师团队获得了应得的权益。

五、未如实告知进一步检查建议，保险公司能否拒赔？

1. 基本案情[1]

2022年7月1日，谢女士前往医院检查鼻咽部，检查报告建议她进行进一步的内镜检查。然而，7月3日，谢女士的配偶X在G保险公司为她投保了一份个人重大疾病保险，受益人为法定继承人。2023年8月18日，谢女士经过进一步检查，被确诊为非角化性鼻咽癌，并于8月21日住院治疗。谢女士的家属随即向G保险公司申请理赔。然而，保险公司却以"谢女士在投保时未如实告知医院建议进一步检查的情况"为由，拒绝赔付保险金。

2. 保险拒赔

G保险公司在审核理赔申请时，认为谢女士在第一次投保时未告知医院建议她进行进一步的内镜检查，这属于未履行如实告知义务的情况。因此，保险公司决定拒绝理赔，认为谢女士在投保时隐瞒了影响承保决定的重要事实，理应拒绝支付保险金。

---

[1] 福建省福州市中级人民法院，[2024] 闽01民终1457号。

3. 专业应对

为了维护自己的权益，谢女士找到了泽良律师团队寻求帮助。通过详细沟通，泽良律师团队了解了谢女士的案件情况，并对保险合同及相关法律条款进行了深入分析。经过仔细分析投保流程和相关案例，泽良律师团队指出，谢女士的保险事故发生在续保期间，根据《保险法》第 16 条以及《保险法司法解释（二）》第 6 条的规定，投保人在续保时并不负有再次告知健康状况的义务。此外，投保人在履行如实告知义务时，应以保险公司明确提出的询问为前提。由于在续保期间，G 保险公司未向谢女士提出新的健康询问，因此谢女士无须重新告知检查建议的情况。

4. 案件结果

在法庭上，泽良律师团队据理力争，引用法律规定并结合实际案例，指出保险公司没有证据证明谢女士在续保时存在隐瞒病情的行为。法院最终采纳了泽良律师的观点，认为保险公司未履行好询问义务，无法依据"未如实告知"拒赔。法院判决 G 保险公司应向谢女士支付 10 万元保险金，谢女士的合法权益得到了保障。

六、未如实告知拒赔，保险公司能否免责？

1. 基本案情[1]

2023 年 10 月，胡先生像往常一样驾驶货车完成工作，但在驾驶途中突发疾病，将车辆停靠在路边，最终不幸离世。胡先生是快递公司的一名员工，由公司为其投保了一份重疾险。这份保险本应成为胡先生家人应对突发变故的经济保障，然而保险公司在理赔过程中却以"未如实告知"为由拒绝赔付。

2. 保险拒赔

胡先生的家人在申请理赔时，遭遇了保险公司的多次拒绝。保险公司声称，胡先生在投保时并未如实告知其身体状况，因此根据合同中的相关条款，有权拒绝赔付保险金。面对保险公司的拒赔，胡先生的家人不仅感到痛心，还陷入了无助的境地。

---

[1] 河南省虞城县人民法院，[2024] 豫 1425 民初 930 号。

3. 专业应对

在一次次的沟通和协商未果后，胡先生的家人决定寻求专业法律帮助，通过网络查找后，他们发现了泽良律师团队的成功案例，并决定预约初次免费咨询。在与泽良律师团队的初次沟通中，胡先生的家属详细介绍了胡先生的身体状况及保险投保过程。经过专业律师的初步分析，泽良律师团队认为本案中保险公司的拒赔理由并不充分，并为胡先生的家人制定了应对策略。

胡先生的家人在经过详细沟通后，对泽良律师团队充满了信心，决定全权委托泽良律师事务所代理此案。

4. 案件结果

接受委托后，泽良律师团队立即展开调查，整理了相关的证据材料，并进行了大量的数据和文献检索，制作了类案报告。在案件立案后，泽良律师团队通过详尽的庭前准备，基于事实和法律展开了与保险公司的博弈。在庭审过程中，泽良律师团队指出，保险公司并未提供证据证明其履行了有效的询问义务，且胡先生并不存在故意或重大过失的未如实告知行为。

七、未如实告知病史，保险公司能否拒赔？

1. 基本案情[1]

张先生是一名勤劳的农民，承担起了四口之家的责任。为了给家人多一份保障，张先生投保了"顶梁柱重大疾病保险"，保额为 10 万元。然而，天有不测风云，2023 年 7 月 6 日，张先生在驾驶自走式喷杆喷雾机作业时发生意外，最终抢救无效去世。张先生的家人原本希望通过保险金缓解经济压力，却在申请理赔时遭遇了保险公司的拒赔。

2. 保险拒赔

保险公司拒赔的主要理由是张先生在投保时未如实告知既往病史。保险公司指出，张先生生前患有左下肢动脉血栓形成、陈旧性脑梗死、慢性胃炎和心肌缺血等疾病，并认为这些病情影响了保险公司的承保决定，属于故意隐瞒。依据《保险法》第 16 条，保险公司宣布解除合同，不承担赔付责任。

张先生的家属不仅失去了家庭的支柱，还面临着保险公司的拒赔，生活陷入了困境。

---

[1] 山东省济南高新技术产业开发区人民法院，[2023] 鲁 0191 民初 9925 号。

3. 专业应对

无奈之下,张先生的家属委托了泽良律师事务所代理该案件。经过详尽的调查和研究,泽良律师团队认为,保险公司的拒赔理由并不成立:

保险公司未尽提示说明义务:根据法律规定,保险公司有义务明确告知投保人有如实告知的义务及其法律后果。然而,保险公司未能充分履行这一义务,因此不应以未如实告知为由拒绝赔付。

病史与死亡无因果关系:张先生的意外身故与其未告知的既往病史无直接关联,保险公司无法证明张先生的既往疾病导致了此次身故。根据司法解释,保险公司应承担举证责任。

泽良律师团队详细分析了相关法律法规和判例,并为张先生家属制定了有效的诉讼策略。

4. 案件结果

经过激烈的庭审辩论,泽良律师团队成功证明了保险公司的拒赔理由缺乏法律依据。法院最终支持了张先生家属的诉求,判决保险公司全额支付10万元的保险金。这一判决不仅为张先生的家属带来了经济支持,也让他们感受到了法律的公正与温暖。

八、未如实告知白血病症状,保险公司能否拒赔?

1. 基本案情[1]

2021年11月,梁女士为其孩子投保了一份儿童重疾险,保障期限为30年。次年12月,孩子不幸被确诊为急性淋巴细胞白血病。面对巨额的医疗费用,梁女士向保险公司提出了理赔申请,希望能为孩子的治疗争取到应有的赔偿。然而,保险公司以"未如实告知"为由拒绝赔付,并要求解除保险合同。

梁女士的家庭因孩子的重病陷入了困境。夫妻二人为了照顾孩子不得不停止工作,但高昂的治疗费用使得整个家庭经济状况严重失衡。保险公司的拒赔决定让原本艰难的家庭雪上加霜。面对如此局面,梁女士偶然得知了泽良律师团队的胜诉案例,决定委托专业律师团队帮助维权。

---

[1] 北京市顺义区人民法院,[2023]京0113民初9677号。

2. 保险拒赔

保险公司给出的拒赔理由主要有以下几点：

（1）未如实告知病史。保险公司认为，被保险人在投保前已经出现不明原因的发热和血常规异常的情况，属于应告知事项，投保时未履行如实告知义务。

（2）白细胞指标超标。保险公司指出，孩子的白细胞指标超过12，按照规定应延迟承保，而这项未告知的情况足以影响公司作出是否承保的决定。

（3）合同解除权。根据《保险法》第16条，保险公司声称其有权解除保险合同，并不承担赔偿责任。

3. 专业应对

梁女士在接到拒赔通知后，立即联系了泽良律师团队的资深律师何律师。何律师在接到委托后，全面审查了保险公司的拒赔理由、孩子的既往病史以及投保流程。通过对保险合同条款和相关法律法规的深入分析，何律师迅速制定了应诉策略，并为庭审准备了详尽的法律文书，包括法律意见书、庭审提纲和案例分析报告等。

4. 案件结果

在庭审过程中，何律师通过医学概念的区分，成功指出孩子在投保时的症状并未对承保决定构成实质影响。同时，律师对保险公司提出的"未如实告知"进行了有力反驳，强调孩子的既往病情并不足以成为拒赔的合理理由。通过引用实体法规则、日常经验法则以及行业标准，何律师充分证明了保险公司的拒赔理由站不住脚。

经过激烈的庭审辩论和质证过程，法院最终全额支持了梁女士的诉求，判决保险公司赔付125万元的保险金。这一判决让梁女士一家松了一口气，极大缓解了他们面临的经济压力。

九、甲状腺结节确诊在等待期内，保险公司能否以此拒赔？

1. 基本案情[1]

2021年1月31日，X女士为自己投保了一份终身寿险，并附加了提前

---

[1] 江苏省南京市秦淮区人民法院，[2024] 苏 0104 民初 2692 号。

给付重大疾病保险和豁免保险费疾病保险。2023年8月31日，X女士被医院确诊为甲状腺乳头状癌。根据她两年半前购买的重大疾病保险合同，甲状腺乳头状癌属于合同约定的重大疾病范围，因此X女士向保险公司申请理赔。

2. 保险拒赔

面对X女士提交的理赔申请，保险公司经过调查后，以X女士在2021年5月30日确诊为甲状腺左叶结节为由，向她发出了拒赔通知书。保险公司认为，由于等待期内已确诊的疾病最终导致了重大疾病的发生，因此不属于保险责任范围。X女士对此感到意外，始终无法理解为何两年半前确诊的一个良性结节成为本次拒赔的理由。她多次尝试与保险公司沟通，但始终未能达成解决方案。无奈之下，X女士在网上找到了专注于保险拒赔的泽良律师团队。

3. 专业应对

在接受委托后，泽良律师团队迅速整理了相关证据材料，梳理了案件的争议焦点，并针对"甲状腺结节"与"甲状腺乳头状癌"之间的医学联系展开了深入研究。在庭审过程中，律师团队从以下几个方面突破了保险公司的抗辩：

（1）首次确诊时间符合保险责任。X女士首次确诊甲状腺乳头状癌的时间为投保后两年多，符合保险责任范围。

（2）合同解释应符合投保人合理期待。对于重大疾病和保险责任范围的理解，应该基于常人的理解和被保险人的合理期待。保险公司对保险责任的解释，不仅违反了重疾险的通常含义，还违背了医学诊疗标准的限缩解释，法院应当采取有利于投保人的解释。

（3）投保前未询问相关病情。保险公司在投保前并未对"甲状腺结节"进行明确询问，也未在投保时进行相应提示。即便在收取了近三年的高额保费后，却以常见的甲状腺结节为由拒绝支付保险金，这显然违反了保险法的基本原理和诚信经营原则。

4. 案件结果

经过激烈的庭审，法院最终采纳了泽良律师团队的观点，认定X女士的确诊时间符合合同规定，并对保险公司关于重大疾病的解释提出了异议。法院全额支持了X女士的诉讼请求，判决保险公司支付她24万元的保险赔偿。

十、4岁孩子因病身故，保险公司能否以"未如实告知病史"为由拒赔？

1. 基本案情[1]

2023年初，朱女士出于对孩子的关爱，为年仅4岁的儿子投保了一份学生险，保额为15万元。意外的是，2023年7月，朱女士的儿子突发疾病，不幸去世。朱女士在悲痛之余，向保险公司提交了理赔申请，希望能够获得保险赔偿来缓解家庭的经济压力。然而，保险公司的拒赔决定让她的处境雪上加霜。

2. 保险拒赔

面对朱女士的理赔申请，保险公司以多种理由拒绝赔偿：

（1）保险公司声称，朱女士的儿子在投保前存在既往病史，尤其是癫痫病史，认为朱女士在投保时故意隐瞒病情。根据《保险法》第16条的相关规定，未如实告知既往病史的行为属于合同解除的合法依据，因此，保险公司决定解除保险合同并拒绝赔付。

（2）在理赔过程中，保险公司反复要求朱女士提供一系列不必要的材料，意图增加理赔的难度。这些烦琐的要求让朱女士的理赔之路变得异常艰难。

保险公司的拒赔让朱女士陷入了绝望。她不仅承受着失去孩子的巨大痛苦，还面对着保险理赔无望的困境。感到无助的朱女士决定寻求专业法律帮助。

3. 专业应对

在朋友的建议下，朱女士选择了泽良律师事务所来代理她的案件。泽良律师团队迅速介入，对案件进行了全面分析。经过对保险合同条款和《保险法》的仔细研究，泽良律师团队认为保险公司的拒赔理由并不充分：

首先，律师团队指出，保险公司在合同签订时未能明确要求朱女士披露具体的既往病史，保险公司在销售过程中存在告知义务的瑕疵，无法直接证明朱女士故意隐瞒病情。

其次，泽良律师团队强调，即便存在未披露的病史，这并不必然导致合

---

[1] [2024民]泽字第1189号。

同的解除。在司法实践中，保险公司需承担举证责任，证明该未告知事项与保险事故的发生之间有因果关系，而仅凭孩子的病史不足以作为拒赔的理由。

最后，针对保险公司反复要求提供不必要材料的行为，泽良律师团队指出，这属于拖延理赔的行为，与保险法的诚信原则相悖，应当被视为不正当的拒赔手段。

4. 案件结果

在泽良律师团队的努力下，经过多次交涉和与保险公司的沟通，律师团队充分准备了相关证据，并提出了明确的法律依据和有力的反驳。保险公司最终意识到其拒赔理由站不住脚，同意与朱女士和解，并全额支付了15万元的保险金。

此次和解，不仅为朱女士带来了必要的经济帮助，也为她失去儿子的心灵带来了一丝安慰。朱女士对泽良律师事务所的专业能力和坚守客户权益的精神表示了衷心的感谢。

十一、确诊甲状腺癌，保险公司能否以"病理检查类型不符"为由拒赔？

1. 基本案情[1]

2023年9月，D女士的工作单位为她投保了一份团体重疾险，保额为30万元，其中轻症疾病按保额的30%赔付，即9万元。2024年1月，D女士因身体不适入院治疗，经医生建议进行穿刺检验后确诊为甲状腺肿瘤。为控制病情，医生建议她接受"微波消融术"，D女士遵从医嘱，顺利完成了手术。

术后，D女士想到单位为其投保的重疾险，便向保险公司提交了理赔申请，希望能够获得保险赔付来应对后续的治疗费用。然而，她却遇到了意想不到的拒赔。

2. 保险拒赔

保险公司在审核D女士的理赔申请后，以"病理检查类型不符"为由拒绝赔偿。具体理由是，D女士的确诊依据为"细胞学病理检查"，而保险条款

---

[1] 福建省福州市鼓楼区人民法院，[2024] 闽0102民初6463号。

中明确要求确诊需基于"组织学病理检查",因此认为D女士的疾病不符合保险合同规定的理赔条件。这一拒赔决定让D女士感到非常困惑和无助。

3. 专业应对

面对保险公司的拒赔,D女士决定不轻易放弃。在家人和朋友的建议下,她找到了泽良律师团队,希望通过法律手段维护自己的合法权益。

泽良律师团队接受委托后,迅速开展了工作。他们深入分析了保险合同条款,认为保险公司以"病理检查类型不符"为由拒赔的理由存在明显的合同漏洞和不合理性。律师团队指出,D女士接受的穿刺检查是医生根据其病情作出的合理医学判断,并非D女士个人的选择。此外,D女士的检查结果明确显示其罹患甲状腺肿瘤,这本身已符合重大疾病保险的理赔标准。

在充分准备了证据材料和法律依据后,泽良律师团队制定了详细的诉讼策略,并向保险公司发出律师函,要求其履行保险合同的赔付责任。

4. 案件结果

在泽良律师团队的积极干预和持续施压下,保险公司意识到其拒赔理由缺乏法律依据,最终选择妥协。在不到一个月的时间内,保险公司主动提出了调解方案。经过进一步谈判,保险公司最终同意全额支付D女士9万元的保险金。双方在法院达成调解协议,案件顺利解决。

十二、确诊肝豆状核变性,保险公司能否以"病情不够严重"为由拒赔?

1. 基本案情[1]

2019年5月,Z女士为其儿子投保了一份两全险,附加了长期重疾险,保额为95万元,保险期限为30年。2022年7月和2023年5月,孩子因转氨酶异常升高先后两次入院检查,均被确诊为肝豆状核变性。这是一种常染色体隐性遗传的铜代谢障碍疾病,致病基因变异会导致胆道排铜障碍,使大量铜在肝、脑、肾等器官蓄积。这种疾病是一种无法根治的遗传病,严重情况下会出现姿势异常、运动迟缓、吞咽困难等症状,严重影响生活质量。

面对这一诊断,Z女士感到非常担忧和无助,她只能寄希望于购买的保

---

[1] 安徽省合肥市蜀山区人民法院,[2024]皖0104民初3929号。

险来帮助孩子应对未来的治疗和生活支出。然而,保险公司的回应却让她大失所望。

2. 保险拒赔

在收到 Z 女士的理赔申请后,保险公司拒绝了赔偿,理由是孩子的病情"还不够严重"。根据保险条款的规定,只有在出现特定的多种症状同时存在的情况下,才符合重疾险的理赔条件。而 Z 女士的孩子目前尚未表现出所有列明的症状,因此保险公司认为不符合理赔标准。这样的拒赔理由让 Z 女士心情跌入谷底,她无法理解为何孩子的疾病会被视作"还不够严重"。

3. 专业应对

面对保险公司的拒赔,Z 女士并没有选择放弃。她找到了专注于保险拒赔业务的泽良律师团队。经过初次的咨询,泽良保险拒赔事业部的何青思律师详细了解了 Z 女士的投保过程及其孩子的病情发展,初步制定了应对策略,并向 Z 女士提出了详细的法律建议。

何青思律师的专业和热情让 Z 女士看到了希望,她毫不犹豫地选择全权委托泽良律师团队来处理这次拒赔事件。

4. 案件结果

在接受委托后,泽良律师团队的核心成员何青思律师和蓝惠清律师迅速展开行动,收集和整理了所有相关的证据资料,并进行深入的数据分析和案例研究。他们制作了一系列案例报告,清晰梳理了事实依据和法律条文,凭借这些证据与保险公司展开了激烈的谈判。

随着案件的立案,泽良律师团队进一步加强了庭前准备。他们仔细研究了相关法律条文,对可能出现的情况进行充分预判,多次与法官和保险公司进行沟通和协商。最终,保险公司在面临败诉风险的情况下,决定妥协,同意支付 76 万元的保险金。这一结果成功维护了 Z 女士的合法权益。

十三、罹患甲状腺癌,保险公司能否以"未如实告知甲状腺结节"为由拒赔?

1. 基本案情[1]

2020 年 11 月 17 日,刘女士在朋友的推荐下,向某保险公司购买了一份

---

[1] 福建省厦门市思明区人民法院,[2023] 闽 0203 民初 14510 号。

重大疾病保险，保额为36万元。2023年4月，刘女士在公司组织的体检中发现甲状腺结节，随后进一步前往医院检查，不幸被确诊为甲状腺乳头状癌。根据保险合同的条款，刘女士应有权获得36万元的重疾保险金。然而，面对她的理赔申请，保险公司却选择了拒赔。

2. 保险拒赔

保险公司在收到刘女士的理赔申请后，作出拒赔决定，理由是刘女士在投保时未如实告知其健康状况。保险公司称，刘女士在投保前的体检中已经显示出甲状腺异常，存在甲状腺结节，但她并未在投保时如实告知这一情况。基于此，保险公司认为刘女士违反了保险法中的如实告知义务，决定解除保险合同并拒绝支付保险金。

刘女士感到非常无助和困惑，她认为自己在投保时并未被告知需要特别告知甲状腺结节的情况。无奈之下，她开始寻求法律帮助，希望能够通过法律途径争取自己的合法权益。

3. 专业应对

在一次直播中，刘女士与泽良律师团队的何青思律师连麦，详细说明了自己的情况。何律师在直播过程中深入分析了案件的争议点，结合《保险法》及相关司法解释，为刘女士提出了专业意见。何律师认为，保险公司在投保时并未充分履行其对重要告知事项的提示义务，刘女士的行为并不构成重大过失。听取了何律师的分析后，刘女士决定全权委托泽良律师团队处理她的拒赔案件。

泽良律师团队接受委托后，立即着手收集证据，起草并向保险公司发送了《法律意见书》。在《法律意见书》中，律师团队从法律角度详细论证了刘女士在投保时并不存在故意隐瞒的行为，并指出保险公司未能充分履行其提示义务的不足之处。然而，保险公司对《法律意见书》的回复依旧是维持拒赔决定。面对保险公司的强势态度，泽良律师团队迅速起草了起诉状，并准备了起诉材料，向法院提起诉讼。

在庭审过程中，律师团队进行了积极的法律辩论，强调保险公司在履行合同义务方面存在明显不足。经过一系列的法律论证和有力的证据呈现，保险公司意识到其拒赔依据不充足，继续坚持拒赔可能会面临更高的法律费用和长期诉讼风险。最终，保险公司同意与刘女士达成调解协议，同意支付30万元的赔偿金。

4. 案件结果

经过多次谈判和法律博弈，保险公司从全额拒赔的立场转变为同意支付30万元的保险金。刘女士对这个调解结果表示满意。这一案件的成功解决，再次证明了在面对保险公司的强势拒赔时，有经验丰富的保险律师团队的专业支持，即使再复杂的案件，也能为客户争取到应有的权益。

十四、确诊视网膜色素变性，保险公司能否以"遗传性疾病"为由拒赔？

1. 基本案情[1]

自2012年起，W女士一直在J单位工作，每年单位都会为其购买一份团体重疾险，并附赠一个弹性方案，为W女士的健康提供了额外保障。然而，2018年，W女士被诊断出患有视网膜色素变性，这是一种导致视力逐渐恶化的遗传性疾病。随着病情的发展，W女士的视力不断下降，直至双眼几乎完全失明。面对日益严重的生活不便和经济压力，她决定向保险公司申请理赔，希望通过重疾险为未来生活获得一份保障。

2. 保险拒赔

在理赔过程中，W女士遇到了重重困难。保险公司最初以从未接受过类似理赔申请等理由拖延理赔，并在与理赔业务员的多次沟通中，未曾主动提及需要提供纸质材料的要求。直到W女士申请了司法鉴定，并于2023年9月28日获得《司法鉴定意见书》，确认其双眼视力已达到单位购买的团体重疾险中"双眼永久完全失明"的标准，本以为理赔障碍已消除。然而，保险公司却突然以"视网膜色素变性属于遗传性疾病"为由，发出拒赔通知书。这一决定彻底打破了W女士的希望。

3. 专业应对

面对保险公司的拒赔，W女士因双眼失明无法亲自维权，她的丈夫W先生开始在互联网上查询相关案例。经过多方对比，W先生了解到泽良律师团队的专业经验，并预约了初次免费咨询服务。在初次咨询中，何青思律师详细了解了W女士的投保过程及疾病的发展情况，迅速制定了应对策略。

---

[1] 湖北省武汉市洪山区人民法院，[2024]鄂0111民初459号。

W先生对泽良律师团队的专业能力表示信任，当即全权委托泽良律师团队处理此案件。

4. 案件结果

接受委托后，泽良律师团队立即展开工作，迅速整理了相关证据材料，并进行了大量的数据检索，制作了多份类案报告。团队基于事实和法律依据与保险公司展开了谈判，然而保险公司仍然态度强硬，坚持拒赔。在案件立案后，泽良律师团队进行了详尽的庭前准备，持续与法官和保险公司进行多次沟通和协商。经过不断努力，案件取得了重大突破，保险公司最终意识到其败诉风险，决定妥协，同意支付70万元的保险金。

十五、确认乳腺癌，保险公司能否以未如实告知为由拒赔重疾险？

1. 基本案情[1]

2023年，韦女士为了为自己增加一份保障，购买了两份重疾险。2024年，韦女士因乳房肿块前往医院检查时，被确诊为乳腺癌，这让她的两份重疾险显得尤为重要。确诊后，韦女士向保险公司申请理赔，希望通过保险获得经济支持，然而理赔过程却并不顺利。

2. 保险拒赔

在韦女士提交理赔申请后，保险公司展开了详细的调查，包括走访医院并审核了相关医疗记录。根据调查结果，保险公司认为韦女士在投保时未如实告知自身健康状况，特别是在问询中没有提到她的乳房结节或肿块的相关信息。保险公司援引保险合同中的相关条款和《保险法》第16条，指出韦女士在投保时未履行如实告知义务，并因此作出拒赔决定，解除保险合同。

保险公司在与韦女士的多次沟通中态度坚决，坚称其有权拒赔并解除合同。这一决定让韦女士陷入了极大的困境，她多次尝试与保险公司协商无果后，决定寻求专业法律帮助。

3. 委托泽良

韦女士通过网络搜索，发现了泽良保险拒赔事业部，并查阅了其经办的相关案例，决定预约初次免费咨询服务。在咨询过程中，泽良律师团队详细询问了韦女士的就诊情况、保险事故发生的经过以及保险投保的具体细节，

---

[1] 浙江省杭州市上城区人民法院，[2024]浙0102民初8716号。

并初步制定了应对策略。经过与专业律师的深入沟通，韦女士对泽良律师团队产生了极大的信任，并决定全权委托泽良律师团队代理她的案件。

4. 调解结案

接受委托后，泽良律师团队迅速整理了相关证据材料，并进行了大量的文献和数据检索，制作了多份类案报告。案件立案后，泽良律师团队在庭前进行了详尽的准备工作，并与保险公司展开了激烈的法律博弈。

在庭审中，泽良律师团队据理力争，指出保险公司未能有效证明其在订立保险合同时已经履行了询问义务，而韦女士在投保时不存在主观故意或重大过失，因此保险公司以未如实告知为由拒赔的行为缺乏法律依据。最终，保险公司意识到自身在法律上的风险，同意调解，并支付了韦女士的保险金。本案最终高效且圆满结案。

十六、确诊喉癌，保险公司能否以"未如实告知30年前患有甲型肝炎"为由拒赔？

1. 基本案情[1]

2021年8月，W先生通过水滴保平台购买了一份水滴百万重疾险，保障金额为15万元，并于2022年8月18日续保了一年。该保单的保险责任包括重大疾病保险，其中明确将恶性肿瘤-重度列为赔付范围。2023年7月7日，W先生不幸被确诊为喉癌，这一疾病符合保单中约定的重大疾病范畴，W先生随即向保险公司提出了理赔申请。

2. 保险拒赔

然而，保险公司在收到W先生的理赔申请后，迅速作出了拒赔决定，理由是W先生在投保时未如实告知其健康状况。保险公司声称，W先生在30多年前曾被确诊为甲型肝炎，但在投保时未能如实告知这一病史，因而违反了《保险法》关于如实告知的义务。基于此，保险公司决定拒绝赔偿喉癌的保险金。

W先生感到非常困惑和不解，认为30年前的甲肝病史与当前的喉癌确诊并无关联，不应成为拒赔的理由。他曾向保险公司进行投诉和索赔，但始

---

[1] 上海市浦东新区人民法院，[2024]沪0115民初16487号。

终未能获得满意的答复。

3. 委托泽良

在面对此困境时，W先生听取了朋友的建议，联系了专注于保险拒赔业务的泽良保险拒赔事业部，并预约了初次免费咨询。在咨询中，蓝律师详细了解了案件的所有细节，并从多个角度进行了分析，初步提出了对应的解决方案和诉讼策略。W先生对蓝律师的专业性表示认可，并决定全权委托泽良律师事务所来处理该案件。

4. 专业应对

接受委托后，泽良律师团队立即展开行动，迅速整理了相关证据材料，并向法院提交了立案材料。团队进行了大量的案例检索和法律研究，形成了详细的检索报告和庭审提纲，以确保在庭审中有理有据。

庭审中，泽良律师团队通过充分的法律论证和积极争取，强调保险公司的拒赔依据缺乏合理性，特别是指出30年前的甲肝病史与当前的喉癌病情毫无关联。在律师团队的努力下，保险公司意识到在本案中的胜诉概率极低，若继续诉讼，可能会产生更多的法律费用。最终，保险公司从最初的全额拒赔立场转变，同意按13万元进行调解。

对于调解结果，W先生及其家属感到非常满意，他们认为通过泽良律师团队的帮助，迅速解决了案件，避免了漫长的诉讼过程和不必要的烦恼。W先生对泽良律师的专业支持和帮助表示了衷心感谢。

十七、确诊白血病，保险公司能否以"未如实告知病史"为由拒赔？

1. 基本案情[1]

2022年11月，张先生通过支付宝为自己的孩子购买了一份重大疾病保险。2023年3月，张先生的孩子突然出现急性症状，被紧急送往医院，经医生诊断确诊为白血病，这是一种严重的疾病，须尽快治疗。孩子通过化疗等治疗后，生命体征有所稳定，但巨额的医疗费用却成了家庭沉重的负担。张先生的家庭并不富裕，这场突如其来的疾病让他们的经济状况陷入了困境。

---

[1] 上海市杨浦区人民法院，[2023]沪0110诉前调书246号。

2. 保险拒赔

本以为重疾险可以为孩子提供经济保障，然而，当张先生向保险公司提出理赔申请时，却被保险公司拒绝。保险公司给出的拒赔理由是，2022年张先生的孩子在投保前曾被确诊患有哮喘和华支睾吸虫病，这些属于既往病史，且在投保时未如实告知，违反了保险合同中的免责条款。因此，保险公司不仅拒绝了赔偿请求，还宣布解除与张先生的保险合同，并拒绝退还已缴纳的保费。这一决定让张先生感到非常无助和愤怒，因为本应在最关键时刻提供支持的保险，却变成了一张空头支票。

3. 委托泽良

面对保险公司的拒赔，张先生并未放弃。他了解到泽良律师团队在处理类似保险拒赔案件中有着丰富的经验，决定求助于他们。在接受张先生的委托后，泽良律师团队迅速展开行动。他们详细研究了孩子患白血病的疾病编码和发病机制，查阅了大量医学资料，并核实了孩子既往的健康状况和患哮喘及华支睾吸虫病的历史。同时，律师团队还对投保过程及保险条款进行了全面审查，制定了有针对性的应对策略和法律文件，以为未来的谈判和诉讼做好充分准备。

4. 极速调解

在泽良律师团队的不懈努力下，案件取得了显著进展。案件立案后，律师团队积极与法官和被告方进行沟通，强调保险公司在此案中存在的败诉风险。经过多轮谈判，在庭前调解阶段，保险公司最终意识到坚持拒赔可能导致的法律后果，同意向张先生支付40万元的保险赔偿金。张先生对这一赔偿方案表示非常满意，案件迅速圆满结案，为这个陷入困境的家庭带来了新的希望。

十八、"交界性肿瘤"未达轻症标准，保险公司能否拒赔轻症保险金？

1. 基本案情[1]

2017年8月，武汉的L女士为了确保自己的健康风险，投保了一份重大疾病保险，保额30万元，并附加了轻症保障，轻症保额为6万元。根据保险合同约定，若确诊为轻症疾病，还可豁免剩余保险费，保险期间为终身，

---

〔1〕［2024非］泽字第112号。

缴费年限为20年，每年保费为5094元。两年后，2019年11月，L女士因身体不适前往医院就诊，最终被诊断为卵巢交界性肿瘤，病理结果显示为卵巢交界性浆液性囊腺瘤，局部呈微乳头亚型。

面对这一突如其来的诊断结果，L女士迅速向保险公司提出理赔申请，希望能够获得轻症保险金和后续保费的豁免。然而，她的理赔请求却遭到了保险公司的拒绝。

2. 保险拒赔

保险公司在审核后，拒绝了L女士的理赔申请，理由是L女士的病情未达到保险合同中约定的轻症标准。保险公司认为，L女士所患的卵巢交界性肿瘤，依据疾病编码为D39.1，属于"卵巢动态未定或动态未知的肿瘤"，不在保单约定的轻症疾病范围之内。因此，拒绝支付轻症保险金及豁免确诊后剩余的17年保费。

L女士起初对保险公司的解释感到困惑，但由于对保险合同条款缺乏深入理解，她一度以为自己的病情的确不符合轻症标准，并未继续追究。然而，偶然间，她在网上看到了泽良律师团队成功处理类似案件的胜诉案例，这让她燃起了希望，决定咨询专业律师的意见。

3. 专业应对

在了解了L女士的情况后，泽良保险法团队迅速介入，接手了案件。团队首先对L女士所患的疾病性质进行了深入研究，全面分析了医学材料、保险合同条款以及投保过程的细节，并制定了切实可行的谈判策略。

泽良律师团队首先提供了大量医学材料，论证L女士的"交界性浆液性囊腺瘤，局部呈微乳头亚型"应被视为原位癌，属于保单约定的轻症范围。其次，律师团队从《保险法》及相关司法解释出发，明确指出保险公司拒赔理由的不合理性，并进行了有理有据的反驳。最后，团队还检索了大量的司法观点和全国范围内的相关案例，进一步支持了L女士的理赔请求。

在谈判过程中，泽良律师团队与保险公司理赔经理保持紧密沟通，通过详实的证据和法律论据，向保险公司施加了持续压力。

4. 案件结果

在泽良律师团队提供的充分证明材料面前，保险公司意识到了其拒赔理由的不合理性，最终承认了L女士的理赔请求。保险公司不仅全额支付了轻症保险金6万元，还退还了自2019年确诊以来已收取的3年保费，并豁免了后续 14 年的保费。整个案件从介入到解决，仅用时 15 天，泽良律师团队成功维护了 L 女士的合法权益。

十九、患"胰腺恶性肿瘤"，保险公司能否以"未达重症标准"和"未如实告知"为由拒赔？

1. 基本案情[1]

2021 年 12 月，新疆的 M 先生通过支付宝为妻子 Q 女士投保了一份重大疾病保险，保额为 50 万元，保险期限为一年。保险到期后，M 先生于 2022 年 12 月继续为 Q 女士续保。2023 年 5 月，Q 女士因持续背部疼痛前往医院就诊，经门诊初步诊断为胰腺占位性病变，随后住院进一步检查，最终确诊为胰腺恶性肿瘤（实性假乳头状肿瘤），疾病编码为 D37.7。

在确诊后，M 先生立即向保险公司申请理赔。然而，保险公司的回应却让这对夫妻感到无比震惊和无助。

2. 保险拒赔

保险公司在收到 Q 女士的理赔申请后，作出了拒赔决定，理由如下：首先，保险公司认为，Q 女士所患的胰腺恶性肿瘤（实性假乳头状肿瘤）的疾病编码为 D37.7，不符合保单中所约定的重大疾病范围，不足以达到"重度恶性肿瘤"的标准，因此不予赔付。其次，保险公司调查后发现，Q 女士在 2021 年 8 月的一次体检中曾被发现存在胰腺占位性病变，但在投保时并未如实告知这一情况。因此，保险公司进一步认为，投保人违反了如实告知义务，决定拒绝理赔。

面对保险公司的强势拒赔，M 先生和 Q 女士一时间感到无从下手。然而，在浏览互联网时，M 先生无意中看到了泽良律师团队在处理类似案件方面的成功经验，于是他决定联系泽良律师事务所寻求帮助。

3. 专业应对

泽良保险法团队接到 M 先生的求助后，迅速展开了调查和分析。他们首先对 Q 女士所患疾病的性质进行了深入研究，全面分析了相关医学资料、保险合同条款的具体内容以及整个投保过程。随后，泽良律师团队制定了详

---

[1] ［2024 非］泽字第 396 号。

细的谈判方案,并立即与保险公司的理赔经理取得联系,展开了积极的案件谈判。

在谈判过程中,泽良律师团队提出了以下重要论据:首先,泽良律师团队提供了大量医学材料,证明 Q 女士所患的胰腺恶性肿瘤(实性假乳头状肿瘤)已达到保单所约定的恶性肿瘤—重度标准,符合保险理赔条件。其次,针对保险公司声称的"未如实告知"问题,律师团队指出,虽然 Q 女士在 2021 年 8 月体检时发现胰腺占位性病变,但随后在医院的进一步 CT 检查中并未发现异常。因此,在投保时,Q 女士并不存在故意隐瞒病情的行为,保险公司的拒赔理由不成立。此外,律师团队还检索了大量司法判例和专家观点,证明类似案件中,法院一般不支持保险公司以此为由拒赔的做法。

4. 案件结果

经过 35 天的积极谈判,泽良律师团队始终坚持为客户争取最高的赔偿方案。最终,保险公司意识到了拒赔理由的不合理性,从最初的强硬拒赔 0 元到最终同意全额赔付 50 万元。当事人在收到赔付款项后,对泽良律师团队的专业性和高效服务表达了高度的认可和感激之情,并赠送锦旗以表感谢。

二十、确诊甲状腺癌,保险公司能否以"未如实告知结节"为由拒赔?

1. 基本案情[1]

2020 年 8 月,S 在一家保险公司投保了一份重大疾病保险,保额为 20 万元,保险期间为终身。根据保险合同的约定,若被保险人在 60 周岁以下首次确诊为重大疾病,赔付比例为 180%,即 S 有权获得 36 万元的保险赔偿金。2022 年 4 月,S 被确诊为甲状腺乳头状癌,并在医院接受了手术治疗,该病符合保险合同中所约定的重大疾病范畴。因此,S 向保险公司提出理赔申请,期望获得 36 万元的保险金。

2. 保险拒赔

保险公司在收到理赔申请后,强势拒绝了 S 的赔偿请求,理由如下:

首先,保险公司认为 S 在投保前已多次检查发现患有甲状腺结节、乳腺

---

[1] 上海市浦东新区人民法院,[2024] 沪 0115 民初 44469 号。

结节和肺结节，且甲状腺结节的影像检查结果显示其属于恶性可能性较高的 3 类结节。然而，S 在申请投保重大疾病保险时，并未如实告知上述病情，违反了《保险法》第 16 条第 1 款规定的如实告知义务。

其次，保险公司进一步声称，S 的甲状腺癌症状和体征在投保前已经出现，因此不符合保险合同中"初次确诊"的条件。此外，保险公司还指控 S 利用新规施行前的窗口期恶意投保，主观存在投保恶意。

3. 专业应对

面对保险公司的拒赔决定，S 感到非常无助和愤怒。通过多方打听，S 了解到福建泽良律师事务所的专业实力，便立即联系了泽良律师团队，希望能够通过法律手段争取应有的赔偿。在接受委托后，泽良律师团队迅速介入，着手研究案件详情和保险公司的拒赔理由。

案件于 2023 年 8 月 3 日正式开庭。泽良律师团队在庭审中对保险公司的拒赔理由进行了深入分析，并从《保险法》及相关司法解释的角度指出，保险公司的拒赔理由缺乏合理性。泽良律师团队有理有据地反驳了保险公司提出的种种拒赔理由，强调 S 在投保时并不具备恶意隐瞒的主观故意，也不符合"恶意投保"的构成要件。

在庭审后，为了加速案件的解决，泽良律师团队积极与保险公司展开调解谈判，希望能够快速、高效地为客户争取最大权益。经过多轮谈判和努力，最终达成调解方案，保险公司同意支付 30 万元的保险赔偿金。2023 年 8 月 31 日，S 顺利拿到赔付款项。

4. 案件结果

从委托泽良律师事务所到顺利拿到 30 万元的保险金，仅用时两个月，充分体现了泽良律师团队在保险拒赔领域的卓越能力和高效服务。泽良律师团队打破时间和地域的限制，为客户提供了全方位的保险拒赔解决方案。S 和其家属对泽良律师的专业能力和快速行动表示了衷心的感谢，并高度评价了其在保险领域的专业性和服务水平。

第三节　意外险案析

一、未经尸检，保险公司能否拒赔？

1. 基本案情[1]

陈大叔是一名水泥工，常年从事施工作业，勤劳朴实。2023年2月22日，陈大叔在工地上工作时，突然从电动车上摔下，倒地死亡。家属立即申请意外险理赔，期望获得保险金。然而，保险公司却以"陈大叔的死亡不符合意外身故条件"为由拒赔，理由是陈大叔的死亡与外力无关，并且其死亡前没有进行尸检，无法证明其死亡是意外事故。

2. 保险拒赔

保险公司提出拒赔的理由主要有以下几点：

（1）不符合意外伤害的定义：保险公司认为，意外伤害是指由外来、突发、非本意、非疾病的事件直接导致的伤害。而陈大叔的死亡并非由外力因素引发，属于自然病理原因，不属于保险责任范围。

（2）基础疾病：保险公司声称，陈大叔生前存在既往病史，死亡原因可能是与基础疾病有关的既往症，因此保险公司不应承担赔偿责任。

（3）免责条款：保险公司主张，他们在签订合同时已经尽到了对免责条款的提示和说明义务，因此不应承担赔偿责任。

3. 专业应对

陈大叔的家属在亲人去世后，又面临保险公司的拒赔，双重打击让家属陷入困境。为了维护自己的合法权益，家属决定诉诸法律。经过推荐，他们委托了泽良律师事务所代理案件。

在接受委托后，泽良律师团队详细分析了案件事实，认为保险公司无法提供足够的证据证明陈大叔的死亡与既往病史有直接关系。为了帮助家属维权，泽良律师团队做了以下准备：

（1）收集证据：详细调查了陈大叔在事故当天的活动轨迹，确认他在工作时没有表现出疾病症状。

---

[1]　福建省三明市中级人民法院，[2024]闽04民终248号。

（2）法律支持：泽良律师团队查阅了相关的法律条款，并通过类案大数据报告和法律汇编向法院提交了支持家属主张的证据材料。

4. 案件结果

在泽良律师团队的帮助下，案件经历了一审和二审的激烈庭审抗辩。最终，二审法院采纳了泽良律师团队的意见，认定保险公司未能充分证明陈大叔的死亡是由既往病史引起，且保险公司在免责条款的提示说明上存在瑕疵。法院判决陈大叔的家属应获赔 500 000 元保险金。

二、事故车辆与指定车辆不符，保险公司能否拒赔？

1. 基本案情[1]

2023 年 4 月 12 日清晨，吴某驾驶一辆小型轿车在高速公路上行驶时，遭到一辆重型仓栅式货车的追尾，事故导致吴某经抢救无效不幸身亡。吴某在 2022 年 5 月为其名下的车辆投保了交强险及商业险，同时还购买了一份城市家庭组合产品保险，保障范围包括"驾驶或乘坐非营运汽车意外伤害身故给付"。吴某家属在事后向保险公司提出理赔申请，期望获得保险赔付。

2. 保险拒赔

保险公司在收到理赔申请后，拒绝了吴某家属的赔付请求，理由是吴某发生事故时驾驶的车辆并非保险合同中约定的指定车辆。由于保险公司认为保单中的保障仅限于指定车辆，拒赔成为保险公司的主要抗辩点。面对这一拒赔理由，吴某的家属感到无助，但通过多方打听，最终联系上了泽良保险法团队，希望通过专业法律援助争取应有的赔偿。

3. 专业应对

接手案件后，泽良律师对保险合同进行了详尽的分析，指出案件中的几个关键问题。泽良律师团队认为，虽然保险合同中载有车辆信息，但合同条款的解释和适用应更加符合法律规定，特别是涉及影响理赔的重要格式条款。在庭审中，泽良律师团队提出了以下几个核心观点：

（1）独立保险险种不应互相限制：吴某购买了交强险和商业险，但其同时购买的"保福满屋"保险产品属于独立的保险险种。虽然"保福满屋"投保单上载明了车辆牌号，但并未明确约定该保险中的保障项目仅限于吴某

---

[1] 福建省泉州市中级人民法院，[2024] 闽 05 民终 1332 号。

驾驶或乘坐该车牌号车辆时发生事故。

（2）格式条款的有效性问题：案涉保险合同中关于"指定车辆"的条款属于影响投保人重大利益的格式条款。根据相关法律规定，保险公司应对该条款进行合理提示。然而，保险公司并未履行相关提示说明义务，导致该条款不能对吴某生效。

（3）投保单车辆信息的局限性：保险公司未能在投保单上明确指定车辆，仅凭投保单上载明的车辆信息，无法直接推定保险条款所适用的指定车辆范围。因此，保险公司拒赔的理由无法成立。

4. 案件结果

经过泽良律师团队详尽的准备和专业的法律抗辩，法院最终采纳了泽良律师团队的观点，认为保险公司未履行合理的提示义务，且保险合同中的保障范围不应仅限于特定车辆。最终，法院判决保险公司向吴某家属全额支付意外伤害身故保险金150 000元。

三、无证驾驶拒赔，保险公司能否免责？

1. 基本案情[1]

2022年7月，陈先生驾驶摩托车时不幸与一辆重型货车发生碰撞，经过抢救后，陈先生不幸离世，留下了年迈的父母和年幼的孩子。作为家庭的顶梁柱，陈先生的离世让家属陷入了巨大的痛苦和经济困境。偶然间，陈先生的父母得知其所在公司为其购买了团体意外险，便向保险公司申请理赔，希望能够减轻家庭的负担。

2. 保险拒赔

然而，由于陈先生在事故发生时无证驾驶摩托车，保险公司以此为由拒绝赔付，认为无证驾驶属于法律禁止的行为，不在保险责任范围之内。面对保险公司的拒赔决定，陈先生的父母既无奈又不知如何应对。在熟人介绍下，他们联系了泽良律师团队，希望通过专业的法律援助争取应得的赔偿。

3. 专业应对

接手案件后，泽良律师团队对案件进行了详细的分析，虽然无证驾驶确实是一个复杂的法律问题，但这并不意味着保险公司可以直接拒赔。在深入

---

[1] 福建省福州市中级人民法院，[2023]闽01民终4798号。

研究案件的同时，团队也参考了大量的类似案例，明确了案件中的争议点，并制定了应对策略。庭审过程中，泽良律师团队通过法律法规和条款解释与保险公司进行了激烈辩论，然而一审法院最终支持了保险公司的抗辩意见，判决无需赔付保险金。

虽然一审败诉，但泽良律师团队并未气馁。团队仔细研究了一审判决书，分析了其中的漏洞，并制定了详细的二审上诉策略。

4. 案件结果

在二审中，泽良律师团队继续强有力地反驳保险公司的拒赔理由，强调无证驾驶与保险责任的关联并不直接，合同条款的解释不应过于苛刻。经过激烈的庭审辩论，二审法院采纳了泽良律师团队的观点，最终改判支持 50 万元的保险赔偿。

四、暴发性心肌炎猝死，保险公司能否以"猝死时间超过 24 小时"为由拒赔？

1. 基本案情[1]

2023 年 5 月，小李因胸痛前往医院治疗。起初，他的各项指标相对稳定，但在输液过程中，病情突然恶化，出现呼吸心跳骤停。尽管家属请求医生全力抢救，小李仍然在经过六天的抢救后不幸去世，最终被诊断为暴发性心肌炎。

2. 保险拒赔

在处理完小李的丧事后，家属发现他曾购买了一份包含猝死保障的意外伤害保险，于是向保险公司提出理赔申请。然而，保险公司以"小李的死亡距离症状首次出现已超过 24 小时"为由，拒绝赔付保险金。

保险公司拒赔的理由是基于保险条款中关于"猝死"的定义，认为"猝死"是指从症状出现到死亡的时间不超过 24 小时。由于小李的死亡距离症状首次出现已经超过 24 小时，因此不符合猝死的定义，保险公司认为无须承担赔偿责任。

3. 专业应对

泽良律师团队的资深律师何青思对保险公司的拒赔理由进行了深入分

---

[1] 广东省深圳市中级人民法院，[2024] 粤 03 民终 10593 号。

析,认为保险公司在条款解释上存在问题。在与家属的沟通中,何律师展示了相关类案的法律依据,并为案件制定了详细的诉讼策略。经过专业的咨询和评估,家属最终决定委托泽良保险法团队代理案件。

在法庭上,泽良律师团队提出了以下关键法律意见:

(1)免责条款未履行提示义务:保险公司关于猝死时间24小时的限定条款,并未以加粗加黑的方式进行提示,甚至字体小于其他条款内容。根据《民法典》第496条有关格式条款的规定,保险公司未能履行提示和说明义务,该条款不应成为合同的有效内容。

(2)猝死的合理认知:小李的死亡符合猝死的定义,不仅没有违反世界卫生组织对猝死的国际标准,也符合公众对猝死的常识性理解和合理预期。保险公司无法通过狭义解释来规避赔付责任。

4. 案件结果

最终,法院判决认定,保险公司的猝死条款属于格式条款,未履行提示义务,不能作为拒赔依据。法院判决保险公司支付家属50万元保险金。家属对这一胜诉结果感到非常满意,并由衷感谢泽良律师团队的专业帮助。

五、医疗费用禁止双重赔付,保险公司能否拒赔?

1. 基本案情[1]

林大哥是一名外卖骑手,2021年5月,在一次配送任务中,他与另一位配送员发生交通事故,对方负主要责任,林大哥负次要责任。林大哥受伤后被送往医院治疗,住院16天,医疗费用高达7万元,此外,他还需进行一次内固定物取出手术,费用约1.2万元。由于对方也是一名经济能力有限的配送员,尽管林大哥通过诉讼获得了医疗费用赔偿的判决,但实际上并未拿到赔偿款。面对巨额的医疗费用,林大哥一度陷入经济困境。

2. 保险拒赔

林大哥想到自己在配送服务时自动投保了意外险,其中包含5万元的意外身故、伤残保险金,以及5万元的意外医疗保险金。于是他向保险公司申请理赔,但多次申请均未果。保险公司拒赔的理由是:尽管林大哥的伤情构成了人身伤残的十级,但未达到保险行业标准的十级伤残。同时,保险公司

---

[1] 福建省武平县人民法院,[2022]闽0824民初1100号。

认为医疗费用已通过交通事故的诉讼判决获得赔偿，根据医疗险的"损失填平原则"，不得重复赔付。

3. 专业应对

面对保险公司的拒赔，林大哥感到无助，不知如何维权。通过了解，林大哥找到了泽良律师团队进行咨询。在详细了解案件后，泽良律师团队认为，案件有争取的空间。林大哥决定全权委托泽良律师处理此案。

接手案件后，泽良律师团队立即展开行动，详细审查了保险合同条款、拒赔理由以及相关法律法规，并结合司法实践中的争议情况，制定了周密的诉讼策略。团队迅速撰写了庭审提纲、法律意见、案例分析报告等法律文书，为诉讼做好了充分准备。

在庭审中，保险公司坚持医疗险属于财产损失，遵循补偿原则，认为林大哥的医疗费用已通过交通事故诉讼获得赔偿，依据"损失填平原则"，不得再次申请赔付。

4. 案件结果

泽良律师团队在庭审中通过对意外险附加医疗险的性质进行深入分析，明确了附加险在人身保险和财产保险之间的区分。律师团队结合《保险法》第46条的立法目的，指出保险公司应承担支付保险金的责任，并提供了与本案相关的权威判例作为支持。最终，法院采纳了泽良律师团队的意见，判决保险公司全额支付林大哥的医疗费用。

六、骑手配送完毕回家后猝死，保险公司能否以超出配送时间为由拒赔？

1. 基本案情[1]

张先生是一名外卖配送员，同时也是家里的顶梁柱。2023年8月17日20时许，张先生在配送过程中感到胸闷不适，结束当前订单后，于20时30分提前结束配送工作并回家休息。然而，到了22时许，张先生突发意识丧失，120急救人员赶到现场后，抢救无效，张先生不幸去世。家属在整理遗物时发现，张先生每天通过骑手平台登录配送时都会自动购买一份附加猝死

---

[1] 福建省古田县人民法院，[2024] 闽0922民初355号。

保障的意外险，保额为 60 万元。

2. 保险拒赔

在得知张先生投保了意外险后，家属立即联系保险公司，申请理赔。然而，保险公司却以多个理由拒绝赔付：

（1）超过配送时间范围。保险公司指出，根据保单特别约定，骑手的配送时间为结束最后一单后的 60 分钟内，而张先生的猝死发生在配送结束后的 90 分钟，超过了保障时间，因此不予赔付。

（2）既往病史。保险公司调查发现，张先生曾于 2016 年因"低钾血症"等疾病住院治疗。根据保单特别约定，由既往疾病引发的猝死不在保障范围内，保险公司无须承担赔偿责任。

3. 专业应对

张先生的家属对保险公司的拒赔结果无法接受。在朋友的推荐下，他们找到了泽良律师团队寻求帮助。律师通过与家属的全面沟通，深入了解案件事实，并对保险公司的拒赔理由进行了细致分析，最终确定了案件的争议焦点和解决思路。

接受委托后，泽良律师团队迅速梳理案件事实，收集了大量相关证据，并向法院提起诉讼。为了有效应对保险公司的抗辩，泽良律师团队对相关法律条款进行了深入研究，制定了详细的诉讼策略，并进行了充分的庭审准备。

4. 案件结果

在庭审中，泽良律师团队围绕案件的核心问题进行了有力的举证与辩论，成功驳斥了保险公司关于"超过配送时间"和"既往病史"的拒赔理由。最终，法院采纳了泽良律师团队的观点，判决保险公司拒赔理由不成立，要求向张先生的家属全额支付 60 万元的保险金。

七、职业类别不符，保险公司能否拒赔？

1. 基本案情[1]

范大哥是一名从事室内外成套装饰装修的工人，为了给家庭增加一份保障，他投保了一份两全险，受益人指定为年幼的儿子。2022 年底，范大哥

---

[1] 湖北省武汉市武昌区人民法院，[2023] 鄂 0106 民初 16222 号。

在高空作业时不幸坠落，经抢救无效最终不幸去世。事故发生后，范大哥的妻子周女士向保险公司提出理赔申请，希望能为家庭争取到一些经济补偿。

2. 保险拒赔

然而，保险公司却以范大哥的职业类别不符合承保条件为由拒绝赔付。保险公司认为，范大哥在投保时填写的职业是室内外装饰装修工人，而事故发生时他正在进行高空作业，属于高风险工种，超出了保险承保的职业范围，因此拒绝理赔。

3. 专业应对

泽良律师团队为周女士提供了免费咨询，并分享了类似的案例及法律依据。经过多次沟通，周女士对案件充满信心，决定委托泽良律师团队代理案件。

针对保险公司的拒赔理由，泽良律师团队资深律师何青思提出了详细的诉讼策略：

（1）未如实告知的法律效力。范大哥投保时没有存在未如实告知的情况，且保险合同中并未明确出示职业分类表，保险公司未在合同中对职业类别的错误填写作出免责条款。因此，保险公司没有法律依据拒绝赔付。

（2）保险公司的调查失职。范大哥的死亡医学证明和急诊诊疗记录已经明确证明他系意外身故。保险公司在接到报案后没有及时履行调查义务，且以职业类别不符为由拒赔并无依据。

（3）两年不可抗辩条款。即使范大哥存在未如实告知的情况，保险公司在知悉后未在法定30日内解除合同。而且根据《保险法》第16条的相关规定，合同成立超过两年，保险公司不得以未如实告知为由解除合同，依然需要承担保险责任。

4. 案件结果

经过多轮激烈的庭审辩论，法院最终采纳了泽良律师团队的观点，判决保险公司应全额赔付周女士22万元的保险金。这一判决不仅为范大哥的家属带来了应得的经济补偿，也为他们的内心带来了公正的慰藉。

八、建筑工地交通事故，保险公司能否以"未提供劳动合同"为由拒赔？

1. 基本案情[1]

2022年初，罗先生加入某建设工程公司，并在项目工地上工作。不幸的是，2022年7月，罗先生在工作时与一辆面包车发生碰撞，最终不幸去世。随后，罗先生的家属得知，建设工程公司为其员工购买了建筑工程意外伤害保险（建工险），而罗先生也是被保险人之一。因此，家属向保险公司提出理赔申请。

2. 保险拒赔

保险公司拒绝了罗先生家属的理赔请求，给出的理由包括：

（1）保险清单中没有罗先生的名字，罗先生并非公司的工作人员，且未提供书面劳动合同；

（2）事故发生地点不明确，无法确定是否为保单载明的施工地址；

（3）公司未履行岗前培训义务，且罗先生未佩戴安全帽，违反了法律法规，属于重大过失；

（4）罗先生的医疗费用已从另一家保险公司获得赔偿，因此不应再进行赔付。

3. 专业应对

在拒赔后，罗先生的家属联系了泽良律师团队，经过详细的咨询与了解，家属决定全权委托泽良律师处理此案。泽良律师团队接受委托后，迅速展开案件的全面准备工作，仔细研究相关法律法规，并搜集了多个类似案例。

在庭审中，泽良律师团队提出了以下关键观点：

（1）不记名投保的特殊性。建筑工地的人员流动性较大，建筑工程意外伤害保险为不记名投保，不需要提供具体的工人名单。罗先生作为工地工作人员，符合被保险人范围。

（2）免责条款的适用性。保险公司所主张的重大过失条款过于概括，且未能充分举证证明罗先生存在未接受培训或未佩戴安全帽的事实，保险公司

---

[1] 上海市浦东新区人民法院，[2023] 沪0115民初64380号。

应承担举证不利的后果。

（3）提示说明义务的履行。保险公司未能证明其履行了充分的提示说明义务，保险公司依据免责条款拒赔的主张没有法律依据。

4. 案件结果

经过激烈的庭审辩论，法院采纳了泽良律师的观点，认为建筑工地意外伤害保险具有不记名投保的特殊性，罗先生符合保险赔偿的条件。同时，法院认定保险公司未能提供充分证据证明拒赔理由，最终判决保险公司向罗先生的家属支付102万元赔偿金。

九、无证驾驶是否会导致保险公司拒赔？

1. 基本案情[1]

2022年12月13日，陈某无证驾驶二轮摩托车与小轿车司机邱某发生碰撞，事故导致陈某不幸去世。交警认定邱某对事故负全责。事后，陈某的家属得知其所在公司为他购买了一份团体意外险，便向保险公司申请理赔。然而，保险公司以陈某无证驾驶为由，拒绝赔付。

2. 保险拒赔

保险公司拒绝赔偿的理由主要有三点：

（1）免责条款的提示义务。保险合同中的免责条款已通过加粗加黑处理，且该条款依据法律和行政法规中的禁止性规定，保险公司认为其已经履行了提示义务，因此无须承担赔偿责任。

（2）无证驾驶增加风险。保险公司主张，无证驾驶显著增加了事故发生的风险，即便无证驾驶与事故无直接因果关系，保险公司仍应免责。

（3）广泛适用的免责条款。保险公司认为，无论事故的具体原因是否与无证驾驶直接相关，只要事故发生时陈某处于无证驾驶状态，就可依据免责条款拒赔。

3. 专业应对

面对保险公司的拒赔，陈某的家属陷入了极大的痛苦与困惑。在多方寻求帮助后，他们选择了泽良律师事务所为其争取合法权益。泽良律师团队在一审中精心准备了相关法律资料，并详细研究了类似案例。然而，一审法院

---

[1] 福建省三明市中级人民法院，[2023] 闽04民终1895号。

认同了保险公司对免责条款的解读，并未支持陈某家属的 50 万元理赔请求。

4. 案件结果

虽然一审失利，但泽良律师团队并未放弃。在深入研究一审判决后，团队找到了案件的突破点，并在二审中通过提供更多关键证据，成功扭转了局势。最终，二审法院支持了泽良律师团队的主张，判决保险公司全额支付 50 万元的身故保险金。

十、高空作业未佩戴安全带，保险公司能否拒赔？

1. 基本案情[1]

2021 年 12 月，秦先生入职 A 公司，公司为其购买了团体意外伤害保险。2022 年 1 月，秦先生在进行高空作业时不幸发生坠落事故，受伤严重。经过住院治疗，鉴定结果为一级伤残。面对高昂的医疗费用，秦先生的意外伤害保险成了他和家人的希望。然而，当他向保险公司提出理赔申请时，却遭到了拒绝。

2. 保险拒赔

保险公司拒绝赔付的理由是，秦先生在高空作业时未佩戴安全带，导致事故发生，因此根据保险合同的免责条款，属于不予赔付的范围。这个拒赔让秦先生及其家属陷入困境，不知道该如何维护自己的权益。

3. 专业应对

接受委托后，泽良律师团队立即着手整理案件材料，并向法院提交相关证据。在庭审前，团队进行了充分的准备工作，主要从以下几个方面进行辩护：

（1）事故情况争议。保险公司声称秦先生未佩戴安全带导致坠落事故，但实际证据无法证明这一点，事故的真实情况并不符合免责条款的适用条件。

（2）免责条款的法律效力。保险合同中的相关条款属于《保险法》第 17 条规定的"免除保险人责任的条款"，但保险公司未对这些条款进行加黑加粗处理，也未采取其他显著方式提醒投保人注意。因此，该免责条款不具

---

[1] 河南省郑州市金水区人民法院，[2024] 豫 0105 民初 4248 号。

备法律效力,保险公司应承担相应的保险责任。

4. 案件结果

经过激烈的庭审辩论,法院采纳了原告律师的意见,认定保险公司未履行明确提示免责条款的义务,相关条款无效。最终,法院判决保险公司向秦先生支付 50 万元保险金。这一判决充分证明了泽良保险拒赔事业部对案件的精准分析和强有力的诉讼策略。

十一、无证驾驶,保险公司能否拒赔?

1. 基本案情[1]

2022 年 3 月 9 日,Z 女士所在的 J 公司为其投保了一份团体意外伤害保险,约定因意外身故可获得 50 万元保险金。2022 年 4 月,Z 女士无证驾驶摩托车在路口转弯时与一辆半挂车相撞,不幸当场身亡。

2. 保险拒赔

当 Z 女士家属向保险公司申请理赔时,保险公司拒绝赔付,理由如下:

(1) 无证驾驶是事故的直接原因。保险公司认为,Z 女士无证驾驶摩托车并未在转弯时让行直行车辆,是导致事故发生的直接原因。事故认定书中的过错分析也明确指出,Z 女士的无证驾驶行为与事故存在直接因果关系。

(2) 免责条款适用。保险条款中明确规定,被保险人在无有效驾驶证的情况下遭受意外,保险公司无须承担赔偿责任。保单和条款已送达投保人,且免责条款以加粗加黑方式标注,保险公司已履行了相关提示义务,因此不承担赔偿责任。

3. 专业应对

面对保险公司的拒赔,Z 女士的家属感到无助。在多次寻找解决办法未果后,他们在互联网上找到了泽良律师团队。经过多次线上咨询,泽良律师团队的专业分析让家属看到了希望,最终决定全权委托泽良律师代理案件。

泽良律师事务所的主任黄律师与资深律师武律师在深入了解案件事实的基础上,找到了案件的突破点,并进行了详尽的庭前准备。庭审中,两位律师凭借充分的证据与有力的辩论,积极争取 Z 女士家属的合法权益。

---

[1] 福建省漳州市芗城区人民法院,[2024] 闽 0602 民初 1814 号。

4. 案件结果

最终，法院采纳了泽良律师事务所的观点，认定保险公司未能充分证明投保人在订立合同时已详细阅读并理解免责条款。尽管免责条款为法律禁止性规定，保险人的说明义务可以适当减轻，但本案中保险公司未能提供足够证据证明其已履行相关说明义务。因此，法院判决保险公司向Z女士的家属支付50万元保险金。

十二、保险合同约定伤残八级赔付比例竟是10%？泽良律师团队如何争取赔付比例差额？

1. 基本案情[1]

Z公司为其员工向保险公司投保了建筑工程团体意外伤害保险，保险金额为每人50万元，合同生效日期为2020年6月23日至2021年4月7日。保险合同中特别约定：施工相关人员在保险范围内遭受意外伤害时，按照所附表的给付比例乘以50万元的金额来计算残疾保险金。其中，伤残等级赔付比例依次为：一级100%，二级80%，三级65%，四级55%，五级45%，六级25%，七级15%，八级10%，九级4%，十级1%。

2021年1月27日下午，Z公司的员工L在项目施工过程中进行搬运工作时，不慎从货车上摔落受伤。事故发生后，L被紧急送往厦门市第五医院治疗，诊断为双侧颧骨上颌骨复合骨折、双侧眶骨骨折、鼻骨骨折及颅内积气等多重伤情。随后，L被鉴定为八级伤残。

2. 保险拒赔

事故发生后，L向保险公司提出了理赔申请。保险公司在2023年2月9日根据合同条款向L支付了保险金5万元，这一金额是按照八级伤残对应的10%赔付比例计算得出的。然而，根据通常的行业标准，八级伤残的赔付比例应为30%，即应赔付15万元，这意味着L应获得的赔付金额与实际赔付金额之间存在10万元的差额。

保险公司对此给出的答辩意见包括：

（1）保险公司已经通过微信工作群的方式与投保人沟通了保险方案，在

---

[1] 福建省厦门市思明区人民法院，[2023]闽0203民初13427号。

群里明确说明了各项条款及伤残等级的赔付比例,并加黑加粗了特别约定的内容。

(2) 投保人 Z 公司确认了保险方案,并在投保单上签字并加盖了公司公章,表示对保险方案和条款表示知晓和同意。

(3) 保险公司在 2020 年 6 月 22 日出具了正式的保单,投保人于次日缴纳了保费,双方对于保险合同的条款和权利义务均已达成一致。

(4) L 先生的工伤认定书和劳动能力鉴定结论书已提交,保险公司按照工伤八级 10% 的赔付比例履行了合同责任,支付了 5 万元保险金。

保险公司坚持认为,已按合同约定履行了所有相关保险责任,无须支付额外的赔偿。

3. 专业应对

面对这一复杂的拒赔情况,L 的公司决定寻求专业的法律帮助,并委托了泽良律师事务所代理此案。泽良律师团队迅速介入,在详细审阅保险合同及相关文件后,明确了本案的争议焦点,并做好了充分的庭审准备。

庭审过程中,泽良律师团队在厦门市思明区人民法院——金融司法协同中心展开了有力的辩护。律师团队在法庭上提出了以下几个关键观点:

首先,泽良律师团队指出,保险公司在签订合同时未能充分履行对特别约定条款的提示和明确说明义务。虽然保险公司声称在微信工作群中有提及,但这种沟通方式的法律效力和告知的有效性存在争议。保险合同中的重要条款应以投保人易于理解的方式明示,而不是通过微信群的形式进行模糊解释。

其次,泽良律师团队对特别约定的赔付比例提出异议,认为该比例显著低于行业标准,对被保险人不利。根据相关法律规定,对保险合同中不明确的条款解释应有利于被保险人。因此,对于八级伤残的赔付比例,泽良律师团队主张应按照通用的 30% 赔付标准,而非特别约定的 10%。

最后,泽良律师团队引用了大量的有利案例,证明保险公司在此类案件中的拒赔理由未必会得到法院的支持,进一步强调了保险公司对投保人未履行充分的告知义务。

4. 案件结果

庭审结束后,法院组织双方进行调解。鉴于泽良律师团队的有效辩护和出色表现,保险公司最终妥协,同意在原已支付 5 万元的基础上,另行支付差额部分的保险金，以达成调解协议。

十三、保险公司能否以"猝死"不属于意外险责任范围为由拒赔？

1. 基本案情[1]

M 公司为其员工在保险公司投保了一份国寿新绿洲团体意外伤害保险，保险金额为 40 万元，合同生效日为 2022 年 11 月 1 日，合同到期日为 2022 年 11 月 30 日。在合同生效期间，2022 年 11 月 20 日，M 公司的一名员工 Z 在工作时猝死。

Z 的家属认为 Z 在工作期间不幸去世，理应获得保险赔偿。因此，他们特地返回重庆老家，在保险公司柜台提交了全部理赔手续。Z 的家属本以为申请理赔会顺利进行，但保险公司却强硬拒赔。

2. 保险拒赔

面对理赔申请，保险公司以如下理由拒绝赔偿：

（1）根据保险条款，猝死不在意外伤害保险的责任范围内。保险公司认为，Z 的死亡证明中明确显示死亡原因是猝死，这种情况不符合意外伤害的赔付条件。

（2）保险公司指出，猝死只是死亡的表现形式，而不是具体的死亡原因。Z 的家属在未进行尸检的情况下就对尸体进行了火化，因此需自行承担因缺乏证据所带来的不利后果。

（3）由于该保险为团体意外险，投保人是 M 公司。理赔申请需要 M 公司配合盖章并签署相关材料，而 M 公司因与 Z 家属存在工亡纠纷，拒绝协助保险理赔。

面对这些拒赔理由，Z 的家属陷入了困境。在 Z 突然去世后，家庭已经受到巨大打击，保险公司的拒赔更是让他们雪上加霜。家属意识到，如果不能得到及时的赔偿，这将进一步加重他们的经济和心理负担。

3. 专业应对

在得知保险公司拒赔的消息后，Z 的家属通过各方渠道了解到福建泽良律师事务所的专业能力，立即联系了泽良律师团队，希望通过法律途径争取应有的保险赔偿金。接受委托后，泽良律师团队迅速行动，为避免理赔受

---

[1] 福建省福州市鼓楼区人民法院，[2023] 闽 0102 民初 9599 号。

阻，果断于 2023 年 7 月 2 日在福州市鼓楼区人民法院立案。

立案之后，泽良律师团队没有停止与保险公司的谈判，同时针对保险公司的拒赔理由进行了深入的法律分析。律师团队从《保险法》和相关司法解释的规定出发，详细分析了保险公司的拒赔理由存在的不合理性，并针对这些理由提出了有理有据的反驳。

泽良律师团队指出，保险公司所依赖的条款解释存在偏颇之处。首先，保险公司未能明确说明猝死是否属于保险责任范围，模糊的条款解释应按照最有利于被保险人的方式进行解释。其次，Z 的家属未进行尸检的行为与保险理赔责任之间缺乏直接关联，不能因此否定理赔申请的合法性。此外，团体意外险的理赔不应因投保人和受益人之间的纠纷而受到影响。

4. 案件结果

经过多次与保险公司的协商和法律上的有力说服，泽良律师团队最终成功使保险公司改变了最初的拒赔立场，同意全额支付 40 万元的保险赔偿金。2023 年 8 月 4 日，保险公司确认已支付全部赔偿金后，泽良律师团队向福州市鼓楼区人民法院申请撤诉，案件圆满落幕。

Z 的家属对泽良律师事务所的专业服务和高效处理表示了由衷的感谢。他们认为，正是因为泽良律师团队的及时介入和强有力的法律支持，才使得这一保险纠纷得以顺利解决，避免了进一步的财务困境和法律争端。

十四、意外坠亡，保险公司能否以"非意外事故死亡"为由拒赔？

1. 基本案情[1]

2014 年 3 月，Z 先生为了家人的未来和可能发生的风险，投保了两全险和意外险，保额均为 10 万元。这一决定体现了他对家庭的责任感和对未来风险的防范意识。然而，2023 年 9 月 27 日，不幸降临，Z 先生在一次坠桥事故中不幸身故。当家属们在整理他的遗物时，意外发现了这份保险单。对于沉浸在失去亲人的痛苦中的家属来说，这无疑是黑暗中的一线希望。

家属立即联系保险公司，期望通过这份保险单为家庭带来一丝经济上的缓解。然而，保险公司的回应却让他们感到更加无助。

---

[1] 福建省福州市鼓楼区人民法院，[2024]闽 0102 民初 3258 号。

2. 保险拒赔

保险公司以家属无法证实 Z 先生的死亡为意外事故为由，拒绝支付赔偿金。更令人难以接受的是，保险公司甚至暗示 Z 先生可能是自杀，表示除非家属能够提供确凿证据证明 Z 先生的死亡是由于意外事故，否则将拒绝理赔。这一态度让家属们感到困惑和痛苦，他们不仅失去了亲人，还要面对保险公司这种不公正的拒赔行为。在这双重打击下，家属陷入了深深的无助和绝望。他们决定不再被动等待，而是积极寻求帮助。

3. 专业应对

在接到拒赔通知后，Z 先生的家属抱着试一试的心态，在互联网上找到了泽良律师团队。经过几次线上咨询，泽良律师团队对案件进行了专业而细致的分析，并为家属指明了可能的突破口。家属看到了希望，决定全权委托泽良律师事务所来为他们争取应得的赔偿。

泽良律所资深律师陈小云和杨美珍迅速介入案件。在充分了解案情后，律师团队从保险公司应对自杀承担举证责任的角度出发，展开了大量准备工作。律师们进行了全面的数据检索，精确梳理了案件的事实，并依托法律条文，制定了强有力的应对策略。庭审中，他们不遗余力地展开辩论，全力维护客户的合法权益。

4. 案件结果

案件于 2023 年 3 月 29 日正式立案后，泽良律师团队进一步加大了庭前准备力度。陈小云律师和杨美珍律师细致研究了案件涉及的法律条文，并对各种可能出现的情况进行了全面的预判。他们多次与法官及保险公司进行深入的沟通与协商，推动了案件的快速进展。

经过两个月的激烈谈判和不懈努力，保险公司终于改变了立场。在认识到败诉风险后，保险公司同意在已支付 1.1 万元的基础上，额外支付 10 万元的保险金。这一结果不仅为 Z 先生的家属争取到了应得的赔偿，也展示了泽良律师团队的专业精神和坚决维护客户权益的能力。

十五、保险公司以"怀疑自杀"为由拒赔，是否合理？

1. 基本案情[1]

L是一名年轻、乐观向上的人，为了给自己和父母提供一份保障，他购买了一份无忧保险。然而，意外发生了。某天，L在家里使用炭炉煮火锅时，因一氧化碳中毒不幸身亡。L的父母在接到这个噩耗时，陷入了深深的悲痛之中。然而，更令他们难以接受的是，保险公司在收到理赔申请后，以怀疑L自杀为由拒绝支付保险金。

L是独生子，L的父母原本希望通过这份保险金来缓解失去独生子女的沉重打击，然而保险公司的拒赔决定让他们从愤怒、失望转为决心行动。他们在悲痛中保持理性，开始搜集有关保险理赔的法律信息，决心为自己的权益而战。

2. 保险拒赔

保险公司以"怀疑L自杀"为由，拒绝向L的父母支付保险金。保险公司声称，L在使用炭炉时的死亡情况存在不明因素，可能是自杀行为，因此拒绝理赔。这一决定让L的父母感到无助和愤怒，他们既失去了独生的儿子，还要面对保险公司的拒赔行为。

不甘心的L父母决定寻求法律帮助，通过朋友介绍，他们找到了泽良律师团队，希望通过法律手段来维护自己的权益。

3. 专业应对

在接受L父母的委托后，泽良律师团队立即着手处理此案。律师团队表现出高度的专业精神和同情心，不仅为L的父母提供了法律建议，还耐心听取他们的心声和诉求，表示保险公司有义务履行其合同中的保险责任。

在制定诉讼策略时，泽良律师团队的律师不仅仅依赖法律条文，还深入研究了保险行业的惯例和相关先例判决，以强化诉讼策略的有效性。同时，律师团队深入挖掘了L死亡前后的具体生活细节和轨迹，以此反驳保险公司关于自杀的猜测。律师团队多次与保险公司进行谈判，提出有力的法律依据和事实证据，坚决维护客户的权益。

---

[1] 上海市黄浦区人民法院，[2024]沪0101民初1911号。

4. 案件结果

经过泽良保险法团队多轮基于事实和法律的谈判努力，保险公司最终有所松动，同意支付80万元保险金。在调解过程中，法院强调了契约精神和保险的社会责任，促使双方最终达成了共识。

L的父母在调解结果出来后表示，虽然金钱无法弥补失去儿子的痛苦，但他们感受到了法律的公正和社会的支持。他们对泽良律师团队的努力和专业精神表示由衷的感谢。

十六、意外身故却遭拒赔，保险公司能否以"未尸检且患高血压"为由推脱责任？

1. 基本案情[1]

呼大哥为了给家人提供更多的安全保障，为全家购买了一份意外保险。2023年，一场意外打破了这个家庭的平静。呼大哥的父亲云大爷在家洗澡时不慎摔倒，家人迅速请来了村医进行紧急救治。然而，在云大爷被转院后，医生告知家属，他实际上是突发心肌梗死，最终不幸去世。面对父亲的突然离世，呼大哥在悲痛之余，依然保持理智，向保险公司提交了理赔申请，希望为家庭减轻经济负担。

然而，保险公司的回应让呼大哥深感愤怒和无助。

2. 保险拒赔

保险公司在接到理赔申请后，以"未进行尸检"和"投保前患有高血压"为理由拒绝了呼大哥的赔偿请求。保险公司认为，云大爷的去世是否属于意外身故存在疑问，且在投保前就有高血压病史，因此不符合意外险的赔偿条件。面对保险公司的无理拒赔，呼大哥和家人感到无比愤怒，因为他们不仅失去了至亲，还要面对保险公司的拒绝赔偿。

3. 专业应对

面对这种情况，呼大哥决定不再沉默，而是积极寻求法律帮助。经过慎重考虑，呼大哥选择了泽良律师事务所，希望通过法律途径来为自己争取应得的赔偿。在接受委托后，泽良律师团队立即展开了工作。团队的律师详细

---

[1] 上海市黄浦区法院，[2024]沪0101民初267号。

分析了保险合同的条款和相关法律法规，并指出，根据《保险法》及相关解释，即使云大爷去世原因涉及意外摔倒且存在客观证据证明，保险公司依然应当履行赔付责任。此外，律师团队还指出，某次体检并不能充分证明云大爷确诊患有高血压，不能因此就拒绝理赔。

在此基础上，泽良律师团队制定了一系列有针对性的诉讼策略，以此为依据展开与保险公司的谈判，力求维护客户的合法权益。

4. 案件结果

面对泽良律师团队持续的法律压力和有力的论证，保险公司最终选择妥协。在法院的主持下，双方达成调解协议，保险公司同意向呼大哥支付七五折的赔偿金。通过这场调解，呼大哥一家最终得到了应有的赔偿，案件得以圆满解决。

十七、职业类别不符，保险公司能否以此为由拒赔？

1. 基本案情[1]

2023年5月23日10时，G先生驾驶二轮摩托车前往客户家中，不幸与C先生驾驶的小型越野客车发生碰撞，造成严重受伤。交通事故发生后，交警部门迅速介入，并出具了交通事故责任认定书，明确C先生负本次事故的全部责任，而G先生没有任何责任。G先生因受伤被送往医院，经多次治疗后，伤情逐渐稳定，并于2024年初被鉴定为伤残十级。

在伤情稳定后，G先生希望通过自己之前购买的三份意外保险来获得一定的赔偿，以缓解经济压力。然而，他很快发现，理赔之路并不平坦。

2. 保险拒赔

当G先生向保险公司提出理赔申请时，保险公司以职业类别不符为由，拒绝赔偿。保险公司声称，G先生的三份意外险承保的仅为1-3类职业类别，而G先生的工作性质已超出了这一范围。由于G先生的职业类别不符，保险公司认为其风险系数显著增加，因此拒绝理赔。这一拒赔理由让G先生感到非常无奈和困惑。

面对保险公司的拒赔，G先生不知所措，但他决定不放弃，通过朋友的介绍，他了解到泽良保险团队在处理保险理赔和拒赔案件方面具有丰富的经

---

[1] [2023民] 泽字第2518号。

验，便立即联系了泽良律师寻求帮助。

3. 专业应对

接受委托后，泽良律师团队迅速介入案件。律师团队首先仔细梳理了事故发生的经过，明确了事故的责任划分和事实情况。随后，律师团队为 G 先生提供了详细的理赔指导，重点帮助 G 先生与保险公司指定的调查人员进行沟通，确保所有关键信息的准确传达。

同时，泽良律师团队还协助 G 先生审核和把关理赔材料，指导他收集并提交相关证据，确保理赔的顺利进行。通过律师团队的专业指导，G 先生逐步了解了理赔的关键点和如何有效应对保险公司的拒赔理由。

4. 案件结果

在泽良律师团队的高效协助和指导下，G 先生的理赔申请获得了快速推进。最终，G 先生的三份保险在极短时间内成功获赔，合计金额达 20 万元。这一结果令 G 先生感到非常满意和欣慰，不仅为他的经济状况提供了及时的帮助，也让他感受到了专业法律服务的重要性。

十八、境外车祸受伤后手术，保险公司能否以"医疗事故"为由拒赔？

1. 基本案情[1]

周先生是一名长期在非洲工作的企业家，为了保障自身在境外工作的安全，早早为自己购买了一份境外意外险。2023 年初，周先生在非洲工作期间遭遇了一起严重的交通事故，被紧急送往当地医院救治。由于伤势严重，医生为其进行了髋关节置换手术。手术后，周先生的伤势得到了一定的控制，但也因此被鉴定为八级伤残。

为了应对巨额的医疗费用和后续康复费用，周先生向保险公司提交了理赔申请，希望能获得保险赔付来缓解经济压力。然而，保险公司却暗示可能拒绝赔偿。

2. 保险拒赔

在理赔过程中，周先生了解到，保险公司可能会以"医疗事故"为由

---

[1] [2024 非] 泽字第 440 号。

拒赔，理由包括：手术导致的伤残属于医疗事故，不在保险的赔偿范围内；以及保险合同中的免责条款明确规定，因医疗事故导致的伤害不予赔偿。面对这些潜在的拒赔理由，周先生感到十分不安。

3. 专业应对

在多方打听后，周先生联系了泽良律师事务所，希望通过法律手段获得应有的赔偿。接受委托后，泽良律师团队立即展开了工作。他们详细分析了保险合同条款和相关法律法规，预判了保险公司可能采取的拒赔策略，并迅速制定了应对方案。

泽良律师团队指出，保险公司在投保时未充分履行对"医疗事故"免责条款的明确提示和说明义务，这违反了合同法和保险法的相关规定，因此该免责条款不应生效。此外，律师团队强调，周先生的手术是在紧急情况下进行的，属于合理且必要的治疗措施，不能简单归类为"医疗事故"。因此，保险公司应当承担相应的赔付责任。

为了进一步支持理赔主张，泽良律师团队积极协助周先生进行了伤残鉴定，最终确认为八级伤残。这一鉴定结果成了维权的重要依据。

4. 案件结果

在泽良律师团队的专业指导和积极争取下，保险公司最终意识到其拒赔理由难以在法律上成立。面对律师团队的有力论证和持续施压，保险公司选择了妥协，同意全额赔付，周先生成功获得了 15 万元的保险赔偿金。

第四节　责任险案析

一、卸货过程中受伤，保险公司能否以"不属于赔偿范围"为由拒赔？

1. 基本案情[1]

2021 年 4 月 2 日，G 公司作为雇主为 S 先生在某保险公司投保了一份《新就业形态人员职业伤害责任保险》，保险期间为一年。保险责任范围包括被保险人在灵活就业过程中遭受职业伤害导致的人身伤亡，涵盖一次性工

---

[1] 德阳市旌阳区人民法院，[2023] 川 0603 民初 3997 号。

亡补助金、丧葬补助金、供养亲属抚恤金、一次性伤残补助金等。

2022年2月20日，S先生在驾驶闽G31××2车辆进行卸货时，由于车辆故障不幸受伤，送往三明市第一医院后，诊断为腰椎压缩性骨折及椎间盘突出。S先生的伤势严重，迫使其长期休养，家中经济陷入困境。

2. 保险拒赔

S先生及其家属向保险公司提出理赔申请，然而保险公司以以下理由拒赔：

（1）事故与运输无关。保险公司声称，保险条款明确规定，只有在车辆运作过程中（如加油、加水、换胎、处理故障等）发生的意外事故才属于赔偿范围。S先生的事故发生在卸货期间，与运输无关，因此不在保险责任范围内。

（2）免责条款适用。保险合同中明确约定，中途或终点装卸货物过程中发生的事故不属于保险责任范围，S先生受伤正是在卸货时发生，属于免责情形。

（3）被保险人身份问题。保险公司认为，S先生并非保险合同的被保险人，因此无权向保险公司主张赔偿。

3. 专业应对

面对保险公司的拒赔，S先生深感无助。他通过多方打听，了解到福建泽良律师事务所，决定寻求专业律师的帮助。泽良律师事务所在接受委托后，迅速立案，并于2023年7月5日代表S先生在四川省德阳市旌阳区人民法院提起诉讼。

庭审过程中，泽良律师团队针对保险公司的拒赔理由进行了充分的反驳。依据《保险法》第17条及相关司法解释，律师团队指出保险公司未履行明确说明免责条款的义务，拒赔理由不成立。泽良律师团队还指出，保险公司未能有效提示特别约定中的免责条款，该条款无效。

4. 案件结果

最终，法院采纳了泽良律师团队的观点，判决保险公司应当承担全额赔偿责任。虽然保险公司提交的投保单显示投保人G公司确认已知悉免责条款，但该条款未使用足够引起注意的字体或符号作出提示，因此无法律效力。

二、保险公司能否以"无证驾驶"为由拒赔雇主责任险？

1. 基本案情[1]

2022年10月，B公司的一名员工在一次运输任务中不幸发生事故身亡。B公司在向员工家属支付了约130万元的赔偿后，家属同意将保险金的请求权转让给公司，随后B公司向保险公司提出理赔申请，要求赔付。然而，保险公司却拒绝了理赔，理由是该员工在事故发生时驾驶叉车属于无证驾驶，依据保险条款，属于免责范围。此外，保险公司还指出，B公司未能提供充分证据证明员工死亡相关合同已获得确认，因此该合同无效，保险公司有权拒赔。

2. 保险拒赔

保险公司拒赔的主要依据有两点：

（1）员工在事故发生时无叉车驾驶证，违反了保险合同中关于无证驾驶的免责条款。

（2）相关的保险合同未经过员工确认，故合同应被视为无效。

3. 专业应对

B公司在赔付了高额赔偿后，资金周转压力巨大，因此希望通过法律途径解决保险赔偿问题。通过商业合作伙伴的推荐，B公司了解到泽良律师团队，并向其寻求帮助。泽良律师何青思仔细分析了案件，并列出了初步的诉讼方案。基于泽良团队曾处理类似无证驾驶案例并成功胜诉的经验，B公司决定委托何律师处理此案。

在诉讼过程中，何青思律师团队提出了以下关键观点：该员工已通过叉车操作员考试并取得合格成绩，应视为具备操作叉车的能力。保险合同并未明确定义"有效操作证"的具体要求，且保险公司未能举证证明在合同签订时履行了对无证驾驶条款的充分提示义务。因此，免责条款不应生效。

团体意外险与个人意外险的核心区别在于，团体险中的投保人会因事故的发生而蒙受损失，从而排除了道德风险的存在。基于此，B公司签订的团体险合同应被视为有效。

---

[1] 浙江省杭州市中级人民法院，[2023] 浙01民终11349号。

4. 案件结果

最终，法院采纳了何青思律师的观点，认定保险公司应承担赔偿责任，判决支付 B 公司 100 万元的保险金。B 公司对此判决结果感到十分满意，并对泽良保险法团队的专业服务给予了高度评价。

三、雇员无证驾驶，保险公司能否以此为由拒赔雇主责任险？

1. 基本案情[1]

2021 年 7 月，景发家具公司为了保障员工权益，向保险公司购买了雇主责任险，其中包含 20 万元的人员伤亡保险金和 2 万元的医疗费用保险金。当时，保险公司的业务人员表示，只需提交工伤认定书即可获得赔偿。

2022 年 4 月，公司的一名雇员在交通事故中不幸身亡，并被认定为工伤。保险公司业务员最初承诺理赔，但当公司正式提出理赔申请时，保险公司却以"雇员无证驾驶"为由，拒绝赔付。

2. 保险拒赔

保险公司拒赔的主要理由是：

雇员在事故发生时无证驾驶，根据保险合同中的免责条款，保险公司无须承担赔偿责任。

3. 专业应对

面对保险公司的拒赔，景发家具公司感到难以置信。购买保险时，业务员并未提到无证驾驶会影响理赔，而是承诺可以获得 20 万元的赔偿。公司在困惑和无助中，经好友推荐，联系了泽良律师事务所。

泽良保险拒赔事业部的黄律师在详细了解案件情况后，立即制定了诉讼策略，并帮助公司向法院提起了诉讼。在庭审中，泽良律师从以下几个关键点展开辩护：

（1）免责条款的效力。保险合同中的免责条款并未明确列出"无证驾驶"情形，保险公司自行进行扩张性解释，这不符合银保监会的要求，也不符合保险条款的文义解释。

（2）免责事由的适用性。本次事故是由于肇事方超速超载导致，与免责条款中的原因免责不符，保险公司不能以此为由拒赔。

---

[1] 福建省漳州市龙文区人民法院，[2024] 闽 0603 民初 328 号。

（3）不利解释原则。若免责条款存在两种以上的解释，应作出有利于被保险人和受益人的解释。

（4）近因原则。雇员的死亡事故是上下班途中发生的交通事故，近因是交通事故本身而非无证驾驶，保险公司应承担赔偿责任。

（5）最大诚信与合理期待原则。保险公司应依照最大诚信原则向投保人说明合同条款的内容，保障投保人的合理期待。

4. 案件结果

一审法院采纳了泽良律师团队的观点，认定保险公司在免责条款中并未明确无证驾驶为免责情形，且在解释免责条款时应作出有利于被保险人的解释。最终，法院判决保险公司支付景发家具公司 20 万元的保险金。

四、雇员因自身疾病身亡，保险公司能否以"公司未承担责任"为由拒赔雇主责任险？

1. 基本案情[1]

2023 年 1 月，食品公司员工老郭在工作时突发急性心肌梗死，送往医院途中不幸身亡。食品公司为员工投保了雇主责任险，愿意将保险赔偿金支付给老郭的家属，由家属向保险公司主张赔偿权益。

然而，当老郭的家属向保险公司提出理赔申请时，遭到了保险公司的拒赔。

2. 保险拒赔

保险公司拒绝理赔的理由如下：

老郭的家属不是保险合同的相对方，雇主责任险的被保险人为公司，赔偿不应支付给老郭的家属。

公司尚未明确承担赔偿责任，只有公司赔偿后，保险公司才需赔偿给公司。

老郭的死亡原因是心肌梗死，且死亡证明显示死亡地点在家中，未认定为工伤，公司不需要承担责任，保险公司因此无须赔偿。

依据保单的特别约定，65 周岁以上的赔偿金额限额为 40 万元。

---

[1] 山东省青岛市崂山区人民法院，[2023] 鲁 0212 民初 9901 号。

3. 专业应对

老郭的家属得知泽良律师事务所在处理保险拒赔案件方面有着高度的专业性，遂决定委托泽良律师事务所处理此案。泽良律师团队接受委托后，迅速对案件细节进行了深入分析，全面制定了诉讼策略。

在诉讼过程中，泽良律师团队针对保险公司的每项拒赔理由逐一进行了强有力的反驳：

（1）雇主责任险的赔偿权益：虽然被保险人是公司，但公司已明确表示愿意支付保险金给老郭的家属，因此家属有权代表公司主张赔偿。

（2）公司未明确承担责任的问题：公司已表示赔偿家属，保险公司有义务根据保单条款履行赔偿责任。

（3）工伤认定与死亡原因：老郭是在工作时间内突发疾病，近因与工作环境密切相关，符合雇主责任险的赔偿条件，保险公司不能以死亡地点为由拒赔。

（4）保单特别约定的限制：即便保单中对65周岁以上人员的赔偿金额有所限制，老郭的死亡并未超出此限额，因此应当全额赔偿。

4. 案件结果

经过庭审辩论，法院最终支持了泽良律师的观点，判决保险公司向老郭的家属支付40万元保险金。此次判决不仅帮助老郭的家属获得了应得的赔偿，也彰显了泽良律师事务所的专业能力。

五、骑手无证驾驶电动车致人受伤，保险公司能否以"驾驶机动车"为由拒赔？

1. 基本案情[1]

Y先生是一名外卖骑手，日常工作中他驾驶二轮电动车进行配送。某日，Y先生在配送途中与另一辆电动车发生碰撞，造成对方驾驶员及乘客受伤。交警部门经过调查，认定Y先生对该事故负全责。

事后，受伤的两名当事人向Y先生提出了高额赔偿要求。此时，Y先生想起他每次通过配送平台接单时，都会自动投保一份包含配送人员意外伤害

---

[1] 福建省厦门市思明区人民法院，[2023] 闽0203民初22004号。

和法律责任的保险，保额为 30 万元。于是，Y 先生向保险公司提出理赔，希望保险公司代为赔付受害者的损失。

2. 保险拒赔

保险公司拒绝赔付，理由是 Y 先生驾驶的二轮电动车属于"机动车"，而他并没有机动车驾驶证，属于无证驾驶。根据保险合同的相关条款，保险公司认为无证驾驶属于免责情形，因此不应承担赔偿责任。Y 先生还向外卖平台及配送服务公司寻求帮助，但双方均撇清了责任，不愿承担赔偿义务。

面对三方拒赔，受伤者将 Y 先生、保险公司、外卖平台以及配送服务公司一同告上法庭，要求获得赔偿。

3. 专业应对

在遭遇拒赔的困境下，Y 先生感到无助。他在抖音上看到了泽良律师团队的成功案例，决定联系泽良律师事务所寻求帮助。在经过免费初步咨询后，Y 先生对泽良律师团队的专业意见充满信心，随即委托泽良律师团队全权代理案件。

泽良律师团队迅速介入，详细梳理案件的关键争议点，并为庭审做好充分准备。案件的焦点包括：

Y 先生与外卖平台及配送服务公司是否构成用工关系？

Y 先生驾驶的二轮电动车是否应被认定为"机动车"？

保险合同中的免责条款是否适用于本案中的无证驾驶行为？

针对这些争议焦点，泽良律师团队进行了大量案例研究，制作了详尽的案例分析报告，并制定了周密的庭审策略。

4. 案件结果

在法庭上，保险公司以及外卖平台和配送服务公司都试图撇清自身责任，强调 Y 先生的无证驾驶不应在保险赔偿范围之内。经过激烈的辩论，法院最终采纳了泽良律师团队的观点，认定保险公司的拒赔理由不成立。法院判决由保险公司和配送服务公司共同承担赔偿责任，支付受害者共计 25 万元，而 Y 先生无须承担赔偿责任。

第五节　车险案析

一、空车状态下发生交通事故，保险公司能否以"不属于货物运输过程"为由拒赔？

1. 基本案情[1]

2019年6月26日，H运输公司为其名下的重型厢式货车投保了公路货物运输保险附加第三者责任保险（俗称为"超赔险"）。同年11月23日，H运输公司的司机在国道上行驶时，车辆与一辆电动车相撞，继而撞上一名行人，造成两人不幸身亡。交通事故认定书明确指出，司机与电动车驾驶员应承担同等责任。两名死者家属通过诉讼程序，法院判决H运输公司需在车辆保险限额之外再赔偿24万余元。

2. 保险拒赔

H运输公司支付了相关赔偿后，依据合同条款向保险公司申请理赔"超赔险"部分。然而，保险公司以多种理由拒赔，其中包括：事故发生后H运输公司未及时报案；诉讼已超过2年的时效期；事故发生时车辆空车未载货，不属于货物运输过程；H运输公司对赔偿金额缺乏证明；车辆改装导致危险程度显著增加。

3. 专业应对

H运输公司感到无助，遂委托泽良律师事务所提供法律支持。泽良律师事务所的保险法团队接手案件后，迅速对保险公司的拒赔理由进行详细分析，制定诉讼策略，并开始准备起诉材料。团队仔细研究了相关案例，充分准备了庭审提纲和法律依据，并向法院提起诉讼。庭审中，泽良律师团队通过精心准备的论点，与保险公司展开了激烈辩论。主要论点包括：

（1）交通事故认定书已经确认了事故的性质和原因，未及时报案并未影响事故责任的确定，因此保险公司这一拒赔理由无法成立；

（2）根据司法解释，责任险的索赔时效应从赔偿责任确定之日开始计算，而不是从事故发生之日起算，本案仍在诉讼时效内；

---

[1] 福建省泉州市鲤城区人民法院，[2023]闽0502民初4224号。

（3）事故发生时，车辆上仍有货物遗留，属于货物运输过程中，保险公司的"空车"拒赔理由无效；

（4）H 运输公司对第三者的赔偿责任已经法院判决确认，且相关款项已被强制执行扣划，赔偿责任明确且确定；

（5）车辆改装与事故发生无关，且未显著增加危险，保险公司该理由也无事实依据。

4. 案件结果

经过庭审，法院最终采纳了泽良律师团队的观点，判决保险公司赔付 24 万余元。保险公司在一审判决后服判，并履行了赔付义务。至此，案件圆满解决。

二、自卸货车发生交通事故，保险公司能否以"未从事保险货物运输工作"为由拒赔？

1. 基本案情[1]

2021 年 7 月 30 日，ZW 公司的司机周某驾驶一辆自卸货车，在福建省晋江市东石镇路段发生交通事故，导致两人受伤。经晋江市公安局交通警察大队认定，周某承担此次事故的主要责任。随后，福建省晋江市人民法院于 2022 年 9 月 9 日作出生效判决，判令 ZW 公司在超出交强险和三者险的部分，需赔偿受害人 193 009.21 元。

ZW 公司曾为该自卸货车投保了公路货物运输定额保险及附加第三者责任保险（俗称"超赔险"）。因此，ZW 公司认为保险公司应依据"超赔险"合同履行赔偿责任。然而，保险公司却以各种理由拒绝赔付。

2. 保险拒赔

在拒赔过程中，保险公司提出了以下主要抗辩意见：

保险合同明确规定，不赔偿仲裁或诉讼费用等间接损失，也不承担精神损害抚慰金责任。ZW 公司已在投保时签字确认，并完全理解并接受保险条款中关于免责的内容。

本案中并无证据证明事故发生时车辆正从事保险货物运输工作。根据保

---

[1] 福建省厦门市中级人民法院，[2023] 闽 02 民终 7030 号。

险条款，保险责任仅限于货物运输过程中发生的事故。而根据交警记录及照片，事故发生时车辆为空车，并未载货。

保险条款规定保险责任的起讫期为"货物装上运输工具时开始，至货物卸离运输工具时终止"，因此，事故不在保险责任范围内。

3. 专业应对

面对保险公司的拒赔，ZW公司委托了泽良律师事务所的保险法团队。团队立即展开行动，向厦门市思明区人民法院提起诉讼。在庭审前，泽良律师团队做了充分的准备工作，详尽编写了庭审提纲，搜集了大量有利的案例。在庭审中，泽良律师团队围绕保险合同内容展开了严密的质证，针对保险公司的抗辩逐一进行反驳。主要论点包括：

（1）虽然事故发生时车辆为空车，但事故的发生仍在运输货物返程的过程中，因此应视为保险责任范围内的事故；

（2）根据运输合同的解释规则，应对保险条款做出有利于被保险人的解释，即返程途中发生的事故仍属于保险责任。

4. 案件结果

经过激烈的庭审辩论，法院最终采纳了泽良律师团队的观点，认为事故发生在运输返程途中，属于保险责任范围内。法院判决保险公司需支付ZW公司保险赔偿金193 009.21元及利息。

三、货运车辆发生交通事故，保险公司能否以"改变使用性质"为由拒赔？

1. 基本案情[1]

谢先生经营着一家运输公司，并以运输公司的名义为其轻型自卸货车投保了交强险和商业三者险。然而，在2022年6月，运输公司的轻型自卸货车在行驶过程中发生了意外，撞上了路边一辆正在紧急维修的车辆，导致维修人员受伤。经交警认定，运输公司的驾驶员对此次事故承担全部责任。由于事故导致受害人伤残，受害人将案件诉至法院，要求谢先生赔偿损失。然而，保险公司却以"改变使用性质"为由拒绝理赔，谢先生面临无力承担

---

[1] 福建省厦门市翔安区人民法院，[2023]闽0231民初2816。

受害人高达 65 万元赔偿的困境。

2. 保险拒赔

在此案中，保险公司拒绝承担赔偿责任，理由是：保险公司认为车辆在事故发生时从事的是货物运输活动，而车辆投保时为非营业货车性质。

保险公司声称，车辆使用性质的改变导致风险显著增加，因此不应在商业第三者责任保险范围内赔偿。

3. 专业应对

谢先生面临资金紧张、无法承担高额赔偿的压力，遂决定委托泽良律师事务所处理此案。刘则通律师和陈小云律师在了解案件后，向谢先生详细分析了法律依据，并提出了诉讼策略。

泽良律师团队抓住了保险公司未能提供证据证明车辆使用性质改变及危险程度显著增加的漏洞，结合《保险法》及相关司法解释，对保险公司提出的拒赔理由进行反驳。

4. 案件结果

一审法院最终认定，谢先生投保的车辆本就是轻型货车，且其用途与投保时一致。保险公司作为拒赔主张方，未能提供车辆使用性质发生改变或风险显著增加的有效证据。最终，法院判决保险公司在交强险和商业三者险范围内承担 44 万余元的赔偿责任。

四、货车用于运输自家建材，保险公司能否以"改变使用性质"为由拒赔？

1. 基本案情[1]

林先生经营一家建材店，购买了一辆轻型自卸货车用于运输自家经营的建材商品。由于车辆主要用于自家生意，林先生在投保车险时选择了非营运性质的保险。然而，在 2022 年 12 月，林先生在运送建材样品回程途中发生意外，车辆翻下山崖，造成车辆全损，林先生本人也受伤，后被认定为九级伤残。交警认定林先生对此事故负全责。

2. 保险拒赔

事故发生后，林先生及时向保险公司报案，并积极配合理赔程序。然

---

[1] 福建省漳州市芗城区人民法院，[2023] 闽 0602 民初 5580 号。

而,保险公司以林先生改变了车辆使用性质为由,拒绝赔付车辆损失和车上人员险的赔偿。

保险公司指出,经调查发现,林先生的建材店已经停止营业,而他长期用这辆车为他人运货并收取运费。调查人员还在车辆中发现了大量运费单据,且运输的货物类型多样。基于此,保险公司认为林先生将非营运车辆用于营运,导致车辆使用性质改变,增加了风险程度,依据保险条款,属于免责范围。

3. 专业应对

面对保险公司的强势拒赔,林先生感到非常无助。偶然间,他看到了泽良律师事务所保险法团队的胜诉案例,立即联系了泽良律师团队寻求帮助。泽良律师团队接受委托后,迅速展开工作,整理证据材料,并向法院提起诉讼,积极为林先生争取合法权益。

泽良律师团队通过以下几方面进行了充分的诉讼准备:

(1) 深入论证了林先生是否真正改变了车辆的使用性质,以此为案件奠定了胜诉的基础。

(2) 质疑保险公司在合同签订时是否履行了明确告知免责条款的义务,尤其是通过扫码投保的方式,强调免责条款的法律效力问题。

(3) 提供了大量司法观点、专家意见以及相关法律法规,并检索了全国范围内的多个类似案例供法庭参考。

4. 案件结果

经过激烈的庭审辩论,法院最终采纳了泽良律师团队的观点,认定林先生并未改变车辆的使用性质,事故也未导致风险显著增加。法院判决保险公司全额赔偿车损险及车上人员险的总金额,共计 216 700 元。

五、高速公路发生多车碰撞,保险公司能否以"驾驶人无道路运输从业资格证"为由拒赔?

1. 基本案情[1]

2020 年 8 月的一个凌晨,H 公司的货车在沈海高速公路上运输货物时发

---

[1] 浙江省温州市中级人民法院,[2022] 浙03民终531号。

生多车相撞事故，导致多方人员受伤，事故责任被认定为三方同等责任。因事故损失较大，H公司被受害方起诉，要求赔偿。

H公司原本以为，车辆购买了充足的保险，不需要承担赔偿责任。然而，在向保险公司申请理赔时，保险公司拒绝赔付，理由是驾驶人在事故发生时没有持有道路运输从业资格证，依据保险合同的免责条款，保险公司拒赔。一审法院支持了保险公司的主张，H公司败诉。

2. 保险拒赔

保险公司主要以以下理由拒绝承担赔偿责任：依据保险合同的免责条款，驾驶营业性车辆时，若无交通运输管理部门核发的道路运输从业资格证，保险公司可以拒赔。

H公司雇员在事故发生时没有该资格证，因此，保险公司无需承担保险责任。

3. 专业应对

面对一审败诉，H公司十分焦虑，决定委托曾合作过的泽良律师团队进行二审。泽良律师团队迅速展开详细的案件分析，并对一审判决和证据材料进行了全面梳理，准备了上诉状及二审所需的证据材料。

泽良律师团队在二审庭审中主要提出了以下关键观点：

（1）保险公司未履行对商业第三者险免责条款的明确提示义务，投保人仅在投保单上盖章确认，并未真正知晓免责条款的具体内容，故该免责条款不应生效。

（2）保险公司依据的免责条款存在歧义，根据法律规定，应当作出有利于受益人的解释。

（3）根据《国家职业资格目录》规定，当前并未设有"道路运输从业资格证"这一必备的职业资格证书。因此，保险公司以此为拒赔理由并无依据。

4. 案件结果

经过激烈的庭审辩论，二审法院采纳了泽良律师团队的观点，判决保险公司应当承担商业险范围内的赔偿责任。最终，案件实现了逆风翻盘，H公司获得了应有的赔偿。

六、百万豪车泡水被拒赔，保险公司能否以"未达全损状态"为由拒赔？

1. 基本案情[1]

2023年9月5日，第11号台风"海葵"给福州地区带来了持续的强降雨天气，城市中大量车辆因暴雨而泡水损坏。家住福州的N女士也未能幸免，她的爱车因停放在低洼地带，遭遇积水浸泡，车辆受损严重。面对突如其来的损失，N女士在第一时间向保险公司报案，并将车辆拖至4S店进行定损和维修。

保险公司在经过查勘和定损后，却作出了一个令N女士难以接受的决定：她的车辆未达到全损状态，仅能按照维修标准理赔，并拒绝按全损金额进行赔偿。然而，保险公司在口头上表示将赔付维修费用，却始终未明确具体的维修金额，也未积极跟进处理理赔事宜，这让N女士感到十分无助和焦虑。

2. 保险拒赔

面对保险公司的拒赔决定，N女士的理赔之路变得异常艰难。保险公司给出的拒赔理由主要包括以下几点：

（1）保险公司坚持认为N女士的车辆并未达到全损状态，因此只同意赔付部分维修费用，而非全损赔偿。

（2）尽管保险公司口头承诺赔付维修费用，但未能明确给出具体的赔付金额，也未对理赔事宜进行任何实质性处理，导致理赔进展停滞不前。

这种拒赔态度让N女士深感无奈，她意识到，如果无法迅速解决这一问题，不仅会面临车辆无法修复的困境，还可能带来更大的经济损失和心理压力。

3. 专业应对

在万般无奈之下，N女士经朋友介绍，找到了泽良律师事务所的保险法团队寻求帮助。面对这个棘手的案件，泽良律师团队迅速行动，接受委托后，立即对案件的具体情况进行深入分析，并仔细梳理了N女士的投保过程及相关保险条款。

---

[1] [2024民]泽字第168号。

泽良律师团队在对案件进行了充分准备后，迅速采取了以下策略：

首先，泽良律师团队详细研究了 N 女士与保险公司之间的保险合同条款，确认了保险公司应承担的赔偿责任范围。基于此，他们向保险公司发送了一份《法律意见书》，明确指出保险公司拒赔的行为违反了合同约定，并提出了法律依据，要求保险公司对车辆按推定全损状态进行理赔。

其次，为了加快案件处理进度，泽良律师团队展开了多轮诉前谈判，积极与保险公司沟通协调。律师团队以清晰的法律依据和事实为基础，针锋相对地反驳了保险公司拒赔的理由，强烈要求保险公司尽快履行理赔义务。

4. 案件结果

凭借充足的准备工作和扎实的法律功底，泽良律师团队在多轮沟通谈判中始终掌握主动权。经过 25 天的努力，保险公司最终被迫与 N 女士达成和解，同意按推定全损的标准赔偿保险金 98 万元，确保了车辆的全额赔偿。

七、家用车跑顺风车接单，保险公司能否以"改变使用性质"为由拒赔？

1. 基本案情[1]

家住汕尾的李先生因工作需要，经常往返于汕尾和深圳之间。为节省出行成本，他在往返途中偶尔会接下顺风车订单，以贴补油费。2023 年 5 月 14 日，李先生在从深圳返回汕尾的途中，不幸发生了交通事故，与第三者车辆发生碰撞。交警部门经过调查认定，李先生需承担此次事故的全部责任。

事故发生后，李先生立即向保险公司报案，并积极配合保险公司进行车辆定损和维修。然而，令李先生感到意外的是，保险公司在调查之后，突然向他发出了拒赔通知。保险公司认为，李先生的家庭自用车辆用于顺风车运输，改变了车辆的使用性质，导致了危险程度显著增加。根据保险合同中的相关条款，这种情况属于免责范围，因此拒绝赔付此次事故所涉及的双方车辆损失。

2. 保险拒赔

面对保险公司的拒赔决定，李先生的理赔之路似乎走到了尽头。保险公

---

[1]〔2024 民〕泽字第 584 号。

司给出的拒赔理由主要包括：

（1）保险公司认为李先生使用家用车接顺风车订单，改变了车辆的使用性质，使风险程度显著增加，因此拒绝赔付事故的损失。

（2）保险公司援引保险合同中的免责条款，表示此类改变使用性质的行为属于保险公司免责的范围。

由于保险公司坚持认为其拒赔理由合理合法，李先生一时陷入困境，他既不熟悉保险条款的具体规定，也不懂如何反驳保险公司的主张。

3. 专业应对

正当李先生感到无助、几近放弃之际，他在小红书上偶然看到了泽良律师团队处理类似案件的成功案例。怀着一线希望，他联系了泽良律师团队，希望借助专业律师的帮助来维护自己的合法权益。

泽良律师团队接到委托后，迅速介入案件，针对李先生的具体情况进行了详细的研究和分析。在全面梳理李先生的事故经过、投保过程和相关保险合同条款的基础上，泽良律师团队制定了缜密的应对策略：

首先，泽良律师团队就李先生偶尔接单顺风车的行为进行了深入的论证。律师团队认为，这种偶发的顺风车行为并不构成对车辆使用性质的根本性改变，因而不能成为保险公司拒赔的合法依据。

其次，律师团队从保险合同条款的效力切入，质疑保险公司是否对免责条款履行了明确的提示和说明义务。泽良律师团队指出，按照法律规定，保险公司应当在签署合同之前，对可能影响被保险人权益的重要条款进行清晰说明，如果没有履行这一义务，相关条款的效力就不能成立。

最后，泽良律师团队检索了大量的司法观点、专家意见以及全国多个法院的判例，论证了保险公司以改变使用性质为由拒赔的理由，在类似案件中难以得到法院的支持。律师团队以此为基础，展开了有力的法律论证。

4. 案件结果

凭借扎实的法律功底和充分的准备工作，泽良律师团队在谈判中牢牢掌握了主动权。经过短短15天的多轮谈判，保险公司最终被泽良律师团队的专业论证所说服，同意与李先生达成和解，按照合同约定全额赔付车辆损失。

第六节　寿险案析

一、违法驾驶无有效行驶证车辆，保险公司能否以"主体不适格"为由拒赔寿险？

1. 基本案情[1]

2000年1月5日，C女士在保险公司分别投保了康宁定期保险和康宁终身保险。根据康宁定期保险条款，C女士在身体高度残疾时，保险公司应按基本保额 10 000元支付保险金；而康宁终身保险则约定，C女士在高度残疾时，保险公司按基本保额的三倍即 90 000 元支付保险金。两份保险合同合计的赔偿金额为 100 000 元。

然而，2021年10月9日，C女士在漳州市芗城区发生交通事故，导致身体高度残疾。当家属向保险公司申请理赔时，遭到了拒绝。

2. 保险拒赔

保险公司拒赔的理由主要有两点：

（1）主体不适格。保险公司认为，C女士的配偶无法作为其法定代理人提起诉讼，因未提供证明显示C女士为无民事或限制民事行为能力人，且缺乏配偶身份关系证明。

（2）违法驾驶。C女士驾驶无有效行驶证的机动车发生事故，依据保险合同中的免责条款，保险公司无须承担赔偿责任。保险公司引用了《道路交通事故认定书》，指出C女士驾驶的车辆属于机动车，保险合同中明确约定了酒驾、无证驾驶或驾驶无有效行驶证车辆的责任免除条款。

3. 专业应对

C女士的家属委托了泽良律师团队处理此案。泽良律师团队迅速展开行动，精心准备庭审提纲，并检索了多个有利案例。在庭审中，泽良律师团队通过严谨的质证和辩论，逐一击破了保险公司的抗辩：

（1）法定代理人问题。法院认定C女士的配偶有权作为其法定代理人提起诉讼，且此代理行为并未损害C女士的权益。

---

[1] 福建省漳州市中级人民法院，[2023] 闽06民终2251号。

（2）车辆性质问题。法院指出，车辆是否属于机动车应由国家机动车目录和行政相关部门认定，不属于司法鉴定机构的职责范围，因此保险公司抗辩理由缺乏法律和事实依据。

4. 案件结果

一审法院支持了泽良律师团队的诉讼请求，判决保险公司全额支付100 000元的保险金。保险公司不服判决，提起上诉，但漳州市中级人民法院在二审中维持了原判，最终C女士的家属获得了全额赔偿。

二、保险公司以"心脏疾病未如实告知"为由拒赔，家属能否获赔全额保险金？

1. 基本案情[1]

2022年3月21日，H某在保险公司客户经理的推销下购买了一份终身寿险，第一年保单年度的身故保险金为842 880元。H某在签订合同前已明确告知客户经理其因血管疾病正在住院的事实，并缴纳了首年保费21 072元。2022年3月27日，H某突发疾病去世。H某的家属随后向保险公司提出理赔申请，但保险公司以H某未如实告知为由拒绝承担保险责任。

2. 保险拒赔

保险公司拒赔的主要理由包括：

（1）未如实告知健康状况。保险公司认为，H某在投保时并未如实告知其心脏疾病病史，这严重影响了保险公司的承保决定。

（2）代理权问题。保险公司声称客户经理并非保险公司的正式代理人，而是电销中心的员工，因此其行为不具有法律约束力。

3. 专业应对

H某的家属委托了泽良律师事务所处理此案。泽良律师团队深入研究了投保流程及保险条款，并提出了以下关键观点：

（1）如实告知义务的履行。H某已通过微信告知客户经理其因血管问题正在住院治疗，且并无隐瞒患病的故意。H某作为普通公民，已将其所知的病情如实告知，履行了如实告知的义务。保险公司因此无权拒赔。

---

[1] 福建省福州市台江区人民法院，[2023] 闽0103民初2355号。

（2）保险公司的弃权行为。保险公司在 H 某投保时已知晓其血管问题，但未进一步核实或询问，反而放任合同生效。保险公司作为专业机构，应当在承保时履行审查义务，其未行使此权利的行为构成弃权，不能在理赔时反言拒赔。

（3）代理权的合理期待。无论客户经理的具体职位为何，客户经理的代理行为在为保险公司收取保费时并未被否认。因此，保险公司在理赔时否认代理权的做法违反了诚实信用原则。

4. 案件结果

法院采纳了泽良律师的观点，认定保险公司未能尽到承保时的审查义务。H 某在投保时明确告知了其因血管疾病住院的事实，保险公司未能及时核实，怠于履行审慎承保义务。因此，保险公司应支付保险金。最终，法院判决保险公司向 H 某的家属支付 842 880 元保险金。

三、驾驶二轮轻便摩托车意外身故，保险公司能否以"无证驾驶"为由拒赔？

1. 基本案情[1]

2015 年，L 先生为自己投保了一份两全保险，基本保额为 10 万元。根据保单条款约定，如果被保险人因意外伤害不幸身故，保险公司将按基本保险金额的两倍赔付意外伤害身故保险金。2024 年 2 月 1 日，L 先生在驾驶一辆电动两轮轻便摩托车行驶途中，因车辆撞上路边岩石而发生侧翻，L 先生当场死亡。事故发生后，交警部门出具的事故责任认定书表明，L 先生需要承担此次事故的全部责任。

在处理后事时，L 先生的家属发现了这份保险保单，便向保险公司提出了理赔申请。然而，他们很快收到了保险公司的拒赔通知书。保险公司指出，L 先生驾驶的电动两轮轻便摩托车被认定为机动车，而 L 先生并未取得相应的驾驶证，因此属于无证驾驶。根据保险条款的约定，无证驾驶属于责任免除的范围，因此公司拒绝理赔。

2. 保险拒赔

面对保险公司的拒赔决定，L 先生的家属几乎陷入绝望。保险公司给出

---

[1] 福建省福州市鼓楼区人民法院，[2024] 闽 0102 民初 5545 号。

的拒赔理由主要有两个方面：

（1）保险公司认定L先生驾驶的电动两轮轻便摩托车属于机动车，L先生在未持有驾驶证的情况下驾驶该车，构成无证驾驶行为。

（2）根据保险合同条款的约定，无证驾驶期间属于免责范围，因此保险公司无需承担理赔责任。

L先生的家属对此结果深感困惑和无助，他们认为L先生虽然在事故中负有全部责任，但并不清楚无证驾驶与保险理赔之间的关联。

3. 专业应对

在几近放弃索赔的情况下，L先生的家属偶然在抖音上看到了泽良律师团队处理类似拒赔案件的成功案例。怀着最后一丝希望，他们联系了泽良律师事务所的保险法团队，并预约了免费咨询。在经过泽良律师团队的专业分析后，L先生的家属决定全权委托泽良律师团队起诉保险公司，以争取应得的赔偿。

接受委托后，泽良律师事务所迅速展开了行动，详细梳理了案件的相关证据材料，并确定了案件的争议焦点。律师团队在庭审前做了充分的准备工作，并提出了以下几项主要辩护观点：

首先，泽良律师团队指出，保险公司在签订合同时未能完成对免责条款的充分提示和明确说明义务。按照法律规定，保险公司在签订保险合同前，必须对免责条款进行清楚的说明，否则免责条款将不具备法律效力。

其次，泽良律师团队对保险公司关于"机动车"的解释提出了质疑。他们认为，对于"机动车"的解释应作有利于普通大众的理解，电动两轮轻便摩托车是否属于"机动车"存在一定的法律争议，这一概念应在法庭上进行更为细致的解释。

最后，泽良律师团队强调，即便L先生属于无证驾驶，但这一行为并非导致事故发生的主要原因。因此，保险公司将无证驾驶作为拒赔理由是不合理的。

4. 案件结果

在庭审中，泽良律师团队表现得非常专业，针对保险公司的拒赔理由进行了有力的反驳。经过激烈的法庭辩论后，泽良律师团队的观点逐渐占据上风。庭审结束后不久，保险公司迫于压力，同意与L先生的家属进行调解，从最初的全额拒赔调整为按八成赔偿金达成和解。

第二章 保险实务问题研究

第一节 人身保险实务

一、如实告知义务中的"重大过失"认定标准浅析

什么叫如实告知？根据对价平衡说及诚实信用原则的要求，投保人在投保时对于其知道或者应当知道的与保险标的相关的重要事项向保险人进行说明，这便是如实告知义务的基本内容。我国《保险法》第 16 条规定了投保人故意或者重大过失未履行如实告知义务的法律后果，但是实践中很多保险公司以投保人"重大过失"未履行如实告知义务解除合同并拒绝理赔，侵害了被保险人获得理赔的权利。司法实践中对于投保人主观上是否存在"重大过失"也有不同的认定标准，如何区分"重大过失"及"一般过失"？本书将略作分析。

（一）主观状态类型

主观主义则认为，在判断是否违反如实告知义务时，不仅要考虑投保人或被保险人在客观上是否存在违反行为，还要考虑其主观上是否存在过错。根据我国《保险法》第 16 条第 2 款、第 4 款和第 5 款的规定，投保人只有存在故意或者重大过失时，才可能违反如实告知义务。此处的故意是指，投保人明知某项与风险评估相关的重要事项而故意不为告知或者不实告知。重大过失是指，投保人本应知道某项与风险评估相关的重要事项，但因个人疏忽没有知道；或者本应告知某项其明知的重要事项，但因其个人疏忽没有告知。故此，我们可以总结投保人在投保时主观上的态度存在以下几种情况：

（1）故意：是指投保人明知某项与风险评估相关的重要事项而故意不为告知或者不实告知。比如某人在投保前已经医院确诊肺癌，但是其在投保前不告知。此时根据一般人的理解可知，其明知医院已诊断肺癌的情况仍然选择隐瞒病情投保，属于故意违反如实告知义务，在发生保险事故时保险公司有权解除合同并拒绝理赔。

（2）重大过失：是指投保人本应知道某项与风险评估相关的重要事项，但其持放任、漠不关心的态度而未告知。比如某人体检严重异常，医生已经通知其进一步检查，但其漠不关心，觉得无所谓，或者简单吃药治疗。此时投保前未如实告知上述情况，便可认定为重大过失，如果发生的保险事故与未告知的事项有因果关系，保险公司有权解除合同并拒绝理赔。

（3）一般过失：是指投保人因一般人的不谨慎不知道某项与风险评估相关的重要事项而未告知。比如某人在单位体检中未见明显异常，投保前未吃药或进行任何治疗，医院也没有通知进一步检查或治疗，身体也无任何病痛，即使投保时没有告知也不能认定为重大过失，最多只是一般过失，在发生保险事故后保险公司应当予以理赔。

（4）无过失：是指投保人因根本不知晓某项与风险评估相关的重要事项而未告知。比如某人投保前未有任何体检或检查异常，也无从知晓投保前身体有任何异常而未告知。此时投保人在投保时对于未如实告知事项没有任何过失，保险公司应当按照合同约定予以理赔。

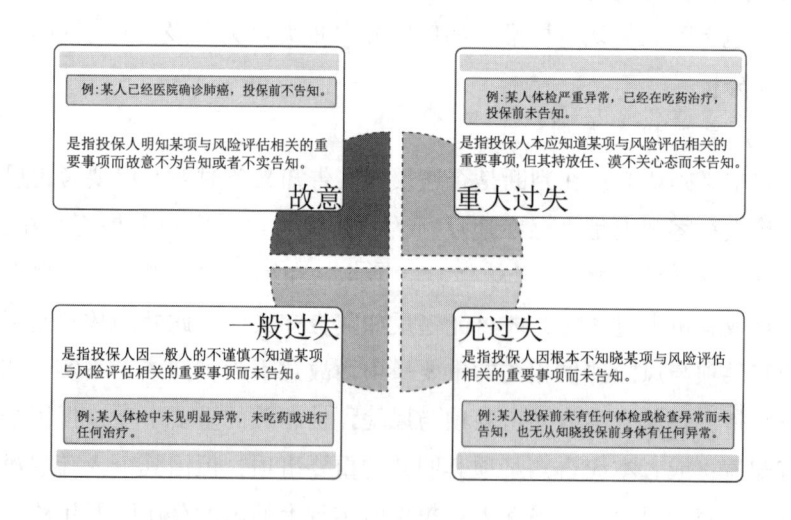

故意	重大过失
例：某人已经医院确诊肺癌，投保前不告知。是指投保人明知某项与风险评估相关的重要事项而故意不为告知或者不实告知。	例：某人体检严重异常，已经在吃药治疗，投保前未告知。是指投保人本应知道某项与风险评估相关的重要事项，但其持放任、漠不关心态度而未告知。
一般过失	**无过失**
是指投保人因一般人的不谨慎不知道某项与风险评估相关的重要事项而未告知。例：某人体检中未见明显异常，未吃药或进行任何治疗。	是指投保人因根本不知晓某项与风险评估相关的重要事项而未告知。例：某人投保前未有任何体检或检查异常而未告知，也无从知晓投保前身体有任何异常。

(二) 重大过失认定标准

笔者认为在判断《保险法》第 16 条第 2 款中违反告知义务的构成要件时，重大过失的认定应当以人民法院案例库入库案例"周某诉某某人寿保险公司人寿保险合同纠纷案"（入库编号：2024-08-2-334-004）裁判要旨中表述的"重大过失的行为人欠缺一般人所应有的最起码的注意，其漠不关心的态度已达极致"为标准。该案例裁判要旨认为：《保险法》第 16 条规定投保人故意不履行如实告知义务的，保险人对于合同解除前发生的保险事故，不承担赔偿或者给付保险金的责任，并不退还保险费；投保人因重大过失未履行如实告知义务，对保险事故的发生有严重影响的，保险人对于合同解除前发生的保险事故，不承担赔偿或者给付保险金的责任，但应当退还保险费。投保人履行如实告知义务是保险的最大诚信原则所要求的，因重大过失的行为人欠缺一般人所应有的最起码的注意，其漠不关心的态度已达到极致，从而与故意的心理状态在客观的外在行为表现上的界限模糊。投保人故意还是因重大过失未履行如实告知义务，是审判实践中的难点，也往往是案件的争议焦点，需要结合具体案件事实分析，通过投保人客观化的外在行为表现认定其主观心态。

笔者建议人民法院在审理相关案件时要根据投保人的客观外在行为，并结合常识和一般人的认知去判断投保人在投保时的主观状态，进而认定是构成重大过失还是一般过失，而不能简单从日后确认疾病的情况以及投保前的体检报告等直接认定投保人主观上为重大过失，进而限制被保险人获得理赔的权利。

二、在重疾险和医疗险中，保险公司以"未如实告知"为拒赔理由的案例研析

（一）保险公司提出的拒赔依据

（1）《保险法》第 16 条。

（2）投保单中通常有健康告知事项，需要投保人对自身健康情况进行确认。

（3）保险条款约定，如："订立本合同时，我们会向您明确说明本合同的条款内容，特别是免除责任条款内容；我们会就您、被保险人或受益人的

有关情况提出书面询问,您应当如实告知;如果您故意或因重大过失不履行如实告知义务,足以影响我们决定是否同意承保或者提高保险费率的,我们有权解除合同;对于故意不履行如实告知义务的,我们对本合同解除前发生的保险事故,不承担给付保险金责任,并不退还保险费;因重大过失未履行如实告知义务,对保险事故的发生有严重影响的,我们对本合同解除前发生的保险事故,不承担给付保险金的责任,但退还保险费(加粗加黑)。"

(二)法院判决保险公司赔偿案例及理由

案例:[2024]京74民终200号

裁判要旨:某某人保公司并未提交有效证据证明赵某某未履行如实告知义务,而是通过其他证据作出赵某某未履行如实告知义务的推测,故某某人保公司应按照保险合同的约定向赵某某履行赔付义务。

法院认为:某某人保公司拒付保险金的理由是认为赵某某在投保前已经明知自身患有乳腺肿块却未如实告知某某人保公司,某某人保公司应当就其主张事实承担举证责任。

第一,从本案现有证据来看,赵某某于2021年11月19日投保,保险合同于2021年11月20日零时生效,某某人保公司未能提交赵某某在投保前即患有乳房肿块或结节的就诊记录或病历资料。

第二,某某人保公司主张赵某某2021年9月22日到青岛市妇女儿童医院乳腺甲状腺科挂号,但无就诊记录,赵某某亦对此进行了合理解释。

第三,某某人保公司主张"禚某某医生判断赵某某肿物达到5×5厘米,不仅能通过手摸,还几乎达到了肉眼可见的程度,其生长周期一般在两年左右",但通过核查双方当事人在一审中提交的赵某某就诊记录及病例资料,并未发现有"赵某某乳腺肿物生长周期"的诊断或医学鉴定结论的记载。需要强调的是,某某人保公司有关"赵某某肿物生长周期在两年左右"的依据仅来自某某人保公司青岛分公司作出的理赔调查报告,该份调查报告系由某某人保公司内部工作人员作出,相关调查经过以及禚某某医生的陈述内容并无录音录像、笔录或禚某某医生的证言予以佐证。本院注意到,赵某某除在青岛市妇女儿童医院就诊,还在青岛大学附属医院、中国医学科学院肿瘤医院、北京市朝阳区桓兴肿瘤医院等多家医疗机构就诊,有关肿物生长周期的病理分析,某某人保公司并未提交其向其他医疗机构主治医生走访形成的调查报告。因此,根据某某人保公司提交的现有证据,尚不足以认定赵某某在投保前即患有乳房肿块或结节具有高度盖然性。

第四，"如实告知义务"是指投保人在订立保险合同时，有将保险标的的重大情况如实向保险人披露的义务。保险交易是以风险承担为内容的交易，保险人是否愿意承保投保人转嫁的风险，以及如何合理收取保费，取决于其对风险的正确评价。健康险中，被保险人的健康状况影响到保险人对健康风险的认定，根据保险最大诚信原则，投保人有如实告知的义务。保险告知义务制度的功能在于在保险人和投保人之间合理地分配搜集风险评估信息的责任，并非将搜集风险评估信息的责任完全施加于投保人，而是让投保人协助保险人搜集相关重要信息，以弥补信息的不对称。投保人如实告知义务的范围以"询问"和"明知"为限，对于"明知"应从主观和客观两个方面进行审查。保险人对投保人的告知应负一定的信息搜集和审查义务，该义务并不因投保人承担如实告知义务而免除。本院注意到，投保单中"投保声明"一节，赵某某同意并授权某某人保公司及为提供本保险服务之必要委托的第三方合作机构，从合法渠道查询、收集赵某某本人的信息，并对获取的信息进行保存、整理、加工，用于提升保险服务质量，开发保险产品，核实、评价赵某某本人信用情况或核实、验证赵某某本人信息的真实性。可见，在投保时赵某某已经就某某人保公司核保的信息调查权进行了授权，某某人保公司疏于进行适当的核实就作出承保决定，使赵某某产生合理期待。某某人保公司主张赵某某在投保时已明知自己患有乳房肿块或结节，理据不足。根据在案证据及双方陈述，某某人保公司的举证尚不足以证明赵某某投保时未如实告知，故对某某人保公司的相关上诉意见不予采纳。赵某某要求确认案涉保险合同继续有效、要求某某人保公司支付保险金的诉请，应予支持。

(三) 法院判决保险公司不赔偿案例及理由

案例：[2023] 京 74 民终 191 号

裁判要旨：投保人未如实告知既往病史和在其他保险公司的投保情况，足以影响中国某人寿决定是否承保或提高保险费率，保险公司有权拒绝赔付并解除合同。

法院认为：当事人对自己提出的诉讼请求所依据的事实或者反驳对方诉讼请求所依据的事实，应当提供证据加以证明。在作出判决前，当事人未能提供证据或者证据不足以证明其事实主张的，由负有举证证明责任的当事人承担不利的后果。秦某梅上诉主张保险公司业务员对保险合同格式条款未尽说明义务,虚构事实,致其对保险产品和合同产生重大误解,请求撤销保险合同并返还保险金。本案中,秦某梅已在投保书上签字确认"本人对所投保产品条款及产品说明书已认真阅读、理解并同意遵守",其未能进一步举证证明前述上诉主张,故本院对该上诉主张不予采信。综上所述,秦某梅的上诉请求不能成立,应予驳回。

(四)律师分析

未如实告知是重疾险最高频次的拒赔理由,除了较为严重的病史外,常见的比如高血压甚至血常规检查异常、尿常规检查异常等都可以成为保险公司拒赔的理由。但是,并不是针对所有检查异常医生都会建议进一步治疗等,因此大家也都不会放在心上,这些检查异常都可能成为保险公司拒赔的理由。

结合上述未如实告知案例,在认定未如实告知通常会通过以下几个方面:一是保险公司的询问义务的履行,即保险公司是否履行了询问义务,询问内容是否清晰明确,法院会结合投保人的主观认知来进行认定;二是投保人是否存在故意或重大过失未如实告知,保险公司应当就此进行可以达到高度盖然性的证明标准的举证;三是未如实告知情形是否足以影响保险公司承保或提高保险费率;四是保险公司是否在法定期限内行使了解除权使合同有效解除,北京金融法院的相关案例暂不涉及该情形但实践中确有大量的保险公司因30日内未行使解除权或在解除后却仍然扣费构成弃权,导致被判决继续承担保险责任。

(五)法院裁判涉及的法律依据

(1)《保险法》第16条、第23条;

(2)《保险法司法解释(二)》第6条、第7条、第8条、第15条;

(3)《保险法司法解释(三)》第5条。

三、CIN Ⅱ在重疾险中能否获赔的争议点分析

(一)定义

CIN指的是宫颈上皮内瘤变,是与宫颈浸润癌密切相关的癌前病变的统称。

根据非典型增生的程度和范围,CIN分为Ⅰ、Ⅱ、Ⅲ级:

(1) CIN Ⅰ级（轻度非典型增生）：异型细胞局限于上皮层的下 1/3 区。

(2) CIN Ⅱ级（中度非典型增生）：异型细胞占上皮层的 1/2~2/3，异型性较 Ⅰ 级明显。

(3) CIN Ⅲ级（重度非典型增生及原位癌）：异型细胞超过上皮层的 2/3 者为重度非典型增生；达全层者为原位癌；异型性较 Ⅱ 级明显，核分裂像增多，原位癌可出现病理性核分裂像。

因此，CIN Ⅱ指的是宫颈上皮内瘤变 2 级。

(二) 保险拒赔依据

保险条款中对于恶性肿瘤轻度的条款通常为：

> **轻度疾病** 被保险人发生符合以下疾病定义所述条件的疾病，应当由本公司认可的医院专科医生明确诊断。以下疾病名称仅供理解使用，具体保障范围以每种疾病具体定义为准。
>
> **(1) 恶性肿瘤——轻度**
> 指恶性细胞不受控制的进行性增长和扩散，浸润和破坏周围正常组织，可以经血管、淋巴管和体腔扩散转移到身体其他部位，病灶经**组织病理学检查**[7.23]（涵盖骨髓病理学检查）结果明确诊断，临床诊断属于世界卫生组织（WHO, World Health Organization）《疾病和有关健康问题的国际统计分类》第十次修订版（ICD-10[7.24]）的恶性肿瘤类别及《国际疾病分类肿瘤学专辑》第三版（ICD-O-3[7.24]）的肿瘤形态学编码属于 3、6、9（恶性肿瘤）范畴，**但不在"恶性肿瘤——重度"保障范围**的疾病。且须指下列六项之一：
> 1) **TNM分期**[7.33]为 Ⅰ 期的甲状腺癌；
> 2) TNM分期为 $T_1N_0M_0$ 期的前列腺癌；
> 3) 黑色素瘤以外的未发生淋巴结和远处转移的皮肤恶性肿瘤；
> 4) 相当于Binet分期方案A期程度的慢性淋巴细胞白血病；
> 5) 相当于Ann Arbor分期方案 Ⅰ 期程度的何杰金氏病；
> 6) 未发生淋巴结和远处转移且WHO分级为G1级别（核分裂像<10/50 HPF和ki-67≤2%）的神经内分泌肿瘤。

保险条款对原位癌的条款通常为：

> **(15) 原位癌**
> 指恶性细胞局限于上皮内尚未穿破基底膜浸润周围正常组织的癌细胞新生物，且须满足以下所有条件：
> 1) 必须经对固定活组织的组织病理学检查明确诊断，属于世界卫生组织《疾病和有关健康问题的国际统计分类》第十次修订版（ICD-10）的原位癌范畴（D00-D09）；
> 2) 被保险人必须已经接受了针对原位癌灶的手术治疗。

因此，保险拒赔理由通常为：

(1) ICN Ⅱ不属于世界卫生组织《疾病和有关健康问题的国际统计分类》第十次修订版（ICD-10）的原位癌范围；

(2) 未进行手术治疗

(3) 未达条款约定责任给付条件

（三）争议点

CIN Ⅱ并不属于重疾范围，但如果所购买的保险合同包含轻度、中度疾病，则有可能争取对应的保险金，一般轻症、中症赔偿比例为重疾的30%、50%。CIN Ⅱ是否符合重疾险中的轻症，保险是否该赔偿轻症赔偿金，是第一个争议点。

除此之外，保险合同通常还包括轻症后的保费豁免，如果CIN Ⅱ属于轻症，则保险人应当根据保险合同豁免后续保费，如果不属于轻症，则保险人继续收取保费。因此争议点还包括了后续几十年的保费能否豁免。

这两个争议点是相辅相成的，即第一个争议点的轻症保险金得到理赔的话，第二个争议点的保费豁免就能实现。

那么，CIN Ⅱ是否属于轻症中的原位癌呢？

根据《疾病和有关健康问题的国际统计分类》第十次修订版（ICD-10）的内容来看，宫颈原位癌包括：宫颈上皮内肿瘤 CIN Ⅲ级，而不包括CIN Ⅱ。

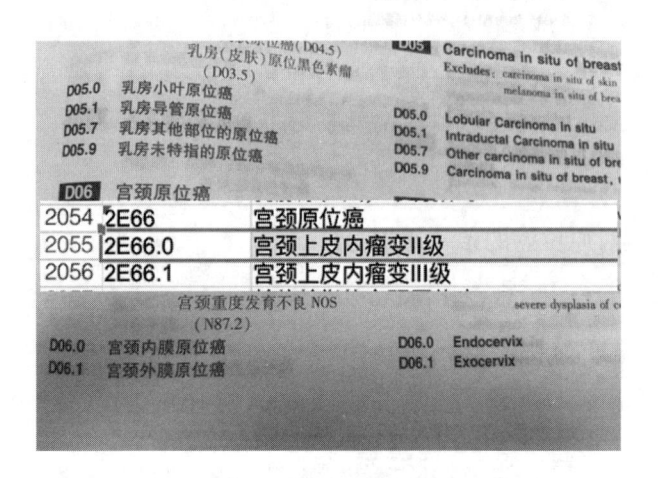

	乳房（皮肤）原位黑色素瘤（D03.5）	D05	Carcinoma in situ of breast Excludes: carcinoma in situ of skin melanoma in situ of bre
D05.0	乳房小叶原位癌	D05.0	Lobular Carcinoma in situ
D05.1	乳房导管原位癌	D05.1	Intraductal Carcinoma in situ
D05.7	乳房其他部位的原位癌	D05.7	Other carcinoma in situ of br
D05.9	乳房未特指的原位癌	D05.9	Carcinoma in situ of breast,
D06	**宫颈原位癌**		
2054 2E66	宫颈原位癌		
2055 2E66.0	宫颈上皮内瘤变Ⅱ级		
2056 2E66.1	宫颈上皮内瘤变Ⅲ级		
	宫颈重度发育不良 NOS（N87.2）		severe dysplasia of c
D06.0	宫颈内膜原位癌	D06.0	Endocervix
D06.1	宫颈外膜原位癌	D06.1	Exocervix

但是，根据最新的ICD-11来看，CIN Ⅱ和 CIN Ⅲ都属于宫颈原位癌，因此，适用ICD-10还是ICD-11非常关键，遗憾的是大部分保险合同均约定适用ICD-10，以此减少赔付。

（四）法院裁判实务

在对定义、依据、拒赔争议点分析后，我们来看一下法院是怎么裁判的。

1.［2018］鲁 0285 民初 5429 号

本院认为，该案焦点问题是原告孙某所患疾病是否属于原位癌，是否属于被告某保险公司的承保范围。原告所患疾病经青岛大学附属医院诊断为宫颈上皮内瘤变（CINI级），该院病理检查诊断报告载明：部分区域呈高级别上皮内瘤变（CINⅡ级）。经相关医学解释，CIN（即宫颈上皮内瘤变）分三级，即 CINⅠ、CINⅡ、CINⅢ，其中 CINI级、CINⅡ级均不属于原位癌。故原告所患疾病不属于被告赔付范围，对其诉讼请求不予支持。

2.［2022］京 0102 民初 27945 号

本院认为，一方面，按照世界卫生组织 2018 年更新并公布的《疾病和有关健康问题的国际统计分类第十一次修订版》（ICD-11）的标准，CINⅡ属于宫颈原位癌；另一方面，在对案涉条款理解产生争议有不同解释的情况下，应做出有利于被保险人的解释。因此，李某所患疾病属于案涉保险合同轻症疾病中的原位癌，李某作为被保险人有权要求长城人寿公司支付轻症疾病保险金 24 万元。

（五）应对思路分析

通过上述案例可见不同法院对于 CINⅡ是否属于原位癌仍然存在不同的判决结果，也就是司法中仍然存在争议，泽良律师处理上述案件主要通过下列方向：

（1）国卫医发［2018］52 号明确地方各级卫生健康行政部门要积极推进 ICD-11 全面使用，在 ICD-11 中 CINⅡ属于原位癌，疾病编码为 2E66.0；

（2）根据《民法典》《保险法》的规定，对于 CINⅡ是否属于原位癌存在两种以上解释的，应当做出有利于被保险人的解释；

（3）根据《健康保险管理办法》第 23 条的规定，保险公司在健康保险产品条款中约定的疾病诊断标准应当符合通行的医学诊断标准，并考虑到医疗技术条件发展的趋势。健康保险合同生效后，被保险人根据通行的医学诊断标准被确诊疾病的，保险公司不得以该诊断标准与保险合同约定不符为理由拒绝给付保险金。

泽良保险法团队办理了大量 CINⅡ争取到保险金并豁免保费的案件，办理案件中提交何种证据，如何进行有效的陈述，法庭辩论能否抓住重点，都会影响案件最后的结果，如果有相关案件，建议咨询专业律师处理。

四、较重急性心肌梗死在重疾险中如何获赔争议点分析

(一) 定义

急性心肌梗死（AMI）是指由于冠状动脉急性阻塞导致相应心肌区域供血不足，引起部分心肌严重的持续性缺血，造成心肌坏死从而影响生命的疾病。

据《中国心血管健康与疾病报告 2022 概要》推算，我国心血管病现患人数 3.3 亿人，且该项疾病的死因占比及死亡率均逐年上升。而心肌梗死作为心源性猝死中的最大病因，能够在瞬间吞噬生命。

(二) 理赔条件

根据中国保险行业协会和中国医师协会联合发布的《重大疾病保险的疾病定义使用规范（2020 年修订版）》规定，急性心肌梗死达到保险合同所约定的"较重急性心肌梗死"标准，需符合下列条件：

> (2) 较重急性心肌梗死
>
> 急性心肌梗死指由于冠状动脉闭塞或梗阻引起部分心肌严重的持久性缺血造成急性心肌坏死。急性心肌梗死的诊断必须依据国际国内诊断标准，符合(1)检测到肌酸激酶同工酶(CK-MB)或肌钙蛋白(cTn)升高和/或降低的动态变化，至少一次达到或超过心肌梗死的临床诊断标准；(2)同时存在下列之一的证据，包括：缺血性胸痛症状、新发生的缺血性心电图改变、新生成的病理性Q波、影像学证据显示有新出现的心肌活性丧失或新出现局部室壁运动异常、冠脉造影证实存在冠状动脉血栓。
>
> (3) 较重急性心肌梗死指依照上述标准被明确诊断为急性心肌梗死，并且必须同时满足下列至少一项条件：
>
> 1) 心肌损伤标志物肌钙蛋白(cTn)升高，至少一次检测结果达到该检验正常参考值上限的15倍(含)以上；
>
> 2) 肌酸激酶同工酶(CK-MB)升高，至少一次检测结果达到该检验正常参考值上限的2倍(含)以上；
>
> 3) 出现左心室收缩功能下降，在确诊6周以后，检测左室射血分数(LVEF)低于50%(不含)；
>
> 4) 影像学检查证实存在新发的乳头肌功能失调或断裂引起的中度(含)以上的二尖瓣反流；
>
> 5) 影像学检查证实存在新出现的室壁瘤；
>
> 6) 出现室性心动过速、心室颤动或心源性休克。
>
> 其他非冠状动脉阻塞性疾病所引起的肌钙蛋白(cTn)升高不在保障范围内。

上图对较重急性心肌梗死的理赔条件进行划分，即若想达到保险合同中的重疾标准需要同时满足三种条件的其中一项，即 1/2+1/5+1/6。

条件（1）（达到其一）：

肌酸激酶同工酶（CK-MB）或肌钙蛋白（cTn）的检测数值至少一次达到或超过心肌梗死的临床诊断标准（CK-MB 达到正常值的 15 倍以上或 CTN 达到正常值的 2 倍以上）——依靠生化检查报告

条件（2）（达到其一）：

（1）缺血性胸痛——依靠患者主诉，医生诊断记录。典型的疼痛部位为胸骨后（胸部正中），有些病人可出现在胸骨左侧（心前区）；还可有后背疼痛、左上肢疼痛，少数人会出现上腹部痛、牙痛、脖子痛、头痛等。

（2）新发生的缺血性心电图改变——依靠心电图以及影像学报告。

3.1.2 损伤型 ST 段抬高 指 ST 段呈弓背向上型显著抬高。反映心外膜下心肌损伤，见于变异性心绞痛、心肌梗死急性期、心脏外科术后等（图 3-3）。

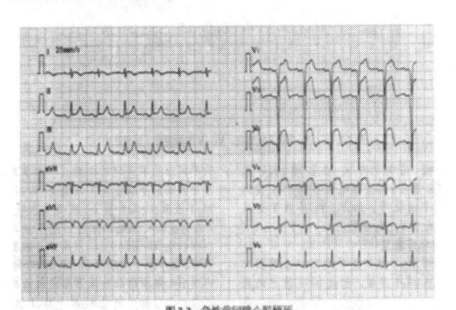

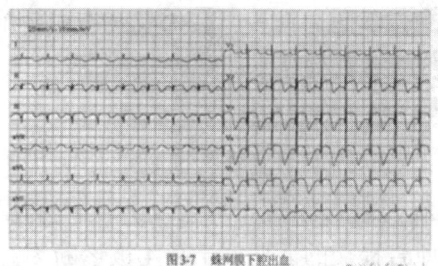

图 3-3 急性前间壁心肌梗死
注：V₁~V₃ 导联出现坏死型 Q 波（呈 QS 型），是前间壁心肌梗死的标志；V₁~V₅ 导联 ST 段呈弓背向上明显抬高，是前壁心肌广泛损伤的标志；Ⅱ、Ⅲ、aVF 导联 T 波双支对称，直立高大，提示下壁心内膜下心肌缺血

图 3-7 蛛网膜下腔出血
注：心电图酷似急性心肌梗死（异常 Q 波、ST 段抬高及 T 波改变），伴有 Q-T 间期延长

（3）新生成的病理性 Q 波——依靠心电图以及影像学报告。

（4）新出现的心肌活性丧失或新出现局部室壁运动异常——依靠心脏 B 超报告。

（5）冠脉造影证实存在冠状动脉血栓——依靠冠脉造影报告。

条件（3）（达到其一）：

（1）心肌损伤标志物肌钙蛋白（cTn）升高，至少一次检测结果达到该检验正常参考值上限的 15 倍（含）以上依靠生化检查报告。

（2）肌酸激酶同工酶（CK-MB）升高，至少一次检测结果达到该检验正常参考值上限的 2 倍（含）以上依靠生化检查报告。

（3）出现左心室收缩功能下降，在确诊 6 周以后，检测左室射血分数（LVEF）低于 50%（不含）；确诊急性心肌梗死后 6 周再检查射血数。

（4）影像学检查证实存在新发的乳头肌功能失调或断裂引起的中度（含）以上的二尖瓣反流——依靠影像学检查报告或病历明确表述。

（5）影像学检查证实存在新出现的室壁瘤——依靠影像学检查报告或病历明确表述。

（6）出现室性心动过速、心室颤动或心源性休克——依靠心电图报告或病历明确描述。

（三）保险拒赔点

由于保险合同规定达到较重急性心肌梗死的标准多且复杂，因此实务中保险拒赔理由通常为：未达条款要求某一项或多项重疾标准。

（四）法院裁判实务

现实生活中，急性心肌梗死发病后，病程发展往往十分迅速，不少患者在仅有初步诊断，未做进一步检查时就因病情危重而过世。保险公司则以无相关医学材料证明符合"较重急性心肌梗死"标准而拒绝赔付。

在实务中，法院究竟是如何认定的呢？

1.［2023］鲁 0983 民初 3934 号

法院认为，保险合同中约定的急性心肌梗死所满足的条件，是用于区分轻症和重症即一般疾病和重大疾病，而非为了排除构成重大疾病的其他情形。在本案中，根据原告提交的证据，于某 4 被诊断为急性心肌梗死，在发病后短时间内因抢救无效死亡，其显然属于病情极其严重，即便依常理判断，其病情都应属"重疾"范畴，故于某 4 所患疾病应属于保险合同约定的重大疾病。被告辩称原告诊断证明无依据，但未提交相反证据证实，对被告该辩称本院不予采信。

2.［2023］粤 1521 民初 404 号

法院认为，根据海丰县第二人民医院的病历记录和居民死亡医学证明书，被保险人李某发生急性心肌梗死是确定的。案涉保险合同约定，"急性心肌梗死指由于冠状动脉闭塞或梗阻引起部分心肌严重的持久性缺血造成急性心肌坏死。急性心肌梗死的诊断必须依据国际国内标准诊断，符合……并且必须同时满足下列至少一项条件：……"前述定义所使用的是"并且必须同时满足下列至少一项条件"的表述，这是为了区分急性心肌梗死和较重急性心肌梗死，而非为了排除构成重大疾病的其他情形。本案被保险人李某因急性心肌梗死在发病后短时间内死亡，显然属病情最为严重的一种，符合保险条款当中约定的重大疾病，被告某某保险公司应当予以理赔。在被保险人心跳骤停的情况下，被告某某保险公司机械适用保险条款所设定的条件既不合理，亦违背了保险法的最大诚信原则，对其抗辩，本院不予采纳。

（五）应对思路分析

针对以上拒赔点，泽良律师从实务出发总结以下处理要点：

1. 完善医学证据。

证据＝主诉＋指标＋心电图＋影像学＋冠脉造影，其中需特殊注意的部分为：

（1）病案主诉，注意少部分人群会出现非典型胸痛症状。

（2）肌钙蛋白/肌酸激酶同工酶生化指标检测时间。由于肌钙蛋白/肌酸激酶同工酶的特殊性，其数值存在动态性变化。且变化规律显示，发病后半天内的检测数据达到重疾规定标准的可能性最大。

（3）心电图的相关描述。避免医生未对心电图检查报告作书面描述，详细询问是否出现 ST 段抬高或病理性 Q 波的演变情况。

2. 根据《民法典》以及《保险法》的相关规定，对于"病程发展迅速，仅有初步诊断，未收集完全相关资料过世的情况是否符合较重急性心肌梗死"存在两种以上解释的，应当做出有利于被保险人的解释；

3. 根据《健康保险管理办法》第 23 条的规定，保险公司在健康保险产品条款中约定的疾病诊断标准应当符合通行的医学诊断标准，并考虑到医疗技术条件发展的趋势。健康保险合同生效后，被保险人根据通行的医学诊断标准被确诊疾病的，保险公司不得以该诊断标准与保险合同约定不符为理由拒绝给付保险金。

五、保险以自杀为由拒赔的法律分析及应对

在阅读本部分前，请大家设想如下场景：小王在2023年1月投保了某保险公司的意外险，2023年2月被发现车停在高架上，人坠河死亡，而警方出具调查报告中仅载明"排除他杀"，那么在该场景下，小王的死因究竟是意外还是自杀？保险公司能否以自杀为由拒赔呢？

根据上述描述，大家可能都无法判断究竟是意外还是自杀，需要更多的证据来予以佐证。实际上，以意外事件进行理赔的保险事故中，通常存在的一些保险事故如坠亡、溺亡、单方车祸等，其外在的表现形式与自杀过于相似，导致在界定该类意外事故的真实死亡原因时较为模糊，争议较大，进而导致在理赔时困难重重，通常会被保险公司以自杀不属于其保险责任范围而拒绝赔付保险金。因此，本部分将从自杀的含义、我国法院在认定自杀的裁判规则以及类似保险事故发生后被保险公司拒绝赔付保险金的应对策略等方面试做以分析，以期为大家提供参考。

（一）对"自杀"的理解

1. 法律依据

目前我国法律法规等相关规定以及意外保险合同条款中，都未对"自杀"进行明确的界定。对"自杀"一词的含义，仅在《最高人民法院关于如何理解〈中华人民共和国保险法〉第65条"自杀"含义的请示的答复》（［2001］民二他字第18号）中有体现，该回复明确"本案被保险人在投保后两年内因患精神病，在不能控制自己行为的情况下溺水身亡，不属于主动剥夺自己生命的行为，亦不具有骗取保险金的目的，故保险人应按合同约定承担保险责任。"从回复中，可以大致将自杀归纳为行为人在能够控制自己行为的情况下做出的主动剥夺自己生命的行为。

2. "自杀"在刑法领域的定义学说

国内外对"自杀"这一概念研究较多的是刑法领域，涂尔干提出，自杀是指"在被害人事前知道自己行为结果的前提下，直接或间接地由其自己实施的作为或不作为所引起的死亡"。这种定义顾及了自杀的认识因素，但忽略了其他主观要素，仍然难以令人满意。借鉴伯恩斯坦在1907年的论述，德国学界经常将"自杀"定义为"通过被害人对自己生命进程的刻意干预而导致的非正常死亡"。瑞士学者则大多认为，"自杀"意味着被害人以自

我谴责的方式通过自己的行为杀死自己。奥地利学者往往主张自杀就是被害人故意并且自愿地直接引起了自己死亡。类似地，美国司法判例认为，"自杀"显而易见的平常含义是指："自愿并且故意地终结自己生命的行为或情形。"诸多美国道德哲学家亦强调，自杀意味着被害人在健全的精神状态下故意造成自己死亡。此外，陈兴良教授将自杀定义为"基于意志自由，自我决定结束生命的行为"。由此可见，尽管各方表述并不完全一致，但是"自杀"概念应该包含主客观两方面的内容，并且与被害人的自主决定紧密相关，则成为共识[1]。

3. "自杀"在保险法领域的界定

在保险法领域，当保险人以被保险人自杀为由拒绝承担给付保险金责任时，当事人之间可能存有争议的主要是无民事行为能力人能否自杀，精神病人、间歇性精神病人、抑郁症病人是否能够自杀，在意外险案件中，存在争议的主要是被保险人是意外身亡还是自杀身亡。

刑法研究的一些观点在保险法领域界定自杀行为时也同样适用。刑法理论界通说认为从主观方面看，认定自杀必然以被害人有意识地自愿选择死亡为前提。这就要求被害人认识到了死亡结果（认识因素），并且自主决定（自愿性）追求或放任死亡结果的发生（意志因素）。即只有在被害人认识到了死亡结果或者至少认识到了导致死亡的可能性时，才可能认定其自愿选择了死亡；成立自杀还要求被害人追求或者放任死亡结果出现；自杀必须出自被害人的自主决定，是其自由意志的真实体现[2]。由此可见，若无民事行为能力人，包括无民事行为能力的精神病人、间歇性精神病人在其精神病发作期间自杀的，如果其主观方面无法认识到自杀行为、无法自主决定自身行为，则不能认定其属于自杀行为，保险人不能以此为由拒绝承担相应的赔偿责任。另一方面，虽然被保险人主观上存在自杀，但是客观上致其死亡的行为与被保险人的主观意愿之间并无关联，则已无法认定为自杀，保险人依然不能以此为由拒绝承担保险金的赔付责任。

（二）"意外"或"自杀"性质认定的法院裁判规则

上面对"自杀"的定义进行了初步的解释，接下来通过对我国保险纠

---

[1] 王钢：《自杀的认定及其相关行为的刑法评价》，载《法学研究》2012年第4期。
[2] 王钢：《自杀的认定及其相关行为的刑法评价》，载《法学研究》2012年第4期。

纷案例中，来了解我国的司法实践对"自杀"的认定是基于哪些方面。笔者查找了我国多地法院因自杀拒赔的保险纠纷案例，分别从申请理赔一方（原告）胜诉及败诉两个维度对案件争议焦点及法院观点部分进行列举及分析。

1. 法院判决保险人支付保险赔偿金案例

（1）双方对被保险人的死因无争议，被告保险公司未举证证明饮用甲醇系被保险人的本意，被保险人误饮甲醇中毒导致死亡的结果并非出于其本意，应当属于意外伤害。

案例：北京金融法院［2022］京74民终755号

一审法院认为：根据涉案保险合同条款对意外伤害的定义，指以外来的、突发的、非本意的和非疾病的客观事件为直接目的且单独原因致使身体受到伤害。这种意外伤害导致的死亡属于应给付意外身故保险金的范畴。自然死亡、疾病身故、自杀以及自伤等均不属于意外伤害。对此，陶某、李某某表示陶某某系在工作后准备吃饭时，在单位食堂拿错了酒，把工业酒精当成了正常的白酒饮用，误饮甲醇死亡。某保险公司辩称陶某某服用工业酒精导致身体伤害，不属于意外伤害范畴，属于出于本意的饮酒行为，系自致伤害。陶某某在北京市平谷岳协医院住院病案记载陶某某主要诊断为甲醇中毒，中国人民解放军第307医院住院病案记载陶某某主要诊断为急性中毒误服甲醇中毒，双方对于陶某某的死因没有争议。某保险公司也未提供证据证明陶某某本意系饮用甲醇。故一审法院认为，陶某某虽系主动饮用白酒，但其死亡原因并非饮用白酒所致，而是误饮甲醇中毒，该结果并非出于其本意，且依据前述诊断也并非出于自身疾病所致，应属意外伤害，且事故发生在保险期间内，故某保险公司应依约给付保险金额。

二审法院认为：本案争议焦点为陶某某死亡是否属于涉案合同约定的意外身故，某保险分公司是否应予赔偿。根据北京市平谷岳协医院住院病案及中国人民解放军第307医院住院病案记载，陶某某主要诊断为急性中毒误服甲醇中毒，双方对于陶某某的死因没有争议。所谓意外伤害，根据保险合同条款的定义是指以外来的、突发的、非本意的和非疾病的客观事件为直接目的且单独原因致使身体受到伤害。而本案中陶某某系误饮甲醇中毒，该结果并非出于其本意，且依据现有证据也不能认定其死亡系由于自身疾病所致，故一审法院认定陶某某死亡应属意外伤害，某保险公司应依约给付保险金额是正确的，本院予以确认。

（2）保险公司无法证明被保险人系受其主观意志所支配而为的自致伤害或自杀，不能依据涉案保险免责条款免责。

案例来源：上海金融法院［2020］沪74民终250号

法院认为：首先，关于涉案事故是否属于本案保险范围。根据涉案保险条款第29条之约定，意外伤害系指以外来的、突发的、非本意的和非疾病的客观事件为直接且单独的原因致使身体受到的伤害。人寿财保上海分公司主张被保险人系在浴室烧炭生成一氧化碳中毒而死亡，并不存在因燃气管道泄漏导致被保险人意外伤害之情形，不符合涉案保险条款中关于"意外伤害"的定义。对此本院认为，人寿财保上海分公司仅将燃气管道泄漏作为意外伤害的原因，限缩了意外伤害的范围，被保险人烧炭致使一氧化碳中毒符合意外伤害的外来的、突发的、非本意的、非疾病的特征，故涉案事故属于本案保险范围。

其次，关于人寿财保上海分公司能否依据涉案保险免责条款免责。人寿财保上海分公司主张被保险人的死亡系自致伤害或自杀，故依据保险条款第6条第2项之约定免责。对此本院认为，根据最高人民法院《关于适用〈中华人民共和国保险法〉若干问题的解释（三）》（以下简称《保险法司法解释（三）》）第21条第1款之规定，保险人以被保险人自杀为由拒绝承担给付保险金责任的，由保险人承担举证责任。人寿财保上海分公司提供的现有证据不足以证明被保险人一氧化碳中毒死亡系自杀所致，且自致伤害或自杀均需被保险人出于故意的主观意愿，人寿财保上海分公司亦未能证明被保险人系受其主观意志所支配而为的自致伤害或自杀，故人寿财保上海分公司不能依据涉案保险免责条款免责。

（3）法院结合自杀的原因、动机、行为、购买保险的目的等方面分析被保险人不存在主观上自杀的故意，结合案件实际情况，根据公平和诚实信用原则，综合当事人双方的举证能力等因素，被告对于被保险人自杀具有举证责任。

案例：上海市黄浦区人民法院［2021］沪0101民初21453号

法院认为：本案争议焦点在于被保险人杜某2死亡原因系自杀还是意外？

第一，事故发生后，公安机关依法仅排除他杀，未对自杀或意外进行认定，亦未有其他专业机构对自杀或意外进行科学辨明，时过境迁，已无法还原案件真实，本院仅能凭现有证据结合社会经验进行判定。

自杀是一个主观行为，需要有结束自己生命的故意，而具民事行为能力的人所作行为受制于其复杂的心理活动，心理活动的探知需要通过其外部表现辨析，结合本案证据，分析如下：

原因：自杀的原因无外乎感情纠葛、债务纠纷、病痛折磨、心理疾病。死者虽与父母分开居住，但作为居住条件有限的家庭，此亦属正常，况且其曾服兵役，独立性更强，单独居住合情合理，原告以此推断其与父母感情不和属武断之论。死者未婚，亦未有谈恋爱迹象，不应有感情纠葛。死者2020年10月份离职，无债务，平时会向家里要一二百元的零花钱，虽然不富裕，应无太大经济压力，不至自杀。无证据证明死者有病痛及心理疾病。死者与原单位存在民事索赔纠纷，该纠纷尚在追索过程中未有定论，一个仍未放弃追索权，一心寻求法律公正之人更无自杀理由。

动机：具有民事行为能力的人，其行为都要受到动机的调节和支配，动机是推动行动的内部动因。本案所涉保险为死者父亲所投，死者没有投保前的动因，投保后亦无上述原因动因，故不具备自杀动机。

行为：据原告说，由于当天天气炎热，杜某2可能上阳台乘凉。从死者的着装看，当天其穿着短袖T恤，天气应当比较炎热，而且从詹某勇的询问笔录可以了解到，该居民楼顶未锁，死者具有上楼乘凉的可能性。

为了便于直观了解案情，根据公安机关制作的2020年10月18日××街道××路××号××楼顶高坠事件现场方位图，将坠楼处与发现尸体位置做个图例。

从上述图例可以看出，教育新村49~50栋与××巷××号南楼间存在夹角，坠楼处正好在夹角顶端，从正常逻辑考虑，自杀之人会选择成功率较高的位置，而从图例看，坠楼处位于××村××楼落差最小的一头，绝非最佳跳楼位置，反而其他角落跳楼的位置更佳。

从××村××楼顶照片看，楼顶放置了一个硕大形似晾衣架的物品，该架子占据该角落大部分位置，阻挡了部分行走空间。围墙左侧有硕大的蓝色似雨棚物，围着围墙铺开，坠楼处外墙角落放置了一台空调外机。从原告提供的测量照片看，××村××楼顶围墙的高度在64.30厘米到80.50厘米之间，围墙顶端宽26.30厘米，具有围墙上行走的条件。从地形看，围墙具有行走条件，左侧有雨棚，从而减轻了其心理上的恐惧和不适感，对危险程度可能会产生错误估计，加之死者系年轻的退役军人，对自己的掌控能力更自信，故死者因为视线障碍爬上围墙查看父亲是否回家或者为了躲避障碍物爬上围墙具有一定的可能性。

再从横置于围墙顶部的管道和角铁位置，以及死者鞋底的痕迹看，死者左脚顶端有与角铁碰擦的痕迹，如果是自杀跳楼应该是双脚用力往下跳，或者一个脚跨出去，不应该左脚头部出现碰擦角铁的痕迹，唯一能解释的就是死者在围墙上行走的时候由于未注意脚下管道及角铁而不慎绊倒以致跌落楼下。

死者当晚曾去过推拿店，并请求他人打电话寻找他母亲，但电话并未接通。根据其母亲陈述，死者于当天傍晚曾询问父亲回家时间，讨论第二日至法院处理索赔事宜，符合常理。此行为说明死者在坠楼前两三个小时还在为第二日追讨索赔款的事计划行程，试问一心想死之人怎会计划第二日的行程？回答应该是否定的。

目的：首先该保险系死者父亲为家人购买，非死者主动为之，无预谋可能，不具有骗保的目的。其次，死者无感情上的纠葛，亦未到穷途末路的地步，且死者系退役军人，应当比常人的性格更沉稳，内心更强大，责任感更强，为了一场胜负未定的诉讼及无业状态而不顾赡养父母和照顾妹妹的责任，轻易放弃生命的可能性微乎其微。再次，没有证据证明死者患有绝症、存在吸毒等解脱现世的证据，故死者自杀无目的性。

综上，本院认为死者没有自杀的原因、动机、行为和目的，大概率不具有自杀可能。

第二，从举证角度来看原、被告双方的责任。

举证责任应当结合案件实际情况，综合各方的举证能力来确定举证责任的承担。

首先，依照《保险法》第22条的规定，保险事故发生后，请求权人请求保险人赔偿或者给付保险金时，投保人、被保险人或者受益人应当向保险人提供其所能提供的与确认保险事故的性质、原因、损失程度等有关的证明和资料。原告依照自身条件已经提供了客观上其所能提供的确认保险事故性质和原因的证明和资料，完成了初步的举证责任，且保险合同的本质是分担各种社会风险，在原告已经提供初步证据的情况下，还要为了事故原因进行调查、取证，违反保险的分担社会风险的本质。

其次，被告作为专业的保险公司，具有比被保险人、受益人更强的证据收集和分析的能力。保险人如果认为被保险人的死亡属于保险条款约定的免责事由，应提供相应的证据予以证明。

再次，保险合同为射幸合同，保险人履行保险金支付的义务取决于保险事故的发生与否。本案中，原告已经举证证明了保险事故的发生，而被告提供的证据中虽然有询问笔录等，但传来证据居多，带有较大主观性，不足以证明自杀的观点。

另外，虽然被告提供的死者父亲杜某1的报警记录，载明儿子有未了官司，导致儿子跳楼的陈述，但该记录只是其父亲的片面之词，从尊重死者和其他证据的综合考虑，其父亲的报警言论更倾向于个人猜测和作为父亲为了确认儿子死亡的情急之下所导致的权宜之计。

综上，本院认为，结合案件实际情况，根据公平和诚实信用原则，综合当事人双方的举证能力等因素，被告对于被保险人自杀具有举证责任。

本案投保人杜某1为儿子向原告进行投保，具有保险利益，所涉的保险合同关系合法、有效，合同各方的民事权利义务依法受法律保护。原告提供的证据可以证明被保险人在楼顶坠楼死亡，已经初步完成了其应履行的举证责任，被告应当按照合同约定支付保险金。保险人以被保险人自杀，拒绝支付保险金，没有提供足以证明其观点的证据，本院难以采信。

2. 法院判决保险公司无须支付保险金案例

（1）保险公司拒绝理赔的理由并非因被保险人为自杀，而是根据申请人提供的证据不能证明被保险人系因意外伤害身故。原告应当对被保险人系因意外死亡承担初步的举证责任。

案例：山西省高级人民法院［2020］晋民申1563号

法院认为：二审判决认定相关证据"不能直接确定李某的死亡为意外死亡""可以确定李某身亡的原因并非遭受意外伤害事件所致，该情况不属于其投保的意外伤害险的理赔情形"，但并未认定被保险人系自杀身亡，只是根据在案证据尚不能排除被保险人自杀的可能。申请人认为二审判决不能认定被保险人系意外伤害死亡即可推出被保险人为自杀身亡的结论无事实和法律依据。而二审法院认定保险公司不予理赔，并判决对李某诉讼请求不予支持的理由并不是因为被保险人自杀系合同约定的免责事由，而是因为被保险人投保的险种为团体意外伤害保险。根据案涉保险合同释义第8.4条的对意外伤害的解释为"指外来的、突然的、非本意的、非疾病的使被保险人身体受到伤害的客观事件,并以此客观事件为直接且单独原因导致被保险人身体蒙受伤害或者身故……"故受益人主张权益必须以被保险人死亡确系意外死亡承担相应的举证责任。申请人在原审中所举证据达不到民事证据高度概然性的证明标准。公安机关出具的结论为"高空坠亡",而在家中高空坠亡并不能直接推论得出被保险人系遭受"外来的、突然的、非本意的、非疾病的"意外伤害的结论,故二审法院据此判决驳回原审原告诉讼请求并无不当。至于申请人所称原审法院分配举证责任错误的问题,申请人所主张依据《保险法司法解释(三)》第21条,保险人以被保险人自杀为由拒绝给付保险金的,由保险人承担举证责任。而根据一二审法院查明的事实,保险公司拒绝理赔的理由并非因被保险人为自杀,而是根据申请人提供的证据不能证明被保险人系因意外伤害身故。故该情形并不能适用上述司法解释的规定。原二审法院根据《民事诉讼法》"谁主张,谁举证"的规定及《保险法司法解释(三)》第22条的规定分配举证责任并无不当。

(2)原告未举证证明孟某某遭受外来的、非本意的客观事件而身亡,其应当承担举证不能的法律后果。

案例:[2020]沪0115民初4452号

法院认为:保险事故是指保险合同约定的保险责任范围内的事故。被保险人发生的事故确属保险事故的,则保险人应当按照保险合同的约定承担赔偿或者给付保险金的责任。原告认为,《居民死亡确认书》《居民死亡殡葬证》已经排除了刑事案件或疾病原因导致的死亡,而高坠只是事件的客观结果,并不包含主观因素,与认定意外或非意外没有必然关联性,而且高坠定义是模糊的,原告已经完成初步证明义务,应由被告承担举证责任证明事故属于非意外。被告则认为,孟某某身亡不属于意外伤害险的承保范围,孟某某长期处于焦虑状态且从现场环境来看不可能因意外导致高坠,不符合外来的、非本意的。本案的争议在于被保险人孟某某身亡事故是否属于保险责任范围。对此,本院作以下分析:

首先,系争保险条款约定的保险责任范围为被保险人遭受意外伤害,且保险条款对意外伤害释义为"指遭受外来的、突发的、非本意的、非疾病的使身体遭受伤害的客观事件"。该释义中所载明的四项条件系并列关系,缺一不可,须同时具备方能构成意外伤害。保险条款中对意外伤害所作的释义，确定了意外伤害保险的保险责任范围，且保险人已经尽到明确说明义务，该条款合法有效。

其次，《保险法》第 22 条第 1 款规定，保险事故发生后，按照保险合同请求保险人赔偿或者给付保险金时，投保人、被保险人或者受益人应当向保险人提供其所能提供的与确认保险事故的性质、原因、损失程度等有关的证明和资料。据此，具有保险金请求权的人首先应当负有证明事故属于保险事故的初步举证义务。就本案而言，原告应当首先负有证明孟某某系受到意外伤害而身亡的初步举证义务。退一步而言，即使原告因客观因素无法举证，其亦首先应当对上述事故系意外发生作出合理解释。在本案中，公安部门就事故未予刑事立案，已排除他杀之可能，孟某某未居住于事发地点，坠亡地已出租给他人，故事发地点并非孟某某经常活动地。对此，原告解释为孟某某可能在一楼内失足摔倒而死亡，与公安部门作出的高坠结论明显不符，也不符合生活常理。故本院对原告提出的解释，难以支持。原告未举证证明孟某某遭受外来的、非本意的客观事件而身亡，其应当承担举证不能的法律后果，本院对其诉请难以支持。

（3）法医检验分析被保险人溺水死亡仅是死者死亡的原因，并不能认定造成死亡的后果是意外落水还是死者自杀造成，结合被保险人事故发生前的多次自杀倾向及自残行为，不排除存在自杀的可能性。

案例：[2017] 粤 03 民终 678 号

法院认为：涉案《法医检验分析意见书》认为，尸表未见损伤痕迹，未见扼颈、卡颈、勒颈等痕迹，分析死者溺水死亡可能性大。但溺水死亡仅是死者死亡的原因，并不能认定死者溺水死亡是意外落水造成还是死者自杀造成。而从龚某 3 在公安局的多份笔录中的陈述来看，徐某 1 在本次事件之前就多次存在自杀倾向以及自残行为。徐某 1 在双方发生争吵后于 2014 年 5 月 8 日凌晨 2 时 30 出门，留下了遗信和手机、证件、钱等物品在床头柜，在遗信中自称罪人，要求不要再找她。本院认为，根据上述事实，在没有证据证明有外力情形导致徐某 1 溺水死亡的情形下，不排除徐某 1 自杀的可能性，上诉人对于徐某 1 系自杀已经尽到相应的举证责任。被上诉人徐某等四人主张徐某 1 不是自杀，但未对徐某 1 死亡前的反常言行作出合理解释，亦未提供反驳证据，本院对此不予采信。被上诉人要求上诉人华安财产保险公司支付意外身故保险金 96 万元，没有依据，上诉人华安财产保险公司主张应当免责，理由成立，本院予以支持。

从上述案件中，不难发现，法官在认定被保险人是否属于自杀时，并非仅结合保险公司提供的调查报告。

3. 对于保险合同成立两年后自杀是否赔付的争议

有的读者可能有疑问，认为我国《保险法》第44条规定了保险合同成立起两年内被保险人自杀的不予赔付，那么只要保险合同成立两年后自杀的保险就应当赔付保险金。该条的适用在司法实践中也是有争议的，自杀在意外险保险合同中通常被列为免责条款，因为基于意外险的保险目的来讲，自杀并不属于意外事件，因此无论意外险保险合同成立期间是否超过两年，应当都是不予赔付的，因此有法院基于意外险的保险目的，认定即便被保险人自杀时超过合同成立两年的，保险公司也无须理赔，如石家庄铁路运输法院［2020］冀8601民初582号、合肥市庐阳区人民法院［2018］皖0103民初8308号案例，同时也有法院在保险合同约定有歧义时按照对提供格式条款一方应当作出不利解释的原则判决保险公司应当理赔，如广东省深圳市中级人民法院［2019］粤03民终4994号案例，大家如有兴趣可自行查阅相关案例，本书不再一一列举。

（三）保险以自杀拒赔案件的要点

结合我们检索的案例，不难发现，就该类纠纷，对当事人双方而言，最重要的都是对举证责任的分配以及取证。

1. 举证责任的分配

在该类意外伤害保险合同纠纷中，保险公司拒赔的理由一是被保险人系自杀，二是受益人申请理赔的事项不属于保险合同约定的保险事故，以下就该两类拒赔理由所形成的举证责任分配的结果分别做以分析。

（1）以自杀为由拒赔的案件

在这类案件的举证责任的分配上，最高人民法院《关于适用〈中华人民共和国民事诉讼法〉的解释》（以下简称《民事诉讼法司法解释》）第91条第1项规定，主张法律关系存在的当事人，应当对产生该法律关系的基本事实承担举证证明责任。我国《保险法司法解释（三）》第21条第1款有明确规定："保险人以被保险人自杀为由拒绝给付保险金的，由保险人承担举证责任。"因此，若保险人直接以自杀为由拒赔的，应当由保险人就其主张被保险人系自杀这一事实承担举证责任，否则应当承担举证不能的不利后果。

（2）以不构成意外事故为由拒赔的案件

由于对被保险人自杀的举证难度大，除非有明确的证据证明，或者以具有强大说服力的逻辑推理来被保险人自杀事实的存在，否则法官并不能轻易认定被保险人自杀，因此目前保险公司大多会以申请理赔事项并非保险合同约定的意外事故予以拒赔。

在许多案件中，对于意外事故中非本意的举证责任，法院会直接以受益人需承担案涉事故属于意外事件的举证责任而将构成意外的四个要素包括突发的、外来的、非本意的、非疾病的举证责任一并分配给受益人承担，对突发的、外来的、非疾病的举证似乎比较容易，大部分都可以结合死亡证明完成初步的举证，但是在该类案件中对非本意的举证也分配给受益人，是否合理呢？

实际上，根据《保险法司法解释（三）》第21条的理解与适用的观点，关于非本意举证责任的承担，最高人民法院明确指出在制定该条司法解释时采用的是由保险人承担对非本意的举证责任，理由主要有：①故意免责条款具有决定举证责任归属的特殊法律意义。人身意外伤害保险条款于规定"非本意"之要件外，又特意设置了故意免责条款，据此，将其目的解释为保险人应承担举证责任显然更为自然、更具合理性；②相对于保险人举证"故意"，"非本意"的证明对于索赔请求人来说属于消极事实，当事人只有通过间接证据才能完成举证。极有可能因为举证该事故"并非被保险人之故意行为所致"之困难，导致保险合同目的难以达成；对于保险人来说只要能证明被保险人自杀就可免除给付责任，属于有利于保险人的事实，因此将"非本意"的举证责任分配给保险人较为妥当。

2. 取证环节

（1）取证难度较大

在意外险保险事故中，重要的证据包括公安机关出具的事故调查报告、死亡证明，法医鉴定分析意见或交警部门出具的交通事故认定书、事故现场的监控等，以及被保险人的遗书遗言等，公安机关结合走访调查、目击证人描述，单方车祸结合行车记录仪等能够做出被保险人系自杀或意外的认定。但是在事故发生时，往往可能存在并未报警、案发后尸体火化或下葬等情形，导致并未有直接的证据证明案涉事故发生的具体原因，仅能通过居民医学死亡证明得出"坠亡""溺亡"的事故结果,部分法院认为就此受益人已经完成了初步的举证责任,但是也有不少将非本意的举证责任分配给受益人一方的法院认定仅提供死亡证明,无法得出被保险人是意外还是自杀的结论,因此受益人通常也仅能通过提供间接证据证明,来支撑被保险人非主观自由意志下追求的死亡结果,而法官也不得不更多地进行逻辑推理演绎,因此在法官形成心证的过程中,往往不可避免地受其自身的生活经验以及主观思想的影响,从而使得同类案件会出现差异性的裁判结果。

（2）提供证据须达到"高度盖然性"的证明标准

有别于刑事诉讼所采取的"排除合理怀疑"之证据规则,民事诉讼的证据规则是"证据优势原则"。证据的证明标准是一个不可量化的、模糊的概念,并且具有主观性。"无论对证明度的内容如何表达描述,任何表达其实都可以说只是一种形容或比喻。这是因为作为衡量认知程度或状态的基准,证明度看不见摸不着,只是人们心目中一种共通的理解或认识。"因此世界各国均以盖然性作为民事诉讼的证明标准,所谓盖然性是指可能而非必然的状态。根据我国《民事诉讼法司法解释》第108条第1款,将证明标准规定为,"对负有举证证明责任的当事人提供的证据,人民法院经审查并结合相关事实,确信待证事实的存在具有高度可能性的,应当认定该事实存在"。所谓高度可能性,亦称为高度盖然性,即根据事物发展的高度概率进行判断的一种认识方法,是人们在对事物的认识达不到逻辑必然性条件时不得不采用的一种认识手段……具体而言,就是在证据无法达到确实充分的情况下,如果一方当事人提出的证据已经证明事实的发生具有高度盖然性,法官即可予以确认。[1]

我国《保险法》第22条第1款规定:"保险事故发生后,按照保险合同请求保险人赔偿或者给付保险金时,投保人、被保险人或者受益人应当向保险人提供其所能提供的与确认保险事故的性质、原因、损失程度等有关的证明和资料。"因此在该类案件中受益人首先应当在其举证能力范围内对保险事故的发生情况进行举证,相关证明资料包括如居民死亡医学证明、公安机关出具的死亡证明、调查报告等能够初步证明被保险人系意外死亡的相关证据,在达到高度盖然性的证明标准后,针对保险公司提出的抗辩,由保险公

---

[1] 刘建勋:《被保险人自杀的认定与经验法则的运用》,载《法律适用》2019年第22期。

司承担相应的举证责任。

（四）律师建议的应对策略

在意外险理赔过程中，尤其针对该类保险事故的最终结果与自杀的结果极为相似的案件，目前大多数保险公司在出具理赔决定时另辟蹊径并不直接主张被保险人为自杀而拒赔，因此从现有的法院裁判规则来看，受益人要首先承担事故属于意外事件的初步举证责任，但是针对该类事故受益人取证能力有限，往往没有较为直接证据证明被保险人的死亡原因，可以通过搜集一些间接证据以证明被保险人死亡并非基于其主观自由意志下的选择，使法官形成初步认可事故系意外事件的心证后，举证责任便转移到保险公司一方。

泽良保险法团队近期办理的几起意外伤害保险合同纠纷案件，包括被保险人的死亡原因为一氧化碳中毒死亡、高坠死亡、溺水死亡等，对于事故性质究竟是属于意外事故还是属于自杀双方当事人争议较大，在被保险公司以不属于意外事故为由拒赔后，泽良保险法团队经过证据的搜集、司法案例及法理的研究，最终都帮当事人争取到了令当事人满意的案件处理结果。建议在遇到该类纠纷时，针对案件不知如何取证举证的，尽量委托专业律师，以便更好地维护自身权利减少不必要的损失。

六、意外险常见拒赔理由之伤残赔付比例系数

（一）定义

伤残赔付比例系数是计算伤残保险金的重要依据，即保险金额×比例系数=伤残保险金。大部分的意外险/雇主责任险保险产品约定的比例系数为十级10%，九级20%，八级30%，七级40%……二级90%，一级100%。

有部分保险产品，则不按照上述比例系数，自行调整系数，比如七级以下赔付比例系数为0%，十级赔付比例系数为1%。

（二）常见场景

这类拒赔/少赔常见于团体意外险、雇主责任险中，通常投保人买保险只知道买了50万元、100万元的保险，具体十级伤残能赔偿多少钱，他们并不懂得计算，更不懂得如何去看保单中伤残等级约定的赔偿比例系数，往往只有真的发生事故了，才发现赔偿金额极低，导致赔偿不足。

（三）拒赔理由

通常在保单中以特别约定的形式记载，保险公司便以保险合同约定为由

拒赔。

例如某保单特别约定：按所附表的给付比例乘以 50 万元给付残疾保险金……伤残等级一级、二级、三级、四级、五级、六级、七级、八级、九级、十级对应给付比例为 100%、80%、65%、55%、45%、25%、15%、10%、4%、1%。

按照上述比例计算，一份 50 万元的保险，若被保险人遭受意外伤害导致十级伤残，仅赔付 5000 元，九级伤残赔付 20 000 元。

（四）争点分析

1. 伤残赔付比例系数的约定是否属于无效条款？

《保险法》第 19 条规定："采用保险人提供的格式条款订立的保险合同中的下列条款无效：（一）免除保险人依法应承担的义务或者加重投保人、被保险人责任的；（二）排除投保人、被保险人或者受益人依法享有的权利的。"同时，《民法典》第 497 条规定："有下列情形之一的，该格式条款无效：（一）具有本法第一编第六章第三节和本法第五百零六条规定的无效情形；（二）提供格式条款一方不合理地免除或者减轻其责任、加重对方责任、限制对方主要权利；（三）提供格式条款一方排除对方主要权利。"即是否属于无效条款，主要看保险条款是否免除保险人义务或者排除被保险人一方权利，需要注意的是保险条款的核心就是风险责任承担与责任免除的约定，免责不赔偿的情形是行业普遍现象，因此法院也不会轻易将保险条款认定为无效条款。

2. 伤残赔付比例系数的约定是否属于免责条款？

根据《保险法司法解释（二）》第 9 条第 1 款的规定，保险人提供的格式合同文本中的责任免除条款、免赔额、免赔率、比例赔付或者给付等免除或者减轻保险人责任的条款，可以认定为《保险法》第 17 条第 2 款规定的"免除保险人责任的条款"。上述司法解释通过举例的方式，将比例赔付认定为"免除保险人责任的条款"，但表述仍然为"可以"，而非"应当"，司法实践中仍然存在争议，有的法官认为属于免责条款，有的法官则认为不属于免责条款。若认定属于免责条款，则需要进一步从"提示""明确说明"义务论述免责条款是否产生效力。

3. 伤残赔付比例系数的约定是否属于"与对方有重大利害关系的条款"？

根据《民法典》第 496 条第 2 款的规定，采用格式条款订立合同的，提供格式条款的一方应当遵循公平原则确定当事人之间的权利和义务，并采取合理的方式提示对方注意免除或者减轻其责任等与对方有重大利害关系的条款，按照对方的要求，对该条款予以说明。提供格式条款的一方未履行提示或者说明义务，致使对方没有注意或者理解与其有重大利害关系的条款的，对方可以主张该条款不成为合同的内容。《民法典》颁布实施后，对格式条款有重大的修改，即产生了"与对方有重大利害关系的条款"这一定义，但是司法解释中并未对具体内涵进行详细阐述，因此较少的法官会直接将格式条款定义成"与对方有重大利害关系的条款"，司法实践中运用较少，但是一旦能够争取适用，其法律后果与免责条款基本一致。

4. 伤残赔付比例系数的约定是否符合公平原则？

中国保险监督管理委员会曾经出台《关于人身保险伤残程度与保险金给付比例有关事项的通知》（保监发〔2013〕46号），第一点规定，保险责任涉及伤残给付的人身保险合同应在保险条款中明确约定伤残程度的定义及对应保险金给付比例。保险公司应科学划分伤残程度，公平设定保险金给付比例。

即在2013年就明确了应科学划分伤残程度，公平设定保险金给付比例，可以从这点去争取。当然，从原则的角度去打案件相对来说是比较难的，更应当结合前述观点、社会价值理论进行论述，争取动摇法官内心。

（五）裁判案例

1. ［2020］闽民申4675号

本院经审查认为，《保险法司法解释（二）》第9条第1款规定："保险人提供的格式合同文本中的责任免除条款、免赔额、免赔率、比例赔付或者给付等免除或者减轻保险人责任的条款，可以认定为保险法第十七条第二款规定的'免除保险人责任的条款'。"从案涉《中国人寿保险股份有限公司国寿农村小额意外伤害保险（2013版）条款》第4条"保险责任"第2项约定，该条款将被保险人伤残等级程度和保险人给付保险金进行比例划分对应，即进行比例赔付，该条款免除了保险人的保险责任，排除了被保险人的权利，二审认定该条款属于免责条款，并无不当。另，诚实信用原则是民商事活动的基本原则，保险公司的提示、说明义务，是在保险合同领域贯彻诚实信用原则的基本要求。《保险法》第17条第2款规定："对保险合同中免除保险人责任的条款，保险人在订立合同时应当在投保单、保险单或者其他保险凭证上作出足以引起投保人注意的提示,并对该条款的内容以书面或者口头形式向投保人作出明确说明;未做提示或者明确说明的,该条款不产生效力。"本案人寿保险福建分公司无法证明其已就该比例赔付的免责条款向当事人尽到了提示和说明义务,其应依法承担保险责任。

2. [2017] 沪民申 2513 号

系争意外伤害保险合同条款第 5 条是有关保险责任的规定,其中第 2 项是对残疾保险责任的约定,其明确记载:"因该事故造成本保险合同所附《人身保险伤残评定标准》所列残疾之一,保险人按该标准所列给付比例乘以保险金额给付残疾保险金。"该条款是对保险人承保危险及保险给付计算方式的约定,是该保险合同的核心条款、必要条款,也是保险人根据风险依大数法则厘定保险费的基础。按再审申请人的观点,该保险条款不作为保险合同的内容,即使轻微伤残、烫伤也应当按保险金额全额赔偿。而发生一级伤残才赔偿 10 万元与发生轻微伤残、烫伤也赔偿 10 万元的风险概率显然不同,对应的保险费差异巨大。如上述保险条款整体不纳入保险合同时,将导致合同一方当事人显失公平,法院即应当认定合同因欠缺必要条款导致整体不发生效力。

3. [2018] 粤 19 民终 5036 号

投保人鸿高公司确认条款中关于依据按伤残等级按比例赔付的条款系鸿高公司与某财险东莞公司协商达成。该条款并非格式条款,系合同双方协商一致达成。条款文义清晰明确,不含歧义,亦不存在《合同法》(已失效)第 40 条规定的无效情形,一审法院依据条款内容判赔并无不当。同理,双方通过合同约定伤残住院津贴的计算方法及最高保险金额并缴纳保费,其中并无涉及免责事由,本院对一审法院依据保险合同确定的数额予以维持。

(六)泽良经验

泽良律师团队在办理上述案件时,主要还是通过免责条款的提示、明确说明义务入手,包括特别约定的内容是否加粗加黑,保险的投保流程等方面进行争取。同时结合上述银保监会规定,以及《人身保险伤残评定标准》规定了人身保险伤残程度的评定等级以及保险金给付比例的原则和方法,人身保险伤残程度分为一至十级,保险金给付比例分为 100%至 10%。我们曾经办理的案件中,当事人所购买的意外险八级伤残仅对应赔付比例为 10%,并且当事人已经在保险公司理赔了这 10%的保险金,通过泽良律师的争取,拿到了八级伤残应当对应30%，即差额20%的保险金。

七、保险公司以"职业类别不符"为拒赔理由的裁判规则——以保险公司败诉案例视角研析

（一）保险拒赔依据

（1）投保单一般会要求写明被保险人职业类别。

（2）保险合同条款，如"若被保险人健康/职业/收入状况有部分符合以下内容，本公司有权不同意承保；若发生保险事故，本公司不承担赔偿给付或给付保险金的责任，并有权不退还保险费：1.被保险人从事的职业属于《职业分类表》中第4～6类或特定类职业"。特别约定如"本保险合同适用人群：投保时年龄在18至50周岁（含）身体健康，1～3类职业的自然人，若您不符合前述投保范围，请勿购买保险，若发生保险事故，保险人不承担保险责任。"

（二）法院判保险公司赔偿案例

1.［2020］闽0203民初12415号

裁判要旨： 本案为互联网方式投保，投保人选择被保险人职业类别的投保界面并无询问事项，系由投保人根据投保界面罗列的职业种类自主选择，询问方式非保险人主动为之；保险公司提供的证据亦未对职业分类相应的概念、内容、法律后果等方面予以解释说明，以使投保人明白免除责任条款的真实含义和法律后果。故保险公司就该特别约定免责条款未作提示或者明确说明的，依法不发生效力。

法院认为： 该特别约定的职业分类限制条款免除或减轻保险人责任，属于免除保险人责任的条款，保险人负有就该免责条款进行提示和明确说明的义务。本案中，保险单中的特别约定"本保单仅承保我司职业分类表中1～3类人员"与保险单其他内容无任何字体区别；在保险合同订立过程中，且不论保险公司提交的网络投保流程公证是否与彭某琴投保时完全一致，从保险公司举示的投保流程看，该特别约定内容和职业分类表在电子投保的流程中并未显示，仅在"健康告知"界面载明不可投保职业，在"职业工种告知"界面投保人选择部分职业时弹窗提示"被保险人职业不在可投保范围内"，且相应的职业类别具体划分复杂、种类繁多，非经特别提示及说明，投保人

一般无从关注；保险公司提及案涉保险条款加黑突出标志的责任免除内容，并未包含职业分类限制，并未采用足以引起投保人注意的文字、字体、符号或者其他明显标志对承保职业分类作出提示。保险公司提供的证据亦未对职业分类相应的概念、内容、法律后果等方面予以解释说明，以使投保人明白免除责任条款的真实含义和法律后果。故保险公司就该特别约定免责条款未作提示或者明确说明的，依法不发生效力。

案涉保险合同系通过电子投保形式订立的，根据保险公司当庭演示和提交的公证书，可以认定投保人彭某选择被保险人彭某琴的职业类别为1类。保险公司以投保人彭某未履行如实告知义务为由不承担赔偿责任的，根据《保险法司法解释（二）》第6条第1款的规定，应举证证明其询问的内容和范围。保险人询问应是主动为之，非投保人自行操作才予以显示。从诉争保险的网络投保过程看，均系投保人自主选择，相应的投保界面并无询问事项，保险公司未能就其询问的范围和内容进行举证的，不足以证明投保人彭某将被保险人彭某琴职业类别选择1类，存在未如实告知义务。

2. ［2022］京74民终1188号

裁判要旨：保险公司未能证明其就免责条款尽到了充分的提示说明义务，同时在投保时未对投保人雇员的职业类别提出异议，且在保险单中未作出明确标注。因此，保险公司的免责条款无效，应承担保险责任。

法院认为：关于本案所涉事故是否构成案涉保险合同第8条的免责条款的问题，本院认为，某保北京分公司向启翰远公司发送了《确认函》，启翰远公司收悉函件，但从函件内容来看，某保北京分公司提示的内容为，"我司决定对操作以下机器的操作工人在承保时提高此类人员的人员类别，此类人员需按照五类人员进行投保。具体如下：所有涉及操作冲压机器的操作工人；所有涉及操作切割机器的操作工人；所有涉及操作粉碎机器的操作工人。"本案中王某某所投保的职业类别为四类，从投保的人员名单上来看，仅能确认其工种为车床工，在没有直接证据表明车床工即为确认函中所称"操作切割机器的操作工人"的情况下，仅从确认函的内容不能认为双方协商一致王某某应当按照五类人员的标准投保。此外，保险合同的缔约由双方协商且意思表示一致后达成，启翰远公司在投保时已经明确地列示王某某的工种为车床工，投保类别为四类，此后应当由人保北分公司进一步核实投保类别，并决定是否承保，本案中某保北京分公司在核保时没有对车床工按照四类人员投保提出异议，也没有进一步向投保人询问车床工的具体分工，亦未对涉及应按五类人员投保的职业、工种在投保单、保险单中作出特别约定，其对案涉投保单核保予以通过并实际收取保险费，因此，应当认为某保北京分公司认可王某某的投保职业类别并同意承担相应的保险责任。

（三）律师分析

（1）职业类别不符拒赔是常见的意外险或雇主责任险的拒赔原因之一，但职业类别有着非常专业的划分，普通投保人在保险公司未进行明确的提示以及解释说明的情况下，根本无从得知自己的职业类别。但在实践中，就职业类别是否属于免责条款进而需要进行提示说明亦存在争议，结合上述案例，倾向于认定职业类别相关条款需向投保人进行提示及解释说明，否则不发生效力。

（2）在司法实践中，就职业类别进行拒赔认定为免责条款的前提下，法官会结合以下几点来认定保险公司是否有尽到提示及解释说明义务：①保险公司是否就有关职业类别的具体划分在投保时进行出示；②保险公司是否针对具体的职业类别作出能够使投保人理解的解释说明；③保险公司是否有询问过被保险人的职业类别，投保人是否真正与保险公司就职业类别的理解达成一致并如实告知，而在保险公司没有同步进行主动解释说明的情况仅要求投保人填写职业类别的情况下，司法实践中不会过于苛刻针对投保人就职业类别的如实告知义务的履行。

（四）涉及法律依据

《保险法》第17条、第65条；

《保险法司法解释（二）》第9条；

《民法典》第496条、第497条。

八、在意外险中，保险公司以"不构成意外事故"为由拒赔案例研析

（一）保险拒赔依据

（1）《保险法》第21条；

（2）保险合同条款如："因下列原因造成被保险人身故、伤残或医疗费用支出的，保险人不承担给付保险金责任：（一）被保险人自致伤害或自

杀，但被保险人自杀时为无民事行为能力人的除外；""意外伤害指以外来的、突发的、非本意的和非疾病的客观事件为直接目的且单独原因致使身体受到伤害。"

（二）法院判保险公司赔偿案例

案例：[2022] 京 74 民终 977 号

裁判要旨：保险公司主张的相关医疗费与被保险人申请理赔的意外事故之间没有关联，但未提供证据证明，应当承担保险赔偿责任。

法院认为：根据当事人的上诉请求和诉辩意见，本案二审的争议焦点有三：一是丁某兰是否发生意外事故，二是丁某兰的医疗费支出与上述意外事故是否有关，三是某保财险北京分公司是否应当承担保险责任。

关于争议焦点一，某保财险北京分公司认为，没有确定的证据证明丁某兰发生了意外事故。对此，本院认为，丁某兰的住院记录中载明"患者1小时前骑电动车不慎摔倒，伤口即感到右肩部疼痛"、住院病例首页显示"肩关节脱位"，结合丁某兰的自述及北京市朝阳中西医结合急诊抢救中心诊断书等相关材料，本院认可其发生意外事故的真实性。关于争议焦点二，丁某兰提交了两次入院记录、出入院证、X光片及对应的报告单，其已尽到了初步举证的责任。某保财险北京分公司虽不认可医疗支出和意外事故的关联性，但并未提交相关证据进行佐证。结合石槽镇卫生院住院病例首页载明"出院诊断，主要诊断：肩关节脱位"，石槽镇卫生院入院记录中对丁某兰骑电动车摔倒的陈述，以及北京朝阳中西医结合急诊抢救中心入院记录载明"现病史：缘于5月前（2021年2月25日）在周口市郸城县石槽镇乡村公路骑电动车时摔伤，右肩部着地，致右肩部疼痛、肿胀、活动受限……刻下症见：右肩方肩畸形，肩外展不能，余查体未见明显异常"等证据材料，本院认可丁某兰医疗支出由其意外摔倒导致。关于争议焦点三，保险单载明，保险期限为2020年7月12日至2021年7月11日，丁某兰意外事故发生时间在保险期限内，合同对缔约各方均具有法律约束力，因此某保财险北京分公司应当承担保险责任。

（三）法院判保险公司不赔案例

案例：[2023] 京 74 民终 1906 号

裁判要旨：公安机关鉴定被保险人死亡原因系猝死，而原告既不能证明被保险人的死亡原因系意外伤害，也不能证明被保险人的死亡与此前意外摔伤存在因果关系，应当承担举证不能的不利后果。

法院认为：涉案保险合同约定的保险范围是意外伤害事故，不包括猝死。涉案保险合同条款释义处约定，意外伤害指以外来的、突发的、非本意的和非疾病的客观事件为直接且单独的原因致使身体受到的伤害。北京市海淀区公安司法鉴定中心作出的《鉴定书》载明"经对该尸体进行尸表检验，其体表未见明显损伤"，"结合案情调查、现场勘查，其死因符合猝死"。鉴定意见为"赵某榜符合猝死"。也就是说，公安机关的死亡鉴定结论不支持赵某榜死于意外伤害。

本案中，赵某根、史某稳主张赵某榜因意外伤害死亡，要求某某保险公司赔付保险金，应当就赵某榜系因意外伤害导致死亡承担举证责任，不能举证证明的，应当承担举证不能的不利法律后果。

赵某根、史某稳对鉴定结论不服，有权通过申请尸检来确认赵某榜的死亡原因，但赵某榜尸体已在赵某根、史某稳向某某保险公司索赔前火化，无法进行尸检。赵某根、史某稳虽主张案外人尹某在事故发生后未及时向其告知赵某榜投保了涉案保险，导致尸体被火化而不能进行尸检，但即使赵某根、史某稳的主张成立，本案处理的是赵某榜与某某保险公司之间的保险合同关系，案外人尹某未及时告知的责任不应由某某保险公司承担。如前所述，不能举证证明赵某榜系因意外伤害致死的不利法律后果，仍应当由赵某根、史某稳承担。在公安机关作出的鉴定结论不能被推翻的情况下，一审法院以鉴定结论为依据确认赵某榜的死因，并无不当。

（四）律师分析

针对意外险理赔，被保险人或受益人应当提出初步证据证明保险事故的发生系因意外事故，针对"意外"这一概念的认定法院一般也会采取保险中通常所做的定义，即符合"外来的、突发的、非本意、非疾病"这四个要素。若无法针对保险事故系意外提供达到高度盖然性的证明标准的证据，那么举证责任的主体则无法发生转移。但是在保险人明确是以被保险人自杀拒赔的情况下，根据法律规定，应当由保险人对其主张承担证明责任，否则应当自行承担不利后果。

（五）涉及法律依据

《保险法》第21条至第24条；

《保险法司法解释（三）》第21条。

九、意外发生，保险公司以"没有证据证明属于意外"拒赔，该如何收集证据？

(一) 意外的定义

保险合同条款中往往将意外定义为：外来的、突发的、非本意的、非疾病的使身体受到伤害的客观事件。若要深入分析意外险证据的收集思路，应首先从四个定语出发："突发的"代表事故发生往往是未能预见且在短时间内骤然发生的；"非本意的"表示应排除事故发生主观层面上的故意；"非疾病的、外来的"强调导致死亡的原因应排除潜在疾病及身体机能障碍。

现实生活中，意外事故往往是在毫无征兆的前提下迅速发生，而保险合同条款中对于意外的定义又存在四个前提条件的限制。这直接导致投保人在申请保险理赔时，往往因为缺乏证据难以成功。而遭受拒赔后即使选择诉讼途径以维护自身权益，也面临着证据链缺失、诉讼风险大的情形。

发生意外事故，投保人购买意外险时所期望产生的保障却因举证困难而难以实现，本书将针对这一实践中的难点进行分析，提供挖掘证据的思路，提高获赔的可能性。

(二) 保险主要拒赔点

由于保险条款中规定，达到意外需同时符合四个条件，因此实务中保险公司的拒赔理由通常为事故情况不符合四个条件中的一项或多项，即原告所提供证据无法证明事故属于意外来拒赔。例如，被保险人的死亡结果系自身疾病导致；被保险人故意自伤或自杀；因被保险人的家属拒绝尸检而导致死亡原因未能查明；不能排除意外伤害和自身疾病竞合导致被保险人死亡等多种情形。

(三) 证据收集思路

保险公司的拒赔理由究竟如何破解？诉讼中证明事故属于意外的初步举证责任应当如何承担？笔者将以立案材料中证据目录的起草顺序为基础线索，分享可以从哪些角度收集证据，以还原事故发生经过。

(1) 保险事故发生情况：当事人报险/送医的首次描述中是否有相关描述、死亡/受伤现场情况；

(2) 当事人信息：工作情况、未来安排；

(3) 报险时间—报险后，保险公司是否及时查勘相关笔录；

(4) 尸检通知单送达情况。

（四）泽良经验

在司法实践中，由于各地法院对于原告承担初步举证责任的程度要求不同、各案件收集证据的基础条件不同、保险公司的拒赔理由不同等原因，导致在意外险案件的诉讼中对于证据收集的完整度及排布的灵活性要求极高。因此发生意外险拒赔情况，建议一定要在详细咨询保险拒赔专业律师之后再进行处理。

十、就缩限保额的特别约定条款的争议点分析

（一）定义

在泽良律师处理的保险案件中，常常会遇到这类奇葩保单：于保单首部的"保险方案"或"保险利益"等间隔较大、易引起投保人注意处填写50万元、100万元这类大额保额，但又在保险单中部或尾部的"特别约定"中，以密密麻麻的小字对前述保额增加各种限制，保险公司据此在被保险人申请理赔后仅赔付保额的一小部分。

具体例子如下图所示，购买该全家保险时 W 先生本以为这是在家人遭受意外伤害时能获得50万元的赔付作为渡过难关的救命稻草，但意外真的发生时，保险公司依"特别约定"第7条，以被保险人年过六十为由仅赔付3万元。

相关保单截图

（二）争议点

在这类纠纷中，最直接的争议点系保险公司能否依"缩限保额的特别约定"进行赔付。这一争议点的判断结果有赖于以下两点的判断：特别约定是否属于格式条款或免责条款、如何算作"已尽提示说明义务"。

1. 特别约定是否属于格式条款或免责条款

首先，需判断特别约定是否属于格式条款，这需探究特别约定的成因。在实践中，一部分特定约定乃保险双方于保险条款之外协商而成的产物。而另一部分特别约定的形成，仅是因为保险人出于规避条款备案之考量，将本应纳入保险条款的内容提前置于保单中。这一判断关系到保险人是否需要向投保人进行提示说明。

其次，在确定为格式条款的基础上，需进一步判断该特别约定属于免责条款。《保险法》第17条第2款规定免责条款保险人有提示说明义务，若未能履行此义务，则该条款无效。故实践中，保险公司常主张特别约定为保险范围条款，系对"某一保险事故是否本就在保险范围内及保险范围的大小"而非"责任的缩小、免除"作出约定的条款，从而绕开前述规范对保险效力的否定性规定。

2. 如何算作"已尽提示说明义务"

依《保险法》第17条第1款之规定可知，若特别约定被认定为格式条款，则需进一步判断保险人是否就该条款进行了提示说明。同时《保险法司法解释（二）》第13条第1款规定"保险人对其履行了明确说明义务负举证责任"。那么保险人提出的"对特别约定进行加粗加黑"是否足以满足"提示说明义务"之要求？被保险人提出的"特别约定字体较小、排版较密"能否阻却"已尽提示说明义务"？

（三）法院裁判实务

1. "特别约定是否属于格式条款"的法院裁判

对于特别约定是否属于格式条款，各地法院判决较为一致，其判断的核心在于《民法典》第496条，即格式条款是否同时具备三个要件：重复使用、预先拟定、未经协商。以《最高人民法院公报》（2023年第8期）刊登的［2020］沪0106民初10591号判决为代表，其指出："'特别约定'条款是否有效，首要标准是投保人与保险人之间是否存在磋商的合意，若双方当事人存在合意，并且经过了要约、承诺程序，则可以认定'特别约定'属于非格式条款，保险人不再负有特别说明义务。若双方未形成合意，则还要以是否为重复使用而预先拟定作为进一步的判断标准。若该约定的条款符合为重复使用而预先拟定的标准，则上述条款为格式条款，其效力认定应以保险人是否依照《保险法》第17条第2款规定尽到在保险合同订立时的'提示+明确说明'义务进行判断。"

2. "特别约定是否属于免责条款"的法院裁判

就属于格式条款的特别约定是否构成免责条款，各地法院判决存在不同的解读。曲阜市人民法院［2020］鲁0881民初277号判决认为不能因特别约定与比例赔付因素相挂钩，就认为其符合《保险法司法解释（二）》第9条第1款之规定，构成免责条款，因为《保险法》第18条第4款明确"保险金额是指保险人承担赔偿或者给付保险金责任的最高限额"，不考虑风险和利益的平衡、对所有保险事故按照最高金额赔付是不切实际的。而厦门中院发布的2019年—2020年度的典型案例［2020］闽0203民初12415号判决认为"该特别约定的职业分类限制条款免除或减轻保险人责任，属于免除保险人责任的条款"，该观点对于认定特别约定为免责条款设置了较低的门槛。

实践中，大多数法院就"特别约定是否属于免责条款"的论述都不像前两份判决那般明确，如武汉中院的［2020］鄂01民终9518号判决"免责条款是指保险合同中限制、减轻、免除保险人承担义务的条款。其本质是在保险责任范围内的保险事故发生之后，对于属于保险责任范围内的、本应由保险公司承担的赔偿或给付保险金的义务，由于某些特定事由得以全部或部分豁免。免责条款，免的是保险责任范围内的'责'；原本不属于保险责任范围者，不存在'免责'的可能"。该论述实际上是循环论证，并未指出对保险范围进行约定的条款有何特征。

鉴于区分保险范围条款和免责条款的难度，实践中出现了两种趋势或观点。第一种，在性质层面将两者趋同，如汉中中院的［2020］陕07民终1647号判决所述"保险合同中约定的'16周岁至65周岁'的确是保险范围条款，但该范围正是保险理赔的范围限制条款，其目的也是在该范围外免除赔偿责任，当然应认定为保险合同的免责条款"。第二种，性质层面两者仍有不同，但在提示义务层面将两者同等对待。如唐世银于《中国保险》2023年第2期发文指出："承保范围条款与免责条款共同筑起了保险人不承担责任的防护墙。承保范围条款的限定内容进一步缩减了保险人承担保险责任的范围……依同类事务同等对待的法理以及最大诚信原则之要求,保险人应就承保范围条款的限定内容尽到与免责条款同等程度的提示、说明。"

3. 是否已尽提示说明义务的法院裁判

对于保险人是否已尽提示说明义务,法院判决结果大多有利于投保人,从案例中可以了解到保险人要达到何种要求,方能算作"已尽提示说明义务"。如[2023]鄂10民终2731号判决认为针对线上投保的,保险人需提供的可回溯视频是证明其已尽提示说明义务的必要条件。[2021]闽0203民初11756号判决对条款的排版作出了要求,认为特别约定共长达12条,案涉条款系第六条、位于中间,若无额外提示,不足以引起投保人注意。如[2021]川民申1775号判决对条款的字体、字号作出了要求,指出"特别约定共9条,500多个字,在字体、字号无明显区别的情况下,仅以相关内容记载于'特别约定'一栏,却不足以引起普通投保人注意,不符合《保险法》第17条规定"。

值得注意的是,根据《保险法司法解释(二)》第13条第2款,保单上有无投保人的签字也十分关键,如[2021]桂民申6901号判决认为"在投保单'投保人签字(盖章)'处和'投保人签章'处盖章并签注时间予以确认。以上事实表明,双方约定了免责条款,保险公司已就免责条款进行了充分提示及说明"。

泽良保险拒赔事业部办理了大量特别约定缩限保额的案件,具有丰富的案件经验。在这类案件中,提交何种证据,如何进行有效的陈述,法庭辩论能否抓住重点,都会影响案件最后的结果,如果有相关案件,建议咨询专业律师处理。

十一、意外险常见拒赔理由之"猝死不赔"

(一) 定义

"猝死不赔"早已成为保险行业的惯例。在意外险中,猝死的释义指的是:"表面健康的人因潜在疾病、机能障碍或其它原因在出现症状后短时间内发生的非暴力性突然死亡。"其中保险公司通常规定有24小时内或48小时内等短时间内发生的急骤死亡。

意外伤害保险以被保险人因遭受意外伤害而导致残疾或死亡为给付保险金条件的人身保险。而保险条款中意外伤害的释义指的是:"外来的、突发的、非本意的、非疾病的使身体受到伤害的客观事件。"

因此，保险公司在处理意外伤害保险猝死案件的理赔时，一般会以猝死是由于疾病引起的，与"意外伤害"的定义不符不属于保险责任范围为由拒赔，或直接以猝死属于免责条款为由拒赔。

（二）常见场景

场景1： 王某进入酒店内温泉池泡温泉，后被发现仰躺在温泉池池底，被救出后经酒店医护人员及120急救车抢救无效死亡，医学死亡证明书中死亡原因为"猝死"。王某家属向保险公司申请意外身故保险金时，保险公司以"猝死"不属于意外事故为由拒赔。

场景2： 陈女士在工作期间晕倒，后经抢救无效于当日死亡。医院出具的医学死亡证明书显示死亡原因为"猝死"，引起疾病原因为不明原因。陈女士家属向保险公司主张意外身故保险金30万元，保险公司以"猝死"属于合同约定免责事由拒绝赔偿。

（三）拒赔理由

保险公司的拒赔理由包括以下：

（1）被保险人死亡的原因并非保险合同约定的意外事件，而是猝死，从医学角度是因潜在的自然疾病突然发作、恶化所造成的急速死亡，而非保险合同约定的非疾病的使身体受到伤害的意外事件，只有同时满足"外来的、突发的、非本意的、非疾病的"四个条件，才构成意外伤害，在受益人无法证明是意外事故的情况下，保险人不承担保险责任。

（2）猝死属于保险合同约定免责条款，保险公司不承担赔偿责任。譬如根据责任免除条款（一）原因除外，因下列原因导致被保险人身故或伤残的，保险人不承担给付保险金的责任第8条：疾病，包括但不限于高原反应、中暑；猝死（释义七）。

（四）争议焦点

1. 猝死是否属于意外伤害？

目前实践中对于"猝死"的定义没有统一的标准。司法裁判中也存有争议，有的法官观点认为"猝死"只是死亡的一种表现形式，而不是死亡的原因，猝死存在多种诱发因素，包括过度疲劳、剧烈运动、情绪波动等都可以成为猝死的诱因，意外伤害自然也不例外，单凭被保险人猝死并不能证明被保险人死亡与意外伤害无关。如果没有证据排除是意外伤害所致，又没有证据证明自身疾病是死亡的唯一原因，那么对于普通人理解来说猝死是突然的、非本意的意外死亡，符合意外伤害的定义，应当赔偿。而有的法官观点则认为只有死因是符合意外伤害的条件，才属于意外伤害保险责任范围，而猝死属于疾病，并不符合意外伤害的定义条件，尤其是"外来的、非疾病的"特征，不属于意外险保险责任范围。

2. 猝死的死因的举证责任在谁？

"猝死"的案件中常常存在死因不明的情况，一方面由于，中国人传统思想讲究入土为安，对被保险人的遗体进行尸检鉴定往往不被死者家属所接受；另一方面由于，在保险报案时，被保险人的遗体就已经火化，无法再进行尸检鉴定，这就造成意外伤害保险纠纷中的猝死案件大多无法查明被保险人真正的死亡原因。在此情况下，如何在保险人与受益人之间正确地分配证明被保险人死亡原因的举证责任，直接决定了猝死案件的判决结果。

一种观点认为，根据《民事诉讼法》"谁主张，谁举证"的基本原则，必须由其承担证明被保险人系因遭受意外伤害而导致死亡的举证责任。故受益人应当举证证明被保险人死因是因意外伤害死亡。

另一种观点认为，受益人根据《保险法》第22条规定的初步举证责任，相应的举证责任就适时转移至保险公司。保险公司在索赔人申请理赔后，没有明确要求进行尸检以确定死亡原因，导致无法查明死亡的具体原因，保险公司承担该不利后果，予以赔付。

3. "猝死不赔"的免责条款，保险公司是否履行提示及明确说明义务？

虽然合同约定"猝死免赔"，但依据《保险法》第17条及《保险法司法解释（二）》第13条等相关规定，保险人对"猝死免赔"的免责条款必须尽到提示和明确说明义务。保险公司若无法证明对该条款履行了义务，则"猝死免赔"条款无效。即便被保险人属于"猝死"的免责情形，保险公司依旧需要对被保险人"猝死"进行赔付。实践中，保险公司对履行该义务负有举证责任，法官往往根据保险公司举证情况判定该免责条款是否发生效力。

（五）裁判案例

1. ［2020］鄂0102民初414号 ［支持判例］

法院认为，就本案而言，受益人已履行了保险事故发生的初步证明责任，保险人作为从事保险工作的专业机构没有提供充分证据证明造成桂某死亡的原因不属于意外伤害，在收到出险通知后，亦未明确提示受益人保存尸体查明死因，导致现在无法查清桂某的真正死亡原因，故某人寿湖北分公司应承担举证不能的法律后果。

2. ［2019］渝0103民初15748号 ［不支持判例］

法院认为，本案被保险人死亡原因是否为遭受外来的、突发的、非本意的和非疾病的客观事件为直接且单独的原因致使身体受到的伤害，依据原被告双方提交的证据均不能确定，且通过法律途径已无法查明。其次，在医院未确诊的情况下，死者家属提供的材料不足以证明被保险人死亡原因，负有协助保险公司查明被保险人死亡原因的义务。原告对死亡原因为意外受伤的主张缺乏事实依据，本院依法不予采信。

3. ［2011］鲁民提字第380号 ［支持判例］

法院认为，本案中某公司两员工的死亡虽经医院认定为猝死，但猝死仅是一种死亡的表现形式，而非真正的死亡原因。没有证据证明猝死的诱因系疾病引发，也可能系精神、心理因素、冷热刺激、过度疲劳、暴饮暴食等因素。保险公司认为被保险人某公司两员工的猝死系自身疾病引起，不属于意外伤害的理由不成立。其次，根据保险法规定，被保险人家属、保险人、受益人对被保险人猝死的死因均负有相应的证明责任。保险事故发生后，某公司已经及时通知了保险公司，对被保险人某公司两员工不存在潜在疾病，完成了自己的初步证明义务。保险公司则应对某公司两员工猝死是否系疾病所致，承担相应的证明责任，在得知保险事故发生之日至遗体火化时止，保险公司并未向被保险人某公司两员工家属主张对两被保险人进行尸体检验，保险公司由于自身原因，不能举出相反证据证明其所主张的两被保险人的死亡系疾病所致，故保险公司应承担相应的不利后果，并承担全部的保险金赔付责任。

4. ［2022］沪0118民初26406号 ［不支持判例］

法院认为，根据现有证据，原告仅举证证明被保险人身故，但未就被保险人因何种意外伤害导致身故提供证据。原告确认被保险人无外伤倒地，但认为不排除有其他因素介入，亦未提供证据证明。且根据事发时的监控视频及询问笔录可知，被保险人朱某系突然倒地，未受到外界因素影响，现场亦未发生异常情况。从现有证据来看，法院亦无法发现或合理推测存在某种外来的、突发性的伤害导致被保险人死亡。由此，在本案原告未提供证据证明被保险人曾遭受外来伤害，甚至未提出其遭受外来伤害的合理可能的情况下，本院无法认定被保险人身故属于意外身故保险的承保范围，原告应承担举证不能的法律后果。

（六）泽良经验

泽良律师团队在办理大量意外险"猝死不赔"争取到意外身故保险金的案件，主要通过合同条款的解释、猝死案件举证责任分配、免责条款的提示、明确说明义务等入手，这类案件在实践中死因认定复杂，双方举证难度较大，非常考量专业能力，如果有此类案件，建议一定要详询保险拒赔专业律师处理。

十二、保险公司以保险条款中的责任免除事由拒赔的案例研析

保险合同条款中，责任免除项下的内容较多，而各类不同的保险类别也会涉及相同的责任免除事由，本部分案例研析拟就保险公司以常见的责任免除事由拒赔的相关案例进行分析讨论，针对法院就免责条款的提示说明义务的认定裁判规则进行梳理。

（一）保险拒赔依据

（1）《保险法司法解释（二）》第10条、第11条、第12条。

（2）保险合同条款，重疾险如"因下列一个或者多个情形引起的保险事故，本公司不承担相应的保险责任：（一）投保人对被保险人的故意杀害、故意伤害；（二）被保险人故意犯罪或者抗拒依法采取的刑事强制措施；（三）被保险人故意自伤或自本合同成立或者本合同效力恢复之日起2年内自杀，但被保险人自杀时为无民事行为能力人的除外；（四）被保险人患有遗传性疾病，先天性畸形、变形或染色体异常；（五）战争、军事冲突、暴乱或武装叛乱；（六）核爆炸、核辐射或核污染"。意外险如"因下列原因造成的损失、费用和责任，保险人不承担给付保险金责任：（一）投保人、被保险人的故意行为；（二）被保险人自致伤害或自杀，但被保险人自杀时为无民事行为能力人的除外；（三）因被保险人挑衅或故意行为而导致的打斗、被袭击或被谋杀；（四）被保险人妊娠、流产、分娩、疾病、药物过敏、中暑、猝死；（五）被保险人未遵医嘱，私自服用、涂用、注射药物；（六）核爆炸、核辐射或核污染；（七）恐怖袭击；（八）被保险人犯罪或拒捕；（九）被保险人从事高风险运动或参加职业或半职业体育运动；

（十）被保险人未取得对应的特种作业证书进行特种作业操作。特种作业的相关定义以安全生产主管部门有关规定为准"。"被保险人在下列期间遭受意外伤害的，保险人也不承担给付保险金责任：（一）战争、军事行动、暴动或武装叛乱期间；（二）被保险人主动吸食或注射毒品期间；（三）被保险人酒后驾车、无有效驾驶证驾驶或驾驶无有效行驶证的机动车期间；（四）工程停工期间；保险合同中止期间。"

（二）法院判保险公司赔偿案例

1. 重疾险以先天性畸形拒赔案例

（1）［2022］京74民终1506号

裁判要旨：被保险人进行了符合重大疾病定义的颅脑手术，且保险公司未能证明其对免责条款尽到了合理的解释说明义务，未就ICD-10关于"先天性畸形、变更或染色体异常"的分类和定义出示或者以口头形式就此问题作出常人能够理解的解释说明故应赔付保险金。

法院认为：关于争议焦点一：复星联合北分上诉认为《保险合同》（保单号W8×××0）在内容上已对投保人注意义务及免责情形做了充分提示，上诉人为保证投保人充分理解合同条款，已在签约程序中做了保证措施，张某的涉案疾病为合同约定的免责情形。本院认为，虽然合同主文中在"免责条款"、"注释说明"等部分将被上诉人所患疾病所属的免责情形（先天性畸形、变形或染色体异常）及认定依据世界卫生组织《疾病和有关健康问题的国际统计分类》（ICD-10）进行了明确说明，但是上述标准只有具有专业医学知识的人才能了解，且复星联合北分亦无法就投保人应如何判断投保时是否属于上述免责情形进行说明，在此情况下张某父亲张某2进行投保应按照一般人对于保险条款的认知判定双方的权利义务。

关于争议焦点二。复星联合北分上诉认为一审法院片面加重了上诉人的责任，片面适用保险法最大诚信原则。本院认为，本院认定复星联合北分未就ICD-10关于"先天性畸形、变形或染色体异常"的分类和定义出示或者以口头形式就此问题作出常人能够理解的解释说明，导致张某父亲张某2很难准确理解条款的含义及法律后果，在此基础上一审法院认定即使张某所患疾病如复星联合北分抗辩所称属于先天性畸形，复星联合北分亦应向张某给付涉案保险金是正确的，并非片面加重上诉人的责任而是对于双方权利义务的修正。

2. 第三者责任险以酒驾拒赔案例

(1)［2021］京74民终586号

裁判要旨：某保险公司未能提供证据证明其已向投保人或被保险人提供了条款并就免责条款进行提示，依据《保险法》的相关规定，该免责条款不产生效力，保险公司应承担赔偿责任。

法院认为：本案的争议焦点在于某保险公司是否应当向富丽任公司支付保险金。某保险公司主张本案系酒驾导致的交通事故，属于保险免赔事由。对此，本院认为，对保险合同中免除保险人责任的条款，保险人在订立合同时应当在投保单、保险单或者其他保险凭证上作出足以引起投保人注意的提示，并对该条款的内容以书面或者口头形式向投保人作出明确说明；未作提示或者明确说明的，该条款不产生效力。保险人将法律、行政法规中的禁止性规定情形作为保险合同免责条款的免责事由，保险人对该条款作出提示后，投保人、被保险人或者受益人以保险人未履行明确说明义务为由主张该条款不成为合同内容的，人民法院不予支持。本案中，某保险公司未能提供证据证明向投保人或富丽任公司提供了保险条款，亦无证据证明其已向投保人或富丽任公司就涉案情形属于免赔事由尽到了提示义务。故该免责条款不产生效力，某保险公司应当向富丽任公司支付保险金。

(三) 法院判保险公司不赔案例

案例：［2021］川15民终27号

裁判要旨：保险公司就免责条款已通过文字加黑、字体加粗的形式予以提示，符合法定标准，且投保人通过在《保险条款内容及义务告知确认书》上加盖单位印章的形式确认收到保险条款并知悉条款内容；根据文义解释，本案所争议的免责条款仅存在一种符合常理的理解，即被保险人的雇员无证驾驶机动车的违法行为与雇员人身伤亡之间存在因果关系的，保险人可免于赔付。

法院认为：首先，关于提示义务的履行问题。无证驾驶机动车是《道路交通安全法》所明令禁止的行为，对于无证驾驶的概念、内容，保险人不需要明确说明，只需提示投保人知道无证驾驶将产生免除保险人责任的后果即可。本案中，李某某的无证驾驶行为系法律规定的禁止性情形，案涉保险合同中将被保险人的雇员无证驾驶造成自身人身伤亡的情形作为了免责事由，中国人保天全支公司只需就该免责事项向某某矿业公司履行提示义务。关于提示义务的履行《保险法司法解释（二）》第11条第1款规定："保险合同订立时，保险人在投保单或者保险单等其他保险凭证上，对保险合同中免除保险人责任的条款，以足以引起投保人注意的文字、字体、符号或者其他明显标志作出提示的，人民法院应当认定其履行了保险法第十七条第二款规定的提示义务。"案涉保险合同中的争议免责条款已通过文字加黑、字体加粗的形式予以提示，符合法定标准，且鸿源矿业公司通过在《保险条款内容及义务告知确认书》上加盖单位印章的形式确认收到保险条款并知悉条款内容，不能仅因无经办人签字而否定该书证的真实性，故本院确认中国人保天全支公司就争议免责条款已向鸿源矿业公司履行提示义务，该争议免责条款属于案涉保险合同的有效内容。

其次，关于争议免责条款的解释问题。《保险法》第30条规定："采用保险人提供的格式条款订立的保险合同，保险人与投保人、被保险人或者受益人对合同条款有争议的，应当按照通常理解予以解释。对合同条款有两种以上解释的，人民法院或者仲裁机构应当作出有利于被保险人和受益人的解释。"解释合同条文，应从文义解释入手，通过对合同所使用的文字词句的含义的解释，探求当事人的真实意思。因此，从文义解释的角度出发，本案争议免责条款仅存在一种符合常理的理解，即被保险人的雇员无证驾驶机动车的违法行为与雇员人身伤亡之间存在因果关系的，保险人可免于赔付。就本案而言，李某某的无证驾驶行为系事故发生的原因之一，李某某也因此被交警部门认定负事故次要责任，故其无证驾驶行为与伤亡后果之间存在因果关系。按照保险合同的约定，李某某无证驾驶属于免赔事由，中国人保天全支公司可不予赔付。另某某矿业公司虽质疑中国人保天全支公司向一审法院提交的保险条款与其投保时的保险条款内容的一致性，但经本院网络查询，在卷保险条款与中国人民财产保险股份有限公司官网公示条款一致，且鸿源矿业公司也未能提供证据证明投保时的保险条款与在卷证据存在差异，故本院对其该项上诉主张不予支持。

（四）律师分析

大多数市面上的合同条款分为原因免责条款及期间免责条款，通俗一点来讲原因免责条款就是因某种原因导致的保险事故，如自杀、猝死等导致的意外死亡，保险公司不承担保险责任，期间免责条款在某段期间内无论是何原因发生的保险事故，保险公司均不承担保险责任，如被保险人在吸毒、酒驾期间，无论其死亡是否与吸毒或酒驾有关，如在酒后驾驶期间被旁边道路上掉落的石头砸到而发生的意外事故，保险公司不承担责任。

而法院审理该类案件主要的焦点通常集中在责任免除条款是否经过保险公司的提示及解释说明，一方面是投保提示书等是否有投保人的亲笔签名，另一方面针对线下或线上的方式的保险销售，对提示说明义务认定的履行方式又根据个案区别不尽相同，但随着保险销售监管力度的加强，保险公司销售流程的规范，通过线下双录视频、线上可回溯视频能够较为完整地回顾投保流程，若有相关记录视频作为证据会更加直接地证明保险公司是否实际履行了提示说明义务以及履行提示说明义务是否达到使投保人真正理解的实质标准。

（五）涉及法律依据

《保险法》第17条；

《民法典》第496条、第497条；

《保险法司法解释（二）》第10条、第11条、第12条。

十三、近因原则的释义与适用——以无证驾驶拒赔案件为例

（一）引入

在一般的意外险（团体/个人）、商业三者险、雇主责任险中，保险公司往往会在条款里面约定由无证驾驶引发的案件免除保险人的责任。然而，司法实践中，即使免责条款有约定，事故中出现无证驾驶情形并不必然导致保险人责任的免除。

在［2021］鄂96民再9号案件中，被保险人无证驾驶摩托车上班发生事故死亡，经交警认定被保险人不负有事故责任，然而保险公司以被保险人无证驾驶属于责任免除的情形予以拒赔；案件经过一审、二审及再审，两次改判，最终判决保险公司给付全部保险金。

该案中，再审法院推翻二审判决的依据在于，被保险人无证驾驶的行为不是导致其身故的原因，从而否认了免责条款的适用。该案再审法院裁判的法理正是基于保险法的四大基本原则之一的近因原则。然而，近因原则并未明文在保险法中规定、对于如何解释与适用近因原则，在实践中也有较大的争议。本书试图从无证驾驶拒赔这一典型案件类型出发，梳理近因原则在原因免责案件中适用的依据以及裁判规则。

（二）近因原则的释义

近因原则是指在保险法上，只有当一个原因对损害结果的发生有决定性意义，而且这个原因是保险合同承保的风险时，保险人才承担保险责任。近因原则在我国《保险法》中虽然没有明文规定，但却在司法实践中得到承认。一方面，近因原则表面含义强调，只有保险合同承保的风险引起保险事故时，保险公司才予以理赔。另一方面，近因原则内在含义也寓示，当近因属于除外风险或者未保风险时，保险人不承担赔付责任。

对近因原则的理论探讨更重要的领域在于，判断"近因"的规则。根据事故发生的情况，可以分为以下几种情形：

（1）在单一因果的案件中，无所谓"近因"的判断，只需判断造成事故的风险是否属于承保风险范围之内即可。

（2）链式因果的案件：多个原因连续发生、前后衔接，后因是前因的可能结果。

（3）非链式因果的案件：多个原因同时发生、相互并存，共同作用引起事故的发生。

在第（2）和第（3）种情形中，多种原因同时包含着承保风险以及非承保风险或者免责事由时，就必须加以区分何种风险为"近因"，才能够判断保险人是否应当承担保险责任。目前，对于判断近因的学说争议不断，但我国司法界的主流学说的判断标准为"最直接、最有效、起决定作用的原因"。

（三）无证驾驶拒赔案件中近因原则的适用

在无证驾驶案件中，往往有交警出具的交通事故责任认定书判断各方责任，在"无证驾驶"者占次要责任或者不承担事故责任时，从事实判断上，"无证驾驶"并非导致事故发生的最直接、起决定性作用的原因；然而，保险公司往往以事故责任认定书载有无证驾驶的过错为由拒赔。在免责条款有效的前提下，"无证驾驶"是否为引起保险事故的近因往往成为案件争议焦点；进一步地，即使存在"无证驾驶"的情形，保险公司能否免除全部责任，也未有定论。

保险合同是投保人与保险人在合意基础上达成的有效合同，其中约定的免责条款，在保险人已经尽到提示、说明义务的前提下，应当认为有效。因此,"无证驾驶"是否免除保险人责任,应当围绕免责条款的约定和解读展开。而被保险人一方的意见往往是:引起事故的近因并非"无证驾驶",事故的近因并不属于免责事由,保险人不能够就"免责条款"拒赔,应当赔付全部保险金。由此衍生出近因原则在案件中的三方面适用问题:即何种情形适用、如何适用以及适用结果问题。

1. 适用情形——原因免责与期间免责条款;

保险条款中将"无证驾驶"情形列为免责事由的表达形式有两种:

第一种,强调"无证驾驶"为事故发生的原因,以《中国太平洋财产保险股份有限公司雇主责任保险(D款2021版)条款》为例,其第6条约定:"下列原因造成的损失、费用和责任,保险人不负责赔偿:……(六)被保险人的雇员自伤、自杀、醉酒、吸毒、打架、斗殴及酒后驾驶、无有效驾驶证驾驶各种机动车辆导致其本人的人身伤害;……"

第二种,强调被保险人事故发生时"无证驾驶"的状态,以《中国平安财产保险股份有限公司平安产险意外伤害保险(互联网版)条款》为例,其第9条约定,被保险人在下列期间遭受伤害导致身故、伤残或医疗费用支出的,保险人也不承担给付保险金责任:……(三)被保险人酒后驾车、无有效驾驶证驾驶或驾驶无有效行驶证的机动车期间。……

前者在学理上被称为原因免责条款,而后者被称为期间免责或者状态免责条款。从文义解释上理解,保险人适用原因免责条款对保险事故拒赔,需要在案件中证明,免责事由是引起事故或者损失的原因;而期间免责条款则不需要证明因果关系。然而,对期间免除条款是否直接适用,实践中颇有争议。

在[2017]闽民申2478号判决中,福建省高院直接适用了期间免除条款;而该第12条第2款从条款行文上看,并不属于原因免责的范畴,而是只需满足"下列任一情形下"这一条件,即可免除某保险公司的责任,而不论保险条款中的免责事由与损害后果之间是否存在因果关系。根据讼争保险合同第12条第2款第4项规定,俞某某在交通事故中身故,发生在其酒后驾车、无有效驾驶证驾驶机动车期间,某保险公司作出拒赔保险金的处理决定,有事实和合同依据。俞某某醉酒驾车和无有效驾驶证驾驶机动车的行为属于危险行为,其将自身置于危险状态,加大了保险公司的理赔风险,双方签订保险合同时已将该情形排除在承保范围之内。

而在［2020］皖06民终1256号和［2018］皖0705民初1410号中，并不机械地理解期间免责条款，而是分析"无证驾驶"行为是否导致了事故的发生：结合保险条款中关于意外伤害的释义强调"直接且主要原因"导致的身体伤害，该免责条款的内容既可理解为只要在无证驾驶或驾驶无有效行驶证机动车期间，发生任何意外事故保险公司均不赔偿；亦可以理解为无合法有效驾驶证驾驶或驾驶无有效行驶证的机动车期间，因为行为人的违法行为本身具有较高危险性，对因这些违法驾驶行为直接导致的意外事故保险人不予赔偿，但对于上述违法行为之外的其他原因导致的伤害事故则不能免除保险人的责任。《合同法》（已失效）第41条规定，对格式条款有两种以上解释的，应当作出不利于提供格式条款一方的解释。《保险法》第30条规定，采取保险人提供的格式条款订立的保险合同，保险人与投保人、被保险人或者受益人对合同的条款有争议的，应当按照通常理解予以解释。对合同条款有两种以上解释的，人民法院应当作出有利于被保险人和受益人的解释。第二种解释有利于被保险人或者受益人，根据对格式合同的解释原则，本院对第二种解释予以采信。

罗某某驾驶的车辆行驶证未年审，并非其车辆未年检而存在安全隐患进而导致保险事故的发生，保险公司以免责条款中"驾驶无有效行驶证的机动车"作为拒赔理由，从而减少其应承担的保险责任的答辩意见不符合法律规定，也违反了公平合理的原则，本院不予采信。对期间免责的条款，既可以理解为，事故发生时的状态符合免责事由的情形，保险人有权拒赔；也可以理解为保险人在免责事由约定的状态明显增加了意外发生的可能，或者成为事故的原因之一的，保险人才能够免除责任。从有利于被保险人的和受益人的解释的角度来看，也应当考虑免责条款适用的因果关联前提。并且，若剥离了因果关系直接对期间免责条款予以适用，将会限缩保险合同可保范围，不仅损害了被保险人的利益，也有违保险分散危险之功能。因此，仍应根据保险条款约定，对期间免责事由与保险事故是否存在因果关系进行审查。

2. 如何适用——事故近因的判断

"无证驾驶"案件相对于其他的保险事故，往往有交警出具的事故认定书，事故的责任认定在诉前就得以确定。一般而言，法院都会将交通事故认定书作为判断事故成因的依据，例如［2021］陕09民终247号案件：从交通事故发生的责任来看，姚某某持有的机动车驾驶证虽然属注销可恢复状态，但交警部门认定其在交通事故中无责任，即姚某某在交通事故中受到意外伤害，并非无证驾驶所致，不属于责任免除条款中因无证驾驶导致被保险人身故或全残的免责情形，故该项免责条款对姚某某不发生法律效力，某人保的该项上诉理由不能成立。若在无交通事故认定书的情形，法院也应当根据近因原则对事故成因进行判断，若"无证驾驶"不属于近因，则不应当适用免责条款，例如［2021］鄂12民终212号案例为典型的链式因果进程，在前后发生的多个事件成为事故发生的原因时，应当分析有效近因：本院认为，根据保险法的近因原则，当保险人承保的风险事故是引起保险标的损失的近因时，保险人应负赔偿责任。近因是指造成损失起决定性、有效性的原因。本案中，受害人赵某某虽然酒后驾驶机动车导致撞击护栏倒地，但湖北省通山县人民法院［2020］鄂1224刑初186号刑事判决书认定，张某某酒后驾驶机动车将被害人赵某某碾压、拖行，造成赵某当场死亡，故赵某死亡的直接原因系张某某的醉酒驾驶行为所导致。……本案几种原因相继发生，其中的因果关系由于新干预原因即张某某的醉酒驾驶行为而中断，正是因为这种新干预原因具有现实性、决定性和有效性，那么在此之前的原因比如赵某的酒后驾驶、无证驾驶等就被新干预原因所取代，变成远因而不被考虑，新干预原因则成为近因，而这个近因属于保险人承保的风险，保险人应承担对损失的赔付责任。

（四）结论

本书通过分析法院的判决案例，深入探讨了保险法中的"近因原则"及其在无证驾驶拒赔案件中的适用性。近因原则是确定保险责任的关键因素，它要求保险事故的直接原因必须与保险合同中约定的保险责任相符合。而在无证驾驶拒赔案件中，审理的焦点往往在于无证驾驶的情节对结果发生的原因力。若事故近因并非被保险人的无证驾驶行为，则保险人应当按照保险合同约定给付对应的保险金。

第二节 财产保险实务

一、车险常见拒赔理由之改变车辆使用性质，导致危险程度显著增加

（一）定义

一般自用车辆只能登记为非营运车辆，在购买车险时也是根据车辆行驶证记载在保单中登记为非营运，如果出现驾驶员使用车辆进行营运，保险公司则会以车辆改变使用性质，即将非营运车辆进行营运，危险程度显著增加为由拒赔。

（二）常见场景

这类拒赔/少赔常见于车损险、第三者责任险中，具体情形为驾驶员使用车辆接单顺风车，注册"货拉拉"拉货，或者使用车辆自行给他人运输货物谋利，如果发生交通事故，保险公司都会拒赔。

（三）拒赔理由

保险公司的拒赔理由包括以下：

（1）《保险法》第52条指出，在合同有效期内，保险标的的危险程度显著增加的，被保险人应当按照合同约定及时通知保险人，保险人可以按照合同约定增加保险费或者解除合同。保险人解除合同的，应当将已收取的保险费，按照合同约定扣除自保险责任开始之日起至合同解除之日止应收的部分后，退还投保人。被保险人未履行前款规定的通知义务的，因保险标的的危险程度显著增加而发生的保险事故，保险人不承担赔偿保险金的责任。

（2）最高人民法院《关于适用〈中华人民共和国保险法〉若干问题的解释（四）》（以下简称《保险法司法解释（四）》）第4条规定，人民法院认定保险标的是否构成《保险法》第49条、第52条规定的"危险程度显著增加"时，应当综合考虑以下因素：①保险标的用途的改变；②保险标的使用范围的改变；③保险标的所处环境的变化；④保险标的因改装等原因引起的变化；⑤保险标的使用人或者管理人的改变；⑥危险程度增加持续的时间；⑦其他可能导致危险程度显著增加的因素。保险标的危险程度虽然增加，但增加的危险属于保险合同订立时保险人预见或者应当预见的保险合

同承保范围的，不构成危险程度显著增加。

（3）保险条款通常也会有约定：被保险机动车被转让、改装、加装或改变使用性质等，导致被保险机动车危险程度显著增加，且未及时通知保险人，因危险程度显著增加而发生保险事故的。

（四）争点分析

（1）上述改变营运性质条款是否属于免责条款？

保险条款的约定与保险法规定一致，一般不会认定为免责条款，即保险公司无须履行提示、明确说明义务。

（2）何为改变营运性质？何为危险程度显著增加？改变使用性质是否会直接导致危险程度显著增加？

虽然《保险法司法解释（四）》第4条对危险程度显著增加进行了列举，但并没有明确具体情形，比如使用人或者管理人改变多久算危险程度限制增加？危险程度增加持续的时间多久属于危险程度显著增加？在没有明确的法律、司法解释规定下，法官有很大的自由裁量权，通常法官会以接单时间、接单次数、盈利金额来作出判断。

（3）事故的发生时是否改变营运性质，若事故的发生与营运没有因果关系，保险公司能否拒赔？

近因原则是保险法的基本原则，如果驾驶员发生交通事故的过程中并没有使用车辆进行营运，而只是正常驾驶，这种情况下只要保险公司调查到车辆曾经营运过，都会拒赔。而部分法官认为，若保险公司无法举证事故发生时车辆正在改变使用性质，则判决保险公司需要赔偿。

（五）裁判案例

1. ［2021］粤0113民初7531号

第一，根据上述规定，对于总质量4500千克以下的货运车辆，无论为自己还是为不特定他人从事运输行为，行驶证都不需要登记为"营运"。因此，总质量为1950千克的粤A×××××号车辆登记为"营运"或"非营运"使用性质，与其是否从事经营性行为并无必然对应关系。第二，粤A×××××号车辆行驶证记载车辆类型为轻型封闭货车，不同于家庭自用的小轿车，其通常用于为自己或他人运输货物，黄某某购买货车用于运输货物，属于正常使用范围，其客观上并非对仅供个人或家庭使用的车辆改装后从事运输活动。第三，某保险汕尾中心支公司作为承办机动车责任保险的专业机构，应当知悉该类货车一般用于经营性的运输行为，在办理机动车商业保险投保业务时，未询问被保险机动车的具体用途，也未明确告知投保人该车从事经营性运输行为必须投保营运险。因此，某保险汕尾中心支公司在投保人投保时不作询问告知，并就可能增加的保费予以特别约定，在发生保险事故后，却以黄某某从事经营行为属改变车辆使用性质为由主张免责，有违诚信。

2. ［2023］闽 06 民终 3053 号

《保险法》第 52 条规定，在合同有效期内，保险标的的危险程度显著增加的，被保险人应当按照合同约定及时通知保险人，被保险人未履行规定的通知义务的，因保险标的危险程度显著增加而发生的保险事故，保险人不承担赔偿保险金的责任。该免责事由属于法定免责事由，即使保险公司未对此条款进行提示和明确说明，其仍可据此免除赔偿责任。

（六）泽良经验

泽良律师在办理上述案件时，主要是通过事故发生与改变使用性质的因果关系、保险公司的审查义务以及《道路运输条例》第 24 条的规定，进行争取，曾办理多件顺风车、货拉拉遭保险拒赔的胜诉案件。

二、车险中，保险公司以"危险程度显著增加"拒赔的案例研析

（一）保险拒赔依据

（1）《保险法司法解释（四）》第 4 条；

（2）保险合同条款约定，如："下列原因导致的被保险机动车的损失和费用，保险人不负责赔偿：……（三）被保险机动车被转让、改装、加装或改变使用性质等，导致被保险机动车危险程度显著增加，且未及时通知保险人，因危险程度显著增加而发生保险事故的。……"

（二）法院判保险公司赔偿案例

案例：［2020］苏 05 民终 3375 号

裁判要旨：投保人虽然存在使用客车载货的行为，但其并未长期持续使用被保险车辆载货，事故发生时车辆并不存在改装或超载的情形，尚难以认定案涉被保险机动车辆"危险程度显著增加"。

法院认为：案涉保险合同是双方当事人的真实意思表示，不违反法律规定，系合法有效的合同，双方均应恪守履行。根据《保险法司法解释（四）》第 4 条第 1 款之规定，人民法院认定保险标的是否构成《保险法》

第 49 条、第 52 条规定的"危险程度显著增加"时，应当综合考虑保险标的用途的改变、保险标的使用范围的改变、保险标的所处环境的变化、保险标的因改装等原因引起的变化、保险标的使用人或者管理人的改变、危险程度增加持续的时间等因素。本案中，周某某虽然存在使用客车载货的行为，但其并未长期持续使用被保险车辆载货，事故发生时车辆并不存在改装或超载的情形，尚难以认定案涉被保险机动车辆"危险程度显著增加"，故案涉交通事故的发生并不符合前述免责条款所约定的"因转让、改装、加装或改变使用性质等导致被保险车辆危险程度显著增加"的条件，大地财保太仓支公司无法据此免除其赔偿责任。

（三）法院判保险公司不赔案例

案例：[2022] 京 74 民终 274 号

裁判要旨：被保险人使用被保险车辆从事快递业务，改变了车辆使用性质，增加了车辆使用风险，未及时告知保险公司。保险公司有权拒绝赔付商业险部分。

法院认为：本案的争议焦点为国泰财险公司是否应在商业险范围内承担赔偿责任。本案中，涉案车辆的行驶证上记载的使用性质为非营运，投保单记载车辆使用性质为非营业货运。营运车辆是指从事社会运输并收取费用的车辆，以完成商业性传递或交通运输为目的的车辆也属于营运车辆。非营运车辆是指机关团体等自用或者仅用于个人或家庭生活的车辆。沈某使用被保险车辆运输快递，属于营业货运，改变了车辆原使用性质，增加了车辆使用风险。双方系采取电子投保方式订立的保险合同，电子保单的订立以保险公司发送保险条款、免责声明等信息为前提，投保人收到链接并阅读内容后以验证回复方式进行确认，视为对保险条款的认可。沈某称其在未阅读保险信息的情况下签订保险合同，其作为完全民事行为能力人应当自行承担相应后果。沈某未及时告知国泰财险公司涉案车辆的使用性质发生改变，国泰财险公司拒绝赔付保险金具有事实和法律依据。

（四）律师分析

一般保险人因保险标的物显著增加拒赔需要满足三个条件：保险标的危险程度显著增加、被保险人怠于履行保险合同约定的通知义务，以及危险增加与保险事故的发生之间有因果关系。但是"显著增加"的认定、被保险人是否及时通知以及是否进行了符合合同约定的通知，以及针对危险程度显著增加与保险事故发生之间因果关系的判定都有较大的裁量权。同时，针对保险标的危险程度显著增加是否属于免责条款在实践中亦存在争议，就上述案例来看，有些法院会直接将相关条款定性为免责条款，而有的法院虽然可能并不会明确将相关条款进行明确的定性，但是仍会审查保险公司是否履行提示说明义务、投保人是否明知保险条款、免责声明内容。

（五）涉及法律依据

《保险法》第52条；

《保险法司法解释（四）》第4条。

第三章 法院裁判规则大数据报告

第一节　北京金融法院保险纠纷大数据报告

一、前言

2020年12月30日，中央全面深化改革委员会第十七次会议审议通过了《关于设立北京金融法院的方案》。2021年3月18日，北京金融法院正式揭牌成立，对金融案件实行集中管辖。

北京金融法院主要管辖北京市辖区内应由中级人民法院受理的金融民商事案件、涉金融行政案件和执行案件等。北京是我国金融管理中心，北京金融法院亦汇聚了许多专业化的保险纠纷案件的审判专业人员，在保险纠纷案件中的裁判倾向在一定程度上代表了我国保险纠纷案件审理的前沿司法实践观点。

编者团队通过分工合作进行案例检索及梳理，制作可视化图例，就大众日常生活较多购买的重疾险、医疗险、寿险、意外险、雇主责任险等具体险种所涉及的常见拒赔原因而产生的保险纠纷附上北京金融法院对应的裁判案例，给出专业律师分析与建议，以期对在北京金融法院处理相关纠纷的个人、企业及律师同行有所帮助。

二、大数据报告来源

裁判时间：2021年3月18日至2024年6月20日
案例来源：中国裁判文书网

案　　由：人寿保险纠纷、意外伤害保险纠纷、健康保险纠纷、责任保险纠纷、财产损失保险纠纷

审理法院：北京金融法院

案件数量：130 件，经筛选，扣除撤诉、管辖异议相关争议外，判决书及裁定书共计 94 份。

数据采集时间：2024 年 6 月 20 日

三、检索结果

北京金融法院案例涉及保险纠纷中，意外险数量最多，占比 30%，其次是重疾险，占比 17%，两者整体几乎占据保险纠纷涉及险种的一半，这两个保险类别涉及的保险纠纷也确为编者团队日常处理的纠纷最多的两类保险，可见相较其他险种，重疾险及意外险的购买量更多，受众更广。

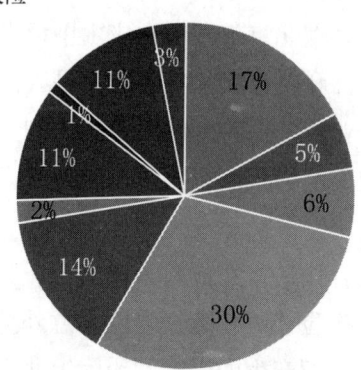

图 3-1　保险纠纷类别

就本次检索结果来看，保险公司拒赔重疾险频次最高的拒赔事由为未如实告知，其次因不属于保险责任范围拒赔产生的纠纷最多；而意外险最多的拒赔事由为不构成意外事故、免责事由，其次是危险程度显著增加。

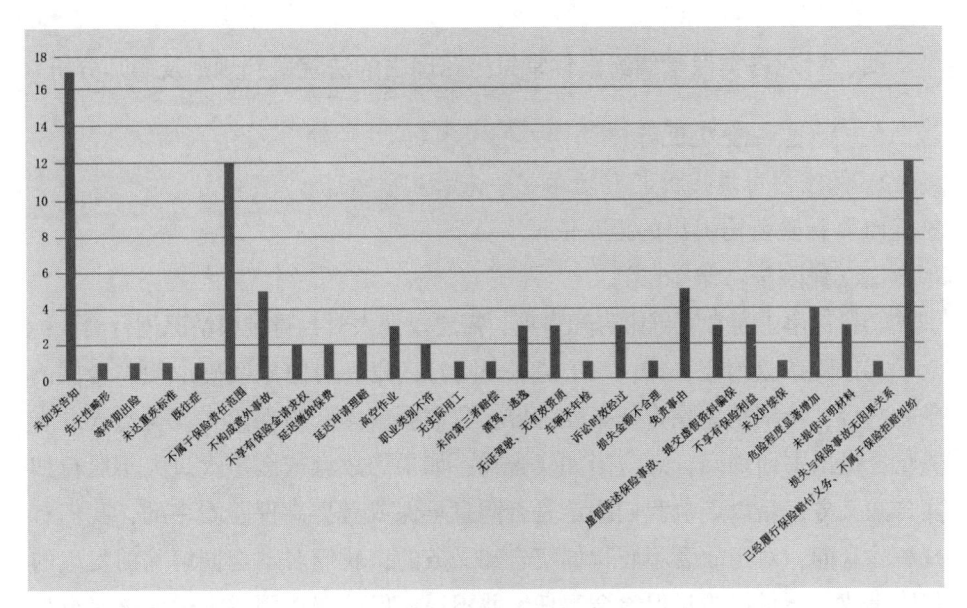

图 3-2 保险拒赔理由

就诉讼标的而言，10 万元以下的标的额数量占比最大，其次是 10 万元至 50 万元的标的。医疗险、财产损失险以及责任险等是以实际产生的损失费用为诉请金额，该类纠纷金额是不确定的，而重疾险、寿险通常是以保单约定的基本保险金额或者基本保险金额的相应比例为诉请金额，金额相对固定。就编者团队处理的纠纷来看，医疗险、财产损失险以及部分责任险的金额在 10 万元以下的案件较多，而重疾险、意外险等涉及的保险金额通常较大。

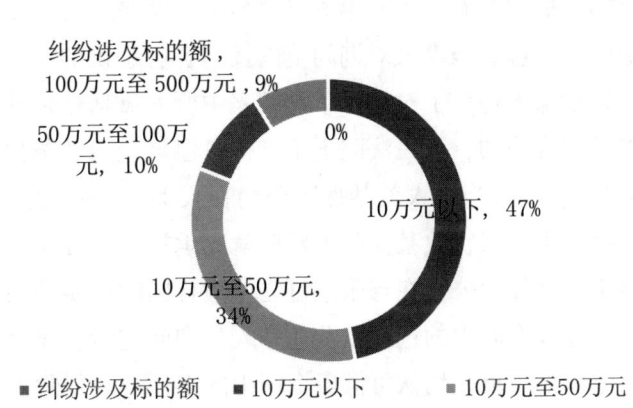

图 3-3 纠纷涉及标的额大小

四、针对各类保险纠纷案件常见拒赔理由的法院裁判规则及律师分析

（一）重疾险及医疗险

1. 保险公司提出的拒赔理由——未如实告知

（1）保险公司提出的拒赔依据

①《保险法》第 16 条；

②投保单中通常有健康告知事项，需要投保人对自身健康情况进行确认；

③保险条款约定，如："订立本合同时，我们会向您明确说明本合同的条款内容，特别是免除责任条款内容；我们会就您、被保险人或受益人的有关情况提出书面询问，您应当如实告知；如果您故意或因重大过失不履行如实告知义务，足以影响我们决定是否同意承保或者提高保险费率的，我们有权解除合同；对于故意不履行如实告知义务的，我们对本合同解除前发生的保险事故，不承担给付保险金责任，并不退还保险费；因重大过失未履行如实告知义务，对保险事故的发生有严重影响的，我们对本合同解除前发生的保险事故，不承担给付保险金的责任，但退还保险费（加粗加黑）。"

（2）法院判决保险公司赔偿案例及理由

①案例：[2022] 京 74 民终 1590 号

裁判要旨：健康询问由业务员进行概括询问后由业务员进行勾选，原告不存在未如实告知行为。

法院认为：本案二审的争议焦点为张某在投保时是否履行了如实告知的义务。《保险法司法解释（二）》第 6 条规定："投保人的告知义务限于保险人询问的范围和内容。当事人对询问范围及内容有争议的，保险人负举证责任。保险人以投保人违反了对投保单询问表中所列概括性条款的如实告知义务为由请求解除合同的，人民法院不予支持。但该概括性条款有具体内容的除外。"本案中，双方当事人就某保险公司在投保时是否询问过王某某患有甲状腺等疾病发生争议，故某保险公司应就此承担举证证明责任。根据本案已查明之事实，某保险公司在与张某订立保险合同时所做的询问主要是通过勾选投保书中健康询问中的选项以及业务人员询问进行。投保书上虽然有张某的签字，但双方当事人均认可健康询问中的选项由某保险公司的业务员代为勾选。而从张某与业务员之间的微信沟通记录来看，业务员的询问仅为概括性的"有无病史（1-5 年有没有住过院，身体指标是否正常）"，在张

某询问业务员是否需要体检时，其答复"保额还不够体检标准，所以不用体检"，且张某在投保后曾表示"电子的保险责任条款真是字太小看不清"，故现有证据尚不足以证明某保险公司已就保单所列有关身体健康状况的事项对投保人、被保险人进行一一询问核实。

②案例：[2023] 京74民终492号

裁判要旨：投保人未如实告知多次投保的情况和实际居住地不影响保险人决定是否承保或确定保险费率。根据《互联网保险业务监管办法》，保险公司通过互联网经营人身保险产品无地域限制，且法律并未禁止投保人投保多份人身保险。

法院认为：《互联网保险业务监管办法》施行前，中国保险监督管理委员会于2015年7月22日颁布了《互联网保险业务监管暂行办法》，在《互联网保险业务监管暂行办法》对互联网保险产品的销售作出了相应的规定，并未禁止保险公司销售相关产品。此外，《互联网保险业务监管办法》较之《互联网保险业务监管暂行办法》而言，对互联网保险产品的销售进一步明确可在全国范围内通过互联网经营相关人身保险产品。该规定，无论是对保险公司还是投保人都是更为有利的。因此，一审法院适用该规定认为谢某某未如实告知其居住地址并不影响某人寿朝阳公司承保案涉保险及确定保险费率并无不当，本院对某人寿朝阳公司的该上诉意见不予采信。某人寿朝阳公司称案涉产品并非互联网保险产品的意见，本院认为，某人寿朝阳公司在一审中陈述投保过程为业务员王某将投保链接发给谢某某，由谢某某填写相关信息后完成投保，但其上诉又称需要业务员工号注册登录，而投保人无登录权限，也无法自主完成投保；对此某人寿朝阳公司一二审陈述并不一致，且某人寿朝阳公司也未能证明谢某某当时是通过业务员工号注册登录后方可投保。故本院对某人寿朝阳公司的该上诉意见亦不予采信。

（3）法院判决保险公司不赔偿案例及理由

①案例：[2022] 京74民终2063号

裁判要旨：投保人在投保时未如实告知其在其他保险公司的投保情况以及既往病史，足以影响某人寿决定是否承保或提高保险费率。

法院认为：毕某某上诉主张，某人寿的询问含义晦涩、模糊不清，且已生效的保险金不能等同于已生效的保险合同，生效的保险合同约定的保险额应理解为保险合同约定的保险事故已发生保险人需要给付或者已给付的保险金。《保险法司法解释（二）》第 5 条规定：保险合同订立时，投保人明知的与保险标的或者被保险人有关的情况，属于保险法第 16 条第 1 款规定的投保人"应当如实告知"的内容。根据毕某某签署的告知事项显示："1. 您是否曾被保险公司解除合同或投保、复效时被拒保、延期、附条件承保？或最近两年内您在其他保险公司正在申请和已生效的重大疾病保险保额累计是否超过人民币 50 万元？您是否曾经申请过重大疾病保险理赔？"选项显示为"否"。从问题的排序看，第二个问题与第三个问题相互独立，第二个问题询问的重点是投保人在其他保险公司关于重大疾病保险保额申请或已投保的情况，第三个问题的询问重点是重大疾病保险理赔情况，问题的指向具体并非概括性提问，并不会产生毕某某所述的因含义晦涩、模糊不清进而难以理解的情况，毕某某的该项上诉理由，本院不予采信。本案中，毕某某认为即便存在未如实告知的情况，其也并非故意，且该事实不会影响承保或保险费率，应指出的是投保人如实履行告知义务是保险人决定是否承保、收取费用多少等的重要因素，并非毕某某所述的不会产生影响，其该项上诉理由，本院亦不予采信。

②案例：[2022]京 74 民终 222 号

裁判要旨：投保人在投保时故意隐瞒既往病史，未如实告知甲状腺双叶结节和重度脂肪肝的健康状况，违反了如实告知义务，足以影响保险公司决定是否承保或重新核定保险费率，保险公司有权解除保险合同并不承担赔偿责任。

法院认为：本案的争议焦点为人寿公司应否承担保险责任。《保险法》第 5 条规定，保险活动当事人行使权利、履行义务应当遵循诚实信用原则。本案中，姜某某 2018 年 11 月 28 日、2019 年 12 月 20 日的体检报告中均查出患有甲状腺双叶结节、重度脂肪肝，但在电子投保单中询问"您是否曾经有下列症状、曾被告知患有下列疾病或接受治疗，如是请详细说明。……D 消化系统疾病：脂肪肝。……I 甲状腺疾病：如甲状腺结节。"均选择否，明显存在未如实告知的情形。姜某某未能如实告知上述事项，足以影响人寿公司决定是否承保或重新核定保险费率，故人寿公司有权解除保险合同并不承担赔偿或支付保险金的责任。一审判决合法合理，本院予以维持。

（4）律师分析

未如实告知是重疾险最高频次的拒赔理由，除了较为严重的病史外，常见的比如高血压甚至血常规检查异常、尿常规检查异常等都可以成为保险公司拒赔的理由。但是，并不是针对所有检查异常医生都会建议进一步治疗等，因此大家也都不会放在心上，这些检查异常都可能成为保险公司可以抓住进行拒赔的漏洞。

结合北京金融法院目前已经公布的该类未如实告知案例，在认定未如实告知通常会通过以下几个方面：一是保险公司的询问义务的履行，即保险公司是否履行了询问义务，询问内容是否清晰明确，法院会结合投保人的主观认知来进行认定；二是投保人是否存在故意或重大过失未如实告知，保险公司应当就此进行可以达到高度盖然性的证明标准的举证；三是未如实告知情形是否足以影响保险公司承保或提高保险费率；四是保险公司是否在法定期限内行使了解除权使合同有效解除，北京金融法院的相关案例暂不涉及该情形但实践中确有大量的保险公司因30日内未形式解除权或在解除后却仍然扣费构成弃权，导致被判决继续承担保险责任。

（5）法院裁判涉及的法律依据

①《保险法》第16条、第23条；

②《保险法司法解释（二）》第6条、第7条、第8条、第15条；

③《保险法司法解释（三）》第5条。

2. 保险公司提出的拒赔理由——等待期出险

（1）保险公司提出的拒赔依据

①《保险法》第13条；

②投保提示书通常会提示所投保合同设置有等待期；

③保险条款约定如："自保险合同生效之日起，本公司将对一段时间内发生的保险事故不承担给付保险金的责任，这段时间称为等待期。首次或非连续投保本保险时，自本合同生效之日起90天为等待期。""等待期内被保险人接受医学检查或治疗，且延续至等待期后确诊发生本合同约定的一种或多种轻症疾病、重大疾病时，本公司不承担保险责任。"

（2）法院判决保险公司不赔偿案例及理由

案例：[2023]京74民终301号

裁判要旨：投保人通过网络投保，其认可投保时需要阅读等待期条款后才能进入下一步投保，且保险条款该部分内容亦加粗加黑呈现，故应当认定保险公司履行了提示和明确说明义务，该条款对投保人应当产生效力。

法院认为： 关于争议焦点一，本院认为，本案保险合同系人民健康保险公司提供的格式条款订立。《保险法司法解释（二）》第9条规定，保险人提供的格式合同文本中的责任免除条款、免赔额、免赔率、比例赔付或者给付等免除或者减轻保险人责任的条款，可以认定为《保险法》第17条第2款规定的"免除保险人责任的条款"。根据上述规定，除了责任免除条款外，其他减轻或免除保险人责任的条款应视具体条款内容和性质而定。等待期条款虽然设置于保险责任章节，但等待期条款大幅降低甚至免除了投保人投保时能够预见到的保险事故发生后被保险人可获得的保险金，将保险有效期内的一段时间排除于保险人承担合同约定的保险责任范围之外，因此，当属免除保险人责任的条款。《保险法》第17条第2款规定，对保险合同中免除保险人责任的条款，保险人在订立合同时应当在投保单、保险单或者其他保险凭证上作出足以引起投保人注意的提示，并对该条款的内容以书面或者口头形式向投保人作出明确说明；未作提示或者明确说明的，该条款不产生效力。《保险法司法解释（二）》第12条规定，通过网络、电话等方式订立的保险合同，保险人以网页、音频、视频等形式对免除保险人责任条款予以提示和明确说明的，人民法院可以认定其履行了提示和明确说明义务。本案王某某通过网络投保，其认可投保时需要阅读等待期条款后才能进入下一步投保，且保险条款该部分内容亦加粗加黑呈现，故应当认定人民健康保险公司履行了提示和明确说明义务，该条款对王某某应当产生效力。

关于争议焦点二，本案中，保险条款约定"自合同生效之日起，本公司将对一段时间内发生的保险事故不承担给付保险金的责任，这段时间称为等待期。除本合同另有约定外，自本合同生效之日起90天为等待期。等待期内被保险人接受医学检查或治疗，且延续至等待期后确诊发生本合同约定的一种或多种轻症疾病、重大疾病时，本公司不承担保险责任，并向投保人无息返还已交纳的保险费，同时本合同效力终止。"案涉保险合同生效日为2021年1月23日零时，王某某先后两次即2020年11月6日、2021年3月16日通过健康体检发现乳腺结节。现双方对王某某所进行健康体检是否等同于条款中约定的医学检查或治疗发生争议。《健康体检管理暂行规定》（卫医政发〔2009〕77号）中对健康体检作出相应的解释，健康体检是指通过医学手段和方法对受检者进行身体检查，了解受检者健康状况、早期发现疾病线索和健康隐患的诊疗行为。由此可见，健康体检也是医学检查的一种。

王某某关于健康体检并非医学检查的上诉意见，本院难以采信。此外，关于医学检查或治疗的理解上并不存在多种解释，且结合王某某本人亦为保险公司员工的职业特点，本院对于王某某关于应作出有利于消费者解释的上诉意见亦不予采信。

（3）律师分析

面对等待期出险问题，适用等待期条款的前提是该条款合法有效，而等待期条款究竟属于保险责任条款还是属于免责条款，这是认定条款效力的前提，各地法院裁判观点不尽一致。上述案例法院依据《保险法司法解释（二）》第9条将其认定为免责条款，应当履行提示及明确说明义务，否则不发生效力。

（4）法院裁判涉及的法律依据

《民法典》第496条；

《保险法》第13条；

《保险法司法解释（二）》第9条；

《健康保险管理办法》第27条；第39条。

（二）意外险

1. 保险公司提出的拒赔理由——不构成意外

（1）保险公司提出的拒赔依据

①《保险法》第21条；

②保险合同条款如："因下列原因造成被保险人身故、伤残或医疗费用支出的，保险人不承担给付保险金责任：（一）被保险人自致伤害或自杀，但被保险人自杀时为无民事行为能力人的除外"；"意外伤害指以外来的、突发的、非本意的和非疾病的客观事件为直接目的且单独原因致使身体受到伤害"。

（2）法院判决保险公司赔偿案例及理由

案例：［2023］京74民终1697号

裁判要旨：保险公司未提供证据证明被保险人因甲醇中毒身故是自杀行为，不属于意外事件，应当承担不利后果。

法院认为：本案二审期间的主要争议焦点为，某某北京分公司是否可依据案涉免责条款从而免除其给付保险金的责任。

《民事诉讼法司法解释》第90条规定："当事人对自己提出的诉讼请求所依据的事实或者反驳对方诉讼请求所依据的事实，应当提供证据加以证明，但法律另有规定的除外。在作出判决前，当事人未能提供证据或者证据不足以证明其事实主张的，由负有举证证明责任的当事人承担不利的后果。"《保险法司法解释（三）》第21条第1款规定："保险人以被保险人自杀为由拒绝给付保险金的，由保险人承担举证责任。"

某某北京分公司上诉称，高某华因甲醇中毒身故是自杀行为，不属于意外事件。对此，本院认为，上诉人主张高某华系自杀身亡系其主观推断，并未提供证据予以证明，其主张的该免责理由，本院难以采信。

某某北京分公司上诉称，高某华长期饮酒，本次事故是发生在其饮酒期间，根据保险合同约定，发生在饮酒期间的事故属于保险人责任免除情形，此外食物中毒亦为保险人的免责事由。对此，本院认为，上诉人是否可依据高某华身故原因符合上述情形而免责，需要通过已经查明的主要事实和相关部门作出的结论进行综合认定。第一，案外人郑某礼的报警记录显示，"2021年4月21日，在溪翁庄镇其岳母高某华家中，高某华饮用散装白酒后出现中毒症状，送医院抢救无效，于2021年4月28日确诊死亡。郑某礼怀疑系饮用散装白酒后酒精中毒，散装白酒来源不明"；第二，北京协和医院出具的《死亡记录》显示高某华最后一次饮酒时间与次日身体出现不适时间间隔约14小时，且诊断的死亡原因为甲醇中毒；第三，北京市密云分局治安支队作出的《关于高某华死亡的调查结论》载明，"高某华符合甲醇中毒死亡；且该人死亡不是刑事案件，属于非正常死亡案件"；第四，郑某礼向鉴定机构提交了550毫升矿泉水瓶盛装的不明液体约200毫升以及5升矿泉水桶盛装的不明液体约4.5升，案件卷宗内的鉴定意见书记载，"毒物检测结果为大包装酒中未检出甲醇，小包装酒中检出甲醇"。本院认为，现有证据虽然可以证明高某华的死因系甲醇中毒，但不能直接证明高某华系饮酒期间甲醇中毒或是因饮用掺杂甲醇的白酒而引发甲醇中毒。因此，上诉人主张的上述免责理由缺乏证据支持，本院不予采信。

（3）律师分析

针对意外险理赔，被保险人或受益人应当提出初步证据证明保险事故的发生系因意外事故，若无法针对保险事故系意外提供达到高度盖然性的证明标准的证据，那么举证责任的主体则无法发生转移。但是在保险人明确是以被保险人自杀拒赔的情况下，根据法律规定，应当由保险人对其主张承担证明责任，否则应当自行负担不利后果。

（4）法院裁判涉及的法律依据

《保险法》第 11 条；

《保险法司法解释（三）》第 21 条。

2. 保险公司提出的拒赔理由——未提供相应证明材料

（1）保险公司提出的拒赔依据

①《保险法》第 21 条。

②保险合同条款，如"保险金申请人向保险人申请给付保险金时，应提交以下材料。保险金申请人因特殊原因不能提供以下材料的，应提供其他合法有效的材料。如保险人对保险金申请材料存疑，有权要求被保险人在保险人指定或认可的医疗机构进行复检确认；被保险人应予配合。保险金申请人未能提供有关材料，导致保险人无法核实该申请的真实性的，保险人对无法核实部分不承担给付保险金的责任"。

（2）法院判决保险公司赔偿案例及理由

案例：[2022] 京 74 民终 539 号

裁判要旨：保险条款约定的"建筑安全主管部门出具的证明资料"并非必不可少，被保险人未提供该资料，并不会导致保险公司无法核实其所提伤残保险金申请的真实性，亦不影响该公司按照保险条款确定理赔金额。

法院认为：本案二审双方争议焦点为：蒲某某未提供建筑安全主管部门出具的证明和资料，是否构成某财险北京分公司不予赔付意外伤害保险伤残保险金的合理理由。

舒驰公司作为投保人以蒲某某等为被保险人向某财险北京分公司投保意外伤害保险，保险合同成立且有效，各方均应按照保险合同的约定行使权利履行义务。现双方对保险合同的成立及保险事故的发生均无异议。《达州广信司法鉴定所司法鉴定意见书》已就案涉意外伤害事故认定蒲某某构成九级伤残，某财险北京分公司对此亦无异议。本案中，保险条款约定有提交其他合法有效材料的替代路径，且本案中蒲某某虽未提供建筑安全主管部门出具的证明资料，并不会导致某财险北京分公司无法核实其所提伤残保险金申请的真实性，亦不影响该公司按照保险条款确定理赔金额。故某财险北京分公司以非蒲某某个人原因，在能确定保险事故真实性的情况下不予理赔，缺乏事实及法律依据，本院不予采信。蒲某某要求某财险北京分公司支付保险金额 50 万元的 20% 即 10 万元保险金，一审法院予以支持并无不当。

(3) 法院判决保险公司不赔偿案例及理由

案例：[2023] 京 74 民终 130 号

裁判要旨： 保险公司要求提供《工伤认定书》非免责条款，而是对理赔流程作出的进一步要求，被保险人未能提交《工伤认定决定书》，其提供的入院诊断材料及相关病历、赔偿协议书等文件，并不足以判断是否属于工伤范围。

法院认为： 本案争议为特别约定内容是否格式条款，某人寿北分公司、某人寿公司能否以此为由拒赔。格式条款是当事人为了重复使用而预先拟定，并在订立合同时未与对方协商的条款。在保险合同中，对于特别约定条款是否属于格式条款需要根据法律规定标准加以判断。本案中，某人寿北分公司、某人寿公司称特别约定内容为双方协商一致达成，但某人寿北分公司、某人寿公司并未提交证据证明双方就该部分内容进行过协商。故本院对于胡某某关于特别约定内容为格式条款的意见予以采信。

但是，《保险法》第 17 条规定，格式条款区分为一般格式条款和免责格式条款。格式条款内容不同，对保险人的提示说明义务要求也有所不同。就本案而言，首先，从内容上看，该特别约定内容系对案涉保险责任范围作了进一步约定，即仅承保被保险人在工作期间工作岗位从事与本职工作有关工作，或上下班途中因意外造成的损害；即与保险条款相比，对保险责任范围作了限缩。其次，保险条款中约定的伤残标准为《人身保险伤残评定标准（行业标准）》，而特别约定部分将标准修改为劳动伤残鉴定委员会出具的工伤等级鉴定结论或技术鉴定机构出具的工伤等级鉴定结论，标准相比保险条款约定的伤残标准有所降低。最后，对于保险理赔要求提供《工伤认定决定书》的要求，系对理赔流程作出的进一步要求，并未免除保险公司的保险责任。综上，该特别约定内容虽然为格式条款，但并非免除保险责任的格式条款。

《保险法》第 17 条第 1 款规定，订立保险合同，采用保险人提供的格式条款的，保险人向投保人提供的投保单应当附格式条款，保险人应当向投保人说明合同的内容。投保单中特别说明部分虽然没有写明具体内容，但手写"有"，隆盛泽公司亦在投保单上加盖了公司公章，且其加盖公章的被保险人名单每页上均附特别约定内容，特别约定内容在保险合同中也以单独页的形式出现；此外，根据胡某某一审陈述，隆盛泽公司已将胡某某申请工伤认定的相关材料委托第三方进行，但由于第三方原因导致未能进行工伤认定，也可见隆盛泽公司作为投保人对特别约定内容清楚明知。因此，某人寿北分公司、某人寿公司已尽到一般格式条款的说明义务，该特别约定部分对各方均发生效力。根据该约定，胡某某未能提交《工伤认定决定书》，其提供的入院诊断材料及相关病历、赔偿协议书等文件，并不足以判断是否属于工伤范围，故一审判决驳回胡某某要求理赔的诉讼请求，并无不当。因胡某某在无法提供特别约定中要求的理赔材料的情况下，提出的劳动能力鉴定的请求缺乏相应的法律和事实基础，故一审法院未准许胡某某的鉴定申请，亦不违反法律规定。

（4）律师分析

日常进行意外险理赔时，保险公司的资料要求是多种多样的，甚至会要求提供条款约定以外的理赔申请资料，法院在审理该类纠纷时，一方面会结合合同条款约定进行审查，另外一方面会结合未提交证明资料对于证明保险事故发生的作用进行审查。

（5）法院裁判涉及的法律依据

《保险法》第22条至第24条。

（三）雇主责任险

保险公司提出的拒赔理由——职业类别不符。

（1）保险公司提出的拒赔依据

保险合同条款，如"若被保险人健康/职业/收入状况有部分符合以下内容，本公司有权不同意承保；若发生保险事故，本公司不承担赔偿给付或给付保险金的责任，并有权不退还保险费：1.被保险人从事的职业属于《职业分类表》中4-6类或特定类职业。"特别约定如"本保险合同适用人群：投保时年龄在18至50周岁（含）身体健康，1-3类职业的自然人，若您不符合前述投保范围，请勿购买保险，若发生保险事故，保险人不承担保险责任"。

（2）法院判决保险公司赔偿案例及理由

案例：[2023]京74民终114号

裁判要旨：投保人向保险公司投保时提交的雇员从事的工种为木工，保险公司在核保时对木工按照四类人员投保并未提出异议，保险公司未进一步向投保人询问木工的具体分工，亦未对涉及应按五类人员投保的职业、工种在投保单、保险单中作出特别约定，拒赔缺乏依据。

一审法院认为：本案中，投保单及保险单特别约定条款均载明：出险时，若被保险人雇员实际职业类别高于保单人员清单列明职业类别的，保险人退还保费,有权拒绝承担保险责任。雇员清单中列明的袁某工种为木工,职业类别为四类。某保北分公司认为已向投保人某企业管理公司送达确认函,告知所有涉及操作切割机器的操作工人应当按照五类人员投保,袁某从事的工作超出了职业类别,故某保北分公司有权拒赔。特别约定条款仅约定,被保险人雇员实际职业类别高于保单人员清单列明职业类别的,保险公司有权拒赔。但结合袁某出险时从事的职业,并未超出木工的工作范围,某企业管理公司向某保北分公司投保时提交的袁某从事的工种为木工,某保北分公司在核保时对木工按照四类人员投保并未提出异议,某保北分公司也未进一步向投保人询问木工的具体分工,亦未对涉及应按五类人员投保的职业、工种在投保单、保险单中作出特别约定,反而核保予以通过并实际收取保险费。现袁某在工作中发生了保险事故,属于保险责任的范围,某保北分公司拒赔缺乏依据,其答辩意见一审法院不予采信。二审程序保险公司未就一审法院该认定提出争议,二审法院维持原一审判决。

(3) 律师分析

职业类别不符是常见的团体意外险或雇主责任险的拒赔原因之一,但职业类别有着非常专业的划分,普通投保人在保险公司未进行明确的提示以及解释说明的情况下,根本无从得知自己的职业类别。但在实践中,就职业类别是否属于免责条款进而需要进行提示说明亦存在争议,结合上述案例,倾向于认定职业类别相关条款需向投保人进行提示及解释说明,否则不发生效力。

(4) 法院裁判涉及的法律依据

《保险法》第17条;

《保险法》第65条。

(四) 机动车相关保险(车损险及第三者责任险)

保险公司提出的拒赔理由——危险程度显著增加。

(1) 保险公司提出的拒赔依据

①《保险法司法解释(四)》第4条;

②保险合同条款约定,如"下列原因导致的被保险机动车的损失和费用,保险人不负责赔偿:……(三)被保险机动车被转让、改装、加装或改变使用性质等,导致被保险机动车危险程度显著增加,且未及时通知保险人,因危险程度显著增加而发生保险事故的"。

（2）法院判决保险公司赔偿案例及理由

案例：[2021]京74民终900号

裁判要旨：保险公司未举证证明被保险人改装车辆配件行为导致危险程度显著增加，亦未证明保险事故发生是由于改装配装所致，不应以改装车辆导致车辆危险程度显著增加为由拒赔。

法院认为：关于某财险公司主张被保险车辆并非越野车，高某对车辆进行加装、改装导致危险程度显著增加的意见，本院认为，在案虽无直接证据表明案涉被保险车辆系越野车，但结合其生产厂商将该车辆在沙漠、草地、戈壁中行驶作为产品性能特征并进行广告宣传，高某作为普通消费者，依据生产厂商发布宣传广告认为该车具有越野车性能并进行使用，并无增加车辆危险程度的主观故意。此外，改装轮胎、避震器，前后机射灯、逆变器和电台并不必然导致车辆危险程度显著增加。某财险公司主张更换前述项目将导致车辆危险程度显著增加，应当提交证据予以证明。现某财险公司既未举证证明高某所更换前述项目导致了车辆危险程度显著增加，亦未证明发生涉案事故是由于改装上述配件导致，故某财险公司以高某改装车辆导致车辆危险程度显著增加为由拒赔，缺乏事实与法律依据，本院不予采纳。

（3）法院判决保险公司不赔偿案例及理由

案例：[2022]京74民终891号

裁判要旨：被保险人驾驶车辆从事网约车运营，改变了车辆使用性质，未及时通知保险公司，导致车辆风险显著增加。保险公司有权拒绝赔偿商业保险部分。

法院认为：本院认为，朱某与人保公司签订的保险合同系双方当事人的真实意思表示，内容不违反法律、行政法规的强制性规定，合法有效，双方当事人依据合同约定享有权利、承担义务。朱某提交的《机动车商业保险保险单》"重要提示"栏目中载明"被保险机动车被转让、改装，加装或改变使用性质等，导致被保险机动车危险程度显著增加，应及时通知保险人"，说明其对改变车辆使用性质应通知保险公司是明知的。根据滴滴出行科技有限公司回函显示，朱某驾驶被保险车辆从事网约车运营，在2021年4月8日至2021年11月30日期间共完成1972单，已实际改变被保险车辆的使用性质，致使车辆的风险显著增加。朱某从事网约车运营，使用车辆的频率明显高于家庭自用车，发生交通事故的概率也将因此提高，朱某就该变化未及时通知保险公司，人保公司有权拒绝承担相应商业保险赔偿责任。

（4）律师分析

一般保险人因保险标的物显著增加需要满足三个条件：保险标的危险程度显著增加、被保险人怠于履行保险合同约定的通知义务，以及危险增加与保险事故的发生之间有因果关系。但是"显著增加"的认定、被保险人是否及时通知以及是否进行了符合合同约定的通知，以及针对因果关系的判定都有较大的裁量权。同时，针对保险标的危险程度显著增加是否属于免责条款亦在实践中存在争议，就上述案例来看，法院会审查保险公司是否履行提示说明义务、投保人是否明知保险条款、免责声明内容。

（5）法院裁判涉及的法律依据

①《保险法》第52条；

②《保险法司法解释（四）》第4条。

（五）保险公司以明确的责任免除事由拒赔的案例分析

因保险合同条款中，责任免除项下的内容较多，而在该类保险纠纷下，针对每项责任免除事由并不一定同时有法院判决保险公司赔付及不赔的案例，因此，该部分仅针对本次检索案例进行总结及分析。

（1）保险公司提出的拒赔依据

①《保险法司法解释（二）》第10条、第11条、第12条。

②保险合同条款，重疾险如"因下列一个或者多个情形引起的保险事故，本公司不承担相应的保险责任：（一）投保人对被保险人的故意杀害、故意伤害；（二）被保险人故意犯罪或者抗拒依法采取的刑事强制措施；（三）被保险人故意自伤或自本合同成立或者本合同效力恢复之日起2年内自杀，但被保险人自杀时为无民事行为能力人的除外；（四）被保险人患有遗传性疾病，先天性畸形、变形或染色体异常；（五）战争、军事冲突、暴乱或武装叛乱；（六）核爆炸、核辐射或核污染。"意外险如"因下列原因造成的损失、费用和责任，保险人不承担给付保险金责任：（一）投保人、被保险人的故意行为；（二）被保险人自致伤害或自杀，但被保险人自杀时为无民事行为能力人的除外；（三）因被保险人挑衅或故意行为而导致的打斗、被袭击或被谋杀；（四）被保险人妊娠、流产、分娩、疾病、药物过敏、中暑、猝死;（五）被保险人未遵医嘱，私自服用、涂用、注射药物；（六）核爆炸、核辐射或核污染；（七）恐怖袭击；（八）被保险人犯罪或拒捕；

（九）被保险人从事高风险运动或参加职业或半职业体育运动；（十）被保险人未取得对应的特种作业证书进行特种作业操作。特种作业的相关定义以安全生产主管部门有关规定为准"。"被保险人在下列期间遭受意外伤害的，保险人也不承担给付保险金责任：（一）战争、军事行动、暴动或武装叛乱期间；（二）被保险人主动吸食或注射毒品期间；（三）被保险人酒后驾车、无有效驾驶证驾驶或驾驶无有效行驶证的机动车期间；（四）工程停工期间；保险合同中止期间。"

（2）法院判决保险公司不赔偿案例及理由

案例：[2021]京74民终382号

裁判要旨：道路交通事故认定书载明被保险人驾驶的电动三轮车经鉴定属于机动车，被保险人的血醇为256.97毫升/100毫升，属于酒后驾驶机动车的情形，符合《保险条款》中责任免除的规定。

法院认为：对于新华人保公司提出"傅某驾驶的电动三轮车符合机动车标准，傅某酒醉驾驶机动车，保险公司不应当承担赔偿责任"的上诉理由，本院认为，《保险条款》第2.4条责任免除第8项约定被保险人酒后驾驶机动车期间被保险人身故的，本公司对该被保险人不承担意外伤害身故保险责任，但向投保人退还该被保险人对应的现金价值。第6.7条酒后驾驶约定：指经检测或鉴定，发生事故时车辆驾驶人员每百毫升血液中的酒精含量达到或超过道路交通法规规定的标准，或公安机关交通管理部门依据《道路交通安全法》的规定认定为饮酒后驾驶或醉酒后驾驶。郑州市公安局交通警察支队五大队作出第XXX号道路交通事故认定书载明傅某驾驶的狮城牌电动三轮车经鉴定属于机动车，傅某的血醇为256.97毫升/100毫升，属于酒后驾驶机动车的情形，符合《保险条款》中责任免除的规定。

（3）律师分析

法院审理该类案件主要的焦点通常在责任免除条款是否经过保险公司的提示及解释说明，一方面是投保提示书等是否有投保人的亲笔签名，另一方面针对线下或线上的方式的保险销售，对提示说明义务认定的履行方式又根据个案区别不尽相同。但随着保险销售监管力度的加强、保险公司销售流程的规范，通过线下双录视频、线上可回溯视频能够较为完整地回顾投保流程，若有相关记录视频作为证据会更加直接地证明保险公司是否实际履行了提示说明义务以及履行提示说明义务是否达到使投保人真正理解的实质标准。

（4）法院裁判涉及的法律依据

《保险法》第 17 条；

《民法典》第 496 条、第 497 条；

《保险法司法解释（二）》第 10 条、第 11 条、第 12 条。

五、结语

通过本次进行的北京金融法院保险纠纷案例的检索及大数据报告的制作，我们不难发现，就同样的保险险种纠纷、同样的拒赔理由，或不同的保险险种纠纷但是涉及的同样的拒赔理由，存在不同判决的情形。每个案件都有其独特性，没有完全一致的法律事实，因此法官通常会在查明事实的基础上，依据相关法律规定，并结合自身经验作出裁判。另，保险公司一旦作出拒赔决定，个人进行协商谈判的空间较小，建议大家必要时寻求专业律师的帮助，争取保险利益的最大化。

第二节　上海金融法院保险纠纷大数据报告

一、大数据报告来源

裁判时间：2021 年 1 月 1 日至 2024 年 7 月 24 日

案例来源：中国裁判文书网

案　　由：人寿保险纠纷、意外伤害保险纠纷、健康保险纠纷、责任保险纠纷、财产损失保险纠纷

审理法院：上海金融法院

案件数量：296 件，经筛选，扣除撤诉、管辖异议相关争议及重复案件外，判决书及裁定书共计 196 份

数据采集时间：2024 年 7 月 24 日

二、检索结果

从图 3-4 中可以看出，在上海金融法院处理的保险纠纷案例中，雇主责任险案件数量最多，占 31.1%，其次是意外险，占 19.4%，接着是重疾险，占 17.3%。与这三种保险相关的案件几乎占据了总案件数的三分之二。这三

种保险类别所涉及的保险纠纷，也是作者团队在日常工作中处理最多的类型。这表明，与其他保险种类相比，雇主责任险、意外险和重疾险拥有更广泛的受众基础和社会需求。

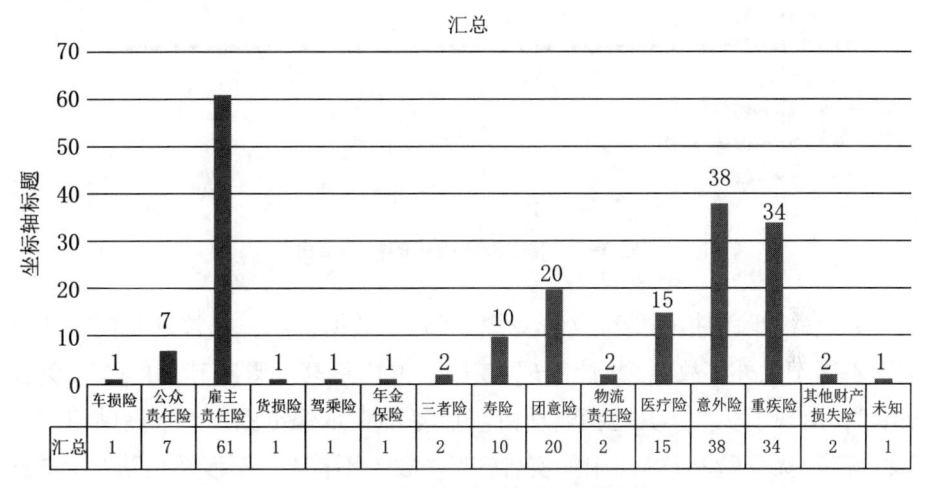

	车损险	公众责任险	雇主责任险	货损险	驾乘险	年金保险	三者险	寿险	团意险	物流责任险	医疗险	意外险	重疾险	其他财产损失险	未知
汇总	1	7	61	1	1	1	2	10	20	2	15	38	34	2	1

图 3-4　保险纠纷类别及相应案件量

从图 3-5 中，我们发现，在该领域中，导致保险公司拒赔的最常见原因主要可以归结为两大类：一是不存在保险利益事故；二是不在承保范围之内的情况。具体来说，不存在保险利益事故的情况作为最主要的拒赔理由，出现了 27 次，占到了总拒赔次数的 45%。这种情况主要发生在雇主在签订保险合同时，未能与被保险人签订正式的劳动合同。因此，在事故发生后，保险公司会根据这一事实，认为雇主与被保险人之间不存在劳动关系，从而拒绝承担赔偿责任。另一方面，不在承保范围之内的拒赔情况共出现了 17 次，占到了 28.3%。这表明，当投保人向保险公司申请理赔时，保险公司可能会以投保人未能充分理解其保单的具体保障范围为由，或者在发生事故时所处的情境超出了保单约定的覆盖领域为由，拒绝赔偿。此外，还有一些其他情况虽然发生频率较低，但也是值得注意的拒赔事由。例如，未能及时通知保险公司、超出保险限额、已经依据相关协议进行了补偿等情况，这些都可能导致保险公司拒绝赔偿。

图 3-5 雇主责任险中的拒赔事由

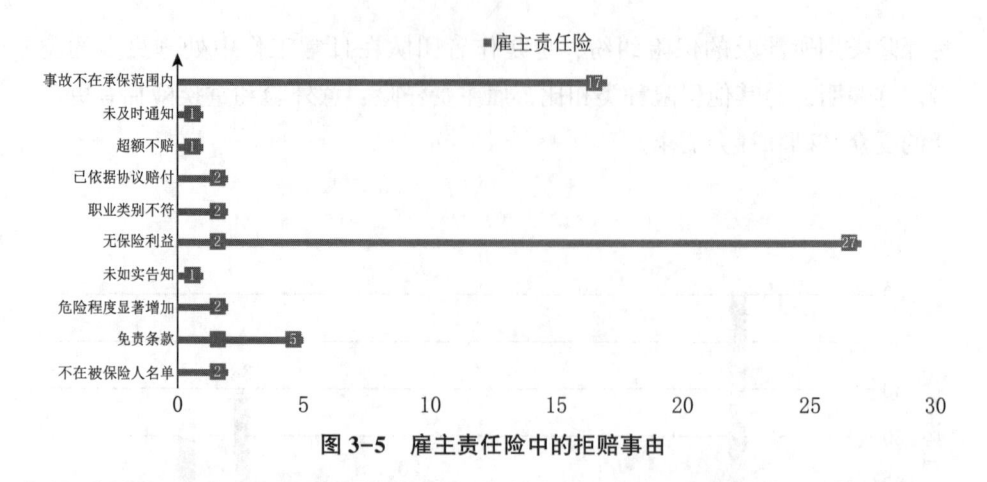

关于意外险的拒赔情况（详见图 3-6），数据显示，最常见的拒赔理由是"不属于意外事故"，共计出现 13 次，占比最高。紧随其后的是"免责条款"，出现了 7 次。其他拒赔理由包括"不在承保范围""未提供相应证明材料""无保险利益""未如实告知""收入不符""不涉及拒赔""未及时通知"以及"比例赔付"，分别出现了 5 次、4 次、4 次、1 次、1 次、1 次、1 次和 1 次。不属于意外事故是意外险拒赔的主要原因，保险公司通常以事故不满足"突发的、外来的、非本意的、非疾病"这四个条件为由，认为不属于意外事故而拒赔。免责条款则是另一个常见原因，保险公司常以免责条款的规定，将某些情形排除在理赔范围之外。此外，不在承保范围和未提供相应证明材料也是拒赔的重要原因。

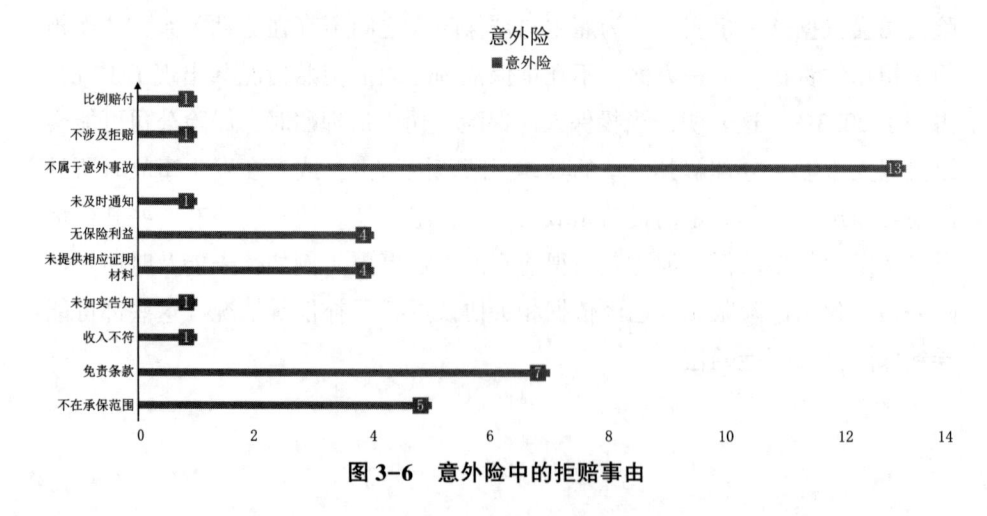

图 3-6 意外险中的拒赔事由

图 3-7 揭示了重疾险中最普遍的拒赔原因。其中,"未如实告知"是最常见的拒赔事由,共计出现 19 次,占据最大比例。紧随其后的是"不构成重疾",出现了 7 次。其他拒赔事由包括"不在保险范围内""等待期内出险"以及"不涉及拒赔",分别出现了 2 次、3 次和 3 次。未如实告知是导致重疾险拒赔的主要因素。保险公司通常会以投保人在投保过程中未能充分披露个人健康状况为由,声称无法准确评估风险,从而拒绝赔付。另一方面,"不构成重疾"也是一个常见的拒赔理由,当被保险人确诊的疾病或采用的治疗方式不符合保险合同的条款时,保险公司会据此拒绝赔偿。

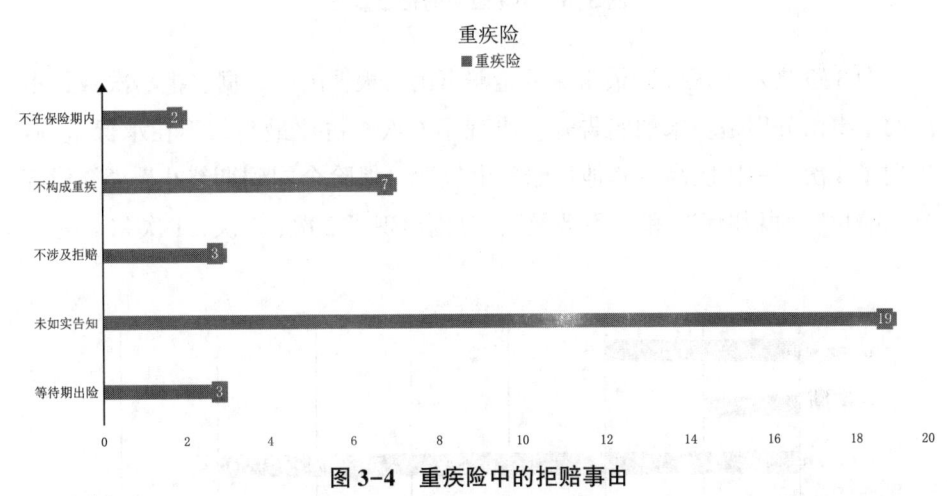

图 3-4 重疾险中的拒赔事由

根据图 3-8 所示,团意险的拒赔原因多种多样,涵盖了"未如实告知""未提供相应证明材料""无保险利益""不构成意外""免责条款""不在被保险人名单""职业类别不符""主体不适格""不具有保险利益""不在保险期间内"以及"不在承保范围内"等,这些原因分别出现了 2 次、2 次、1 次、3 次、2 次、1 次、1 次、3 次、1 次、1 次和 3 次。

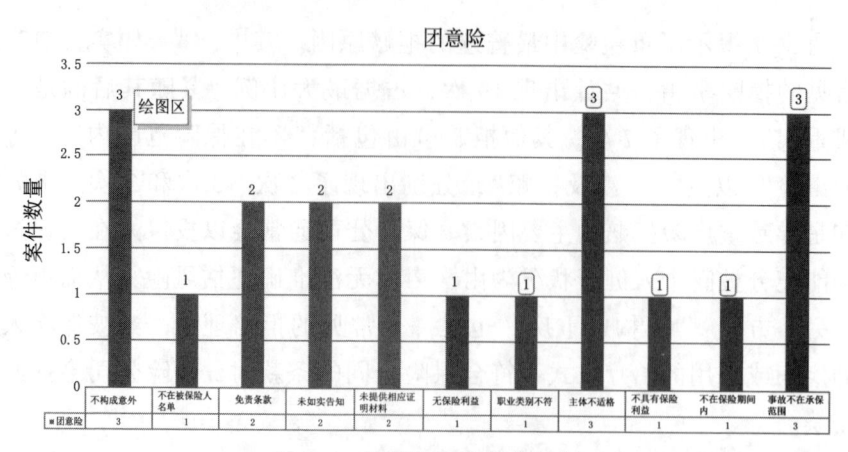

图 3-8　团意险中的拒赔事由

图 3-9 展示了医疗险最常见的拒赔事由。根据图中数据，拒赔次数最多的两个事由分别是：未如实告知：出现了 6 次，占比最高。不在承保范围：出现了 4 次，占比次高。其他拒赔事由包括"保险合同到期终止""补偿部分已赔付""既往症"和"不涉及"，分别出现了 2 次、1 次、1 次和 1 次。

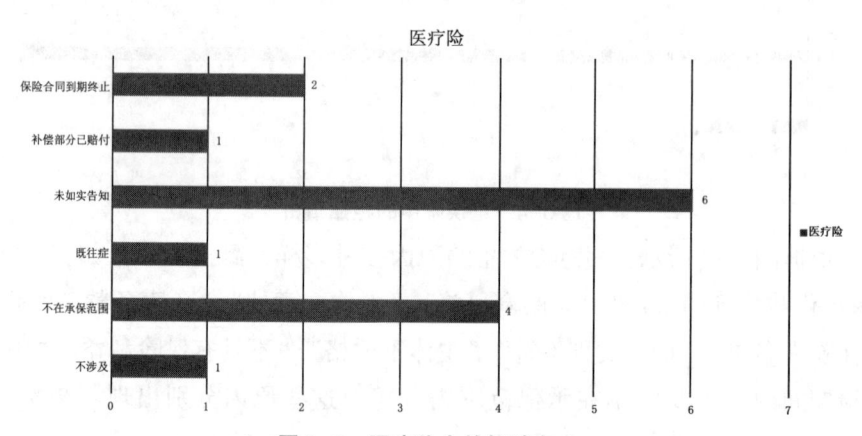

图 3-9　医疗险中的拒赔事由

在诉讼标的方面（参见图 3-10），我们可以看到，标的额在 10 万元至 50 万元之间的案件数量占据了最高的比例。紧随其后的是标的额在 10 万元以下的案件。具体来说，医疗险、财产损失险以及责任险的索赔金额通常会根据实际发生的损失费用来进行计算，因此这类纠纷的金额往往是不固定的，具有一定的不确定性。相比之下，重疾险和寿险的索赔金额则通常会基于保单中明确约定的基本保险金额或其相应比例来进行计算，因此这类索赔金额相对固定，具有一定的确定性。根据作者团队在处理纠纷案件的过程中所观察到的情况来看，医疗险、财产损失险以及部分责任险的案件中，索赔金额在10万元以下的情况较为常见，而涉及重疾险、意外险等的保险金额则通常较高，往往超出了10万元的范围。

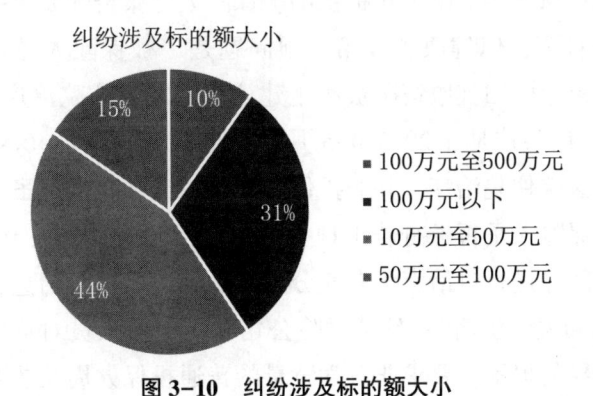

图 3-10　纠纷涉及标的额大小

三、针对各类保险纠纷案件常见拒赔理由的法院裁判规则及律师分析

（一）重疾险及医疗险

1. 保险公司提出的拒赔理由——未如实告知

（1）保险公司提出的拒赔依据

① 根据《保险法》第 16 条的规定；

② 在投保单中，通常会包含健康告知事项，要求投保人对自身的健康状况进行确认；

③ 保险合同条款明确指出："在订立本合同时，我们将向您详细解释合同条款，尤其是免责条款的内容；我们会以书面形式询问您、被保险人或受益人的相关情况，您必须如实告知；若您故意或因重大过失未能履行如实告知义务，且这一行为足以影响我们决定是否接受承保或调整保险费率，我们将有权终止合同；对于故意不履行如实告知义务的情况，我们对合同终止前发生的保险事故不承担支付保险金的责任，并且不退还保险费；若因重大过失未能履行如实告知义务，且这一行为对保险事故的发生有重大影响，我们将对合同终止前发生的保险事故不承担支付保险金的责任，但会退还保险费。"

(2) 法院判决保险公司赔偿案例及理由

①案例：[2022] 沪 74 民终 884 号

裁判要旨： 被保险人投保前所患甲状腺疾病与本案×××无因果关系，不足以影响保险人承保，故不得以此为由拒赔，且被保险人如实告知的前提是保险人已尽提示。

法院认为： 虽然某财险公司提供的被保险人健康告知要求投保人说明被保险人的健康状况，但健康告知第 2 项问题是"被保险人是否目前正在住院？是否过去 1 年内因健康情况被医生建议手术或者住院治疗？是否过去 2 年内曾住院？"周某桂是在 2015 年 5 月 4 日至 10 日因××××××××××，在上海市第六人民医院住院治疗，并非投保的 1 年内或 2 年内。虽然健康告知的第 3 项询问被保险人是否患有若干种疾病，包括"脊柱和关节疾病"，但周某桂已对其椎间盘进行过治疗，有充分理由认为自己已经治愈，在投保当时不患有"脊柱和关节疾病"；且某财险公司并无工作人员对被保险人填写健康告知进行指导与提示，要求非医学背景的普通投保人周某桂对诸多医学名词理解并准确判断自己是否患有相关疾病，对投保人过于苛责；且所谓的"椎间盘"治疗也和周某桂在案涉保险合同项下主张的××××不存在直接因果关系，不致对保险事故发生有严重影响。综上，周某桂在投保过程中已尽到健康告知义务，不存在未履行告知义务的情形。

②案例：[2021] 沪 74 民终 1821 号

裁判要旨： 被保险人的如实告知义务只限于保险人的询问事项，保险人不能以询问事项之外的事项向被保险人拒绝赔付。

法院认为： 本案二审的争议焦点为刘某是否存在故意或因重大过失未履行如实告知义务的行为，以及保险人是否应当赔付。本案中，上诉人信泰保险公司认为刘某未将其患有失眠、××××症、×××、××××××等疾病情况进行如实告知，影响保险人是否承保及是否采取加费、延期承保、除外责任等决定。本院认为，首先，保险告知事项中并不包含"失眠""××××××"等询问内容，而"其他慢性疾病需要长期服药控制或手术治疗"属于概括性询问条款，不能据此推定刘某未履行如实告知义务，故刘某未将"失眠""×××××"告知保险人并未违反如实告知义务，一审法院对此已经详细阐述，本院予以确认并不再赘述。其次，刘某在投保前已被诊断为右×××，而保险告知事项表述为"×××（双侧）"，保险人并未对此向刘某进行特别解释，按照一般理解，"×××（双侧）"与右×××并非同一概念，故刘某在保险告知事项中就此内容勾选"否"并不违反如实告知义务。最后，刘某虽然认可投保前存在"尿酸高"的情况，但称并不知道医学词汇"××××症"具体含义而勾选了"否"，并非故意或因重大过失为之。因通常大众确实难以理解"××××症"即为"尿酸高"的含义，且信泰保险公司也未提交证据证明刘某系出于故意或者重大过失作出的选择，因此一审法院认定刘某未违反如实告知义务并承担理赔责任并无不当。

③案例：[2021] 沪74民终1237号

裁判要旨：在保险活动中，当事人行使权利、履行义务应当遵循诚实信用原则。保险人就保险标的或者被保险人的有关情况提出询问的，投保人应当如实告知，但其告知内容以保险人询问范围为限。

法院认为：本案中，对于被上诉人顾某在涉案保险合同订立前是否存在肺部结节，上诉人××保险公司并未予以询问，因此，顾某未告知其有肺部结节并未违反如实告知义务。对于顾某此前存在的高血压等症状，其确未告知××保险公司。然而，在保险公司业务员代为勾选回答询问事项的情形下，出于对这一特殊主体的信赖，投保人会不自觉地疏于对代填内容的审查，对于上述事项与保险合同的订立及能否最终达到保险目的之间的重要关联缺乏正确的估量，因此，对于该等未如实告知事项，系因外部因素所致过失造成，而非故意。根据《保险法》第16条第5款的规定，投保人因重大过失未履行如实告知义务，对保险事故的发生有严重影响的，保险人对于合同解除前发生的保险事故，不承担赔偿或者给付保险金的责任，但应当退还保险费。现××保险公司并未证明顾某前述未告知事项与保险事故的发生有因果关系，或是对保险事故的发生有严重影响，故××保险公司不能以此为由解除合同。

综上所述，上诉人××保险公司的上诉请求不能成立，应予驳回；一审判决认定事实清楚，适用法律正确，应予维持。

（3）法院判决保险公司不赔偿案例及理由

①案例：[2023] 沪74民终955号

裁判要旨：即使投保单"告知项"中存在专业医学术语，亦不影响投保人对其明知应知的事项履行如实告知义务，且"如实告知"条款不属于免责条款。

法院认为：本案中，如实告知义务的履行主体为投保人郑某。首先，关于保险人某某公司在本案中是否实际对郑某进行了询问。投保人履行如实告知义务以保险人询问为前提。本案中，保险人某某公司就询问范围及内容提供了×××、回访记录予以证明。对此，苏某主张，某某公司需就投保单"告知项"的内容向郑某、苏某另行进行询问，并就"告知项"所列各项症状和医学术语向郑某、苏某进行明确说明，以使郑某、苏某实际理解"告知项"内容的确切含义，知晓所列各项症状预兆或引发保险事故的概率，但本案中某某公司未能提供证据证明其对投保单"告知项"内容进行了提示和明确说明，故某某公司实际并未进行询问。

对于苏某的上述理由，本院不予采纳。本院认为，第一，保险合同为最大诚信合同，投保人等在保险合同订立时，须尽善意将保险人所承担风险的相关事项告知，以便保险人衡量理赔风险。保险人投保单所载问询事项及所获答复，系保险人决定承保与否、核定保费高低的必要资料，故投保单问询事项并非保险合同的内容，亦并非免责条款，本案中某某公司无须对投保单"告知项"的内容进行特别提示和解释说明。相反，投保人需尽善意回答投保单"告知项"的问题。投保人仅对保险人问询中其明知应知的事项负有告知义务，不要求投保人告知客观存在但其无法知悉的事项。故即使投保单"告知项"中存在专业医学术语，亦不影响投保人对其明知应知的事项履行如实告知义务。第二，本案中，×××"告知项"第205项问询被保险人"是否有或者曾经有……××结节，××包块……"，问询事项十分明确，并非概括性条款，不违反《保险法司法解释（二）》第6条第2款关于告知方式的规定。投保人对于某某公司该节明确询问，应当履行如实告知义务。

其次，关于投保人是否违反了如实告知义务。邵逸夫医院就苏某2019年10月24日体检所出具的体检报告载明"××结节"，苏某对此应知。案涉×××就被保险人是否有或曾有××结节的问询项填写结果为"否"，该结果为投保人郑某与被保险人苏某在共同旅游期间填写并共同确认，故可认定投保人存在违反如实告知义务的行为。

最后，关于违反如实告知义务的法律后果。苏某主张，案涉保险条款第2.13条"如实告知"条款属于免责条款，某某公司在投保时未明确说明违反如实告知义务的法律后果，故该条款不应成为合同内容。本院认为，如实告知义务是投保人的法定先合同义务，《保险法》第16条明确规定了违反如实告知义务的法律后果，案涉第2.13条"如实告知"条款与《保险法》第

16条规定一致，并非免除保险人责任的条款。

②［2022］沪74民终331号

裁判要旨：概括性条款是指缺乏具体内涵、外延难以界定的条款，一般以"其他""除此之外"等兜底条款出现，当范围足够明确具体时，不应免除投保人的告知义务。"甲状腺或甲状旁腺疾病"已足够明确。

法院认为：二审争议焦点在于：①涉案《人身保险投保书》中所列"甲状腺疾病或甲状旁腺疾病""您过去三年是否曾有医学检查（包括健康体检）结果异常"是否属于概括性条款；②黄某未告知甲状腺结节是否属于未履行如实告知义务。

关于争议焦点一，《保险法司法解释（二）》第6条第2款规定，保险人以投保人违反了对投保单询问表中所列概括性条款的如实告知义务为由请求解除合同的，人民法院不予支持，但该概括性条款有具体内容的除外。本案中，黄某主张涉案《人身保险投保书》中询问的"甲状腺疾病或甲状旁腺疾病"在疾病国际统计分类中无记载，投保人无从知晓询问具体指向，故属于概括性条款询问。对此本院认为，概括性条款是指缺乏具体内涵、外延难以界定的条款，一般以"其他""除此之外"等兜底条款出现，当范围足够明确具体时，不应免除投保人的告知义务。本案保险人询问内容有明确的指向和范围，显然不属于概括性条款。黄某主张为概括性条款询问，缺乏事实根据，本院不予支持。

关于争议焦点二，黄某在《人身保险投保书》中对"您过去三年是否曾有医学检查（包括健康体检）结果异常""您是否目前患有或过去曾经患过下列疾病或手术史"两问题虽然都勾选"是"，但其亦明确异常情况和疾病情况仅指"怀孕宫颈息肉"，而非指向甲状腺结节，故黄某对体检检出"甲状腺结节"异常情况未向保险人进行告知，对是否患有"甲状腺疾病或甲状旁腺疾病"的询问在事实上作出否定回答。本院认为，①黄某此前三次体检检出甲状腺结节后，医生建议措施为复查、随诊、随访，显然该检查结果并非正常，否则也无特别作出提示的必要。因此，黄某在《被保险人核保问卷》中针对"您过去三年内医学检查结果异常情况"询问，未告知甲状腺结节异常结果，违反了如实告知义务。②就通常理解而言，"甲状腺或甲状旁腺疾病"为疾病大类，其下包含各分类甲状腺疾患。国际疾病分类（ICD-10）中虽未单列"甲状腺结节"疾病，但也多次出现"结节"字样，且甲状腺结节亦有可能发展为甲状腺癌,是足以影响保险人是否同意承保或提高保险费率的重要事项,黄某作为保险从业人员对此应予知晓。因此,黄某针对保险人询问的"甲状腺或甲状旁腺疾病",仍应如实告知其甲状腺结节症状。综上,本院认同一审认定事实,黄某存在违反如实告知义务的情形。

基于黄某系认为甲状腺结节并非甲状腺疾病而未予告知,本院认定其构成因重大过失而未履行如实告知义务。黄某罹患××××与此前甲状腺结节具有相当因果关系,故某人寿有权解除保险合同,对合同解除前保险事故不承担赔偿责任,但应当退还保险费。

(4) 律师分析

依据上海金融法院所公布的案例,对于未如实告知的案件,法院通常会从以下几个方面进行考量:首先,保险公司是否尽到了询问义务,询问的内容是否具体明确,法院将依据投保人的主观认知进行评判,值得注意的是明确的询问无须提及特定疾病的名称,仅提交身体某一部位是否存在疾病,也被法院认为是明确询问;其次,投保人是否存在故意或重大过失未如实告知,保险公司需提供足够证明此点的高度盖然性证据;再次,保险公司能否以未如实告知解除合同的关键是,该事项是否足以影响保险公司的承保决策或导致保险费率的提升;最后,保险公司是否在法定期限内行使了解除权,以确保合同的合法解除。尽管上海金融法院的相关案例中鲜有涉及此情形,但在实际操作中,确实存在诸多保险公司因未能在 30 日内行使解除权或在解除合同后继续扣费而被视为放弃权利,最终被判决继续承担保险责任的情形。

(5) 法院裁判涉及的法律依据

①《保险法》第 16 条、第 23 条;

②《保险法司法解释(二)》第 6 条、第 7 条、第 8 条、第 15 条;

③《保险法司法解释(三)》第 5 条。

2. 保险公司提出的拒赔理由——不构成重疾

(1) 保险公司提出的拒赔依据

① 根据《保险法》第 2、16 条的规定;

②在保险合同条款的附件中,会对"重大疾病"这一概念进行详细的解释和具体的要求。这些条款会明确列出哪些疾病属于重大疾病的范畴,并

且会详细规定在何种情况下，保险公司需要履行赔付责任。此外还会对重大疾病的诊断标准、治疗方式以及相关的证明文件等做出具体的要求。

（2）法院判决保险公司赔偿案例及理由

案例：［2024］沪74民终248号

裁判要旨：保险公司就何种医疗方式满足重疾的约定，不能忽视疾病诊断标准及医疗技术条件发展的趋势。

法院认为：某某医院出具的《疾病诊断证明书》《细胞诊学诊断报告单》《分子检测诊断报告单》明确其所患病为"×××××××（××××）"或"考虑为××"，可证明被上诉人确诊×××××××，《出院小结》虽记载为"×××××"，上诉人对该《出院小结》医院盖章存在异议但未提交证据予以证明盖章系伪造或内容不实，并不能据此推翻刘某确诊××××的事实，更何况××××系被"××××××"所涵盖，故对于上诉人该上诉意见不予采纳。至于上诉人提出诊断方式不符合约定，本院认为，根据《健康保险管理办法》（2019年第3号）第23条规定："保险公司在健康保险产品条款中约定的疾病诊断标准应当符合通行的医学诊断标准，并考虑到医疗技术条件发展的趋势。健康保险合同生效后，被保险人根据通行的医学诊断标准被确诊疾病的，保险公司不得以该诊断标准与保险合同约定不符为理由拒绝给付保险金。"上述部门规章明确疾病诊断标准应考虑到医疗技术条件发展的趋势，被保险人根据通行的医学诊断标准被确诊疾病的，保险公司不得以该诊断标准与保险合同约定不符为理由拒绝给付保险金，故一审法院根据《××××诊疗指南（2022年版）》标准认定刘某罹患病症的基本事实，并判决上诉人按照合同约定标准赔付保险金，且各方对赔付金额本身无异议，一审法院做法并无不当，可予维持。

（3）法院判决保险公司不赔偿案例及理由

案例：［2023］沪74民终1673号

裁判要旨："普通人对于重大疾病的理解"不能突破合同条款最基本的文义解释。

法院认为：本案争议焦点有二：①保险公司是否就案涉保险合同条款9.3条尽到提示说明义务。首先，案涉保险合同条款9.3条是关于重大疾病的释义，其列明的重大疾病范围与《重大疾病保险的疾病定义和使用规范》（2007年）列明的行业规范范围一致，保险公司并未单方面缩小重大疾病的范围，不属于免除或减轻保险人责任的条款，保险公司就该条款不存在提示说明义务。其次，案涉保险合同在"阅读指引"部分提醒投保人特别注意重大疾病的释义条款，在案涉保险合同条款9.3条重大疾病中加粗加黑了"重大器官移植术"。侯某虽称签约仓促，但考虑到合同有犹豫期的约定，其有足够时间阅读与理解保险条款，故保险公司已经就合同条款对投保人侯某进行了提示说明。②侯某所接受的"切除单侧肾和输尿管"手术是否属于案涉保险合同条款9.3条约定的重大疾病。案涉保险合同条款9.3条对重大器官移植术作出明确解释，指"因相应器官功能衰竭，已经实施了肾脏、肝脏、心脏或肺脏的异体移植手术"，根据文义解释，本案侯某所接受的手术系单侧肾和输尿管切除，并非移植，该手术不属于重大器官异体移植的范畴。该条款的表述清晰明确，不存在两种以上解释，"普通人对于重大疾病的理解"不应成为对案涉保险合同条款9.3条的解释方法，侯某所接受的"切除单侧肾和输尿管"手术不属于保险合同约定的重大疾病。

(4) 律师分析

在上述两个案件中，可以看出，保险合同对疾病的约定并非不可突破，保险公司对疾病的约定应当与医疗技术的发展相适应，不能限制被保险人使用更有利的治疗手段，或对疾病指标做出过于苛刻的要求。但是这种突破不能超出基本的文义解释的范畴，例如前述案件合同约定是"移植"，那么不论如何解释，切除都是不满足要求的。

(5) 法院裁判涉及的法律依据

①《健康保险管理办法》第23条；

②《保险法》第2条、第13条、第14条、第19条；

③《保险法司法解释（二）》第9条。

(二) 意外险及团意险

1. 保险公司提出的拒赔理由——不构成意外

在涉及意外险和团体意外险的案件中，保险公司以事故不构成意外为由拒绝赔付的情况共有16起。然而，在这些案件中，保险公司最终胜诉的案件数量仅为5起。这一数据表明，在这类案件中，被保险人实际上拥有较高的胜诉概率。下文在这16起案件中选取有代表性的案件，进行分析。

(1) 保险公司提出的拒赔依据

①《保险法》第21条；

②保险合同条款如："因下列原因造成被保险人身故、伤残或医疗费用支出的，保险人不承担给付保险金责任：（一）被保险人自致伤害或自杀，但被保险人自杀时为无民事行为能力人的除外……""意外伤害指以外来的、突发的、非本意的和非疾病的客观事件为直接目的且单独原因致使身体受到伤害。"

（2）法院判决保险公司赔偿案例及理由

①案例：［2022］沪74民终382号

裁判宗旨：原告存在既往病史这一内在因素并不能阻却猝死的成立，急性、出人意外、非暴力死亡为猝死的必要条件。

法院认为：本案的争议焦点为：被保险人颜某的死亡是否属于系争保险合同所约定的"猝死"。上诉人某保险公司认为，本案中存在两份死因不一致的死亡证明，且对德化县医院开具的死亡证明真实性不予认可。郑某莲、颜颖某、颜锦某认为，由于当时急于遗体火化，才由××镇医院开具了死亡证明，而颜某实际是在德化县医院就诊，故颜某的死因应以德化县医院开具的死亡证明为准。本院认为，根据已查明的事实，双方当事人均确认被保险人颜某因身体不适被120送入德化县医院就诊后死亡。《德化县医院急诊科死亡记录单》也详细记录了被保险人颜某的发病及死亡过程，记载的死亡原因为"院前呼吸心跳停止：窒息？腹痛待查"，与德化县医院开具的死亡证明上所载死亡原因一致。死亡证明只是用于办理户籍注销手续以及办理殡葬手续，因此，即使德化县医院开具的死亡证明上存在没有民警签字、派出所盖章及医师签字字体与《德化县医院急诊科死亡记录单》上签字不符等情形，并不能据此推翻医院对于颜某死亡原因的诊断。关于××镇卫生院出具的死亡证明，从其记载的颜某死亡时间看为2021年3月5日，与颜某实际死亡时间不符。从该份死亡证明记载的死亡原因看，也与颜某死亡前就诊医院的诊断不符。鉴于此，郑某莲、颜颖某、颜锦某就××镇卫生院出具的死亡证明是用于办理遗体火化的解释具有其合理性，本院予以采信。本案中，被保险人颜某的死亡原因应以德化县医院开具的死亡证明为准，即"院前呼吸心跳停止"。系争保单约定"猝死"是指一个貌似健康的人，由于患有潜在的疾病或机能障碍，在出乎意料的短时间内，发生突然的、出人意料的非暴力死亡（即自然死亡）。被保险人颜某从发病到死亡仅短短5小时不到，是在出乎意料的短时间内，突发的、出人意料的非暴力死亡，符合保单中对

"猝死"的定义。现上诉人某保险公司无证据证明被保险人颜某的死亡与其既往病史有关,且根据保险合同约定,保险理赔亦不以尸检为前提。因此,上诉人某保险公司提出的上诉理由无事实及法律依据,本院不予采纳。综上,某保险公司的上诉请求不能成立,应予驳回;一审判决认定事实清楚,适用法律正确,应予维持。

②案例:[2022]沪74民终475号

裁判要旨:在原告对意外事故承担初步的举证后,由被告对"该事故非意外导致"承担举证责任,当被告无法举证时,应当认定系意外导致,当真伪难以辨别时,可以按比例赔付。

法院认为:针对被保险人袁某的死亡是否属于意外伤害事故的问题,根据《保险法司法解释(三)》第25条规定,被保险人的损失系由承保事故或者非承保事故、免责事由造成难以确定,当事人请求保险人给付保险金的,人民法院可以按照相应比例予以支持。该条阐明在保险事故发生之近因难以确定的情况下,人民法院可酌情按比例判付保险金。根据本案保险合同约定,被保险人因意外伤害为直接原因导致身故或者全残的,构成保险事故。经一审查明,袁某在事故发生时有双手抱头、剧烈呕吐、左侧颞部头皮血肿等现象。在医疗救治过程中相关病例未明确死亡原因,同时事故现场监控也并未完整记录整个事故发生过程,因此袁链是否因病倒地致伤而死亡抑或直接因意外倒地而死亡已无法通过客观证据证明。一审法院结合案件事实和理赔时间等因素,依据《保险法司法解释(三)》第25条酌定70%保险金赔付比例并无不当。至于上诉人主张被保险人系因疾病导致死亡,亦无客观证据予以证明,就此主张本院不予认可。

(3)法院判决保险公司不赔偿案例及理由

①案例:[2023]沪74民申68号

裁判宗旨:即使法院在举证责任的分配中更倾向被保险人一方,被保险人一方也需对保险事故完成初步的举证,仅出示《居民死亡医学证明(推断)书》并不满足初步举证的要求。故而被法院认定为举证不能而驳回诉讼请求。

法院认为:案涉意外伤害保险合同约定,在保险期间内,被保险人遭受意外伤害,并因该意外伤害直接导致其身故或残疾的,保险人按约承担保险责任,而意外伤害是指外来的、突发的、非本意的和非疾病的客观事件为直接且单独的原因致使身体受到的伤害。本案的争议焦点为被保险人是否遭受意外伤害，其死亡是否为合同约定的保险事故。根据《保险法》的相关规定，保险事故发生后，按照保险合同请求保险人赔偿或者给付保险金时，投保人、被保险人或者受益人应当向保险人提供其所能提供的与确认保险事故性质、原因、损失程度等有关的证明和资料。申请人向被申请人提交的《居民死亡医学证明（推断）书》记载被保险人系在家中死亡，死亡原因为猝死。该证据不足以证明被保险人发生了意外伤害的保险事故。原审综合案件事实及所有证据，认为在案证据难以证明被保险人遭受意外伤害，申请人举证不能，判决驳回其诉讼请求，适用法律并无不当。申请人主张"原判决适用法律确有错误"的再审事由不成立。

（4）律师分析

在分析的四个案例中，我们可以得出以下四点。首先，原告在初步提供证据之后，保险公司必须承担证明"事故不属于保险责任范围"的责任；其次，考虑到被保险人已经火化等事后取证的困难，这在客观上增加了保险公司的举证负担，在利益上更偏向于被保险人一方；再次，即使保险公司进行了相应的举证，当事实无法确定时，法院可以根据现有证据，形成心证，进行比例赔付；最后，尽管整体上有利于被保险人一方，但被保险人一方需要先承担的初步举证责任须达到一定的证明标准，单凭一份《居民死亡医学证明（推断）书》通常不足以获得法院的支持。

（5）法院裁判涉及的法律依据

①《保险法司法解释（三）》第25条；

②《保险法》第11条；

③《保险法司法解释（三）》第21条。

2. 保险公司提出的拒赔理由——未能提供/及时提供相应证明材料

在处理意外险和团体意外险相关案件时，保险公司以投保方未能及时或未提供必要证明材料为由，拒绝进行赔偿的案例共有5起。然而，在这些案件中，保险公司最终在法庭上胜诉的仅有1起。接下来，本书将从这5起案件中挑选出具有代表性的案例进行深入分析。

（1）保险公司提出的拒赔依据

①《保险法》第21条；

②保险合同条款，如："保险金申请人向保险人申请给付保险金时，应

提交以下材料。保险金申请人因特殊原因不能提供以下材料的，应提供其他合法有效的材料。如保险人对保险金申请材料存疑，有权要求被保险人在保险人指定或认可的医疗机构进行复检确认；被保险人应予配合。保险金申请人未能提供有关材料，导致保险人无法核实该申请的真实性的，保险人对无法核实部分不承担给付保险金的责任。"

（2）法院判决保险公司赔偿案例及理由

案例：[2023] 沪 74 民终 757 号

裁判宗旨：原告方未及时提供报案材料，保险公司不能以此为拒赔的充分条件。还应考虑这一延误是否影响保险公司对保险事故的确定程度及原告方客观存在导致不能及时报案的困难。

法院认为：关于投保人、被保险人或受益人在保险事故发生后的通知义务，案涉保险合同第 3.2 条已作但书约定，明确在复星上海分公司通过其他途径已经及时知道或应当及时知道保险事故发生或虽未及时通知但不影响复星上海分公司确定保险事故的性质、原因、损失程度的情况下，程某东或者崇明建设公司未在知道保险事故发生后 10 日内通知复星上海分公司，复星上海分公司给付保险金的义务并不因此豁免。本案中，案涉保险事故发生于 2021 年 12 月 11 日，崇明建设公司并未在约定时间内通知保险人保险事故的发生，存在不当。至于程某东，受伤严重，在约定通知期限内须接受重大手术，难以苛责其第一时间报案。且程某东在一审中已经通过证人证言、现场照片等充分说明了事故发生的性质、原因，复星上海分公司对程朝东伤残鉴定结论亦予以认可，符合案涉保险合同第 3.2 条但书约定的情形，复星上海分公司在本案中给付保险金的义务依约不受保险事故通知情况的影响。

（3）法院判决保险公司不赔偿案例及理由

案例：[2022] 沪 74 民终 1171 号

裁判要旨：在提起诉讼时，原告必须提交相应的证明材料以证实保险事故确实发生。若原告无法提供这些直接证据，至少需要提出合理的解释和说明，以说服法院保险事故确实存在。只有当原告提供了充分的证据或合理的解释，法院才会考虑支持其诉讼请求。反之，若原告无法证明保险事故的存在，法院将不会支持其诉讼请求。

法院认为：关于住院津贴的诉请，马某某至少需要提出合理的解释和说明，以说服法院保险事故确实存在。据昆山市康复医院出院记录，可确定马某某住院时间为 2018 年 5 月 28 日至 2018 年 6 月 9 日共 13 天。马某某主张于 2018 年 5 月 22 日至 2018 年 5 月 28 日在昆山长海医院住院治疗，并未进一步举证证明，也未对住院治疗内容作出相应解释，故应承担举证不利后果。故一审法院认定马某某住院时间实际为 13 天，某财保公司应赔付马某某住院津贴为 1300 元。

（4）律师分析

针对"未能提供/及时提供相应证明材料"这类案件，有两点需注意：第一，对于损失的多少，原告应提出相应的材料或至少做出合理的解释；第二，对于保险事故，延迟报案并不必然导致拒赔，还需考虑是否影响保险公司对事故的确定程度，及原告所处的客观困难，进行综合考量。

（5）法院裁判涉及的法律依据

《保险法》第 21 条、第 22 条。

（三）雇主责任险

1. 保险公司提出的拒赔理由——无保险利益

在雇主责任险的案件中，"无保险利益"是最常见的拒赔事由。在本次统计的 27 件案件中，保险成功拒赔的案件共有 10 件，被保险人胜诉的案件为 17 件，可见法院在这一问题上相对倾向于被保险人的利益。

（1）保险公司提出的拒赔依据

保险合同条款，如"保险范围为：在保险期间内，被保险人的雇员因从事保险单载明的业务工作而遭受意外，导致负伤、残疾或死亡，依法应由被保险人承担的经济赔偿责任，保险人按照本保险合同内约定负责赔偿"。

（2）法院判决保险公司赔偿案例及理由

①案例：[2022] 沪 74 民终 736 号

裁判要旨：总包可以为分包下的施工人员投保，因为两者之间就建筑施工人员的生命健康具有利害关系。且团意险不得以被保险人不在名单上为由拒绝赔付。

法院认为：王某是否为适格被保险人与××公司作为投保人对保险单是否具有保险利益系同一问题之两面，应基于双方之间的特定身份关系而判断保险合同的效力。《保险法》第 12 条第 1 款规定，人身保险的投保人在保合同订立时，对被保险人应具有保险利益。第31条第1款规定了被保险人为与投保人有劳动关系的劳动者等四种特定身份关系人员的，投保人具有保险利益。该条第2款、第3款另规定，除前款规定外，被保险人同意投保人为其订立合同的，视为投保人对被保险人具有保险利益。订立合同时，投保人对被保险人不具有保险利益的，合同无效。就本案而言，王某未与××公司建立劳动关系，××公司对王某不具有基于《保险法》第31条第1款身份关系规定享有的保险利益。但是，××公司系项目总包，与王某建立劳动关系的YY公司则是分包项目的实际施工企业，××公司作为项目实际管理者与该项目建筑施工人员的生命健康具有利害关系。无论承保表约定被保险人是"××公司的建筑工人"，还是保险条款第2条约定被保险人为"建筑工程施工现场从事管理和（或）作业并与施工企业建立劳动关系……自然人"，均未排除××公司为现场施工的分包企业人员投保。因此，在《保险法》第31条第1款之外的关系人，仍有适用第31条第2款规定的空间，即经被保险人同意而认可投保人具有保险利益。通常认为，针对该拟制保险利益的同意行为应发生于保险合同缔结时，以避免道德风险。但原中国保监会《关于促进团体保险健康发展有关问题的通知》（保监发［2015］14号）第3条亦明确，投保时因客观原因无法确定被保险人，或承保后被保险人变动频繁等，特定团体险投保时可不要求提供被保险人同意证明和被保险人名单。结合本案建筑工程团体意外险性质，以及亚太公司在投保时并未要求××公司提供同意证明和人员名单，本院认为王某以诉讼行为明确表明同意××公司为其订立人身保险合同，且投保过程亦无道德风险之虞，故应确认××公司在投保时具有保险利益，保险合同不存在无效事由。

②案例：［2022］沪74民终1022号

裁判宗旨：需要仔细辨别保险合同对被保险人是如何规定的，不能因为被保险人和投保人之间未建立劳动关系，就认定投保人不具有保险利益，判断标准不应拘泥于形式，而是看有无实质的利害关系。

法院认为：邢某某与××公司签订了《劳动合同》，结合上海市××局出具的《认定工伤决定书》。虽邢某某未与××集团公司签订劳动合同，但不影响邢某某作为涉案《承保表》以及保险条款第2条约定的××集团公司的建筑工人。此外，虽然保险条款释义中，员工指与投保人存在劳动关系的劳动者。但该处释义并非针对涉案《承保表》约定被保险人为"××集团公司有限公司的建筑工人"以及保险条款约定被保险人为"建筑工程施工现场从事……作业并与施工企业建立劳动关系的……自然人"的解释，上述两处约定并未出现"员工"的文字表述。故邢某某系涉案保险合同中的被保险人，具有原告主体资格。亚太财险公司认为，邢某某并未与××集团公司建立劳动关系，不属于该公司建筑工人，故非本案被保险人而不具备原告诉讼主体资格的意见，缺乏事实和合同依据，难以支持。《保险法》第12规定，人身保险的投保人在保险合同订立时，对被保险人应具有保险利益；保险利益是指投保人或者被保险人对保险标的具有的法律上承认的利益。涉案保险标的为建筑工人的生命或健康，××集团公司作为该项目的实际管理者与该项目的建筑施工人员的生命健康具有利害关系，对邢某某具有保险利益。亚太财险公司认为，××集团公司对邢某某并不具有保险利益，不能认定邢某某是被保险人的意见，缺乏事实和法律依据，难以支持。

（3）法院判决保险公司不赔偿案例及理由

①案例：[2022]沪74民终1295号

裁判宗旨：不得以实际控制人为借口，无限制地扩展劳动关系的建立范围。例如，实际控制人名下的一个企业不能为另一个企业的员工投保。此外，雇主责任保险通常涉及劳务派遣，法院对劳务公司投保是否具有保险利益的认定更加严格。

法院认为：本案二审争议焦点即齐某与智睿公司之间是否存在法律上认可的用工关系。首先，根据在案证据和当事人陈述，齐某的劳动合同、工资发放、工作场地、工作管理等所有的工作关系，均系与连旗公司发生。智睿公司、连旗公司虽共同出具书面说明表示案涉项目工程系实控人杨某招揽，但未提供证据，且杨某同时是连旗公司法定代表人。况且，无论案涉项目工程是否由杨某招揽，均不能证明齐某系智睿公司介绍给连旗公司的，更不能表明齐某与智睿公司存在任何法律上的关联。智睿公司虽强调赔偿协议由智睿公司与齐某家属签订，但这是意外事故发生之后的行为，况且赔偿款实际还是由连旗公司以垫付名义提供，本院无法据此认定智睿公司是齐某的实际用人单位或用工单位。某保武汉分公司以齐某非智睿公司雇员为由拒赔，具备合同及事实依据。其次，结合齐某的劳动合同签署情况，智睿公司与连旗公司关于齐某系智睿公司派遣至连旗公司的主张，明显与劳动合同法上的劳务派遣不是同一概念。两公司称连旗公司无法在当地投保，未提供依据，而两公司约定由智睿公司办理雇主责任险，实际是错误理解了用人单位的对象。两公司作为商事经营主体，尤其是连旗公司作为专业劳务公司，却对劳务派遣、用人单位等招聘员工必然涉及的基本概念认识不清，具备明显过错，应自行承担不利后果。

② ［2023］沪74民终78号

裁判宗旨：投保人需在保险事故发生前向保险公司申报人员变更信息，且需提供人事、薪资等材料予以佐证，否则法院不予支持。

法院认为：在某保财险上海分公司对于伤者庄某与江苏达利园公司之间存在雇工关系予以否认的情况下，根据现有证据，尚无法证明伤者庄某系江苏达利园公司的新进雇员，双方之间存在劳动关系缺乏事实依据。虽然江苏达利园公司已向某保财险上海分公司完成了雇主责任险保单新员工申报，保险公司也出具了批单，但因江苏达利园公司的申报行为发生于案涉人伤事故之后，某保财险上海分公司出具批单时对此并不知情。当江苏达利园公司提出理赔时，该公司并未提交能够确认被保险人与受伤害雇员存在劳动关系的人事、薪资证明等材料，某保财险上海分公司对于伤者庄某的雇工身份予以否认并拒赔，符合常理，且不违背案涉事实，故该保险批单不发生法律效力，某保财险上海分公司当向江苏达利园公司退还相应保费。

(4) 律师分析

在团意险中涉及"保险利益"的案件中，不能拘泥于"投保人和被保险人需建立劳动关系"，只要证明投保人对被保险人的生命健康具有重大的保险利益，即可。在前述理念下，总包公司可以为分包公司的施工人员投保。但实控人的一家公司为另一家公司员工投保，不受到该理念的认可。具有保险利益的证明需投保人举证两者间的薪资信息和人事信息。

(5) 法院裁判涉及的法律依据

《保险法》第12条、第31条第1款。

2. 保险公司提出的拒赔理由——职业类别不符

职业类别不符也是笔者团队便利保险诉讼中较常遇见的拒赔事由，上海金融法院涉及职业类别不符的所有保险案件，均以保险公司败诉告终。

(1) 保险公司提出的拒赔依据

保险合同条款，如"若被保险人健康/职业/收入状况有部分符合以下内容，本公司有权不同意承保；若发生保险事故，本公司不承担赔偿给付或给付保险金的责任，并有权不退还保险费：1. 被保险人从事的职业属于《职业分类表》中4-6类或特定类职业。……"特别约定，如"本保险合同适用人群：投保时年龄在18至50周岁（含）身体健康，1-3类职业的自然人，若您不符合前述投保范围，请勿购买保险，若发生保险事故，保险人不承担保险责任"。

（2）法院判决保险公司赔偿案例及理由

①案例：[2022] 沪74民终219号

裁判宗旨：职业类别需向投保人提示说明后，才可以发生效力。

法院认为：当事人对于自己提出的诉讼请求所依据的事实或者反驳对方诉讼请求所依据的事实有责任提供证据加以证明。没有证据或者证据不足以证明当事人的事实主张的，由负有举证责任的当事人承担不利后果。涉案《雇主责任险保单》特别约定中虽约定"被保险人必须按实际从事行业及职业投保，且必须符合某财保公司《职业分类表》中可保职业分类。如在出险时被保险人实际从事的职业分类等级高于本保单列明承保的职业分类等级，保险人不承担保险责任"，但该《职业分类表》并非保险行业习惯性或统一使用的版本，也就是说青岛瑞祥公司对该《职业分类表》并非应知或者明知的，故某财保上海分公司、某财保公司未能提供证据证明其向青岛瑞祥公司交付《职业分类表》，亦未能举证证明其通过其他书面形式或口头形式向青岛瑞祥公司告知或释明关于《职业分类表》的内容，应当承担举证不利后果。前述《职业分类表》并非特别约定的组成部分，对青岛瑞祥公司不产生效力，某财保公司、某财保上海分公司不能以《职业分类表》作为黄某出险时实际职业类别为五类职业的依据，故某财保公司、某财保上海分公司应当承担涉案事故的保险赔偿责任。

②案例：[2021] 沪74民终1758号

裁判宗旨：判断职业类别不符的核心在于保险公司能否举证证明危险程度显著增加，足以影响保险公司是否承保。

法院认为：本案一审中，众安保险公司提供证据不足以证明马某系叉车工的事实。二审中，众安保险公司提交的大童公估理赔访谈记录（受访人为赵某某、王某）中，均载明马某系从事经理助理工作，事故发生时马某系在"叉车上检查货物"，并不能证明马某系从事叉车工种。且全利物流公司是通过网上投保，投保对象工种均由其自己填写，全部填写的是"文员"，保险条款亦未对"文员"所对应的具体工种进行解释说明。因此，众安保险公司一、二审中提交的证据材料，均不能证明马某的工作环境和危险程度显著增加。众安保险公司援引《保险法》第52条规定拒赔的主张，缺乏事实依据，本院不予支持。综上，一审判决认定事实清楚，判决结果并无不当，应予维持。

（3）律师分析

职业类别不符乃是团体意外险或雇主责任险拒付赔偿的普遍原因之一。然而，职业类别的界定极具专业性，普通投保人在未获得保险公司的明确提示与阐释的情况下，往往难以掌握自身的准确职业类别。在实际操作过程中，关于职业类别是否属于免责条款以及是否需要向投保人进行提示说明，存在一定的争议。综合考量相关案例，我们倾向于认为，职业类别相关的条款在形式上需要向投保人进行提示和解释说明，否则该条款将失去效力；在实质上，还需判断保险公司是否能提供证据证明危险程度显著增加，以至于影响到保险公司的承保决策。

（4）法院裁判涉及的法律依据

《保险法》第17、65条；

（四）公众责任险

保险公司提出的拒赔理由——间接损失。

（1）保险公司提出的拒赔依据

保险条款，如"以下损失、费用和责任，保险人不负责赔偿：……间接损失"。

（2）法院判决保险公司赔偿案例及理由

案例：[2022]沪74民终537号

裁判宗旨：法院裁判突破了保险合同的规定，认为保险应当明确何种间接损失应不予赔偿，否则该间接损失应当纳入保险赔付范围。

法院认为：第一，涉案保险合同的免责条款中并未就间接损失进行完整明确的解释或界定。涉案合同的第6条约定"出现下列任一情况时，保险人不负责赔偿……（五）被保险人及第三者的停产、停业等造成的一切间接损失"。第9条"下列损失、费用和责任，保险人不负责赔偿：……（五）间接损失……"第6条约定仅仅列举了一种类型的间接损失，而第9条只是笼统地列明了间接损失的名称，并未就合同免责范围所指的间接损失的判断标准、界定间接损失的具体定义进行明确解释。

第二，因涉案保险合同对于间接损失的概念未进行明确约定，而实践中对于间接损失的解释存在不同的认知和理解，故上诉人无法证明本案争议的房屋租金即为约定的责任免除范围内的间接损失。涉案的保险为责任保险，原则上被保险人对外承担的赔偿责任项下所有的赔偿义务均应为责任险的保险责任范围。而根据目前的侵权法律关系判断体系，判断责任承担与否的标准更多的是对于因果关系的考量，对于损失是否合理、是否必要的审视，并不单纯从直接或间接损失的不同属性进行判别。因此，责任人实际承担的赔偿义务中可能同时包括直接损失和间接损失。保险人对于特殊情形下其不承担保险责任的除外情形，比如其认为的间接损失，应通过在订立合同时向投保人进行充分的解释并明确约定，即以合同的责任免除条款予以排除。而本案中责任免除条款未就间接损失的概念和定义进行完整、充分和确定的解释，导致案涉争议，作为保险合同条款的制订、提供方，保险人有能力也有义务在合同中约定明确具体的间接损失定义和判断标准，避免相关争议发生。而本案中上诉人作为保险人并未将有争议的概念约定清晰，无法证明就涉案的租金损失作为责任免除事项进行了明确约定排除，由此产生的不利的后果应由上诉人自行承担。

（3）律师分析

本案展示了在涉及间接损失的公众责任险领域，上海金融法院在判断责任归属时，主要依据是对因果关系的深入考量，以及对损失合理性和必要性的严格审视。法院并非仅依据损失的直接或间接属性作出裁决。因此，在实际的赔偿义务中，责任人可能需同时承担直接损失和间接损失的赔偿责任，这样的裁决实际上超越了合同条款的限制，更有利于保障被保险人的利益。

四、结语

在最近完成的上海金融法院保险纠纷案例的检索以及大数据报告的编制过程中，我们清晰地观察到一个现象：对于相同的保险险种纠纷，以及基于相同的拒赔理由，或者在不同保险险种纠纷中涉及相同的拒赔理由时，法院的判决结果往往存在差异。这是因为每个案件都有其独特的背景和细节，法律事实并不完全相同。因此，法官在审理案件时，会在详细查明事实的基础上，依据相关法律法规，并结合自己的经验和判断，作出相应的判决。此外，一旦保险公司作出拒赔的决定，个人在与保险公司进行协商谈判时的空间通常较为有限。鉴于此，我们建议在必要时，当事人应当寻求专业律师的帮助，以便更好地维护自己的权益，争取在保险纠纷中获得最大的利益。

第三节　成渝金融法院保险纠纷大数据报告

一、前言

2022年2月28日，第十三届全国人大常委会第三十三次会议表决通过了《关于设立成渝金融法院的决定》。9月28日，全国首个跨省域管辖的法院——成渝金融法院正式揭牌。设立成渝金融法院，是贯彻落实党中央决策部署的具体举措，对服务保障国家金融战略实施，防范化解金融风险，完善中国特色金融司法体系，维护金融安全，提升我国金融审判体系和审判能力现代化水平，促进成渝地区双城经济圈建设健康发展具有重要意义。

相较于其他金融法院，成渝金融法院有其自身特点：一是辐射范围广。成渝地区双城经济圈面积18.5万平方公里，包括重庆市的中心城区及万州等27个区县以及四川省的成都、自贡等15个市。地域面积约是北京的11倍、上海的29.2倍，常住人口9600万人。二是管辖法院多。受成渝金融法院管辖的基层法院超过150个，远超北京、上海金融法院管辖的基层法院数量。三是案件数量多。成渝两地中级人民法院年均受理的金融案件数近1万件，已经远超北京、上海受案数量。成渝金融法院在金融司法领域覆盖面之广、专业性之强、影响力之大，因此由其审判的保险纠纷案件必然具有重要的参考意义。

编者团队对成渝金融法院保险裁判案例进行检索、梳理、研究。就以司法实践中常见的保险类型进行展开，对其拒赔原因与司法裁判观点进行分析，附上相关的裁判案例并给出专业律师分析与建议。以期对在处理相关纠纷的个人、企业及律师同行有所帮助。

二、大数据报告来源

裁判时间：2023年4月28日至2024年4月28日

案例来源： 中国裁判文书网

案　　由： 人身保险合同纠纷、责任保险纠纷、财产损失保险纠纷

审理法院： 成渝金融法院

案件数量： 38件。根据前述案由Alpha案例库进行检索，得到检索结果101条。经筛选并剔除撤诉、管辖异议等不具有可研究性的文书外，剩余具有可研究性的有效判决书、裁定书共38份。

数据采集时间： 2024年7月21日

三、检索结果

（一）保险纠纷类别

成渝金融法院案例涉及保险纠纷中，意外险数量最多，占比39%，其次是重疾险，占比37%，两者占据保险纠纷的比例已经超过75%。这两个保险类别涉及的保险纠纷也确为编者团队日常处理的纠纷最多的两类保险，可见相较其他险种，重疾险及意外险的购买量更多，受众更广。

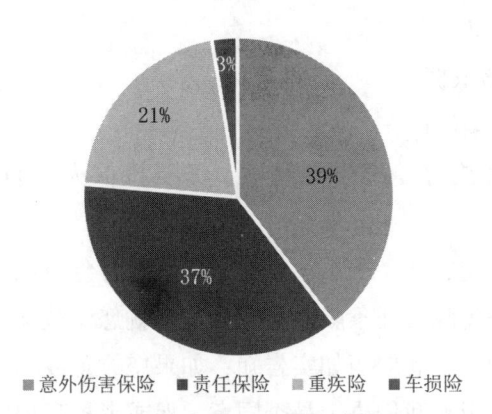

图3-11 保险纠纷类别统计图

（二）拒赔理由

就本次检索结果来看，保险公司拒赔重疾险频次最高的拒赔事由为未如实告知，其次综合各类保险纠纷而言，因不属于保险责任范围拒赔产生的纠纷最多；而意外险最多的拒赔事由为不构成意外事故、免责事由，其次是危险程度显著增加。其中以未如实告知拒赔的主要来源于产生大量纠纷的重疾险、医疗险，不属于保险责任范围、免责事由拒赔可能存在于重疾险、意外

险、责任险等各类险种。

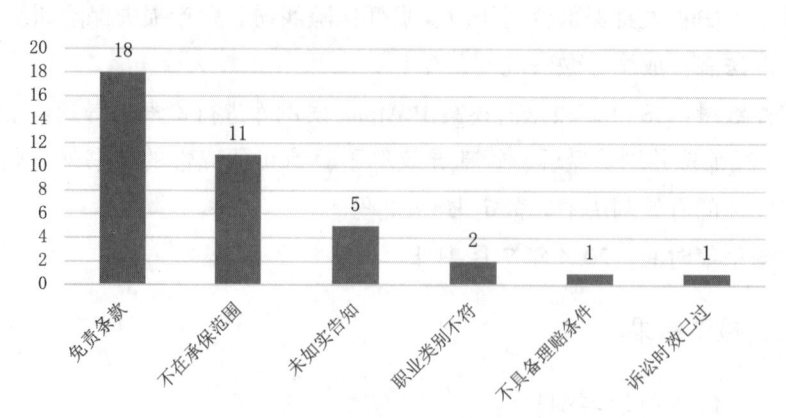

图3-12 保险拒赔理由统计图

柱状图数据：免责条款 18；不在承保范围 11；未如实告知 5；职业类别不符 2；不具备理赔条件 1；诉讼时效已过 1。

四、法院裁判规则研究及律师分析建议

（一）重疾险

拒赔理由——未如实告知。

（1）保险拒赔依据

①《保险法》第16条；

②投保单中通常有健康告知事项，需要投保人对自身健康情况进行确认；

③保险条款约定，如："订立本合同时，我们会向您明确说明本合同的条款内容，特别是免除责任条款内容；我们会就您、被保险人或受益人的有关情况提出书面询问，您应当如实告知；如果您故意或因重大过失不履行如实告知义务，足以影响我们决定是否同意承保或者提高保险费率的，我们有权解除合同；对于故意不履行如实告知义务的，我们对本合同解除前发生的保险事故，不承担给付保险金责任，并不退还保险费；因重大过失未履行如实告知义务，对保险事故的发生有严重影响的，我们对本合同解除前发生的保险事故，不承担给付保险金的责任，但退还保险费（加粗加黑）。"

（2）法院判保险公司不赔案例

①案例：[2023]渝87民终4490号

裁判要旨：被保险人在投保前已患卵巢癌并接受治疗，但在保险人询问

时不如实告知，属于《保险法》第 16 条第 4 款规定的"故意不履行如实告知义务"的情形。

法院认为：曾某对代某在投保前已患癌症的事实不持异议，代某对此亦清楚并知晓。某寿险四川分公司在案涉询问条款中，已询问代某是否患有、被怀疑患有或接受治疗过癌症，而代某在"健康告知书"的相应回复明确显示为"否"。虽曾某上诉称，选项由电脑勾选，但其并未提交相关证据证明。因此，存在投保人未如实告知的事实。代某明知自己罹患癌症并治疗，但在保险人询问时不如实告知，属于《保险法》第 16 条第 4 款规定的"故意不履行如实告知义务"的情形。

②案例：[2023] 渝 87 民终 5767 号

裁判要旨：保险人就保险标的或者被保险人的有关情况提出询问的，投保人应当如实告知。投保人故意或者因重大过失未履行前款规定的如实告知义务，足以影响保险人决定是否同意承保或者提高保险费率的，保险人有权解除合同。

法院认为：根据《保险法》第 16 条规定，投保人在投保时应遵循最大诚信原则，在保险人的询问范围内，将自己知道的经过专业机构判断的、未经其他加工的原始信息进行填报。因此，从投保人 2018 年的体检结果来看，其连续两年胸部正位片检查结果异常。投保人称"肺增殖灶可能""左上肺增殖灶或血管影可能"均为"可能"，并非确诊，其对《健康告知》中的询问内容与保险重庆分公司的理解不一致，故在投保时认为不需要告知上述情况，但投保人两年的体检报告中对于"子宫肌瘤"的描述亦为"子宫体积增大，子宫内低回声结节，考虑子宫肌瘤可能""子宫肌瘤可能"，其在投保时却将该情况进行了填报，结合投保人的入院记录中主诉"体检发现左肺结节 2 年余"的事实，实难认定其从主观上认为体检结果中的"左上肺小结节影，增殖灶可能""左上肺增殖灶或血管影可能"属于正常情况。

而案涉保险合同中的《健康告知》关于"您过去三年内是否曾医学检查（包括健康体检）结果异常？比如 X 光、超声波、GT、核磁共振、胸片、心电图、胃镜或肠镜等内窥镜、病理活检、验血、验尿等检查，且检查结果提示异常。如有，请提供检查结果。是否有上述未述及的经医院诊断或体检发现的结果异常？"的询问内容清晰明确，且不需要投保人具有专业医学知识作出判断，投保人理应在健康告知询问时将其胸部正位片检查结果异常的情况进行填报，但填写的"否"。投保人未将其检查报告的全部异常情况进行填报，保险公司无法根据投保人的填报情况对投保人的健康状况进行全面核实，故投保人的该项意见于法无据，不予支持。

③案例：[2023]渝 87 民终 5314 号

裁判要旨： 投保人在投保时故意隐瞒既往病史，未如实告知乳腺结节和脂肪肝的健康状况，违反了如实告知义务，足以影响保险公司决定是否承保或重新核定保险费率，保险公司有权解除保险合同并不承担赔偿责任。

法院认为： 在智能核保阶段，保险公司的询问问题为"被保险人是否目前患有或曾经患以下疾病"并将疾病以列明方式展现在下方由投保人进行勾选。从查明的事实来看，投保人在投保前曾经患有脂肪肝以及曾经检查出乳腺结节，但投保人在智能核保阶段并未勾选这两项，投保人存在故意或重大过失违反告知义务的情形，其未如实告知的行为直接影响到保险公司评估承保风险以及对保险费率的选择，故本院认为保险公司有权解除合同，且对于合同解除前发生的保险事故不承担赔偿或者给付保险金的责任，并不退还保费。

（3）律师分析

在重疾险拒赔案件中，保险公司常以未如实告知为拒赔理由。结合成渝金融法院目前已经公布的案例，有以下几点值得关注：一是保险公司的询问义务的履行，即保险公司是否履行了询问义务，询问内容是否清晰明确，法院会结合投保人的主观认知来进行认定；二是未如实告知与保险事故之间的因果关系。投保人未如实告知，保险人享有解除权。未如实告知与保险事故之间是否存在因果关系对保险人的解除权不产生影响。三是对投保人主观方面的审查。法院在审理未如实告知的拒赔案件时，会结合证据情况（如医疗材料的主诉部分）对投保人的主观状态进行审查，以此来判断属于恶意或者是过失。

（4）涉及法律依据

①《保险法》第 16 条、第 23 条；

②《保险法司法解释（二）》第 6 条、第 7 条、第 8 条、第 15 条；

③《保险法司法解释（三）》第 5 条。

(二) 意外险

1. 拒赔理由——免责条款拒赔

(1) 保险拒赔依据

《保险法》第 17 条规定，订立保险合同，采用保险人提供的格式条款的，保险人向投保人提供的投保单应当附格式条款，保险人应当向投保人说明合同的内容。对保险合同中免除保险人责任的条款，保险人在订立合同时应当在投保单、保险单或者其他保险凭证上作出足以引起投保人注意的提示，并对该条款的内容以书面或者口头形式向投保人作出明确说明；未作提示或者明确说明的，该条款不产生效力。

(2) 法院判保险公司赔偿案例

①案例：[2023] 渝 87 民终 4234 号

裁判要旨：案件事实不符合免责条款中规定的情形，保险公司应当承担责任。

法院认为：根据某财保昭通中支公司提交的《调查报告》所述，刘某向调查人员表示其在事故发生时有正确系绑安全绳，但调查报告认为事故地点并无可系挂安全绳的安全装置，刘某在事故发生时未正确佩戴安全绳。对此，本院认为，调查报告仅根据事故地点无可系挂安全绳的安全装置，就认为刘某于事故发生时未正确佩戴安全绳，但又未明确认定刘某未系安全绳。免责条款中所列的情形是"未系绑安全带"，而调查报告中分析认为刘某是"未正确佩戴安全绳"，二者为不同概念，前者是没有系安全绳，后者是没有正确系安全绳，故某财保昭通中支公司依据该调查报告认为本案属于免责情形依据不足不应予以支持。某财保昭通中支公司应当按照保险合同约定承担责任。

②案例：[2023] 渝 87 民终 4110 号

裁判要旨：保险公司作为提供格式条款的一方，未履行提示或者说明义务，致使投保人没有注意或者理解与其有重大利害关系的条款的，投保人可以主张该条款不成为合同的内容。

法院认为：《民法典》第 496 条规定："……采用格式条款订立合同的，提供格式条款的一方应当遵循公平原则确定当事人之间的权利和义务，并采取合理的方式提示对方注意免除或者减轻其责任等与对方有重大利害关系的条款，按照对方的要求，对该条款予以说明。提供格式条款的一方未履行提示或者说明义务，致使对方没有注意或者理解与其有重大利害关系的条款的，对方可以主张该条款不成为合同的内容。"前述"180日"时间限制条款表明超过该期限的，保险人不予赔偿，该条款属于对投保人或被保险人有重大利害关系的条款，保险人作为格式条款提供方，在订立保险合同时，应就"180日"时间限制条款尽到提示和明确说明义务。而该案中，该条款记载于《建设工程施工人员团体人身意外伤害保险条款（2014版）》第5条，根据某保险泸州支公司提交的证据，四川省泸州市某建筑工程有限公司在该保险条款上加盖印章，但该条款版本为字体缩略版本，不但没有通过加黑加粗等方式予以合理的提示，甚至其条款字体比一般的通用三号字体还小，并不符合普通人的阅读习惯。故难言某保险公司对该条款已尽到了提示或明确说明义务。

③案例：[2023]渝87民终4449号

裁判要旨： 在网络投保的场景下，保险公司应当对其履行提示说明义务承担举证责任，仅有投保人承诺不能证明保险公司履行了提示说明义务。

法院认为： 保险公司提交了投保时的光盘及相关页面截屏，出现了"平安驾乘无忧险"字样，但未能明确显示能够点击进入展示保险条款（包括免责条款）内容的页面，即保险人未能充分证明其向投保人提示和明确说明了案涉免责条款。保险人提供的人像截屏，也不能证明系对免责条款进行提示和明确说明时所录制，更无法确认文某系阅读了保险条款进行签名时所录制。

网络电子投保，与当事人面商并签订保险合同的情形不同。由于保险人的经办人员与投保人缺乏相对具体的意见交流，线上查看保险条款比线下查看的难度更大，对于在网络电子投保中涉及的免责条款，保险人应当更加注意合理且适当地向投保人作出提示和明确说明，并留存可供查验的记录。保险公司不能仅凭投保单中"本人确认已收到产品条款及其附加条款，且贵公司已向本投保人详细介绍了条款的内容，特别就保险条款中免除保险人责任的条款内容和手写或打印版的特别约定内容做了明确说明"的内容以及签名，就证明对于免责条款履行了提示和明确说明义务，需要提交其他证据予以佐证，特别是对于免责条款，应当能够点击阅读具体内容，且阅读条款为投保人签名的必经程序。

对于网络电子投保流程相关资料的记录保存，保险人基于经济实力和技术优势，应当承担更为充分的举证责任。就本案而言，保险合同中"发生保险事故时保险单载明的机动车辆行驶证、号牌被注销的，或未按规定检验或者检验不合格"的免责条款，因保险人未能提供充分证据证明对投保人进行了提示和明确说明，该条款不产生效力，保险公司不能据以免责。

（3）法院判保险公司不赔案例

①案例：[2023]渝87民终1109号

裁判要旨：投保人对保险人履行了说明义务在相关文书上签字、盖章或者以其他形式予以确认的，应当认定保险人履行了该项义务。

法院认为：投保人对保险人履行了符合本解释第11条第2款要求的明确说明义务在相关文书上签字、盖章或者以其他形式予以确认的，应当认定保险人履行了该项义务。但另有证据证明保险人未履行明确说明义务的除外。本案保险公司提交的投保单第9部分投保人声明投保人加盖了公司公章，足以证明保险公司就免责条款向投保人进行了明确的提示说明，案涉保险合同的免责条款应发生法律效力。

（4）律师分析

免责条款是意外险中经常出现的拒赔理由，但即使合同中有免责条款，该条款的效力仍然需要结合个案情况进行判断。在实践中，对免责条款的效力审查应当有以下几步：第一，案涉条款是否为格式条款。在保险合同纠纷的场景下，保险合同、保险条款为保险公司单方面提供，属于格式条款。尤其应当注意的是，对特别约定部分的审查，应当关注其是否为"重复使用而事先拟定"。若是，其亦可以认定为格式条款。第二，条款的提供方是否履行提示说明义务。条款的提供方未对免责条款进行提示说明的，该条款无效。第三，提示说明义务是否合理履行。提示说明义务履行需达到合理标准，免责条款方才有效。保险人应当对其合理履行提示说明义务承担举证责任。

（5）涉及法律依据

①《保险法》第17条；

②《保险法司法解释（二）》第9条、第13条。

2. 拒赔理由——不在承保范围

（1）保险拒赔依据

被保险人不在施工区域或者生活区域内发生的意外事故，也不是在从事建筑施工或者与建筑施工相关的工作中发生的意外，不符合保险合同条款第5条的约定，不属于案涉保险合同的保险责任范围，我方不应承担赔偿责任。

事故不符合保险合同关于保险责任的约定情形，保险人不应承担保险责任。

（2）法院判保险公司赔偿案例

①案例：［2023］渝87民终4375号

裁判要旨：事故发生地虽然不是直接与施工区域相关联，但该区域是满足施工人员生活工作用餐需求的必经之路，且保险公司未对施工区域或生活区域做出明确限制，应当认为事故发生地符合保险合同的约定。

法院认为：关于被保险人发生事故的原因及出事地点是否属于施工区域或生活区域。根据证人某永芬、晏某的陈述，被保险人系在工地对面用餐结束后返回工地过程中在马路上发生交通事故。

首先，投保公司未向施工人员提供工作餐，施工人员需自行解决用餐问题。被保险人用餐的地点系距离工地最近的吃饭点，被保险人选择该地点用餐系人之常情。保险责任约定施工人员需从事建筑施工及与建筑施工相关的工作，被保险人用餐结束返回工地途中发生事故，虽不是直接从事建筑施工及与建筑施工相关的工作，但施工人员必有用餐需求，该行为系保障施工人员正常施工的必需生活要求，故被保险人用餐行为应为与建筑施工相关的事项。

其次，投保公司在投保时向保险人提供的建筑工程施工合同中未对施工区域和生活区域作出说明，亦未向保险人提供施工图样，故对施工区域和生活区域的判断应以通常理解为准。被保险人选择较近的地点用餐系正常行为，该地点为案涉工地对面，必须穿过马路才能到达，故自工地至用餐地点的范围应视为生活区域，被保险人在此区域发生交通事故导致身亡，符合保险合同对保险责任的约定。

②案例：［2023］渝87民终4217号

裁判要旨：格式条款中，对条款存在两种以上解释的，应当做出有利于被保险人和受益人的解释。

法院认为：案件双方对于争议条款中"驾驶车辆"这一状态的理解应无歧义，但对于陈某"发现案涉重型自卸货车货箱尾门故障，在检查时被货箱尾门砸伤"的事故是否属于"为维护车辆继续运行（包括加油、加水、故障维修、换胎等）的临时停放过程中"或有分歧，争议条款的文义，对临时停放过程通过示例的方式，列举加油、加水、故障修理、换胎等这几种情形，实质是要求保险事故的发生需与保单列明的车辆驾驶或临时停车有关联性，主要目的是排除与驾驶或使用车辆不相关的过程中发生事故的情形，而本案中陈某发现案涉重型自卸货车货箱尾门故障，在检查时被货箱尾门砸伤，该情形与上述列举的四种情形性质相类似，本质上还是为了排除车辆的故障，保障车辆的正常运行。因此，对本案争议条款有两种以上解释的，应当作出有利于被保险人的解释，即案涉情形并未被排除在保险责任范围外。故某保险公司应当承担保险责任。

(3) 法院判保险公司部分赔偿案例

①案例：[2024] 渝 87 民终 1576 号

裁判要旨：被保险人的受伤是意外事故导致的，而医院的不规范行为加重了伤情。保险公司需承担意外事故部分的赔偿责任，按比例赔付 50% 的保险金。

法院认为：该案争议焦点为保险公司是否应在意外伤害险范围内承担责任的问题。案涉人身意外伤害保险条款载明意外伤害是指遭受外来的、突发的、非本意的、非疾病的客观事件为直接且单独的原因致使身体受到伤害。被保险人从事伐木工作，与其他工人抬树木的过程中摔倒，树木从被保险人的身上滚过，导致被保险人受伤，被保险人的受伤为意外伤害所致。

被保险人向保险公司投保了人身意外伤害保险，保险合同合法有效，合同双方应按约履行。涉案事故系保险事故，保险公司应当承担相应的赔偿责任。依照《保险法司法解释（三）》第 25 条"被保险人的损失系由承保事故或者非承保事故、免责事由造成难以确定，当事人请求保险人给付保险金的，人民法院可以按照相应比例予以支持"的规定，虽然医院对被保险人的死亡存在同等原因的过错，但一审法院在确定保险公司责任时已经扣除了 50% 非意外部分的责任，故一审法院确定由保险公司承担 50% 的保险金给付责任是合理的。

(4) 律师分析

关于承保范围的纠纷，一般围绕保险条款的解释而展开。通过对保险条款中约定的承保范围进行解释，以此来判断保险公司是否应当承担保险责任。针对个人消费者的保险合同一般属于格式条款，保险条款属于格式条款的组成部分，存在多种解释方法。首先，应当做符合常人理解的通常解释。以［2023］渝87民终4375号案件为例，在被保险人工作区域并未提供餐食的情况下，将被保险人外出就餐的区域解释为工作生活区域，符合一般人的认识。其次，若保险条款存在两种以上解释结果的，以对被保险人有利的解释结果为准。在［2023］渝87民终4217号一案中，原被告双方对"为维护车辆继续运行的临时停放过程中"这一概念存在歧义，存在两种以上解释，应当作出有利于被保险人的解释，案涉情形属于保险事故。

（5）涉及法律依据

《保险法》第30条规定："采用保险人提供的格式条款订立的保险合同，保险人与投保人、被保险人或者受益人对合同条款有争议的，应当按照通常理解予以解释。对合同条款有两种以上解释的，人民法院或者仲裁机构应当作出有利于被保险人和受益人的解释。"

（三）责任险

1. 拒赔理由——不在承保范围

（1）保险拒赔依据

①第三人并非被保险人公司的员工，该事故不属于保险责任，其无法赔付。

②责任保险的受益人是被保险人，公司已承担工伤赔偿责任，因此保险公司无须再支付保险金。

（2）法院判保险公司赔偿案例

①案例：［2024］渝87民终1681号

裁判要旨：被保险人对第三人应承担的责任经过判决书确定，保险人应承担相应的保险责任。

法院认为：汽车某队向保险公司投保了道路客运承运人责任保险，并支付了相应保费，保险公司向汽车某队出具了道路客运承运人责任保险单，保险合同成立并生效，双方应按照保险合同的约定履行。

道路客运承运人责任险的保险范围为旅客在乘坐被保险人提供客运车辆的途中遭受人身伤亡或财产损失，由被保险人承担经济赔偿责任的，由保险人负责人赔偿。乘客途中发生急性心梗死亡。汽车某队对乘客的赔偿责任已经在另案确定。汽车某队是道路客运承运人责任保险的被保险人，故保险公司应按照双方保险合同的约定，向汽车某队支付保险金。

②案例：[2023]渝87民终2242号

裁判要旨：被保险人作为被挂靠方，挂靠车辆中司乘人员的死亡承担责任。保险公司应当负保险金赔偿责任。

法院认为：该案争议焦点为事故是否属于案涉保险理赔范围。首先，冯某是否属于案涉保险中的司乘人员的问题。《保险合同》第3条约定，本保险合同所称的司乘人员是指保险单载明的车辆上的司机和乘客，且该司机和乘客是与被保险人存在劳动关系（包括事实劳动关系）的各种用工形式、各种用工期限、接受被保险人给付薪金、工资，年满16周岁的人员及其他按照国家规定审批的未满16周岁的特殊人员，包括正式在册职工、短期工、临时工、季节工和徒工等。虽然冯某是彭某雇请的驾驶员，但彭某与高县某公司系挂靠经营关系，彭某不能以自己的名义从事运输经营，事实上也不能以自己的名义为案涉车辆投保，其雇请的驾驶员对外仍然属于为高县某公司工作的驾驶员。本案保险合同保障的司乘人员可以是与被保险人建立劳动关系或事实劳动关系的人员，也可以是短期工、临时工、季节工、徒工等各种用工形式的人员，这其中理应包括本案中挂靠经营方雇请的驾驶人员。

其次，高县某公司对冯某是否应承担赔偿责任的问题。本案《保险合同》第4条约定，在保险期间内，司乘人员因驾驶或乘坐保险单载明的车辆从事相关业务工作而遭受意外，发生以下情形，导致受伤、残疾或死亡，依法应由被保险人承担的经济赔偿责任，保险人按照本保险合同约定负责赔偿：驾驶或乘坐保险单载明车辆过程中受到意外伤害。……司乘人员雇主责任险目的在于分散投保人的经营风险，司乘人员发生保险合同约定情形伤害事故投保人依法应承担赔偿责任的，保险人即应承担保险责任。《民法典》第1211条规定，以挂靠形式从事道路运输经营活动的机动车，发生交通事故造成损害，属于该机动车一方责任的，由挂靠人和被挂靠人承担连带责任。最高人民法院《关于审理工伤保险行政案件若干问题的规定》第3条第1款第5项规定，个人挂靠其他单位对外经营，其聘用的人员因工伤亡的，被挂靠单位为承担工伤保险责任的单位。前述法律和司法解释从对外和对内两个方面均规定了挂靠经营中被挂靠单位的责任承担，本案中，冯某在从事运输工作时发生事故身亡，高县某公司车辆被挂靠单位，对冯某的死亡应承担赔偿责任。本案事故属于前述保险责任条款中约定的保险人应承担保险责任的情形，某财产保险公司对冯某死亡应承担保险责任。

（3）法院判保险公司不赔偿案例

案例：［2023］渝87民终4368号

裁判要旨： 被保险人对第三人承担赔偿义务，是雇主责任险理赔的前提条件。

法院认为： 案件争议焦点为保险公司是否应对被保险人承担雇主责任保险的赔偿责任。首先，被保险人投保的系雇主责任险。依据《保险法》第65条第4款规定，责任保险是指以被保险人对第三者依法应负的赔偿责任为保险标的的保险。夹江县人力资源和社会保障局作出的工伤决定书及夹江县人事劳动争议仲裁委员会作出的仲裁调解书，均已确认李某刚发生案涉事故时的用人单位系案外人四川联某公司，案涉事故的相应赔付主体为四川联某公司，四川联某公司已按照仲裁调解书的内容支付了赔偿金。上述工伤决定书、仲裁调解书均已发生法律效力。故而，应负赔偿责任的主体是四川联某公司。

其次，虽李某刚在案涉保单的雇员名单内，但被保险人作为雇主责任险的被保险人，对保险人依法享有赔偿请求权的前提系其对李某刚负有法定赔偿责任。如前所述，现有证据显示李某刚受伤时的用人单位系四川联某公司而非被保险人，依据生效的工伤决定书、仲裁调解书已由四川联某公司对李某刚支付了赔偿金。故被保险人对李某刚既无法定赔偿义务，也未向李某刚实际进行赔偿，故本次李某刚的受伤事故不属于被保险人所投保的雇主责任险责任范围，被保险人向保险人请求赔偿保险金缺乏事实依据和法律依据，不予支持。

（4）律师分析

与其他种类的保险不同，责任保险涉及三方关系，即保险人、被保险人、第三人。责任保险的保险标的，是被保险人对第三人承担的责任。因此，在责任保险理赔案件中需要特别关注被保险人承担责任的情况。尤其是，发生的事故是否属于保险事故的范畴。例如，渝87民终4368号案件中，被保险人虽然购买了雇主责任险，但是被保险人并不是对第三人承担赔偿责任的主体，故保险公司对此不予赔付。

此外，还需要说明的是，第三人虽然不是被保险人，但是出于对第三人的保护，法律在特殊的情况下也赋予了第三人对保险人的诉权。也即，当被保险人对第三人的责任确定后，被保险人拒赔对第三人进行赔偿且又怠于请求保险公司的赔偿的，第三人可以直接起诉保险公司。

（5）涉及法律依据

《保险法》第65条第2款；

《保险法司法解释（四）》第15条。

2. 拒赔理由——不符合第三人的求偿条件

（1）保险拒赔依据

被保险人是否承担责任以及承担多少责任不确定，不符合保险法规定的第三者可以直接向保险人请求支付保险赔偿金的条件。

（2）法院判保险公司赔偿案例

①案例：[2024]渝87民终393号

裁判要旨：雇主责任保险的第三者依法可以直接向保险人提出赔偿保险金的请求，需要具备如下两个要件：一是被保险人对第三者应负的赔偿责任确定；二是被保险人怠于请求。

关于要件一，赔偿责任是否确定的问题。某公司为其外卖骑手杜某，在保险公司处购买记名雇主责任险。杜某作为某公司骑手，在约定的配送订单期间受伤并住院治疗，经鉴定构成伤残，其属于"被保人对第三者应负的赔偿责任能够确定的其他情形"。保险公司主张，"赔偿责任确定"的标准应达到金额明确且实际赔付。对此法院不予支持，理由是：第三者向保险人直接请求赔偿保险金的权利来源于《保险法》第65条第2款这一法律规定，作此规定的原因在于责任保险除了分散被保险人损失风险外，还应保障直接受害者第三者利益。从性质上来看，该规定赋予第三者的权利系诉权，对其成立条件的把握，不宜过于严苛，以一次性解决纠纷和不增加诉累为原则。从"赔偿责任确定"的三项具体规定情形来看，综合所涉第14条第2款规定意旨，"赔偿责任确定"的认定限度仅需赔偿请求权具备程序性条件，无须达到赔偿责任具体明确的程度，更不以在先的诉讼或仲裁的裁判为必要，否则将不当加重受害者、第三者实现权利的负担，有悖受害者第三者直接请求保险人赔偿的立法目的。

关于要件二，被保险人是否怠于请求的问题。被保险人某公司未向其提出直接向第三者杜某赔付保险金请求，保险人亦未向任何一方理赔，无论是被保险人某公司还是雇主责任保险的第三人杜某，其约定的或法律上的保险利益均未能获得救济。雇主责任保险的第三者杜某作为最终受益主体，其直接向保险人提出赔付请求，具有必要性和合理性，而本案亦未发现任何一方经此获得不当利益的情况。从以上情况来看，应当赋予杜某作为雇主责任保险的第三者直接向保险人提出赔偿保险金的诉权。

（3）法院判保险公司不赔偿案例

案例：［2023］渝 87 民终 821 号

裁判要旨：第三人仅在被保险人既不承担赔偿责任，又怠于向保险人请求给付的情形下，能够请求给付保险金。

法院认为：依照《保险法》第 65 条第 2 款和《保险法司法解释（四）》第 15 条之规定，在被保险人能某公司怠于请求人某分公司直接向第三者雷某赔偿保险金的情况下，雷某有权就其从能某公司应获赔偿部分，直接向人某分公司请求赔偿保险金。

结合本案的理解，应当是在能某公司既未向雷某承担赔偿责任、又怠于请求保险公司赔偿时，雷某有权直接向保险公司求偿。而本案当中，能某公司已经向雷某承担了赔偿责任即支付了工伤保险赔偿款 125 000 元，依据保险合同有权请求保险公司支付保险赔偿的主体应当是能某公司，而非雷某。经查，雷某所主张的住院护理费、伙食补助费、误工费等，已通过法院调解获得了能某公司的实际支付，在本案中雷某对于上述费用再次主张，不能获得重复赔偿。

（4）律师分析

责任保险存在保护第三人的功能，为了更好地发挥此功能，《保险法》第 65 条第 2 款赋予了第三人直接请求保险人给付保险金的权利，构成要件为"责任确定"和"被保险人怠于请求"。

责任确定是指被保险人对第三人的赔偿责任确定。具体而言，不仅包括法院判决、裁决书等具体确定的情形，也应当包含第三人具备程序性条件（即诉讼条件），若要求以判决、裁定等形式确定责任，将对第三人带来累诉负担。怠于请求是指被保险人既不向第三人进行赔偿，也不请求保险人向第三人支付保险金。该要件的判断标准应当以第三人是否获得赔偿为判断标准，若第三人未获得赔偿，保险人即属于怠于请求。

(5) 涉及法律依据

①《保险法》第 65 条第 2 款；

②《保险法司法解释（四）》第 15 条。

五、结语

成渝金融法院仅成立两年有余，其公布的保险纠纷裁判文书数量虽不及京沪两地金融法院，但依然具有研究价值。从保险类型来看，成渝金融法院裁判覆盖责任险、意外险、医疗险等险种，覆盖类型广。从裁判内容来看，法院在裁判中更加关注立法目的，能够发挥法律应有功能。例如，针对《保险法》第 65 条第 2 款，法官更加关注保护第三人的立法目的，同时对"怠于请求"的判断也能在个案中进行灵活应用。在未来，成渝金融法院必然会公布更多优秀的裁判文书以供参阅，让我们共同期待。

第四节　深圳地区保险纠纷大数据报告

一、前言

深圳作为中国金融版图上的重要一极，以其雄厚的金融产业基础和创新的金融环境，稳居国内金融城市"第一梯队"。在深圳，金融业不仅是经济增长的引擎，更是城市竞争力的重要体现。深圳是国内金融企业门类最全、机构最多的城市之一，新兴金融业蓬勃发展，金融领域创新快、模式多，也产生了大量金融纠纷案件。

本节旨在深入探讨深圳地区保险案件的裁判规则，通过对深圳中级人民法院辖区近三年来保险案件的细致分析，揭示保险合同纠纷中的常见问题，解读法院的裁判逻辑和倾向，从而为保险消费者和从业者提供预防和解决纠纷的策略，维护其合法权益。

编者团队将运用数据可视化方式，通过直观、生动的图表和图例，对大众广泛购买的保险产品类型进行详尽解读，特别聚焦于常见的拒赔情形。结合具体案例，揭示保险理赔过程中的关键法律争议点，帮助公众深入理解保险合同条款，掌握在遭遇拒赔时的有效应对之策，为保险市场的和谐发展贡献一份力量。

二、大数据报告来源

裁判时间：2021年8月19日至2024年5月6日

案例来源：中国裁判文书网

案　　由：人寿保险纠纷、意外伤害保险纠纷、健康保险纠纷、责任保险纠纷、财产损失保险纠纷

审理法院：广东省深圳市中级人民法院辖区

案件数量：125件，经过筛选，扣除重复、无特定保险事故仅为投保合同的争议外，判决书共计100份，其中二审判决书18份，一审判决书82份

数据采集时间：2024年8月14日

三、检索结果

（一）保险纠纷类别概览

如图3-13所示，在深圳市中级人民法院辖区近三年审理的100份保险案例中，重疾险以31%的占比高居榜首，凸显其在保险市场中的普及度及重要性。紧随其后的是意外险，占比24%，反映出此类保险在日常生活中的广泛需求。医疗险和雇主责任险的占比均介于10%至15%，虽然不及前两者，但依然显示了它们在保险纠纷中的相对重要性。

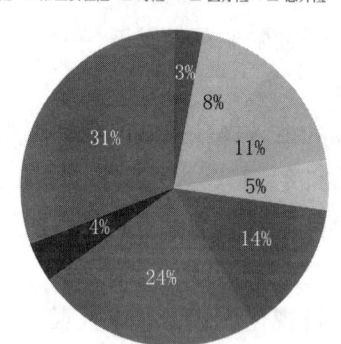

图3-13 保险纠纷类别分布

这些数据不仅揭示了重疾险和意外险在普及程度上的领先，同时也映射出在理赔过程中，这两类保险所面临的争议与分歧数量最多。这可能指向了

理赔流程中的复杂性,或是保险条款理解上的歧义。医疗险和雇主责任险的稳定占比,则表明这两类保险在保障体系中扮演着不可或缺的角色,并且在理赔时也需面对一定的挑战。

(二) 保险拒赔理由概览

在对近三年保险公司重疾险拒赔情况的分析中,编者团队发现"未如实告知"以最高频率成为最主要的拒赔理由,紧随其后的是"未达重疾标准",表明部分理赔申请因不符合重疾险条款中对于疾病的严格定义而遭到拒绝。相较之下,在意外险的拒赔理由中,出现了截然不同的数据统计。"免责事由"以最高的频次位居榜首,"职业类别不符""鉴定标准不符"以及"无保险利益"的适用次数紧随其后,且频次相近。

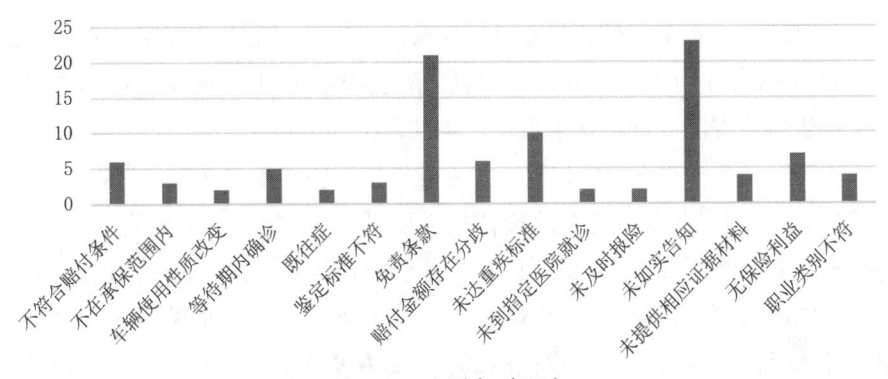

图 3–14 保险拒赔理由

四、深圳市中级人民法院辖区保险纠纷案件中常见拒赔情形的司法裁判标准与法律实务分析

(一) 重疾险及医疗险

1. 保险公司的拒赔理由——未如实告知

(1) 保险公司提出的拒赔依据

①《保险法》第 16 条;

②投保单中对投保人的健康状况进行询问,要求投保人根据自身健康情况进行填写或回答;

③保险合同条款约定:"订立本合同时,我们会向您明确说明本合同的条款内容,特别是免除责任条款内容;我们会就您、被保险人或受益人的有

关情况提出书面询问，您应当如实告知；如果您故意或因重大过失不履行如实告知义务，足以影响我们决定是否同意承保或者提高保险费率的，我们有权解除合同；对于故意不履行如实告知义务的，我们对本合同解除前发生的保险事故，不承担给付保险金责任，并不退还保险费；因重大过失未履行如实告知义务，对保险事故的发生有严重影响的，我们对本合同解除前发生的保险事故，不承担给付保险金的责任，但退还保险费。"

（2）法院判决保险公司赔偿案例及理由

①案例：[2021] 粤 0303 民初 23512 号

裁判要旨： 被保险人投保前的报告单确实仅诊断为"少许炎症可能性大"，不应属于足以影响保险人决定是否同意承保或提高保险费率的事项，因此被告无权解除合同。

法院认为： 本案系健康保险合同纠纷。本案争议的焦点是原告在投保时未告知 2018 年 1 月 26 日中山大学附属第七医院的 CT 测试检查的结果是否属于被告解除保险合同的正当事由。本院评析如下：

首先，被告在投保单中询问"过去五年是否曾接受或被建议进行 CT……特殊检查"，应是投保人因疾病或体检需要进行 CT 检查，而原告 1 月 22 日的检查（报告单是 1 月 26 日出具）是基于配合其所工作医院开业前的测试。中山大学附属第七医院于 2018 年 4 月 19 日开业，因此该医院所述的"2018 年 1 月 26 日的 CT 报告单为模拟测试、不是真实病例，不可用于相关病情判断"符合常理，且两份《情况说明》系该医院应本院调查而出具的书证，有经办人（联系人）敖诗琦签字和医院印章，本院予以采信。

其次，被告认为 2018 年 1 月 26 日与 2020 年 9 月 24 日的《CT 报告单》内容多处一致，应是在 1 月 26 日时对原告进行了真实的检查。本院认为，即使如被告所称模拟测试也可以进行实际人体扫描检查，但目前无证据证明原告对该报告单的结果知情。第一，该报告单的"影像诊断"载明"少许炎症可能性大，建议随访"，即病情并不严重，故医院称未告知原告报告单结果也合情合理。第二，原告经济能力较好（投保单中载明原告年收入 100 万元），又具有就医的便利性（在医院工作），在 2020 年 7 月 21 日体检时发现可能有问题后即刻复查、就医、手术，因此如果原告对 2018 年 1 月 26 日的报告单知情应不会在两年半时间内没有任何复查，但被告并未举证在此期间原告有其他复查。在原告不知道报告单结果的情况下也就不存在其故意或因重大过失不告知保险人。

最后，根据我国《保险法》第 16 条第 2 款的规定，并非只要投保人未如实告知任何情况保险人都可以解除合同，而是未如实告知的事项须是足以影响保险人决定是否同意承保或提高保险费率。庭审中，被告称 2018 年 1 月 26 日的结节样是 5 毫米左右，其向医生咨询这种小型结节其实是可以经治疗或自行缓解，并不像原告所称的如果是真实情况两年多后就会发展得非常严重，并提交了人民卫生出版社出版的《内科学》第 7 版予以佐证。本院认为，按照被告的该抗辩，说明即使 2018 年 1 月 26 日的报告单是原告的真实情况被告也认为并非严重病情，且报告单确实仅诊断为"少许炎症可能性大"，故而不应属于足以影响保险人决定是否同意承保或提高保险费率的事项，因此被告无权解除合同，应根据合同约定予以赔偿。

②案例：[2021] 粤 0307 民初 16095 号

裁判要旨：保险人对关系保险风险的保险标的或者被保险人的有关情况进行明确具体询问，是投保人履行如实告知义务的前提。本案保险人的提示内容属于概括性的总结，并未对"附件区囊性结构"或"囊肿"进行描述和列举说明，投保人未告知不属于未尽如实告知义务。

法院认为：本案为人身保险合同纠纷。《保险法》第 16 条第 1、2 款规定，订立保险合同，保险人就保险标的或者被保险人的有关情况提出询问的，投保人应当如实告知。投保人故意或者因重大过失未履行前款规定的如实告知义务，足以影响保险人决定是否同意承保或者提高保险费率的，保险人有权解除合同。本案中，被告以原告未履行如实告知义务为由拒付原告保险金并解除合同，其事实理由是原告未如实说明自己存在"双侧附件区囊××变"的情况，法律理由是保险法的上述规定及保险合同的相关约定。原告否认存在未如实告知的情形。对此，本院认为，《保险法司法解释（二）》第 5 条规定，保险合同订立时，投保人明知的与保险标的或者被保险人有关的情况，属于《保险法》第 16 条第 1 款规定的投保人"应当如实告知"的内容。第 6 条规定，投保人的告知义务限于保险人询问的范围和内容。当事人对询问范围及内容有争议的，保险人负举证责任。保险人以投保人违反了对投保单询问表中所列概括性条款的如实告知义务为由请求解除合同的，人民法院不予支持。但该概括性条款有具体内容的除外。根据上述规定，在订立保险合同过程中，保险人对关系保险风险的保险标的或者被保险人的有关情况进行明确具体询问,是投保人履行如实告知义务的前提。本案中,第一,原告 2017 年、2018 年的体检报告显示"双侧附件区未见明显异常",虽然 2017 年、2018 年原告在龙岗区中医院检查结果提示"右侧卵巢无回声,考虑黄体囊肿,左侧附件未见明显异常""左侧附件区无回声,考虑系膜囊肿,右侧附件区未见明显异常",且 2019 年的体检报告显示"双侧附件区囊性结构,建议妇科结合临床",但上述检查也仅是"考虑""建议"而非确诊,而且,2020 年的体检报告又显示"双侧附件区未见明显异常"。上述情况表明,即使不同的医院、不同的医生,对于医学领域的专业问题,在未能进一步检查分析前,亦无法对涉案疾病情况进行确诊。原告虽为护士,对医学常识有一定了解,但对于医学领域的专业问题,亦无法清楚了解该体检结果提示的"双侧附件区囊性结构"是否与原告所患案涉疾病"右侧卵巢高级别浆液性癌"存在必然的关联。因此,尽管在当时相关检查报告提示可能存在"囊性结构",亦不能认定原告已"明知"自己存在与保险标的相关的情况。第二,被告主张在对原告的健康情况进行询问时,原告未在《个人情况告知书》中提及双侧附件区囊××变情况,属于未履行如实告知义务。对此,本院认为,原告在填写案涉《个人情况告知书》时,被告没有其他人员在场,亦未采取其他方式对原告进行询问,原告履行如实告知义务的前提不存在。被告以原告已签名及事后对原告进行了微信回访为由主张已对原告进行了询问,理由不成立。另外,《个人情况告知书》对于疾病的描述仅列举了"您是否患有或被怀疑患有癌症、白血病、淋巴瘤、不明性质的肿瘤/包块/结节或肿物""您是否因患乳腺疾病、妇科疾病而接受过医师的诊查、治疗、用药或住院手术"等内容,该提示内容属于概括性的总结,并未对"附件区囊性结构"或"囊肿"进行描述和列举说明。虽然从技术角度讲,实践中保险人不可能——列举所有询问事项,但在被告未对原告进一步询问且询问事项具体明确的情况下,仅凭《个人情况告知书》,无法清楚有效地提示原告对其自身相应的状况进行告知。因此,被告以《个人情况告知书》来证明原告未履行如实告知义务,理由并不充分,本院不予采信。

《保险法》第 17 条规定以及《民法典》第 496 条第 2 款亦规定,对格式条款进行说明,是保险人的法定义务,且该义务不以投保人的询问为条件,而应当主动向投保人说明该条款的概念、内容及其法律后果等,以使投保人明了该条款的真实含义和法律后果。案涉保险合同约定条款属于格式条款。

被告理应采取合理的方式提示原告，并对该条款的内容以书面或者口头形式向投保人作出明确说明。上述条款虽以加粗、加黑或者倾斜标记进行了提示，但在原告投保及签约过程中，被告并未对上述条款对原告明确说明。被告主张原告为保险代理人，清楚该条款的内容，而且，原告也签字确认了投保单、保险合同和微信回访内容，故被告履行了明确说明义务。本院认为，投保时原告虽兼职为被告的保险代理人，也系所投保险的销售人员，但说明义务为被告的法定义务，不应因原告的兼职身份而轻易免除，而且原告当时是入职第一天，按常理不可能熟知投保规则和保险条款，此前原告也未投保其他人身保险，被告亦未举证证明入职前2天对原告真实培训了保险合同特别是上述格式条款的相关内容，故被告关于原告为被告的保险代理人理应清楚该条款内容的辩解意见，本院不予采信，应当认定被告对上述条款未明确说明，该条款对原告不产生效力。

(3) 法院判决保险公司不赔偿案例及理由

①案例：[2021] 粤0303民初19934号

裁判要旨：投保人在加粗字样"被保险人声明和授权"内容后签名且检查报告结论属于超声波异常，但未在签署投保信息确认单健康告知中如实陈述，因此，保险公司享有解除合同并且拒绝给付保险金的权利。

法院认为：本案的争议焦点在于，原告在投保时是否履行了如实告知义务。本案中，某人寿保险股份有限公司团体保险投保单第十项健康告知(二)显示，投保健康险，除以上告知外，请告知被保险人及附带被保险人过去五年内是否有以下疾病：糖尿病、甲状腺机能亢进或低下或者其他内分泌系统疾病，投保人在该选项上选择"否"。中国人民人寿保险股份有限公司投保信息确认单载明，被保险人健康告知中过去三年内接受以下检查时是否有异常情况：血液……超声波、内窥镜、活体组织检查或其他检查，原告选择"否"。原告在加粗字样"被保险人声明和授权"内容后签名。经审查，原告于2018年11月17日在深圳市罗湖区人民医院超声科的超声检查报告单载明，超声提示：原告甲状腺右侧叶稍大并实质内低回声区，考虑亚急性甲状腺炎超声改变。2019年1月9日，原告在深圳市罗湖区人民医院门诊初诊病例显示，初步诊断亚急性甲状腺炎可能。即使原告对亚急性甲状腺炎是否属于"甲状腺机能是亢进或低下"难以判断，但根据2018年11月17日的超声检查报告单，原告甲状腺右侧叶稍大并实质内低回声区，考虑亚急性甲状腺炎超声改变。可见，该情况属于超声波异常。但原告仍未在签署投保信息确认单健康告知中如实陈述，因此，被告向原告出具《理赔完成通知书》告知原告合同解除，并拒绝给予保险金有事实和法律依据。

②案例：[2021] 粤 0304 民初 38809 号

裁判要旨：保险公司对投保人进行回访确认投保人已经全面阅读并理解了保险条款，同时投保人 2018 年、2019 年的体检报告均检出有甲状腺结节，但其在投保时未如实向被告申报。后因诊断出甲状腺乳头状癌向保险公司申请理赔，保险公司享有解除合同并且拒绝给付保险金的权利。

法院认为：本案中，原告投保时的《投保须知》《被保险人告知事项》中明确记载了投保时原告应尽的告知义务及不如实告知的后果，本院据此认为被告已经尽到提示与明确说明义务；此后被告对原告进行投保回访时，原告对于"您是否已经阅读并理解保险条款，尤其是保险责任和责任免除的相关内容？"答案为"是"，本院据此认定原告已经全面阅读并理解了保险条款。同时，原告作为被告处的保险销售代理人，对购买健康重疾保险所应承担的告知义务应当明确知晓。根据《保险法》第 16 条、《保险法司法解释（二）》第 5 条规定，本案原告投保时，在"被保险人告知事项"中明确记载有"4. 被保险人目前或曾经是否患有下列疾病或症状：肿块、结节……"属于被告就被保险人有关情况向原告进行询问的情形，原告在投保时对此具有如实告知的义务。原告 2018 年、2019 年的体检报告均检出有甲状腺结节，但其在投保时未如实向被告申报；原告投保后，因诊断出甲状腺乳头状癌向被告申请理赔，被告据此抗辩原告属于带病投保，未履行如实告知义务的意见，本院予以采信。原告请求确认被告解除 130××××6585、130013466618 号保单项下保险合同的行为无效，并请求被告支付理赔费 20 万元，本院不予支持。

（4）律师分析

经统计在重疾险拒赔案件中，保险公司最常使用的拒赔理由为"未如实告知"，结合深圳市中级人民法院辖区公布案例，有以下三点值得关注：第一，保险公司是否规范履行询问义务，即询问内容是否清晰明确，法院会结合询问内容文义表述以及投保人的主观认知综合认定；第二，审查投保人订立保险合同时的主观状态，例如，以检查出未如实告知事项之日起，投保人是否就该异常进行相应复查与治疗；第三，并非存在投保人未如实告知的情况，保险人都可以解除合同，而是未如实告知的事项须是足以影响保险人决定是否同意承保或提高保险费率，若足以影响保险人才具有解除权。

（5）法院裁判涉及的法律依据

①《保险法》第5条、第14条、第16条、第17条；

②《保险法司法解释（二）》第5条、第6条。

2. 保险公司的拒赔理由——未达重疾标准

（1）保险公司提出的拒赔依据

①《保险法司法解释（二）》第11条；

②保险合同中对重大疾病的释义，如："脑中风后遗症的释义是指因脑血管的突发病变引起脑血管出血、栓塞或梗塞，并导致神经系统永久性的功能障碍。神经系统永久性的功能障碍，指疾病确诊180日后，仍遗留下列一种或一种以上障碍：一肢或一肢以上肢体机能完全丧失、语言能力或咀嚼吞咽能力完全丧失、自主生活能力完全丧失，无法独立完成六项基本日常生活活动。"

（2）法院判决保险公司赔偿案例及理由

①案例：［2023］粤0391民初4309号

裁判要旨：保险合同条款约定重大疾病需要符合的四个条件，均系在当时医疗水平下诊断该病的方法，随着医学技术的发展，该条件缺乏合理性。被保险人已出现重大疾病相应症状，并有基因检测结果和医院的《诊断证明书》确认其患有重大疾病，故被保险人所患疾病应属涉案保险合同约定的重大疾病。

法院认为：根据《保险法》第30条规定，本案双方争议的重大疾病条款具有特殊性和专业性，其中肝豆状核变性的诊断标准这一格式条款，对疾病释义和满足条件均进行了严格限定，与医学常识和一般投保人的理解不相符。被告并未对此向原告作出过明确的提示和说明，该约定的条件已超出了原告的常识性预判，因此对重大疾病的标准应以现行合理科学的医疗诊断标准为依据。被告辩称原告法定代理人肖某瑜作为投保人是案涉保单销售人员，对业务内容和保险条款应当有高于常人的了解，理据不足，本院不予采纳。

中国银保监会公布的《健康保险管理办法》第22条规定："保险公司拟定医疗保险产品条款，应当尊重被保险人接受合理医疗服务的权利，不得在条款中设置不合理的或者违背一般医学标准的要求作为给付保险金的条件。"第 23 条规定："保险公司在健康保险产品条款中约定的疾病诊断标准应当符合通行的医学诊断标准，并考虑到医疗技术条件发展的趋势。健康保险合同生效后，被保险人根据通行的医学诊断标准被确诊疾病的，保险公司不得以该诊断标准与保险合同约定不符为理由拒绝给付保险金。"案涉保险合同条款约定的四个条件，均系在当时医疗水平下诊断该病的方法，随着医学技术的发展，该条件缺乏合理性。随着医疗技术及医学诊断认知的不断进步，在不必进行创伤性肝脏活检即可诊断肝豆状核变性时，仍要求被保险人进行肝脏活检，有违科学发展规律。并且，依据相关医疗常识，并非所有临床症状均会涵盖疾病的所有典型症状。

综上，原告已出现肝功能异常、铜蓝蛋白低于参考值、24 小时尿铜高于参考值、颅部病变等肝豆状核变性症状，并有基因检测结果和中某医院的《诊断证明书》确认其患有肝豆状核变性疾病，故原告所患疾病应属涉案保险合同约定的重大疾病，本院对其要求被告赔付保险金 280 000 元的诉讼请求予以支持。

②案例：［2023］粤 03 民终 23608 号

裁判要旨： 以投保人投保时的手术方式来限定若干年后被保险人患重大疾病时施行的手术，不符合医学的发展规律，应随医疗技术条件的发展趋势确认手术方式是否属于重大疾病标准。

法院认为： 首先，保险公司拟定医疗保险产品条款，应当尊重被保险人接受合理医疗服务的权利，不得在条款中设置不合理的或者违背一般医学标准的要求作为给付保险金的条件。重大疾病的定义，应是对疾病症状及特征的客观描述，治疗方式是指消除疾病的医疗措施，与疾病定义本身系不同概念范畴。对于被保险人来说，其在患有重大疾病时，期望采用先进的、科学的、合理的、风险更小的手术方式得到有效的治疗，身为患者的被保险人选择更有利于自身的治疗方式，是被保险人对自身生命和健康的正当维护，这种选择权理应受到保护，而不应为确保重大疾病保险金的给付而采取保险人限定的手术方式。故以名称确定的具体手术方式限定重大疾病范围有违医学标准，使重大疾病保险异化为"重大疾病手术险"，理赔条件发生本质变化，产生被保险人合理的投保期待无法实现的结果，有损被保险人的合法权益。其次，保险公司在健康保险产品条款中约定的疾病诊断标准应当符合通行的医学诊断标准，并考虑到医疗技术条件发展的趋势。案涉保险期间为终身。从医学发展规律来看，在如此长的时间内，医学必定有大的发展变化，对某种重大疾病的治疗手术也会更新换代，以投保人投保时的手术方式来限定若干年后被保险人患重大疾病时施行的手术，显然不符合医学的发展规律，对被保险人来说也不合理。

（3）法院判决保险公司不赔偿案例及理由

①案例：[2022] 粤 0304 民初 21077 号

裁判要旨：案涉保险条款已以足以引起投保人注意的加粗加黑字体作出提示，同时，被保险人在投保书、投保提示书、附加特别说明中均表示保险公司对于保险责任、责任免除条款进行了解释说明，其已经清楚，因此被保险人的身体状况应符合条款中对于疾病的释义。

法院认为：涉案《智胜重疾》的条款中明确载明脑中风后遗症的释义是指因脑血管的突发病变引起脑血管出血、栓塞或梗塞，并导致神经系统永久性的功能障碍。神经系统永久性的功能障碍，指疾病确诊 180 日后，仍遗留下列一种或一种以上障碍：一肢或一肢以上肢体机能完全丧失、语言能力或咀嚼吞咽能力完全丧失、自主生活能力完全丧失，无法独立完成六项基本日常生活活动。前述条款内容中"肢体机能完全丧失""语言能力或咀嚼吞咽能力完全丧失""六项基本日常生活活动"已以足以引起投保人注意的加粗加黑字体作出提示，同时，原告在《人身保险投保书》《人身保险（个险渠道）投保提示书》《中国某人寿保险股份有限公司医疗保险附加险特别说明》中均表示保险公司对于保险责任、责任免除条款进行了解释说明，其已经清楚。因此，本案中，被告已经就脑中风后遗症的释义对原告进行了解释并提示原告予以注意。结合原告在医院的就诊经过，相关医院的诊断记录中载明原告右侧肢体较左侧偏迟钝、手指灵活度欠佳，并未显示原告存在一肢肢体机能完全丧失的情形，庭审中，原告亦确认其语言能力或咀嚼吞咽能力及六项基本日常生活活动均可正常进行。故原告主张被告支付脑中风后遗症的保险金 100 000 元，依据不足，本院不予支持。

②案例：[2023] 粤 0303 民初 15355 号

裁判要旨：案涉保险条款中对重疾的定义属于保险责任条款，保险公司无须进行提示或明确说明。并且，该条款虽然属于格式条款，但重大疾病及其定义约定本身清晰、明确，并不存在有两种以上的解释，被保险人亦未能提交证据证明所确诊的疾病从医学上已符合或属于条款中约定的重大疾病。

法院认为：本案为健康保险合同纠纷。案外人顺某公司与被告签订的重疾险保险合同系双方真实意思表示，内容不违反我国法律、行政法规的强制性规定，属合法有效，双方均应依约履行。根据该《2020—2022年度员工及家属重疾险及意外险保险服务合同》，双方已对该保险合同中关于重疾的定义进行了约定，根据该约定原告所确诊的疾病不符合所约定的重疾的定义；该约定为双方对重疾的定义，不属于免除保险人责任的条款，故被告并无须对该约定进行提示或明确说明；此外，该条款虽为被告所提供的格式条款，但重大疾病及其定义属于医学范畴上的概念、定义，故该概念本身就决定了其具有非能为普通人简单从字面上进行理解和解释的专业性，对该定义亦非可按通常理解予以解释的定义；而该约定本身清晰、明确，并不存在有两种以上的解释；原告亦未能提交证据证明原告所确诊的疾病从医学上已符合或属于××。综上，本院认为，原告请求被告根据合同约定支付重大疾病保险金及重疾住院津贴，理据不足，本院不予支持。

（4）律师分析

根据深圳市中级人民法院辖区公布案例可得，法院认为保险条款中约定的疾病诊断标准应当符合通行的医学诊断标准，并考虑到医疗技术条件发展的趋势，应当保护被保险人选择更有利于自身的治疗方式的权利。因此在处理重疾标准这类案件时应格外注意当下通行的医学诊断标准，以及现有的医疗技术水平。

（5）法院裁判涉及的法律依据

①《保险法》第10条、第13条、第19条、第23条、第30条；

②《保险法司法解释（二）》第11条。

3. 保险公司的拒赔理由——既往症

（1）保险公司提出的拒赔依据

保险合同约定既往症，如："被保险人在首次或非连续投保时未如实告知的既往症及在本合同首次或非连续投保保单签发日前24个月内已经存在的疾病"；或"为被保险人在投保该附加险合同之前或等待期内已患有的疾病，或存在任何症状、体征而引致一正常而审慎的人寻求诊断、医疗护理或医药治疗，或曾经医生推荐接受医药治疗或医疗意见"。

(2) 法院判决保险公司赔偿案例及理由

①案例：[2022] 粤 0303 民初 20670 号

裁判要旨：仅凭异常情况发生的部位相同或相近即认为症状与最终确诊的重大疾病系同一病症，亦缺乏充分科学的事实依据。并且保险条款中关于既往症的解释概括性较强，被保险人作为没有专业医学知识的普通人，对于症状是否属于既往症不具有甄别能力，在保险公司未提供证据证明在投保时有向投保人提示说明该条款内容并明确询问是否存在该病症的情况下，不足以认定其存在故意或者因重大过失隐瞒病情未如实告知的情形。

法院认为：保险合同条款第 2.6 条第 3 项虽约定"被保险人在首次或非连续投保时未如实告知的既往症及在本合同首次或非连续投保保单签发日前 24 个月内已经存在的疾病"不属于保险理赔范围，但根据保险合同条款中关于既往症的解释，既往症是指投保前已患的、被保险人已知或应该知道的有关疾病或症状。对于原告的体检报告中所列的"右上中肺见片絮状模糊影，炎性病变可能""右肺上叶下叶结节灶"等是否属于既往症，本院认为，首先，体检报告对"右上中肺见片絮状模糊影，炎性病变可能""右肺上叶下叶结节灶"并未认定为疾病或症状，在 2017 年、2018 年体检后原告至本案事故发生前，原告也并未针对上述体检异常情况进行住院治疗，仅依据原告所患右上肺结节肺浸润性腺癌（中分化，腺泡为主型）、右下肺结节肺浸润性腺癌（中分化，腺泡为主型）就此推定系因"右上中肺见片絮状模糊影，炎性病变可能""右肺上叶下叶结节灶"引发，缺乏充分科学的事实依据。其次，根据原告的住院病历显示，原告系在 2021 年 3 月 16 日在黄石中心医院体检行胸部 CT 检查提示右肺上叶前段及下叶背段混合磨玻璃结节，并自此开始服药治疗直至本次住院才确诊为右上肺结节肺浸润性腺癌（中分化，腺泡为主型）、右下肺结节肺浸润性腺癌（中分化，腺泡为主型）。由此可见，原告 2017 年、2018 年体检提示肺部异常情况与 2021 年体检发现的肺部异常情况在医学表述上并不相同，仅凭异常情况发生的部位相同或相近即认为前者与最终确诊的右肺腺癌系同一病症，亦缺乏充分科学的事实依据。最后，保险条款中关于既往症的解释概括性较强，原告作为没有专业医学知识的普通人，对于"右上中肺见片絮状模糊影，炎性病变可能""右肺上叶下叶结节灶"是否属于既往症不具有甄别能力，在被告未提供证据证明在投保时有向原告提示说明该条款内容并明确询问原告是否存在该病症的情况下，不足以认定原告存在故意或者因重大过失隐瞒病情未如实告知的情形。综上所述，对被告关于免赔事由的答辩意见，理据不足，本院不予采纳。

②案例：[2022]粤0303民初2316号

裁判要旨：相关症状应就一般生活经验并结合前后就诊记录综合判断是否足以引致一正常而审慎的人寻求诊断、医疗护理或医药治疗。要求保险公司承担证明症状属于明显的重大疾病的病征，或提供其他证据证明投保人在投保前已存在"既往病症"。

法院认为：争议焦点在于被告所主张的原告在就诊时的主诉"便血1年余，加重3月"是否属于前述释义中的"存在任何症状、体征而引致一正常而审慎的人寻求诊断、医疗护理或医药治疗，或曾经医生推荐接受医药治疗或医疗意见"。根据该病史记载可以推断，原告于2021年1月15日投保时，其便血的情况尚处于间断发生、量少、鲜红，或亦因其使用痔疮栓而情况好转的阶段，该情况就一般生活经验而言，尚不足以"引致一正常而审慎的人寻求诊断、医疗护理或医药治疗"，而被告要求投保者所进行的《健康告知》中所载的"便血（非痔疮）"也明确将痔疮所导致的便血情况排除在不可投保的情况之外。被告虽抗辩称，2020年8月原告已经有明显结直肠癌疾病病征，且根据原告的病情和症状，其为带病投保；但是被告既未能证明间断、少量鲜红便血属于明显的结直肠癌病征，也未能证明原告在投保前已存在"既往病症"，故被告根据案涉保险合同中第6条责任免除条款第（1）款通用责任免除情形中第（2）项而不承担保险责任，理据不足，本院不予采纳。

（3）法院判决保险公司不赔偿案例及理由

①案例：[2023]粤0303民初25391号

裁判要旨：格式条款应当先按照通常理由进行解释，若有两种以上解释的，适用有利于被保险人和受益人的解释。

法院认为：双方主要争议焦点在于如何理解保险条款约定的"初次确诊"。根据《保险法》第30条规定，采用保险人提供的格式条款订立的保险合同，保险人与投保人、被保险人或者受益人对合同条款有争议的，应当按照通常理解予以解释。对合同条款有两种以上解释的，人民法院或者仲裁机构应当作出有利于被保险人和受益人的解释。具体到本案而言，应先按照通常解释的方式进行解释，虽然原告主张合同约定的"初次确诊"仅描述了初次患有某种疾病，但回到重大疾病保险金的定义看，亦系指向"重大疾病"，如果否认"初次确诊"处的解释中含有"胆道重建手术"，那么保险金指向范围的"重大疾病"中也会同样排斥"胆道重建手术"，这与合同中重大疾病范围列举了"胆道重建手术"的意旨明显存在冲突。故该处"初次确诊"处的"患有某种疾病"应包括"胆道重建手术"，原告在2016年已经进行过同样的手术，不符合保险合同约定的初次确诊的条件，原告请求被告承担保险责任，没有事实依据，本院不予支持。

（4）律师分析

既往症的释义往往是被保险人在投保该附加险合同之前或等待期内已患有的疾病，或存在任何症状、体征。研究深圳地区中级人民法院辖区公布案例可知，法院在判断某项病症是否属于出险疾病的既往症时，在一般生活经验之上，会结合被保险人的就医记录的时间节点与就医时主诉部分进行综合判断。

（5）法院裁判涉及的法律依据

①《民法典》第502条、第509条；

②《保险法》第5条、第14条、第30条、第31条。

4. 保险公司的拒赔理由——等待期内出险

（1）保险公司提出的拒赔依据

保险合同中约定等待期，如："被保险人在等待期内，经确诊患有本合同约定的重大疾病，保险人不承担给付保险金的责任，但向投保人无息退还该被保险人对应的已缴纳保险费，同时对该保险人的保险责任终止。"

（2）法院判决保险公司赔偿案例及理由

①案例：[2023]粤0391民初8239号

裁判要旨：等待期条款属于格式条款，应当采取合理的方式提示投保人注意，使用较为密集的文字进行展示，且关于等待期的条款分布在不同的条款，保险公司仅设置了阅读到页面底部后可点击"阅读并同意"的功能并不能证明尽到了"足以引起对方注意"的提示义务。

法院认为：本案争议的是该等待期条款是否对双方产生约束力，根据本院庭审时查明的事实以及涉案录频反映的情况，本案系陈某在线向众某保险社投保，投保时先由陈某填写基础信息，在点击立即投保后，会弹出众某保险社预先设置的特别说明内容，特别说明内容的第 1 点保险责任中有载明"被保险人在等待期内，经确诊患有本合同约定的重大疾病，保险人不承担给付保险金的责任……"特别说明的第 2 点中有载明"等待期：本产品等待期为 90 天，因意外伤害导致重大疾病或因意外伤害导致的轻症疾病无等待期，续保免等待期"的内容，以上内容属于众某保险社为了重复使用而预先拟定的未与陈某进行协商的格式条款，根据《民法典》第 496 条的规定，众某保险社作为提供格式合同条款的一方在订立涉案保险合同时，应当采取合理的方式提示对方注意免除或者减轻其责任等与对方有重大利害关系的条款，按照对方的要求，对该条款予以说明，而采取合理的方式，一般是要采用"足以引起对方注意"的文字、符号、字体等特别标识对格式条款进行表示，而本案中，从众某保险社提交的投保回溯视频来看，众某保险社对于等待期在内的涉及保险责任的相关条款均以较为密集的文字进行展示，且关于等待期的条款分布在不同的条款，对等待期的条款也没有采用加黑、加粗等方式进行特别的提示，其仅设置了阅读到页面底部后可点击"阅读并同意"的功能并不能证明尽到了"足以引起对方注意"的提示义务，且本案系通过在线方式订立合同，陈某在订立合同时并不能像线下签订一样寻求众某保险社的工作人员对免除众某保险社责任的条款进行解释和说明，众某保险社在设置线上合同的签署流程时更应该加强提示和说明义务的设计，以保证投保人在投保时对相关责任条款（尤其是等待期条款）的概念、内容及对双方的法律后果等都清楚知悉，而本案中众某保险社并未尽到合理的提示以及解释说明义务，陈某主张等待期条款对其不产生法律效力，本院予以支持。

②案例：[2021] 粤 0391 民初 6369 号

裁判要旨：等待期条款属于免责条款，保险公司有义务对该条款履行提示说明义务，应提供证据证明在合同签订时向投保人进行说明和询问，或证明被保险人签字确认，否则保险公司应承担不利后果。

法院认为：首先，被告众惠保险作为涉案保险合同的提供方，有义务向原告对涉案合同中的"健康告知"及等待期免责等格式条款履行说明义务并经其确认，被告众惠保险主张其保单中已载明"健康告知"显示被保险人应不存在多种健康异常状况，原告主张在原告刘某投保时，投保界面并无"健康告知"的内容显示，在保险单上所显示的"健康告知"系投保完成之后自动显示在保险单上。被告众惠保险作为上述格式条款的提供方无相关证据证明其在合同签订时向原告对上述"健康告知"进行说明和询问，亦无证据证明该告知系经刘某签字确认，故被告应对上述行为承担不利后果。其次，由于被告众惠保险的上述说明义务未能完全履行，且慢性疾病存在潜伏期间及症状不明显的特点，原告在投保时存在客观条件的限制，可以认定原告刘某在首次投保时已对众惠保险尽到告知义务。再次，被告众惠保险在收到原告的理赔申请后，以"被保险人张某玲本次理赔申请事项属于等待期内接受检查但在等待期后确诊的疾病"为由拒绝赔付，根据被告提供的《众惠财产相互保险社个人医疗费用保险（C款）条款》第6条，保险事项约定为"被保险人在等待期后经医院初次确诊患本合同约定的重大疾病"，本案原告即被保险人张某玲系于涉案等待期后确诊的疾病，故应属于此项约定中的保险事项。但同时上述条款第7条又规定被告众惠保险对"等待期内接受检查但在等待期后确诊的疾病"免责，此项约定与上述第6条存在矛盾，根据《保险法》第30条，支持原告理赔事项属于本案保险责任范畴。另外，此项条款一定程度上会限制被保险人"等待期内接受检查"的人身健康权利，生命健康权本应高于理赔财产权，该条款在此人身保险合同中并不合理。因此，对于被告以"被保险人理赔申请事项属于等待期内接受检查但在等待期后确诊的疾病"为由拒绝赔付的主张，本院不予支持。

（3）律师分析

各地法院对"等待期内出险"的条款性质认定存在差异，有些法院认为等待期条款属于普通的保险责任条款无须履行提示说明义务，而有些法院将等待期条款定性为免责条款，认为只有保险公司在投保时对该条款尽提示以及说明义务，条款才对投保人发生效力。根据深圳市中级人民法院辖区的公布案例可以得出，在等待期条款性质的认定上，法院采纳后者。

（4）法院裁判涉及的法律依据

①《保险法》第5条、第11条、第15条、第16条、第17条、第23条第1款、第30条；

②《民法典》第496条、第509条、第577条；

③《保险法司法解释（二）》第8条。

(二) 意外险

1. 免责条款

(1) 保险公司提出的拒赔依据

①《保险法》第 17 条；

②《保险法司法解释（二）》第 10 条、第 11 条、第 12 条；

③保险合同条款约定，如："因下列原因造成的损失、费用和责任，保险人不承担给付保险金责任：（一）投保人、被保险人的故意行为；（二）被保险人自致伤害或自杀，但被保险人自杀时为无民事行为能力人的除外；（三）因被保险人挑衅或故意行为而导致的打斗、被袭击或被谋杀；（四）被保险人妊娠、流产、分娩、疾病、药物过敏、中暑、猝死；（五）被保险人未遵医嘱，私自服用、涂用、注射药物；（六）核爆炸、核辐射或核污染；（七）恐怖袭击；（八）被保险人犯罪或拒捕；（九）被保险人从事高风险运动或参加职业或半职业体育运动；（十）被保险人未取得对应的特种作业证书进行特种作业操作。特种作业的相关定义以安全生产主管部门有关规定为准。"

(2) 法院判决保险公司赔偿案例及理由

案例：[2023] 粤 0303 民初 21857 号

裁判要旨：保单若无任何投保人签章或确认知晓相关免责条款内容的意思表示，则不能证明保险公司已向投保人履行了提示说明义务。

法院认为：根据法律规定，保险合同订立时，保险人在投保单或保险单等其他保险凭证上，对保险合同中免除保险人责任的条款，应以足以引起投保人注意的文字、字体、符号或其他明显标志作出提示。本案中，被告提交的保单并无任何投保人签章或确认知晓相关免责条款内容的意思表示，不能证明被告已向投保人履行了提示说明义务。此外，在仅有两页的电子保单中，被告对其"特别约定"部分的所有内容均作加黑加粗处理，但加黑加粗部分约占全部保单三分之二篇幅，且字体大小与普通条款一致，不足以引起投保人的注意，故本院认定该免责条款不发生法律效力。

(3) 法院判决保险公司不赔偿案例及理由

案例：[2023] 粤 0307 民初 2645 号

裁判要旨：案涉保险合同中免责条款字体均采用加黑加粗字体，投保人均在保险协议每一页加盖骑缝章并在落款处签章，且保险协议中记载了投保人声明,保险公司亦就保险协议内容作出明确说明,已尽到提示说明义务,免责条款有效。

法院认为: 被保险人杨某乙在保险期间内发生交通事故身亡,公安机关认定杨某乙驾驶的无号牌两轮电动车属性为机动车,车辆类型为电动两轮轻便摩托车,而杨某乙的准驾车型为 C1,杨某乙驾驶与准驾车型不符的机动车上道路行驶时,遇险情操作不当,且未按规定佩戴安全头盔,其行为违反了《道路交通安全法》的规定。案涉《快递配送从业人员人身意外伤害保险条款》第 10 条责任免除第 2 款约定,"被保险人在下列期间遭受伤害导致身故、残疾的,保险人也不承担给付保险责任:……(四)被保险人酒后驾车、无有效驾驶证驾驶或驾驶无有效行驶证的机动车(含经鉴定属于机动车的二轮机动车)期间"。杨某乙无证驾驶无号牌机动车的行为属于上述合同免责事由的情形。根据《保险法司法解释(二)》第 10 条规定,本案中,案涉保险合同中免责条款字体均采用加黑加粗字体,投保人均在保险协议每一页加盖骑缝章并在落款处签章,且保险协议中记载了投保人声明,保某公司亦就保险协议内容作出明确说明,中国某公司作为保险人已尽到提示说明义务,免责条款有效。赔偿金 650 000 元及医疗费 50 000 元的诉讼请求,于法无据,本院不予支持。

(4) 律师分析

保险合同中对于免责事由的规定内容往往繁多,不同免责事由的侧重分析点存在差异。根据深圳市中级人民法院辖区公布案例,本书着重聚焦于保险合同订立时,保险公司对于该项责任免除条款是否履行了提示以及说明义务。法院一般会从以下三个方面进行审查:一是保单是否存在任何投保人签章或确认知晓相关免责条款内容的意思表示,若无,则不能证明保险公司已向投保人履行了提示说明义务。并且着重审查提示义务的履行情况,若加黑加粗部分约占全部保单三分之二篇幅,且字体大小与普通条款一致,则倾向于认定不足以引起投保人的注意;二是审查投保过程,是否主动展示条款内容,若并无主动展示且未设置强制阅读,倾向于认定未尽到对免责条款的提示和告知义务;三是条款内容是否存在"概括性",若条款表述所指向的内容及外延并不明确,则要求保险公司应在订立合同时明确该免责条款中所表述的情形以及具体指向,向投保人进行明示或主动解释,否则投保人难以理解其标准、内涵,无法准确获悉免赔的具体范围。

(5) 法院裁判涉及的法律依据

①《保险法》第 12 条、第 17 条、第 23 条；

②《保险法司法解释（二）》第 10 条。

2. 职业类别不符

(1) 保险公司提出的拒赔依据

保险合同规定，"若被保险人健康/职业/收入状况有部分符合以下内容，本公司有权不同意承保；若发生保险事故，本公司不承担赔偿给付或给付保险金的责任，并有权不退还保险费：1. 被保险人从事的职业属于《职业分类表》中 4—6 类或特定类职业"。特别约定如，"本保险合同适用人群：投保时年龄在 18 至 50 周岁（含）身体健康，1—3 类职业的自然人，若您不符合前述投保范围，请勿购买保险，若发生保险事故，保险人不承担保险责任"。

(2) 法院判决保险公司赔偿案例及理由

①案例：[2024] 粤 0391 民初 675 号

裁判要旨：职业类别条款属于免责条款，保险公司应承担提示说明义务。保险条款中对于职业类别并无进一步介绍或说明，也并未送达职业类别分类表，不能认定投保时保险公司向投保人说明了职业分类、免责条款的概念、内容及法律后果。

法院认为：本案中，《保险合同》约定，《前海附加团体意外伤害医疗保险（2016 年）》仅适用 1—4 类职业人员参保，被保险人因从事高于其投保时告知的职业出险，属于本产品的除外责任。该条款系免除保险人赔偿责任的条款，应属免责条款。依据前述法律规定，前海某保险公司应就上述免责条款项向投保人安某公司履行提示、明确说明义务。案涉保单中"特别约定及备注"内容虽然进行了加黑处理，另《团体保险投保书》回执载明"前海某保险公司及其代理人已向安某公司提供所投保险种保险条款，对条款内容进行了说明（特别是对于前海某保险公司责任免除条款、解除合同条款及特别注意事项的条款进行了详细解释和明确说明），安某公司已认真阅读所投保险条款、投保提示书及产品说明书并完全理解保险责任、责任免除等保险条款的各项内容；安某公司已就保险事宜与全部被保险人进行宣导和沟通，凡参与本保险的全部被保险人均同意安某公司作为投保人统一办理投保事宜，并已履行相关告知义务"等内容，但是，案涉保险合同中并无哪些职业属于 1—4 类职业的介绍与说明，前海某保险公司于庭后提交的微信聊天截图也仅能证明其工作人员在 2021 年 7 月 9 日曾在"前海安某合作群"中发送过职业分类表，而不能证明在案涉保险合同签订时（2022 年 3 月 11 日），前海某保险公司已将职业分类表中内容、免责情形向投保人安某公司进行了必要的明确说明，以使得安某公司明了职业分类、免责条款的概念、内容及法律后果。此外，依前海某保险公司在庭审中的陈述，职业分类表虽将"木材搬运工"列为第 5 类职业，但分类表中对"木材搬运工"并无定义，而本案原告高某俭系在木制品加工厂上班干活时从库房搬运原料到运输推车上时在库房发生意外摔伤，高某俭的职业是否属于"木材搬运工"并无明确且适当的依据。

②案例：[2022] 粤 0304 民初 40819 号

裁判要旨： 保险公司未在投保时向投保人送达《特别职业种类表》，亦未能举证证明在投保时已向投保人说明该条款的内容并就此对原告的职业进行明确询问，应承担不利后果。

法院认为： 根据《保险法》第 16 条第 1 款规定、《保险法司法解释（二）》第 6 条第 1 款规定，投保人针对保险人的询问履行如实告知义务前，保险人应于询问前先就投保人履行如实告知义务的意义及违反该义务将导致的不利法律后果进行提示和明确说明，唯保险人已善尽该义务而被保险人仍出于故意或重大过失不履行如实告知义务的，保险人得以行使合同解除权。本案中，被告某财保鹤山支公司自认其未在原告投保时向原告送达《特别职业种类表》，亦未能举证证明在原告投保时已向原告说明该条款的内容并就此对原告的职业进行明确询问，现仅以原告职业属于特别职业为由不予承担保险责任于法无据，本院不予支持。

（3）律师分析

"职业类别不符"作为意外险中常见的拒赔理由之一，其具有特殊的专业性，即若保险公司在投保时未对职业类别进行明确的提示以及说明的前提下，作为普通的投保人难以确认甚至知晓自己从事职业的具体类别。因此，在深圳市中级人民法院辖区的公布案例中，倾向于认定"职业类别条款"为免责条款，保险公司需在投保时向投保人进行提示及解释说明，例如展示或送达职业类别分类表，否则该条款将不发生效力。

（4）法院裁判涉及的法律依据

①《保险法》第10条、第14条、第17条；

②《保险法司法解释（二）》第6条。

（三）雇主责任险

保险公司提出的拒赔理由一般为"未提供相应证据材料"。

（1）保险公司提出的拒赔依据

《保险法》第21条、第22条。

（2）法院判决保险公司不赔偿案例及理由

案例：[2021]粤0303民初28231号

裁判要旨：由于死者家属拒绝做死因鉴定，导致无法通过法医鉴定方式确定被保险人的死亡原因。依据《保险法》第22条之规定，被保险人或受益人对此应承担举证不能的法律后果。

法院认为：原告主张根据《中国某保险股份有限公司雇主责任保险条款（2004年版）》第4条的约定，保险责任是在保险期间内，被保险人的工作人员在中华人民共和国境内（不包括香港、澳门和台湾地区）因下列情形导致伤残或死亡，依照中华人民共和国法律应由被保险人承担的经济赔偿责任，其中第7项规定在工作时间和工作岗位，突发疾病死亡或者在48小时之内经抢救无效死亡。以及保险单特别约定清单第9条约定：兹经双方同意，鉴于投保人已支付了附加保险费，本保险扩展承保被保险人的员工在受雇工作前后24小时内发生意外伤亡事故时被保险人依法应承担的经济赔偿责任。本案保险事故符合保险条款约定的保险责任。

具体到本案中，死者韩某记的死亡时间在凌晨，系夜间休息时间，非工作时间，死亡地点为厂区宿舍。不属于在工作时间和工作岗位，突发疾病死亡或者在48小时之内经抢救无效死亡。不符合《中国某保险股份有限公司雇主责任保险条款（2004年版）》第4条第7项规定的保险责任范围。此外，中国人民解放军东部战区海军医院出具的《居民死亡医学证明（推断）书》记载死者韩某记的死亡原因为"呼吸心跳骤停"。但"呼吸心跳骤停"只是死亡的一种形态，并非死亡的真正原因，是否属于"意外伤亡"应进一步查明。保险事故发生后，被告通知原告及死者韩某记家属进行死亡原因鉴定，但死者家属拒绝做死因鉴定，导致无法通过法医鉴定方式确定韩某记的死亡原因，依据《保险法》第22条第1款"保险事故发生后，按照保险合同请求保险人赔偿或者给付保险金时，投保人、被保险人或者受益人应当向保险人提供其所能提供的与确认保险事故的性质、原因、损失程度等有关的证明和资料"之规定，原告方对此应承担举证不能的法律后果。故韩某记死亡的情形不符合保险单特别约定清单第9条所规定的理赔条件。

（3）律师分析

保险合同中一般会提前约定，发生保险事故申请理赔时需要的资料。但在实践过程中，保险公司往往会根据事故具体情况要求提供条款约定之外的其余材料，那么这些材料是否必须提供呢？法院往往会从以下两个角度审查：第一，合同条款约定的具体内容；第二，该份证明材料对于证明保险事故发生是否具有必要性。

（4）法院裁判涉及的法律依据

《保险法》第21条、第22条。

（四）车险

1. 免责条款

（1）保险公司提出的拒赔依据

保险合同约定的免责条款。

（2）法院判决保险公司赔偿案例及理由

①案例：[2021] 粤0304民初40046号

裁判要旨：案涉免责条款从其表述上而言属于概括性条款，其指向的内容及外延并不明确。保险人应在订立合同时有义务及责任对该免责条款中所表述的情形以及具体指向，向投保人进行明示或主动解释，若无则应承担不利后果。

法院认为：被告拒赔的理由系保险条款中的第6条"责任免除"部分约定的"被保险人违反交通管理部门规定的行为"。根据《保险法司法解释（二）》第11条的规定，从保险条款的样式而言，被告主张该部分免责事由系通过加粗等字体明确标记，夏某亦在微信回执中确认收到了该保险条款。因此被告在夏某投保过程中已履行了对保险条款中的免责事由的提示义务。同时，根据前述的法律规定，保险人在订立合同时对免责条款有相应的说明义务。从被告所援引的免责条款而言，其所指向的情形为"违反交通管理部门规定的行为"。众所周知，在我国交通管理部门的规定众多，包括相应的法律、法规、部门规章甚至各地的地方性法规。因此，该条款从其表述上而言属于概括性条款，其指向的内容及外延并不明确。被告应在订立合同时有义务及责任对该免责条款中所表述的情形以及具体指向，向投保人进行明示或主动解释，否则该免责条款不能达到指向明确、具体的要求，也使投保人难以理解其标准、内涵，无法准确获悉免赔的具体范围，甚至有变相减轻保险公司责任的"嫌疑"。但被告所提交的投保单、保险条款、微信电子签收回执等，并没有显示被告证明其采用了书面的方式对该免责条款的内容进行具体的说明。且亦无证据显示被告通过其他的方式向投保人夏某就该问题进行了相应的解释。因此，被告在夏某投保时对相应的免责事由进行了提示，但对该条款的概念、内容等并未充分履行其说明义务，则该免责条款对投保人夏某不产生法律效力，被告以该免责理由拒付二原告保险金，依据不足，本院不予支持。

②案件：[2023]粤0391民初7195号

裁判要旨：保险公司未提交证据证明其在承保时已就所涉免责条款履行特别提示义务，机动车保险单（正本）中的重要提示部分仅提示投保人及时核对保单、阅读保险条款，不能以此替代保险公司应履行的基本提示义务。

法院认为：根据《保险法司法解释（二）》第10条规定，保险人将法律、行政法规中的禁止性规定情形作为保险合同免责条款的免责事由，保险人对该条款作出提示后，投保人、被保险人或者受益人以保险人未履行明确说明义务为由主张该条款不成为合同内容的，人民法院不予支持。本案中，某保股份有限公司深圳市分公司主张冯某基系醉酒驾驶，根据保险合同的约定，其在车上人员责任险（司机）范围内免责，但其并未提交证据证明其在承保时已就所涉免责条款履行特别提示义务，至于机动车保险单（正本）中的重要提示部分仅提示投保人及时核对保单、阅读保险条款，不能以此替代某保财产深圳分公司应履行的基本提示义务。故某保股份有限公司深圳市分公司在本案中不能免责，应依法承担相应的保险责任。原告发某物流有限公司主张被告某保股份有限公司深圳市分公司支付车上人员责任险（司机）保险金额10万元合理有据，本院予以支持。

（3）律师分析

针对车险中保险公司以"免责条款"为由进行拒赔的案例而言，可以看出法院审理此类案件往往会先将目光集中在该条款是否经过保险公司有效的提示说明,即该条款是否有效。分析投保单、保险条款、微信电子签收回执是否显示被告采用了书面的方式对该免责条款的内容进行具体的说明,以及条款内容是否存在"概括性",若存在,则要求保险公司证明其向投保人进行过明示或主动解释。

(4)法院裁判涉及的法律依据

①《保险法》第5条、第12条、第17条、第19条、第23条;

②《保险法司法解释(二)》第10条。

2. 车辆使用性质改变

(1)保险公司提出的拒赔依据

①《保险法司法解释(四)》第4条;

②保险合同约定,如:"被保险机动车被转让、改装或改变使用性质等,被保险人、受让人未及时通知保险人,且因转让、改装、加装或改变使用性质等导致被保险机动车危险程度显著增加,导致的被保险机动车的损失和费用,保险人不负责赔偿。"

(2)法院判决保险公司赔偿案例及理由

案件:[2021]粤0303民初31475号

裁判要旨:保险公司应承担证明保险标的的危险程度显著增加,若无法举证应承担不利后果。

法院认为:被告仅提交了原告在涉案车辆保单变更前从事网约车接单的证据,未能举证证明原告在保单批改车辆用途为家庭自用汽车后至涉案事故发生期间仍使用涉案车辆从事网约车接单。而事故发生后,涉案车辆已进厂维修,在维修完毕前亦无用作网约车营运的可能,且事故发生后,该车是否用于营运也与涉案事故的发生没有关联性,因此被告提交的证据不足以证明原告在保单批改后使用家庭自用汽车从事网约车营运增加保险标的的危险程度,其主张按照保险条款免赔的辩解理由不成立,本院不予采信。

(3)法院判决保险公司不赔偿案例及理由

案件:[2021]粤0304民初36570号

裁判要旨:被保险人在投保人声明中签字确认,认定保险公司已就该免责条款尽到合理的提示说明义务,该条款依法有效。

法院认为:被告提供的《机动车综合商业保险示范条款(2014年版)》,该条款第1章"机动车损失保险责任"条款约定了免责情况。另被告提供的保单"投保人声明"载明：保险人已向本人详细介绍并提供了投保险种所使用的条款，并对其中免除保险人责任的条款内容（包括但不限于责任免除、投保人和保险人义务、赔偿处理等），以及本保险合同中付费约定和特别约定的内容向本人做了明确说明，本人已充分理解并接受上述内容，同意以此作为订立保险合同的依据。原告在下方"投保人"处签字确认。庭审中，原告并未对上述约定免责条款情形提出异议。故本院认为被告已就该免责条款尽到合理的提示说明义务，该约定免责条款依法有效。

本案的争议焦点为原告从事上述顺风车服务的行为是否系营运行为，是否应当认定为"改变了被保险车辆的用途"，对此本院评判分析如下：

"顺风车"因其载客是顺路为之，故一般情况下，私家车从事顺风车并不导致车辆行驶里程显著增加，也不足以改变其车辆家用的根本属性，相应的车辆事故风险也不会显著上升，因此，不能简单将顺风车载客行为完全等同于营运性质行为。但部分私家车主存在利用顺风车网络平台，以营利为目的从事载客活动，如将顺风车载客一概纳入私家车财产保险赔偿范围，将导致原保险合同利益失衡，对保险人明显不利。故认定顺风车是否改变了车辆用途、车辆属性是否由非营运转化为营运性质，应结合被保险车辆在事故发生前从事顺风车业务的笔数、行驶距离、收取费用、车辆行驶路线等因素综合判断。

根据本院查明的事实，保险事故发生当天，原告在较短时间内存在多笔顺风车订单，涉案保险事故则发生于从深圳坪山区载客前往惠阳市时行经的高速公路路段。上述行为已经超越了私家车出行以"自用"为目的，顺路搭载他人的范畴，性质上更接近营运车辆所提供的有偿载客服务，客观上明显增加了私家车发生交通事故的风险。原告作为车主和驾驶员亦未就事故发生时系自用车辆出行、顺路搭乘他人的事实承担举证责任。故被告有权就本案保险事故援引双方订立的保险合同中关于被保险人"改变使用性质等导致被保险机动车危险程度显著增加，导致的被保险机动车的损失和费用，保险人不负责赔偿"的约定免责条款和法定免责条款拒赔。被告并已在规定期限内向原告发出拒赔通知，故原告要求被告承担赔偿责任的诉请，本院不予支持。

(4) 律师分析

法院在判断具体事件危险程度是否显著增加时，主要考虑以下要素：保险标的用途的改变、使用范围的改变、所处环境的变化、因改装等原因引起的变化、使用人或管理人的改变、危险程度增加持续的时间等。根据深圳市中级人民法院辖区公布案例而言，法院将首先审查保险公司是否履行了提示说明义务，确认该免责条款有效之后才会进一步判断危险程度是否显著增加。

（5）法院裁判涉及的法律依据

①《保险法》第17条、第23条、第24条、第52条；

②《保险法司法解释（四）》第4条。

五、结语

从上述对深圳市中级人民法院辖区处理的保险纠纷案例的深入检索分析，编者团队认为保险纠纷的争议解决往往依赖于对保险合同条款的深度剖析，剖析的角度也因险种以及案件具体情况的不同，产生了显著的差异性。基于此，编者团队建议在遇到保险纠纷时，应及时寻求专业法律人士的帮助，以最大限度地维护自身合法权益。

第四章 人民法院案例库案例解析

第一节 重疾险

一、何某等诉某保险公司人身保险合同纠纷案

入库编号：2023-08-2-334-002

审理法院：北京市第二中级人民法院

案　　号：[2020]京02民终7960号

案　　由：人身保险合同纠纷

裁判日期：2020年9月3日

裁判要旨

（1）保险合同是最大诚信合同，当事人在订立保险合同时应当遵守诚实信用原则。对投保人而言，应当履行如实告知义务，即投保人在订立保险合同时，如实向保险人告知保险标的的情况，以使保险人对保险标的的情况及所处的危险有客观真实的认识，从而决定是否承保及以何种费率承保。对保险人而言，应当履行提示和明确说明义务。保险合同是专业性、技术性较高的一种合同，绝大多数是以保险单等标准化形式出现，保险合同的条款、费率是保险人单方面制定的，投保人不易理解。因此，保险人有必要如实向投保人说明保险合同的主要条款，特别是其中的免责条款。根据《保险法》第16条、第17条的规定，不履行如实告知义务或明确说明义务，就可能导致保险合同的解除或有关条款的无效。

（2）关于等待期，人身保险合同往往会约定"等待期"。在保险合同生效后的一段时间内，即使发生保险事故，保险公司也不承担理赔责任，这段时期称为等待期。设置等待期是为了避免投保人的逆选择，比如带病投保、恶意投保，系保险法最大诚信原则的具体要求，等待期条款，符合保险行业惯例，不属于免责条款，保险人就此无须进行特别的明确说明义务。

（3）关于保险条款中关于"初次发生"的约定与释义，属于隐性免责条款。因为人的身体是一个复杂的系统，某一时期的身体异常情况并不能直接与某一重大疾病相挂钩，在现实生活中，有些疾病的症状是相似的，在未经最终确诊的情况下，不能由于患者有相似症状就直接推断与某种疾病相关联。重疾属于医学问题，具有高度的专业性、科学性，仅以生活经验进行推理作为裁判理由依据尚不充分，在保险合同关系中，保险人作为专业性更强的一方，理当负有更高标准的举证责任。

基本案情

原告何某、郝某甲、王某、郝某乙诉称：郝某丙系何某之夫、郝某乙之父以及郝某甲、王某之子。2018年1月22日，郝某丙与某保险公司在线订立电子保险合同，购买《爱相随重疾轻症保险》。2018年7月9日，郝某丙因"非霍奇金淋巴瘤"病故于民某总医院。何某申请理赔，某保险公司于2018年9月12日出具《理赔决定通知书》，拒绝理赔。故四原告请求法院判令被告某保险公司赔偿保险金400 000元、利息损失。

被告某保险公司辩称：不同意四原告的诉讼请求。案涉保险合同于2018年1月22日签订，2018年1月23日生效。经调查，被保险人郝某丙于2018年4月10日因双侧腮腺区肿大三天，伴有间歇性发热一天到某医科大学第一医院门诊急诊治疗，后于4月17日、19日两次到该医院就诊。4月19日的超声报告显示，郝某丙双侧颈部及下颚多发肿大淋巴结、腹腔多发肿大淋巴结。案涉保险合同约定的等待期为90日，于2018年4月22日（含当日）期满。根据被保险人的就诊情况，被保险人是在等待期内出现了重大疾病的相关症状，因此我方依据合同约定予以拒赔。

法院经审理查明：郝某丙向某保险公司投保，某保险公司予以承保并向其出具《电子保险单》：记载的生效日期为2018年1月23日零时；保险产品名称为爱相随重疾轻症保险。

与本案争议相关的保险合同条款如下：①等待期为 90 天，等待期内患本合同约定的重大疾病，保险人不承担给付保险金的责任，在等待期后发生本合同约定的保险事故，保险人按照合同约定给付重大疾病保险金，本案中等待期届满之日为 2018 年 4 月 22 日 24 时；②重大疾病保险金："被保险人初次发生（见 7.5）并被医院（见 7.6）的专科医生（见 7.7）确诊为本合同约定的重大疾病，我们按照本合同基本保险金额给付重大疾病保险金，合同终止。"释义 7.5 初次发生："指被保险人首次出现重大疾病的前兆或异常的身体状况，包括与重大疾病相关的症状及体征。"该条款系一般字体显示，与其他条款在外观上无显著区别。

2018 年 4 月 10 日，郝某丙进行了血常规检查及腮腺及下颌彩超，医院诊断："1. 腮腺炎？颈部淋巴结炎"；2018 年 4 月 17 日、18 日、19 日，郝某丙进行超声检查等，其中超声提示：腹腔多发肿大淋巴结、腹腔积液。2018 年 4 月 22 日，郝某丙前往首都医科大学北京某医院血液科就诊，医院建议患者尽快自行去肿瘤医院取活检。2018 年 4 月 25 日至 5 月 8 日，郝某丙在首都医科大学北京某医院感染微生物科住院治疗，出院主要诊断为血管免疫母细胞 T 细胞淋巴瘤。2018 年 5 月 15 日至 2018 年 6 月 22 日，郝某丙在某大学国际医院住院治疗，出院诊断为：非霍奇金淋巴瘤 IV 期、外周 T 细胞淋巴瘤等。2018 年 7 月 9 日，郝某丙病故。

庭审中，某保险公司认可郝某丙患"非霍奇金淋巴瘤"系合同中约定的"重大疾病"之"恶性肿瘤"。

2018 年 7 月 26 日，何某向某保险公司提交理赔申请。2018 年 9 月 12 日，某保险公司以本次理赔申请不符合约定的保险金给付条件为由拒赔。

北京市西城区人民法院于 2020 年 4 月 25 日作出 [2019] 京 0102 民初 5978 号民事判决：①某保险公司于本判决书生效之日起十日内给付郝某甲保险金 10 万元，并以实际未给付数额为基数，支付自 2018 年 9 月 12 日起至实际付清之日止的利息；②某保险公司于本判决书生效之日起十日内给付王某保险金 10 万元，并以实际未给付数额为基数，支付自 2018 年 9 月 12 日起至实际付清之日止的利息；③某保险公司于本判决书生效之日起十日内给付原告何某保险金 10 万元，并以实际未给付数额为基数，支付自 2018 年 9 月 12 日起至实际付清之日止的利息；④某保险公司于本判决书生效之日起十日内给付原告郝某乙保险金 10 万元，并以实际未给付数额为基数，支付自

2018年9月12日起至实际付清之日止的利息；⑤驳回原告郝某甲、王某、何某、郝某乙的其他诉讼请求。宣判后，某保险公司提出上诉。北京市第二中级人民法院于2020年9月3日作出［2020］京02民终7960号民事判决：驳回上诉，维持原判。

裁判理由

法院生效裁判认为：第一，2.4条款之约定，一般人并无法对"初次发生"得出明确的、符合通常理解且不存在歧义之理解与解释。7.5条款属于概括性、兜底性描述，对于何种症状、体征或须经何种途径确认与所患重大疾病相关均无明确的界定标准。任何人均可能在某一时间段出现某种异常状况，大部分疾病均可能存在一个或长或短的发展过程，保险人根据该释义对被保险人的身体状况进行追溯，则将免除自身的保险责任。第二，2.4、7.5条款均属于格式条款。7.5条款对2.4条款进行了限缩性解释，其内容实质上系隐性的免除保险人责任的条款，且系一般字体显示，某保险公司亦未有证据证明曾就该条款向郝某丙进行解释说明。第三，本案中，虽然郝某丙在保险合同约定的等待期届满之前在医院进行过治疗，但均未确诊为案涉重大疾病，郝某丙确诊为"非霍奇金淋巴瘤"的时间在保险合同约定的等待期届满之后。

法院认定保险条款7.5不发生效力，郝某丙系等待期届满后发生保险事故，某保险公司应当承担保险责任。案涉保单未指定受益人，保险金应作为郝某丙的遗产，郝某甲、王某、何某、郝某乙均有同等的继承权利且同意平均分配，故应在四人之间平均分配。

二、艾某某诉某人寿保险股份有限公司等人身保险合同纠纷案

入库编号：2023-08-2-334-004

审理法院：四川省成都市中级人民法院

案　　号：［2020］川01民终3351号

案　　由：人身保险合同纠纷

裁判日期：2020年7月3日

裁判要旨

人身保险合同中，投保人未如实告知已购买多份重疾险，虽然该告知事项属非健康告知事项，但结合投保动机、险种的本质、行业惯例、最大诚信原则等因素综合评判，可以认定该告知事项与保险人评估风险之间存在因果关系，足以影响保险人是否选择承保或者提高保险费率，保险人有权解除保险合同。

基本案情

原告艾某某诉称：2018年9月24日，原告投保了二被告某人寿保险公司、某人寿保险四川分公司承保的《某吉康人生重大疾病保险》，原告于2019年4月25日经三六三医院病理诊断为甲状腺癌。故原告于2019年5月23日向二被告提出了关于重大疾病保险金的索赔申请。2019年6月21日，被告某人寿保险股份有限公司四川分公司以被告某人寿保险股份有限公司的名义出具理赔结论告知书，以原告投保时未如实告知、影响其承保决定为由解除保险合同，不退还保险费，理赔不予赔付，被告拒不承担保险责任的行为严重侵犯了原告的合法权益，原告遂诉至法院，请求确认被告单方解除保险合同的通知无效。

被告某人寿保险公司、某人寿保险四川分公司共同辩称：第一，原告在与被告签订保险合同过程中，被告已经提示原告要如实告知有关情况，并且以书面的形式向原告就有关情况进行了询问，其中包括要原告告知是否已经购买或正在向其他保险公司申请购买人身保险合同，对该问题原告的回答为否，原告投保的时间是2018年9月24日，在该时间之前或者同时原告正在向或已经向其他8家保险公司投保人身保险，涉及10份保险合同，以上保险合同重大疾病等保险金额累计6 210 000元，原告在向被告申请投保案涉保险合同的时候，未就被告书面询问事项履行如实告知的义务。第二，案涉险种免体检额度为1 200 000元，而原告所投保的所有重疾保险的保险金额在当时已经超过了6 000 000元，已经远远超过了被告的免体检额度。根据《保险法》第16条第1款和第2款之规定，投保人未履行如实告知义务，保险人有权解除保险合同。第三，根据四川省华西医院的病理报告，原告并未被确诊为患有癌症，因此原告的情况本身也不符合合同约定的给付保险金的条件。

法院经审理查明：艾某某曾系某保险公司攀枝花分公司理赔员，具有医学专业学习背景，在2017年3月13日至2019年3月12日期间，艾某某代理中英保险公司四川分公司推销保险产品。2018年9月24日，艾某某以自己为被保险人向某人寿保险股份有限公司（以下简称某人寿公司）、某人寿保险股份有限公司四川分公司（以下简称某人寿四川分公司）申请投保某吉康人生重大疾病保险，基本保险金额为850 000元，交费年限20年，保险费27 540元，保险期间为终身。当日，艾某某签署了被告公司的《人身保险投保书》，投保书中"财务和其他告知事项"一栏第4项："您是否已购买或正在向其他保险公司申请购买人身保险合同？"对该询问内容，艾某某的回答为"否"。在2017年至2018年期间，艾某某还向八家保险公司投保了十份重大疾病保险，保险金额累计6 440 000元。上述十份投保单中针对投保人是否已购买或正在申请人身险保险合同的告知事项，其中有九份保单艾某某均回答为"否"。

2019年4月23日，艾某某被诊断为甲状腺乳头状癌，并于2019年5月23日向某人寿公司、某人寿四川分公司提出了索赔申请，后某人寿四川分公司以某人寿公司名义出具理赔结论告知书，以投保人投保时未如实告知向多家保险公司投保的事实影响其承保决定为由解除保险合同。

四川省成都高新区人民法院于2019年12月27日作出［2019］川0191民初11846号民事判决：驳回原告艾某某的全部诉讼请求。宣判后，艾某某提出上诉，四川省成都市中级人民法院于2020年7月3日作出［2020］川01民终3351号民事判决：驳回上诉，维持原判。

裁判理由

法院生效裁判认为，本案的争议焦点是：原告艾某某未就购买或正在购买的其他保险公司相关的人身保险的情况向被告保险公司如实告知，被告保险公司是否有权解除保险合同。根据《保险法》第16条规定，保险公司解除保险合同需要具备三个条件：一是保险人在订立保险合同时已就被保险人的有关情况提出了询问；二是投保人故意或因重大过失未如实告知有关询问事项；三是投保人未履行如实告知义务的情形，足以影响保险人决定是否同意承保或提高保险费。结合本案情形，本案证据能够证明被告公司对原告是否已购买或正在向其他保险公司申请购买人身保险合同已经提出询问，而原告并未如实回答，且原告对未如实告知有关事项存在故意。对于投保人未如实告知的事项及行为是否足以影响保险人决定是否同意承保或者提高保险费的问题，可以从重疾险的本质、投保动机、行业惯例、保险的最大诚信原则等角度去考察，并确定本案原告的不实告知情形是否达到了可以让保险公司有权解除合同的程度。第一，重疾险产品是一种定额给付型保险，其本质上是一种收入损失补偿保险，而并非让患者及家庭因购买保险而致富。原告的行为违背了重疾险的性质和初衷价值。第二，从投保动机看，原告未向被告如实告知向其他保险公司申请投保人身保险的保险金额合计已经高达6 440 000元，且各保单缴费期间为19年至30年不等，累计每年交纳保费20余万元，与原告年收入水平相当，一定程度上有违常理。以原告的专业能力，可挑选规模、产品、价格都较优的一家或几家公司投保，但事实上却分别选择了十家保险公司投保，且均在免体检额度内（并且其体检保额与免体检额非常接近），其投保动机存疑。第三，从行业惯例来看，从核保原理上看，连续多家投保的情况一般存在很高的逆选择风险，因此会从严处理，若投保人如实告知多份投保情况，会导致保险公司提高保费或/和增加核保体检的要求，也会加大契调力度（包括投保目的、健康状况、财务状况、工作环境、习惯嗜好、社会关系等）。第四，对于投保人而言，投保人自身的财产状况、利益的大小以及危险程度只有投保人最清楚，一旦隐瞒或欺骗，很容易损害保险公司的合法利益。但原告隐瞒多份投保、刻意规避体检但又希望享受更高保额的投保方案，明显违背保险的最大诚信原则。

三、周某诉某某人寿保险公司人寿保险合同纠纷案

入库编号：2024-08-2-334-004

审理法院：无锡市梁溪区人民法院

案　　号：[2016]苏0203民初2640号

案　　由：人身保险合同纠纷

裁判日期：2016年12月12日

裁判要旨

《保险法》第16条第4、5款规定，投保人故意不履行如实告知义务的，

保险人对于合同解除前发生的保险事故，不承担赔偿或者给付保险金的责任，并不退还保险费；投保人因重大过失未履行如实告知义务，对保险事故的发生有严重影响的，保险人对于合同解除前发生的保险事故，不承担赔偿或者给付保险金的责任，但应当退还保险费。投保人履行如实告知义务是《保险法》的最大诚信原则所要求的，因重大过失的行为人欠缺一般人所应有的最起码的注意，其漠不关心的态度已达到极致，从而与故意的心理状态在客观的外在行为表现上的界限模糊。投保人故意还是因重大过失未履行如实告知义务，是审判实践中的难点，也往往是案件的争议焦点，需要结合具体案件事实分析，通过投保人客观化的外在行为表现认定其主观心态。

基本案情

原告周某诉称：2015年3月2日，周某在某某人寿保险公司（以下简称"保险公司"）购买《某康逸人生两全险》和《某康附加康逸人生重大疾病保险》（以下简称"附加重疾险"），保险合同生效时间为2015年3月3日，保险金额22万元，被保险人为周某，保险条款载明良性脑肿瘤和颅脑手术属于重大疾病；2015年12月30日，周某入院治疗糖尿病期间发现脑膜瘤，2016年2月29日入院治疗脑膜瘤并于2016年3月8日进行神经导航左颞开颅肿瘤切除术；周某向保险公司理赔，保险公司于2016年4月27日出具理赔决定通知书，以周某在投保时已患糖尿病、高血压未告知严重影响保险公司承保决定为由，不同意承担保险责任并要求解除保险合同；2016年5月5日，保险公司又向周某出具保险合同效力终止通知单，称保险合同自2016年5月3日起效力终止。故请求判令：①保险公司支付周某保险金22万元；②本案诉讼费用由保险公司负担。

被告保险公司辩称：对签订保险合同、周某脑膜瘤治疗事实及保险公司拒赔情况均无异议，但周某在投保时故意未履行如实告知义务，且未如实告知的事项足以影响保险公司是否同意承保或提高保险费率，故保险公司有权解除合同，不承担赔偿或给付保险金的责任，并不退还保险费。请求驳回周某的诉讼请求。

法院经审理查明：周某于2014年2月25日体检，体检结论显示：舒张压偏高（92毫米汞柱）；空腹血糖（GLU）偏高（每升7.85毫摩尔）。2015年1月19日以周某名义在社区服务中心购买2盒非洛地平缓释片（该药用于治疗高血压），同日，周某的岳父在该社区卫生服务中心因高血压就诊，医生向其开具非洛地平缓释片2盒。2015年3月2日，周某向保险公司投保某康逸人生两全险和附加重疾险，约定投保人和被保险人为周某，保险合同生效日为2015年3月3日，保险金额为22万元，附加重疾险生效之日起180日后，经医院初次确诊非因意外伤害导致罹患本附加合同所定义的重大疾病（包含良性脑肿瘤），保险公司向周某给付重大疾病保险金22万元。保单列明的询问事项中，在是否患有、被怀疑患有或接受治疗过如高血压、糖尿病等栏中周某均选择"否"。周某在客户权益确认书中确认健康告知确实无误。2015年12月30日，周某因糖尿病住院治疗并发现存在脑膜瘤。入院记录中，周某主诉"发现血糖高1年余，下肢麻木1年"；住院治疗期间的诊疗记载看，周某"1年前体检偶然发现查血糖高，初病无明显口干、多饮、多尿、多食、消瘦症状，外院考虑2型糖尿病可能，但周某未予重视，平日饮食不控制，多甜食、油腻，不检测血糖；发现血压升高1年"。2016年2月29日，周某因脑膜瘤住院治疗，并于同年3月8日行神经导航下左颞开颅肿瘤切除术，并经病理诊断明确为"颞部"非典型脑膜瘤（WHO Ⅱ级）（保险公司认可该疾病属于良性脑膜瘤）。2016年3月30日，周某向保险公司申请理赔，保险公司作出理赔决定通知书，以周某投保时已患有糖尿病、高血压病，在投保时未履行如实告知义务，严重影响了保险公司的承保决定为由，解除保险合同并不承担保险责任。

江苏省无锡市梁溪区人民法院于2016年12月12日作出〔2016〕苏0203民初2640号民事判决：保险公司应于本判决发生法律效力之日起10日内赔偿周某保险金22万元。宣判后，双方当事人均未提出上诉，判决已发生法律效力。

裁判理由

法院生效裁判认为，本案的争议焦点为，周某在投保时是否故意未如实告知保险公司自身患有糖尿病、高血压。法院认为，周某在投保时不存在故意未如实告知保险公司其患有糖尿病、高血压的事实。具体理由为：①周某投保前的体检报告上仅显示"舒张压偏高（92毫米汞柱）；空腹血糖（GLU）偏高（每升7.85毫摩尔）"等，保险公司亦认可体检报告不能证明相关疾病的确诊，在医院并未确诊其患有高血压、糖尿病的情况下，周某作为一个普通人，并无法判断其是否已经罹患高血压、糖尿病；②2015年1月19日，周某虽购买了2盒治疗高血压的药物，但自2013年起，周某也仅有一次配药记录，仅凭一次配药记录并不能证明周某已患有高血压病；③从其投保后治疗糖尿病期间的主诉可以看出，周某"1年前体检偶然发现查血糖高，初病无明显口感、多饮、多尿、多食、消瘦症状，外院考虑2型糖尿病可能，但周某未予重视，平日饮食不控制，多甜食、油腻，不检测血糖；发现血压升高1年"，由此可见，周某在2015年12月30日前，并不确认自己已经患有糖尿病、高血压；④申请理赔时，周某虽在出院记录中抹去了诊断为糖尿病、高血压的事实，但该行为仅是发生在理赔过程中，无法以此推定周某在投保时已经明知自身患有糖尿病、高血压。综上，结合体检报告、就诊记录、配药记录及糖尿病、脑膜瘤治疗病历，均无法证明周某在投保前已经明知自身患有糖尿病、高血压。故周某在未被确诊是否患有糖尿病、高血压的情形下，在投保时未告知是否患有、被怀疑患有或接受治疗过糖尿病、高血压病，不存在故意未告知已患糖尿病、高血压的事实。综上，周某在投保时不存在故意未告知已患糖尿病、高血压的情形，保险公司予以承保后，周某按约交纳了保险费，保险公司应当履行在有效的保险合同期间内，按约支付保险金的义务。本案中，周某在保险合同生效180日后，确诊患有脑膜瘤并实施了神经导航下左颞开颅肿瘤切除术，保险公司亦认可脑膜瘤属于保险合同约定的重大疾病范围，且保险公司未提供证据证明糖尿病、高血压对脑膜瘤的发生有严重影响，故保险公司无权以周某投保前患有高血压、糖尿病未如实告知为由解除合同，并应对保险合同期间发生的保险事故承担给付保险金的责任。保险公司辩称周某在投保前已患有甲状腺结节、脂肪肝、左心室肥大、特发性震颤等疾病，但该疾病均与保险公司拒赔并解除合同的理由无关，故保险公司关于周某故意未履行如实告知义务，其已解除保险合同，不应支付保险金的抗辩，本院难以采纳。根据保险合同的约定，附加重疾险合同生效之日起180日后，经医院初次确诊非因意外伤害导致罹患良性脑肿瘤的，保险公司将按重疾险的保险金额向重大疾病保险金受益人给付重大疾病保险金，周某请求支付的保险金22万元不超过保险限额，予以支持。

第二节 意外险

一、段某某等诉某财险股份有限公司某分公司人身保险合同纠纷案

入库编号：2023-08-2-334-001

审理法院：安徽省芜湖市中级人民法院

案　　号：[2021]皖02民终799号

案　　由：人身保险合同纠纷

裁判日期：2021年5月20日

裁判要旨

对于外卖的"众包骑手"配送投保平台之外订单发生保险事故赔偿责任认定问题，实践中存在不同认识。"众包骑手"虽通过外卖平台投保商业保险并实际支付保费，但投保人、被保险人和保险受益人都是骑手本人，而非该外卖平台。保险合同并未明确约定，骑手在配送投保平台之外的订单时发生保险事故的，保险公司免赔。此种情况下，保险公司以骑手在事故发生时所配送的平台订单并非代为投保的平台订单而主张免赔的，人民法院不予支持。

基本案情

2020年5月14日，美团平台注册众包骑手叶某红从美团平台首次接单时，福建某科技有限公司为其在某财险股份有限公司某分公司（以下简称"某财险公司"）投保了美团骑手保障组合产品保险，其中意外身故、残疾保额60万元，叶某红为此支付保费3元，由美团平台扣收。该险种的客户群体为众包骑手。某财险公司出具的"美团骑手保障组合产品保险单（电子保单）"上并无投保人和被保险人签名或签章。投保后，叶某红的美团App中"保险说明"第1条载明"突发疾病身故：最高赔偿限额60万元人民币。在保险合同保险期间内，被保险人在工作时间和工作岗位突发疾病死亡或者在48小时之内经抢救无效死亡（既往症原因除外），保险人按照保险合同约定的保险金额给付突发疾病身故保险金，本附加保险合同终止"。第

2条载明"保险期间为被保险人当日第一次接单开始至当日24时,如在当日24时送单尚未结束的,保险期间最长可延续至次日凌晨1时30分,最长为25.5小时"。第3条第3款载明"由既往病史导致的突发疾病身故不属于保险责任;如发生猝死事故,必须由有鉴定资格的医院或者公安部门指定法医鉴定机构进行尸检以确定死亡原因,如未能提供相关证明材料导致无法确定死亡原因的,在已有证据可排除既往症原因的情况下,保险人按不超过身故限额的10%进行赔付"。投保当日18时40分,叶某红在万春商业街晕倒,被接警民警送至芜湖市第一人民医院救治,门诊诊断叶某红为脑出血。后叶某红被转往皖南医学院弋矶山医院继续救治,该院门诊病历记载处理意见为:脑干出血、双瞳散大、无自主呼吸,无手术指征、预后不良,随时有死亡可能、维持生命体征。2020年5月15日,叶某红出院,出院诊断为"脑干出血、高血压",出院情况为"深昏迷、双侧瞳孔散大固定、对光反射消失、刺痛无反应、机械通气中,去甲肾上腺素维持血压"。当日,叶某红在家中死亡,原因为脑内出血。

叶某红妻子段某某、母亲季某桂、儿子叶某遂提起诉讼,请求法院判令某财险公司支付叶某红死亡赔偿金60万元。某财险公司辩称,案涉事故发生时,叶某红配送的是"饿了么"平台订单,而非美团平台订单,不符合保险合同生效条件;叶某红真实死因未能查明,保险公司仅应承担不超过身故责任限额10%的赔偿责任。

安徽省芜湖经济技术开发区人民法院于2020年12月17日作出[2020]皖0291民初3635号民事判决:某财险股份有限公司某分公司支付段某某、季某桂、叶某死亡赔偿金60万元。某财险公司不服一审判决,提起上诉。安徽省芜湖市中级人民法院于2021年5月20日作出[2021]皖02民终799号民事判决:驳回上诉,维持原判。

裁判理由

法院生效裁判认为:本案争议焦点为案涉保险合同是否生效,案涉事故是否属于保险理赔范围,某财险公司主张的免赔事由是否成立。

关于案涉保险合同是否生效问题。外卖骑手分为"专送骑手"和"众包骑手",后者是指通过面向公众开放的外卖平台App注册,自行决定是否接单配送的骑手。外卖平台对"众包骑手"的工作时间、接单数量等不作硬性要求。"众包骑手"具有工作时间碎片化以及工作地点自由化特征，可同时选择在多个外卖平台工作，与平台之间的关系归属并不唯一，人身依附性并不紧密。叶某红虽在美团平台注册，但美团平台并未对叶某红工作时间、接单数量等作出限制，其可接其他外卖平台订单配送业务，显然属于"众包骑手"。案涉保险为商业保险而非工伤保险，投保目的是为保障骑手的人身安全及分担致人损害的赔偿责任，保费出自骑手，保险受益人是骑手而非美团平台。案涉保险投保方式系电子投保，叶某红在接受第一单外卖派送时购买当天的意外险，自系统扣收骑手保费之时，保险合同生效。

关于案涉事故是否属于保险理赔范围问题。案涉"保险说明"载明，最长保险期间是从骑手首次接单时起至次日凌晨1时30分；保险范围包括被保险人在工作时间和工作岗位突发疾病死亡或者在48小时之内经抢救无效死亡。案涉保险保障的是骑手人身权益而非美团平台权益，客户群体为"众包骑手"。某财险公司作为保险格式合同的提供方，应知悉该类被保险人的工作特性及可能存在的风险隐患，若其基于降低自身赔付风险的考量，则需对"众包骑手"的兼职属性进行限制，并在保险条款中明确注明若"众包骑手"配送投保平台之外的订单发生保险事故时不予理赔，但其在保险条款中并未特别说明。故投保人叶某红在保险期间内因脑内出血死亡，符合保险合同约定的48小时之内经抢救无效死亡情形，属于保险理赔范围。

关于某财险公司主张的免赔事由是否成立问题。案涉保险单及"众包骑手"意外保险说明系格式条款，该条款由某财险公司单方提供，供不特定投保人重复使用。某财险公司有义务对保险合同中免除保险人责任的条款，在投保单、保险单或其他保险凭证上作出足以引起投保人注意的提示，并对该条款的内容以书面或口头形式向投保人作出说明；未作提示或说明的，该条款不产生效力。案涉保险以电子投保的形式购买，某财险公司主张的因既往病史导致突发身故，以及需有相关鉴定资质机构确定死因的免赔条款，显然属于免除保险人责任条款，其应提交充分有效的证据证明已提请对方注意，如在合同中用黑体字予以特别标记，或以颜色、大小、下画线等方式进行特别标记等。但从本案现有证据看，某财险公司并未履行相应的提示和说明义务，故某财险公司主张的免赔事由不能成立。

二、杨某等诉某保险公司意外伤害保险合同纠纷案

入库编号：2023-08-2-334-003
审理法院：北京市西城区人民法院
案　　号：[2021] 京 0102 民初 13405 号
案　　由：人身保险合同纠纷
裁判日期：2021 年 8 月 23 日

裁判要旨

保险公司应对职业类别条款尽到相应提示及说明义务。按照《民法典》第 496 条规定，保险公司应在保险条款、保险单等材料中列明具体职业类别，或提醒投保人查阅职业类别相关规定，否则将被认定为未对该条款尽到一般说明义务，投保人亦无法理解该条款的含义，该条款不成为合同内容，保险公司应当承担赔付保险金的责任。

基本案情

原告杨某、李某甲、李某乙诉称：2019 年 11 月 23 日，李某丙在某保险公司投保意外伤害保险，保险险种为人身意外伤害保险，该保险金额为 10 万元；附加意外伤害医疗保险，该保险金额为 1 万元；附加意外伤害生活津贴保险，该保险金额为 1500 元。保险期间为 2019 年 11 月 23 日至 2020 年 11 月 22 日。2020 年 11 月 13 日李某丙在泰安市岱岳区夏张镇某厂因意外受伤，2020 年 12 月 3 日经泰安市某医院抢救无效死亡。杨某、李某甲、李某乙曾向某保险公司申请理赔，某保险公司未全额理赔。杨某、李某甲、李某乙提起诉讼要求某保险公司支付杨某、李某甲、李某乙保险金 110 385 元。

被告辩称：不同意杨某、李某甲、李某乙的起诉请求和理由。关于人身意外伤害保险和附加意外伤害生活津贴保险，由于被保险人李某丙从事的职业属于意外伤害保险职业分类表中所列的五类，因此按照保险金额的 1% 进行理赔，某保险公司已经进行了理赔。关于附加意外伤害医疗保险，该项保险适用补偿原则，保险事故发生后被保险人已经从第三者取得损害赔偿的，保险人赔偿保险金时，可相应扣减被保险人从第三者已取得赔偿金。本案中李某丙的医疗费用均是由李某丙的用人单位承担，杨某、李某甲、李某乙并

未支付任何医疗相关的费用，因此，该项保险金不应理赔。

法院经审理查明：杨某系李某丙之妻，李某甲、李某乙系李某丙之女。根据安康无忧意外险保险单，投保人、被保险人为李某丙，保险险种包括：人身意外伤害保险，保险金额10万元；附加意外伤害医疗保险，保险金额1万元；附加意外伤害生活津贴保险，保险金额1500元；附加疾病住院医疗保险条款，保险金额1万元。适用条款《某保险公司人身意外伤害保险条款》《某保险公司附加意外伤害医疗保险条款》《某保险公司附加疾病住院医疗保险条款》《某保险公司附加意外伤害生活津贴保险条款》。保险期间为2019年11月23日0时至2020年11月22日24时。总保险费70元，总保险金额121 500元。被保险人职业类别为1-4类，职业类别以《某保险公司个人职业类别表》为准，赔付比例1-4类100%，超出4类、5-6类为基本保额的1%，以出险时职业为准。

根据某保险公司提交的投保流程截屏及现场投保流程演示，点击链接进入投保页面，选择立即投保。在填写相关信息后，会弹出"同意投保须知、产品条款、特别约定"的按钮，点击该按钮后会弹出投保须知的内容，另可手动选择查阅产品条款、特别约定的内容。投保须知和特别约定中均说明了职业类别为1-4类的赔付比例为100%，5-6类为基本保额的1%。某保险公司主张该条款为保险责任范围条款。经双方当事人确认，该投保页面并无职业类别分类的具体信息。

2020年11月13日，在某建筑公司的材料集散地，他人在维修钢架管时，因维修架管的机器将架管扭动，碰到在机器旁工作的李某丙，导致李某丙受伤，后李某丙因外伤导致抢救无效临床死亡。根据杨某、李某甲、李某乙提交的山东省医疗住院收费票据，李某丙住院时间为20天，住院金额为92 493.08元。

本案审理过程中，某保险公司主张根据其提交的调查报告，李某丙发生意外时系因旁边维修架管的机器将架管扭动，碰到在机器旁工作的李某丙，因此李某丙的职业类别为钢骨结构工人，按照意外伤害保险职业分类表，钢骨结构工人为5类。杨某、李某甲、李某乙对此不予认可，认为李某丙属于建筑工地的零杂工，其是被钢管砸伤，但并非钢骨结构工人。

北京市西城区人民法院于2021年8月23日作出［2021］京0102民初13405号民事判决：①被告某保险公司于本判决生效之日起七日内向原告杨

某、李某甲、李某乙支付保险赔偿金 100 385 元；②驳回原告杨某、李某甲、李某乙的其他诉讼请求。宣判后，当事人未提出上诉，判决已发生法律效力。

裁判理由

法院生效裁判认为：本案的争议焦点之一为某保险公司应向杨某、李某甲、李某乙支付的保险金额应按照基本保额的 100%还是 1%计算。第一，关于李某丙是否属于钢骨结构工人，某保险公司仅以李某丙被工地中的钢管砸伤为由，认定其在钢管现场工作属于钢骨结构工人，依据不足。第二，关于该赔付比例条款的效力。该条款属于保险责任条款，即属于保险人承担保险给付责任范围的条款。本案中，该赔付比例条款属于某保险公司为重复使用而预先拟定，未与投保人协商的条款。条款中关于赔付比例的限制涉及对某保险公司保险责任的限制，其应在投保人进行投保时采取合理的方式提请对方注意，并按照对方要求进行说明。本案中，某保险公司虽在特别约定和投保须知处列明了 5-6 类职业的被保险人保额为基本保额的 1%，但其未将具体的职业类别予以列明，亦未提交证据证明在投保时询问了李某丙的具体工作内容、告知其职业的具体类别以及其职业类别对保险理赔金额的影响，应当认定某保险公司未将该条款提请李某丙注意，李某丙亦无法理解该条款的含义。因此，该条款并非李某丙与某保险公司保险合同的内容。某保险公司要求按照基本保额的 1%支付保险费，缺乏依据，法院不予采信。

三、仇某诉某保险公司人身保险合同纠纷案

入库编号：2024-08-2-334-002

审理法院：山东省济南市中级人民法院

案　　号：[2019]鲁 01 民终 10882 号

案　　由：人身保险合同纠纷

裁判日期：2019 年 12 月 16 日

裁判要旨

因同一保险事故被保险人要求各保险人支付的保险金超过实际发生的医疗费用的，人民法院不予支持。损失补偿原则是指保险事故造成保险标的毁

损，被保险人遭受经济损失，保险人给予被保险人经济赔偿，赔偿的标准恰好能填补被保险人遭受保险事故的经济损失。在损失补偿原则下，保险的目的在于补偿被保险人因保险事故造成的实际损失，因此，被保险人可获得的补偿以其保险标的在经济上恢复到保险事故发生之前的状态为限，而不是让被保险人获得多于或少于损失的补偿，尤其是不能让被保险人通过保险获得额外的收益，这个原则主要是为了维护保险双方的利益，从而防止道德风险的发生，防止被保险人因保险而获取不当利益。《保险法》第56条第1、2款规定，重复保险的投保人应当将重复保险的有关情况通知各保险人。重复保险的各保险人赔偿保险金的总和不得超过保险价值。除合同另有约定外，各保险人按照其保险金额与保险金额总和的比例承担赔偿保险金的责任。该条规定即是损失补偿原则在财产保险合同中的体现，即各保险人赔偿保险金的总和不得超过保险价值。

基本案情

原告仇某诉称：2017年9月1日，山东省济南市某中学以原告为被保险人在被告某保险公司处投保大地状元乐学生、幼儿意外伤害保险（2011年）一份，保险期限为一年。2018年7月25日，原告仇某因气胸住院治疗，在扣除医保报销后，个人支付19 685.57元，原告仇某在出院后，要求被告某保险公司依据保险约定履行合同义务，但被告某保险公司于2018年10月15日向原告出具不予给付通知书，拒绝履行合同义务。故请求判令：①被告某保险公司支付原告仇某保险赔偿金19 685.57元；②诉讼费用由被告某保险公司承担。

某保险公司辩称：仇某与某保险公司确实存在保险合同法律关系，仇某的伤害发生在保险期间，但仇某受伤住院之前存在既往病史，根据保险条款第5条第6项之约定，属于保险责任免赔的事由，对于其住院损失不承担赔付责任；另外，如法院判决某保险公司承担责任，因仇某在某某人保公司投保其他的保险，我公司应当与人保公司平均承担赔偿责任，诉讼费用由仇某承担。

法院经审理查明：2017年9月1日，仇某在济南市某中学上学期间，经由学校向某保险公司交纳保费60元，投保大地状元乐学生、幼儿意外伤害保险（2011年），具体包括意外伤害保险、附加突发急性病身故保险、住院医疗保险、意外伤害医疗保险,其中住院医疗保险的保险金额为40 000元,保险期限自2017年9月1日起至2018年8月31日止。

2018年7月25日至8月6日,仇某因气胸在山东省省立医院住院治疗,共花费医疗费31 354.11元,扣除医疗报销后,个人支付19 685.57元。2018年8月6日,仇某向某保险公司申请理赔,某保险公司于2018年10月15日作出意健险案件理赔决定通知书,决定对仇某的申请不予给付保险金,理由是本次住院医疗属于治疗既往症未构成保险责任,根据保险条款予以拒赔处理。另外,因仇某在某某人寿保险股份有限公司济南市分公司投保国寿长久呵护住院费用补偿医疗保险,该保险公司已向其给付保险金5000元。

山东省济南市章丘区人民法院于2019年6月22日作出〔2018〕鲁0181民初8656号民事判决:①被告某保险公司于本判决生效之日起十日内给付原告仇某保险金14 685.57元。②驳回原告仇某过高部分的诉讼请求。宣判后,某保险公司提起上诉。山东省济南市中级人民法院于2019年12月16日作出〔2019〕鲁01民终10882号民事判决:驳回上诉,维持原判。判决已发生法律效力。

裁判理由

法院生效裁判认为:仇某向某保险公司交纳保险费,某保险公司接受其投保,双方之间保险合同已成立并生效。第一,关于理赔义务,某保险公司辩称仇某系治疗既往症,依据保险条款第5条第6项"治疗既往症……发生的费用",仇某此次住院系治疗既往症,属责任免除情形,因此不予理赔;仇某称涉案保险系在学校投保的,至今未见到保险单和保险条款。《保险法》第17条第2款规定:"对保险合同中免除保险人责任的条款,保险人在订立合同时应当在投保单、保险单或者其他保险凭证上作出足以引起投保人注意的提示,并对该条款的内容以书面或者口头形式向投保人作出明确说明;未作提示或明确说明的,该条款不产生效力。"《保险法司法解释(二)》第13条第1款规定"保险人对其履行了明确说明义务负举证责任"。在诉讼过程中,某保险公司未提交证据证实其已向投保人履行提示和明确说明义务,因此,其所辩称的"治疗既往症"免责条款不生效,某保险公司应依约向仇某理赔。第二,关于理赔金额,仇某提交的保险单详细信息中显示住院医疗的保险金额为40 000元,某保险公司提交的保险条款第4

条约定了医疗费用的免赔额及赔付比例。《保险法司法解释（二）》第9条第1款规定：保险人提供的格式合同文本中的责任免除条款、免赔额、免赔率、比例赔付或者给付等免除或者减轻保险人责任的条款，可以认定为保险法第17条第2款规定的"免除保险人责任的条款"。具体到本案中，保险合同条款第4条的约定系免除和减轻保险人责任的条款，保险人应向投保人作出提示及明确说明，但某保险济南公司未能举证证明其履行了该义务，因此，该条款亦不生效，某保险公司应在保险单载明的保险金额内赔付。通过综合分析涉案保险合同的性质，法院认为涉案医疗保险合同属补偿性保险合同，应当适用损失补偿原则，即因同一保险事故被保险人要求各保险人支付的保险金超过实际发生的医疗费用的，人民法院不予支持。仇某的诉讼请求中包含了其已在某某人寿保险股份有限公司济南市分公司就同一笔医疗费用获得的理赔款5000元，法院适用损失补偿原则将该部分理赔款从仇某所诉数额中进行了扣除，故，某保险公司应理赔金额为14 685.57元（19 685.57元-5000元）。

四、邢某、郭某诉某保险公司人身保险合同纠纷案

入库编号：2023-08-2-334-005

审理法院：上海市第一中级人民法院

案　　号：［2011］沪一中民六（商）终字第193号

案　　由：人身保险合同纠纷

裁判日期：2011年12月13日

裁判要旨

保险案件中，损失原因的确定对于决定保险人是否应承担保险责任至关重要。当一个损失结果存在数个致损原因时，则应当按近因原则来确定引起损失决定性和有效性的具体原因。

基本案情

原告邢某、郭某诉称，两原告系被保险人郭某某妻子、儿子，系郭某某第一顺序法定继承人。2010年12月，某仓储公司作为投保人为包括郭某某在内的22名员工投保了团体意外伤害保险，约定保险责任为意外伤害身故和残疾，身故保险金为20万元。2011年1月6日，被保险人郭某某在工地

现场意外倒地，送医院救治无效后死亡，事故发生后，某仓储公司立即向被告保险公司报案，被告保险公司亦派员至现场勘查。此后投保人代原告向被告保险公司申请理赔，被告保险公司不予赔付。故起诉要求被告保险公司赔偿医疗费用1531.60元、身故保险金20万元。

被告保险公司辩称，郭某某系因高血压病三级导致脑出血死亡，不属于保险责任范围，被告不应承担赔偿责任。

法院经审理查明：2010年12月9日，某仓储公司作为投保人，为其22名员工（含郭某某）向被告投保团体意外伤害保险及附加险，保险自2010年12月10日零时起生效，保险期限12个月。团体意外伤害保险责任为意外伤害身故及残疾，22人保险金额共计4 400 000元；附加意外伤害团体医疗保险责任为意外住院和门急诊，22人保险金额共计880 000元；附加意外伤害住院团体收入保障保险责任为意外住院津贴，22人保险金额为158 400元。

郭某某在某仓储公司工地担任勤杂工，负责管理工具和整理工具。2011年1月6日7时20分许，郭某某在将工具从工具箱中拿出时突然倒地，经医院抢救无效，于当天13时30分许死亡。在医院抢救期间共发生医疗费1531.60元。2011年1月6日，医院出具郭某某死亡医学证明书，直接死亡原因为脑出血，引起脑出血的疾病或情况为高血压病3级极高危组。郭某某死亡后，投保人某仓储公司向被告报案，被告派员于2011年1月17日至工地现场向有关人员做了调查。2011年1月18日，人力资源和社会保障局作出工伤认定书，认定郭某某之死视同为工伤。2011年1月19日，郭某某遗体被火化。

郭某某之直系亲属只有父母与妻、子，其父母均已死亡，两原告系郭某某之妻、子，为郭某某法定共同受益人。

"团体意外伤害保险条款"第5条规定："在保险期间内，被保险人因遭受意外伤害事故，并自事故发生之日起180日内因该事故身故的，保险人按意外伤害保险金额给付身故保险金。""团体意外伤害保险条款"第6条、"附加意外伤害团体医疗保险条款"第4条规定："因下列原因造成被保险人身故或残疾（医疗费用支出）的，保险人不承担给付保险金责任：（一）投保人的故意行为；（二）被保险人自致伤害或自杀，但被保险人自杀为无民事行为能力人的除外；（三）因被保险人挑衅或故意行为而导致的打斗、被袭击或被谋杀；（四）被保险人妊娠、流产、分娩、疾病、药物过敏、中暑、猝死；（五）被保险人接受整容手术及其他内、外科手术；（六）被保险人未遵医嘱，私自服用、涂用、注射药物；（七）核爆炸、核辐射或核污染；（八）恐怖袭击；（九）被保险人犯罪或拒捕；（十）被保险人从事高风险运动或参加职业或半职业体育运动。""团体意外伤害保险条款"第25条规定：意外伤害是指以外来的、突发的、非本意的和非疾病的客观事件为直接且单独的原因致使身体受到的伤害。"附加意外伤害团体医疗保险条款"第3条规定："在保险期间内，被保险人遭受意外伤害事故，并在符合本条款第12条释义的医院进行治疗，保险人就被保险人自事故发生之日起180日内实际支出的按照当地社会医疗保险主管部门规定可报销的、必要的、合理的医疗费用超过人民币100元的部分给付医疗保险金；被保险人如果已从其他途径获得补偿，则保险人只承担合理医疗费用剩余部分的保险责任。"

上海市闵行区人民法院于2011年9月25日作出［2011］闵民四（商）初字第135号民事判决：①被告某保险公司于本判决生效之日起10日内支付原告邢某、郭某保险金20万元；②驳回原告邢某、郭某其余诉讼请求。宣判后，某保险公司不服一审判决，提起上诉。上海市第一中级人民法院作出民事判决：驳回上诉，维持原判。

裁判理由

法院生效裁判认为，被保险人与被告之间的保险合同关系依法成立并生效，在发生了保险事故后，被告应按约承担保险责任，向被保险人赔付保险金。两原告作为法定受益人，有权主张本保险合同项下的保险权益。本案主要争议在于：①被保险人死亡是否属于保险合同中约定的保险事故，被告是否应赔付身故保险金；②郭某某之死在被认定为工伤后，被告是否还应赔偿医疗费。

关于争议一，被告应赔偿身故保险金。理由是：根据《保险法》的规定，损失原因的确定对于决定保险人是否应承担保险责任至关重要，保险人对保险合同项下赔付责任的履行，取决于在符合保险合同规定的前提下，风险与损失之间的因果关系。当一个损失结果存在数个致损原因时，则必须确定引起损失决定性和有效性的原因，这就是保险法上的近因原则。根据保险条款的规定，保险人承保的风险是外来的、突发的、非本意的和非疾病的客观事件致使被保险人身体受到的伤害。保险条款将疾病作为除外责任，然而，疾病可以造成意外伤害，意外伤害也可以造成疾病。如果是除外责任的疾病造成意外事故，而意外事故再引起伤害或死亡，那么引起损失的近因就是意外事故。如果存在两个造成伤害的近因，其中一个属于明示的除外危险如某种疾病，这种情况下则需区别伤害或死亡是由疾病造成，还是疾病仅加重了其他原因所造成的伤害这两种不同情况。在前一种情况下，保险人不需承担赔偿责任；在第二种情况下，保险人仍需承担赔偿责任，因为疾病仅使被保险人更容易受到意外事故的伤害。本案中，就需区别这两种情况。

高血压是一种慢性的、基础性的疾病，一般情况下，患高血压病不会引起患者立即死亡。高血压导致患者死亡，必须有一定的诱因，诸如精神、心理因素、外来刺激、过度疲劳、剧烈运动等。医院出具的死亡医学证明书，仅对郭某某死亡的病理原因作了描述，认为系脑出血，引起脑出血的疾病或情况为高血压病。但死亡医学证明书对引起郭某某高血压病急性发作的原因是什么未作认定。郭某某存在高血压这个基础性疾病毋庸置疑，但高血压病是一种慢性病，在正常情况下，不会导致郭某某立即死亡，故引起郭某某高血压病急性发作的原因，才是导致郭某某死亡的真正原因。郭某某是在搬运工具的过程中倒地，经医院检查后发现存在脑出血，故此时存在两种可能性：一是由于脑出血导致郭某某倒地，二是郭某某倒地引发脑出血。如系第一种情况，保险人可不承担赔偿责任。如系第二种情况，则倒地才是被保险人死亡的近因，保险人应承担赔偿责任。但郭某某倒地过程无人目睹，且其遗体已被火化，火化前未做尸检，故郭某某之死究竟是由于倒地引起脑出血，还是由于脑出血倒地，目前已无法查清。如被告认为被保险人的死亡是由于潜在疾病引起而非由于倒地引起，应由被告方承担举证责任。但被告自得知事故发生之日至尸体火化时止，未向家属主张对被保险人进行尸体解剖，导致引起郭某某死亡的直接的、决定性的原因是什么目前已无法查明，被告应承担相应的不利后果。保险人认为高血压是郭某某死亡的直接原因，并引用除外条款拒绝赔偿，但未提供充分证据加以佐证，法院对此难以采信。

关于争议二，保险条款规定，被保险人如果已从其他途径获得补偿，则保险人只承担合理医疗费剩余部分的保险责任。本案中，郭某某之死已被认定为工伤，医疗费应由其单位负担，故被告可不负赔偿责任。

综上，两原告作为法定受益人要求被告赔付郭某某之死亡保险金，符合法律规定，予以支持。但两原告要求被告赔偿医疗费缺乏依据，不予支持。

五、鲁某某、高某某诉某某人寿保险公司人身保险合同纠纷案

入库编号：2024-08-2-334-005

审理法院：上海市黄浦区人民法院

案　　号：［2012］黄浦民五（商）初字第1868号

案　　由：人身保险合同纠纷

裁判日期：2012年12月10日

裁判要旨

受益人之一杀害被保险人，其他受益人是否享有保险金请求权，依据2002年保险法无法受偿，但新保险法作出了不同规定。人民法院应当准确适用"有利法律溯及既往"规则指导案件裁判方向，更好地保护公民、法人和其他组织的合法权益。在具体法律适用技术上，通过解释《继承法》（已失效）第7条关于丧失继承权从而排除受益权的方法，排除作为杀害被继承人凶手的受益人资格，从而认定其他受益人系被保险人的合法继承人，依法享有获得被继承人保险金的权利。

基本案情

鲁某系原告鲁某某之父、高某某之子，其在被告某某人寿保险有限公司（以下简称"某保险公司"）处投保了一份黄金盔甲意外伤害保险，合同生效日为2006年3月15日，保险期为1年，基本保险金额为30万元，投保人和被保险人均为鲁某本人，身故保险金受益人为被保险人鲁某的法定继承人。《意外伤害保险条款》第3.3.1条载明：若被保险人于本合同有效期内遭受意外事故，并自事故发生之日起180天内因该意外事故导致身故，我们（注：保险公司）将按合同所载的基本保险金额给付意外身故保险金，本合同终止，但以往已给付的意外残疾项目对应的残疾给付比例应予以扣除。

2006年8月16日，投保人鲁某被其妻子吴某杀害，吴某因犯故意杀人罪，被判处有期徒刑15年，剥夺政治权利4年。在本案审理期间，吴某表示，按照法律规定本人丧失继承权利，放弃参与诉讼。

2011年7月27日，原告鲁某某向被告某保险公司提出理赔申请，被告

于同年 8 月 19 日作出拒赔通知书，理由是保险公司"责任免除"规定，受益人故意杀害或者伤害被保险人，保险公司不负保险责任。

鲁某死亡时，未留有遗嘱，其第一顺序继承人为其母亲高某某和儿子鲁某某。两原告诉至法院，要求判令被告某保险公司支付保险赔偿金 30 万元及承担诉讼费。

被告某保险公司辩称：①涉案保险合同是投保人 2006 年 3 月份投保并成立，根据理赔申请材料，被保险人 2006 年 8 月 16 日死亡，保险合同应适用 2002 年《保险法》规定，按照该保险法规定，被告不应当承担保险责任；②投保人和保险人在保险合同第 4 条约定，受益人故意杀害被保险人的，保险人不应当理赔。

上海市黄浦区人民法院于 2012 年 12 月 10 日作出［2012］黄浦民五（商）初字第 1868 号民事判决：被告某保险公司应于本判决生效之日起 10 日内给付原告鲁某某、高某某保险金人民币 30 万元。

一审宣判后，原、被告均未提起上诉。本案判决已生效。

裁判理由

法院生效裁判认为，本案主要争议焦点是原告之外的其他受益人故意杀害被保险人的，保险人是否应当向原告方赔偿。法院认为，鲁某在投保时未指定受益人，鲁某作为被保险人，其死亡后保险金作为被保险人的遗产，由保险人依照《继承法》（已失效）的规定履行给付保险金的义务。本案被保险人鲁某在意外伤害保险期间内，被其妻子吴某杀害，吴某因其故意杀害被继承人的行为而丧失继承权。但原告鲁某某、高某某作为被保险人鲁某的第一顺序继承人依法享有继承被保险人鲁某保险金的权利。

六、何某等诉某人寿保险股份有限公司上海分公司人身保险合同纠纷案

入库编号：2024-08-2-334-006

审理法院：上海市浦东新区人民法院

案　　号：［2010］浦民六（商）初字第 674 号

案　　由：人身保险合同纠纷

裁判日期：2010年10月21日

裁判要旨

猝死的原因不仅包括疾病，还包括病理性以外的其他因素。在保险合同中，认定猝死事故是否属于意外伤害保险合同的保险责任范围，应结合事故成因予以确定，而不能在未进行尸检的情况下就主观推定猝死的原因是疾病，从而将猝死排除在意外伤害保险的承保范畴之外。若保险人并未明确提出尸检要求，在受益人已完成初步证明义务的情况下，保险人应承担举证不能的不利后果。

基本案情

何某等诉称："猝死"不仅包括因疾病而致的"猝死"，还包括不明"因由"的突然意外死亡，可能存在病理性以外原因导致的"猝死"。何某等向某人寿保险股份有限公司上海分公司（以下简称"某保险公司"）提供了被保险人的生前全部病史，并且被保险人单位、同事曾向警方作证，说明被保险人生前并无"高血压、心脏病"等导致"猝死"的疾病。被保险人的"死"是突发的、非本意的，也是非疾病的，应属于保险公司所承保的"意外伤害"致死。某保险公司在被保险人火化后拒赔，认为何某等无法证明"非疾病意外猝死"，但因疾病猝死的举证责任在某保险公司，某保险公司不能举证应承担不利后果。故请求判令：①某保险公司向何某等支付意外死亡保险金130 000元；②某保险公司赔偿何某等律师代理费5000元。

某保险公司辩称：对意外伤害应从词义的本身解释，外来的、突发的、非本意的、非疾病的四个条件是并列的，只有同时满足四个条件才构成意外伤害。被保险人死亡的原因并非保险合同约定的意外事件，而是猝死，从医学角度是因潜在的自然疾病突然发作、恶化所造成的急速死亡，而非保险合同约定的非疾病的使身体受到伤害的意外事件。同时，免责条款中没有约定猝死，但其中第（12）项已约定"既有疾病的急性发作"的情况下责任免除，猝死前一般都查不出病因，猝死的诱因一般是内部原因而非外在原因。因此本案保险人不承担保险责任，要求保险公司承担律师费无法律依据。

法院经审理查明：何某等人系被保险人吴某法定共同受益人，其关系分别为被保险人的妻子、儿子、父亲。2009年8月，吴某参加单位组织的旅游,并购买了某保险公司经营的旅行综合意外伤害保险,其中意外保险金额最高为130 000元。旅行第二天,吴某被人发现仰躺在酒店温泉池池底,救出后经抢救无效死亡。对现场进行勘查及对尸体检验后,公安局出具死亡证明,结论为猝死。由于何某等不同意公安机关对吴某进行尸体解剖,某保险公司也未明确提出尸体解剖的要求,后吴某尸体被火化。何某等在事故发生之后即向某保险公司报案,并递交理赔材料。某保险公司于2009年10月26日出具理赔结案通知书,告知拒绝赔付,理由是:被保险人身故原因为"猝死",故不予给付意外身故保险金。

《旅行综合意外伤害保险条款》第2.3条规定,被保险人因遭受意外伤害事故,并自该事故发生之日起180日内以该事故为直接且单独的原因身故的,保险人按其基本保险金额给付"意外身故保险金",对该被保险人保险责任终止。第2.4条规定,被保险人因以下情形之一造成身故、残疾或发生医疗费用的,保险人不承担保险责任:……(5)被保险人非法服用、吸食或注射违禁药品,成瘾性吸入有毒气体,酗酒或斗殴;……(12)被保险人既有疾病的急性发作。第6.1条规定,意外伤害是指遭受外来的、突发的、非本意的、非疾病的使身体受到伤害的客观事件。

上海市浦东新区人民法院于2010年10月21日作出[2010]浦民六(商)初字第674号民事判决:①某保险公司应赔付何某等保险金130 000元;②驳回何某等其余诉讼请求。

一审宣判后,双方当事人均未提出上诉,判决已发生法律效力。

裁判理由

法院生效裁判认为,何某等人作为法定受益人,有权主张本保险合同项下的保险权益。本案的争议焦点在于:一是被保险人身故是否为保险合同中约定的"意外伤害事故"所致;二是当事人双方对被保险人死亡原因的举证责任及其法律后果;三是保险公司应否及如何承担保险责任。

关于第一项争议焦点,涉案保险合同未直接约定"猝死"属于承保范围或是免责范围,所以对保险公司责任的判定应根据被保险人的死亡是否属于所承保的意外伤害或免责条款中所约定的"既有疾病的急性发作"加以认定。涉案旅行综合意外伤害保险条款中对"意外伤害"进行了释义,其中"外来的、突发的、非本意的、非疾病的"四个要素同时具备才构成意外伤害。本案中双方主要对涉案事故是否具备"非疾病"因素存在争议。首先,猝死的原因不仅包括疾病,还包括病理性以外的其他因素,不能将猝死等同于疾病死亡。对于猝死的原因,应结合猝死的定义和被保险人的具体情况加以认定。通常认为,猝死是指貌似健康的人,由于机体内潜在的疾病或重要器官发生急性功能障碍,导致意外的、突然的、非暴力性死亡。造成猝死可以有某些诱因如精神过度紧张、暴饮暴食、轻微外伤、冷热刺激、过度疲劳等,也可以无明显诱因。由此可见,猝死包括非疾病的意外死亡,某保险公司认为猝死均由潜在疾病导致的抗辩是不能成立的。其次,本案被保险人的猝死不能认定为具有疾病因素。因为公安机关未认定被保险人因潜在疾病发作而死亡,而是认为猝死,但猝死的诱因有精神、心理因素、冷热刺激、过度疲劳、暴饮暴食等。被保险人的生前医疗记录也未载明其存在可能引发死亡的疾病。而且,本案保险事故发生后,何某等不同意对被保险人尸体进行解剖,也没有证据表明某保险公司曾提出不同意见。在此情况下,也尚不能认定被保险人猝死是由疾病所致。综上,本案中被保险人身故属于保险合同中约定的"意外伤害事故"所致。

关于第二项争议焦点,根据《保险法》和涉案保险条款的有关规定,受益人在索赔时原则上应承担保险事故性质、原因和损失程度的证明责任。在涉案保险事故发生后,何某等已经及时通知了某保险公司,并向某保险公司提供了被保险人生前的全部病史,对被保险人不存在潜在疾病完成了自己的初步证明义务。此时,某保险公司主张被保险人猝死是由既有疾病或潜在疾病所致,应承担相应的举证义务。但某保险公司自得知事故发生时起至尸体火化时止,并未主张对被保险人进行尸体解剖,在何某等不同意公安机关进行尸体解剖的情况下,也未明确提出尸体解剖的要求,而是认可了公安机关作出的猝死结论。故,在双方就被保险人猝死原因存有争议而何某等已尽初步证明义务的情况下,某保险公司不能证明其所主张的被保险人的死亡是由潜在疾病所致,应承担相应的不利后果。

关于第三项争议焦点,如上所述,在某保险公司不能举出相反证据的情况下,应认定本案被保险人猝死属于非疾病原因的死亡,符合保险合同约定的赔付条件,某保险公司应承担相应的保险责任。同理,被保险人猝死具有意外、突然的特点,超出其自主意识之外,在某保险公司不能证明其由被保险人意愿或内在原因所致时,应认定具备了保险条款约定的意外伤害事故的外来的、突发的、非本意的要素。某保险公司辩称被保险人在饮酒后未听从酒店工作人员的劝阻进入温泉池，酒店温泉区域也已明确告知游客酒后不能泡温泉，所以某保险公司不应承担保险责任。但本案并无证据足以证明被保险人系在酗酒后泡温泉，公安机关的调查报告对此也未进行认定。即使被保险人确属在饮用不确定量的酒之后泡温泉，某保险公司也未能证明这已构成保险公司可以免责的事由，或属于保险公司所承保的意外伤害身故保险范围之外的事项。故某保险公司应承担全部的保险金赔付责任。

第三节　责任险

一、定远县某学校诉某财产保险股份有限公司某中心支公司保险纠纷案

入库编号：2023-08-2-500-001

审理法院：安徽省滁州市中级人民法院

案　　号：[2019] 皖11民终1284号

案　　由：保险纠纷

裁判日期：2019年6月11日

裁判要旨

根据《侵权责任法》（已失效）第40条规定："无民事行为能力人或者限制民事行为能力人在幼儿园、学校或者其他教育机构学习、生活期间，受到幼儿园、学校或者其他教育机构以外的人员人身损害的，由侵权人承担侵权责任；幼儿园、学校或者其他教育机构未尽到管理职责的，承担相应的补充责任。"界定寄宿学校的管理责任和范围，应结合寄宿学校的管理行为与损害后果之间是否存在因果关系予以判断。寄宿学校不仅组织寄宿生的校内学习、校外活动，还对学生的生活、住宿、出行、去向负有管理责任。学生上下学途中是往返学校到居所或休息地点必然要发生的地点转换过程。在这个过程中，学生虽脱离了寄宿学校的直接管理，但寄宿学校仍然对学生上下学存在间接的管理责任。如负有对学生离校手续的办理、离校后的去向以及及时通知监护人学生离校情形的管理义务，因此寄宿学校对于阻断寄宿生在

上下学途中发生损害的危险源负有特别责任。

基本案情

定远县某学校于2017年在某财产保险股份有限公司某中心支公司（以下简称"某财保支公司"）续保了平安普通教育校方责任保险，保险期间自2017年9月1日12时至2018年9月1日12时。2018年5月6日13时许（星期天），定远县某学校初中部寄宿学生何某甲无证驾驶无牌轻便二轮摩托车载乘同班同学王某某在上学途中发生交通事故，事故造成何某甲受伤后经抢救无效死亡，王某某受伤。事故发生后，何某甲的父母何某乙、杨某某以定远县某学校侵犯何某甲生命权为由将该校起诉至安徽省定远县人民法院。

安徽省定远县人民法院于2019年3月5日作出［2019］皖1125民初991号民事判决，某财保支公司于本判决生效后十日内向定远县站岗学校赔付保险金34073.5元。案件受理费652元，减半收取326元，由某财保支公司负担。某财保支公司以何某甲是在上下学途中死亡，不属于保险范围为由，拒绝赔付，并上诉至安徽省滁州市中级人民法院。安徽省滁州市中级人民法院于2019年6月11日作出［2019］皖11民终1284号民事判决，驳回上诉，维持原判。

裁判理由

法院生效裁判认为：本案中，定远县某学校已经生效判决确定，因管理上瑕疵，就何某甲死亡赔偿案件承担10%的赔偿责任，某财保支公司并未举证定远县某学校不应承担赔偿责任，亦未提供证据申请再审推翻该生效判决，故定远县某学校在该案中的赔偿责任已经明确。

定远县某学校投保的校方责任险赔付的是因校方责任导致学生人身伤害，依法应由校方承担的经济赔偿责任，定远县某学校在何某甲死亡赔偿案件中承担10%的赔偿责任，某财保支公司应当就此赔付定远县某学校相应的保险金。某财保支公司称因何某甲并未在在校活动或由定远县某学校统一组织或安排的活动过程中死亡，故其公司不应承担保险责任的上诉理由，某财保支公司是根据保险合同条款中责任免除条款第9条推导出保险的范围，因某财保支公司并未举证证明其就免责条款履行了特别的提示和说明义务，故该条款对定远县某学校不产生效力。

寄宿生上下学途中是否属于寄宿学校的管理范围的问题。根据《侵权责任法》（已失效）第40条规定："无民事行为能力人或者限制民事行为能力人在幼儿园、学校或者其他教育机构学习、生活期间，受到幼儿园、学校或者其他教育机构以外的人员人身损害的，由侵权人承担侵权责任；幼儿园、学校或者其他教育机构未尽到管理职责的，承担相应的补充责任。"界定寄宿学校的管理责任和范围，应结合寄宿学校的管理行为与损害后果之间是否存在因果关系予以判断。寄宿学校不仅组织寄宿生的校内学习、校外活动，还对学生的生活、住宿、出行、去向负有管理责任。学生上下学途中是往返学校到居所或休息地点必然要发生的地点转换过程。在这个过程中，学生虽脱离了寄宿学校的直接管理，但寄宿学校仍然对学生上下学存在间接的管理责任。如负有对学生离校手续的办理、离校后的去向以及及时通知监护人学生离校情形的管理义务，因此寄宿学校对于阻断寄宿生在上下学途中发生损害的危险源负有特别责任。就本案而言，寄宿生何某甲在住宿统一管理期间未办理请假手续擅自离校，定远县某学校并未尽到对学生离校的管理责任，也未掌握学生的去向，在何某甲离校后亦未及时通知其监护人，因此学校在管理上存在疏忽，其不作为行为并未中断损害发生的因果链，应当承担相应的管理责任。

综上，寄宿生上下学途中属于寄宿学校的管理范围，在此期间出现伤亡，寄宿学校未履行管理义务的应承担相应的管理责任。校方责任险也应当就寄宿学校承担的责任履行赔付相应保险金的义务。

二、某环境公司诉某保险公司保险纠纷案

入库编号：2023-08-2-500-003

审理法院：北京市第二中级人民法院

案　　号：[2020]京02民终3611号

案　　由：保险纠纷

裁判日期：2020年5月28日

裁判要旨

保险合同多采用格式条款，认定保险合同中格式条款的效力，不应当拘

泥于文本内容，而应当探究合同当事人的真实意思表示、确定合同对当事人发生何种法律效力，充分关注于合同订立的背景、合同签署的细节、合同表现的形式、合同具体的履行等多方面因素，综合判断合同内容是否已发生实质性变更，以确保裁判结果的公平。保险公司于同日出具了两份保险单，保险销售人员和经办人员均相同，保险单内容除被保险人信息外均相同。保险公司事后以不符合保险条款约定的雇员定义为由拒绝理赔，有违公平诚信原则。

基本案情

2018年9月，某环境公司向某保险公司投保雇主责任保险，投保单尾部载明，业务员为赵某，主介绍人为张某，某环境公司以公司账户汇款的方式交纳了保险费82 500元。2018年9月6日，某保险公司出具雇主责任险保险单，被保险人为某环境公司，保险期间为2018年9月8日至2019年9月7日，投保员工人数为110人，水面、河道作业工人每人死亡赔偿限额为50万元；每人保费为750元；每次事故医疗费用绝对免赔额为300元；总保费为82 500元。该保险单上手写有"赵某"两字。该保险单附有人员清单明细，列明了投保的110名员工的姓名、身份证号，廖某甲在该名单中。

同日，某保险公司出具了另一份被保险人为某工程公司的雇主责任险保险单。该保险单的内容以及所附的人员清单明细与被保险人为某环境公司的保险单均一致。该保险单上也手写有"赵某"，廖某甲亦出现在该保险单所附的人员清单明细中。

某环境公司与某工程公司所投保的雇主责任险保险A条款载明了如下内容："在保险期间内，被保险人的雇员在其雇佣期间因从事保险单所载明的被保险人的工作而遭受意外事故致伤、残、死亡，可认定为工伤的，依照中华人民共和国法律应由被保险人承担的经济赔偿责任，保险人负责赔偿，具体包括死亡赔偿金、伤残赔偿金、医疗费用等；被保险人对其承包商所雇佣的员工的责任，保险人不负责赔偿……雇员是指与被保险人签订有劳动合同或存在事实劳动合同关系，接受被保险人给付薪金、工资的人员，包括正式在册职工、短期工、临时工、季节工等，但因委托代理、行纪、居间等其他合同为被保险人提供服务或工作的人员不属于本保险合同所称的雇员。"

2018年3月，廖某甲与某工程公司签订《农民工劳动合同》，某工程公司于2018年4月起向廖某甲发放工资。2018年10月，廖某甲在某环境公司承包、某工程公司分包的清淤工程项目进行水面清理工作时溺水身亡。同月，某环境公司、某工程公司与廖某甲的妻子白某、独生子廖某乙签订《赔偿协议书》，约定某环境公司、某工程公司共同向白某、廖某乙赔偿100万元，该笔赔偿金包含一次性工亡补助金、丧葬补助金、亲属抚恤金、死亡赔偿金、丧葬费、被抚养人生活费、精神损害抚慰金等所有费用，上述赔偿金已由某环境公司支付完毕。

2018年11月，某环境公司向某保险公司申请理赔。某保险公司出具《拒赔通知书》，载明："死者廖某甲与某环境公司未签订劳动合同，承包合同显示，出险时该员工为签订劳动合同的某工程公司工作，故与某环境公司无劳动关系，不属于本保单的保险责任；本次事故保险责任不成立，保险公司无法赔付。"

2018年12月，某工程公司向某保险公司申请理赔。随后，某保险公司向某工程公司赔付499 700元。某工程公司收到保险赔偿金当日即向某环境公司转账499 700元。

某环境公司提起诉讼，主张其与某保险公司的保险合同有效，要求某保险公司赔付保险金及利息损失。某保险公司认为死者廖某甲的赔付已经向某工程公司支付完毕，虽然某环境公司在保险公司投保了雇主责任险，廖某甲也在名单中，但廖某甲不属于保险条款中约定的"雇员"，因此不同意某环境公司的诉讼请求。

北京市西城区人民法院于2020年1月15日作出［2019］京0102民初18394号民事判决：某保险公司于本判决生效后10日内支付某环境公司保险金500 000元，并支付利息损失。宣判后，某保险公司提起上诉。北京市第二中级人民法院于2020年5月28日作出［2020］京02民终3611号民事判决：驳回上诉，维持原判。

裁判理由

法院生效裁判认为：本案的争议焦点在于，廖某甲的死亡是否属于雇主责任险的保险责任范围。死者廖某甲生前与某工程公司签署劳动合同，并未与某环境公司产生有直接的劳动合同关系，确与保险条款约定的"雇员"定义不符，但探究合同当事人的真实意思表示、确定合同对当事人发生何种法律效力，除应参照合同条款内容外，还应结合合同订立的背景、合同签订的经办人员、合同表现的形式、合同具体的履行等多方面因素，综合进行判断。

本案某环境公司与某工程公司于同一日期在某保险公司的同一保险代理机构办理雇主责任险，两份保险均由某保险公司的销售人员张某办理，两份保险单均手写有保险公司的员工"赵某"的姓名，同时，两份保险单除被保险人信息以外的全部内容均完全相同，均注明雇员总人数为110，附带的两份人员清单明细亦完全相同。据此，某保险公司在核保并签发保险单时，有能力也有义务发现两份雇主责任险的内容一致、承保的雇员名单一致。作为商业性的保险公司，某保险公司应当意识到，从事商业活动必然会面临商业风险。因此，在核保时，某保险公司应当可以形成这样一种预期，即若对两份雇主责任险均同意承保，收取双份保险费，在可能赚取更多利润的同时，一旦发生保险事故，需承担双份的保险责任。某保险公司在收取了分别来自某环境公司与某工程公司的双份保险费后，即选择了承担相应的商业风险。其出具两张雇主责任险保险单的行为，在事实上变更了合同条款中关于保险责任和雇员定义的约定。综上所述，廖某甲的死亡属于雇主责任险的保险责任范围，某保险公司应按照合同约定支付保险金并赔偿损失。

三、某物流公司诉某保险公司等财产保险合同纠纷案

入库编号：2023-08-2-333-002

审理法院：上海金融法院

案　　号：[2021] 沪74民终368号

案　　由：财产保险合同纠纷

裁判日期：2021年6月25日

裁判要旨

判断保险合同当事人最终合意形成的真实意思表示，应当结合投保单、保险单或其他保险凭证、保险条款等保险合同的组成内容综合判断。依法订入合同并已产生效力的合同内容，对保险合同各方当事人均有法律约束力。当事人仅以缔约过程中未形成最终合意的单方意思表示主张其保险合同权利的，人民法院不予支持。

基本案情

某物流公司诉称：判令被告支付原告保险金 1 832 944.20 元（货物损失 1 828 444.20 元、检验费 4500 元），并支付原告利息损失 1 988 758 元（自 2018 年 6 月 9 日起至 2019 年 8 月 19 日止，按中国人民银行同期贷款基准利率计算，自 2019 年 8 月 20 日起至被告实际支付之日止，按全国银行间同业拆借中心公布的贷款市场报价利率计算）。

法院经审理查明：2018 年 3 月 30 日，原告某物流公司向被告某保险公司投保某某物流责任保险，原告为被保险人，保险期限自 2018 年 3 月 31 日起至 2019 年 3 月 30 日止。《某某物流责任保险条款》约定："在保险期间内，被保险人在经营物流业务过程中，由于下列原因造成物流货物本身的损失……保险人按照本保险合同约定负责赔偿……（二）运输工具发生碰撞、出轨、倾覆……"《保险单》特别约定部分第 25、26 条载明："本保单仅承保以下列明车牌号的承运车辆发生保险事故时的保险责任：如被保险人在保险期限内需要更换承运车辆，须提前 1 个工作日将承运车辆车牌号通过邮件向保险人进行申报，否则保险人不承担任何保险责任。……"《某某物流责任保险投保单》的"特别约定"部分载明"按协议规定"，该投保单的"投保人声明"部分载明："贵公司已向本人详细介绍了《某某物流责任保险条款》的内容及本投保申请书中的各项注意、说明及投保须知，并特别就该条款中有关保险责任、责任免除和投保人、被保险人义务的内容做了明确说明，本人接受上述内容，同意投保本保险。"原告在该投保单上盖章。

2018 年 6 月 8 日，车辆号牌为冀××的重型半挂牵引车在货运途中发生交通事故，致使原告某物流公司承运的货物受损，经江苏省连云港市交通警察支队高速公路二大队认定，事故车辆驾驶员负事故全部责任。原告向被告某保险公司报案后，被告于同年 6 月 21 日委派公估人员进行查勘，确认受损货物数量，并于同年 9 月 17 日，以事故车辆未曾向被告进行申报，保险责任不成立为由，向原告出具《拒赔通知书》。原告于同年 11 月 24 日委托案外人对上述货物损失进行评估，该公司对货物定损金额为 1 951 533.68 元，协商赔付金额为 1 828 444.32 元，原告为此支付公估费 4500 元。审理中，原告与某保险公司确认货物损失金额为 1 828 444.20 元（未扣除货物残值）。案外人某货运代理公司于 2020 年 4 月 28 日出具赔款证明，证明上述货物损失的协商赔付金额已分 12 期从原告运费中扣除，且已扣除完毕。另查明，在原、被告双方缔约磋商过程中，原告某物流公司曾于 2018 年 3 月 22 日通过微信向被告某保险公司员工（现已离职）发送《某保险公司国内货物运输保险协议书》《国内水路、陆路货物运输保险条款（2009 版）》，该员工提示原告上述险种为货物运输险。同年 3 月 29 日、3 月 30 日，被告向原告发送邮件，包括附件《某某物流责任保险投保单》，邮件载明："承保条件与之前中保一致。烦请吴总审阅。另还需提供材料：1. 营业执照复印件加盖公章。2. 上海某物流公司有限公司名下车辆清单（车牌号即可）加盖公章。"后原告将上述材料加盖公章后交付某保险公司，其中《某某物流责任保险投保单》的"运输车辆"栏载明车辆类型为"普货"，数量为"8"，《自有货运车辆清单》中 8 个车牌号同上述案涉保险单特别约定部分载明的车牌信息一致。原告在收到保险单后，曾向被告了解退保流程，但未提出退保申请。上海市静安区人民法院于 2020 年 9 月 23 日作出［2020］沪 0106 民初 10591 号判决：驳回原告某物流有限公司的诉讼请求。宣判后，某物流公司提起上诉，上海金融法院于 2021 年 6 月 25 日作出［2021］沪 74 民终 368 号民事判决：驳回上诉，维持原判。

裁判理由

法院生效裁判认为，根据现有证据，某物流公司加盖其单位公章的系某某物流责任保险投保单，该投保单约定了该投保单和某某物流责任保险条款均是保险合同的组成部分，该投保单投保人声明处载明保险人已经详细介绍了《某某物流责任保险条款》的内容等，并特别就该条款中有关保险责任、责任免除和投保人、被保险人义务内容作了明确说明。根据查明的事实，某物流公司自有货运车辆清单中所标识的 8 辆自有车辆牌照清单也系上诉人加盖其公章后所提供。

根据该投保单内容，被上诉人某保险公司出具了保险单。某物流公司称双方在协商过程中被上诉人对保险条款等内容另有约定，但所举证据不足以证明该主张。另即使按照上诉人所主张，在被上诉人曾向其寄送了有关退保的材料后，其也并未向保险人明确提出退保申请的详细内容，据此应认定，上诉人与被上诉人的权利义务应当以双方最终签署的保险单为准，上诉人有关应当按照双方在缔约协商中的有关表示确定双方权利义务的观点，难以成立。

根据保险单约定,被保险人如果在保险期限内需要更换承运车辆,需提前一个工作日将承运车辆车牌号通过邮件向保险人申报,否则保险人不承担任何保险责任。现上诉人某物流公司申请保险理赔所涉及的车辆,并非上诉人所提供的自有货运车辆清单中所列的8辆车辆之一,也并未举证曾经向被上诉人某保险公司报备过承运车辆将有所变更情况,故被上诉人以出险车辆号牌不符合双方保险单约定为由拒绝理赔,该理由可以支持。

四、昆山某电子材料有限公司与某财产保险股份有限公司上海分公司、某财产保险股份有限公司财产保险合同纠纷案

入库编号:2024-16-2-333-001

审理法院:上海市第二中级人民法院

案　　号:[2015]沪二中民六(商)再终字第1号

案　　由:财产保险合同纠纷

裁判日期:2015年6月22日

裁判要旨

雇主责任保险合同中的"自动承保新员工条款"作为格式条款,如果用语模糊,存在不同解释的,法院应当结合具体案情依法作出有利于被保险人的解释。

基本案情

昆山某电子材料有限公司(以下简称"某电子公司")诉称:2011年9月20日,其与某财产保险股份有限公司上海分公司(以下简称"某保险上海分公司")、某财产保险股份有限公司(以下简称"某保险公司")订立《雇主责任保险》,保险期限从2011年9月21日起至2012年9月20日止。2012年2月20日,其新员工李某入职。同年3月1日,李某右食指受工伤入院治疗,其遂向某保险上海分公司报案。2013年2月1日,某保险上海分公司出具理赔通知书,认为该事故保险责任不成立。某电子公司经与某保险上海分公司交涉无果,遂起诉,请求判令:①某保险上海分公司、某保险公司支付某电子公司保险赔偿金199 086.32元(其中:意外工伤医疗费

11 223.50元；误工费3866.70元；床位补贴660元；工伤伤残费183 336.12元）；②本案诉讼费用由某保险上海分公司、某保险公司承担。一审审理中，某电子公司诉请变更为要求判令某保险上海分公司、某保险公司支付保险赔偿金196 135.38元。某保险上海分公司辩称：对事故经过及责任认定无异议。但某电子公司员工李某是在2012年3月1日出险，某保险上海分公司于同年3月19日收到某电子公司加保申请，保单上写明从2012年3月16日起生效，李某出险时不在加保时间段内，因此拒赔。某保险上海分公司并认为工伤伤残费应为180 832.32元。法院经审理查明：2011年9月20日，某电子公司向某保险上海分公司、某保险公司投保《雇主责任险》；保险期限自2011年9月21日至2012年9月20日止；保险项目：意外身故及残疾、误工费、工伤和意外医疗费、一次性伤残就业补助金、一次性伤残医疗补助金、住院津贴、住院伙食补助金、生活护理费、转院费用（一次性）、雇主法律责任；计划保险员工88人；保费计41 118.24元。《雇主责任险》条款扩展条款明细第4项规定："本保险单扩展承保被保险人在保险期间内的新员工。被保险人应在新员工入职后的30天内，及时向保险公司申报新员工的投保信息及补缴相应的保费。"2012年2月23日，某电子公司与李某订立《全日制劳动合同书》，约定劳动合同自2012年2月23日至2013年2月28日止。同年3月1日夜，李某在加班时发生伤害事故致右食指受伤。2012年3月16日，某电子公司向某保险上海分公司提交批改申请书，申请事由从2012年3月16日起至2012年9月20日止；加保总人数40人（其中第34人系李某）；退保总人数7人。同月22日，某保险上海分公司对某电子公司前述申请作出批单。嗣后，某电子公司按前述批单确认的金额支付了相应保费。2012年7月，有关部门依法认定李某受到的伤害为工伤，伤残等级符合玖级。2013年1月，昆山市劳动人事争议仲裁委员会裁决某电子公司支付李某一次性伤残补助金、一次性工伤医疗补助金、一次性伤残就业补助金、鉴定费及工伤停工留薪期工资差额，共计185 366.58元。嗣后，某电子公司向某保险上海分公司理赔。2013年2月1日，某保险上海分公司向某电子公司出具理赔通知书，核定：此次事故员工李某在2012年3月1日出险，2012年3月19日上传批单加保，批单从2012年3月16日起生效，非保险责任。因此，此次事故保险责任不成立，某保险上海分公司无法赔付。某电子公司按前述仲裁裁决确认的金额，已于2013年3月13日前向李某支付

185 366.58 元。某电子公司经与某保险上海分公司交涉无果，遂提起诉讼。

上海市静安区人民法院于 2013 年 11 月 5 日作出 ［2013］ 静民二（商）初字第 1134 号民事判决：某电子公司之诉，不予支持。一审宣判后，某电子公司提起上诉。上海市第二中级人民法院于 2014 年 3 月 21 日作出 ［2014］ 沪二中民六（商）终字第 15 号民事判决：驳回上诉，维持原判。二审宣判后，某电子公司申请再审。上海市高级人民法院于 2014 年 11 月 28 日作出 ［2014］ 沪高民五（商）申字第 43 号民事裁定，指令上海市第二中级人民法院再审本案。上海市第二中级人民法院于 2015 年 6 月 22 日作出 ［2015］ 沪二中民六（商）再终字第 1 号民事判决：①撤销法院 ［2014］ 沪二中民六（商）终字第 15 号民事判决及上海市静安区人民法院 ［2013］ 静民二（商）初字第 1134 号民事判决；②某保险上海分公司、某保险公司应在本判决生效之日起 10 日内支付某电子公司保险赔偿金 196 135.38 元。

裁判理由

法院生效裁判认为，《保险法》规定，采用保险人提供的格式条款订立的保险合同，保险人与投保人、被保险人或者受益人对合同条款有争议的，应当按照通常理解予以解释。对合同条款有两种以上解释的，人民法院或者仲裁机构应当作出有利于被保险人和受益人的解释。本案中，保险公司提供的格式保险条款《自动承保新员工条款》约定："本保险单扩展承保被保险人在保险期间内的新员工。被保险人应在新员工入职后的 30 天内，及时向保险公司申报新员工的投保信息及补缴相应的保费。"对该条款的理解，某电子公司与某保险上海分公司存有争议。某电子公司认为，自动承保是指某电子公司与新员工签订劳动合同之日起，如发生保险事故，保险公司就应按原保险合同承担保险赔偿责任，而非从某电子公司向保险公司提交"批改申请书"之日起。而某保险上海分公司则认为其对新员工承担保险赔偿责任的起算日期为某电子公司向保险公司提交的"批改申请书"上载明的申请事由的起始日期，之前某电子公司的新员工产生保险事故，不属于保险公司赔偿范围。在当事人对《自动承保新员工条款》存有争议的情况下，根据上述法律规定及争议条款文义，再审对某电子公司的理解意见予以支持，即《自动承保新员工条款》系指某保险上海分公司对某电子公司新入职员工按原合同约定自动承保，只要某电子公司在新员工入职后 30 天内申报并补缴相应的保费。根据在案证据，2012年2月23日，某电子公司与李某签订《全日制劳动合同书》，同年3月16日，某电子公司向某保险上海分公司提交批改申请书，加保人数包括李某在内为40人等。同月22日，某保险上海分公司同意了某电子公司的上述批改申请书。据此，上海市第二中级人民法院再审认定某电子公司为其雇员李某加保的保险期间为2012年2月23日至2012年9月20日止，某电子公司依法应承担此时间段内的保费。李某于该保险期间内的2012年的3月1日出险，保险公司应赔偿。原审认为某电子公司为其雇员李某加保的保险期间为2012年3月16日至2012年9月20日止，并据此所作出的判决存有不当，再审予以纠正。某电子公司原一审的诉请应获支持。

五、何某某等诉某保险公司责任保险合同纠纷案

入库编号：2024-08-2-334-003

审理法院：济南市钢城区人民法院

案　　号：[2014]钢商初字第395号

案　　由：人身保险合同纠纷

裁判日期：2015年1月29日

裁判要旨

根据《保险法》第65条第2款的规定，第三者是否有权就其应获赔偿部分直接向保险人请求赔偿保险金取决于两个条件：一是被保险人对第三者应负的赔偿责任确定；二是被保险人怠于请求赔偿保险金。在被保险人对第三者应负的赔偿责任确定的情况下，如被保险人"怠于请求"赔偿保险金，则第三者有权直接向保险人提出赔偿请求。

基本案情

原告何某某、张某甲、张某乙诉称：2014年6月23日20时许，殷某甲、殷某乙在某石料场违规实施爆破作业引发飞石，将正在该石料场开采区办公室内的张某某砸伤，张某某后经抢救无效死亡。某石料场于2014年6月3日为死者张某某在某保险公司投保了安全生产责任保险，某保险公司应在保险责任限额内承担赔偿责任。因某保险公司拒不支付保险赔偿金，特诉至法院，请求判令某保险公司支付保险金 515 100 元；诉讼费及其他费用由某保险公司承担。

某保险公司辩称：何某某等直接诉请保险公司要求赔偿没有法律依据；被保险人应取得安全生产相关许可而未取得的及其重大过失行为所发生的赔偿责任，保险人不负责赔偿，被保险人或何某某等应提供与安全生产相关的资质证明来确定本次事故构成保险责任；何某某等主张的诉讼费用及其他费用不属于保险合同的责任赔偿范围。

某石料场述称：根据《保险法》的相关规定以及合同相对性原则，某保险公司作为保险人应当向其履行给付保险金的义务，其在收到保险金之后再支付给何某某等；何某某等所诉请的损失均是由殷某甲、殷某乙违章作业所造成，他们应承担相应责任。

法院经审理查明：2014 年 6 月 3 日，某石料场作为被保险人为自己的雇员在某保险公司投保了安全生产责任保险，保险标的为被保险人应承担的从业人员及第三者死亡赔偿金的经济赔偿责任；雇员清单已将张某某列入其中。某保险公司为某石料场出具的保险单载明：保险期间自 2014 年 6 月 4 日 0 时起至 2015 年 6 月 3 日 24 时止；每次事故责任限额为 6 666 666 元，每人责任限额为 515 100 元，保险人对列入投保名单的从业人员按照每人死亡责任限额赔付。所附保险条款责任免除部分规定，保险人不负责赔偿下列损失、费用和责任：被保险人及其从业人员的故意行为、犯罪行为、重大过失行为所发生的赔偿责任；被保险人应该取得安全生产相关许可而未取得，或在政府有关部门责令停产、停业期间擅自生产经营期间造成的损失；被保险人、从业人员及第三者的任何间接损失。根据保险合同条款第 20 条的约定，保险人可以对被保险人遵守有关安全生产的法律法规及国家政府有关部门规定的情况进行检查。2014 年 6 月 23 日 20 时许，某石料场的从业人员殷某甲、殷某乙在该石料场开采区内违规实施爆破作业，炸起飞石将正在该石料场开采区办公室内的张某某、刘某某砸伤，后张某某、刘某某均经抢救无效死亡。区政府成立的事故调查组对本次事故进行了调查并作出了事故调查报告，认定本次事故属于生产安全事故。经事故调查组调解，何某某等与某石料场就赔偿事宜于 2014 年 7 月 10 日达成协议，某石料场赔偿何某某等死亡赔偿金、抚养费、丧葬费、误工费等共计 700 000 元，现何某某等已实际收到 200 000 元，剩余的 500 000 元约定从某保险公司赔付，保险金超出

500 000元的部分也应当支付给何某某等。截至起诉,某石料场尚未支付何某某等剩余的赔偿金,也未向某保险公司请求直接向何某某等赔偿保险金。

另查明,某石料场投保时提供的营业执照显示经营有效期至2014年5月21日,且2013、2014年度均未进行年检。

山东省莱芜市(今济南市莱芜区)钢城区人民法院于2015年1月29日作出〔2014〕钢商初字第395号民事判决:某保险公司于本判决生效之日起3日内赔偿何某某、张某甲、张某乙保险金515 100元。宣判后,各方当事人均未提出上诉,判决已发生法律效力。

裁判理由

法院生效裁判认为:某石料场、某保险公司之间签订的保险合同系双方真实意思表示,未违反法律法规,合法有效,合同双方当事人应当按照约定履行自己的义务。在保险期间内,某石料场在生产经营场所内从事生产经营活动中发生生产安全事故,造成雇员张某某死亡,某保险公司应当按照合同约定在保险金额范围内承担保险金的赔偿义务。合同所附保险条款是典型的格式条款,保险人在订立保险合同时必须就免除责任的内容向投保人进行提示并作出明确说明,否则免责条款不产生效力。本案就免除保险人责任的条款,某保险公司在订立合同时并未在投保单上作出足以引起投保人注意的提示;保险人对其履行了明确说明义务负举证责任,某保险公司没有举出已向某石料场明确说明的证据,仅凭打印在保险单上的投保人声明,不足以证明尽到了明确说明的义务。因此,某保险公司主张的免责条款不产生效力。从某保险公司所提免责抗辩的具体内容来看,生产安全事故一般均系重大过失所致,某保险公司不负责赔偿被保险人及其从业人员重大过失行为发生的赔偿责任系免除提供格式条款一方的责任;除营业执照、组织机构代码证、安全生产许可证外,某保险公司在核保时并未要求某石料场提供爆破作业单位许可证、爆破作业人员许可证,保险事故理赔要求出具上述许可加重了投保人、被保险人的责任,违背了格式条款的提供者应当遵循公平原则确定双方权利义务的规定。某保险公司不严格审核被保险人安全生产的相关情况,允许投保时经营期限即已届满且两年未进行年检的被保险人投保,应该知道投保人即某石料场未就其实际经营状况履行如实告知义务,却仍然收取保险费,放任被保险人从事不具有安全生产相关许可的作业活动,现又就被保险人应该取得安全生产相关许可而未取得提出免责抗辩，亦明显违背保险活动的诚实信用原则；根据《诉讼费用交纳办法》第29条的规定，诉讼费用的负担由人民法院根据谁败诉谁负担的一般原则决定。某石料场与某保险公司对间接损失的理解存有争议，应作不利于提供格式条款一方即被告的解释。综上所述，某保险公司所提免责条款无效，所有免责主张均不成立，应当对发生的保险事故承担赔偿保险金的责任。经事故调查组协商，赔偿协议确定了被保险人对张某某近亲属应负包括死亡赔偿金在内的赔偿责任及赔偿数额，且约定从某保险公司赔付的保险金超出500 000元的部分也应当支付给何某某等，本案赔偿责任明确。根据保险条款和保险单的约定，某保险公司对死者张某某按照每人死亡责任限额即515 100元赔付。自调解之日至今，时间长达6个月之久，某石料场作为被保险人未向何某某等支付剩余赔偿金，也一直未向保险人请求赔偿，其行为已构成"怠于请求"，何某某等有权就其应获赔偿部分直接向保险公司请求赔偿。

六、某财产保险公司上海分公司诉上海某餐饮公司财产保险合同纠纷案

入库编号：2024-08-2-333-008
审理法院：上海金融法院
案　　号：[2020]沪74民终1112号
案　　由：财产保险合同纠纷
裁判日期：2020年12月21日

裁判要旨

（1）财产保险合同中"付费前事故免责条款"的本质是将投保人足额支付保险费的时间点确定为保险责任期间的起算点，使得双方权利义务在未付保费之前处于悬空状态，不发生任何损益。该约定不违反法律禁止性规定，当属有效。

（2）保险期间届满后，如保险人在保险期间未实际承担任何风险，但保险人以投保人足额补交保险费为前提同意对保险期间内所发生事故核赔并据此向投保人诉追保险费的，因该主张与付费前事故免责条款约定不符且有违

保险合同的射幸特征，人民法院对其主张不予支持。

基本案情

原告某财产保险公司上海分公司（以下简称"某保险公司"）诉称：2018年，被告上海某餐饮公司（以下简称"某餐饮公司"）向原告提交《续保报价书》一份，投保雇主责任险。2018年9月21日，原告签发《雇主责任险保险单》，保险单明细表载明："保险期限自2018年9月23日0时起至2019年9月22日24时止，总保险费为155 040元，缴费日期为2018年9月23日（含）的45天之内一次性缴清保险费，投保人若未按约定足额缴纳保险费，保险人对其足额支付日之前发生的保险事故，不承担相应的保险责任。"保险合同签订后，被告经原告多次催讨仍未支付保险费，原告遂诉至法院，请求判令：被告支付原告保险费155 040元。

被告某餐饮公司未作答辩。

法院经审理查明，2018年9月，被告某餐饮公司以包含自身在内的七家餐饮企业为被保险人，向原告某保险公司投保一年期雇主责任险。9月13日，某保险公司向某餐饮公司出具《续保报价书》。《续保报价书》载有投保人声明："本人在填写本报价书之前，已收悉并阅读本保险所有条款及附加条款，保险人也已就本报价书及所附保险条款的内容，尤其是就保险人免除及减轻责任的条款、投保人和被保险人义务条款及本报价书中的特别约定条款向本人作了充分明确的说明，本人已完全了解并接受同意。"某餐饮公司在《续保报价书》投保人栏处加盖公章。

2018年9月21日，某保险公司签发雇主责任险保险单，保险单明细表载明被保险人为包含某餐饮公司在内的七家餐饮企业，雇员共304人，总保险费155 040元。明细表特别约定栏第4项载明"除合同另有约定外，投保人应于保单印发日或者保单起保日（以后者为准）起45天之内一次性缴清保险费。投保人若未按约定足额缴纳保险费，保险人对其实际足额支付日之前发生的保险事故，不承担相应的保险责任"（以下简称"付费前事故免责条款"）。付费日期栏载明缴费止期为2018年10月7日。某餐饮公司此后未支付保险费。

另查明，在保险期间，某保险公司分别于2018年11月5日、2018年12月28日、2019年3月1日收到某餐饮公司的出险请求，但均因某餐饮公司未缴纳保险费而未承担保险责任。其中2019年3月1日报案在某保险公司系统内登记为"立未理",另两起报案登记为"零结案件"。保险期限届满后,某保险公司起诉,请求判令某餐饮公司支付保险费155 040元。审理中,针对某餐饮公司报案的三次保险事故,某保险公司明确表示在某餐饮公司缴清保险费前不予赔付,缴清后进行核定是否理赔。

上海市虹口区人民法院于2020年7月28日作出[2019]沪0109民初29811号民事判决:驳回某保险公司的诉讼请求。宣判后,某保险公司提起上诉。上海金融法院于2020年12月21日作出[2020]沪74民终1112号民事判决:驳回上诉,维持原判。

裁判理由

法院生效判决认为,本案的争议焦点:在付费前事故免责条款下,某保险公司追索保险费的请求是否应予支持。

第一,某餐饮公司向某保险公司投保,某保险公司签发保险单,双方保险合同关系成立。在合同双方对生效条件未作其他约定时,保险合同应自成立时生效。就合同义务而言,某餐饮公司负有依约按期缴纳保险费的义务,某保险公司也负有按约定承担保险责任的义务。合同约定的付费前事故免责条款,不违反法律禁止性规定,当属有效。

第二,保险合同本质上是投保人支付保险费,以换取保险人负担风险的协议。针对投保人不支付保险费或迟延交付保险费的情形,我国保险法规定了人身保险合同中分期支付保险费的效力中止和复效制度,但在财产保险中未有相关规定。同时,保险法亦规定保险人仅在特定的几种情形下有解除保险合同的权利,投保人未支付保险费并非保险人解除合同的法定情形。因此,在法律对保险人解除合同有诸多限制的情况下,付费前事故免责条款不失为保险人自我救济的手段,其令合同双方权利义务在未付保险费之前处于悬置状态,不发生任何损益。

第三,法律并未禁止保险人以诉讼方式追索财产保险合同下的保险费,但保险人收取保险费的同时亦应承担保险事故风险,保险人无任何风险负担纯收取保险费的行为有违权利义务一致原则。当保险人明确向投保人主张保险费时,其暗含之意为激活合同权利义务,自愿承担至少在其主张保险费之后的保险事故风险。

本案中，某餐饮公司三次出险报案，距庭审日均已远超保险法规定的30日出险核定期，某保险公司均未予理赔，其虽在庭审中主张某餐饮公司缴清保险费后仍可予核赔，但上述意见系将支付理赔款作为合同后履行义务进行抗辩，与特别约定付费前事故免责条款并不相符。至某保险公司起诉时，双方约定的保险期间已全部经过，即便投保人支付保险费，依照付费前事故免责条款的约定，保险人对保险期间内的全部事故亦不承担风险，双方权利义务显著失衡。本案保险人愿意承担保险责任，也是比较索赔金额和保险费之后的权益之举，此时理赔已完全丧失了保险合同的射幸特征，有违保险本意。综上，无证据证实某保险公司在保险期间内对保险标的承担过任何风险，故对其主张保险费的请求，法院不予支持。

第四节　寿险、养老险

一、某保险公司诉高某保险代理合同纠纷案

入库编号：2023-08-2-337-001
审理法院：上海金融法院
案　　号：[2021]沪74民终529号
案　　由：保险代理合同纠纷
裁判日期：2021年5月28日

裁判要旨

保险代理人从事寿险保险代理活动应具备保险专业知识、秉持职业操守，使投保人正确理解所购买的保险产品本质和保障范围。保险代理人为了促成保单、获取高额佣金，从事销售误导等违规保险销售行为，导致保险公司对外赔偿而产生损失的，保险代理人应在过错范围内担责。

基本案情

原告某保险公司诉称：高某系某保险公司保险代理人，其在从事保险代理活动期间代理或挂单在其他保险代理人名下的44份保单遭投保人投诉，投诉原因均为误导销售，即高某夸大宣传保单具有贷款功能，导致投保人基

于错误认识投保。为此，某保险公司将上述44份保单均作退保处理。据统计，上述44份保单共计缴纳保险费为514 902元，现金价值共计30 228.12元，两者差额484 673.88元。某保险公司针对该44份保单发放给高某本人且尚未退还的佣金为11 062.19元。故请求判令：高某赔偿因某保险公司向案外人（共44人）退保产生的经济损失484 673.88元及退还佣金11 062.19元。

被告高某辩称：涉案44份保单的保费均由某保险公司收取，其仅代为销售。其是在某保险公司培训时被口头告知涉案保单具有贷款功能，故不应承担赔偿责任。

法院经审理查明：2017年7月13日，某保险公司（甲方）与高某（乙方）签订了《保险代理合同书》并约定，甲方授权乙方在规定的行政区域内代理销售甲方保险产品，从事如下代理行为：①持有和使用经甲方制作或核准的展业资料，全面、忠实地向客户解释、说明甲方保险产品的内容和保险条款……乙方发生下列行为的，视为违反本合同义务，甲方有权追究乙方责任：①误导客户：向客户提供虚假资料或误导性的宣传说明……凡因违反相关规定，造成公司或客户损失的，除按相关规定追究责任外，还应赔偿客户或公司损失，如因保单引起，应扣回该保单所取得的相应佣金利益，具体损失追偿标准如下：①保单退保、协解、理赔等引起的损失：追偿金额为公司实际给付给客户的金额与按正常情况应给付给客户的金额差额，具体可根据实际情况由前线、后援和法律部门评估。追偿金额从对应保单首佣、续佣、训练津贴、继续率奖金等科目中扣除。

另查明，2017年10月至12月期间高某代理或挂单在其他保险代理人名下的44份保单遭投保人投诉，投诉原因主要为误导销售，即夸大宣传保单具有贷款功能，导致投保人基于错误认识投保。投诉涉及的44份保单共计已缴纳保险费为514 902元（均已退还客户），现金价值共计30 228.12元，两者差额484 673.88元。某保险公司因高某代理销售或挂单在其他保险代理人名下销售上述44份保单而发放的佣金共计242 245.69元（该佣金分别由高某和挂名的名义保险代理人实际收取），其中某保险公司已收取高某等人退还的佣金197 295.49元，故，剩余尚未退还的佣金为44 950.20元（其中高某代理销售的保单项下尚未退还的佣金为11 062.19元）。审理中，某保险公司表示其诉请主张的佣金部分11 062.19元系某保险公司直接支付给高某的佣金，某保险公司支付给其他名义代理人的佣金部分将另行向实际收取佣金的代理人追索，不在本案中主张；高某表示同意返还其尚未退还的佣金部分11 062.19元。

上海市静安区人民法院于2021年2月24日作出［2020］沪0106民初31484号民事判决：①高某退还某保险公司佣金11 062.19元；②高某赔偿原告某保险公司损失121 214元。宣判后，某保险公司以其不应承担部分损失为由提出上诉。上海金融法院于2021年5月28日作出［2021］沪74民终529号判决：驳回上诉，维持原判。

裁判理由

法院生效裁判认为：本案争议焦点为：①高某是否违反保险代理合同约定销售保单；②高某承担的违约责任应如何认定。

（一）高某是否违反保险代理合同约定销售保单

根据《保险代理合同书》约定，高某应明确无误地知晓某保险公司有关个人寿险业务人员的各项管理规定，且应全面、忠实地向客户解释、说明保险产品的内容。此外，寿险保险产品作为金融属性产品具有一定的专业性，高某作为保险代理人从事寿险保险代理活动应具备保险专业知识、秉持职业操守，使投保人正确理解所购买的保险产品本质和保障范围，避免影响客户选择。本案中，高某在向涉案44份投诉保单的投保人销售保险产品时存在销售误导行为。高某违反合同约定，没有客观公正地向客户介绍适合于客户投保的保险产品，尽到保险代理人的基本职责，确保客户得到匹配的风险保障方案。故，高某在从事保险代理销售行为过程中存在过错，根据双方的合同约定已构成违约，由此给某保险公司造成的损失，高某应当承担赔偿责任。

（二）高某承担的违约责任应如何认定

首先，关于某保险公司诉请主张返还佣金11 062.19元，某保险公司有权根据合同约定扣回高某因保单所取得的相应佣金利益，且高某在审理中亦表示同意返还该部分佣金，故某保险公司诉请高某退还已领取的佣金11 062.19元，予以支持。

其次，关于某保险公司诉请主张的经济损失484 673.88元（即因退还涉案44份保单共计产生的保费514 902元与该44份保单共计产生的现金价值30 228.12元之间的差额部分），法院认为，在涉案44份保单不存在虚假销售等违规销售行为而依约正常履行的情况下，投保人提前退保可获得的是保单现金价值部分，现某保险公司基于投保人在投保时因高某的误导销售行为而同意解除保险合同并退还保费，并无不当；某保险公司实际向投保人退还的保费超过现金价值部分的金额即484 673.88元可认定为某保险公司实际产生的损失。

至于上述损失应如何承担，根据合同约定，应从保单佣金部分优先予以抵扣，现涉案44份保单所产生的佣金共计242 245.69元，尽管其中有部分佣金并非支付给高某本人，但某保险公司可向实际收取佣金的代理人另行追索，故上述损失金额484 673.88元应扣除所对应的44份保单所有佣金242 245.69元，即242 428.19元。法院认为，尽管高某作为保险代理人在保单销售过程中因未尽到基本职业操守、违反合同约定误导销售导致某保险公司产生退保损失，但高某在短短几个月内从事保险代理业务销售的问题保单比例如此之高，某保险公司未提供充分证据证明其在核保、监管环节尽职，作为保险公司亦存在核保不严、监管不力的过失，故也应承担相应的责任。故，法院酌情认定高某应向某保险公司赔偿损失金额为121 214元。

二、廖某诉某保险公司南充市顺庆区支公司人身保险合同纠纷案

入库编号：2023-16-2-334-003

审理法院：四川省南充市中级人民法院

案　　号：[2004]南中法民终字第13号

案　　由：人身保险合同纠纷

裁判日期：2004年3月10日

裁判要旨

（1）根据《保险法》（2002年修正）第56条第1款的规定，以死亡为给付保险金条件的合同，未经被保险人书面同意并认可保险金额的，合同无效。禁止反言原则是保险人应当遵循的基本原则。保险人明知投保人的投保有导致合同无效的情形或其他重大瑕疵，仍接受投保人的投保，并签发保险单、收取保险费的，应当推定被保险人以其他书面方式同意并认可保险合同，保险人不得以合同无效或其他原已放弃的权利进行抗辩。

（2）根据《保险法》（2002年修正）第17条第2款、第3款的规定，

投保人在投保时应当履行如实告知义务。投保人故意隐瞒事实，不履行如实告知义务的，保险人不承担赔偿或者给付保险金的责任。

基本案情

原告廖某诉称：1998年11月10日，原告在被告处为其胞弟廖某某投保了鸿寿养老保险，约定保险金额为2万元，若1年后被保险人因疾病身故，则按保险金额2倍给付身故保险金，无息退还已交保险费。同年10月29日至12月23日，原告又先后六次在被告处为其胞弟投保了简易人身保险，上述保险的受益人均为原告廖某。投保后，原告每年按期交付了保险费。2002年8月1日被保险人廖某某因患病在家中死亡。原告作为上述保险合同的投保人及受益人，按规定及时向被告递交了《理赔申请书》及全套索赔资料，但被告多次推诿，并通知原告解除上述保险合同。故诉请法院判令被告立即给付原告鸿寿养老保险身故保险金4万元及利息，退还已交保险费3840.00元；立即给付原告简易人身保险身故保险金357 660.00元及利息，并承担本案诉讼费。

被告某保险公司南充市顺庆区支公司（以下简称"某寿险公司顺庆支公司"）辩称：原告设定自己为受益人，为被保险人廖某某投保，隐瞒了廖某某身患支气管哮喘、阻塞性肺气肿、慢性肺源性心脏病等疾病带病投保的重要事实，在投保时未如实履行告知义务，符合解除保险合同的实质要件。请求法院确认解除合同已生效，驳回原告的诉讼请求。

法院经审理查明：1998年11月10日，廖某为其弟廖某某在某寿险公司顺庆支公司投保了鸿寿养老保险，约定保险金额为2万元，被保险人廖某某至60岁时一次性领取保险金额2倍的养老保险金或在1年后因疾病身故时，保险人按照保险金额的2倍给付身故保险金，无息退还已交保险费。受益人为廖某。在投保单的告知事项栏内，列举了被保险人过去十年内是否患有慢性支气管炎、肺结核、哮喘等疾病和过去十年内是否患病或受伤住院、过去五年是否接受过X光检查等，选择栏内均为否定选择。投保人廖某代表本人及被保险人廖某某对上述选择在"声明与授权"栏内签字确认。在被保险人签名栏内，写明为"廖某代"。声明与授权栏内的内容为：本人谨代表本人及被保险人声明及同意，向贵公司投保上述保险，对保险条款的各项规定均已了解，所填投保单各项及告知事项均属事实并确无欺瞒。某寿险公司顺庆支公司出具了保险单。1998年10月29日、10月30日、11月10日、11月12日、11月20日、12月23日,廖某还六次在某寿险公司顺庆支公司为廖某某投保简易人身保险,约定的保险金额分别为:89 415元、65 571元、11 922元、11 922元、59 610元、119 220元。共计357 660元。受益人均为廖某。双方约定,保险人按照保险金额给付满期(30年)保险金,或在保险合同生效180天后因疾病身故,保险人按上述保险金额给付身故保险金。前五次简易人身保险的投保单的告知事项中,要求投保人如实告知被保险人最近健康状况,包括是否患有心脏病、肺气肿、肺结核等。所有栏目内均为否定选择。在声明和授权项下,廖某在投保人和被保险人栏内进行了签字确认。在被保险人签名栏内,写明为"廖某代"。声明与授权中注明:所填写事项均属事实,如有隐瞒或与事实不符,保险公司可解除合同并不承担由此引发的保险责任。自保单生效180天内,保险人不承担被保险人因疾病所致死亡或高度残疾保险金的给付责任。1998年12月23日的投保单的格式与前五次有所不同,在被保险人健康状况声明事项中,要求选择是否患有(或患过)心脏病、肺气肿、肺结核等疾病,选择的是"无"。廖某之妻代表投保人廖某及被保险人廖某某在声明与授权栏内签了字,未写明代签。"声明与授权"中承诺,所填写投保单各项及告知事项均属实,确无欺瞒。

投保后,廖某按期交付了上述保险合同中约定的保险费。2002年8月1日,被保险人廖某某在家中死亡。为查明死亡原因,经死者之妻及其哥廖某同意,南充某寿险公司委托川北医学院附属医院进行了尸检。尸检表明,本例的慢性支气管炎、慢性阻塞性肺气肿、融合性小叶性肺炎和肺源性心脏病的诊断是成立的。胸、腹腔积液和肝脂肪变性、慢性脾淤血为继发改变。死因为呼吸衰竭和心力衰竭。2002年8月6日,南充某寿险公司委托该院法医室对投保前廖某某是否患有心脏病、肺气肿、肺结核进行鉴定,该院[2002]南中法技字第15号法医学鉴定书认定:廖某某在投保前存在慢性支气管炎并发慢性阻塞性肺气肿、慢性肺源性心脏病。2003年7月4日,四川南充某律师事务所委托南充通正司法鉴定中心对廖某某患慢性肺源性心脏病的时间进行鉴定。鉴定结论为:廖某某6岁左右始患支气管哮喘,1998年10月投保前,廖某某患有慢性支气管炎、支气管哮喘、成旧TB、阻塞性肺气肿、慢性肺源性心脏病。通过提取廖某某的病历证实:1984年7月15日至7月19日,廖某某因双肺结核在原南充地区人民医院住院治疗。1993年

7月15日，廖某某因"畏寒、发热、咳嗽、伴右胸痛"，在原南充地区人民医院住院，经X光胸部透视，最终诊断为支气管炎。同年8月7日，廖某某痊愈出院。1995年4月21日，廖某某因"咳嗽、咳痰、右胸部疼痛"等在武警8740部队医院住院治疗，病案显示的联系人为廖某。治疗期间，医院对患者进行了胸部X光透视，诊断结果为慢性支气管炎，4月28日，廖某某治愈出院。廖某为廖某某投保后，1999年8月8日至20日、2001年12月27日至2002年1月4日，廖某某两次因支气管炎、肺心病、肺气肿等病住院治疗。

廖某某死亡后，廖某向某寿险公司顺庆支公司索赔，某寿险公司顺庆支公司于2003年4月5日通知廖某处理保险理赔事宜。2003年7月23日，某寿险公司顺庆支公司通知廖某解除保险合同。廖某遂诉至法院。

为证明其诉讼请求，廖某向法院提交了7份证明（复制件），该证明署名人为廖某某，内容是同意廖某为其投保，对保险金额予以认可，并同意受益人为廖某。7份证明的落款时间均为1998年。廖某称该7份证明系投保后第二年廖某某所写，原件已交某寿险公司顺庆支公司留存。法院依据廖某的申请，于2003年8月25日作出民事裁定书，提取某寿险公司顺庆支公司保存的、涉及廖某某的全套保险资料。当天，某寿险公司顺庆支公司及南充某寿险公司以经办人员请假为由，未提供相关资料。次日，南充某寿险公司提供了档案材料，无廖某某同意廖某为其投保的证明。2003年9月2日，法院书面告知某寿险公司顺庆支公司，可在规定期限内申请对廖某提供的廖某某的证明的真实性进行鉴定。某寿险公司顺庆支公司对四川省南充市顺庆区人民法院（以下简称"南充顺庆法院"）的通知提出异议，认为：①廖某对证明的真实性、合法性、关联性负有举证责任，应由廖某申请鉴定；②不放弃进行鉴定申请的权利，请求法院确定预交鉴定费金额。在规定期限内，某寿险公司顺庆支公司未另行单独提出鉴定申请。南充顺庆法院据此对7份证明（复制件）的真实性予以确认。

南充顺庆法院于2003年12月5日作出[2003]顺庆民初字第1765号民事判决：①某寿险公司顺庆支公司给付廖某简易人身保险身故保险金357 660元及利息（2002年8月9日至付清之日，按人民银行同期贷款利率计算）；②驳回廖某的其他诉讼请求。宣判后，某寿险公司顺庆支公司不服，向四川省南充市中级人民法院提出上诉。四川省南充市中级人民法院于2004

年3月10日作出［2004］南中法民终字第13号民事判决：①撤销顺庆区人民法院［2003］顺庆民初字第1765号民事判决；②某寿险公司顺庆支公司向廖某给付简易人身保险身故保险金238 440元；③驳回廖某的其他诉讼请求。

裁判理由

法院生效裁判认为，廖某提供的7份"廖某某的证明"系复制件，最高人民法院《关于民事诉讼证据的若干规定》（2001年）第75条规定，有证据证明一方当事人持有证据无正当理由拒不提供，如果对方当事人主张该证据的内容不利于证据持有人，可以推定该主张成立。根据这一规定，只有在廖某有证据证明某寿险公司顺庆支公司持有"廖某某的证明"的原件且无正当理由拒不提供，才能构成举证妨碍推定。廖某认可"廖某某的证明"系1999年补写，表明这些"证明"不是投保当时形成，即廖某与某寿险公司顺庆支公司签订保险合同时，某寿险公司顺庆支公司不持有这些"证明"原件，廖某也未提供某寿险公司顺庆支公司在合同签订后取得了这些"证明"原件的依据。因此，原审将证明"廖某某的证明"的真实性的举证责任分配给某寿险公司顺庆支公司并按照举证妨碍推定的原则确认"廖某某的证明"的真实性不符合法律规定。人身保险合同是以人的寿命和身体为保险标的的合同，本案所涉6份简易人身保险合同中都有以死亡为给付保险金条件的内容，《保险法》（2002年修正）第56条第1款规定，以死亡为给付保险金条件的合同，未经被保险人书面同意并认可保险金额的，合同无效。在前五份简易人身保险投保单上，廖某代表廖某某在被保险人栏内签名时，写明了"廖某代"，投保人填写投保单在前，保险人对投保单的审查并同意承保在后，因此，某寿险公司顺庆支公司对投保人廖某代被保险人廖某某在投保单上签名系明知。任何保险代理人都应当知道，以死亡为给付保险金条件的保险，必须经被保险人的书面同意。在保险人明知投保人代被保险人签名的情况下，某寿险公司顺庆支公司仍接受了廖某的投保，并收取了保险费，应当推定被保险人以其他书面方式同意并认可保险金额。保险合同被称为最大的诚实信用合同，禁止反言是保险人遵循最大的诚实信用原则的具体体现，即保险人明知投保人的投保有导致合同无效的情形或其他重大瑕疵，但仍然接受投保人的投保，并签发保险单、收取保险费，在诉讼中，保险人不得以合同无效或其他原已放弃的权利进行抗辩。某寿险公司顺庆支公司对投保人代被保险人签名的事实系明知，在履行保险合同的近四年内，投保人一直按期交纳保险费，保险人对合同是否经被保险人书面同意并认可保险金额，从未提出质疑，如果不发生保险事故，保险人自身的经营目的将得以实现，而在保险事故发生后，保险人提出合同未经被保险人书面同意并认可，对合同的效力提出异议，违背了诚实信用原则。综上，上诉人上诉称原审对举证责任分配不当的理由虽成立，但并不因此对简易人身保险合同的效力产生影响。

关于投保人是否违反如实告知义务。投保人的如实告知义务是法律明确规定的，如实告知的范围限于保险人询问的投保人知道或应当知道的重大事项。在前五份人身保险合同中，保险人询问的范围是被保险人最近的健康状况，虽然被保险人投保前曾患过肺结核等疾病，但在投保前的最后一次因右肺部感染住院距首次投保简易人身险的时间长达三年半，之前因支气管炎住院距首次投保简易人身险的时间长达五年多，两次均"治愈"出院，患肺结核住院距投保时间长达十四年。而保险人在询问"最近健康状况"时，并未明确说明"最近"的含义，无法认定投保人在投保时知道或应当知道被保险人"最近"是否患有保险人所询问的疾病，因此，不能认定投保人故意或因过失隐瞒事实。投保人未履行如实告知义务的理由不能成立。

关于1998年12月23日签订的保险合同条款的理解。投保当时，简易人身保险投保单上所列"被保险人是否患有（或患过）下列疾病"一栏中，所列的疾病包括被保险人曾患过的肺结核等疾病。对于该条的理解，投保人认为，保险人询问的是两个问题，即被保险人是否患有下列疾病？是否患过下列疾病？投保单在该处使用的是"或"，表明投保人可以在上述两个问题之间选择之一回答。投保人并不知道被保险人患有所列疾病，故填写"无"，并不能证明投保人未履行如实告知义务。保险人认为，该处"或"的表述针对的是"患有"或"患过"两种情形，只要被保险人现患有或曾患过投保单上所列疾病，就应如实告知，投保人在该栏内填写"无"，显然未履行如实告知义务。根据《保险法》（2022年修正）第31条的规定，"对于保险合同的条款，保险人与投保人、被保险人或者受益人有争议时，人民法院或者仲裁机关应当作有利于被保险人和受益人的解释"。该条规定确立了不利解释原则，但不利解释原则的适用应以通常解释为前置，只有在按照通常解释仍然有两种以上理解时，才能适用不利解释做出对提供格式合同条款一方不利的解释。从投保单上"是否患有（或患过）下列疾病"的文义表述看，保险人询问的是一个问题，该处的"或"是针对"患有""患过"两种情形，被保险人对所列疾病只要具备其中一种情况，投保人就应如实告知。该项表述不存在疑义，因此，不能适用不利解释原则作出不利于保险人的解释。投保人的解释不符合该处的文义，应当采用保险人的解释。被保险人廖某1984年、1995年先后因患肺结核、支气管炎住院，投保人廖某作为住院的联系人，对投保前廖某某患过慢性支气管炎系明知，肺结核及其他疾病也在保险人的询问范围内，投保人在该栏内选择"无"，隐瞒了事实，未履行如实告知义务。根据《保险法》（2002年修正）第17条第2款、第3款的规定，投保人故意隐瞒事实，不履行如实告知义务的，或者因过失未履行如实告知义务，足以影响保险人决定是否同意承保或者提高保险费率的，保险人有权解除保险合同。投保人故意不履行如实告知义务，保险人对于保险合同解除前发生的保险事故，不承担赔偿或给付保险金的责任，并不退还保险费。投保人的如实告知义务是法定义务，该义务不因保险人未明确说明法律后果就不产生效力。投保人廖某在保险人的询问中隐瞒了被保险人廖某某曾患有的疾病，未履行法律规定的如实告知义务，某寿险公司顺庆支公司有权拒付双方于1998年12月23日所签订的保险合同约定的保险金。

第五节　财产险

一、南京某保险公司诉上海某保险公司再保险合同纠纷案

入库编号：2023-10-2-335-001

审理法院：最高人民法院

案　　号：[2020]最高法民申6025号

案　　由：再保险合同纠纷

裁判日期：2010年8月5日

裁判要旨

对于保险法律关系属于共同保险还是再保险，我国保险法没有明确规

定，目前仅有银保监会制定的相关文件对共同保险的概念和特点进行了阐述和细化。某保险公司向另一保险公司出具"共保确认函"，但投保人与某保险公司之间无直接保险合同关系，同时也没有证据证明投保人明知且同意案涉货物由不同保险公司共同承保的，应认定该保险形式不符合共同保险的特点。另一保险公司独自承保后，将部分风险责任转移给某保险公司承担，更符合我国《保险法》第 28 条关于再保险的规定。

基本案情

南京某保险公司诉称：南京某保险公司与上海某保险公司构成共保法律关系，故请求上海某保险公司向南京某保险公司支付共保分担费用人民币 285 743.86 元和 250.75 美元及其自 2019 年 1 月 1 日起计算至实际付清之日止按全国银行间同业拆借中心公布的贷款利率计算的利息损失，并承担本案的案件受理费。

法院经审理查明：南京某保险公司签发保险单，载明被保险人为南京某汽车公司，保险货物为二手宝马发动机生产线设备，自中国南京经上海至利物浦。2017 年 2 月 8 日，上海某保险公司向南京某保险公司出具共保确认函称上海某保险公司确认作为涉案共保业务从共保人，承接 17% 的份额，投保人/被保险人、保险标的、保险期限、承保险种等与南京某保险公司出具的保单约定一致。

据南京某保险公司提供的检验报告记载：LM 接受南京某保险公司的委托，作为检验人到英国利物浦的一间仓库对所报的一台数控多工位组合机床动力头损害进行检验，LM 的检验结论为动力头损害是为中国至英国运输而进行的包装不足造成的。南京某保险公司致函上海某保险公司并随附理算报告称被保险人持有卖方出具的授权书，故享有保险索赔权，保险标的虽未落水，但属于承保风险，按照被保险人提供的货物价值和重量，按货物全损金额的 70% 计算受损金额为人民币 1 782 774 元，扣减 18 吨残值，参考有色金属市场价每吨人民币 5000 元计算，实际损失人民币 1 692 774 元。投保加成 110%，再减去 10% 的免赔额，实际货损为人民币 1 675 846.26 元，要求上海某保险公司予以分担。上海某保险公司于次日回函称南京某保险公司未提供整套理赔材料，无法作为理赔依据，且根据现有材料，上海某保险公司认为不属于保险责任。2018 年 11 月 30 日，南京某保险公司向被保险人南京某汽车公司支付保险赔款人民币 1 675 846.26 元。

上海海事法院于 2020 年 4 月 10 日作出［2020］沪 72 民初 163 号民事判决：对南京某保险公司的诉讼请求不予支持。南京某保险公司不服一审判决，以双方当事人之间系共同保险合同关系为主要理由向上海市高级人民法院上诉。上海市高级人民法院于 2020 年 9 月 7 日作出［2020］沪民终 377 号民事判决：驳回上诉，维持原判。南京某保险公司不服，向最高人民法院申请再审，最高人民法院于 2021 年 1 月 15 日作出［2020］最高法民申 6025 号民事裁定：驳回南京某保险公司的再审申请。

裁判理由

最高人民法院认为，南京某保险公司主张其与上海某保险公司系共保法律关系，而我国保险法并未对共保法律关系作出明确规定，根据我国原保监会制订的《关于大型商业保险和统括保单业务有关问题的通知》（保监发［2002］16 号）规定，"共保是共同保险的简称，是指两个或两个以上的保险公司及其分支机构（不包括同一保险公司的不同分支机构）使用同一保险合同、对同一保险标的、同一保险责任、同一保险期限和同一保险金额进行的保险"。我国原保监会制订的《关于加强财产保险共保业务管理的通知》（保监发［2006］31 号）还规定，规范的共保业务应符合以下要求：被保险人同意由多个保险人进行共保；共保人共同签发保单，或由主承保人签发保单，同时附共保协议；主承保人向其他共保人收取的手续费应与分保手续费平均水平有显著区别。

根据原判决查明的事实，南京某保险公司签发保险单后，上海某保险公司向南京某保险公司出具确认函承接上述保险单项下 17% 的份额，南京某保险公司通过该形式将其承担的部分保险责任转移给上海某保险公司，并无证据证明上海某保险公司与投保人存在直接的保险合同或南京某保险公司与上海某保险公司共同签发保单，亦无证据证明投保人明知南京某保险公司与其他保险机构共同承保，因此上海某保险公司与南京某保险公司之间的法律关系从形式外观来看，不符合共保的特点，更符合《保险法》第 28 条关于"再保险"的规定，即"保险人将其承担的保险业务，以分保形式部分转移给其他保险人"，原判决据此认定南京某保险公司与上海某保险公司之间系再保险法律关系，而非共保法律关系，并无不当。

二、某财产保险股份有限公司江苏分公司诉顾某、张某某返还垫付款纠纷案

入库编号：2023-16-2-500-001
审理法院：江苏省高级人民法院
案　　号：［2015］苏民再提字第00087号
案　　由：保险纠纷
裁判日期：2015年9月22日

裁判要旨

公安机关交通管理部门是法定的认定机动车驾驶人是否准驾不符或无证驾驶的国家机关，在交通事故中，交通大队作出的交通事故认定书并未认定行为人系准驾不符或无证驾驶，故保险公司认为行为人持C3照驾驶涉案车辆属于无证驾驶缺乏事实依据。

基本案情

某财产保险股份有限公司江苏分公司（简称"某公司"）诉至法院，请求判令：顾某、张某某连带返还某公司在交强险范围内垫付的保险理赔款71 500元。

法院经审理查明：顾某于2008年11月10日从张某某处购买苏X号变型拖拉机，未办理变更登记。2010年4月6日，顾某在某公司投保了交强险，保险期间自2010年4月7日至2011年4月6日。2010年7月26日8时30分许，唐某某驾驶电动自行车后载顾某某、梁某沿射四线由东向西行驶至射四线通洋镇新塘村十组管兴兵家东侧路段时，遇前方同方向顾某驾驶的苏X号变型拖拉机右转弯出道路，唐某某往左打方向避让，越过路中间黄实线，与相对方向杨某驾驶的苏09404××号小型方向盘式拖拉机发生碰撞，造成交通事故，致唐某某、顾某某受伤，电动自行车损坏。射阳县公安局交通巡逻警察大队以顾某驾驶机动车出道路时，未能让道路内正常行驶的车辆先行为由认定顾某承担事故的主要责任。

另查明，顾某驾驶的变型拖拉机的功率为40千瓦。唐某某、顾某某就其所受到的损害向射阳县人民法院提起诉讼。

江苏省射阳县人民法院于 2011 年 9 月 10 日作出［2011］射开民初字第 0184 号民事判决，判决某公司在交强险限额内赔偿唐某某、顾某某各项损失计 72 914.3 元。该判决生效后，某公司与唐某某、顾某某达成 71 500 元的赔偿协议，并已赔付完毕。

某公司向江苏省射阳县人民法院提起民事诉讼，请求唐某某、顾某某返还 72 914.3 元。江苏省射阳县人民法院于 2014 年 3 月 27 日作出［2013］射民初字第 0970 号民事判决：驳回某公司的诉讼请求。某公司不服，提起上诉。盐城市中级人民法院于 2014 年 8 月 21 日作出［2014］盐民终字第 1386 号民事判决：①撤销射阳县人民法院［2013］射民初字第 0970 号民事判决；②顾某于本判决生效之日起 10 日内返还某公司 71 500 元。顾某不服，向江苏省高级人民法院申请再审。江苏省高级人民法院再审查明：①苏 X 号机动车的行驶证和注册登记信息均显示为变型拖拉机，登记机关和检验机关均为江苏省射阳县农机监理所。②射阳县公安局交通巡逻警察大队对本案所涉交通事故作出的交通事故认定书未认定顾某驾驶苏 X 号机动车系无证驾驶或准驾不符。江苏省高级人民法院于 2015 年 9 月 22 日作出［2015］苏民再提字第 00087 号民事判决：①撤销江苏省盐城市中级人民法院［2014］盐民终字第 1386 号民事判决；②维持江苏省射阳县人民法院［2013］射民初字第 0970 号民事判决。一、二审案件受理费各 1588 元，均由某公司负担。

裁判理由

法院生效裁判认为，《道路交通安全法实施条例》第 111 条规定："本条例所称上道路行驶的拖拉机，是指手扶拖拉机等最高设计行驶速度不超过每小时 20 公里的轮式拖拉机和最高设计速度不超过每小时 40 公里、牵引挂车方可从事道路运输的轮式拖拉机。"中华人民共和国农业部《拖拉机登记规定》第 37 条规定，拖拉机是指大中型拖拉机、小型方向盘式拖拉机、手扶式拖拉机。涉案车辆苏 X 号机动车虽然在江苏省射阳县农机监理所注册登记为变型拖拉机，并取得拖拉机行驶证，但根据上述行政法规及部门规章的规定，拖拉机类型中并无变型拖拉机，苏 X 号机动车不属于现行行政法规及部门规章规定的拖拉机。

国家质量监督检验检疫总局、国家标准化管理委员会 2004 年 7 月 12 日发布的《机动车运行安全技术条件》（GB7258-2012）在前言部分第 1 条指明：GB7258-2012 与 GB7258-1997 相比，将"三轮农用运输车"更名为"三轮汽车"，将"四轮农用运输车"更名为"低速货车"，明确"农用运输车"实质是汽车的一类。原保监会和农业部颁发的《关于切实做好拖拉机交强险承保工作的紧急通知》（保监发[2010]46号）明确指出：按照有关法律规定，可注册登记的拖拉机是指：手扶拖拉机等最高设计行驶速度不超过每小时20公里的轮式拖拉机和最高设计行驶速度不超过每小时40公里、牵引挂车方可从事道路运输的轮式拖拉机。各地（农机化主管部门及农机安全监理机构）不得以"变型拖拉机"等名义将低速载货汽车等机动车登记为拖拉机。可见，所谓变型拖拉机其实是农用运输车等类型相似车辆的演变。本案中的苏X号机动车实质为四轮农用运输车，即低速载货汽车。

《道路交通安全法》第19条规定，驾驶机动车，应当依法取得机动车驾驶证；机动车驾驶证由公安机关交通管理部门颁发。公安部《机动车驾驶证申领和使用规定》规定，C3证的准驾车型为低速载货汽车（原四轮农用运输车）。故顾某持C3E驾驶证驾驶苏X号机动车不属于无证驾驶。

《道路交通安全法》第5条规定，道路交通安全管理工作由地方各级人民政府公安机关交通管理部门负责。据此，公安机关交通管理部门是法定的认定机动车驾驶人是否准驾不符或无证驾驶的国家机关。在本案所涉交通事故中，射阳县公安局交通巡逻警察大队作出的交通事故认定书并未认定顾某驾驶苏X号机动车系准驾不符或无证驾驶，故某公司认为顾某持C3E照驾驶涉案车辆属于无证驾驶缺乏事实依据。

虽然持有农机部门发放的驾驶证是驾驶拖拉机的必要条件，但如前所述，苏X号机动车实质并非拖拉机。法律规定机动车驾驶证由公安交通管理部门车辆管理所负责办理，拖拉机驾驶证由农机主管部门考核和颁发，对驾驶不同类型的车辆的该行政管理上的分工与驾驶者的操控机动车的能力并无必然联系，顾某持C3E驾驶证完全能够驾驭如苏X号机动车之类的四轮低速货车，并未实质增加某公司的承保风险。

苏X号机动车在交通事故发生前由张某某出卖并交付给顾某使用，故苏X号机动车发生交通事故产生的民事责任与张某某无关，某公司应在机动车强制保险责任限额范围内根据顾某应承担的民事责任对受害人予以赔偿。一审判决正确，二审改判不当，应予纠正。

三、七台河某选煤工程技术北京分公司诉某财产保险大庆公司财产损失保险合同纠纷案

入库编号：2023-08-2-333-001

审理法院：黑龙江省七台河市中级人民法院

案　　号：[2021] 黑09民终1号

案　　由：财产保险合同纠纷

裁判日期：2021年1月22日

裁判要旨

第一，最大诚信原则是《保险法》的核心原则，其"最大"不是指其效力位阶最高，而是在保险合同当事人与关系人的义务方面，其要求比其他民商法的更为严格。最大诚信原则通过一系列规则发挥规范作用，保险公司的及时理赔义务就是其中之一。及时理赔义务通过及时核定（含定损）、及时赔付等规范加以约束。商业保险合同中保险公司的义务，既源自保险合同约定（约定义务），亦源自法定义务。鉴于财产损失险规范体现被保险人中心主义，为了防止保险公司滥用格式条款，"淡化"其及时理赔义务，从而侵犯被保险人利益，我国《保险法》第23条规定了保险公司最长的法定核定期间（30日，扣除保险给付请求权人补充提供有关证明和资料的期间）、核定结果通知义务、支付保险金的最长期间、违反该义务的法定责任（除支付保险金外，应当赔偿被保险人或者受益人因此受到的损失）。为了进一步规范保险公司的理赔义务，保护被保险人权利，《保险法》第25条规定了保险公司的"先予支付"义务。

第二，根据保险业惯例，财产损失险的承保范围不包括保险标的因保险事故引发的间接损失，例如本案中被保险机动车因正常维修而产生的停运损失。本案法院裁判支持被保险人关于保险标的间接损失的诉求，是基于保险公司违反了《保险法》关于核定义务期间、核定结果通知义务、支付保险金义务期间的规定。为了防止保险事故的性质、原因和损失程度等无法查明，所以在保险公司核定前，被保险人不敢轻易将车辆送去维修。虽然从理论上，被保险人为了防止损失扩大，可以主动采取证据保全措施（即涉及保险事故的性质、原因与损失程度等），但实践操作难度很大，而且由此产生

的成本是否获得保险公司足额赔付,被保险人也不能确定。此外,因保险公司没有及时支付保险金,导致保险标的被修理公司留置,留置期间产生的损失,依据《保险法》第23条之规定,也应由保险公司承担。

第三,本案法律适用规则的确立,一是有利于引导保险公司诚实履约,保险标的遭受意外事故后,应依据事实、保险合同约定与《保险法》等法律规定,及时主动核定、通知与支付保险金,杜绝拖延理赔,甚至动辄将保险纠纷推诿给法院或仲裁机构裁判,这不仅增加了社会运行成本,也大大降低了保险公司的社会信誉,牺牲了整个行业的长远利益。全体保险公司应以本案为鉴,吸取教训,提高整个行业的自律和专业服务质量,规范保险公司有序经营,促进保险事业健康发展;二是充分发挥保险在分散被保险人风险、恢复其生产经营或提供其生活保障方面的积极作用,充分发挥保险"救危济困"的保障作用;三是引导保险公司践行《公司法》规定的公司社会责任,通过合同约定,向被保险人提供比法定义务更有效的理赔水平,将谋求保险公司长远利益与促进国家实体经济发展有效结合起来,为新时代发展提供有效保障。

基本案情

七台河某选煤工程技术北京分公司向一审法院起诉请求:①某财产保险大庆公司支付其按照10%免赔额未支付的车辆维修费用18 000元;②支付2017年10月30日至2018年3月12日期间停运损失28天即190元×28天=22 120元;③逾期支付维修款停运32天即790元×32天=25 280元;④救援费3000元。以上共计68 400元。

法院经审理查明:七台河某选煤工程技术北京分公司用于运输的重型仓栅式货车在某财产保险大庆公司投保交强险和商业险。2017年10月30日14时40分,七台河某选煤工程技术北京分公司名下由司机王某杰驾驶的该货车发生道路交通事故,后由七台河市公安局交通警察支队新兴大队出具道路交通事故认定,认定王某杰承担事故的全部责任,其他人员无责任。事故发生后,七台河某选煤工程技术北京分公司多次催促某财产保险大庆公司对该货车核定损失进行维修,但某财产保险大庆公司拖延定损,致使该货车延期定损超过约定30日,共计58天才定损。维修时间从2017年12月28日到2018年2月7日维修完,某财产保险大庆公司于2018年3月12日支付维修款，使七台河某选煤工程技术北京分公司车辆停运 32 天。经七台河某价格评估有限责任公司司法鉴定出具鉴定意见：该货车日停运损失为 790 元。

黑龙江省七台河市新兴区人民法院于 2020 年 12 月 15 日作出［2019］黑 0902 民初 710 号判决：某财产保险大庆公司支付七台河某选煤工程技术北京分公司以下费用：免赔比例 10% 扣除的七台河某选煤工程技术北京分公司的货车车辆维修费用 18 000 元；超期定损停运损失 22 120 元（28 天×790 元）；逾期支付维修款停运损失 25 280 元（32 天×790 元）；救援费 3000 元，以上共计 68 400 元。宣判后，某财产保险大庆公司提起上诉。黑龙江省七台河市中级人民法院于 2021 年 1 月 22 日作出［2021］黑 09 民终 1 号判决：驳回上诉，维持原判。

裁判理由

法院生效裁判认为，某财产保险大庆公司认为涉案车辆在发生交通事故时有超载行为，违反安全装载规定的实行 10% 的绝对免赔率，却无证据证实涉案车辆有超载行为，一审法院基于双方并未对载物超重有明确约定，某财产保险大庆公司事先对免责条款亦未向七台河某选煤工程技术北京分公司进行明确说明，对某财产保险大庆公司此项主张不予支持。

某财产保险大庆公司主张，在双方的保险合同约定中不存在赔偿停运损失的约定。七台河某选煤工程技术北京分公司在某财产保险大庆公司投保了车损险，根据《保险法》第 23 条"保险人收到被保险人或者受益人的赔偿或者给付保险金的请求后，应当及时作出核定；情形复杂的，应当在三十日内作出核定，但合同另有约定的除外。保险人应当将核定结果通知被保险人或者受益人；对属于保险责任的，在与被保险人或者受益人达成赔偿或者给付保险金的协议后十日内，履行赔偿或者给付保险金义务。保险合同对赔偿或者给付保险金的期限有约定的，保险人应当按照约定履行赔偿或者给付保险金义务。保险人未及时履行前款规定义务的，除支付保险金外，应当赔偿被保险人或者受益人因此受到的损失。任何单位和个人不得非法干预保险人履行赔偿或者给付保险金的义务，也不得限制被保险人或者受益人取得保险金的权利"的规定，某财产保险大庆公司应当赔偿七台河某选煤工程技术北京分公司停运损失。某财产保险大庆公司认为，认定车辆未按时定损及未按时支付赔偿金的责任在某财产保险大庆公司没有事实根据，该理由不能成立。七台河某选煤工程技术北京分公司车辆系营运车辆，某财产保险大庆公司未及时为七台河某选煤工程技术北京分公司车辆定损及定损后怠于履行职责，造成停运损失，应当承担相应责任。

四、万某诉某财产保险股份有限公司高新支公司财产保险合同纠纷案

入库编号：2023-08-2-333-004

审理法院：成都高新技术产业开发区人民法院

案　　号：［2021］川0191民初1494号

案　　由：财产保险合同纠纷

裁判日期：2021年2月8日

裁判要旨

投保人驾驶家用车辆，在上下班途中用顺风车平台接单搭载乘客，未增加车辆危险程度的，保险公司不能以被保险人使用顺风车搭载乘客系从事网约车活动，其改变车辆的使用性质致使被保险机动车危险程度显著增加且未履行通知义务为由拒绝承担赔付责任。

基本案情

原告万某诉称：2020年1月3日，万某驾驶车牌号为川APM5××的小型汽车（以下简称"案涉车辆"）在美墅街与阳光街交叉路口，与车牌号为川AM5F××的小型汽车发生追尾，交警认定此次交通事故万某应负全责。此次事故产生两车维修费和拖车救援费共计42 300元，其中40 300元需在机动车商业险范围内赔付，但某财保高新支公司认为发生交通事故时，万某所驾驶的车辆尚在顺风车行程内，系改变了车辆的使用性质导致被保险机动车危险程度显著增加，故拒绝赔付。万某认为某财保高新支公司的拒赔条件不成立，故请求判令：某财保高新支公司赔偿车辆维修费和拖车救援费40 300元。

某财保高新支公司辩称：案涉车辆发生交通事故时处于顺风车行程内。万某使用顺风车搭载乘客系从事网约车活动，其改变车辆的使用性质致使被保险机动车危险程度显著增加且未履行通知义务，属于免赔情形。

法院经审理查明：2019年7月5日，万某就其自有轿车向某财保高新支公司投保机动车商业保险,《机动车商业保险单》载明：车辆使用性质为家庭自用；承保险种包括车辆损失保险、第三者责任保险等；保险期间为2019年8月4日至2020年8月3日止。

2020年1月3日下班后，万某在嘀嗒出行平台上使用顺风车功能搭载乘客，该顺风车发车时间为18时20分，行程起点为阳光金融城，终点为蓝光COCO金沙。万某驾驶车辆行至美墅街与阳光街交叉路口时，与案外人张某冬驾驶的小型汽车发生碰撞。成都市公安局交通管理局第六分局出具《道路交通事故认定书（简易程序）》，认定此次事故万某负全部责任。另查明，在正常情况下驾驶车辆从万某的工作地点至其居住地点里程为15公里，若要前往乘客上车地点"阳光金融城"则绕行1公里，里程共16公里，但发生交通事故的地点"美墅街至阳光街交叉路口"仍处于万某下班行程中。

万某就车辆维修事宜分别支付维修费25 500元和16 800元后，向某财保高新支公司主张理赔。2020年1月13日，案外人中国某财产保险股份有限公司四川分公司向万某出具《拒赔通知书》，载明：承保车辆于2020年1月3日在四川省成都市金牛区阳光街美墅街发生事故所造成的损失，经核实不属于保险责任赔偿范围，因此其不能给予赔付。依据为"《机动车损失保险》责任免除条款第9条第5项被保险机动车被转让、改装、加装或改变使用性质等，被保险人、受让人未及时通知保险人，且因转让、改装、加装或改变使用性质等导致被保险机动车危险程度显著增加；《机动车第三者责任保险》责任免除条款第25条第3项被保险机动车被转让、改装、加装或改变使用性质等，被保险人、受让人未及时通知保险人，且因转让、改装、加装或改变使用性质等导致被保险机动车危险程度显著增加。"某财保高新支公司系中国某财产保险股份有限公司四川分公司的支公司，认可分公司出具的《拒赔通知书》，以案涉车辆危险程度增加、改变车辆性质而未通知公司为由拒绝赔付。万某不服，向成都高新技术产业开发区人民法院提起诉讼，要求某财保高新支公司赔偿车辆维修费和拖车救援费40 300元。

成都高新技术产业开发区人民法院于2021年2月8日作出［2021］川0191民初1494号民事判决：某财产保险股份有限公司高新支公司于本判决生效之日起10日内向万某赔偿维修费40 300元。宣判后，双方当事人均未提起上诉，该判决已发生法律效力。

裁判理由

法院生效裁判认为，本案的争议焦点为万某使用顺风车平台搭载乘客是否改变了车辆的使用性质导致被保险机动车危险程度增加，即某财保高新支公司是否可以免责。首先，根据《网络预约出租汽车经营服务管理暂行办法》第2条、第13条、第38条之规定可看出，顺风车与网约车并非同一概念，网约车目的在于营运，车辆和从业者均需符合相关条件并经一定审核程序；顺风车也称拼车，是由出行路线相同的人相互选择、分摊成本的共享出行方式，其目的在于互助，并非营运。其次，从万某平日使用顺风车的习惯来看，使用时间、频率、路线、搭载的乘客数量与其上下班时间、在通勤行程内能够相互对应，能体现出万某使用顺风车的目的在于分摊通勤成本而非营运。最后，万某使用顺风车行驶范围在合理可控范围内而并非进行网约车服务，客观上不会导致车辆使用频率增加，也不会导致车辆危险程度增加，未实质上改变车辆的使用性质，不能对其苛以通知义务。

五、某蔬菜合作社诉某财保公司合同纠纷案

入库编号：2024-08-2-333-001

审理法院：甘肃省武威市中级人民法院

案　　号：［2023］甘06民终185号

案　　由：财产保险合同纠纷

裁判日期：2023年3月20日

裁判要旨

（1）《保险法》给投保人、被保险人、受益人以及保险人都规定了相应的权益和义务，明确保险事故的原因对后续定损至关重要。保险事故发生后，投保人、被保险人、受益人均负有及时向保险公司报案，并提供其所能提供的与确认保险事故的性质、原因、损失程度等有关的证明和资料的义务。

（2）在被保险人、投保人、受益人报案后，对于保险标的的损失应当由保险公司核定并承担证明责任，保险公司不提供证据证明其完成了对案涉保险标的的查勘定损责任，亦不提供证据证明其将核定结果通知被保险人或作出拒绝赔偿保险金通知书，导致无法认定保险事故造成的实际损失，保险公司对此存在过错，应当承担赔偿责任。

（3）保险公司在收到报案后，应对损失原因、损失金额进行科学的认定，对于不属于保险责任的，应当自作出核定之日起3日内向被保险人或者受益人发出拒绝赔偿或者拒绝给付保险金通知书，并说明理由。

基本案情

原告诉称：甘肃省民勤县某蔬菜产销专业合作社按照县政府农业部门的要求对自己种植的200多亩地的娃娃菜在被告保险公司投保了地方财政露地蔬菜综合收入保险。后县域内突降大雪导致气温剧降至零下12.1度，使得200多亩地娃娃菜全部冻毁。保险事故发生后，该合作社及时向被告公司报案，保险公司也派相关人员到现场进行了查勘。之后双方对理赔事宜进行协商处理至今无果，于是该合作社将保险公司告上法庭，要求理赔。

被告辩称：本案不属于保险事故，娃娃菜的生长周期为45天至65天，该期间涉案娃娃菜已经成熟，应当采收离地；合作社未按时进行采收，导致损失，不属于保险事故，保险公司不承担保险责任；保险合同约定，保险期间根据保险蔬菜的单茬生长周期确定，本案中的保险期间明显违背了农作物的生长规律，该保险期间的约定明显不合理，系错误记载。本案超出娃娃菜生长周期的保险期间约定，明显与农作物自然生长规律不符，不应作为认定保险期间的依据；事故发生后，合作社未对保险标的采取防止和减少损失的合理措施，对造成的损失，合作社具有过错。因此，应当驳回合作社的诉讼请求。

法院经审理查明：2021年6月9日，民勤县农业农村局与民勤县财政局联合制订《民勤县2021年农业保险实施方案》，开展10个品种的农业保险保费补贴。同时，民勤县农业农村局与某财产保险股份有限公司民勤支公司签订《政府采购合同》，对项目实施原则、项目区域、合同总价、承保及理赔标准、双方的权利义务、违约责任等进行了约定。2021年8月26日，民勤县某蔬菜产销专业合作社依据上述农业保险实施方案，为其在民勤县三雷镇中陶村的244.48亩娃娃菜向某财产保险股份有限公司民勤支公司投保露地蔬菜（娃娃菜）保险。某财产保险股份有限公司民勤支公司在现场勘察后向民勤县某蔬菜产销专业合作社签发《甘肃省地方财政露地蔬菜综合收入保险（2021版）保险单》，约定投保标的为娃娃菜，投保数量244.48亩，单位保险金额2500元，共计保险金额611 200元，保险费24 448元保险期间自2021年8月27日0时起，至2021年12月26日24时止，主险条款为甘肃省地方财政露地蔬菜综合收入保险（2021版）。2021年11月5日至2021年11月7日，民勤县最低气温从-2.3℃降至-12.1℃。2021年11月9日民勤县某蔬菜产销专业合作社负责人杨某向某财产保险股份有限公司民勤支公司报案称，因2021年11月6日晚民勤县下大雪，导致230亩娃娃菜受损。某财产保险股份有限公司民勤支公司经现场勘验，认为不属于保险事故，拒绝理赔。现民勤县某蔬菜产销专业合作社以其所种植的娃娃菜因冻灾导致全部绝收为由，起诉要求某财产保险股份有限公司民勤支公司按照双方约定给付娃娃菜保险金607 450元。

甘肃省民勤县人民法院于2022年10月26日作出［2022］甘0621民初873号一审民事判决：①被告某财产保险股份有限公司民勤支公司于本判决生效之日起10日内赔偿原告民勤县某蔬菜产销专业合作社娃娃菜损失402 500元；②驳回原告民勤县某蔬菜产销专业合作社的其他诉讼请求。

宣判后，被告保险公司不服该判决，上诉于甘肃省武威市中级人民法院。甘肃省武威市中级人民法院于2023年3月20日作出［2023］甘06民终185号民事判决：驳回上诉，维持原判。

裁判理由

合作社向保险公司作出投保意思表示，保险公司向合作社签发保险单，双方的保险合同成立并生效。根据气象局出具的证明、专家对于娃娃菜生长情况说明以及现场照片，能够确认合作社种植的娃娃菜灾情较重，主要原因系降温冻灾，属于双方约定的保险事故。

对于双方责任认定方面。根据《保险法》《农业保险条例》以及涉案保险条款，在发生损失后难以立即确定损失率的情况下，确定损失程度的义务人为保险人，而非被保险人。如被保险人对保险人确定的损失程度不服，在此情况下被保险人应对不服部分承担举证责任。本案中，合作社在娃娃菜受损后第一时间向保险公司报案，保险公司亦派工作人员进行了现场查勘，合作社已履行投保人的相关义务。保险公司作为专业机构，理应知晓保险事故的具体成因对保险理赔、追偿程序的重要性，而保险公司在接到报案到现场查勘后未及时定损，使得定损条件丧失，且其未就拒绝理赔及原因进行书面通知，由此产生的后果应由保险公司承担。同时，合作社未在娃娃菜成熟后及时采收，因此造成的损失亦应当由其自行承担部分责任。因双方均未出示相关证据证明涉案娃娃菜的损失率、受损亩数，但合作社种植的娃娃菜成熟后受冻灾影响事实确实存在，损失也客观存在，故法院根据涉案保险条款的约定以及合作社报案时所称娃娃菜受损的数量，综合本案实际情况，酌定本案保险公司承担70%的赔偿责任，由合作社自行承担30%的责任。

六、某公司诉某保险公司财产保险合同纠纷案

入库编号：2023-08-2-333-005

审理法院：最高人民法院

案　　号：[2021]最高法民申3495号

案　　由：财产保险合同纠纷

裁判日期：2021年6月29日

裁判要旨

在保险公司向被保险人部分赔付后，当地政府收回了被保险人的土地，并支付被保险人土地综合补偿。补偿数额包括土地使用权和地上物补偿等，其中地上物补偿是以保险标的全损为依据计算赔付的，该地上物补偿款和保险公司赔付数额已经足以弥补被保险人的损失。如准许保险公司继续支付保险赔偿金，则超出其保险标的价值，也不符合保险法的填补损害的基本原则，被保险人不能因损失而获得额外收益。

基本案情

某公司向天津市第三中级人民法院起诉请求：①判令某保险公司支付某公司保险赔偿金38 859 505元；②判令某保险公司承担就保险标的损失程度咨询专业顾问而产生的咨询费168 000元，重建造价的咨询费65 000元，律师协助确认保险标的损失程度产生的5630.87元，聘请同济大学出具专家意见的服务费用90 000元；③判令某保险公司承担律师费6 256 661.74元；④判令本案的诉讼费由某保险公司承担。

法院经审理查明：2014年12月，某保险公司向某公司及投保人某物流

公司签发了《保险单》，某公司就其投保部分缴纳了保险费，约定某公司就账目原值为 66 167 900 元的房屋建筑物含装修辅助设施和 11 480 元的办公设备、装置、家具及办公用品等向某保险公司投保保险一切险，保险金额合计 66 179 380 元。保险价值按照账面原值计算认定每次事故免赔额为 10 000 元或损失金额的 5%；两者以取高者为准。在保险期间由于自然灾害或者意外事故造成保险标的直接物质损坏或灭失的，保险人应当按约定负担赔偿，前款原因造成的保险事故发生时，为抢救保险标的或防止灾害蔓延，采取必要的、合理的措施而造成保险标的损失，保险人按照本保险合同的约定也负责赔偿。保险事故发生后，投保人为防止或减少保险标的的损失所支付的必要的、合理的费用，某保险公司按照本保险合同的约定也负责赔偿。保险标的的保险价值可以为出险时的重置价值、出险时的账面余额、出险时的市场价值或其他价值，由投保人与保险人协商确定，并在本保险合同中载明。保险金额不得超过保险价值，超过保险价值的，超过部分无效，保险人应当退还相应的保险费。发生保险责任范围内的损失，应由有关责任方负责赔偿的，保险人自向其被保险人赔偿保险金之日起，在赔偿金额范围内代为行使被保险人对有关责任方请求赔偿的权利，被保险人应当向保险人提供必要的文件和所知道的有关情况，被保险人已经从有关责任方取得赔偿的，保险人赔偿保险金时，可以相应扣减被保险人已从有关责任方取得的赔偿金额。附加专业费用条款（损失金额的 10%），询人费用但不包括被保险人为了准备索赔或估损发生的任何费用，上述赔偿费用应以财产损失的有关行业管理部门的收费规定为准，但保险人在本扩展条款项下的赔偿责任不得超过损失金额 10%。该保险单还载明了其他内容。

  2015 年 8 月 12 日，一危险品仓库运抵区发生爆炸事故。该事故导致某公司投保的堆场仓库、办公楼等固定资产毁损，某公司向某保险公司提交了全损的保险索赔通知书。为确定损失金额，双方共同委托了某公估公司进行公估。该公估人出具《最终报告》确定某公司本次保险事故损失为 23 954 562.13 元，某保险公司向某公司分两次共计支付了 24 000 000 元。

  2017 年 9 月 7 日，某公司与某土地发展中心签订土地收回协议书，约定某土地发展中心收回因爆炸事故受损波及的土地，并给付某公司土地综合补偿，该宗土地综合补偿单价为每平方米 1854 元，补偿费总额为 148 090 000 元。某公司庭审中认可收到上述款项。

经法院向某土地发展中心调查查明，某公司获得的土地综合补偿费用主要包括四项：①土地使用费按每平方米1202元补偿；②地上物补偿35 204 294元（评估价格59 204 294元扣除保险理赔金额24 000 000元），某土地发展中心委托某咨询有限公司就某公司集装箱堆场项目地上建筑物构筑物费用进行评估，评估报告认定费用为59 204 294元，其中一期工程费用为13 482 283元，二期工程费用为24 832 012元，三期工程费用为20 889 999元；③经营损失补偿按第2项评估费用的10%；④企业所得税，即前三项总额的8%。

天津市第三中级人民法院于2019年11月29日作出［2019］津03民初7号一审民事判决：驳回某公司的全部诉讼请求。宣判后，某公司提起上诉，天津市高级人民法院于2020年12月25日作出［2020］津民终359号二审民事判决：驳回上诉，维持原判。宣判后，某公司申请再审，最高人民法院于2021年6月29日作出［2021］最高法民申3495号民事裁定，驳回某公司的再审申请。

裁判理由

一、二审判决均驳回某公司的诉讼请求，最高人民法院再审审查认为，案涉财产一切险保单明细表载明，被保险财产包括"房屋建筑物含装修\辅助设施""机器设备（含辅助工具、配件）""办公设备、装置、家具及办公用品"。根据原审查明的事实，在某保险公司向某公司赔付2400万元后，某土地发展中心收回了某公司的土地，并给予某公司土地综合补偿。某土地发展中心收回土地并对某公司予以补偿，与某公司因受爆炸事故殃及而导致损失存在直接因果关系。土地综合补偿既包括了土地使用费、经营损失、企业所得税，也包括了地上物补偿35 204 294元。上述地上物补偿金额系经某土地发展中心委托某咨询有限公司就某公司地上建筑物构筑物损失进行评估后，按照评估价格59 204 294元扣除保险理赔金额2400万元得出。因某公司未能提供证据证明某咨询有限公司的评估存在失当之处，故应当认为某公司的损失已经因某保险公司的赔付和某土地发展中心的土地综合补偿而得到弥补。某公司不能因损失而获得额外收益，故其要求某保险公司继续支付保险赔偿金的请求依法不应得到支持，原审裁判结果并无不当。

某公司提起本案一审诉讼，一审法院于2019年4月立案，当时已距保险事故发生超过 3 年，且案涉地块已经某公司与相关部门协商由政府收回，双方当事人亦确认案涉地块已被规划为绿地，没有进行调查取证确认双方争议内容的基础，故某公司关于原审法院应依职权调查取证的主张难以成立。原审法院依法组织当事人对相关证据进行了质证。二审法院依据相关主体业务范围、事故发生后有无进入现场勘察、是否得到当事人委托等因素，认定案涉《最终报告》的结论更为客观，并将其作为认定保险事故损失的依据，亦无不妥。

七、亓某诉某保险莱芜支公司财产保险合同纠纷案

入库编号：2024-08-2-333-002

审理法院：济南市莱芜区人民法院

案　　号：[2014] 莱中商终字第 66 号

案　　由：财产保险合同纠纷

裁判日期：2014 年 10 月 20 日

裁判要旨

（1）免责条款的认定及法律后果。判断某保险条款是否属于免责条款，不应仅考察该条款是否属于明确列举的范围，对于明确列举范围之外的条款，还应实质考察该条款是否免除或者减轻了保险人的责任。《保险法司法解释（二）》亦规定，保险人提供的格式合同文本中的责任免除条款、免赔额、免赔率、比例赔付或者给付等免除或减轻保险人责任的条款，可以认定为免除保险人责任的条款。对于免责条款，保险人在订立合同时应在投保单、保险单或其他保险凭证中以足以引起投保人注意的文字、字体、符号或者其他明显标志作出提示，并对免除保险人责任条款的概念、内容及其法律后果以书面或者口头形式向投保人作出常人能够理解的解释说明，否则不产生效力。

（2）被保险人单方委托鉴定结论的效力认定。单方委托作出的鉴定意见，符合证据的形式要件，但从证据的实质要件看，单方委托剥夺了保险公司参与查勘、选择鉴定机构并提出相关意见的权利，保险公司无法对鉴定方法、鉴定过程、检材等进行确认，一般应允许保险公司重新申请鉴定。但是，如果保险公司在交通事故发生后拒绝定损或怠于定损，则视为保险公司

不履行义务的同时放弃了查勘车损的权利，此时被保险人单方委托认证中心进行鉴定不存在任何过错，在保险公司没有证据证明鉴定机构或者鉴定人员不具备相关鉴定资格、鉴定程序严重违法的前提下，法院对于鉴定结论应予采信。

基本案情

原告亓某诉称：2014年1月31日8时35分许，原告驾驶车牌为鲁S××××的轿车与葛某驾驶的车牌为鲁SG×××的轿车相撞，经交警认定，葛某承担事故的全部责任，原告车辆的损失经物价鉴定部门鉴定为29 901元，施救费1000元，共计30 901元。原告的鲁S×××车辆于2013年4月25日在被告投了车辆损失险，保险期一年，赔偿限额为87 120元。根据保险合同及保险法的规定，车辆发生碰撞造成损失的，被告应当对原告的车辆损失进行理赔，但被告一直拒绝理赔。为维护原告合法权益，特诉至法院，请求依法判令被告理赔原告的车牌为鲁S×××的车辆损失29 901元、施救费1000元，共计30 901元；诉讼费及相关费用由被告承担。

被告保险公司辩称：原告在事故中不承担责任，保险公司不具有赔付义务。根据双方的保险合同及条款第2章第11条的约定，保险车辆发生道路交通事故，保险人根据驾驶人在交通事故中所负事故责任比例相应承担赔偿责任。由于原告不承担事故责任所以所造成的损失应当由对方车辆根据交强险和商业险来赔偿，无责任车辆的保险人不具有赔偿责任，请求依法驳回原告的诉讼请求。

法院经审理查明：2014年1月31日8时35分许，原告驾驶涉案轿车，与葛某驾驶的微型普通客车相撞，造成车辆受损。葛某驾驶的微型普通客车未投保交通事故责任强制保险。山东省莱芜市（今济南市莱芜区，下同）公安局交通警察支队第二大队出具道路交通事故认定书认定，事故发生的原因是葛某驾车违反交通信号灯通行，葛某承担事故的全部责任，原告不承担事故责任。莱芜市公安交通警察支队第二大队委托当地价格认证中心对涉案轿车事故直接损失进行鉴定，鉴定基准日为2014年1月31日。2014年3月6日，当地价格认证中心出具涉案物品价格鉴定（认证）结论书，鉴定事故直接损失29 901元。原告提供2014年4月4日汽修公司开具的增值税专用发票两张证实其车辆修理费为29 901元，施救费600元。同时查明，涉案轿车所有人为原告，2013年4月19日，原告在被告处投保了保险，保险期间为2013年4月25日至2014年4月24日。其中险别分别为车辆损失险赔偿限额87 120元（新车购置价），商业第三者责任保险赔偿限额200 000元，车上人员责任险（司机）赔偿限额10 000元，且均为不计免赔率。在保险单所附的《电话营销专用机动车辆保险条款（2009年版）》中，在第2章车辆损失险保险条款中约定：在保险期间内，被保险人或其允许的合法驾驶人在使用保险车辆过程中，发生保险合同约定的保险赔付事项的，保险人按本合同约定负责赔偿。被保险人为减少保险车辆的损失所支付的必要的、合理的施救费用，保险人按照合同规定负责赔偿。条款中第11条约定：保险车辆发生道路交通事故，保险人根据驾驶人在交通事故中所负事故责任比例相应承担赔偿责任。保险车辆方负全部事故责任的，事故责任比例不超过100%，保险车辆方负主要事故责任的，事故责任比例不超过70%，保险车辆方负同等事故责任的，事故责任比例不超过50%，保险车辆方负次要事故责任的，事故责任比例不超过30%。保险车辆的保险金额按投保时新车购置价确定的，无论保险金额是否低于出险当时的新车购置价，发生部分损失按照实际修复费用赔偿。在"责任免除"条款中规定"保险车辆的损失中应当由交强险赔偿的部分"属于保险免责事由，并规定保险车辆在使用过程中与其他机动车辆发生碰撞造成保险车辆损坏的，对应当由其他机动车辆的交强险赔偿的金额，保险人先予以扣除。被告对原告提供的当地价格认证中心出具的涉案物品价格鉴定（认证）结论书有异议，提出申请对车辆损失价值重新鉴定，但因该涉案车辆已修复，双方就鉴定材料达不成一致意见，遂决定终止委托。

山东省莱芜市钢城区人民法院作出［2014］钢商初字第92号民事判决：①被告保险莱芜中心支公司于本判决生效之日起10日内赔偿原告亓某鲁S×××车辆损失29901元及施救费600元；②驳回原告其他诉讼请求。宣判后，保险公司以一审认定事实错误提起上诉。山东省莱芜市中级人民法院于2014年10月20日作出［2014］莱中商终字第66号民事判决：驳回上诉，维持原判。

裁判理由

原告与被告签订机动车保险合同，系双方当事人的真实意思表示，双方当事人应依照合同约定各自履行合同义务，原告投保车辆在保险期内发生交通事故，被告应予理赔。关于被告辩称的根据双方的《保险合同》及条款第 2 章第 11 条的约定，保险车辆发生道路交通事故，保险人根据驾驶人在交通事故中所负事故责任比例相应承担赔偿责任。由于原告不承担事故责任，因此保险公司不具赔付义务的主张，根据保险法规定，对保险合同中免除保险人责任的条款，保险人在订立合同时应在投保单、保险单或其他保险凭证上作出足以引起投保人注意的提示，并对该条款的内容以书面或者口头形式向投保人作出明确说明，未作提示或明确说明的，该条款不产生效力。虽然该第 11 条未明确列入责任免除章节，但从其文义及作用来看，对保险公司在赔偿限额内的责任进行了限定，属于免除保险人依法应承担的义务、排除被保险人依法享有的权利的格式条款，符合免责条款的本质特征。被告对该条款作为普通条款设置，并未对该条款作出足以引起原告注意的提示，也没有证据证实对上述条款履行提示及明确说明义务，对被告依该条款免除保险赔偿责任的主张不予支持。对于被告在庭审中陈述的依照责任免除条款"保险车辆的损失中应当由交强险赔偿的部分"属于免责范围，应予扣除的主张，因肇事车辆未投保交通事故责任强制保险，对该主张不予支持。关于保险车辆的车损数额，原告提供当地价格认证中心出具的涉案物品价格鉴定（认证）结论书证实直接损失 29 901 元，被告对该鉴定结论有异议，法院准许了被告重新鉴定的申请，但双方因鉴定材料达不成一致意见导致终止委托，故法院依据认证中心出具的鉴定结论书及车辆修理费发票，认定保险车辆的车损为 29 901 元。对于原告主张的施救费 1000 元，因其提供的相应证据证实施救费为 600 元，认定施救费为 600 元。

八、顾某诉某财产保险股份有限公司无锡分公司财产保险合同纠纷案

入库编号：2024-08-2-333-003

审理法院：江苏省无锡市中级人民法院

案　　号：[2018] 苏 02 民终 2279 号

案　　由：财产保险合同纠纷

裁判日期：2018 年 6 月 5 日

裁判要旨

（1）单方委托鉴定意见的认定问题。单方委托是车辆损失保险合同纠纷的常见问题，一般情况下，保险公司在接到事故报案后，均会及时自行查勘定损，但是，单方委托仍时有发生。被保险人之所以进行单方委托，主要原因在于保险公司定损价格过低，双方又无法协商一致，故委托公估公司等对车损进行鉴定。在此情形下，保险公司对评估金额通常不予认可，往往会申请重新鉴定，此时人民法院需要考虑单方委托鉴定的程序是否存在问题，鉴定意见实体上是否存在问题，作出相应的处理。

（2）应注意防范利用单方委托"骗保"的问题。司法实践中，被保险人虚构事实、隐瞒情况，骗取保险公司理赔款项的情况时有发生，损害了保险人的合法利益，也严重扰乱了诉讼秩序，损害了司法权威。人民法院在相关案件审理中，要严格审查单方鉴定在程序上、实体上是否存在问题，对可疑的单方鉴定意见，应允许当事人进行重新鉴定，以保证实体公正、程序公正。

基本案情

2017年5月30日，顾某与无锡市某运输有限公司（以下简称"某公司"）签订挂靠经营管理合同，明确顾某将苏BX××××号重型厢式货车挂靠在某公司。

某公司为苏BX××××号重型厢式货车向某财产保险股份有限公司无锡分公司（以下简称"某保险公司"）投保了车损险（保险金额为21.3万元）及不计免赔率特约条款等险种，保险期限自2017年5月26日至2018年5月25日。机动车综合商业保险示范条款载明，保险责任第6条：保险期间内，被保险人或其允许的驾驶人在使用被保险机动车过程中，因碰撞等原因造成被保险机动车的直接损失，保险人依照本保险合同的约定负责赔偿等条款。某公司投保时，某保险公司就免责条款进行了提示和说明。

2017年10月29日，黄某驾驶保险车辆沿沪霍线由西向东行驶至小潘园路口处时，撞上同方向停在路边由张某驾驶的车辆，造成车辆、货物损坏、黄某受伤的事故。事故发生后，某公司支付施救费7000元，丹阳市珥陵镇东进停车场开具发票。后某公司与某保险公司就维修价格无法达成一致，某公司遂委托某公估公司进行评估，并通知了某保险公司，某保险公司未到场，公估公司认定保险车辆的损失为14.7万元，某公司支付评估费7300元。

某公司委托无锡市某汽车修配有限公司对保险车辆进行维修，现保险车辆已经维修完毕，无锡市某汽车修配有限公司开具了价税合计金额为14.7万元的发票。

事故发生后，某公司出具权益转让书，确认将案涉车辆损失的赔偿请求权转让给顾某。

原告顾某诉称：某公司为实际车主顾某所有的苏BX××××号重型厢式货车向某保险公司投保了车损险及不计免赔率特约条款等险种，保险期限自2017年5月26日至2018年5月25日。2017年10月29日，黄某驾驶保险车辆发生事故，某公司支付施救费7000元。后双方就维修价格无法达成一致，某公司遂委托某公估公司进行评估，公估公司认定保险车辆的损失为14.7万元，某公司为本次评估支付评估费7300元。故请求判令：某保险公司赔偿车辆损失险（以下简称"车损险"）保险金14.7万元、评估费7300元、施救费7000元。

某保险公司辩称：对保险合同关系、事故的事实无异议。但是，经其口头询价，事故车辆损失项目中部分金额与评估报告差距较大，其定损金额为100218.14元，某公估公司定损金额过高，不予认可，因系单方委托，其要求重新进行鉴定。虽某公司在评估时通知了保险公司，其未到场是因为对损失的项目无异议，仅对各损失项目的金额存在异议，即使到场也无实际意义，其不承担评估费。案涉事故发生在丹阳，施救费用系车辆从丹阳拖至无锡产生，系扩大的损失，其不予认可。

诉讼中，因某保险公司对评估报告不予认可，顾某申请某公估公司鉴定人任某到庭。任某陈述，某公估公司于2017年12月1日接受委托，于12月5日查勘现场并拍照，确认了损失的项目，无锡市江淮重型汽车特约维修站仅有无锡市某汽车修配有限公司、无锡某服务站两家，在向两家询价后，综合两家的报价单，公估公司在较低的报价基础上，按照行业惯例打九五折，甚至更低的折扣，形成了案涉公估报告。

江苏省无锡市梁溪区人民法院于2018年4月9日作出〔2018〕苏0213民初328号民事判决：某保险公司应于本判决发生法律效力之日起10日内

赔偿顾某车损险保险金 14.7 万元、评估费 7300 元、施救费 7000 元。宣判后，某保险公司提出上诉。无锡市中级人民法院于 2018 年 6 月 5 日作出［2018］苏 02 民终 2279 号民事判决：驳回上诉，维持原判。

裁判理由

法院生效裁判认为，本案的争议焦点有两个：一是单方委托鉴定意见的效力如何认定；二是在一方当事人申请重新鉴定的情况下，人民法院如何履行审查义务。

（一）单方委托鉴定意见的效力如何认定

一是，被保险人单方委托鉴定，剥夺了保险公司参与查勘、选择鉴定机构并提出相关意见的权利，保险公司无法对鉴定方法、鉴定过程、检材等进行确认，而程序公正的重要一环就是程序的参与性，如果保险公司连参与程序的机会都没有，则很难保证程序的中立性和公正性；二是在评估机构资质有所放开的情况下，评估机构存在良莠不齐的情况，在实践中存在评估机构为了谋利与被保险人串通作高损失的可能，采纳单方委托鉴定意见可能存在道德风险。

但是，单方委托鉴定意见仍有其存在的价值，单方委托仍时有发生，在某些情形下是具有合理性的，一是保险公司在交通事故发生后拒绝定损或怠于定损，则视为保险公司放弃了查勘车损的权利，此时被保险人委托第三方鉴定机构对车损进行鉴定不存在过错，在保险公司没有提供反驳证据的情况下，可以采纳单方委托的鉴定意见。二是在充分保证保险公司程序参与权的条件下，可以考虑采纳单方委托鉴定意见，否则，完全否认单方委托鉴定的效力，则纵容了保险公司过分压低定损金额的做法。在部分车损数额较大的案件中，保险公司定损金额与单方委托定损金额差距甚大，有的定损金额甚至仅为委托定损金额的一半左右，而从实践了解来看，按照保险公司的定损金额无论如何是无法进行正常维修的，部分被保险人为了减少损失，不得不接受保险公司过低的定损。三是在法院委托鉴定的金额与被保险人单方委托鉴定的金额差距不大的情况下，亦是对法院委托鉴定意见的佐证，可以加强第二次鉴定意见的证明力。

(二）在一方当事人申请重新鉴定的情况下，人民法院如何履行审查义务

一是顾某在单方委托评估时通知某保险公司到场而保险公司未到场，给予了保险公司参与程序的机会，但保险公司却未予理会。二是诉讼中鉴定人到庭接受询问。在保险公司对鉴定意见不予认可、申请重新鉴定的情况下，赋予保险公司询问鉴定人的权利，既能使鉴定程序的问题暴露，也能使法院形成心证，作出合理的判断。三是车辆系在特约维修店修理。不可否认，我国车辆维修市场存在一些乱象，在这种情况下，4S店、大型车辆维修连锁机构、汽车生产厂家指定的维修点等，较之于普通的车辆维修作坊、公司等，在市场认可度、信誉方面具有一定的优势，这种大型机构参与保险骗保等的可能性较低。

九、某财险公司诉某科技公司、某塑胶公司、某医疗公司、某装备公司保险人代位求偿权纠纷案

入库编号：2024-08-2-333-004
审理法院：山东省高级人民法院
案　　号：[2022]鲁民申12725号
案　　由：财产保险合同纠纷
裁判日期：2022年1月17日

裁判要旨

保险法以填补损失与防止不当得利为基本原则，为了防止保险赔偿金出现"左手进、右手出"，实际仍由被保险人承担损失的情况发生，《保险法》第62条将被保险人的家庭成员或组成人员排除在行使保险人代位求偿权之外，但法律并未明确对组成人员进行界定。根据《保险法》第62条的设立目的，对组成人员共同经济利益不宜做扩张解释，应限定为与被保险人有直接法律关系，该"利益一致性"应当是法律意义上的、直接的连接，即在经济利益上具有同一性、法律人格上具有依附性的主体范围内，这部分人通常是代替被保险人履行职务行为的人，其行为造成的损害由被保险人承担责任，保险人不能向其求偿。

基本案情

某财险公司诉称：2020年4月4日，位于山东省青岛市红岛经济区某路的被告某科技公司发生火灾，造成某塑胶公司、某医疗公司、某模具公司、某装备公司的建筑及内部设备、货物毁损。经消防部门出具的火灾事故认定书认定，事故起火部位为被告某科技公司二楼北侧仓库内；起火原因不排除电气线路故障引发火灾。被告依法应对案涉事故承担责任。因某塑胶公司、某医疗公司、某模具公司在原告处投保了财产综合险。事故发生后，经定损、理算、协商等充分沟通后原告已与上述三公司达成赔付协议，并依据赔付协议就案涉火灾事故向三公司累计支付赔款计 50 572 000 元。根据《保险法》第60条的规定，原告已依法取得保险代位求偿权。故请求判令被告某科技公司向原告支付赔偿款 50 572 000 元并承担本案诉讼费、保全费等全部诉讼费用。

被告某科技公司辩称：①原告、被告主体不适格，被告是共同被保险人之一，不是保险人代位求偿权纠纷法律关系中的"第三人"，原告不享有"追偿权"。被告是共同被保险人之一，属于"利益共同体"成员单位。某塑胶公司、某医疗公司、某模具公司与被告属于关联公司，四家公司均是集团成员公司，同时向原告投保企财险，四份保单的被保险人实质是共同被保险人。四家公司的实际控制人是相同的，统一投保、统一理赔，具有相同的保险利益和经济利益，利害一致，仅仅是分别缴纳保费分别出单，本质上是"共同被保险人"和"利益共同体"。本案，原告依据对集团前三家公司的保险赔偿向第四家集团成员公司追偿，违背保险合同目的。被告不是保险人代位求偿权纠纷法律关系中的"第三人"，原告不享有"追偿权"。②原告追偿没有法律依据，且违反立法本意和保险合同目的。从保险法及保险原理角度，人身保险合同不存在追偿法律关系，仅财产保险合同中存在追偿法律关系，但同时法律限制向被保险人组成人员追偿。保险法财产保险合同规定了"代位求偿权"，但同时也规定了对追偿权行使的限制，第62条规定，"除被保险人的家庭成员或者其组成人员故意造成本法第六十条第一款规定的保险事故外，保险人不得对被保险人的家庭成员或者其组成人员行使代位请求赔偿的权利"。最高人民法院曾裁判认为，被保险人的关联公司在经济利益上具有高度一致性，应属于利益共同体，向被保险人的关联公司追偿不符合《保险法》第62条的立法本意。③从再保险及风险单位划分角度，四家公司不仅是关联企业的"利益共同体"，更是相互毗邻的"一个风险单位"，本应出具一张保单，但因原告过错导致出具四张保单，错误的风险单位划分，是原告错误发起追偿诉讼的根本原因。④假如保险人追偿的理由和逻辑成立，被告也应当先赔付某模具公司，某塑胶公司，某医疗公司保险未赔付的实际损失，包括但不限于免赔额、免赔率以及不足额投保部分的损失以及被保险人的其他损失。请求依法应驳回其诉讼请求。

第三人某塑胶公司、某医疗公司、某装备公司均同意被告答辩意见。

法院经审理查明：①投保情况。2019年12月11日，某科技公司与第三人某模具公司、某塑胶公司、某医疗公司均在某财险公司处投有财产综合保险，约定的保险期间均自2019年12月11日至2020年12月10日，每次事故免赔额3000元或损失金额的10%，两者以高者为准。②火灾事故基本情况。青岛高新技术产业开发区消防救援大队出具编号为青高消火认字【2020】第×××号《火灾事故认定书》，该认定书载明：……位于青岛市红岛经济区某某街道蓝河路某科技公司发生火灾，火灾造成某科技公司、某装备公司、某塑胶公司、某医疗公司、某模具公司建筑及内部设备、货物经过烧毁、烧损，厂区内停靠的一辆福田牌轻型厢式货车烧损，火灾未造成人员伤亡。经调查，对起火原因认定如下：起火时间为2020年4月4日15时40分许；起火部位位于某科技公司二楼北侧仓库内；起火原因排除人为纵火，排除物品自燃，不排除电气线路故障引发火灾的可能……③赔偿协议及理赔情况。2021年4月2日，某财险公司分别与某模具公司、某塑胶公司、某医疗公司、某科技公司签订《保险协议书》，同意由某财险公司向某科技公司支付保险赔偿金23 230 000元，向某塑胶公司支付保险赔偿金合计22 576 000元，向某模具公司支付保险赔偿金26 533 000元，向某医疗公司支付保险赔偿金1 463 000元。某财险公司已经向第三人某塑胶公司、某医疗公司、某科技公司共计支付赔偿金合计50 572 000元，尚未向某科技公司支付保险赔偿金。④被告及第三人股东情况。火灾发生时，某科技公司股东孙某某持股65%、刘某某持股35%，2020年11月股东进行了变更。某模具公司的股东为甲、乙、某集团公司，某塑胶公司股东为甲、乙、某集团公司，某医疗公司的股东为丙、丁、某集团公司，某集团公司2020年3月3日前股东为甲持股90%，乙持股10%，后甲将股权转让给某咨询公司（60%）、某服务公司（20%）、某管理公司（10%），乙将其10%股权转让给某企业。某咨询公司的股东为甲持股70%，戊持股30%，某服务公司股东为甲持股20%，乙持股80%；某企业的合伙人为甲95%，乙5%。

山东省青岛市中级人民法院于2021年10月18日作出［2021］鲁02民初717号民事判决：某科技公司于本判决生效之日起十日内支付某财险公司赔偿款50 572 000元。宣判后，某科技公司以其与第三人系利益共同体为由提起上诉。山东省高级人民法院于2022年4月25日作出［2022］鲁民终321号民事判决：驳回上诉，维持原判。某科技公司不服生效判决提起再审。山东省高级人民法院于2022年1月17日作出［2022］鲁民申12725号民事裁定，驳回再审申请。

裁判理由

法院生效裁判认为，本案的焦点问题为某科技公司是否构成保险利益共同体，某财险公司对其是否享有保险人代位求偿权。依据《保险法》第60条第1款的规定，保险人代位求偿权是指"因第三者对保险标的的损害而造成保险事故的，保险人自向被保险人赔偿保险金之日起，在赔偿金额范围内代位行使被保险人对第三者请求赔偿的权利"。保险人行使代位求偿权须满足以下三个条件：第三者对保险标的造成了损害；保险人已向被保险人支付了保险金；代位求偿权的金额以给付的保险金额为限。就本案而言，涉案火灾系在被告某科技公司场地发生并蔓延至第三人处，《火灾事故认定书》认定起火原因排除人为纵火，排除物品自燃，不排除电气线路故障引发火灾的可能，故本案第三人某模具公司、某塑胶公司、某医疗公司的保险标的系由某科技公司致损。某财险公司基于与第三人的保险合同关系进行了理赔，且在本案中的主张的数额并未超出其理赔的金额，故某财险公司向某科技公司追偿具有法律和事实依据。

《保险法》第62条规定："除被保险人的家庭成员或者其组成人员故意造成本法第六十条第一款规定的保险事故外，保险人不得对被保险人的家庭成员或者其组成人员行使代位请求赔偿的权利。"某科技公司基于上述法律规定，抗辩其与第三人某模具公司、某塑胶公司、某医疗公司属于利益共同体，故某财险公司不享有保险人代位求偿权。但首先，《保险法》第62条规定的除外情况在于保证实现财产保险损害填补的目的，保护被保险人的权益，否定了保险人可以自被保险人处变相索回赔偿的行为。因此其适用范围是被保险人的家庭成员或者组成人员不能做扩大解释，应当确定在与被保险人有直接法律关系，在经济利益上具有同一性、法律人格上具有依附性的主体范围内，这部分人通常是代替被保险人履行职务行为的人，其行为造成的损害由被保险人承担责任，保险人不能向其求偿。公司制度最重要的一个内容在于法人人格独立，股东财产与公司财产不存在直接关联，而本案被告及第三人虽然在股东、高管方面存在关联关系，但均是具有独立财产及决策机构的独立的法人，且不存在人格混同的情形，该"利益一致性"应当是法律意义上的、直接的连接。其次，被告与第三人分别订立保险合同，被告及第三人均系各自保险合同的被保险人，就第三人某模具公司、某塑胶公司、某医疗公司，某科技公司系造成上述第三人财产损失的"第三人"。最后，某科技公司援引的"同一危险单位"的概念，系保险人为了控制其承保风险，对保险标的进行风险评估时使用的定义，与前述法律规定的"被保险人的组成人员"并非同一概念。综上，某财险公司有权向某科技公司追偿。

十、钱某诉某财产保险股份有限公司无锡市分公司财产损失保险合同纠纷案

入库编号：2024-08-2-333-005
审理法院：无锡市梁溪区人民法院
案　　号：[2020]苏0213民初3975号
案　　由：财产保险合同纠纷
裁判日期：2020年11月22日

裁判要旨

（1）单方委托鉴定意见应严格进行审查。单方委托有其存在的合理性，可以避免保险公司在交通事故发生后拒绝定损或怠于定损导致车辆损失无法确定，也可以防止保险公司过分压低定损金额，保护被保险人的合法权益；与此同时，对单方委托在程序上要严格把关，保证保险公司参与程序和提出意见的权利，在鉴定意见存疑的情况下，应当允许重新鉴定。

（2）定损义务是保险公司的法定义务。根据《保险法》第23条第1、2

款规定，保险人收到被保险人或者受益人的赔偿或者给付保险金的请求后，应当及时作出核定；情形复杂的，应当在30日内作出核定，但合同另有约定的除外。保险人未及时履行前款规定义务的，除支付保险金外，应当赔偿被保险人或者受益人因此受到的损失。司法实践中，在双方无法达成一致的情况下，保险公司往往怠于定损，由此造成的损失包括评估费等应由保险公司承担。

基本案情

原告钱某诉称：2019年1月6日，钱某为苏BG××××号车辆向某保险公司投保了机动车损失险、第三者责任险、不计免赔率等险种。2019年8月26日，杨某驾驶的赣B××××小型汽车与张某驾驶的苏B××××小型汽车与钱某驾驶的苏BG××××小型客车发生道路交通事故。经苏州市公安交警支队高速公路三大队处理认定，杨某负全部责任，钱某与张某无责。事故发生后钱某立即向某保险公司进行电话报案，但因对车辆损失金额双方无法达成一致，钱某委托某公估公司对车辆损失进行公估鉴定，并由某公估公司书面通知某保险公司共同参与车辆的拆检定损。经评估苏BG××××小型客车损失金额为24 520元，且钱某支付评估费750元。故请求判令：①判令某保险公司立即赔偿保险理赔款24 520元；②评估费、诉讼费由某保险公司承担。

某保险公司辩称：对于钱某投保的事实、保险合同关系、责任认定没有异议，但不认可钱某提出的车辆损失金额，因某公估公司的评估报告系钱某单方委托，某保险公司并未收到钱某的告知函，故某保险公司不应当承担评估费。事发后某保险公司已经对事故车辆定损，定损金额为7300元，但对于定损日期无法核实，也没有证据证明其将定损结果送达钱某处。

原审法院查明，2019年1月6日，钱某为苏BG××××号车辆向某财产保险股份有限公司无锡市分公司（以下简称"某保险公司"）投保了车损险（以下简称车损险，保险金额27 160元）、第三者责任险（保险金额1 000 000元）、不计免赔率等险种，保险期限为2019年1月26日至2020年1月25日。2019年8月26日13时14分，杨某驾驶的赣B××××小型汽车与张某驾驶的苏B××××小型汽车与钱某驾驶的苏BG××××小型客车在常台高速东侧66公里518米处发生道路交通事故。由于杨某未与前方同车道行驶的车辆保持必要的安全距离，经苏州市公安局交通警察支队高速公路三大队处理认定，杨某负全部责任，钱某与张某无责。事故发生后，钱某委托某公估公司对苏BG××××小型客车损失进行公估鉴定，经公估鉴定，最终车辆损失评估金额为24 520元（公估基准日为2019年8月26日，即出险日）。后钱某支付公估费750元。2019年9月5日，某公估公司向保险公司邮寄告知函，对车损评估的时间、地点等内容进行告知。

审理过程中，某保险公司申请对保险车辆的维修价格进行公估鉴定。本院委托江苏某保险公估有限公司无锡分公司（以下简称"某保险公估公司"）对保险车辆维修价格进行评估，经公估，评估标的在公估基准日（2019年8月26日，即出险日）的车辆评估损失金额为22 600元，某某保险公司预交评估费1756元。

诉讼中，钱某提供告知函、物流信息等证据，该快件最后状态显示为"上门派件"，经质证，某保险公司认为其并未收到上述材料。

江苏省无锡市梁溪区人民法院于2020年11月12日作出［2020］苏0213民初3975号民事判决：①某保险公司应于本判决发生法律效力之日起10日内赔偿保险理赔款22 600元。②驳回钱某的其他诉讼请求。宣判后，双方当事人均未提出上诉，判决已发生法律效力。

裁判理由

法院生效裁判认为，本案的争议焦点有两个：一是单方委托鉴定意见是否可以采纳；二是保险公司的定损义务如何认定。

（一）单方委托鉴定意见是否可以采纳

根据《民事诉讼法》的规定，鉴定意见属于证据种类的一种，此处并未排除当事人自行委托的鉴定意见，因此，单方委托作出的鉴定意见，符合证据的形式要件。但是从证据的实质要件上看，单方委托剥夺了另一方参与查勘、选择鉴定机构并提出相关意见的权利，另一方无法对鉴定方法、鉴定过程、检材等进行确认，如果另一方连参与程序的机会都没有，则很难保证程序的中立性和公正性。根据最高人民法院《关于民事诉讼证据的若干规定》第41条之规定：对于一方当事人就专门性问题自行委托有关机构或者人员出具的意见，另一方当事人有证据或者理由足以反驳并申请鉴定的，人民法院应予准许。通常情况下，与单方委托的司法鉴定程序相比，法院委托作出的鉴定意见，其程序更合法，是在双方当事人共同同意的基础上选择鉴定机构，鉴定人需要接受双方当事人的共同监督；法院委托鉴定提交的鉴定材料更充分，综合双方的鉴定材料作出的鉴定结论更公允。

要采纳单方委托鉴定意见，应具备以下基本条件：一是在进行单方委托时，应通知另一方，允许另一方对选择的鉴定机构资质等提出异议，参与对鉴定机构的选择是程序参与权的重要环节，通过双方的参与，可以避免其后对鉴定机构的资质等进行扯皮。二是在进行鉴定时，应通知另一方到场。无论是委托方还是委托的鉴定机构向另一方发出通知，该通知都应实际送达，如果剥夺了另一方参与查勘、选择鉴定机构并提出相关意见的权利，使其无法对鉴定方法、鉴定过程、检材等进行确认，则很难保证程序的中立性和公正性。三是应当选择人民法院委托鉴定机构名录中且具备对应资质的鉴定机构。四是诉讼中鉴定人到庭接受询问，在其中一方对鉴定意见不予认可、申请重新鉴定的情况下，赋予另一方询问鉴定人的权利，既能使鉴定程序的问题暴露，也能使法院形成心证，作出合理的判断。

具体到本案，法院之所以不采纳单方意见，主要出于以下考虑：一是钱某未提供证据证明向某保险公司的通知已经送达，钱某虽提供告知函、物流信息等证据，但该快件最后状态显示为"上门派件"，未有签收记录，某保险公司亦否认收到上述材料。二是某保险公司未到场参与鉴定程序。三是钱某未提供车辆维修的相关材料。

（二）保险公司的定损义务如何认定

定损是保险理赔工作的主要内容，也是保险公司应当及时履行的义务。保险公司作为专业的机构，有义务根据被保险人或受益人提供的证明和资料以及自己掌握的情况，全面评估损失、进行责任分析认定，确定该保险事故是否属于保险合同约定的保险责任范围以及承担的责任。定损义务是保险条款明确约定的义务，保险公司不仅要承担定损义务，而且保险公司、被保险人为查明和确定保险事故的性质、原因和保险标的的损失程度所支付的必要的、合理的费用，以及保险事故发生后被保险人为防止或者减少保险标的的损失所支付的必要的、合理的费用，亦应由保险公司承担。

具体到本案中，法院虽未采纳钱某单方委托作出的鉴定意见，但考虑到某保险公司未履行定损义务，且重新鉴定的评估金额与钱某单方委托评估的金额相差不大，故认定由某保险公司承担两次评估的评估费。

十一、某安全器材公司诉某保险公司财产保险合同纠纷案

入库编号：2023-08-2-333-006

审理法院：上海市闵行区人民法院

案　　号：[2009]闵民二（商）初字第1590号

案　　由：财产保险合同纠纷

裁判日期：2009年12月29日

裁判要旨

（1）保险条款属于格式条款，提供格式条款的一方应当采取合理的方式提请对方注意免除或者限制其责任的条款并加以说明；未作提示或说明的，该条款不产生效力。

（2）保险公司在其提供的车辆损失保险条款中规定被保险车辆无责不赔，系免除自身责任、加重对方责任等内容，但在保险单正面却无明显提示，保险公司亦未能就此举证其对投保人进行了提示说明的，该条款系无效条款，对被保险人不产生效力，保险公司应当就被保险人的车辆损失进行赔偿。

基本案情

原告某安全器材公司诉称：2008年11月14日，原告就其所有的奥德塞多用途乘用车向被告投保机动车商业保险，其中第三者责任险200 000元、车辆损失险183 420元，保险期限自2008年11月21日0时起至2009年11月20日24时止。2009年1月31日，原告法定代表人秦某驾驶该车行驶至丁张线6.8千米宜兴林场时，与浙A牌号轿车发生碰撞，造成车辆损坏的保险事故。保险事故发生后，原告即向被告报案。被告派员对出险车辆查勘拍照加以证实并对出险车辆进行定损。同时，原告委托评估机构对车辆损失进行评估。当原告向被告递交理赔材料要求理赔时，被告以原告事故无责拒不理赔。原告认为，本次事故虽然原告无责，但造成被保险车辆损失，且事故性质属保险责任，被告应对原告承担赔付责任。故要求被告给付保险赔偿金132 638元。

被告某保险公司辩称，原告就其车辆向被告投保机动车辆保险属实，

《机动车辆保险条款》第 15 条规定"保险机动车一方无事故责任或无过错的，保险人不承担赔偿责任"，本案交通事故中秦某不承担事故责任，故被告不应承担赔偿责任。另肇事车辆驾驶员虽逃逸无从查找，但该车主作为确定的第三方，应承担连带赔偿责任，本案亦不适用条款第 17 条的规定。故原告发生的车损不属于保险责任范围，被告不承担赔偿责任。

法院经审理查明：2008 年 11 月 14 日，原告就其所有的奥德塞多用途乘用车向被告投保机动车交通事故强制责任保险、第三者责任险（不计免赔）、车辆损失险（不计免赔）、基本险不计免赔等保险，车辆损失险的保险金额为 183 420 元，保险期间自 2008 年 11 月 21 日 0 时起至 2009 年 11 月 20 日 24 时止。《机动车损失保险条款》第 15 条规定：除本保险合同另有约定外，保险人依据保险机动车一方在事故中所负责任比例，承担相应的赔偿责任。公安交通管理部门处理事故中未确定事故责任比例且出险地的相关法律法规对事故责任比例没有明确规定的，保险人按下列规定承担赔偿责任：保险机动车一方负全部事故责任的，保险人按 100% 事故责任比例计算赔偿；保险机动车一方负主要事故责任的，保险人按 70% 事故责任比例计算赔偿；保险机动车一方负同等事故责任的，保险人按 50% 事故责任比例计算赔偿；保险机动车一方负次要事故责任的，保险人按 30% 事故责任比例计算赔偿；保险机动车一方无事故责任或无过错的，保险人不承担赔偿责任。第 17 条规定：保险机动车发生保险责任范围内的损失，应由第三方负责赔偿却无法找到第三方的，保险人予以赔偿，但在符合赔偿规定的金额内实行 30% 的绝对免赔率。第 24 条规定，保险人在承保时，应向投保人说明投保险种的保险责任、责任免除、保险期间、保险费及支付方法、赔偿处理、投保人和被保险人义务等内容。

2009 年 1 月 31 日，原告法定代表人秦某驾驶被保险车辆在江苏省宜兴市境内发生交通事故。宜兴市公安局交通巡逻警察大队认定，肇事驾驶员驾驶浙 A 牌号轿车沿丁张线由西向东行驶至宜兴林场时，越过中心实线，驶入对向车道与被保险车辆相撞，致秦某和被保险车辆上的两名乘员不同程度受伤、两车损坏；浙 A 车辆驾驶员弃车逃逸，负事故的全部责任，秦某及两名车上乘员不负事故责任。浙 A 车辆驾驶员现尚未找到。

原告此后向被告要求理赔。被告于 2009 年 4 月 11 日出具机动车辆定损单，确认被保险车辆损失总金额为 75 000 元，并在定损单中注明"本单仅确定损失金额，不作理赔承诺"。后因被告不予赔偿，原告遂委托评估机构对被保险车辆的损失情况进行评估。评估机构于2009年6月9日出具物损评估意见书，确认该车直接物质损失为132 638元。

上海市闵行区人民法院于2009年12月29日作出［2009］闵民二（商）初字第1590号民事判决：被告某保险公司于判决生效之日起十日内支付原告某安全器材公司92 846.60元。判决宣告后，原被告双方均未提起上诉，判决已生效。

裁判理由

法院生效裁判认为，本案的争议焦点在于，原告驾驶员在本起交通事故中无事故责任，是否可以获得保险理赔。被告认为其对原告此次交通事故造成的损失不应理赔，其依据是《机动车损失保险条款》第15条中"保险机动车一方无事故责任或无过错的，保险人不承担赔偿责任"的规定。法院认为，保单所附的机动车损失保险条款系格式条款，根据我国相关法律规定，提供格式条款的一方应当遵循公平原则确定当事人之间的权利和义务，并采取合理的方式提请对方注意免除或者限制其责任的条款并加以说明。合理方式包括在合同订立时采用足以引起对方注意的文字、符号、字体等特别标识；未作提示或者明确说明的，该条款不产生效力。对于是否已尽合理提示及说明义务的举证责任人为提供格式条款的一方。

原告现主张的是由于此次交通事故造成的车辆损失，该索赔基于原告向被告投保的车辆损失险。车辆损失险非责任保险，而是对非故意、非可预见性、非可控的风险引起的车辆损失设定的保险，其目的在于及时补偿因意外原因受损的损失，不论这种意外原因是自然原因还是第三者的责任。被告在其提供的《车辆损失保险条款》第15条规定"保险机动车一方无事故责任或过错的，保险人不承担保险责任"，将财产损失险与责任保险混同，免除了自身责任，加重了对方责任，被告应当举证证明其在投保单、保险单或其他保险凭证上作出了足以引起原告注意的提示，并对该条款内容向原告作过明确说明。但保险单正面均无明显提示，被告亦未能就此进行举证，故该条款系无效条款，不产生效力，被告将该条款作为拒赔的理由不能成立。被告应当就原告在此次交通事故中造成的车辆损失进行赔偿。被告在赔偿后，可以在赔偿金额范围内代位行使被保险人对第三者请求赔偿的权利。

系争《机动车保险条款》第 17 条还规定，保险机动车发生保险责任范围内的损失，应由第三方负责赔偿却无法找到第三方的，保险人予以赔偿，但在符合赔偿规定的金额内实行 30% 的绝对免赔率。该条款是双方对赔偿具体比例的约定，不属于免除一方责任、加重对方责任的情形，该约定合法有效，对双方具有约束力。系争交通事故由第三方过错引起，应由第三方负责赔偿，但肇事车辆驾驶员弃车逃逸，车主亦至今未能找到，故被告应在车辆损失 70% 的范围内进行赔偿。

关于车辆实际损失的金额，被告曾经出具过定损单，对被保险车辆的损失进行过认定，但原告不同意该损失金额，并委托评估机构对被保险车辆的损失情况进行了评估，评估的损失高于被告认定的损失。法院认为，保险公司作为事故受损车辆的理赔单位，既评估车辆损失，又进行赔偿，有失公允，故被告所确定的车辆损失只能作为保险公司与被保险人之间确定损失的参考依据，只在双方都确认的情况下才具有约束力。现原告对被告认定的损失不予确认，故车辆损失应以具有评估资质的专业单位确定的实际损失价格为准。

十二、上海某模具有限公司诉某财产保险公司财产保险合同纠纷案

入库编号：2024-08-2-333-007

审理法院：上海市长宁区人民法院

案　　号：［2010］长民二（商）初字第 1174 号

案　　由：财产保险合同纠纷

裁判日期：2010 年 9 月 21 日

裁判要旨

在交强险合同关系中，投保人（被保险人）与保险人是合同当事人，不确定的道路交通事故受害人是第三人。强制保险的目的就在于为受害人提供及时、有效的救济。而受害人范围的界定将直接关系到交强险目的的实现，诸如"本车人员"能否纳入受害人范畴、投保人在作为乘客时是否具有"第三人性"、间接受害人的权益能否得到保护等都关乎着相关法规的立法目的的实现。

(一) 交强险赔偿对象的界定问题

交强险的赔偿对象之范围的扩张与限缩都应慎重，应当主要从两方面加以考量：一是与被保险车辆的关系。所谓"本车人员"应当理解为是与被保险车辆存在一定关联的人员。这种关联并不简单地体现为事故发生时是否在车上，还应当考虑其与该车辆之间是否存在控制关系以及其出现在被保险车辆上是否存在必然性。二是与被保险人的关系。对"本车人员"的理解不能单纯地局限在所在方位是否在车上，还应当考虑其与被保险人之间是否存在特定关联。

(二) 限缩交强险受害人范围约定的效力问题

在一般的合同关系中，只要能够反映当事人的真实意愿且不违背强行法的规定，都应当认定为有效。然而，交强险合同因其社会公益性与强制性，加之涉及的是不确定第三人的利益，故而对受害人的认定范围不得随意通过当事人合意加以排除和限缩。

基本案情

上海某模具有限公司就其牌号为沪B08×××的货车向某财产保险公司投保了交通事故责任强制保险和商业险，保险期限自2008年9月6日0时至2009年9月5日24时。双方签订的商业险条款规定：机动车第三者责任险条款，……第3条本保险合同中的第三者是指因被保险机动车发生意外事故遭受人身伤亡或者财产损失的人，但不包括被保险机动车本车上人员、投保人、被保险人和保险人等。机动车车上人员责任保险条款，……第3条本保险合同中的车上人员是指保险事故发生时在被保险机动车上的自然人等。

2009年5月6日，上海某模具有限公司派驾驶员沈某某驾驶上述投保车辆前往上海市长宁区协和路、通协路口送货。在卸货过程中，客户雇用的接货车辆的驾驶员周某某参与了卸货。当货物卸完后，沈某某启动车辆掉头时，周某某从车上跌落，头颈部着地，后经抢救无效而死亡。上海某模具有限公司向受害人家属赔偿后向某财产保险公司主张交强险理赔，某财产保险公司以受害人属"车上人员"为由拒绝赔付。

上海市长宁区人民法院于2010年9月21日作出〔2010〕长民二（商）初字第1174号民事判决：被告某财产保险股份有限公司上海市金山支公司应于本判决生效之日起10日内给付原告上海某模具有限公司保险金人民币

100 000元。一审判决后，被告不服向上海市第一中级人民法院提起上诉，二审法院认定事实与一审认定一致，认为将"本车人员"界定为"司乘人员"具有合理性，故判决：驳回上诉，维持原判。

裁判理由

法院生效裁判认为，交强险就其本质而言属于社会保险性质，其设立目的主要是维护社会安全，保护社会公共利益，并非使经营者获利，其受害人的认定范围不可随意扩大，也不可随意限缩。虽然被告的交强险条款对"本车人员"增加了"车上"两个字，意欲限缩交强险的受害人范围，但此与交强险条例设立目的有悖，其效力不应被认可。

此外，《机动车交通事故责任强制保险条例》第3条将"本车人员"排除在受害人之外，其目的在于防范道德风险。虽然对"本车人员"没有明确的法律解释，但结合交强险立法目的的考察，其正确理解应该是本车司乘人员，因为根据交强险的设立目的，交强险条例规定的排除在交强险受害人范围之外的"本车人员"，其除保险事故发生时在本车上外，还应与被保险人具有某种联系，如本车乘客、本车驾驶员等。而本案死者虽发生保险事故时在原告的被保险机动车上，但其并非原告的驾驶员或者雇员，也未与原告方达成搭乘的合意，故其不应被排除在本案交强险受害人范围之外。

综上，依照《合同法》（已失效）第107条，《保险法》第23条，《机动车交通事故责任强制保险条例》第21条的规定，判决被告某保险公司给付原告上海某模具有限公司保险金10万元。

十三、周某连诉章某根、某保险股份有限公司新余市中心支公司等财产保险合同纠纷案

入库编号：2024-16-2-333-002
审理法院：江西省高级人民法院
案　　号：[2019]赣民再46号
案　　由：财产保险合同纠纷
裁判日期：2019年4月12日

裁判要旨

（1）人民法院在民事诉讼中对机动车交通事故各方的责任程度等次、具体责任比例的认定具有终局性，保险人应当按照人民法院判决认定的事故责任比例承担保险车辆方的赔偿责任。

（2）商业第三者责任保险条款约定"公安机关交通管理部门处理事故未确定事故责任比例"时保险人仅就限定比例范围内的金额承担赔偿责任，免除了保险人在法院判决认定被保险人所负事故责任比例超出该条款限定比例时对超出限定比例部分的赔偿责任，属于免责条款。

（3）未标注或提示为免责条款但暗含免除责任情形的隐藏式免责条款，保险人应当进行提示，且与其他免责内容清晰明确的条款相比，保险人有义务单独明确告知说明此种条款存在的免除保险人责任法律后果，否则不发生效力。

基本案情

周某连诉称，其因交通事故受到损害，故向一审法院起诉请求：①判令王某根、章某根、新余某公司、某保险股份有限公司新余市中心支公司（以下简称"某保险新余支公司"）共同赔偿各项损失共计 425 264.263 元；②诉讼费由王某根、章某根、新余某公司、某保险新余支公司承担。某保险新余支公司辩称，对交通事故事实及责任划分没有异议，但驾驶员应提供合法有效的驾驶证、行驶证，否则保险公司不承担赔偿责任。法院经审理查明：2014 年 1 月 20 日，王某根驾驶具有安全隐患的赣 K 某号重型罐式货车违禁在新欣南大道新余大桥北端引桥，由南往北逆向行驶横过道路时，与相对方向周某连驾驶的新余 B 某号超标电动车发生碰撞，造成周某连受伤及车辆受损的交通事故。2014 年 1 月 29 日，新余市公安局交通警察支队城南大队作出余公交南事认字［2014］第 0004 号道路事故认定书，认定王某根负事故主要责任，周某连负事故次要责任。事故认定书载明事发原因：①王某根驾驶具有安全隐患的机动车；②王某根驾驶机动车未按右侧通行，且违反了禁行、限行规定；③周某连驾驶与准驾车型不符的超标电动车。赣 K 某号重型罐式货车实际车主为章某根，王某根系章某根雇请的员工，有合法有效的驾驶证。该车在某保险新余支公司投保了交强险和第三者责任险（保险限额为 500 000 元，且不计免赔）。《商业第三者责任保险机动车保险条款》的"赔偿处理"部分第 26 条共有 2 款，第 1 款规定"保险车辆发生道路交通事故，保险人根据驾驶人在交通事故中所负事故责任比例相应承担赔偿责任"，第 2 款规定"被保险人或保险车辆驾驶人根据有关法律法规规定选择自行协商或由公安机关交通管理部门处理事故未确定事故责任比例的，按照下列规定确定事故责任比例：保险车辆方负全部事故责任的，事故责任比例不超过 100%；保险车辆负事故主要责任的，事故责任比例不超过 70%；保险车辆方负同等事故责任的，事故责任比例不超过 50%；保险车辆方负次要事故责任的，事故责任比例不超过 30%；保险车辆方无事故责任的，保险人不承担赔偿责任"。该条款字体未与该合同条款中的"责任免除"部分采用同样加黑加粗字体。赣 K 某号重型罐式货车的机动车保险投保单投保人签名盖章处加盖了新余市某汽车运输有限公司印章，无人签名，该投保单为 A4 纸张大小，字体较小且印刷模糊，在投保人盖章签名处上方有一段与保单其他内容字体一致的印刷内容，"本人确认投保单已附投保险种对应的保险条款，并且保险人已经对保险条款的内容，尤其是免除保险人责任、投保人及被保险人义务、赔偿处理的条款的内容和法律后果，向本人进行了明确说明……上述所填内容为本人真实意愿，同意以此作为订立保险合同的依据"。因损害赔偿协商未果，周某连诉至法院。周某连、章某根、某保险新余支公司对公安机关交通管理部门做出的事故责任程度认定划分均没有异议，但周某连认为王某根应承担 90%的责任比例。一审法院认为，根据庭审查明的事发原因，王某根的违法行为对事故发生的原因力显著大于周某连的违法行为的原因力，结合实情，确定王某根对周某连的损害应承担 80%的责任比例，周某连自负 20%的责任，并据此裁判各被告人应承担的赔偿款项。一审宣判后，某保险新余支公司提出上诉，主张依据《商业第三者责任保险条款》第 26 条第 2 款，其仅需承担不超过 70%事故责任比例的赔偿责任，二审对其主张予以支持。

江西省新余市渝水区人民法院于 2017 年 5 月 22 日作出［2016］赣 0502 民初 211 号民事判决：①被告某保险新余支公司应于判决生效之日起 10 日内在机动车交通事故责任强制保险限额内支付周某连赔偿款 112 000 元，在机动车第三者责任保险限额内支付周某连赔偿款 198 473.18 元，共计 310 473.18 元；②被告章某根应于判决生效之日起 10 日内支付周某连赔偿款

17 550.62元；③驳回原告周某连的其他诉讼请求。某保险新余支公司提出上诉。江西省新余市中级人民法院于2017年12月28日作出［2017］赣05民终第403号民事判决：某保险新余支公司在机动车第三者责任保险限额内按保险条款约定承担70%赔偿责任，应支付周某连赔偿款165 039.04元，共计277 039.04元，章某根自行承担10%责任，应支付周某连赔偿款50 984.77元。章某根申请再审。江西省高级人民法院于2019年4月12日作出［2019］赣民再46号民事判决：撤销二审判决，维持一审判决。

裁判理由

法院生效裁判认为：

（1）关于《商业第三者责任保险机动车保险条款》第26条第2款是否属于免责条款的问题。公安机关交通管理部门在处理交通事故时所作的交通事故责任认定在人民法院审理道路交通事故责任纠纷时通常作为证据使用，如有其他证据可以推翻公安机关交通管理部门作出的交通事故责任认定，人民法院可以根据其他证据以民事判决的形式直接认定事故各方的责任程度等次和责任比例。另外，公安机关交通管理部门在作出交通事故责任认定时通常只确定各方当事人的事故责任程度等次，并不确定具体事故责任比例。人民法院即使采信公安机关交通管理部门对各方事故责任程度等次的认定，也可以根据事故各方行为对造成事故和损害发生的原因力大小等具体案情确定事故各方责任比例。因而，人民法院作为民事纠纷的终局裁判者，对诉讼案件中事故各方的责任程度等次、具体责任比例的认定具有终局性，保险人应当按照人民法院裁判认定的事故责任比例承担保险车辆方的赔偿责任。如果法院判决确定的具体责任比例超过本案争议的第26条第2款限定的比例，根据该款约定，保险人仅在限定比例范围内承担赔偿责任，对超过部分则无须承担赔偿责任。因此，第26条第2款虽然未采用免除保险人责任的字样，但其以"由公安机关交通管理部门处理事故未确定事故责任比例"作为保险人仅就限定比例范围内承担赔偿责任的事由，免除了保险人在法院判决认定被保险人所负事故责任比例超出该条款限定的事故责任比例时对超出限定比例部分的赔偿责任，应认定为免责条款。

（2）关于某保险新余支公司是否履行了提示和明确说明义务的问题。本案中某保险新余支公司提供的《商业第三者责任保险机动车保险条款》共有12个部分，其中第三部分"责任免除"与其他部分中免除责任的条款全部采用了字体加黑加粗的提示方法，本案争议的第26条未采用字体加黑加粗方式进行提示。且该款放在保险条款的"赔偿处理"部分，不易被作为免责条款发现，加之该款约定将"由公安机关交通管理部门处理事故未确定事故责任比例"这种表面上看属于偶然发生的特殊情形但事实上普遍存在的情形作为限定保险人赔偿责任比例的事由，导致该条第1款未对保险人赔偿责任作比例限定的一般性约定无法适用。对此种未标注或提示为免责条款但暗含免除责任情形的隐藏式免责条款，非专业人士的普通投保人很难发现和理解该条款存在免除保险人部分责任的情况，保险人应当进行提示，且与其他免责内容清晰明确的条款相比，保险人有义务单独明确告知说明此种条款存在的免除保险人责任的法律后果。虽然本案投保单中投保人盖章签名处上方有一段表明保险人已经就合同中免除保险人责任、投保人及被保险人义务、赔偿处理的条款的内容和法律后果向投保人进行了明确说明的声明文字，但该段文字笼统将免责条款与其他条款以印刷文字声明的方式进行说明，不能证实其如何告知了上述条款的法律后果，上述文字没有对未提示为免责条款但含有免责内容的第26条第2款法律后果进行明确说明的文字，也不足以让普通投保人理解该条款存在的免责情形，不能认定某保险新余支公司履行了对该条款免责后果的明确说明义务，应当认定该条款不发生效力。综上，某保险新余支公司应当对章某根在事故中所承担的80%责任比例的赔偿款承担全部赔偿责任。

十四、鲁某某诉贾某、某保险公司等财产保险合同纠纷案

入库编号：2023-16-2-333-003

审理法院：安徽省高级人民法院

案　　号：[2015]皖民提字第00081号

案　　由：财产保险合同纠纷

裁判日期：2016年3月9日

裁判要旨

在民事诉讼案件中，鉴定机构作出的鉴定意见是证据种类之一，该证据经当事人质证、法院查证属实作为生效裁判的定案依据后，未有法定事由、

未经法定程序，鉴定机构即作出撤销鉴定意见的决定，妨碍了民事诉讼，应属无效。

基本案情

鲁某某诉称：2011年3月13日18时35分许，贾某驾驶皖HMM0××号轿车由西向东行驶至安庆市集贤南路黄梅戏校大门前停车等候大门开启时，因操作不当，致使该车向前碰撞大门及开启大门的鲁某某，造成鲁某某受伤、一车受损的交通事故。经安庆市交警支队一大队调查认定，贾某负事故全部责任。事故发生后，鲁某某被送往医院进行救治。皖HMM0××号轿车车主系徐某某，徐某某已就该车投保了交强险和商业第三者责任险，本案交通事故发生在保险责任期间内。故起诉请求：①判令贾某、徐某某共同赔偿鲁某某因交通事故造成的损失计1 063 290.67元，某保险公司在各险种责任限额内直接对鲁某某承担赔偿义务；②本案全部诉讼费用由贾某、徐某某、保险公司承担。

贾某辩称：对事故的发生没有异议，鲁某某主张的损失数额计算有误。徐某某并无过错，对本次事故不应承担赔偿责任。

法院经审理查明，2011年3月13日18时35分许，贾某驾驶皖HMM0××号轿车由西向东行驶至安庆市集贤南路黄梅戏校大门前停车等候大门开启时，因操作不当，致使该车向前碰撞大门及开启大门的鲁某某，造成鲁某某受伤、一车受损的交通事故。经安庆市交警支队一大队调查认定，贾某负事故全部责任，鲁某某无责任。事故发生后，鲁某某在安庆市第一人民医院接受了手术治疗及康复治疗。皖HMM0××号轿车车主系徐某某，徐某某已就该车投保了交强险和商业第三者责任险，本案交通事故发生在保险责任期间内。2011年12月9日，经一审法院委托，安徽某德司法鉴定所对鲁某某的伤残等级、护理依赖程度进行鉴定，同年12月19日该所作出皖同[2011]临鉴字第F1849号法医临床司法鉴定意见书，鉴定意见：1.伤残等级，被鉴定人鲁某某因交通事故致颈部损伤，治疗后遗留四肢瘫（双上肢肌力4级，左下肢肌力4级，右下肢肌力3级），构成四级伤残。2.护理依赖程度，被鉴定人鲁某某目前构成大部分护理依赖。2012年5月23日，贾某提出重新鉴定的申请。2013年2月6日经双方当事人协商一致，由一审法院委托安徽某医司法鉴定中心对鲁某某的伤残程度、护理依赖程度进行评定，同年5月

20日该中心作出安徽某医司法鉴定中心［2013］临鉴字第67号法医临床鉴定书，鉴定意见：①被鉴定人鲁某某颈椎损伤伴脊髓损伤之伤残等级为Ⅳ（肆）级。②被鉴定人鲁某某护理依赖程度参照《劳动能力鉴定 职工工伤与职业病致残等级》（GB/T16180—2006）标准为大部分护理依赖，参照《人身损害护理依赖程度评定》（GA/T800—2008）标准为部分护理依赖。

安徽省安庆市大观区人民法院于2013年3月20日作出［2011］观民一初字第00471号民事判决：①某保险公司于本判决生效后10日内赔偿鲁某某390 000元；②贾某于本判决生效后10日内赔偿鲁某某461 256.67元；③驳回鲁某某对被告徐某某的诉讼请求；四、驳回原告鲁某某的其他诉讼请求。宣判后，贾某、某保险公司均不服，分别提起上诉。安庆市中级人民法院于2014年1月7日作出［2013］宜民一终字第01295号民事判决：①维持一审判决第一项、第三项、第四项；②撤销一审判决第二项；③贾某于本判决生效后10日内赔偿鲁某某390 052.67元；④驳回贾某、某保险公司的其他上诉请求。宣判后，安徽某医鉴定中心于2014年2月19日向安庆市大观区人民法院发出《关于撤销安徽某医司法鉴定中心［2013］临鉴字第67号鉴定意见书的函》，要求撤销其作出的鉴定意见。2015年5月12日，安徽省人民检察院向安徽省高级人民法院提出抗诉。安徽省高级人民法院于2016年3月9日作出［2015］皖民提字第00081号民事判决：维持安徽省安庆市中级人民法院［2013］宜民一终字第01295号民事判决。

裁判理由

法院生效裁判认为，本案原审中，经当事人协商同意，原审法院委托安徽某司法鉴定中心对鲁某某的伤残程度、护理依赖程度进行鉴定，委托鉴定程序合法，鉴定机构、鉴定人均符合资质要求，所作出的［2013］临鉴字第67号法医临床鉴定意见已经当庭出示、各方当事人质证，能够作为认定案件事实的证据。鉴定时间的长短，并不能对鉴定意见形成实质性影响，不属于鉴定程序严重违法。故贾某提出重新鉴定的申请，不符合最高人民法院《关于民事诉讼证据的若干规定》第29条规定的情形，不予准许。贾某在原审中提供的视频，仅能反映鲁某某在户外平地行走、坐下、喝水、拍腿等活动，不能证明鲁某某在大小便、穿衣洗漱、自主行动等方面不需要护理，故不足以推翻上述司法鉴定意见。某医司法鉴定中心在其出具的鉴定意见已被本案生效判决确定为有效证据后，未有法定事由、未经法定程序，即向一审法院发出《关于撤销安徽某医司法鉴定中心［2013］临鉴字第67号鉴定意见书的函》，无事实和法律依据，妨碍了民事诉讼，应为无效。

十五、谢某诉某财产保险某支公司财产保险合同纠纷案

入库编号：2023-16-2-333-004

审理法院：佛山市禅城区人民法院

案　　号：[2022]粤0604民初6324号

案　　由：财产保险合同纠纷

裁判日期：2022年6月24日

裁判要旨

保险合同中特别约定条款是投保人和保险人经平等协商、在自愿基础上就所商讨内容达成合意的条款，故保险人对特别约定条款不负说明义务。若特别约定条款系保险人以格式条款的形式提供且不具有平等协商性，则其实质为格式免责条款，保险人仍应负说明义务。

当投保人通过电话、网络等电子渠道自助与保险人订立保险合同时，还应当结合《保险法司法解释（二）》第12条之规定，主动审查保险人是否通过网页、音频、视频、人工客服等形式向投保人提示和说明免责条款的内容。

基本案情

原告谢某诉称：谢某向被告某财产保险股份有限公司某支公司（以下简称"某保险公司"）投保了机动车商业保险。在保险期间内，谢某驾驶投保车辆发生道路交通事故，导致车辆损坏，遂要求某保险公司定损理赔。因某保险公司拖延定损，谢某委托第三方价格鉴定机构对车辆损失进行评估，评估报告认定车辆损失为54 895元，谢某为此支付评估费2645元。谢某认为，某保险公司应当根据保险合同约定承担保险赔偿责任。故请求判令：某保险公司向谢某赔偿车辆维修费54 895元、拖车费1620元及评估费2645元，合计59 160元。

被告某保险公司辩称：谢某单方委托价格评估且已自行修复车辆，导致

重新鉴定不具有可能性，保险公司无法核实损失项目、损失程度是否合理。机动车商业保险保单由保险条款、投保单、保险单、批单和特别约定组成，特别约定的效力优于一般条款。根据特别约定的内容，若承保车辆出险，所有配件按市场拆车件金额赔付。保险公司已经对特别约定的内容履行了提示告知义务，故保险公司按照市场拆车件价格出具定损单，核定谢某的车辆损失为12 000元且不承担评估费。此外，保险公司认为拖车费以不超过600元为宜。

法院经审理查明：谢某通过手机上网点击某保险公司投保链接的方式，自助为其自有的机动车辆投保机动车商业保险。根据保险条款第6条约定，保险期间内，被保险人或被保险机动车驾驶人在使用被保险机动车过程中，因意外事故造成机动车直接损失，且不属于免除保险人责任的范围，保险人依照保险合同的约定负责赔偿。保单特别约定第4条载明"承保车辆出险时需按照市场拆车件金额赔付配件损失"。谢某作为投保人在《投保人声明》中签名，《投保人声明》载明"保险公司已就免责条款、特别约定等内容向其本人明确说明"的内容。某保险公司未就特别约定第4条的内容与谢某进行过协商。

在保险期间内，谢某驾驶投保车辆追尾碰撞其他车辆，造成车辆损坏的交通事故。谢某委托第三方价格鉴定机构对车辆损失进行评估并为此支付评估费2645元，评估报告认定车辆损失为54 895元。此外，谢某支出拖车费1620元。

广东省佛山市禅城区人民法院于2022年6月24日作出［2022］粤0604民初6324号民事判决：判令某保险公司向谢某支付保险金58 860元。宣判后，谢某及某保险公司均未上诉，一审判决已发生效力。

裁判理由

法院生效裁判认为，谢某的车辆因发生交通事故受损，谢某有权依据保险合同之约定向保险公司主张赔偿保险金的权利。本案的争议焦点为：①涉案保险单特别约定条款的效力认定；②谢某主张的损失是否合理。

（一）涉案保险单特别约定条款的效力认定

案涉机动车《商业保险示范条款》第6条约定，保险期间内，被保险人或被保险机动车驾驶人在使用被保险机动车过程中，因意外事故造成机动车直接损失,且不属于免除保险人责任的范围,保险人依照保险合同的约定负责赔偿。涉案事故中不存在保险条款约定的免除保险人责任的情形,故某保险公司应对谢某的车辆损失承担保险责任。保险公司援引《保险单特别约定》第4条进行抗辩,主张车辆维修的所有配件应按市场拆车件金额赔付。该条款虽载明为特别约定,但并非谢某与保险公司在平等协商、自愿基础上达成的合意条款,其实质仍为减轻保险人赔偿责任的格式条款,属于免责条款。依据《保险法》第17条之规定,保险人在订立合同时应当在投保单、保险单或者其他保险凭证上作出足以引起投保人注意的提示,并对该条款的内容以书面或者口头形式向投保人作出明确说明;未作提示或者明确说明的,该条款不产生效力。涉案保险合同系谢某通过手机自助投保,谢某主张投保时并未看到特别约定的条款内容,经法院进一步询问保险公司履行提示说明的方式,保险公司既未举证证明投保过程中曾向谢某提示上述特别约定之内容,也未举证证明曾以人工、网页、音频、视频等任何形式向谢某说明该条款内容及法律后果,故依据《保险法司法解释(二)》第13条第2款之规定,认定保险公司未就前述条款内容履行提示说明义务,特别约定第4条的内容对谢某不发生法律效力。

(二) 谢某主张的损失是否合理

(1) 车辆的损失价格。最高人民法院《关于民事诉讼证据的若干规定》第41条规定:"对于一方当事人就专门性问题自行委托有关机构或者人员出具的意见,另一方当事人有证据或者理由足以反驳并申请鉴定的,人民法院应予准许。"由此可见,相关法律法规并未明确禁止当事人自行委托鉴定机构进行鉴定,当事人自行委托鉴定所形成的鉴定意见并不必然无效,仍需结合鉴定程序是否合法、鉴定意见理据是否充分对鉴定意见进行审查。本案中,谢某委托的鉴定机构属于独立的第三方鉴定机构,鉴定人员具有相关的行业鉴定资质,鉴定人员进行了实物勘查,评估损失项目与事故车辆受损位置相符,其所出具的鉴定意见附有详细的修理、换件项目清单及勘验图片,鉴定程序合法,鉴定意见依据充分,不存在明显不合理之处。保险公司作为具有直接利害关系的一方当事人,其单方作出的定损单与第三方机构出具的鉴定意见相比较,后者更具有客观中立性,且保险公司并未进行实物勘查,亦未提供其他充分有效的证据以反驳鉴定意见,故对谢某提交的价格评估报告予以采纳,并结合谢某提交的维修费发票、维修清单确定受损车辆的损失价格为

54 895元。鉴于车辆维修更换的旧件未由某保险公司回收，评估报告亦未对车辆残值金额进行评估及扣减，经询问谢某及保险公司，双方协商一致按300元确定残值金额扣减，故某保险公司仍应向谢某赔偿车辆维修费54 595元。

（2）评估费。根据《保险法》第64条"保险人、被保险人为查明和确定保险事故的性质、原因和保险标的的损失程度所支付的必要的、合理的费用，由保险人承担"之规定，评估费是为查明和确定保险事故的性质、原因和保险标的的损失程度所支付的必要的、合理的费用，应由保险公司承担。谢某诉请保险公司支付评估费2645元有发票为证，合法有据，应予支持。

（3）拖车费。谢某主张的拖车费有发票为证，保险公司认为过高但未提供证据反驳，故对拖车费1620元予以支持。

综上，某保险公司应向谢某赔偿因涉案交通事故造成的损失金额58 860元（54 595元+2645元+1620元）。

十六、郑某诉某某财产保险（中国）有限公司财产保险合同纠纷案

入库编号：2023-08-2-333-008

审理法院：上海市闵行区人民法院

案　　号：[2019]沪0112民初18496号

案　　由：财产保险合同纠纷

裁判日期：2019年12月24日

裁判要旨

被保险人将约定用途为"非营业个人"的被保险车辆出租给他人，并允许承租人通过网络向不特定用户转租，系以获取租金收益为目的的商业性使用，改变了保险标的的用途，且超出保险合同订立时保险人预见或应当预见的保险合同的承保范围，属于《保险法》第52条危险程度显著增加的情形。

基本案情

原告郑某诉称：其在被告某某财产保险（中国）有限公司（以下简称"某财产保险公司"）处投保了车损险及不计免赔险。2018年12月23日，

案外人肖某驾驶原告所有的车辆在某市某度假景区发生事故，肖某负事故全部责任。原告向被告申请理赔，被告以原告改变被保险车辆用途为由拒绝赔偿。特提起诉讼，请求被告赔偿原告车辆维修费、施救费等149 946元。

被告某财产保险公司辩称：对原告所述事故发生经过、责任认定以及车辆投保情况无异议。因为被保险车辆是在租赁期间发生的事故，原告改变了被保险车辆的用途导致危险程度显著增加，依据《保险法》第52条的规定，不同意赔偿。

法院经审理查明：原告郑某向被告某财产保险公司投保机动车综合商业保险，保险期间自2018年8月10日至2019年8月9日止；《机动车综合商业保险保险单》使用性质一栏注明"非营业个人"；重要提示一栏注明"被保险机动车因改装、加装、改变使用性质等导致危险程度显著增加，应书面通知保险人并办理变更手续"。

原告将上述被保险车辆租赁给案外人宋某。宋某在其微信朋友圈发布各款汽车图片，并配有以下文字："js在空秒飞雨天骨折价""沪牌高配a5包月打骨折价"等。2018年12月23日，宋某将该车租赁给于某，并收取租金及押金共计3100元。于某将该车交由肖某驾驶至外省某市游玩。当日23时40分许，肖某因避让动物导致车辆与山体相撞，造成车辆损坏的事故。某市公安局交警大队认定肖某负全部责任。

2019年1月14日，被告某财产保险公司向原告郑某出具《机动车辆保险拒赔通知书》，以被保险车辆在上述事故中产生的损失不属于保险责任赔偿范围为由，拒绝赔偿。

上海市闵行区人民法院于2019年12月24日作出［2019］沪0112民初18496号民事判决，驳回原告郑某的诉讼请求。宣判后，双方当事人均未提出上诉，判决已发生法律效力。

裁判理由

法院生效裁判认为，依据《保险法》第52条及《保险法司法解释（四）》第4条的规定，并结合本案事实，评判被告应否承担赔偿责任，需要逐一回答以下问题：①被保险车辆的用途是否改变；②如果被保险车辆的用途改变，是否因此导致危险程度显著增加；③危险程度虽然增加，但是否属于保险人预见或应当预见的保险合同承保范围。

关于被保险车辆的用途是否改变的问题，原告投保时双方约定系争车辆的用途为"非营业个人"，"非营业"相对的概念是"营业"。营业一词，从文义解释来看，《现代汉语词典》给出的解释是"（商业、服务业、交通运输业等）经营业务"。根据该解释，"非营业"应当排除以营利为目的的商业性使用。从行业规范来看，公安部发布的《中华人民共和国公共安全行业标准机动车类型术语和定义》明确"非营运机动车是指个人或者单位不以获取利润为目的而使用的机动车"，该规范所附的《机动车使用性质细类表》中列明营运类机动车包括：公路客运、公交客运、出租客运、旅游客运、租赁、教练、货运、危化品运输。原告将被保险车辆出租，承租人又将系争车辆转租于次承租人，显然，系争车辆的使用性质已经不同于原、被告双方约定的"非营业个人"，而是转变为以获取租金收益为目的的商业性使用，保险标的用途已经改变。

关于被保险车辆的用途改变是否导致危险程度显著增加的问题，可以综合车辆的出行频率、出行范围、管理使用状况的改变进行具体分析。首先，原告将车辆出租给微信名为宋某的案外人，而宋某通过网络发布广告，向不特定人员低价招揽租车用户的方式客观上大幅提高了车辆的出行频率、扩大了出行范围，车辆在运行过程中出险的概率也相应大幅提高。其次，案涉车辆用途的改变同时伴随着车辆管理人与使用人的改变。原告将车辆交付宋某管理。庭审中原告的陈述表明其对宋某的真实身份情况并不清楚，因此无证据证明宋某具备经营车辆租赁所必须的对车辆进行规范管理、维护、对客户进行风险管控的专业能力；而宋某承租车辆的目的在于转租再谋利，没有证据表明宋某在车辆转租过程中对相对人的风险控制能力进行了必要的审查。因此，系争车辆管理人的改变也足以导致危险概率的提高，而原告与宋某对危险概率的提高均采取了放任的态度。据此，被保险车辆用途的改变足以导致危险程度显著增加。

关于危险程度增加是否属于保险人预见或应当预见的保险合同承保范围的问题，应当综合合同订立时被保险人的基本情况、被保险车辆合理的使用用途、保费的承受范围等因素综合考量。原告郑某投保时是以自然人而非商主体的身份进行投保，且双方约定系争车辆的用途为"非营业个人"。据此，保险人根据其披露的个人信息不可能预计被保险车辆将用于营运；同时，按照"非营运个人"所确定的保费无法承受被保险车辆向不特定人出租经营后所带来的行驶风险，车辆危险程度的增加完全超出了保险人可预见的范围。如果由保险人来承担风险，将违反财产保险合同中对价平衡的原则，不利于保险业健康长久稳定的发展。

综上所述，在保险标的用途改变导致危险程度显著增加的情况下，被保险人未履行通知义务的，某保险公司依据《保险法》第52条的规定，主张不承担赔偿保险金责任的抗辩意见成立，原告的诉讼请求应予驳回。

十七、王某诉某保险公司财产保险合同纠纷案

入库编号：2024-08-2-333-011

审理法院：上海金融法院

案　　号：[2019]沪74民终238号

案　　由：财产保险合同纠纷

裁判日期：2019年6月21日

裁判要旨

被保险人起诉要求侵权人赔偿损失获生效判决支持但未实际执行到位的，有权要求保险人承担赔偿责任，并不违反"一事不再理"原则，保险人履行保险赔偿责任后依法获得保险代位求偿权。保险事故发生后，被保险人怠于通知致使保险人未能参与定损的，损害了保险人的知情权和参与定损权，其依据侵权生效判决所确认的损失金额主张保险理赔的，保险人有权申请重新鉴定。

基本案情

原告王某诉称：2017年4月16日，保险车辆在上海市闵行区与案外人周某驾驶的小型普通客车发生碰撞，造成保险车辆受损，交警部门认定周某负事故全部责任。事故发生后，原告向周某主张赔偿，经上海市闵行区人民法院判决，周某应赔偿原告320 333元、案件受理费3067.50元。因周某未赔偿原告损失，而保险车辆向被告投保，故要求被告基于保险合同先行赔偿原告上述损失。

某保险公司辩称：被保险人对侵权人的侵权赔偿请求权与对保险人的保险赔付请求权存在竞合，王某提起侵权之诉获胜，则其保险请求权归于消灭，本案诉讼违反"一事不再理"原则，判决某保险公司支付保险理赔款将使王某双重获赔。且王某在保险事故发生后未通知某保险公司，致使某保险公司未能对被保险车辆损失进行核定，其有权依保险合同约定申请重新鉴定。

法院经审理查明，2016年11月10日，王某就被保险车辆向某保险公司投保机动车损失险、第三者责任险，双方达成《家庭自用车汽车损失保险条款》（以下简称"保险合同"），保险期间为2016年12月7日至2017年12月6日。保险合同第18条约定：发生保险事故时，被保险人……在保险事故后48小时内通知保险人。故意或因重大过失未及时通知，致使保险事故的性质、原因、损失程序等难以确定的，保险人对无法确定的部分不承担赔偿责任，但保险人通过其他途径已经及时知道或者应当知道保险事故发生的除外。第24条约定：因保险事故损坏的被保险机动车，应当尽量修复。修理前被保险人应当会同保险人检验，协商确定修理项目、方式和费用。否则，保险人有权重新核定；无法重新核定的，保险人有权拒绝赔偿。

2017年4月16日，案外人周某驾驶的小型客车与被保险车辆发生碰撞，造成被保险车辆受损，交警部门认定周某负事故全部责任。因周某的事故车辆在某财保公司投保交强险，王某遂起诉要求周某和某财保公司赔偿损失。侵权案件审理过程中，王某提供了其单方委托鉴定机构出具的鉴定意见，用以证明被保险车辆的损失金额。周某申请对车损重新进行鉴定，但未缴纳鉴定费，并缺席案件审理，上海市闵行区人民法院（以下简称"闵行法院"）根据王某单方委托评估结论认定车损金额为322 333元，并据此作出［2017］沪0112民初23597号民事判决（以下简称"前案"），判令某财保公司在交强险范围内赔偿2000元，周某赔偿320 333元。判决生效后，某财保履行了赔付义务，周某无财产可供执行，闵行法院裁定终结本次执行。王某遂提起本案诉讼。

二审中，上海金融法院根据某保险公司的申请，对被保险车辆损失进行重新鉴定，认定车损金额为222 900元。

上海市闵行区人民法院于2019年1月28日作出［2018］沪0112民初34823号民事判决：某保险公司支付王某保险理赔款314 673元。宣判后，某保险公司提起上诉。上海金融法院于2019年6月21日作出［2019］沪74民终238号民事判决：撤销一审判决，改判某保险公司支付王某保险理赔款

220 900 元。

裁判理由

法院生效判决认为，系争事故造成被保险车辆损失，属于保险合同约定的保险责任范围，王某起诉要求侵权人承担侵权赔偿责任虽获生效判决支持，但未实际执行到位，故其损失尚未获得填补，仍属于保险人应予理赔的情形。侵权之诉与保险之诉分属不同法律关系，因此本案诉讼不违反"一事不再理"原则。某保险公司可在支付保险理赔款的范围内依法取得王某经由生效判决确定的对周某享有的赔偿请求权。

保险合同约定，保险事故发生后，王某应及时向某保险公司报案，会同某保险公司检验，协商确定修理项目、方式和费用，否则某保险公司有权重新核定，未能重新核定的，某保险公司可免于赔偿，上述约定合法有效。侵权案件中的车损金额系王某单方委托鉴定机构评估而来，作为王某向侵权人索赔的依据，在侵权人未提出相反证据，且因缺席审理而未发表反驳意见的情况下，法院依据王某单方委托鉴定的车损金额判定侵权赔偿的范围，于法有据。但本案系保险合同纠纷，王某系依据保险合同主张保险理赔，则应当遵守保险合同关于保险报案与损失核定的相关约定，保障某保险公司的知情权和定损参与权。本案中，王某在保险事故发生后未向某保险公司报案，而是待侵权案件生效后依据生效判决所认定的车损金额向人寿财保申请理赔，违反了保险合同的约定，有违诚实信用，损害了某保险公司在保险合同项下的权利，致使其无法在法定期限内对标的车辆进行定损。王某在侵权案件中主张的车损金额对某保险公司不发生法律效力，某保险公司有权依据保险合同约定申请重新核定被保险车辆的损失。重新鉴定的费用作为查明和确定事故的性质、原因和保险标的的损失程度所支付的必要、合理的费用，应由某保险公司承担。

十八、某财产保险股份有限公司分公司诉吴某保险人代位求偿权案

入库编号：2024-08-2-333-009

审理法院：山东省青岛市中级人民法院

案　　号：[2018] 鲁 02 民终 8921 号
案　　由：财产保险合同纠纷
裁判日期：2018 年 11 月 16 日

裁判要旨

保险人作为原告，按照"谁主张谁举证"的举证规则，应当由保险人对保险事故损失程度承担举证责任。第三人对保险人单方确定的保险事故损失程度不认可时，应当由保险人对保险事故损失程度承担举证责任。不能仅凭保险人单方制作的定损单就认定其完成了举证责任。依据合同相对性，保险人与被保险人之间就事故损失程度达成合意，也不能约束第三者。如果保险人不能提供相应资料致使车辆损失程度无法确定，应当承担相应举证不能的法律后果。

基本案情

原告某财产保险股份有限公司某分公司（以下简称"某财险公司"）诉称：2016 年 8 月 21 日，吴某驾驶 A 车辆沿滨海公路自北向南行驶，与被保险人田某所驾驶的 B 车辆相撞，造成两车损坏。同日，交警部门作出道路交通事故认定书，认定被告吴某负事故全部责任。被保险人田某在原告处投保了商业险。事故发生后，被保险人田某向原告申请理赔，其投保的 B 车辆经原告定损，核定损失数额为 7729 元。2016 年 10 月 10 日，原告依田某申请向其支付理赔款 7729 元。田某向原告出具《机动车辆索赔权转让书》，授权原告在理赔金额范围内代位行使其对被告请求赔偿的权利。原告多次向被告吴某追偿，但其拒绝支付。为维护合法权益原告诉至法院，请求判令：①吴某向原告支付赔偿款 7729 元及至实际给付之日的逾期付款利息；②本案诉讼费由吴某承担。诉讼过程中，原告明确其主张的逾期付款利息自 2016 年 10 月 17 日起至实际给付之日止，按照银行同期贷款基准利率计算。

被告吴某辩称：原告主张的金额过高，其同意赔偿 2000 元，超出部分不同意赔偿。原告未告知其赔付一事，故不同意支付利息。

法院经审理查明：2016 年 8 月 21 日 18 时 15 分，吴某驾驶 A 车辆沿滨海公路由北向南行驶在非机动车道，案外人田某驾驶 B 车辆沿滨海公路右转时，A 车辆左侧与 B 车辆的右前侧刮碰，造成两车受损的交通事故。经即墨区公安局交通警察大队出具道路交通事故认定书（简易程序）认定，吴某负事故全部责任。

B 车辆在某财险公司处投保车辆损失险，被保险人为田某，保险金额为 148 773 元，并投保不计免赔，保险期限为 2016 年 7 月 11 日至 2017 年 7 月 10 日。事故发生后，某财险公司出具定损报告，核定 B 车辆损失价值为 8700 元，该车实际花费维修费 7729 元。某财险公司于 2016 年 10 月 17 日向被保险人田某赔付保险金 7729 元，被保险人田某出具机动车辆索赔权转让书，同意将就已取得赔款的部分向责任方追偿的权利转让给某财险公司。

吴某对某财险公司出具的定损报告不予认可，认为定损金额过高，对多项维修及更换部件项目有异议，称事故发生后 B 车辆的车灯均未受损，故对定损报告中有关车灯更换及维修的项目均不予认可，并提交事故发生后 B 车辆的外部受损照片证明车辆受损情况。某财险公司对该照片不予认可，称照片未显示拍摄的时间及地点，车牌号码亦无法看清。

吴某申请对 B 车辆因案涉事故造成的损失进行司法鉴定，一审法院依法委托青岛某保险公估有限公司进行评估，但因某财险公司不能提供车辆定损及维修时的拆检照片导致无法准确定损，2018 年 6 月 27 日青岛某保险公估有限公司予以退案。

山东省青岛市市北区人民法院于 2018 年 7 月 25 日作出 [2018] 鲁 0203 民初 791 号民事判决：①吴某赔偿某财险公司 2000 元；②吴某支付某财险公司以 2000 元为基数，自 2018 年 1 月 16 日起至实际给付之日止，按中国人民银行发布的金融机构人民币同期同档次贷款基准利率计算的利息；③驳回某财险公司其他诉讼请求。宣判后，某财险公司提起上诉。山东省青岛市中级人民法院于 2018 年 11 月 16 日作出 [2018] 鲁 02 民终 8921 号民事判决：驳回上诉，维持原判。

裁判理由

法院生效裁判认为，本案事故发生后，保险人某财险公司对案外人田某履行赔付义务后，依法取得代位求偿权，某财险公司享有要求事故侵权人即吴某承担赔偿责任的权利，法院予以确认。本案的争议焦点为保险事故损失程度的举证责任应当由谁承担。某财险公司主张，其已经出具定损单，举证责任已经完成，吴某如果对损失程度有异议，应当提供鉴定所依据的材料，某财险公司不负有进一步提交鉴定材料的义务。吴某对某财险公司单方出具的定损单不予认可。法院认为，依据《民事诉讼法司法解释》第 90 条"当事人对自己提出的诉讼请求所依据的事实或者反驳对方诉讼请求所依据的事实，应当提供证据加以证明，但法律另有规定的除外……"的规定，某财险公司应当对本案车辆的损失程度负有举证证明责任。本案中，某财险公司在定损时未通知吴某到场，吴某亦未对某财险公司的该定损情况予以确认，某财险公司与吴某之间就车辆损失情况并未达成合意。现吴某对损失程度提出异议，应当由某财险公司举证证明车辆损失程度及对车辆定损的依据，不能仅凭某财险公司单方制作的定损单就认定其完成了举证责任，而某财险公司不能提供相应资料致使车辆损失无法确定，应当由某财险公司承担相应的举证不能的法律后果。

十九、上海某建筑工程有限公司诉某财产保险股份有限公司上海分公司等财产保险合同纠纷案

入库编号：2024-08-2-333-012

审理法院：上海市浦东新区人民法院

案　　号：[2021]沪 0115 民初 72055 号

案　　由：财产保险合同纠纷

裁判日期：2021 年 11 月 30 日

裁判要旨

被保险车辆作为兼具交通工具和起重机械两种功能的特种车辆，在工作场所作业时发生责任事故，虽不是通常意义上的交通事故，但基于交强险设立的初衷在于保障不特定社会公众的利益，应当比照适用《机动车交通事故责任强制保险条例》的规定予以保险赔付。

基本案情

原告上海某建筑工程有限公司诉称：2020 年 4 月 13 日，上海某建筑工程有限公司为案涉重型非载货专项作业车向某财产保险股份有限公司上海分公司（以下简称"某保险上海分公司"）投保了机动车交通事故责任强制

保险，向某财产保险股份有限公司沈阳市经济技术开发区支公司（以下简称"某保险沈阳经开区支公司"）投保了机动车第三者责任保险。在保险期间，案涉特种车辆在工程作业时造成他人受伤。上海某建筑工程有限公司向某保险上海分公司、某保险沈阳经开区支公司申请理赔后遭拒，遂诉至法院，请求判令：某保险上海分公司、某保险沈阳经开区支公司在各自保险责任范围内向上海某建筑工程有限公司赔付保险金。

被告某保险上海分公司、某保险沈阳经开区支公司辩称：对事发经过及投保情况均无异议，但本次事故并非交通事故，不同意赔付保险金。并且，对上海某建筑工程有限公司主张赔付的各项费用，亦持有异议。

法院经审理查明：上海某建筑工程有限公司为案涉重型非载货专项作业车在某保险上海分公司处投保了交强险、在某保险沈阳经开区支公司处投保了商业第三者责任保险（限额为200万元，含不计免赔），保险期间均为2020年4月14日至2021年4月13日。交强险保单中注明机动车种类为"特种车二"，商业险保单中注明机动车种类为"起重车"。《机动车第三者责任保险条款》第4条"保险责任"约定："保险期间内，被保险人或其允许的合法驾驶人在使用被保险机动车过程中发生意外事故，致使第三者遭受人身伤亡或财产直接损毁，依法应当由被保险人承担的损害赔偿责任，保险人依照本保险合同的约定，对于超过机动车交通事故责任强制保险各分项赔偿限额以上的部分负责赔偿。"；第7条约定："下列损失和费用，保险人不负责赔偿：……（七）仲裁或者诉讼费用以及其他相关费用。"

2020年5月27日，上海某建筑工程有限公司工作人员在操作案涉重型专项作业吊车的过程中，吊机吊链不慎碰撞到现场施工人员肖某，致使肖某受伤并支出医疗费55 121.15元。2020年9月4日，上海某司法鉴定所出具司法鉴定意见书，认定肖某因意外致残，该损伤评定为十级伤残；给予治疗休息期150日，营养期75日，护理期105日。2020年8月9日，上海某建筑工程有限公司向肖某支付赔偿款30万元。

上海市浦东新区人民法院于2021年11月30日作出［2021］沪0115民初72055号民事判决：①某保险上海分公司赔付上海某建筑工程有限公司保险金120 200元；②某保险沈阳经开区支公司赔付上海某建筑工程有限公司保险金105 324.15元；③驳回上海某建筑工程有限公司的其余诉讼请求。宣判后，双方当事人均未提出上诉，判决已发生法律效力。

裁判理由

法院生效裁判认为：被保险车辆为兼具交通工具和起重机械两种功能的特种车辆，主要用途在于施工作业而非道路行驶，为特种车辆投保的目的是分散在行驶往返作业路途中或是从事作业过程中发生事故的风险。保险人应明知保险标的的特殊性以及存在的特殊风险。原中国保监会《关于交强险条例适用问题的复函》（保监厅函〔2008〕345号）明确规定："根据《机动车交通事故责任强制保险条例》第43条的立法精神，用于起重的特种机动车辆在进行作业时发生的责任事故，可以比照适用该条例。"据此，某保险上海分公司应当比照适用交强险的规定就本次事故所造成的损失予以赔偿。

另外，案涉特种车辆在某保险沈阳经开区支公司投保了商业三者险，根据《机动车第三者责任保险条款》第4条约定，机动车第三者责任险责任的承担是以"使用"被保险车辆而非构成道路交通事故为前提。在投保该险种时，某保险沈阳经开区支公司并未告知在工程作业时发生的责任事故不属于承保范围。本次事故发生在车辆使用过程中，故某保险沈阳经开区支公司理应在商业三者险范围内承担赔偿责任。

对于上海某建筑工程有限公司主张赔付金额的合理性，结合伤者治疗损伤所支出的实际费用、伤情以及相关国家标准，认定因本起事故造成的损失合计225 524.15元。对于上海某建筑工程有限公司主张的鉴定费、律师费，因缺乏依据，故不予支持。

二十、某财产保险股份有限公司北京市分公司诉被告某（上海）传动系统有限公司保险人代位求偿权纠纷案

入库编号：2024-08-2-333-013
审理法院：上海金融法院
案　　号：[2022]沪74民终98号
案　　由：财产保险合同纠纷
裁判日期：2022年5月30日

裁判要旨

保险人代位被保险人向生产者主张承担产品质量缺陷侵权赔偿责任的，

应当先对系争产品投入流通时即已存在缺陷、损害事实确实存在以及产品缺陷与损害后果之间存在因果关系承担举证责任，再由生产者就法律规定的免责事由承担举证责任。

基本案情

2011年12月25日，案外人某新能源有限公司与第三人某风电公司签订《大唐瓜州新能源北大桥400MW风电项目第三风电场（100MW）工程风电机组设备采购合同》，合同约定某新能源有限公司向某风电公司购买102毫伏（34台SL3000/121、HH90m、低温型）风力发电机组及设备安装技术指导、5年质保服务。

2015年8月24日，某风电公司与被告某传动系统公司签订《销售合同》，约定某风电公司向某传动系统公司购买102台变桨电机；相关技术规格参数另行约定有《大唐瓜州项目3MW/121风机变桨驱动电气系统技术规格书》。该102台变桨电机于2015年11月26日交付给某风电公司指定的第三方组装厂家，双方未组织货物验收。出厂质量检验报告载明案涉三台变桨电机均通过了某传动系统公司出厂检验。2016年12月17日，某风电公司在原告某财产保险股份有限公司北京市分公司（以下简称"某保险公司"）处投保《首台（套）重大技术装备综合保险》，保险标的为34台风力发电机组；责任名称：产品质量责任，保险期间自2016年12月17日0时起至2017年12月16日24时止。2017年6月20日，某风电公司向某保险公司报案。《出险通知书》载明：出险日期为2017年6月20日，出险地点为甘肃省酒泉市瓜州县大唐北大桥风电场，出险原因为产品质量责任。2017年11月8日，经某风电公司委托，北京鉴衡认证中心出具《事故分析报告》，该报告载明："由于缺少变桨电机的相关设计文件、刹车力矩试验报告以及其他质量证明文件（如合格证、材料检测报告等）。变桨电机刹车系统的设计和制造中的质量问题需要以上详细资料来做进一步判断……综上所述，变桨电机刹车系统失效直接原因为刹车的单向轴承失效，而单向轴承的失效原因需要更详细的设计和制造资料来进行分析，根据现有资料初步判断为变桨电机的设计和制造方面引起的质量问题。"嗣后，某保险公司委托的保险公估公司根据前述《事故分析报告》分析结论，认可本次事故的原因是变桨电机的设计和制造方面的质量问题，属于保险责任范围，某保险公司据此向被保险人某风电公司赔付944万元，并获《权益转让书》。

审理中，经被告某传动系统公司委托，2020年6月至8月，上海电器设备检测所有限公司对3台与事故机组变桨电机型号一致的同款电机进行了性能检测和震动冲击碰撞检测，并出具《检测报告》，结论为变桨电机产品符合相关国家标准和技术规范的要求。经被告某传动系统公司委托，上海材料研究所检测中心机械工业材料质量检测中心对与事故机组变桨电机型号一致的同款电机的3个单向轴承进行了轴承材料化学分析、硬度检测和物理测试，并出具《检测报告》，载明检测结果均符合国家标准。

案件审理中，某保险公司及某风电公司明确案涉变桨电机存放于某风电公司酒泉子公司处。经法院释明，某保险公司表示不申请对案涉变桨电机是否存在质量缺陷进行鉴定，某传动系统公司认为某保险公司的请求权基础是产品质量责任，现某保险公司的举证不足以证明某传动系统公司提供的变桨电机存在质量缺陷，应承担举证不能的不利后果，但为查明本案事实，同意鉴定，并同意垫付鉴定费用。嗣后，法院依法委托检测机构对案涉三台变桨电机是否存在质量问题进行鉴定。某风电公司明确表示无法找到案涉三台变桨电机。鉴定机构因不符合鉴定条件，退回鉴定委托。

上海市浦东新区人民法院于2021年10月28日作出［2020］沪0115民初22984号民事判决：驳回原告某保险公司全部诉讼请求。宣判后，原告某保险公司提出上诉。上海金融法院于2022年5月30日作出［2022］沪74民终98号民事判决：驳回上诉，维持原判。

裁判理由

法院生效裁判认为：首先，某保险公司应先对系争产品投入流通时即已存在缺陷、损害事实确实存在以及产品缺陷与损害后果之间存在因果关系承担举证责任，再由生产者就法律规定的免责事由承担举证责任。所以，本案中应先由某保险公司对产品存在缺陷进行举证。某保险公司提交的《事故分析报告》并非某风电公司与某传动系统公司共同确定的鉴定机构出具，且该报告对事故原因的结论系在缺乏足够的设计和制造资料的情形下，根据当时某风电公司提供的资料初步判断所得，后保险公估公司出具的定损报告亦根据该《事故分析报告》结论作出。某保险公司虽据此向被保险人进行了理赔，但其向某传动系统公司提起本案诉讼，要求某传动系统公司承担产品质量责任，显然应提供足以证明某传动系统公司生产或销售的产品存在缺陷的证据。经法院释明，某保险公司坚持不要求对案涉变桨电机是否存在质量缺陷进行鉴定。在某传动系统公司申请鉴定后，某保险公司及某风电公司均确认案涉变桨电机存放于某风电公司处，但在鉴定机构接受法院委托，并会同某保险公司、某传动系统公司及某风电公司派遣的代表共同至某风电公司所述的电机存放处时，某风电公司却无法提供案涉三台变桨电机，导致鉴定条件缺失，鉴定机构退回鉴定委托。在此情形下，法院认为，已无法通过司法鉴定来判断案涉变桨电机原始状态是否存在质量缺陷的事实。且经审查双方当事人的现有证据，无法排除其他原因导致案涉倒塌事故的发生，故现某保险公司的举证不足以证明系争变桨电机存在质量缺陷，亦未举证证明产品缺陷与损害后果之间存在因果关系。虽然某保险公司依据其与第三人某风电公司之间的保险合同承担了相应的理赔责任，取得了保险代位求偿的权利，但某保险公司向某传动系统公司代位求偿的诉讼请求，缺乏事实和法律依据，不予支持。

二十一、田某某诉某保险股份有限公司北京市某支公司责任保险合同纠纷案

入库编号：2024-08-2-333-014
审理法院：北京市西城区人民法院
案　　号：[2011]西民初字第17254号
案　　由：财产保险合同纠纷
裁判日期：2011年11月8日

裁判要旨

责任保险中，被保险人向保险公司主张给付保险金的诉讼时效起算点为其知道或应当知道保险事故发生之日，该保险事故发生之日应为被保险人向第三者履行了赔偿义务日。

人寿保险以外的其他保险的被保险人或者受益人，向保险人请求赔偿或者给付保险金的诉讼时效期间为二年，自其知道或者应当知道保险事故发生之日起计算。故而，保险事故的发生时间直接影响着诉讼时效的起算时间。

同时，法律规定只有被保险人向第三者赔偿后，保险人才可以向被保险人赔偿保险金，即，此时被保险人向保险人主张理赔才能得到实现。但也有例外的情形，即《保险法》第65条第1款、第2款规定保险人直接向第三者赔偿保险金的情形下，责任保险事故的发生时间为被保险人责任发生时。

基本案情

2004年7月19日，田某某为自己所有的机动车向某保险股份有限公司北京市某支公司（以下简称"某保险公司"）投保了包括第三者责任险在内的保险险种，保险期限自2004年7月19日0时起至2005年7月18日24时止。

2004年10月25日，田某某驾驶保险车辆在北京市朝阳区发生交通事故，致使第三者徐某某受伤，经公安机关交通管理机关认定，田某某负事故全部责任。后徐某某将田某某诉至法院，2006年3月北京市朝阳区人民法院作出［2006］朝民初字第7056号民事判决书，判决田某某赔偿徐某某共计89 349.14元。田某某不服一审判决，向北京市第二中级人民法院提起上诉。2006年6月20日，北京市第二中级人民法院作出［2006］二中民终字第08300号民事判决，驳回上诉，维持原判。2011年6月8日，田某某经北京市朝阳区人民法院执行，向徐某某赔偿了75 000元。

2011年7月4日，田某某向北京市西城区人民法院提起诉讼，请求：依法判令某保险公司给付田某某保险金50 000元，诉讼费用由某保险公司承担。某保险公司辩称：田某某起诉已经超过诉讼时效，请求驳回田某某的诉讼请求。

北京市西城区人民法院于2011年11月8日作出［2011］西民初字第17254号民事判决：被告某保险公司于本判决生效之日起10日内向原告田某某给付保险金40 000元；驳回原告田某某的其他诉讼请求。宣判后，当事人均未提起上诉，本案判决已发生法律效力。

裁判理由

法院生效裁判认为：《保险法》第26条第1款规定，"人寿保险以外的其他保险的被保险人或者受益人，向保险人请求赔偿或者给付保险金的诉讼时效期间为二年，自其知道或者应当知道保险事故发生之日起计算"。同时，

《保险法》第 65 条第 3 款规定，"责任保险的被保险人给第三者造成损害，被保险人未向该第三者赔偿的，保险人不得向被保险人赔偿保险金"。据此，田某某如果要获得保险金，前提是其向第三人徐某某赔偿，即田某某只有在向徐某某赔偿后才可以向保险公司主张赔偿。鉴于《保险法》的规定，诉讼时效应从田某某向徐某某赔偿之日起起算。田某某于 2011 年 6 月 8 日经朝阳区人民法院执行，向徐某某赔偿了 75 000 元。2011 年 7 月 4 日，田某某向北京市西城区人民法院起诉保险公司，其诉讼请求未超过诉讼时效。

二十二、某财产保险有限公司北京分公司诉李某贵、某1财产保险股份有限公司河北省分公司张家口支公司保险人代位求偿权纠纷案

入库编号：2014-18-2-333-001

审理法院：北京市东城区人民法院

案　　号：[2012] 东民初字第 13663 号

案　　由：财产保险合同纠纷

裁判日期：2012 年 12 月 17 日

裁判要旨

因第三者对保险标的的损害造成保险事故，保险人向被保险人赔偿保险金后，代位行使被保险人对第三者请求赔偿的权利而提起诉讼的，应当根据保险人所代位的被保险人与第三者之间的法律关系，而不应当根据保险合同法律关系确定管辖法院。第三者侵害被保险人合法权益的，由侵权行为地或者被告住所地法院管辖。

基本案情

2011 年 6 月 1 日，某财产保险有限公司北京分公司（简称"某保险公司"）与北京某餐饮管理有限公司（简称"某餐饮公司"）签订机动车辆保险合同，被保险车辆的车牌号为京 A82×××，保险期间自 2011 年 6 月 5 日 0 时起至 2012 年 6 月 4 日 24 时止。2011 年 11 月 18 日，陈某某驾驶被保险车辆行驶至北京市朝阳区机场高速公路上时，与李某贵驾驶的车牌号为冀

GA9×××的车辆发生交通事故，造成被保险车辆受损。经交管部门认定，李某贵负事故全部责任。事故发生后，某保险公司依照保险合同的约定，向被保险人某餐饮公司赔偿保险金 83 878 元，并依法取得代位求偿权。基于肇事车辆系在某 1 财产保险股份有限公司河北省分公司张家口支公司（简称"某 1 保险公司"）投保了机动车交通事故责任强制保险，某保险公司于 2012 年 10 月诉至北京市东城区人民法院，请求判令被告肇事司机李某贵和某 1 保险公司赔偿 83 878 元，并承担诉讼费用。

被告李某贵的住所地为河北省张家口市怀来县沙城镇，被告某 1 保险公司的住所地为张家口市怀来县沙城镇燕京路东 1××号，保险事故发生地为北京市朝阳区机场高速公路上，被保险车辆行驶证记载所有人的住址为北京市东城区工体北路新中西街×号。

裁判理由

法院生效裁判认为：根据《保险法》第 60 条的规定，保险人的代位求偿权是指保险人依法享有的，代位行使被保险人向造成保险标的损害负有赔偿责任的第三者请求赔偿的权利。保险人代位求偿权源于法律的直接规定，属于保险人的法定权利，并非基于保险合同而产生的约定权利。因第三者对保险标的的损害造成保险事故，保险人向被保险人赔偿保险金后，代位行使被保险人对第三者请求赔偿的权利而提起诉讼的，应根据保险人所代位的被保险人与第三者之间的法律关系确定管辖法院。第三者侵害被保险人合法权益，因侵权行为提起的诉讼，依据《民事诉讼法》第 28 条的规定，由侵权行为地或者被告住所地法院管辖，而不适用财产保险合同纠纷管辖的规定，不应以保险标的物所在地作为管辖依据。本案中，第三者实施了道路交通侵权行为，造成保险事故，被保险人对第三者有侵权损害赔偿请求权；保险人行使代位权起诉第三者的，应当由侵权行为地或者被告住所地法院管辖。现二被告的住所地及侵权行为地均不在北京市东城区，故北京市东城区人民法院对该起诉没有管辖权，应裁定不予受理。

二十三、中国某财产保险股份有限公司江苏分公司诉江苏镇江某集团有限公司保险人代位求偿权纠纷案

入库编号：2016-18-2-333-001
审理法院：江苏省高级人民法院
案　　号：[2012] 苏商再提字第 0035 号
案　　由：财产保险合同纠纷
裁判日期：2014 年 5 月 30 日

裁判要旨

因第三者的违约行为给被保险人的保险标的造成损害的，可以认定为属于《保险法》第 60 条第 1 款规定的 "第三者对保险标的的损害" 的情形。保险人由此依法向第三者行使代位求偿权的，人民法院应予支持。

基本案情

2008 年 10 月 28 日，被保险人某联合制罐有限公司（以下简称 "某制罐公司"）、某联合制罐第二有限公司（以下简称 "某制罐第二公司"）与被告江苏镇江集团有限公司（以下简称 "镇江某公司"）签订《建设工程施工合同》，约定由镇江安装公司负责被保险人整厂机器设备迁建安装等工作。《建设工程施工合同》第二部分 "通用条款" 第 38 条约定："承包人按专用条款的约定分包所承包的部分工程，并与分包单位签订分包合同，未经发包人同意，承包人不得将承包工程的任何部分分包"；"工程分包不能解除承包人任何责任与义务。承包人应在分包场地派驻相应管理人员，保证本合同的履行。分包单位的任何违约行为或疏忽导致工程损害或给发包人造成其他损失，承包人承担连带责任"。《建设工程施工合同》第三部分 "专用条款" 第 14 条第（1）项约定 "承包人不得将本工程进行分包施工"。"通用条款" 第 40 条约定："工程开工前，发包人为建设工程和施工场地内的自有人员及第三人人员生命财产办理保险，支付保险费用"；"运至施工场地内用于工程的材料和待安装设备，由发包人办理保险，并支付保险费用"；"发包人可以将有关保险事项委托承包人办理，费用由发包人承担"；"承包人必须为从事危险作业的职工办理意外伤害保险，并为施工场地内自有人员

生命财产和施工机械设备办理保险，支付保险费用"。

2008年11月16日，镇江某公司与镇江某大件起重有限公司（以下简称"某运输公司"）公司签订《工程分包合同》，将前述合同中的设备吊装、运输分包给某运输公司。2008年11月20日，就上述整厂迁建设备安装工程，某制罐公司、某制罐第二公司向中国某财产保险股份有限公司江苏分公司（以下简称"某财险公司"）投保了安装工程一切险。投保单中记载被保险人为某制罐公司及某制罐第二公司，并明确记载承包人镇江某公司不是被保险人。投保单"物质损失投保项目和投保金额"栏载明"安装项目投保金额为177 465 335.56元"。附加险中，还投保有"内陆运输扩展条款A"，约定每次事故财产损失赔偿限额为200万元。投保期限从2008年11月20日起至2009年7月31日止。投保单附有被安装机器设备的清单，其中包括：SEQUA彩印机2台，合计原值为29 894 340.88元。投保单所附保险条款中，对"内陆运输扩展条款A"作如下说明：经双方同意，鉴于被保险人已按约定交付了附加的保险费，保险公司负责赔偿被保险人的保险财产在中华人民共和国境内供货地点到保险单中列明的工地，除水运和空运以外的内陆运输途中因自然灾害或意外事故引起的损失，但被保险财产在运输时必须有合格的包装及装载。

2008年12月19日10时30分许，某运输公司驾驶员姜某才驾驶苏L06×××、苏L×××挂重型半挂车，从旧厂区承运彩印机至新厂区的途中，在转弯时车上钢丝绳断裂，造成彩印机侧翻滑落地面损坏。某财险公司接险后，对受损标的确定了清单。经镇江市公安局交通巡逻警察支队现场查勘，认定姜某才负事故全部责任。后某制罐公司、某制罐第二公司、某财险公司、镇江某公司及亚民运输公司共同委托某保险公估有限公司（以下简称"某公估公司"）对出险事故损失进行公估，并均同意认可泛华公估公司的最终理算结果。2010年3月9日，某公估公司出具了公估报告，结论：出险原因系设备运输途中翻落（意外事故）；保单责任成立；定损金额总损1 518 431.32元、净损1 498 431.32元；理算金额1 498 431.32元。公估公司收取了某财险公司支付的47 900元公估费用。

2009年12月2日，某制罐公司及某制罐第二公司向镇江某公司发出《索赔函》，称"该事故导致的全部损失应由贵司与某运输公司共同承担。我方已经向投保的中国某财产保险股份有限公司镇江中心支公司报险。一旦损失金额确定，投保公司核实并先行赔付后，对赔付限额内的权益，将由我方让渡给投保公司行使。对赔付不足部分，我方将另行向贵司与亚民运输公司主张"。

2010年5月12日，某制罐公司、某制罐第二公司向某财险公司出具赔款收据及权益转让书，载明：已收到某财险公司赔付的1 498 431.32元。同意将上述赔款部分保险标的的一切权益转让给某财险公司，同意某财险公司以某财险公司的名义向责任方追偿。后某财险公司诉至法院，请求判令镇江某公司支付赔偿款和公估费。

裁判理由

法院生效裁判认为，本案的焦点问题是：①保险代位求偿权的适用范围是否限于侵权损害赔偿请求权；②镇江某公司能否以某制罐公司、某制罐第二公司已购买相关财产损失险为由，拒绝保险人对其行使保险代位求偿权。

关于第一个争议焦点。《保险法》第60条第1款规定："因第三者对保险标的的损害而造成保险事故的，保险人自向被保险人赔偿保险金之日起，在赔偿金额范围内代位行使被保险人对第三者请求赔偿的权利。"该款使用的是"因第三者对保险标的的损害而造成保险事故"的表述，并未限制规定为"因第三者对保险标的的侵权损害而造成保险事故"。将保险代位求偿权的权利范围理解为限于侵权损害赔偿请求权，没有法律依据。从立法目的看，规定保险代位求偿权制度，在于避免财产保险的被保险人因保险事故的发生，分别从保险人及第三者获得赔偿，取得超出实际损失的不当利益，并因此增加道德风险。将《保险法》第60条第1款中的"损害"理解为仅指"侵权损害"，不符合保险代位求偿权制度设立的目的。故保险人行使代位求偿权，应以被保险人对第三者享有损害赔偿请求权为前提，这里的赔偿请求权既可因第三者对保险标的实施的侵权行为而产生，亦可基于第三者的违约行为等产生，不应仅限于侵权赔偿请求权。本案某财险公司是基于镇江某公司的违约行为而非侵权行为行使代位求偿权，镇江某公司对保险事故的发生是否有过错，对案件的处理并无影响。并且，《建设工程施工合同》约定"承包人不得将本工程进行分包施工"。因此，镇江某公司关于其对保险事故的发生没有过错因而不应承担责任的答辩意见，不能成立。某财险公司向镇江某公司主张权利，主体适格，并无不当。

关于第二个争议焦点。镇江某公司提出，在发包人与其签订的建设工程施工合同通用条款第 40 条中约定，待安装设备由发包人办理保险，并支付保险费用。从该约定可以看出，就工厂搬迁及设备的拆解安装事项，发包人与镇江某公司共同商定办理保险，虽然保险费用由发包人承担，但该约定在双方的合同条款中体现，即该费用系双方承担，或者说，镇江某公司在总承包费用中已经就保险费用作出了让步。由发包人向某财险公司投保的业务，承包人也应当是被保险人。关于镇江某公司的上述抗辩意见，《保险法》第 12 条第 2 款、第 6 款分别规定："财产保险的被保险人在保险事故发生时，对保险标的应当具有保险利益"；"保险利益是指投保人或者被保险人对保险标的具有的法律上承认的利益"。据此，不同主体对于同一保险标的可以具有不同的保险利益，可就同一保险标的投保与其保险利益相对应的保险险种，成立不同的保险合同，并在各自的保险利益范围内获得保险保障，从而实现利用保险制度分散各自风险的目的。因发包人和承包人对保险标的具有不同的保险利益，只有分别投保与其保险利益相对应的财产保险类别，才能获得相应的保险保障，二者不能相互替代。发包人某制罐公司和某制罐第二公司作为保险标的的所有权人，其投保的安装工程一切险是基于对保险标的享有的所有权保险利益而投保的险种，旨在分散保险标的的损坏或灭失风险，性质上属于财产损失保险；附加险中投保的"内陆运输扩展条款 A"约定"保险公司负责赔偿被保险人的保险财产在中华人民共和国境内供货地点到保险单中列明的工地，除水运和空运以外的内陆运输途中因自然灾害或意外事故引起的损失"，该项附加险在性质上亦属财产损失保险。镇江某公司并非案涉保险标的所有权人，不享有所有权保险利益，其作为承包人对案涉保险标的享有责任保险利益，欲将施工过程中可能产生的损害赔偿责任转由保险人承担，应当投保相关责任保险，而不能借由发包人投保的财产损失保险免除自己应负的赔偿责任。其次，发包人不认可承包人的被保险人地位，案涉《安装工程一切险投保单》记载的被保险人为某制罐公司及某制罐第二公司，并明确记载承包人镇江某公司不是被保险人。因此，镇江某公司关于"由发包人向某财险公司投保的业务，承包人也应当是被保险人"的答辩意见，不能成立。《建设工程施工合同》明确约定"运至施工场地内用于工程的材料和待安装设备，由发包人办理保险，并支付保险费用"及"工程分包不能解除承包人任何责任与义务，分包单位的任何违约行为或疏忽导致工程损害或给发包人造成其他损失,承包人承担连带责任"。由此可见,发包人从未作出在保险赔偿范围内免除承包人赔偿责任的意思表示,双方并未约定在保险赔偿范围内免除承包人的赔偿责任。再次,在保险事故发生后,被保险人积极向承包人索赔并向某财险公司出具了权益转让书。根据以上情况,镇江某公司以其对保险标的也具有保险利益,且保险标的所有权人某制罐公司和某制罐第二公司已投保财产损失保险为由,主张免除其依建设工程施工合同应对两制罐公司承担的违约损害赔偿责任,并进而拒绝某财险公司行使代位求偿权,没有法律依据,不予支持。

综上理由作出如上判决。

第五章 最高人民法院及部分高级人民法院司法观点汇编

第一节 最高人民法院关于保险纠纷及法律适用相关事宜的回复

一、最高人民法院对湖南省高级人民法院关于《中国工商银行郴州市苏仙区支行与中保财产保险有限公司湖南省郴州市苏仙区支公司保证保险合同纠纷一案的请示报告》的复函

时效性：现行有效
发文机关：最高人民法院
文号：[1999]经监字第266号
发文日期：2000年8月28日
施行日期：2000年8月28日
效力级别：司法文件

湖南省高级人民法院：

你院[1996]湘经再字第53号《中国工商银行郴州市苏仙区支行与中保财产保险有限公司湖南省郴州市苏仙区支公司保证保险合同纠纷一案的请示报告》收悉。经研究，答复如下：

一、保证保险是由保险人为投保人向被保险人（即债权人）提供担保的保险，当投保人不能履行与被保险人签订合同所规定的义务，给被保险人造成经济损失时，由保险人按照其对投保人的承诺向被保险人承担代为补偿的责任。因此，保证保险虽是保险人开办的一个险种，其实质是保险人对债

权人的一种担保行为。在企业借款保证保险合同中，因企业破产或倒闭，银行向保险公司主张权利，应按借款保证合同纠纷处理，适用有关担保的法律。

二、保险单中"保险期1年"的约定，不符合《企业借款保证保险试行办法》的规定，且保险人与投保人就保险期限的约定对债权人没有约束力，保险公司仍应按借款合同中规定的保证期限承担责任。

三、鉴于中国工商银行郴州市苏仙区支行实际上收取了50%的保费，根据权利义务对等的原则，对于郴县天字号多金属矿所欠贷款本金、利息，应由保险和银行双方当事人各承担50%。

二、最高人民法院执行工作办公室关于人民法院能否提取投保人在保险公司所投的第三人责任险应得的保险赔偿款问题的复函

时效性：现行有效
发文机关：最高人民法院
文号：[2000]执他字第15号
发文日期：2000年7月13日
施行日期：2000年7月13日
效力级别：司法文件

江苏省高级人民法院：

你院［1999］苏法执他字第15号《关于人民法院能否提取投保人在保险公司所投的第三人责任险应得的保险赔偿款的请示》收悉。经研究，答复如下：

人民法院受理此类申请执行案件，如投保人不履行义务时，人民法院可以依据债权人（或受益人）的申请向保险公司发出协助执行通知书，由保险公司依照有关规定理赔，并给付申请执行人；申请执行人对保险公司理赔数额有异议的，可通过诉讼予以解决；如保险公司无正当理由拒绝理赔的，人民法院可依法予以强制执行。

三、最高人民法院研究室关于对《保险法》第十七条规定的"明确说明"应如何理解的问题的答复

时效性：现行有效
发文机关：最高人民法院
文号：法研〔2000〕5号
发文日期：2000年1月24日
施行日期：2000年1月24日
效力级别：司法文件

甘肃省高级人民法院：

你院甘高法研〔1999〕06号《关于金昌市旅游局诉中保财产保险公司金川区支公司保险赔偿一案的请示报告》收悉。经研究，答复如下：

《中华人民共和国保险法》第十七条规定："保险合同中规定有保险责任免除条款的，保险人应当向投保人明确说明，未明确说明的，该条款不发生法律效力。"这里所规定的"明确说明"，是指保险人在与投保人签订保险合同之前或者签订保险合同之时，对于保险合同中所约定的免责条款，除了在保险单上提示投保人注意外，还应当对有关免责条款的概念、内容及其法律后果等，以书面或者口头形式向投保人或其代理人作出解释，以使投保人明了该条款的真实含义和法律后果。

四、最高人民法院关于如何理解《中华人民共和国保险法》第六十五条"自杀"含义的请示的答复

时效性：现行有效
发文机关：最高人民法院
文号：〔2001〕民二他字第18号
发文日期：2002年3月6日
施行日期：2002年3月6日
效力级别：司法文件

江西省高级人民法院：

你院［2001］赣经请字第3号关于如何理解《中华人民共和国保险法》第六十五条"自杀"含义的请示收悉，经研究答复如下：

本案被保险人在投保后两年内因患精神病，在不能控制自己行为的情况下溺水身亡，不属于主动剥夺自己生命的行为，亦不具有骗取保险金的目的，故保险人应按合同约定承担保险责任。

此复

五、最高人民法院关于对四川省高级人民法院关于内江市东兴区农村信用合作社联合社与中国太平洋保险公司内江支公司保险合同赔付纠纷合同是否成立等请示一案的答复

时效性：现行有效
发文机关：最高人民法院
文号：［2003］民二他字第09号
发文日期：2003年7月10日
施行日期：2003年7月10日
效力级别：司法文件

四川省高级人民法院：

你院［2002］川民终字第90号关于内江市东兴区农村信用合作社联合社与中国太平洋保险公司内江支公司（以下简称内江太保公司）保险合同赔付纠纷一案，保险合同是否成立等问题的请示收悉。经研究，答复如下：

一般保险合同只要双方签字盖章，或者保险人向投保人签发保险单或者其他保险凭证，该保险合同即应认定已经成立。内江太保公司在签发保险单时如投保人未提供借款合同，则该公司不应签发保险单。内江太保公司经审核向钟玉琪签发了保险单，故应认定所涉借款合同已报送内江太保公司。虽投保人提供的借款合同与保险条款中所列的消费借款合同种类不一致，但至出险前内江太保公司未提出异议，应视为内江太保公司认可了钟玉琪提交的商业贷款合同代替了保险合同中的消费贷款。故同意你院研究的第一种意见，应认定本案保险合同有效，内江太保公司依约承担保险责任。

此复

六、最高人民法院关于学校向学生推销保险收取保险公司佣金入账的行为是否构成不正当竞争行为的答复

时效性：现行有效

发文机关：最高人民法院

文号：[2003] 行他字第 21 号

发文日期：2004 年 1 月 8 日

施行日期：2004 年 1 月 8 日

效力级别：司法文件

黑龙江省高级人民法院：

你院 [2003] 黑行他字第 3 号《关于鹤岗铁路职工小学不服鹤岗市工商行政管理局行政处罚一案的请示报告》收悉。经研究答复如下：

根据《中华人民共和国反不正当竞争法》第八条第二款的规定，学校向学生推销保险收取保险公司佣金并入账的行为不宜视为不正当竞争行为。

此复

附：

黑龙江省高级人民法院关于鹤岗铁路职工小学不服

鹤岗市工商行政管理局行政处罚一案的请示报告

（2003 年 11 月 12 日　　[2003] 黑行他字第 3 号）

最高人民法院：

我省鹤岗市工农区法院受理一起鹤岗铁路职工小学不服鹤岗市工商行政管理局行政处罚案，该院对此案中有关法律及规范性文件的适用问题，逐级请示我院。我院经审理并报院审判委员会讨论，形成两种意见，现报贵院请示。

一、案件的由来和审理经过

原告佳木斯铁路分局鹤岗铁路职工子弟小学不服鹤岗市工商行政管理局行政处罚一案，鹤岗市工农区法院经审理，对该案中有关规范性文件的适用问题请示鹤岗市中级人民法院。鹤岗市中级人民法院经审判委员会讨论，向

我院请示。我院受理后依法组成合议庭，由代理审判员周立主审，代理审判员徐凤良、王鹏跃参加评议，本案现已审理完毕。

二、当事人和诉讼参加人基本情况

原告：佳木斯铁路分局鹤岗铁路职工子弟小学。

法定代表人：张库，校长。

被告：鹤岗市工商行政管理局。

法定代表人：赵龙太，局长。

三、本案的事实

2001年8月，鹤岗铁路小学与中国太平洋公司佳木斯支公司、中国平安保险股份有限公司（以下简称保险公司）签订了办理学生平安保险业务代办合同，收取保险费13 330元，提取"代理手续费"1064元（按8%提取）。铁路小学提供了"代理手续费"已入账的证据。鹤岗市工商局认为铁路小学利用自己的便利为保险公司推销保险，收取保险公司给予的"代理手续费"违反国家有关规定，认为铁路小学无论是否将收取的"代理手续费"入账，其行为均违反了《中华人民共和国反不正当竞争法》第八条和国家工商局《关于禁止商业贿赂的暂行规定》的规定，于2002年1月8日作出《关于对佳木斯铁路分局职工子弟小学受贿行为的处罚决定》：1. 责令铁路小学立即停止为学生办理学平险的违法行为及提取"代理手续费"的受贿行为；2. 没收铁路小学非法所收1064元；3. 对铁路小学处以罚款10 000元。

四、请示问题及意见

本案涉及以下法律及规范性文件的适用：

1.《反不正当竞争法》第八条：经营者不得采用财物或其他手段进行贿赂以销售或购买商品，在账外暗中给予对方单位或个人回扣的，以行贿论；对方单位或个人在账外暗中收受回扣的，以受贿论处。

经营者销售或购买商品，可以以明示方式给对方折扣，可以给中间人佣金。经营者给对方折扣，给中间人佣金的，必须如实入账。接受折扣、佣金的经营者必须如实入账。

2. 国家工商行政管理局工商字［2001］第211号文件《对保险公司借助学校强制保险代为定性问题的答复》中规定：学校从事营利性活动，可以认定为《反不正当竞争法》第二条规定的经营者，对学校非法收受的保险公司"保险代办费"的行为，可以参照《国家劳务费定性处理问题的答复》

一并调查处理。

3. 国家工商行政管理局工商公字［2000］第97号文件《关于医院非法收受保险公司给予的劳务费定性处理问题的答复》中规定：非法收受经营者给予的财物并为其牟取交易机会的行为，属于《反不正当竞争法》第八条和国家工商行政管理局《关于禁止商业贿赂行为的暂行规定》所禁止的商业贿赂行为。医院违反国家有关规定从事保险代理业务，收取保险公司给的"劳务费"，利用自己的便利条件为保险公司向患者推销保险，属于非法收受经营者给予的财物并为其牟取交易机会的行为。医院是否将收取的"劳务费"入账，其行为均违反《反不正当竞争法》第八条和国家工商局《暂行规定》构成商业贿赂行为，应当依法予以查处。

对于上述法律及规范性文件如何适用，形成两种意见：

第一种意见（多数人意见）：铁路小学收取保险公司给予的"代理费"已经入账，其行为不符合《反不正当竞争法》第八条的规定，工商局的处罚错误。国家工商局的两个文件将无论是否将"代理手续费"入账，均认定为商业贿赂行为，与《反不正当竞争法》第八条第二款的规定不一致，第八条二款明确规定对"明示"的给中间人佣金的行为是法律所允许的，铁路小学作为保险公司和学生之间的中间人，依法有取得佣金的权利，铁路小学已将这笔"代理手续费"入账，符合第八条二款的规定，铁路小学的行为不构成"商业贿赂行为"。鹤岗工商局依据《反不正当竞争法》第二十二条作出的处罚适用法律错误。

第二种意见（少数人意见）：铁路小学收取保险公司"代理手续费"构成商业贿赂行为，认为市工商局的处罚是正确的。理由：

（1）国家工商局两个文件已有明确答复。

（2）市工商局的决定不偏离两个文件的内容。

以上报告，请批复。

七、最高人民法院关于中国人民保险公司厦门市分公司与中波轮船股份公司保险代位求偿纠纷管辖权问题的请示的复函

时效性：现行有效

发文机关：最高人民法院

文号：民四他字［2004］第 43 号
发文日期：2004 年 12 月 2 日
施行日期：2004 年 12 月 2 日
效力级别：司法文件

广东省高级人民法院：

你院［2003］粤高法民四他字第 3 号《关于中国人民保险公司厦门市分公司与中波轮船股份公司保险代位求偿纠纷管辖权问题的请示报告》收悉。经研究，答复如下：

本案提单背面仲裁条款约定："托运人、承运人、租船人和（或）收货人在本提单项下发生的任何争议，应当适用英国 1979 年仲裁法及以后历次修订案提交伦敦仲裁。Alan Buridge 先生担任独任仲裁员"。审查该仲裁条款效力，应适用当事人明确约定的法律，即英国 1979 年仲裁法以及以后历次修订案。

提单仲裁条款是提单关系当事人为协商解决提单项下纠纷而订立的，是独立于提单项下权利义务的程序性条款。本案保险人中国人民保险公司厦门市分公司（以下简称厦门保险公司）依据保险合同取得代位求偿权后，本案提单中约定的实体权利义务相应转移给厦门保险公司。在厦门保险公司未明确表示接受提单仲裁条款的情况下，该仲裁条款对厦门保险公司不具有约束力。广州海事法院对本案具有管辖权。

此复。

附：

广东省高级人民法院关于中国人民保险公司厦门市分公司与中波轮船股份公司保险代位求偿纠纷管辖权问题的请示报告

（［2003］粤高法民四他字第 3 号　2004 年 7 月 30 日）

最高人民法院：

广州海事法院受理的原告中国人民保险公司厦门市分公司诉被告中波轮船股份公司海上货物运输货损保险代位求偿纠纷一案（案号为［2002］广海法初字第 240 号），被告在提交答辩状期间以案中所涉提单中含有仲裁条款为由提出管辖权异议。广州海事法院经研究向我院请示；我院经研究，决定向钧院请示。现将本案有关情况报告如下：

一、基本案件事实

中国人民保险公司厦门市分公司和中波轮船股份公司均为中国内地企业。2001年4月30日，中波轮船股份公司所属"JANDLUGOSZ"轮受载厦门兴大进出口贸易有限公司进口鱼粉3000吨，并签发B/LNo.3和No.6号提单。提单载明，启运港秘鲁PAITA，目的港广州黄埔。提单背面的仲裁条款载明：托运人、承运人、租船人和（或）收货人在本提单项下发生的任何争议，应当适用英国1979年仲裁法及以后历次修订案提交伦敦仲裁。Alan Burbidge先生担任独任仲裁员。在符合上述要求的前提下，任何的及所有的索赔请求在最后卸货之日起的12个月内提出仲裁（That should any dispute aris eunder this Bill of Lading between Shippes, Carrier, Chartererand/or Consignees, the matter in dispute shall be referred to arbitration in London, in accordance to Arbitrafion Act 1979, as amended from time and it is hereby agreed, Mr. Alan Burbidge to act as sole arbitrator. Any and all claim to be presented and arbitrated, if so required, within twelve months Of finaldischarge.）

2001年6月15日，该批货物到港后经中国外轮理货总公司广州分公司理货证实，B/L No.3提单项下货物破21包，B/L No.6提单项下货物破15包、短少1387包。

由于进口商已就该批货物向中国人民保险公司厦门市分公司投保一切险和战争险，中国人民保险公司厦门市分公司于2001年9月25日依约赔付人民币245677.24元。2001年10月23日，中国人民保险公司厦门市分公司致函中波轮船股份公司提出索赔未果，遂向广州海事法院起诉。被告中波轮船股份公司在提交答辩状期间以案中所涉提单中含有仲裁条款为由提出管辖权异议。本案各方当事人未曾就本案所涉争议提交任何形式的仲裁。

二、广州海事法院的审理意见

广州海事法院认为，双方的争议焦点在于提单背面的仲裁条款是否能有效约束进行代位求偿的原告。本案原告作为保险人依保险合同向提单持有人厦门兴大进出口贸易有限公司赔付提单项下的货物损失以后，代位行使提单持有人享有的对实际承运人即本案被告请求赔偿的权利。依照1987年4月22日对我国生效的《承认及执行外国仲裁裁决公约》第五条第一项规定的精神，确定仲裁协议效力的准据法的基本原则是，涉外仲裁协议的效力，应当适用当事人明确约定的法律予以认定。当事人没有约定仲裁协议准据法的，适用仲裁地国家或地区的法律认定。本案中，仲裁协议当事人未约定仲裁协议的准据法，故应适用仲裁地法律即英国法律。而外国法的查明属于事实问题，主张适用外国法的当事人对外国法的查明负有举证责任。最高人民法院《关于民事诉讼证据的若干规定》第十一条规定，当事人向人民法院提供的证据系在中华人民共和国领域外形成的，该证据应当经所在国公证机关予以证明，并经中华人民共和国驻该国使领馆予以认证，或者履行中华人民共和国与该所在国订立的有关条约中规定的证明手续；第十二条规定，当事人向人民法院提供外文书证或者外文说明资料，应当附有中文译本。本案被告主张提单仲裁条款有效，但其提供的，《1996年英国仲裁法》无中文译本，且不符合上述法律关于自境外形成的证据应履行的证明手续的规定，故不具有证明效力。由于本案被告对英国法的证明不够充分，本院不能查明英国法，故本案应适用中国法律认定仲裁条款的效力。

根据《中华人民共和国仲裁法》第十六条的规定，仲裁协议应当具有请求仲裁的意思表示和选定仲裁委员会的内容。仲裁协议必须是当事人明确的意思表示，并且不能选定临时仲裁或独任仲裁员。本案所涉提单背面的仲裁条款是一种格式条款，是承运人单方面的意思表示，不是提单持有人的意思表示，对提单持有人是不公平的。而且，该仲裁条款指定的是独任仲裁员，不仅未赋予提单持有人选择仲裁员的权利，而且所确立的临时仲裁方式亦不符合中国法律的规定。因此，该提单仲裁条款是不能执行的，应认定为无效。

仲裁条款是提单的当事人为合意解决提单项下纠纷而设定的，该条款独立于提单项下的海上货物运输权利义务条款。由于原告代位行使的是提单持有人向货损责任人请求赔偿的实体权利，在仲裁条款不能有效约束提单持有人的情况下，该仲裁条款亦不能约束代位求偿的原告。依照《中华人民共和国仲裁法》第十六条和 第十八条、《中华人民共和国民事诉讼法》第三十八条的规定，我院拟裁定驳回被告对本案提出的管辖权异议。本案提单项下货物运输的目的地为中国黄埔港，我院依法有管辖权。

三、我院的审查意见

我院经研究认为，提单仲裁条款是提单签发人，即承运人根据自己的意愿单方拟定、并强加给提单持有人的，该仲裁条款不是提单持有人的真实意思表示，提单持有人并没有就提单的仲裁条款与承运人磋商，特别是像本案提单已转让至托运人、收货人之外的保险人手中时，就更是如此。在此情况下，若认定提单仲裁条款能约束提单持有人，则有失公平（除非提单持有人明确表示接受仲裁条款）。此外，托运人并不关心提单中的仲裁条款，托运人在洽谈托运时仅仅关心船期、运价等，因为只有这些方面才与托运人有真正的利害关系，货物风险在装船时已经转移，托运人对在提单中商定一个更合适的仲裁条款、以利于提单持有人向承运人索赔不感兴趣，导致承运人完全垄断提单中这一条款的拟定，所拟定的条款通常对承运人有利，而不利于提单持有人。因此，提单中的仲裁条款对提单持有人应不具有约束力。本案中，提单仲裁条款对中国人民保险公司厦门市分公司应没有约束力，承运人无权援引提单仲裁条款对抗中国人民保险公司厦门市分公司的诉权。被告提出的管辖权异议应予以驳回。

因本案具有涉外因素，依据《最高人民法院关于人民法院处理与涉外仲裁及外国仲裁事项有关问题的通知》规定的精神，报请钧院审核，当否？请批复。

八、最高人民法院关于中国人民财产保险股份有限公司深圳市分公司诉广州远洋运输公司海上货物运输合同货损纠纷一案仲裁条款效力问题的请示的复函

时效性：现行有效

发文机关：最高人民法院

文号：[2005] 民四他字第29号

发文日期：2005年10月9日

施行日期：2005年10月9日

效力级别：司法文件

广东省高级人民法院：

你院粤高法民四他字第7号《关于中国人民财产保险股份有限公司深圳市分公司诉广州远洋运输公司海上货物运输合同货损纠纷一案仲裁条款效力问题的请示》收悉。经研究，答复如下：

本案提单仲裁条款是订立海上货物运输合同当事人为仲裁解决纠纷而订立的有效仲裁条款。作为保险人的中国人民财产保险股份有限公司深圳市分公司，依据保险合同在赔付被保险人即提单持有人深圳市华联粮油贸易有限公司提单项下的货物损失后，依法取得向作为承运人的广州远洋运输公司请求赔偿货物损失的代位求偿权利。由于保险人不是协商订立仲裁条款的当事人，仲裁条款并非保险人的意思表示，除非保险人明确表示接受，否则提单仲裁条款对保险人不具有约束力。本案争议发生后，保险人并未与承运人达成新的仲裁协议，因此本案提单仲裁条款不应约束保险人。同意你院的倾向性意见。

此复。

附：

广东省高级人民法院关于中国人民财产保险股份有限公司深圳市分公司诉广州远洋运输公司海上货物运输合同货损纠纷一案仲裁条款效力问题的请示

2005 年 5 月 27 日　　［2004］粤高法民四他字第 7 号

最高人民法院：

广州海事法院在审理［2004］广海法初字第 84 号中国人民财产保险股份有限公司深圳市分公司诉广州远洋运输公司海上货物运输合同货损纠纷一案的过程中，就该案提单所载仲裁条款效力的认定问题，向我院请示。现将案件基本情况和处理意见报告如下：

一、案件基本情况

原告：中国人民财产保险股份有限公司深圳市分公司。住所地，广东省深圳市罗湖区罗芳路南方大厦 22 楼。

负责人：冯知杰。

被告：广州远洋运输公司。住所地，广东省广州市环市东路 412 号。

法定代表人：徐惠兴。

原告于 2004 年 3 月 18 日向广州海事法院提起诉讼，请求判令被告赔偿货损人民币 2 988 453.57 元及其利息和公估费、证据保全费共计港币 98 223 元、人民币 13000 元。

原告起诉称，被告作为 M/V LIANG SHAN V. 41（"凉山"轮）的船东实际承运了一批鱼粉,从秘鲁到广州黄埔。泛远船务(香港)有限公司作为船东的代理签发了涉案指示提单(编号分别为 NO.1、NO.2、NO.3)。货物于 2003 年 4 月 11 日抵达黄埔新港。在卸货过程中,发现大量货物发热、结块和变质。提单持有人即被保险人深圳市华联粮油贸易有限公司(以下简称"深圳华联")向原告索赔。原告委托了香港南华公证行登轮检验,经理算,损失金额为人民币 3 031 453.47 元。原告向深圳华联实际赔付了人民币 2 988 453.57 元。原告行使代位求偿权,要求被告承担违约责任,赔偿损失。原告在起诉时未提供涉案提单的背面条款。被告于 4 月 2 日收到应诉通知书和起诉状后,于 4 月 20 日提出管辖权异议。认为提单的背面条款记载涉案纠纷应当在伦敦仲裁,请求驳回原告的起诉。原告补充提交的涉案三份提单的背面均有 Arbitration Clause(仲裁条款):That should any dispute arise under this Bill of Lading between Ship Pers, Carrier, Charterer-and/or Consignees, the matter in dispute shall be referred to arbitration in London, in accordance to Arbitration Act 1979, as amended from time to time and it is hereby agreed. Mr Alan Burbidge, to act as sole arbitrator. Any and all claim to be presented and arbitrated, if so required, within twelvemonths of final discharge. (任何因本提单引起的托运人、承运人、承租人和/或收货人之间的争议,根据 1979 年《仲裁法》,由 Mr AlanBurbidge 任独任仲裁员在伦敦仲裁。任何索赔需在卸货后 12 个月内提交仲裁)。三份提单正面还记载:All terms, conditions, liberties, exceptions, clauses and the arbitration clause of the Charter Party dated JAN. 08. 2003 and any addenda thereto, are herein incorporated. Alldispute on liability, including responsibility towards cargo/loss arlsing under the Bill of Lading between Carrier and Cargo are to be brought within the terms of the Charter Party dated JAN. 08. 2003. (2003 年 1 月 8 日签订的租约中的所有条款、条件、权利和除外责任以及仲裁条款和任何附件都并入本提单。所有因义务引起的争议,包括承运人和货主之间就提单项下的货损责任发生的争议,均适用 2003 年 1 月 8 日签订的租约中的条款)。

广州海事法院于 5 月 11 日召开了庭前会议。会议中,被告确认涉案的三份提单均为其授权泛运船务(香港)有限公司签发。关于提单背面仲裁条款的效力,原告认为,在认定仲裁条款效力之前,首先应解决认定条款效力的准据法。由于该仲裁条款未载明应适用的法律,根据最密切联系原则,应适用中国法律。根据《中华人民共和国仲裁法》、《中华人民共和国民事诉讼法》的有关规定，由于涉案的仲裁条款未约定明确的仲裁机构，因此仲裁条款无效。被告认为，提单的持有人既然凭单提出了货物，就应该受提单条款的约束。但即使适用中国法律，《中华人民共和国仲裁法》、《中华人民共和国民事诉讼法》的规定只适用在中国进行的仲裁。

本案约定的在伦敦仲裁的条款效力，人条款。

二、广州海事法院的处理意见

应依据有关法理解决。双方当事人均没有提及提单正面的并也没有提供相应的租约。

（一）关于提单背面仲裁条款效力的准据法

根据国际私法的一般原则，当事人没有约定仲裁条款效力的准据法的，应按照当事人所约定的仲裁地的法律来确定仲裁条款的效力。且《最高人民法院关于人民法院处理涉外仲裁及外国仲裁案件的若干规定（征求意见稿）》第十七条规定："仲裁协议的效力，适用当事人约定的法律。当事人没有约定仲裁协议准据法但约定了仲裁地点的，适用仲裁地国家或者地区的法律。没有约定仲裁地或者仲裁地约定不明的，适用法院地法律。"最高人民法院民四庭的《涉外商事海事审判实务问题解答》第 74 个问题也有类似的解答。本案提单背面仲裁条款约定在伦敦仲裁，在没有约定仲裁条款效力的准据法的情况下，应适用英国法律。

（二）关于提单背面仲裁条款的效力

该条款约定由 Mr Alan Burbidge 任独任仲裁员在伦敦仲裁，属临时仲裁，根据英国法律的规定，这样的约定是有效的。因此提单背面仲裁条款在提单签发人和托运人之间是有效的。

（三）提单背面仲裁条款能否约束非托运人的提单持有人

合议庭的倾向性意见是，提单背面的仲裁条款不应约束非托运人的提单持有人（以下所称提单持有人均为非托运人的提单持有人），理由如下：

1. 仲裁是以当事人的合意为基础，授权第三人以"一裁终局"的方式解决其相互间的民事纠纷。双方当事人的仲裁合意是仲裁启动的先决性条件。我国参加的 1958 年《承认及执行外国仲裁裁决的公约》第二条第一款规定："当事人以书面协定承允彼此间所发生或可能发生之一切或任何争议，如关涉可以仲裁解决事项之确定法律关系，不论为契约性质与否，应提交仲裁时,各缔约国应承认此项协定。"该条规定表明,公约将当事人之间的仲裁合意作为仲裁条款有效的必要条件。提单背面的仲裁条款均由提单持有人以外的人拟定,提单持有人在取得提单之前,对提单上是否记载仲裁条款以及仲裁条款的内容均不知情,更不可能参与仲裁条款的协商。因此提单背面的仲裁条款不体现提单持有人的仲裁意思表示,依据公约的规定,提单持有人不应受提单背面的仲裁条款的约束。

2. 我国《海商法》第七十八条第一款虽规定:"承运人同收货人、提单持有人之间的权利、义务关系,依据提单的规定确定。"但该条规定在《海商法》的第四章海上货物运输合同中,因此该条款应解释为与货物运输的主旨有关的权利和义务的条款约束提单的持有人。仲裁条款作为争议的解决方式,不是与运输的主旨有关的条款,应被视为独立于合同其他部分的单独协议,并不当然约束提单持有人。

3. 从实践中看,不承认提单仲裁条款对提单持有人的约束力,有利于平等保护提单持有人的利益。如果法院确认这类仲裁条款对提单持有人有约束力,由于仲裁地点通常是承运人的住所地或远离提单持有人的地方,在争议金额不大的情况下,提单持有人多数会选择放弃,而导致提单持有人的合法利益得不到平等保护。

此外,提单正面虽并入了租约的仲裁条款,但双方当事人均没有提供租约,无法查明租约仲裁条款的具体内容。结合上述理由,提单正面并入条款中关于仲裁的内容也不能约束提单持有人。

综上,因涉案提单持有人不受提单背面仲裁条款的约束,原告作为保险公司,向被告行使代位求偿权,也不受此仲裁条款的约束。因本案的运输目的地和被告住所地均在广东省内,属广州海事法院的管辖范围,原告可以在本院对被告提起海上货物运输合同货损纠纷诉讼。

三、我院的倾向意见

提单所载仲裁条款本身是否有效并不是该案的关键所在,即使依据准据法确定仲裁条款有效,但若在提单签发人(承运人)和保险人之间没有约束力,提单签发人和保险人之间的纠纷亦不能依仲裁条款解决。因此,该案首先要解决提单所载仲裁条款在提单签发人与保险人之间是否有效的问题。就保险人和提单签发人之间的纠纷而言,当事人没有选择解决纠纷适用的法律,该案保险人和承运人的住所地均在中国内地,根据最密切联系原则,应当确定中国内地法律为解决该案纠纷的准据法。

我院倾向认为，仲裁条款系争议解决条款，其独立于合同的其他条款，体现的是合同当事人关于争议解决方式的意思表示，因此，在合同的权利义务主体发生变化的情况下，除新权利人或者新义务人依约定或者法律规定概括地承受合同所有权利义务外，仲裁条款原则上对新权利人或者新义务人没有约束力。当事人转让债权的，仲裁条款对债权受让人没有约束力，但是有充分证据证明当事人与受让人通谋规避仲裁条款的除外。我国《保险法》第四十五条规定："因第三者对保险标的的损害而造成保险事故的，保险人自向被保险人赔偿保险金之日起，在赔偿金额范围内代位行使被保险人对第三者请求赔偿的权利。"保险人由此获得代位求偿权在性质上属于债权让与，即被保险人将其对第三人的求偿权让与保险人。在该案中，没有证据证明当事人之间有通谋规避仲裁条款的情形，因此，该仲裁条款对于债权受让人即保险人没有约束力。该案的被告广州远洋运输公司的住所地在广州市，广州海事法院对该案有管辖权。

该案因认定仲裁条款在提单签发人和保险人之间没有约束力，根据钧院《关于人民法院处理与涉外仲裁及外国仲裁事项有关问题的通知》第一条的规定，特向钧院请示，请予批复。

九、最高人民法院关于保证保险合同纠纷案件法律适用问题的答复

时效性：现行有效
发文机关：最高人民法院
文号：[2006] 民二他字第 43 号
发文日期：2010 年 6 月 24 日
施行日期：2010 年 6 月 24 日
效力级别：司法文件

辽宁省高级人民法院：
你院《关于保证保险问题的请示报告》（[2006] 辽高法疑字第 4 号）收悉。经研究答复如下：

汽车消费贷款保证保险是保险公司开办的一种保险业务。在该险种的具体实施中，由于合同约定的具体内容并不统一，在保险公司、银行和汽车销售代理商、购车人之间会形成多种法律关系。在当时法律规定尚不明确的情况下，应依据当事人意思自治原则确定合同的性质。你院请示所涉中国建设银行股份有限公司葫芦岛分行诉中国人民保险股份有限公司葫芦岛分公司保证保险合同纠纷案，在相关协议、合同中，保险人没有作出任何担保承诺的意思表示。因此，此案所涉保险单虽名为保证保险单，但性质上应属于保险合同。同意你院审判委员会多数意见，此案的保证保险属于保险性质。

此复

十、最高人民法院关于大众保险股份有限公司苏州中心支公司、大众保险股份有限公司与苏州浙申实业有限公司海上货物运输保险合同案适用法律问题的请示的复函

时效性：现行有效

发文机关：最高人民法院

文号：民四他字［2007］第8号

发文日期：2007年7月24日

施行日期：2007年7月24日

效力级别：司法文件

湖北省高级人民法院：

你院鄂高法［2007］115号《关于大众保险股份有限公司苏州中心支公司、大众保险股份有限公司与苏州浙申实业有限公司海上货物运输保险合同案适用法律问题的请示》收悉。

经研究认为：根据你院查明的事实，大众保险股份有限公司苏州中心支公司与苏州浙申实业有限公司之间的海上货物运输保险合同合法有效，双方的权利义务应当受保险单及所附保险条款的约束。依照本案"海洋运输货物保险条款"的规定，一切险除平安险和水渍险的各项责任外，还包括被保险货物在运输途中由于外来原因所致的全部或部分损失。保险条款中还列明了保险人不负赔偿责任的五项除外责任条款。因此，"一切险"的承保风险应

当为非列明风险，如保险标的的损失系运输途中的外来原因所致，且并无证据证明该损失属于保险条款规定的除外责任之列，则应当认定保险事故属于一切险的责任范围。同意你院倾向性意见的处理结果。

此复。

附：

湖北省高级人民法院关于大众保险股份有限公司苏州中心支公司、
大众保险股份有限公司与苏州浙申实业有限公司海上货物运输保险合同案
适用法律问题的请示报告

（2007年3月26日　鄂高法［2007］115号）

最高人民法院：

一、本案由来

大众保险股份有限公司苏州中心支公司（以下简称保险支公司）、大众保险股份有限公司（以下简称保险公司）因海上货物运输保险合同纠纷一案，不服武汉海事法院［2005］武海法商字第229号民事判决，提起上诉。本院于2006年4月18日立案。上诉期间，保险公司未交纳上诉费，书面撤回上诉，本院裁定准许。本院依法组成合议庭，于2006年5月24日公开开庭进行了审理，保险支公司、保险公司的委托代理人赵跃生，苏州浙申实业有限公司（以下简称浙申公司）的委托代理人张红兵到庭参加诉讼，双方均愿调解，虽经本院多次调解，但调解金额差距太大而无结果。由于本案经本院审判委员会讨论后有不同意见，特请示钧院。

二、当事人概况

上诉人（原审被告）：大众保险股份有限公司苏州中心支公司。

负责人：蒋雷，经理。

委托代理人：赵跃生，上海市理合理律师事务所律师。

委托代理人：顾元，上海市理合理律师事务所律师。

被上诉人（原审原告）：苏州浙申实业有限公司。

法定代表人：毛小敏，总经理。

委托代理人：刘昌国，瑞通天元律师事务所律师。

委托代理人：张红兵，瑞通天元律师事务所律师。

原审被告：大众保险股份有限公司。

法定代表人：杨国平，董事长。

委托代理人：赵跃生，上海市理合理律师事务所律师。

委托代理人：顾元，上海市理合理律师事务所律师。

三、原判情况

原告浙申公司诉称，2005年3月21日，原告为其定购的一批白松向被告保险支公司投保海上货物运输险，被告保险支公司接受原告的投保，于当日向原告签发了保险公司的格式货物运输保险单。保险单编号为AB-ABAFOOSHH2005B000003，根据保险单的约定，保险金额为552 822.60美元，承保条件为中国人民保险公司1981年1月1日的一切险条款。该批白松由"开明先锋（PIONEER KAMCHATKI）"轮承运至中国太仓港，途中因遭遇恶劣天气致使部分货物落海。经中华人民共和国出入境检验检疫机构检验，实际交付的白松数量短少3786根，经计算，原告遭受损失63 909.27美元。原告根据保险单，要求两被告支付保险赔偿金遭拒，故诉请法院判令两被告连带向原告支付保险赔偿金63 909.27美元以及利息，并承担案件受理费。

被告保险公司和保险支公司辩称，原告运输货物，投保海洋运输货物一切险，短量险除外，未投保舱面货物险。原告受损的货物为舱面货，受损原因是被风刮入大海，其损失不在保险责任范围之内。涉案提单签发日期为2005年3月21日，保险单的签发日期也是2005年3月21日，而中国和起运港有5个小时的时差，故原告不可能在签发提单后才申请投保，原告没有购买舱面货物险的责任不在被告。综上，原告的起诉无事实和法律依据，两被告请求法院驳回原告的诉讼请求。

原审查明：2005年3月5日，原告浙申公司与MJ TIMBER COMPA-NY LIMITED签订一份买卖合同，购买了数量为32 191根/5895.022立方米，价值为552 822.60美元的原木。上述原木于2005年3月21日被装上"开明先锋"轮，"开明先锋"轮船长ANDREEVSKIY VLADIMIR于同日签发了正本提单。提单记载：起运港俄罗斯SOVETSKAY GAVAN港，目的港中国太仓港，货物白松，计32 191根，5895.022立方米，其中10 527根（1763.465立方米）装载于舱面。原告浙申公司就上述货物的运输向被告保险支公司投保，被告保险支公司于2005年3月21日签发编号为AB-ABAFOOSHH2005B000003

的保险单。保险单记载：被保险人浙申公司，保险人保险支公司，货物白松，保险金额 552 822.60 美元，运输工具"开明先锋"轮，起运港俄罗斯 SOVETSKAY GAVAN 港，目的港中国太仓港，开航时间根据提单于 2005 年 3 月 21 日，承保条件为中国人民保险公司 1981 年 1 月 1 日海洋货物运输保险一切险条款（含仓至仓条款），短量险除外。货物在运输途中，于 2005 年 3 月 24 日遇大风浪，其中装载于舱面的部分货物被吹落入海。2005 年 3 月 28 日，"开明先锋"轮抵达目的港中国太仓港，经中华人民共和国太仓出入境检验检疫局检验，实际到港原木为 28 405 根/5230.518 立方米，对照提单、发票，短少 3786 根/664.504 立方米。涉案正本提单经贸易环节流转到原告浙申公司手中。

原审认为，本案系海上货物运输保险合同纠纷。原告浙申公司就进口货物的运输向被告保险支公司投保，被告保险支公司同意承保，并依据双方达成的协议，签发保险单，原告浙申公司与被告保险支公司之间的保险合同成立有效，双方均应遵守。保险合同约定，承保险别根据中国人民保险公司海洋运输货物保险一切险条款（1981 年 1 月 1 日）（含仓至仓条款），短量险除外。中国人民保险公司海洋运输货物保险条款包括基本险和附加险，基本险包括平安险、水渍险及一切险，附加险包括一般附加险、特别附加险和特殊附加险。一切险的责任范围，除包括平安险和水渍险的各项责任外，还负责被保险货物在运输途中由于外来原因所致的全部或部分损失。一切险中的"外来原因"属于非列明风险。基本险的除外责任包括：（1）被保险人的故意行为或过失所造成的损失；（2）属于发货人责任所引起的损失；（3）在保险责任开始前，被保险货物已存在品质不良或数量短差所造成的损失；（4）被保险货物的自然损耗，本质缺陷，特性以及市价跌落，运输迟延所引起的损失或费用；（5）保险公司海洋运输货物战争险条款和货物运输罢工险条款规定的责任范围和除外责任。特别附加险包括交货不到险、进口关税险、舱面货物险、拒收险、黄曲霉素险。被保险货物白松共计 32 191 根（5895.022 立方米），其中 10 527 根（1763.465 立方米）装载于舱面，货物的积载情况在提单中已经有了明确的记载。被告保险支公司签发的保险单中开航日期表述为：根据 2005 年 3 月 21 日提单，由此可见，被告保险支公司对提单中记载的货物装载情况是明知的。根据中国人民保险公司海洋运输货物保险条款的规定，虽然舱面货的承保需要加保特别附加险的舱面货物险，但是被告保险支公司在明知有部分舱面货的情况下，依然同意对所有货物承保一切险，属当事人之间的意思自治，没有违反法律、行政法规的禁止性规定，依法有效。故被告保险支公司应当在一切险的保险责任范围内对所有货物承担保险责任。被告保险支公司提出原告未购买舱面货物险，保险公司不对舱面货承担保险责任的主张，无法律依据，原审不予支持。被保险货物在运输途中，由于遇到大风浪，装载于舱面的部分货物被吹落入海。事故的发生原因是遇到大风浪，大风浪属于外来原因，且不在基本险的除外责任范围之内，故本次事故属于一切险的保险责任事故。原告浙申公司与被告保险支公司间的保险合同同时还约定，短量险除外。对于短量险的保险责任范围，原、被告之间有不同的理解。被告保险支公司认为只要是货物的短少，就在短量险的承保范围之内，原告浙申公司则认为，短量险承保的是对因货物外包装破裂或散装货物散落造成的短量或者数量减少进行的赔偿。《中华人民共和国保险法》第三十条规定："对于保险合同的条款，保险人与投保人、被保险人或者受益人有争议时，人民法院或者仲裁机关应当作有利于被保险人和受益人的解释"，故对于货物被吹落入海导致货物短少，应当解释为不在短量险的保险责任范围内。综上，原告浙申公司的舱面货被大风浪吹落入海造成的损失在被告保险支公司的保险责任范围之内，被告保险支公司依约应当承担给付保险金的责任。被告保险支公司是被告保险公司设立的分公司，不具有企业法人资格，其民事责任依法由被告保险公司承担。依照《中华人民共和国海商法》第二百三十七条，《中华人民共和国民事诉讼法》第一百二十八条的规定，原审判决：被告大众保险股份有限公司苏州中心支公司、被告大众保险股份有限公司于本判决生效之日起十日内一次性连带给付原告苏州浙申实业有限公司保险金 62 315.768 美元以及利息（利息以中国人民银行同期美元贷款利率从 2005 年 4 月 8 日起算至给付之日止）。案件受理费人民币 10 300 元，其他受理费人民币 3100 元，合计人民币 13 400 元，由被告大众保险股份有限公司苏州中心支公司、被告大众保险股份有限公司连带承担。

四、上诉与答辩情况

上诉人保险支公司请求：（1）改判驳回被上诉人诉讼请求，或者撤销武汉海事法院［2005］武海法商字第 229 号民事判决书发回重审或者给予改判；（2）被上诉人承担一审，二审诉讼费。理由：（1）一审法院认定事实错误,错误认定被上诉人在签发保险单时得到涉案提单。原审关于保险公司明知有部分舱面货的认定没有任何事实和证据。假定被上诉人在上诉人签发之前的确提交了保单,那购买附加险与否的责任和义务在被保险人而不是保险人。上诉人是基于侥幸,或者节约开支等种种因素而没有购买附加风险的保险。(2)一审法院对涉案保险单严重误解。被上诉人投保的是一般货物风险,没有对部分货物购买附加舱面保险,那舱面货物发生的风险当然不赔,被上诉人通过司法不公达到了既可以省钱不购买附加风险的保险,又可以要保险公司承担被保险人没有购买的保险风险。涉案保险单已经明确约定"短量除外"这也应该是双方的意思自治了。而该短量并没有任何的限制语句。那应该理解为所有短量都应是不赔偿范围。如果任何当事人可以在没有任何理由的基础上,随意对文字做扩大理解,保险单上"短量除外"的约定有何意义?(3)对于被上诉人索赔数额,虽然被上诉人提供了商检机构的报告,但是根据提供发票中对木材单价有各种不同的价格,法院对此也没有进行核实,完全依照被上诉人数额判决。

被上诉人浙申公司无书面答辩,庭审时口头辩称:(1)中国人民保险公司1981年1月1日的一切险条款为双方权利义务的依据。本案发生的货损应该由保险人担责。(2)短量险不是除外险。因为,一是原木计量应以"根"或"立方"来计量,而非以重量(计量)。二是歧义条款应作不利于保险人的解释。三是保险人的免责条款应向被保险人尽明确告知义务。(3)保险人明知部分货物在舱面。由于投保一切险,保险人就应对舱面货物的损失承担赔偿责任。(4)原审计量货损是有依据的。

原审被告保险公司当庭称:如果说一切险包括了舱面险,那就不存在其他附加险了。短量问题,被上诉人二审说法与一审发生了变化,表明一审判决不合理。短量险的批注在保单正面而非背面。保险人是否明知部分货在舱面,请被保险人举证。购买附加险的责任和义务在于被保险人。

五、二审认定的事实

根据当事人的上诉,答辩和二审举证,除保险公司签发保险单时是否"明知"存在舱面货和索赔数额外,各方对原判认定的其他事实无异议,本院对无异议的原判认定事实予以确认。

本案为海上运输货物保险合同纠纷。虽然涉案原木来自俄罗斯,但保险合同各方当事人、货物目的港皆在中华人民共和国境内,且太仓港属武汉海事法院管辖区域，故原审有管辖权。原审以中华人民共和国法律作为解决本案纠纷的准据法，且各方当事人亦无异议，本院予以确认。

本院同时认为，浙申公司关于保险公司《申请法院调查申请书》是在举证期限后提出，应被驳回的理由不成立。首先，这不符事实。事实是，本案开庭于 2006 年 5 月 24 日。本院当庭指定上诉人在同月 31 日前向法院提供涉案的保险条款及其解释。2006 年 5 月 31 日上诉人书面申请本院延长举证期限 20 天。2006 年 6 月 19 日上诉人书面申请本院向中国人民银行和中国保监会进行调查。其次，从法律上看，保险公司申请调查的是法律问题，而不是事实问题。即使保险公司不申请法院调查，法院为适用法律也可向保监会等机关调查。

本案的争议焦点：（1）保险公司是否明知涉案部分货物为舱面货。（2）保险支公司在明知涉案部分货物载于舱面仍承保全部货物一切险的条件下，应否赔偿舱面货损失？

本院认为：

1. 保险支公司是否明知涉案部分货物为舱面货。涉案保单正面载明：开航日期 ASPESB/LMAR. 21，2005（根据提单 2005 年 3 月 21 日），保险金额 552 822.6 美元。涉案提单正面载明：OF WHICH 10 527 PCS 1763, 465 CBMS ON DECK AT CHARTERE'S RISK: THE CARRIER NOT BEING RESPONSIBLE FOR LOSS OR DAMAGE HOWERVE ARISING（在甲板上的 10 527 根/1763.465 立方米的白松无论发生怎样的丢失或损坏，承运人都不承担责任。）涉案货物发票金额 552 822.6 美元。正是基于上列 3 份证据，原审认定保险公司明知涉案部分货物为舱面货。本院认为，保险公司关于"保险人是否明知部分货在舱面，请被保险人举证"的抗辩亦不成立，因为，被保险人浙申公司已出示上列 3 份证据，证明保险支公司"明知"。保险支公司要想推翻浙申公司的主张，应出示反证。但本案中未见保险支公司出示这类证据。

2. 保险支公司应否赔偿舱面货损？

本院审判委员会讨论有分歧意见，第一种意见是驳回上诉，维持原判，理由：

第一，虽然保险支公司在二审中以央行和保监会的上列复函为依据，一再强调舱面险是特别附加险，浙申公司未购买舱面险，保险公司有权就舱面货的损失拒赔；但是，由于证据证明保险公司"明知"，并收取了涉案全部货物的一切险保费，且保险公司无反证推翻上列证据，故保险支公司亦不能拒赔。

第二，中国人民银行函的效力问题。这里的函是指，中国人民银行关于《海洋货物保险"一切险"条款解释的请示》的复函（银函［1997］210号）（以下简称"210号文"）1997年5月21日，主要内容：现对海洋运输货物保险一切险责任范围解释如下：海洋运输保险一切险（下称"一切险"）是中国人民银行在《关于下发外币保险业务类保险条款的通知》（银发［1994］328号）中批准执行的。一切险承保的范围是平安险、水渍险及被保险货物在运输途中由于外来原因所致的全部或部分损失。外来原因仅指偷窃、提货不着、淡水雨淋、短量、混杂、沾污、渗漏、碰损、破损、串味、受潮受热、钩损、包装破裂、锈损。首先，本案的事实是，保险单后附有中国人民保险公司1981年1月1日的保险条款，但没有附"210号文"。既然保险条款的解释未附于保险单上，即不是合同条款，故对投保人和被保险人就没有约束力。其次，从法律上讲，涉案保险条款及其解释均非法律或行政法规。故它对投保人或被保险人并无法律效力。再次，假设涉案保险条款及其解释确实对投保人或被保险人具有效力，则保险公司依法应向投保人或被保险人承担释明义务，即说明一切险不含舱面险；如不买舱面险，则保险公司不赔偿舱面货损。

第三，从合同的解释上看，一切险的文字表明是"全部的所有的风险"。除了保险业内人士外，一般人都不知道央行在1997年已解释"外来原因仅指11种风险"。以保险业内人士的认识水平来要求一般的投保人或被保险人，对投保人或被保险人有失公允。从投保人或被保险人的角度来看，既然保险公司收了一切险保费，就应对海运中的全部货物（含舱面货）发生的货损承担赔偿责任。

审判委员会第二种意见是，撤销原判，驳回浙申公司的诉讼请求。一、二审诉讼费由浙申公司承担。理由：

一切险保险条款是："除包括上列平安险和水渍险的各项责任外，本保险还负责被保险货物在运输途中由于外来原因所致的全部或部分损失。"舱面货物条款是："本保险对被保险货物存放舱面时，除按本保险单所载条款负责外，还包括被抛弃或风浪冲击落水在内。"本案的争议是，"外来原因"

的范围如何？一切险是否包括舱面险？

浙申公司认为，一切险包括舱面险，本案部分货物装载在舱面，受到损失，保险人应赔偿。

保险支公司认为，一切险不包括舱面险。舱面险不属于11种一般附加险之列，被保险人没有购买作为特别附加险的舱面险，故保险人对被保险人因舱面货物的损失可以拒绝赔偿。

少数同志认为："外来原因"的范围是平安险、水渍险和央行解释的11种附加险，而不含舱面险。理由：

第一，中国人民银行依法有权制定或批准保险条款。1995年6月30日第八届全国人大常委会通过的我国保险法第八条规定，"国务院金融监督管理部门依照本法规定对保险业实施监督管理。"但此法并没有明确规定"国务院金融监督管理部门"是指哪个部门。经查，国务院办公厅关于加强保险事业管理的通知第六条规定，"中国人民银行是我国保险事业的主管机关。"第四条规定："农村合作保险中的种植业、养殖业、农房和劳动力意外伤害四个险种，均属一般商业保险，应按国家有关规定，报经中国人民银行批准。"

据此，中国人民银行1998年8月10日《关于保险监管问题的复函》（银函[1998]364号）规定："根据中国人民银行法等有关法律规定，中国人民银行是国家金融监督管理部门，在国务院领导下，依法履行对保险业的监督职责，包括审批和管理保险机构的设立、变更和终止；制定、修改主要险种的保险条款和保险费率；监督、管理、检查和稽核保险业；取缔和查处擅自设立的保险机构及非法经营或变相经营保险业的行为。"

可见，中国人民银行在当时是保险业的主管部门，有权批准或制定、修改保险条款。因此，被上诉人浙申公司关于"保险条款不在职能部门有权制定的规章的范围之内"的主张与法律和行政规章的规定不符。

第二，行政规章的效力问题。我国立法法第七十一条规定："国务院各部、委员会、中国人民银行、审计署和具有行政管理职能的直属机构，可以根据法律和国务院的行政法规、决定、命令，在本部门的权限内，制定规章。部门规章规定的事项应当属于执行法律或者国务院的行政法规、决定、命令的事项。"该法第八十二条规定，"部门规章之间，部门规章与地方政府规章之间具有同等效力，在各自的权限范围内施行。"可见，部门规章具有施行效力。

因此，被上诉人浙申公司关于"中国保监会对保险条款的解释不能作为约束被保险人的依据"的主张不符立法法的规定。最高人民法院《关于执行〈中华人民共和国行政诉讼法〉若干问题的解释》（法释［2000］8号，2000年3月10日起施行）第六十二条第二款规定，人民法院审理行政案件，可以在裁判文书中引用合法有效的规章及其他规范性文件。最高人民法院的这一规定虽然是针对行政诉讼而言的，但在民事诉讼中也可适用合法有效的规章。例如，海事审判中经常适用交通部的"货运规则"。如果一概否认行政规章的效力，既不符合立法法的上列规定，也不符合目前海事审判的实践。又如，法院适用央行关于保险条款及其保险条款解释裁判案件，有其先例。详见最高法院［2000］交他字第12号"复函"（肖扬主编，《法库》第2238页）。

因此，被上诉人浙申公司关于"中国保监会对保险条款的解释不能作为约束被保险人的依据"的主张不符立法法和最高人民法院"复函"的规定。

第三，涉案条款的效力问题。涉案条款一方面是作为保险人的中国人民保险公司制定的格式条款，因此应受我国海商法和保险法、合同法等法律的调整。由于本案各方当事人均确认涉案条款就是中国人民保险公司1981年1月1日施行的一切险条款，故从民法角度看，此条款是本案各方当事人主张权利，承担义务的依据。另一方面，此条款因经当时的保险业主管机关中国人民银行的批准而成为部门规章，故亦应受我国行政法的调整。从行政法角度看，此条款至今仍合法有效，仍具有施行的效力。

第四，中国人民银行解释的效力。从法律上看，中国人民银行属国务院组成部分，是最高行政机关的一部分。中国人民银行在当时作为保险业的主管机关，制定、修改或批准保险条款是其法定职责。并且，对保险条款的解释，是其行使职责的一种方式。中国人民银行的解释，属行政解释，亦为一种有权解释。

涉案一切险条款在1981年1月1日仅为中国人民保险公司作为保险人一方制定的格式条款。但在1994年后，情况发生了变化。根据中国人民银行银法［1994］328号文件的规定，此条款得到批准执行，而上升为行政规章。正因为如此，才会有1997年5月21日的中国人民银行对此条款的"解释"。由于该"解释"至今未被撤销或修正，故作为行政规章的解释，也应当有效，具有施行的效力。

第五，行政解释对合同当事人的效力。由于涉案条款的双重品格（既是合同条款又是行政规章），故在对一切险条款的解释上，既要考虑合同解释规则，也要考虑行政解释规则。从行政解释角度看，一切险的外来原因仅指11种一般附加险。由于"210号文"和"70号文"均发布于本案合同签订之前，且双方又约定以涉案条款确定权利义务，故对合同当事人有约束力。

从合同解释角度看，应该澄清：（1）保险人的"明确说明"义务问题。被上诉人（被保险人）主张，保险人未尽"明确说明"义务，涉案条款的除外责任不发生效力，故保险公司应赔偿。保险法第十八条规定："保险合同中确定有关保险人责任免除条款，保险人在订立保险合同应当向被保险人明确说明，未明确说明的，该条款不发生效力。"在这里，法律规定保险人应该对"免责条款"向被保险人尽"明确说明"义务。但是，本案中，争议不是就"免责条款"展开的，而是就舱面险是否属于一切险责任范围展开的。法律并未规定保险人应该对"保险责任范围"向被保险人尽"明确说明"义务，所以，被上诉人的这一主张混淆了"免责条款"与"责任范围"的界限，故不成立。（2）对争议条款应作不利于保险人的解释问题。被保险人主张，本案中一方认为，一切险不包括舱面险，另一方认为一切险包括舱面险；既然双方有争议，就是争议条款，就应作不利于保险人的解释。少数同志认为，在1997年5月21日210号文发布之前，本案被上诉人的这一主张可能是有根据的，因为，当时的主管机关的解释肯定是有所指的。但是，自那以后，从行政规章的角度看，这一争议已经解决。一切险的责任范围已有明确界定。本案当事人虽然有异议，但从行政规章方面考虑，已经没有法律意义。因为，这种争执已经不是保险法第三十一条规定的"对于保险合同的条款"的"争议"，故亦不存在"应作不利于保险人的解释"的前提条件。从合同方面看，既然双方约定以涉案条款作为各方主张权利、承担义务的依据，那么，涉案条款含条款的行政解释是双方"意思自治"的结果，均应受此约束。这对双方都是公平的。尽管本案当事人有异议，但此仅为双方认识不一，不是法律意义上的争议。我国海商法第二百一十六条第一款规定："海上保险合同，是指保险人按照约定，对被保险人遭受保险事故造成保险标的的损失和产生的责任负责赔偿，而由被保险人支付保险费的合同。"由于舱面险与一切险是两个险种,浙申公司没有购买舱面险,主张保险人赔偿舱面货损没有法律依据。

少数同志认为,还需说明一个问题。最高人民法院公报2006年第5期第20页刊登了《丰海公司与海南人保海运货物保险合同纠纷案》(以下简称《丰海案》)。此案即二审证据11。少数同志认为,《丰海案》的结论不适用于本案。理由:

一是案情不同。《丰海案》中,"保险标的的损失是由于'哈卡'轮船东BBS公司与其租船人之间的租金纠纷,将船载货物运走销售和走私行为造成的。"(上述公报第24页)本案中,保险标的的损失是由于海上风浪将舱面货吹落入海造成的。

二是争议焦点不同。虽然《丰海案》和本案的争议都涉及保险的"责任范围",但其不同点为:《丰海案》中,"保险条款除外责任中并不包括因承运人的非法行为将整船货物盗卖或者走私造成的保险标的的损失,海南人保亦不能证明其在签订保险合同时向丰海公司说明因承运人的非法行为将整船货物盗卖或者走私造成的损失不属于保险责任范围。因此,海南人保应当按照合同约定承担赔偿责任"。(上述公报第25页)本案中,争议焦点是舱面货的损失是否属于一切险责任范围。

三是时间不同。《丰海案》的保险合同发生于1995年11月28日(上述公报第21页)。最高人民法院认为,"根据我国保险法的规定,保险人应当在订立保险合同时向投保人说明保险合同条款的内容。中国人民银行作为当时保险行业的主管机关,在涉案保险事故发生之后对保险合同条款作出的解释,不应适用于本案"。(上述公报第25页)本案保险合同发生于2005年3月21日,即发生于1997年5月21日中国人民银行的"解释"(二审证据4)之后。因此,该"解释"应适用于本案。

四是法律背景不同(在本案争议的范围内)。《丰海案》发生时,由于尚无"解释",投保人(被保险人)可依当时的保险条款主张权利。这是因为,保险法规定,对保险条款存在争议时应作有利于投保人的解释。但在1997年5月21日之后,中国人民银行的"解释"出台,将一切险的责任范围以行政解释的法律形式明确为"平安险、水渍险及被保险货物在运输途中由于外来原因所致的全部或部分损失。外来原因仅指偷窃、提货不着、淡水雨淋、短量、混杂、沾污、渗漏、碰损、破损、串味、受潮受热、钩损、包装破裂、锈损。"在这里,"解释"的用语是"外来原因仅指"……此后,就"一切险的责任范围"以及一切险与舱面险的相互关系而言,应该说,法律意义是明确的。因为,平安险,水渍险及外来原因(即11种附加险)中皆无舱面货的风险。保险合同条款及其"解释"未列明的风险不应列入一切险保险责任范围。

五是保险品种有无不同。本案发生前,舱面险已普遍存在于我国各个保险公司业务中。证据有本案证据4、5、7(详见本案审理报告,即"210号文""70号文"和保监会法规部对本案的复函)。舱面险作为一种特别附加险有不同于一切险的保费费率,即在一切险的基础上还需加收舱面险的保费。这是因为舱面货的风险大于舱内货。保险人提供多种保险品种,如一切险,平安险,舱面险等。买什么品种是被保险人或投保人的权利。本案中,被保险人只买了一切险就只能享受一切险的权利,而不能依一切险享受舱面险的权利。而在《丰海案》中,至少在当时的保险品种中并无承运人将整船货物盗卖或走私造成保险标的损失的险种。在本案背景下,如果被保险人不买舱面险而以一切险为据可享受舱面险的赔偿,一方面,有违公平原则,另一方面,则舱面险就形同虚设,今后,不会有人再去买舱面险了。显然,这不利于海上货物运输保险市场的规范管理和健康发展。

同时,从证据上看,原判认定的"意思自治"的内容不符本案事实。从保险支公司看,在涉案事故发生前,其没有承保舱面险,且至今一直否认其愿意承保舱面险。从浙申公司看,在涉案事故发生前,其仅投保一切险,没有投保舱面险。其仅向法庭出示了一切险的保单,保费收据和涉案提单等,并未出示保险支公司愿意承保舱面险的证据。浙申公司主张保险支公司在没有收取舱面险保费的情况下承保舱面险责任,应出具这方面的证据。少数同志至今未见这方面的证据。

另外,从逻辑上看,原判认为,"虽然舱面货的承保需要加保特别附加险的舱面货物险,但是被告保险支公司在明知有部分舱面货的情况下,依然同意对所有货物承保一切险,属当事人之间的意思自治,没有违反法律、行政法规的禁止性规定,依法有效。故被告保险支公司应当在一切险的保险责任范围内对所有货物承担保险责任。"在这里,原判一方面认为舱面险为特别附加险,即舱面险不属一切险,另一方面又以"明知"和保险支公司承保全部涉案货物一切险为前提,推论出"当事人之间的意思自治"。"意思自治"的内容是什么呢？原判没有明说。但是，从原判关于"保险支公司……承担保险责任"的结论分析，"意思自治"的内容是：一方面，浙申公司支付了全部涉案货物的一切险保险费；另一方面，保险支公司在"明知"有舱面货的条件下收取了全部涉案货物的一切险保险费，因此可以认为保险支公司已经同意承担全部涉案货物的一切险和舱面险。所以，现在舱面货出险了，保险人就应赔偿舱面货损。少数同志同意原判认定舱面险不属一切险的看法。但是，少数同志又认为，"明知"舱面货与愿意承担舱面险是两回事。相对于舱内货而言，舱面货风险更大，故保险公司推出了舱面险这一特别附加险。可见，"明知"舱面货与愿意承担舱面险不是一回事。因此，从逻辑上看，原判将"明知"舱面货等同于愿意承担舱面险，混淆了这二者的区别。并且基于这种逻辑，认定保险支公司愿意承担舱面险。把这作为双方当事人"意思自治"的内容予以确定。但法律没有规定，保险人"明知"舱面货时，即使在一切险条件下保险人亦应承担舱面险责任。换言之，"明知"舱面货并非保险人在一切险条件下承担舱面险责任的法定条件。本案合同中，亦无这类条款或约定。可见，保险支公司"明知"舱面货与在一切险条件下应承担舱面险责任之间没有关系。

最后，从法理上看。当保险事故发生后，被保险人得到了赔偿，这当然是得到了保障。对此，是容易理解的。但是，当保险事故没有发生，并不能否认保险货物没有得到保障。这是因为，首先，保险事故的发生是偶然的。其次，保险的理念是，将这种偶然的事故通过保险合同这种方式，由参加保险的众多社会成员来共同承担本来只由个别社会成员承担的风险。第三，在本案中，假如涉案舱内货发生了失火等一切险的保险事故，保险人当然应该赔偿。正因为舱内货平安抵达目的港，保险人才不赔偿。但不能说保险支公司没有承担舱内货的一切险风险。同理，假如舱面货发生了失火等一切险的保险事故而受损，保险支公司依法亦应赔偿，因为，涉案全部货物都在一切险的保障之下。

综上，原判以保险人"明知"舱面货为由，认定在一切险条件下，保险支公司仍应承担浙申公司舱面货损的判断既无事实根据，亦无法律根据。

我院审判委员会倾向第一种意见。

以上哪种意见正确，请指示。

十一、最高人民法院关于原告太平洋财产保险股份有限公司上海分公司诉被告太阳海运有限公司、远洋货船有限公司、联合王国保赔协会海上货物运输合同纠纷管辖权异议案请示的复函

时效性：现行有效
发文机关：最高人民法院
文号：[2008] 民四他字第 50 号
发文日期：2009 年 2 月 24 日
施行日期：2009 年 2 月 24 日
效力级别：司法文件

湖北省高级人民法院：

你院鄂高法 [2008] 393 号《关于原告太平洋财产保险股份有限公司上海分公司诉被告太阳海运有限公司、远洋货船有限公司、联合王国保赔协会海上货物运输合同纠纷管辖权异议案的请示》收悉。经研究，答复如下：

本案提单为租船合同项下的格式提单，提单正面虽然载明租船合同仲裁条款并入本提单，但并没有明确记载被并入提单的租船合同当事人名称及订立日期，属于被并入的租船合同不明确，被告主张租船合同中的仲裁条款并入提单没有事实依据，提单正面并入租船合同仲裁条款的记载不产生约束提单持有人及其保险人的合同效力，本案原告有权以保险代位求偿人身份提起诉讼。本案货物运输目的港为南通港，根据最高人民法院颁布的海事法院受理案件范围和管辖区域的有关规定，武汉海事法院对本案具有诉讼管辖权。同意你院审查处理意见，驳回被告管辖权异议，本案由武汉海事法院管辖。

此复

附：

湖北省高级人民法院关于原告太平洋财产保险股份有限公司上海分公司诉被告太阳海运有限公司、远洋货船有限公司、联合王国保赔协会海上货物运输合同纠纷管辖权异议案的请示

（2008年9月10日　鄂高法［2008］393号）

最高人民法院：

原告太平洋财产保险股份有限公司上海分公司因与被告太阳海运有限公司、远洋货船有限公司、联合王国保赔协会海上货物运输合同纠纷一案，于2007年7月12日向武汉海事法院提起诉讼。在答辩期间，被告太阳海运有限公司对本案管辖权提出异议，认为本案的原告太平洋财产保险股份有限公司上海分公司据以起诉的提单已有效并入租船合同中的仲裁条款，原告无权在原审法院提起诉讼。武汉海事法院经审查认为被告太阳海运有限公司的异议不能成立，该院依法享有管辖权，于2008年7月1日报请我院决定。本院审判委员会经研究认为，本案中租船合同所涉仲裁条款未有效并入提单，该仲裁条款对原告没有约束力。为此，根据《最高人民法院关于人民法院处理与涉外仲裁及外国仲裁事项有关问题的通知》第一条的规定，现将本案有关情况报告如下：

一、案件当事人的基本情况

原告：中国太平洋财产保险股份有限公司上海分公司（以下简称太平洋保险上海公司）。住所地：中国上海市吴淞路400号。

代表人：戴国文，该公司经理。

被告：太阳海运有限公司（SUNGLIDE MARITIME LTD）。住所地：塞浦路斯·邮政信箱20110，斯派卢基普里亚努大道82号2楼第3办公室（82, SPYROU KYPRIANOUAVENUE, 2NDFLOOR, OFFICE3, P. O. BOX20110, CYPRUS）。

法定代表人：尼科斯·迈克里迪斯（NICOS MICHAELIDES）。

被告：远洋货船有限公司（OCEAN FREIGHERs LTD）。住所地：希腊比雷埃夫斯18537，4-6艾芙普罗伊阿斯街（3RD FLOOR，4-6）。

被告：联合王国保赔协会［THE UNITED KINGDOM MUTUALSTEAM

SHIP ASSURANCE ASSOCIATiON（BERMUDA）LIMITED]。住所地：百慕大群岛汉密尔顿王后街18号HM 665邮箱（PO BOXHM665, 18QUEEN STREET, HAMILTION HMCX, BERMUDA）。

二、被上诉人提起诉讼的基本事实、原审法院认定的依据和处理结果以及被告提出管辖权异议的理由及依据

原审案卷诉讼材料反映，2007年7月25日，原告太平洋保险上海公司向本院起诉称：原告承保的60 500吨散装油菜籽装载于被告太阳海运有限公司所有、被告远洋货船有限公司经营的"庞特利盟"轮（PONTOVREMON）上，从加拿大温哥华港（VANCOUVER）运至中国张家港。2006年7月19日，科利西部航运公司（COLLEY wEST SHIPPING LTD，以下简称科利公司）作为"庞特利盟"轮船长的代理人签发了VCR/ZJG-1号清洁已装船正本指示提单。提单载明发货人为艾格瑞柯勒公司（AGRICORE UNITED），收货人凭指示，通知方为东海粮油工业（张家港）有限公司[EAST OCEAN OILS AND GRAINSINDUSTRIES（ZHANG丁IAGANG）CO. LTD，以下简称东海粮油公司]，运费预付。"庞特利盟"轮抵达张家港后，经检验发现货物短少471.220吨。被告联合王国保赔协会（以下简称保赔协会）为被告太阳公司需要承担的赔偿责任提供担保。原告依据保险合同向收货人东海粮油公司赔付保险金，依法取得保险代位求偿权后，向三被告追偿，但遭拒绝。为此，原告诉至本院，请求判令三被告赔偿原告经济损失人民币（以下币种如无注明，均为人民币）844 530.04元及利息，并承担本案的全部诉讼费用。

在答辩期内，被告太阳海运有限公司对本案管辖权提出异议认为，原告太平洋保险上海公司据以起诉的提单是依据租船合同签发的提单，鉴于租船合同约定的仲裁条款已有效并入提单，原告太阳海运有限公司应当根据仲裁条款提起仲裁程序解决货损纠纷，无权在武汉海事法院对其提起诉讼。其异议理由如下：

1. 被告太阳海运有限公司提交的VCR/2JG-1号提单证明正面明确记载："即便与本提单所含内容不符，租船合同中包括仲裁条款在内的所有条款、条件及除外条款均并入本提单，如同全部所述条款全部写在提单上（All terms,（including arbitration clause）conditions as incorporated hereinas if fully written, anything to the contrary contained in this bill of la "ngnotwith-

standing)。"《中华人民共和国海商法》第95条规定,提单中载明适用航次租船合同条款的,提单持有人与承运人的关系适用该航次租船合同的条款。

2. 2006年6月22日,托运人艾格瑞克勒公司与案外人中外运百幕大公司 [SINOTRANS (BERMUDA) LTD.] 以巴尔的摩C式租船合同格式签订了租船合同。该合同仲裁条款明确约定:"除非双方当事人就指定独任仲裁员达成合意,任何因本合同引起的纠纷应当由双方各自指定的两名在伦敦从事航运和或谷物交易的波罗的海国际海事组织成员担任仲裁员,再由这两名仲裁员依据授权指定第三名仲裁员进行终局仲裁。任何请求均应当以书面形式提起,且请求提起人应在卸货后九个月内选定仲裁员。与本规定不符的请求应被视为放弃权利和超过时效。除非在仲裁裁决作出前对仲裁员的行为提出异议,任何仲裁裁决均不得以仲裁员的资格与上述规定不符为由而被质疑或被认为无效(All disputes from time to time arising out of this contract Shall, unless the parties agree forthWith on a Single arbitrator, bereferred to the final arbitrament of two arbitrators carrying on business in London who Shall be members of the Baltic and engaged in the Shipping and/Of GrainTrades, one to be appointed by each of the parties, With power to Such Arbitrators to appoint an Umpire. Any Claim must be made in writing and Claimant's arbitrator appointed within nine months of final discharge and where this provision is not complied with the claim shall be deemed to be waived and absolutely barred. No award shall be questioned or invalidated on the grounds that any of the Arbitrators is not qualified as above, unless objection to his acting be taken before the award is made)。"

3.《中华人民共和国民事诉讼法》第257条规定:"涉外经济贸易、运输和海事中发生的纠纷,当事人在合同中订有仲裁条款或者事后达成书面仲裁协议,提交中华人民共和国涉外仲裁机构或者其他仲裁机构仲裁的,当事人不得向人民法院起诉。"1995年10月12日,《最高人民法院关于福建省生产资料总公司与金鸽航运有限公司国际海运纠纷一案中提单仲裁条款效力问题的复函》规定:"涉外案件,当事人事先在合同中约定或者争议发生后约定由国外的临时仲裁机构或者非常设仲裁机构仲裁的,原则上应当承认该仲裁条款的效力,法院不再受理当事人的起诉。"本案已经约定在伦敦仲裁,且该条款已明确并入涉案提单，原告不得针对涉案纠纷向法院起诉而应当通过仲裁程序解决纠纷。

原告太平洋保险上海公司辩称

1. 涉案提单并未明确所并入的租船合同，故被告所称之租船合同包括其仲裁条款均不能并入提单。其理由如下：（1）"庞特利盟"轮涉案航次存在两个或两个以上的租船合同，而涉案提单并未明确所并入租船合同的具体内容。被告太阳公司提交的租船合同系托运人艾格瑞柯勒公司与案外人中外运百幕大公司签订，而"庞特利盟"轮系被告太阳公司所有，并由被告远洋公司经营。涉案当事人均不是该份租船合同的当事人。因此，"庞特利盟"轮在涉案航次中还存在其他租船合同。最高人民法院已经明确规定租船合同仲裁条款并入提单的标准是提单不仅要明示租船合同仲裁条款并入的事实，还必须载明租船合同当事人名称及订立的日期。涉案航次存在多个租船合同，涉案提单既未明示租船合同仲裁条款并入的事实，也未载明并入的租船合同当事人名称和订立日期，因此，被告所陈之租船合同包括其仲裁条款均不能并入提单。（2）被告太阳海运有限公司提交的租船合同既没有仲裁条款的约定，也与本案无关，故不能并入提单。被告太阳海运有限公司提交的租船合同载明承运船舶为"TBN"轮，而非"庞特利盟"轮，与本案无关。同时，该份租船合同（英文复印件）中也没有仲裁条款的规定，因此，不存在提单并入仲裁条款的问题。

2. 即便被告太阳海运有限公司提交的租船合同存在仲裁条款，该仲裁条款也属无效条款。其理由：

（1）《中华人民共和国仲裁法》第16条第1款规定："仲裁协议应当具有如下内容：请求仲裁的意思表示；仲裁事项；选定的仲裁委员会。"第18条规定："仲裁协议对仲裁事项或者仲裁委员会没有约定或者约定不明确的，当事人可以补充协议；达不成补充协议的，仲裁协议无效。"根据上述规定，即便被告太阳海运有限公司提交的租船合同（英文复印件）中存在仲裁条款，但其提交的中文翻译件中也没有约定具体的仲裁委员会，而伦敦存在多个仲裁机构，故该份租船合同（中文翻译件）仲裁条款因缺乏选定的仲裁机构而无效。

（2）即便该租船合同已并入涉案提单，根据《中华人民共和国海商法》第95条的规定，也只能认为是该租船合同中有关双方实体权利义务条款的并入，而仲裁条款本身无法并入涉案提单。

（3）本案管辖权应当根据中华人民共和国法律来确定，涉案提单的并入仲裁条款在形式上不符合《中华人民共和国民事诉讼法》、《中华人民共和国仲裁法》和1958年《承认及执行外国仲裁裁决公约》的要求，属无效条款。我国《民事诉讼法》第16条第1款和《仲裁法》第257条均规定仲裁协议应作成书面形式。提单受让人并未参与提单的制定和签署，提单不是其与承运人之间的合同书，不符合我国法律对仲裁条款形式上的要求，故属无效条款。

（4）被告太阳海运有限公司提交的租船合同仲裁条款不符合我国法律对仲裁条款的实质性要求。我国《仲裁法》第16条第2款规定仲裁协议应当具有申请仲裁的意思表示。提单系承运人单方制作和签发的格式文件，因此，提单仲裁条款或者并入的租船合同仲裁条款在托运人或提单受让人与承运人之间并不构成合意，无从体现该条规定的要求。因此，从实质性条件来看，涉案仲裁条款属无效条款。

3. 涉案事故发生后，被告太阳海运有限公司、被告保赔协会已与原告就管辖权问题达成协议，约定由武汉海事法院管辖，已经排除了仲裁管辖权。2006年8月18日，原告与被告太阳海运有限公司、被告保赔协会达成协议称："保赔协会代表太阳公司，保证承担依据原告及其被保险人和被告太阳海运有限公司达成和解协议或依据武汉海事法院或其上诉法院的生效判决或民事调解书所确定的应由被告太阳公司承担的对短量事故的赔偿责任，但本担保函下保赔协会承担的最高赔偿责任，包括任何利息和费用，将不超过14万美元。"据此，被告太阳海运有限公司不得向武汉海事法院提出管辖权异议。

三、原审法院审判委员会讨论意见及理由

1. 最高人民法院对相关案件的复函已经明确租船合同并入提单的判断标准是"提单不仅要明示租船合同仲裁条款并入的事实，还必须载明租船合同当事人名称及订立日期"。本案中，被告太阳海运有限公司仅向本院提交了托运人艾格瑞柯勒公司和案外人中外运百幕大公司签订的租船合同，涉案提单虽有"租船合同包括仲裁条款并入本提单"的记载，但并未指明所要并入的租船合同当事人名称和订立日期。因此，提单所要并入的租船合同指向不明，被告太阳海运有限公司所称之租船合同并未有效并入提单，其上所载之仲裁条款也未并入提单。

2. 被告太阳海运有限公司提交的证据材料不符合证据规则的要求，不能认定为有效证据。被告太阳海运有限公司向本院提交托运人艾格瑞柯勒公司与案外人中外运百幕大公司签订的租船合同复印件来试图证明其已有效并入涉案提单，但该租船合同不符合我国法律规定。该份租船合同（英文复印件）签订于加拿大蒙特利尔。最高人民法院《关于民事诉讼证据的若干规定》第11条规定："当事人向人民法院提供的证据系在中华人民共和国领域外形成的，该证据应当经所在国公证机关予以证明，并经中华人民共和国驻该国使馆予以认证，或者履行中华人民共和国与该所在国订立的有关条约中规定的证明手续。"被告太阳海运有限公司提交的租船合同的真实性和合法性，在形式上必须经过合同签订地所在国加拿大公证机构予以证明，并经我国驻加拿大大使馆认证，但被告太阳海运有限公司并未履行此公证认证手续，不能作为证据适用。

3. 被告太阳海运有限公司所主张的租船合同仲裁条款对提单持有人不具有约束力。被告所主张的租船合同系托运人艾格瑞柯勒公司与案外人中外运百慕大公司签订，仅在上述租船合同当事人之间具有约束力。换言之，该租船合同仲裁条款对原告没有约束力。

4. 本案所涉海上货物运输目的港为中国张家港，属本院管辖范围，根据《中华人民共和国民事诉讼法》第二百四十一条之规定，本院对本案依法享有管辖权。

综上，原告太平洋保险上海公司及其被保险人东海粮油公司并非该租船合同的缔约人，该租船合同对其没有约束力。原告太平洋保险上海公司向本院起诉，符合海事法院专门管辖范围，本院依法享有管辖权。

四、我院研究意见及依据

我院审判委员会经讨论认为，本案所涉提单并入的租船合同仲裁条款对提单持有人不具有约束力，且原告太平洋保险上海公司也未明示接受涉案租船合同海上货物运输合同有关仲裁条款。因此，被告太阳海运有限公司提出的管辖权异议不能成立，原审法院依法应当裁定予以驳回。其认定依据如下：

1. 本案所涉提单所要并入的租船合同指向不明确

在本案中，被告太阳海运有限公司仅向本院提交了托运人艾格瑞柯勒公司和案外人中外运百幕大公司签订的租船合同，涉案提单虽有"租船合同包括仲裁条款并入本提单"的记载，但并未指明所要并入的租船合同当事人名称和订立日期。根据最高人民法院对相关案件的复函已经明确租船合同并入提单的判断标准是"提单不仅要明示租船合同仲裁条款并入的事实，还必须载明租船合同当事人名称及订立日期。"因此，被告太阳海运有限公司所称之租船合同并未有效并入提单，其上所载之仲裁条款也未并入提单。

2. 被告太阳海运有限公司提交的证据材料不能认定为有效证据

在本案中，被告太阳海运有限公司向原审法院提交了托运人艾格瑞柯勒公司与案外人中外运百幕大公司签订的租船合同复印件，试图证明其已有效并入涉案提单。被告太阳海运有限公司提交的租船合同，虽然在加拿大蒙特利尔签订并经过合同签订地所在国加拿大公证机构予以证明，但被告太阳海运有限公司并未履行此公证认证手续，根据最高人民法院《关于民事诉讼证据的若干规定》第11条关于"当事人向人民法院提供的证据系在中华人民共和国领域外形成的，该证据应当经所在国公证机关予以证明，并经中华人民共和国驻该国使馆予以认证，或者履行中华人民共和国与该所在国订立的有关条约中规定的证明手续"的规定，该租船合同不符合我国有关法律和证据规则规定，不能认定为有效证据。

3. 本案原提单持有人未明示接受租船合同中仲裁条款

原提单持有人东海粮油工业（张家港）有限公司不是租船人，承运人为了实现将租船合同中仲裁条款约束提单持有人，应当在提单正面以非常明确的文字提示提单持有人注意，但被告所主张的租船合同系托运人艾格瑞柯勒公司与案外人中外运百慕大公司签订，有关仲裁条款仅在上述租船合同当事人之间具有约束力，且提单持有人未明示接受租船合同中仲裁条款，故该条款对原告没有约束力。

4. 原审法院对本案依法享有管辖权

本案为海上货物合同保险代为求偿纠纷，根据《最高人民法院关于海事法院受理案件范围的若干规定》第二十八条的规定，属于海事法院的受案范围；本案涉及货物抵达港为长江流域的南通港，根据《最高人民法院关于调整大连、武汉、北海海事法院管辖区域和案件范围的通知》第二条关于"武汉海事法院的管辖区域范围：自四川省宜宾市合江门至江苏省浏河口之间与海相通的可航水域、港口发生的海事、海商案件"的规定，本案到岸港——张家港属于原审法院的管辖区域，原审法院受理本案并无不当。

鉴于本案涉及对涉外仲裁条款效力的确认问题，依照《最高人民法院关于人民法院处理与涉外仲裁及外国仲裁事项有关问题的通知》第一条的规定，现将本案报请你院审查决定。

以上意见当否，请复。

十二、最高人民法院《关于中国太平洋财产保险股份有限公司北京分公司诉北京中远物流有限公司、天津振华国际船舶代理有限公司、尼罗河航运私有有限公司海上货物运输合同保险代位求偿纠纷所涉仲裁条款效力问题的请示》的复函

时效性：现行有效
发文机关：最高人民法院
文号：[2009] 民四他字第 11 号
发文日期：2009 年 3 月 31 日
施行日期：2009 年 3 月 31 日
效力级别：司法文件

天津市高级人民法院：

你院 [2009] 津高民四他字第 4 号《关于中国太平洋财产保险股份有限公司北京分公司诉北京中远物流有限公司、天津振华国际船舶代理有限公司、尼罗河航运私有有限公司海上货物运输合同保险代位求偿纠纷所涉仲裁条款效力问题的请示》收悉。经研究认为：涉案运输合同仲裁条款是运输合同当事人为仲裁解决纠纷而订立的有效仲裁条款。作为保险人的中国太平洋财产保险股份有限公司北京分公司，依据保险合同向被保险人赔付货物损失后，依法取得向承运人以及其他责任人请求赔偿货物损失的代位求偿权利。由于保险人并非协商订立运输合同仲裁条款的当事人，仲裁条款并非保险人的意思表示，除非保险人明确表示接受，否则该仲裁条款对保险人不具有约束力。天津海事法院作为涉案货物装货港所在地法院，对本案具有管辖权。同意你院审查意见。

此复。

最高人民法院
2009 年 3 月 31 日

天津市高级人民法院《关于中国太平洋财产保险股份有限公司北京分公司诉北京中远物流有限公司、天津振华国际船舶代理有限公司、尼罗河航运私有有限公司海上货物运输合同保险代位求偿纠纷所涉仲裁条款效力问题的请示》

（[2009]津高民四他字第4号）

最高人民法院：

原告中国太平洋财产保险股份有限公司北京分公司（以下简称太平洋保险北京分公司）因与被告北京中远物流有限公司（以下简称中远物流公司）、被告天津振华国际船舶代理有限公司（以下简称振华公司）、被告尼罗河航运私有有限公司（以下简称尼罗河航运公司）海上货物运输合同保险代位求偿纠纷一案，于2008年10月23日向天津海事法院提起诉讼。在答辩期间，被告中远物流公司对本案管辖权提出异议，认为本案所涉运输合同中有明确的仲裁条款，太平洋保险北京分公司在向运输方行使代位求偿权时，应在北京向中国海事仲裁委员会提起仲裁，故天津海事法院对本案不具有管辖权。天津海事法院经审查认为，本案海上货物运输合同代位求偿纠纷属于海事法院专门管辖案件范围，太平洋保险北京分公司作为涉案货物的保险人可以依法向法院起诉行使代位求偿权。仲裁协议应由双方自愿合意确定，而太平洋保险北京分公司尚未与中远物流公司就双方纠纷解决方式达成仲裁协议。另根据《第二次全国涉外商事海事审判工作会议纪要》第127条"保险人向被保险人实际赔付保险赔偿取得代位请求赔偿权利后，被保险人与第三者之间就解决纠纷达成的管辖协议以及仲裁协议时保险人不具有约束力"之规定，中远物流公司与被保险人清华同方威视技术股份有限公司之间运输合同中的仲裁条款，不能约束涉案货物的保险人太平洋保险北京分公司。

我院经审查认为，太平洋保险北京分公司作为涉案货物的保险人，基于保险合同赔付被保险人清华同方威视技术股份有限公司货物损失后，依据《中华人民共和国保险法》第45条第1款"因第三者对保险标的的损害而造成保险事故的，保险人自向被保险人赔偿保险金之日起，在赔偿金额范围内代位行使被保险人对第三者请求赔偿的权利"之规定，取得向相关责任方请求赔偿货物损失的代位求偿权。现太平洋保险北京分公司以涉案货物系在作为承运人的中远物流公司、振华公司及尼罗河航运公司掌管期间受损为由，要求其承担连带赔偿责任。虽然中远物流公司与清华同方威视技术股份有限公司在涉案《运输合同》中约定"凡因本合同所引起的或与本合同有关的任何争议，双方首先应通过互谅互让、友好协商的方式解决，协商不成，任何一方均可提交中国海事仲裁委员会，按照申请仲裁时该会现行有效的仲裁规则进行仲裁，仲裁地点在北京，裁决是最终的，对任何一方均具有约束力"，但该仲裁条款系《运输合同》的当事方就争议解决方式所形成的合意，并非保险人太平洋保险北京分公司的意思表示，且太平洋保险北京分公司亦未明确表示接受该仲裁条款，因此本案《运输合同》中的仲裁条款对太平洋保险北京分公司不具有约束力。天津海事法院作为涉案货物装货港所在地法院，对本案具有管辖权。

根据最高人民法院《关于人民法院处理与涉外仲裁及外国仲裁事项有关问题的通知》的规定，报请法院审查，请批复。

天津市高级人民法院
2009 年 2 月 19 日

十三、最高人民法院《关于济宁九龙国际贸易有限公司与永安财产保险股份有限公司济宁中心支公司海上保险合同纠纷一案的请示》的复函

时效性：现行有效

发文机关：最高人民法院

文号：[2012]民四他字第 44 号

发文日期：2012 年 11 月 9 日

施行日期：2012 年 11 月 9 日

效力级别：司法文件

山东省高级人民法院：

你院[2012]鲁民四终字第 7 号《关于济宁九龙国际贸易有限公司与永安财产保险股份有限公司济宁中心支公司海上保险合同纠纷一案的请示》收悉。

经研究，同意你院审判委员会认为济宁九龙国际贸易有限公司（以下简称九龙公司）具有保险利益的少数意见。理由如下：依照《中华人民共和国保险法》（2002年）第十二条第三款的规定，保险利益是指投保人对保险标的具有的法律上承认的利益。只要投保人对保险标的具有法律上的经济利害关系，即可认定其具有保险利益。虽然九龙公司与国外买方口头约定货物出口的价款条件为FOB，但涉案货物买卖双方并没有严格按照FOB价格条件履行，主要表现为：货物运输险实际由卖方九龙公司投保；货物在运输途中发生损失后，九龙公司接受国外买方从货款中扣除货物损失，即实际承担了货物运输途中的损失。涉案货物买卖双方的实际履行表明其已经变更了FOB价格条件下由买方投保运输险和货物在装运港越过船舷后风险转移给买方的做法。九龙公司实际承担了货物运输途中的风险与损失，与货物具有法律上经济利害关系，因此应当认定其对货物具有保险利益。

至于保险人永安财产保险股份有限公司济宁中心支公司最终是否应当承担保险赔付责任，请你院在查明事实后依法认定。

此复。

最高人民法院
2012年11月9日

山东省高级人民法院《关于济宁九龙国际贸易有限公司与
永安财产保险股份有限公司济宁中心支公司海上保险合同纠纷一案的请示》
（［2012］鲁民四终字第7号）

最高人民法院：

上诉人济宁九龙国际贸易有限公司（以下简称九龙公司）与被上诉人永安财产保险股份有限公司济宁中心支公司（以下简称济宁永安保险）海上保险合同纠纷一案，因九龙公司不服一审判决向我院提起上诉，我院依法组成合议庭对本案进行了审理。案经合议庭合议并报我院审判委员会研究，对于本案处理结果在适用法律上存在争议，现将有关情况汇报如下：

2007年，九龙公司作为卖方与约旦国某买方达成口头协议，由九龙公司向约旦国买方提供栗子，价格条款为FOB，九龙公司在货物装船前自济宁永安保险处购买了三份海上运输保险，险种为一切险。九龙公司为被保人，2007年12月至2008年1月，货物分为三个航次由集装箱装载运抵约旦港，约旦买方已收取货物，但买方收货后，发现货损货差，随即按九龙公司指示报案，经济宁永安保险在约旦港指定检验人检验，货物在运输过程中发生货损货差，买方在货物检验前后，自行处理了大部分货物，并且扣付了九龙公司部分货款。九龙公司在向济宁永安保险要求保险赔偿遭拒后提起本案诉讼。

合议庭在案件合议过程中对于保险人的拒付理由是否符合法律规定存在认识上的差异，主要争议在于货物已经运输到达目的港，收货人提取了货物，对于海上运输过程中造成的货损货差，卖方是否对出险货物享有保险利益，保险人应否承担给付保险金的责任。

第一种意见认为，FOB价格条款下，被保险人九龙公司作为卖方和托运人，在货物越过船舷后，其运输风险转移给收货人，特别是收货人已经收取了货物，对于运输过程中发生的保险事故，九龙公司没有保险利益，济宁永安保险可以对保险事故造成的损失不予赔偿。

第二种意见认为，运输风险不等同于保险利益，即便FOB价格条款下，货物越过船舷后运输风险转移给收货人，但是由于保险事故造成的损失仍由被保险人（卖方）九龙公司承担，因此九龙公司享有该货物的保险利益，济宁永安保险应对货物遭受的损失承担给付保险金的赔偿责任。

本案经我院审委会研究，仍然形成两种意见，倾向性意见为同意合议庭多数人意见，即，被保险人九龙公司不享有保险利益，保险人济宁永安保险可以对保险事故造成的损失不予赔偿。因本案审理涉及法律适用问题，现就上述问题请示贵院，请予以指示。

山东省高级人民法院
2012年8月19日

十四、最高人民法院关于汽船互保协会（百慕大）与中国人民财产保险股份有限公司厦门分公司海上保险合同纠纷一案时效法律适用问题的请示的复函

时效性：现行有效

发文机关：最高人民法院

文号：[2012]民四他字第17号

发文日期：2012 年 8 月 1 日
施行日期：2012 年 8 月 1 日
效力级别：司法文件

天津市高级人民法院：

你院［2012］津高民四他字第 0001 号《关于汽船互保协会（百慕大）与中国人民财产保险股份有限公司厦门分公司海上保险合同纠纷一案时效法律适用问题的请示》收悉。经研究，答复如下：

1. 本案系汽船互保协会（百慕大）依据船舶保险合同向保险人中国人民财产保险股份有限公司厦门分公司主张共同海损分摊费用赔偿请求，属于海上保险合同纠纷，应当适用《中华人民共和国海商法》第二百六十四条的规定本案的诉讼时效。

2.《中华人民共和国海商法》第二百六十四条规定，根据海上保险合同向保险人要求保险赔偿的请求权，时效期间为二年，自保险事故发生之日起计算。第二百六十六条规定，在时效期间的最后六个月内，因不可抗力或者其他障碍不能行使请求权的，时效中止。自中止时效的原因消除之日起，时效期间继续计算。《最高人民法院关于审理民事案件适用诉讼时效制度若干问题的规定》第二十条第（四）项规定，其他导致权利人不能主张权利的客观情形，应当认定为民法通则第一百三十九条规定的"其他障碍"，诉讼时效中止。该司法解释也同样适用于《海商法》第二百六十四条关于"其他障碍"的规定。本案涉及海上保险合同共同海损分摊，被保险人在事故发生后，已经向中国国际贸易委员会海损理算处申请进行共同海损理算。但是在诉讼时效期间的最后六个月内，因理算报告尚未作出，被保险人无法向保险人主张权利，属于被保险人主观意志不能控制的客观情形，可以认定构成诉讼时效中止。中止时效的原因消除之日，即理算报告作出之日起，时效期间继续计算。因此，本案诉讼时效期间应当自理算报告作出之日起六个月届满。请你院依照相关法律规定准确确定本案诉讼时效期间。

此复。

十五、最高人民法院关于申请人彭某与被申请人中国人民财产保险股份有限公司杭州市分公司申请确认仲裁协议效力纠纷一案请示的答复

时效性：现行有效

发文机关：最高人民法院

文号：[2016]最高法民他40号

发文日期：2016年5月13日

施行日期：2016年5月13日

效力级别：司法文件

浙江省高级人民法院：

你院［2015］浙商外确字第2号《关于申请人彭某与被申请人中国人民财产保险股份有限公司杭州市分公司申请确认仲裁协议效力纠纷一案的请示》收悉。经研究，答复如下：

本案系涉台仲裁协议效力审查案件，根据《最高人民法院关于审理涉台民商事案件法律适用问题的规定》第一条的规定，应当参照适用《中华人民共和国涉外民事关系法律适用法》第十八条的规定确定仲裁协议准据法。由于当事人未约定仲裁协议适用的法律，故应适用协议约定的仲裁机构杭州仲裁委员会所在地法律即中华人民共和国法律，判断仲裁条款的效力。

根据你院报送材料，虽然投保单上彭某的签名非本人所签，保险单亦是由中国人民财产保险股份有限公司杭州市分公司（以下简称人保杭州公司）单方签发，但彭某收到保险单后，在知晓保险单所记载的仲裁条款的情形下，依据该仲裁条款向杭州仲裁委员会提起仲裁，该行为表明彭某同意受仲裁条款约束，其与人保杭州公司之间已经通过仲裁程序中的特定行为达成仲裁协议。且双方之间的仲裁协议符合《中华人民共和国仲裁法》第十六条的规定，是合法有效的。彭某在仲裁庭开庭后撤回仲裁申请，其与人保杭州公司之间已经达成的仲裁协议并不因此而失效。

综上，同意你院的处理意见，人民法院应裁定驳回彭某关于确认仲裁协议无效的请求。

此复。

第二节　北京地区裁判倾向

一、北京市高级人民法院关于审理保险纠纷案件若干问题的指导意见（试行）

发文机关：北京市高级人民法院
文　　号：京高法发〔2005〕67号
发文日期：2005年3月25日
施行日期：2005年3月25日
效力级别：地方司法文件

为正确审理保险纠纷案件，根据《中华人民共和国保险法》及相关的法律、司法解释，结合我市法院民商事审判实践，制定本指导意见。

一、保险合同的成立及责任认定问题

1. 人身保险中的投保人按照保险人的要求，预交了保险费，但由于保险人或其代理人自身的原因，未及时对投保单作出处理，如果发生了应予赔偿或给付保险金的保险事故，作如下处理：

（1）被保险人符合承保条件，应认定保险合同成立。保险人应当承担保险责任。承保条件根据保险业的通常标准进行裁判。

（2）被保险人不符合承保条件，应认定保险合同不成立。保险人对未及时处理投保业务有过错的，承担缔约过失责任。

2. 人身保险合同不因保险人预收保险费而当然成立。保险人预收保险费后在合理期限内拒绝承保的，应当及时退还投保人预交的保险费，保险人对因其超过合理期限退还保险费而产生的利息损失亦应赔偿。

二、保险人的说明义务问题

3. 保险人与同一投保人再次或多次签订同类的保险合同时，保险人的说明义务可以适当减轻；但保险人仍然应当履行保险法规定的明确说明义务。

4. 保险人未履行对一般保险条款的说明义务时，应当赔偿投保人或被保险人因此产生的实际损失。

5. 保险人对保险条款的说明义务，不因保险合同条款是对保险法规定内容的合同化而免除。

6. "责任免除条款"中包含有通常人不易理解的专门术语时，保险人对其概念、内容及其法律后果等所作的解释与说明，应当达到通常人所能理解的程度。

三、投保人的如实告知义务问题

7. 保险人的代理人代投保人填写需投保人如实告知的事项并代投保人签名的，可以因此免除投保人相应的如实告知义务。

8. 投保人向保险人主动告知某事项并记载于投保书上的，视为保险人就有关情况提出询问，投保人负有如实告知义务。

9. 人身保险合同中投保人的如实告知义务，不因保险人指定的机构对其进行体检而免除。

10. 保险人在缔约或保险事故发生之前已经知道或应当知道投保人有违反如实告知义务的情形，但仍承保的，对其在保险事故发生后拒绝承担保险责任或者要求解除保险合同的主张，不应予以支持。

11. 投保人申报的被保险人的年龄不真实，并且其真实年龄不符合合同约定的年龄范围的，需要投保人补交或支付的保险费的数额按照保险行业的标准确定。

12. 保险人在投保单询问表中设计的"其他"等字样的兜底条款，违反了有限告知原则，应当认定无效。

13. 保险合同复效时，投保人、被保险人或受益人对保险人提出的询问应当履行如实告知义务。

14. 在下列情形下，投保人的如实告知义务被免除：

（1）投保人未告知的事实会导致保险风险的出险率降低；

（2）保险人知道或者应当知道的事实；

（3）保险人明确声明免除投保人对相关事项的告知义务。

四、保险条款解释的问题

15. 保险监督管理机构制定的强制性保险条款不属于保险合同的格式条款，保险合同当事人对其内容发生争议时，对保险人不应当适用"不利解释原则"。

16. 保险人对保险监督管理机构制定的示范性保险条款决定使用或者经过变更使用的，应当视为保险人自行制定的条款，具有格式条款的性质，在保险合同当事人对条款内容发生争议且已穷尽其他解释原则的情况下，对保险人应当适用"不利解释原则"。

17. 保险人自行制定的保险合同条款，具有格式条款的性质，在保险合同当事人对条款内容发生争议且已穷尽其他解释原则的情况下，对保险人应当适用"不利解释原则"。

18. 保险合同当事人通过协商确定的个别保险合同的特殊条款，不具有格式条款的性质，对保险人不适用"不利解释原则"。

五、定值保险合同损失认定问题

19. 定值保险合同在出险时，除非约定的价值与保险标的物的实际价值存在比较明显的背离，一般不应再对保险标的物进行鉴定、评估。

20. 定值保险合同发生全损，直接根据保险合同约定的保险价值予以赔付。定值保险合同发生部分损失，可以按受损部分财产占全部被保险财产的比例乘以保单中约定的保险价值来确定赔偿数额，当事人另有约定的除外。

六、代位求偿权问题

21. 保险人行使代位求偿权的范围不应包括保险人因赔偿被保险人保险金而支出的各种费用。

22. 保险事故发生前，被保险人放弃对第三者请求权情况的处理：

（1）保险合同签订之前被保险人放弃对第三者请求权的，保险人对该事项提出询问的，投保人必须如实告知，否则保险人不承担保险责任；

（2）保险合同签订之前被保险人放弃对第三者请求权的，保险人没有对该事项提出询问或投保人如实告知后保险人同意承保的，一旦发生保险事故，保险人应赔付保险金，但无权向第三者行使代位求偿权；

（3）保险合同签订之后被保险人放弃对第三者请求权的，被保险人应当及时通知保险人，否则保险人不承担保险责任；

（4）保险合同签订之后被保险人放弃对第三者请求权，保险人同意继续承保的，发生保险事故后，保险人应赔付保险金，但无权向第三者行使代位求偿权；

（5）如果第三者是以格式条款免除其对被保险人的责任的，依据合同法第四十条的规定，应认定该条款无效。

23. 保险法第四十六条中"保险人放弃对第三者请求赔偿的权利的"应理解为系行为人的明示行为，不应以默示为由推定被保险人放弃。

七、责任保险中对第三者损害赔偿问题

24. 在贷款保证保险合同中，被保险人在保险期限内因遭受意外伤害事故死亡或伤残，而无法履行贷款合同的，保险人依保险合同约定承担保险责任后，其对被保险人或其财产继承人、受益人不享有追偿权。

25. 责任保险的被保险人因给第三者造成损害，被保险人在双方调解中所作的让步，不应视为其放弃了正当的抗辩，保险人不能因此免责，当事人另有约定的除外。

26. 责任保险的被保险人因给第三者造成损害，双方就赔偿数额达成调解的，应当作为保险人理赔数额的依据，但调解中的数额与保险人核定的理赔数额有较大差距的情形除外。

八、保证保险问题

27. 一个保证保险合同只能为一个债权提供保证。保证保险合同项下同时存在借款合同和买卖合同的，借款合同为基础合同。

基础合同无效导致保证保险合同无效，当事人另有约定的除外。

28. 保险人可以因被保险人或受益人履行基础合同中的瑕疵在保证保险合同纠纷中提出抗辩。

29. 保险人和银行在各自的核保义务与审贷义务范围内各自承担相应的责任。

30. 同一合同债务既投保保证保险，又设定连带责任保证的，保险人不享有先诉抗辩权，当事人另有约定的除外。

九、人身保险合同的解除问题

31. 投保人和被保险人不是同一人时，除保险合同另有约定外，被保险人不享有保险合同的解除权。保险合同解除后的现金价值属于投保人。

32. 投保人和受益人不是同一人时，除保险合同另有约定外，受益人不享有保险合同的解除权和变更权。保险合同解除后的现金价值属于投保人。

33. 保险合同的效力因被保险人、受益人向保险人补交保险费而得以恢复的，补交保险费的被保险人、受益人对复效后的保险合同享有解除权。

保险合同的效力因被保险人、受益人向保险人补交保险费而得以恢复的，投保人可以向被保险人、受益人主张保险合同复效前的现金价值。

保险合同的效力因被保险人、受益人向保险人补交保险费得以恢复而后又解除的，合同解除后的现金价值根据保险费实际交纳情况分别属于投保人、被保险人或受益人。

十、保险合同中的宽限期问题

34. 在分期支付保险费的保险合同中，定期通知投保人按时或在宽限期内交付保险费不属于保险人的附随义务，当事人另有约定的除外。

35. 保险法第五十八条规定的保险费交付宽限期的保险责任属于续期保险费对应期间的保险责任，而非前一期交费期间的保险责任；如果被保险人在宽限期内发生应予赔付的保险事故，保险人可于给付保险金时扣除欠交保险费，但扣除保险费并不影响其终止保险合同的权利。

十一、其他问题

36. 保险人未按照保险法第26条的规定根据已有的证明和资料确定先予支付最低数额保险金的，保险人对被保险人因此产生的损失应当承担赔偿责任。

37. 属于影响保险人决定是否承保、保险费率的确定、赔付范围的确定等因素的危险程度增加，但与保险事故发生无因果关系的，不能依照保险法第37条第2款的规定免除保险人的保险责任。

38. 被保险人或受到损害的第三者在保险金额的范围内，可以向保险人就后续治疗必要的费用提出主张。

39. 投保人或被保险人、受益人请求保险合同复效时应当符合投保条件，一次性补交保险合同中止前未交纳的保险费和利息，以及中止期间应当交纳的保险费和利息，当事人另有约定的除外。

40. 财产保险合同中，被保险车辆所有权转移过程中，谁为被保险人的情形：

（1）保险车辆已经交付，但尚未完成过户手续，保险人已办理保险单批改手续的，新车主是实际被保险人；

（2）保险车辆尚未交付，但已经完成过户手续，保险人已办理保险单批改手续的，新车主是被保险人；

（3）保险车辆尚未交付，且未完成过户手续，保险人已办理保险单批改手续的，新车主是实际被保险人；

（4）保险车辆已经交付，过户手续已经完成，并已向保险人提出保险单变更申请的，新车主是被保险人。

（5）保险车辆已经交付，过户手续已经完成，但未向保险人提出保险单变更申请的，新、旧车主都不是被保险人。

41.保险事故发生后，被保险人或受益人未经过理赔程序而直接起诉保险人的，法院应该受理。

42.非经有权机关依照法定程序最终认定，审理保险合同纠纷时不应认定已经死亡的投保人、被保险人的行为构成违法犯罪。

十二、附则

43.本"指导意见"自下发之日起施行。

下发之日起尚未审结的一、二审案件适用本"指导意见"；下发之日起已经终审，当事人申请再审或者按照审判监督程序提起再审的案件，不适用本"指导意见"。

如本"指导意见"中的具体意见与新颁布的法律、法规或司法解释不一致的，以法律、法规或司法解释为准。

二、北京市高级人民法院审理民商事案件若干问题的解答之五（试行）（节选）

发文机关：北京市高级人民法院

文　　号：京高法发［2007］168号

发文日期：2007年5月18日

施行日期：2007年5月18日

效力级别：地方司法文件

五、保险法律制度中的实务问题

28.《保险法》第十八条中"责任免除条款"的范围？

包括《保险法》第十九条第（四）项"责任免除"，即通常所称的"除外责任"条款，以及保险合同中所有不因投保人、被保险人或受益人未履行法定或约定义务而免除保险人责任的条款。

29.投保人、被保险人或受益人涉嫌犯罪但已死亡，没有生效裁判文书认定其构成犯罪的，是否适用保险合同中"违法犯罪行为"责任免除条款？

同时符合下列条件的，应适用"违法犯罪行为"责任免除条款：

（1）有充分的直接证据证明保险当事人是犯罪行为参与人，其行为触犯了刑事法律法规，即具有明显的犯罪嫌疑；

（2）涉嫌参与的犯罪行为是故意犯罪行为；

（3）涉嫌参与的犯罪行为与保险事故的发生有因果关系。

30. 保险事故发生后，投保人、被保险人或受益人未履行及时通知义务的，保险人是否承担保险责任？

保险事故发生后，保险人不能仅以投保人、被保险人或受益人未履行及时通知义务为由不承担保险责任。

保险事故发生后，投保人、被保险人或受益人未依约或法律规定履行及时通知义务，导致保险人无法核实保险事故的性质、原因和损失程度等，以及是否属于免责范围无法确定的，投保人、被保险人或受益人要承担不利的法律后果。

31. 投保人在病历中对其病情的"主诉"，能否作为证明其投保时隐瞒病史的证据使用？

答：医院病历中，投保人对自己病情的"主诉"内容记载明确的，包括病症、患病时间等，可以作为证据使用。

32. 投保人故意或者过失未履行如实告知义务，在法律后果上是否一样？

投保人故意不履行如实告知义务，保险事故未发生时，保险人有权解除合同；保险事故发生后，保险人不承担保险责任，并有权解除合同。保险人解除合同的，不退还保险费。

投保人过失不履行如实告知义务，未告知事项影响保险人决定承保与否、费率高低的，保险事故未发生时，保险人有权解除合同。未告知事项对保险事故的发生有严重影响的，保险人不承担保险责任，并有权解除合同。保险人解除合同的，可以退还保险费。

33. 投保人未经被保险人或受益人同意，是否可以转让或质押人寿保险单？

依照以死亡为给付保险金条件的合同所签发的保险单，投保人和被保险人不是同一人时，未经被保险人书面同意，投保人将保险单转让或质押的行为应认定无效。

非依照以死亡为给付保险金条件的合同所签发的保险单，投保人和被保险人不是同一人时，未经被保险人同意，投保人将保险单转让或质押的行为应认定无效。

34. 商业医疗费用类保险是否适用损失补偿原则？

人身保险所属的健康保险、意外伤害保险中关于医疗费用的保险，不适用损失补偿原则。保险合同另有约定的除外。

35. 责任保险中，第三者对保险人是否享有直接赔偿请求权？

责任保险中，第三者对保险人不享有直接赔偿请求权。但法律规定或者保险合同约定第三者对保险人享有直接赔偿请求权的除外。

36. 责任保险中，被保险人对第三者尚未实际赔偿时，是否可以获得保险赔偿？

被保险人的赔偿责任已为法院生效裁判文书所确认，或已为保险人、被保险人和第三者之间的协议所约定的，即使尚未实际付出，被保险人亦可起诉保险人，获得保险赔偿。

被保险人的赔偿责任未被法院生效裁判文书所认定，或未被保险人、被保险人和第三者之间的协议所约定的，被保险人起诉保险人要求保险赔偿的，法院不予支持。

37. 保险标的实际修复费用高于保险人定损金额的，如何处理？

保险标的实际修复费用高于保险人定损金额，保险合同双方当事人协商不成的，保险人应该根据实际修复费用理赔，但实际修复费用明显不合理的除外。

三、北京市高级人民法院审理民商事案件若干问题的解答之五（试行）的说明（节选）

发文机关：北京市高级人民法院

效力级别：地方司法文件

五、保险法律制度中的问题

问题解答 28. "责任免除"条款的范围关系到保险人履行"明确说明"义务的范围。掌握责任免除条款范围的关键是，在"除外责任"条款之外，是否还有属于免除保险人单方责任义务的条款，即保险人责任的免除具有绝对性，其只享有权利不承担义务，导致保险人和被保险人之间的权利义务不对等。因此我们认为在《保险法》第十九条第（四）项的"责任免除"，即通常所称的"除外责任"之外，责任免除条款还应包括其它所有即使不是因为被保险人未履行法定或约定义务，保险人也当然地不承担责任义务的条款。

问题解答29. 对此问题的回答，主要是参照保监会的答复做出。需要注意的是，保险人以"违法犯罪行为"责任免除条款抗辩成立需要同时满足三个条件。

保监复〔1999〕168号"关于保险条款中有关违法犯罪行为作为除外责任含义的批复"指出，"在保险条款中，如将一般违法行为作为除外责任，应当采取列举方式，如酒后驾车、无证驾驶等；如采用'违法犯罪行为'的表述方式，应理解为仅指故意犯罪行为"。"对于犯罪行为，如果当事人尚存，则应依据法院的判决来决定是否构成犯罪；如果当事人已经死亡，无法对其进行审判，则应理解为事实上已明显构成犯罪行为"。"对于违法犯罪行为、犯罪行为或者故意犯罪行为构成除外责任或责任免除，除保险合同有明确的约定外，应理解为被保险人实施的犯罪行为与保险事故的发生应具有因果关系"。

问题解答30.《保险法》第二十二条第一款规定，"投保人、被保险人或者受益人知道保险事故发生后，应当及时通知保险人。"保险合同（保险单）中往往约定，保险事故发生后，如果投保人、被保险人或受益人不及时通知保险人，不在若干天内报案、提交有关保险单证，保险人将不承担保险责任。因此产生了不少纠纷。保监复〔2000〕304号"关于对《保险法》有关索赔时限理解问题的批复"中提到，"某些保险条款中关于索赔时限、通知期限等诸如此类的规定，不是一种时效规定，应当理解为是合同当事人约定的一项合同义务。投保人或被保险人违反此项义务的责任应当根据合同的约定及其违约所造成的实际后果来确定，并不必然导致保险金请求权的丧失或放弃。"参照保监会的批复，我们认为，保险人不能因为投保人、被保险人或受益人未履行及时通知义务而当然免责。

问题解答31. 此问题往往和投保人的如实告知义务联系在一起。所谓"主诉"，是指投保人在某次看病过程中，主动告诉医生其曾经患过何种疾病。需要注意的是，"主诉"内容应明确记载于医院留存的原始病历中，语言不能模糊，不能引起歧义。

问题解答 32. 这关系到对《保险法》第十七条第二款、第三款和第四款的理解问题。容易产生不同理解的是第二款，"投保人故意隐瞒事实，不履行如实告知义务的，或者因过失未履行如实告知义务，足以影响保险人决定是否同意承保或者提高保险费率的，保险人有权解除保险合同"，即在投保人故意隐瞒事实，保险人要求解除合同时，是否还需要满足"足以影响保险人决定是否同意承保或者提高保险费率"这一条件？我们认为，在投保人故意隐瞒事实，不履行如实告知义务的情况下，无论是否足以影响保险人决定是否同意承保或者提高保险费率，保险人都有权解除合同；而在投保人因过失未履行如实告知义务的情况下，只有足以影响保险人决定是否同意承保或者提高保险费率的，保险人才有权解除合同。同时，在保险事故发生后，无论投保人未告知事项是否与保险事故有因果关系，只要是投保人"故意"不告知，保险人就可以拒赔。

问题解答 33. 对此问题，有一种意见认为，投保人可以依法（转让）或者质押人寿保险的保险单。我们从《保险法》第五十六条、第六十一条、第六十三条的相关规定出发，区分了两种情况，即对以死亡为给付保险金条件和非以死亡为给付保险金条件的保险单，分别对待。在投保人对以死亡为给付保险金条件的保险单进行转让或质押时，强调需要被保险人"书面"同意，以加强对被保险人生命安全的保护。

问题解答 34. 实践中一种意见认为，由于人身保险所属的健康保险、意外伤害保险中关于医疗费用的保险，其目的在于填补被保险人为治疗疾病所产生的费用，应认为其属于"损失补偿性质"保险。从财产保险"无损失则无补偿"原则出发，保险人不能因疾病或受伤治疗而获得费用以外的利益，保险人有权在给付保险金的范围内向第三者进行追偿。另一种意见认为，健康保险、意外伤害保险属于人身保险，如果适用"无损失则无补偿"适用原则，是否会与《保险法》的现行规定相矛盾？我们从保险法的相关规定出发，结合保险行业主管部门的相关答复，并考虑到保险人相对强者的地位，对此问题作出了回答。

《保险法》第六十八条规定，"人身保险的被保险人因第三者的行为而发生死亡、伤残或者疾病等保险事故的，保险人向被保险人或者受益人给付保险金后，不得享有向第三者追偿的权利"。中国人民银行银保险〔1998〕63号"关于医疗费用重复给付问题的答复"中指出，"如果在意外伤害医疗保险条款中无关于'被保险人由于遭受第三者伤害,依法应由第三者负赔偿责任时,保险人不负给付医疗费责任'之约定,保险人应负给付费的责任。依《保险法》第六十七条(注,修改后的第六十八条),保险人给付上述医疗费后,不享有向第三者追偿的权利"。我们参照此种意见作出了解答。

问题解答35.《保险法》第五十一条第一款规定,"保险人对责任保险的被保险人给第三者造成的损害,可以依照法律的规定或者合同的约定,直接向该第三者赔偿保险金"。根据责任保险的社会公益性,此款应解释为:在法律有规定或者保险合同有约定的情况下,保险人不仅可以直接向第三人给付保险赔偿金,而且第三人有权直接请求保险人给付保险赔偿金。我国现阶段只在机动车强制责任保险制度中,依据《道交法》第七十六条的规定,第三者可以直接请求保险公司在责任限额内赔偿。

问题解答36. 第三者责任险一般是指被保险人及其允许的合格驾驶员在使用保险车辆过程中发生意外事故,致使第三者遭受人身伤亡或者财产的直接毁损,依法应由被保险人支付的赔偿金额,保险人依照保险合同的规定予以赔偿。

依照较为传统的责任保险理论,责任保险合同在性质上仍属于填补损害的保险合同,以填补被保险人的实际发生的损失为终极目的,被保险人无损失,保险人不承担保险给付责任。在被保险人向第三者赔偿损害之前,保险人对被保险人没有给付保险赔偿金的义务。这虽有助于促使被保险人实际履行赔偿责任,但也给保险人拒绝承担保险给付责任提供了借口。若发生被保险人支付不能,受害人不能请求保险人给付保险赔偿金,被保险人亦不能请求保险人给付保险赔偿金,造成保险人可以收取保险费而不承担保险责任的不公平后果。我们认为,现代责任保险的理论和实务摒弃了责任保险的终极目的在于填补被保险人损失的理念,发展了责任保险保护第三者利益的功能;不论被保险人是否实际向受害人支付赔偿金而受到损失,只要被保险人对第三者的赔偿责任已为法院判决所确定或者依照被保险人、受害人与保险人之间的协议而确定,被保险人可以对保险人提起诉讼。至于保险人如何给付保险赔偿金,则依照双方之间的约定及法律的规定办理。基于此,我们对此问题做出了回答。

问题解答37. 在保险纠纷案件中,会经常出现保险事故发生后,保险公司与被保险人所签订的定损金额少于实际修理费金额(主要表现为机动车），即保险公司与被保险人所签订定损协议所确定的修理费限额不足以修复保险车辆或者定损项目、范围少于实际修理项目。在案件审理时，保险公司往往主张双方已对赔偿金额通过定损协议加以确定，对于超出定损协议确定的部分金额不应予以赔偿。我们的意见是，除非保险公司能够提供证据证明实际修理费用中有不合理的部分，否则保险公司应当按照实际修理费用进行赔偿。

四、北京金融法院保险类纠纷审判白皮书（节选）

发文机关：北京市金融法院
发文日期：2022 年 11 月
施行日期：2022 年 11 月
效力级别：地方司法文件

四、保险领域常见争议问题相关审判思路

通过一年多的审判，北京金融法院对于以下几个保险领域常见争议问题审判思路进行了提炼和总结，为促进保险企业依法依规发展作出提示：

（一）保险合同效力问题

1. 投保人将电子投保流程中的验证信息转交他人代为完成投保行为，诉讼中以未收到保险条款、保险人未尽提示说明义务为由主张免责条款不生效的，法院不予支持。《最高人民法院关于适用〈中华人民共和国保险法〉若干问题的解释（二）》（以下简称《保险法解释二》）第十二条规定："通过网络、电话等方式订立的保险合同，保险人以网页、音频、视频等形式对免除保险人责任条款予以提示和明确说明的，人民法院可以认定其履行了提示和明确说明义务。"《保险法解释二》的上述规定意味着，电子投保流程中设置"对免除保险人责任条款予以提示和明确说明"技术路径的，人民法院应予认定。

2. 对保险合同格式条款中机动车的认定不属于"对格式条款的理解有争议"之情形。《中华人民共和国道路交通安全法》（以下简称《道路交通安全法》）第一百一十九条对机动车概念从法律层面予以明确规定。在此前提下，对于商业保险合同格式条款中机动车的认定存在争议不属于"对格式条款的理解有争议"之情形，不应适用格式条款不利解释原则。如果保险合同双方对于机动车的定义产生分歧，应该以法律规定或公安机关交通管理部门的鉴定结论为准；仅以保险公司系提供合同一方为由将本有法律明确规定的事项，适用格式条款作不利于保险公司的解释，不符合格式条款及不利解释原则的设立宗旨，亦不利于保险机制分担社会风险作用的发挥和保险行业的发展。

3. 保险人未特别提示说明保险责任条款，不必然导致该条款不产生效力。《中华人民共和国保险法》（以下简称《保险法》）第十七条第二款规定："对保险合同中免除保险人责任的条款，保险人在订立合同时应当在投保单、保险单或者其他保险凭证上作出足以引起投保人注意的提示，并对该条款的内容以书面或者口头形式向投保人作出明确说明；未作提示或者明确说明的，该条款不产生效力。"《保险法》的上述规定意味着，保险公司在订立保险合同时应当就其提供的格式条款中的免责条款履行提示注意义务和明确说明义务，否则免责条款不产生效力。但该条并未明确将履行提示注意义务和明确说明义务作为保险责任条款产生效力的前提。

（二）保险赔偿范围问题

1. 保险人对被保险人无正当理由未及时报案导致保险事故无法查清的行为不承担赔偿责任。《保险法》第二十一条规定："投保人、被保险人或者受益人知道保险事故发生后，应当及时通知保险人。故意或者因重大过失未及时通知，致使保险事故的性质、原因、损失程度等难以确定的，保险人对无法确定的部分，不承担赔偿或者给付保险金的责任，但保险人通过其他途径已经及时知道或者应当及时知道保险事故发生的除外。"《保险法》的上述规定意味着，被保险人未依法履行保险事故发生的及时通知义务，致使保险事故的性质、原因、损失程度等难以确定的，将丧失对无法确定部分的赔偿请求权。

2. 人身意外伤害保险合同中约定的伤残标准的适用，应注重提示说明义务的履行。当前的实践中，存在依据"两高三部"联合发布的《人体损伤致残程度分级》鉴定为伤残，但依据保险公司所称的行业标准《人身保险行业伤残评定标准》却不构成伤残的情况，造成《人身保险行业伤残评定标准》实际上缩小了保险公司的保险责任，减少了受益人获得赔偿的范围的结果。故，所涉相关条款应属免除保险公司保险责任、排除被保险人应获得保险赔偿权利的格式条款。《中华人民共和国民法典》第四百九十六条第二款规定："采用格式条款订立合同的，提供格式条款的一方应当遵循公平原则确定当事人之间的权利和义务，并采取合理的方式提示对方注意免除或者减轻其责任等与对方有重大利害关系的条款，按照对方的要求，对该条款予以说明。提供格式条款的一方未履行提示或者说明义务，致使对方没有注意或者理解与其有重大利害关系的条款的，对方可以主张该条款不成为合同的内容。"上述规定意味着保险公司在订立保险合同时应当就其提供的格式条款中与对方有重大利害关系的条款履行提示或说明义务，否则被保险人可以主张该条款不成为合同的内容。

（三）保险代位求偿权问题

1. 保险人代位求偿权的权利范围。《保险法》第六十条第一款规定："因第三者对保险标的的损害而造成保险事故的，保险人自向被保险人赔偿保险金之日起，在赔偿金额范围内代位行使被保险人对第三者请求赔偿的权利。"对保险人代位行使的权利范围的界定应注意两个条件：第一，该权利属于被保险人对第三者请求赔偿的权利；第二，引发该权利的法律事实是因第三者对保险标的的损害而发生保险事故。"第三者对保险标的的损害"，是指导致被保险人享有向第三者请求赔偿权利的法律事实，而基于该法律事实产生的法律关系究竟为合同法律关系还是侵权法律关系抑或其他法律关系，并不应进行限定。因此，基于上述法律关系产生的权利并非仅为侵权法上的赔偿损失请求权，还包括合同法上的赔偿损失请求权，抑或其他法律关系中的相应请求权。

2. 被保险人放弃对第三者赔偿请求权的处理。保险合同订立前，被保险人约定放弃对第三者赔偿请求权，保险人对此提出询问的，投保人应当如实告知；投保人未如实告知的，发生保险事故后，保险人主张就被保险人放弃的部分不承担保险金赔偿责任的，应予支持。保险合同订立前，被保险人约定放弃对第三者赔偿请求权，投保人如实告知后，保险人同意承保，发生保险事故后，被保险人主张保险人承担保险金赔偿责任的，应予支持。保险人承担保险金赔偿责任后，无权向第三者行使代位求偿权。

保险合同订立后，保险事故发生前，被保险人约定放弃对第三者赔偿请求权，被保险人通知保险人的，保险人有权主张增加保险费或者解除合同；被保险人未通知保险人，发生保险事故后，保险人主张就被保险人放弃的部分不承担保险金赔偿责任的,应予支持。

保险合同订立后,保险事故发生前,被保险人约定放弃对第三者赔偿请求权并通知保险人,保险人继续承保,发生保险事故后,被保险人主张保险人承担保险金赔偿责任的,应予支持。保险人承担保险金赔偿责任后,无权向第三者行使代位求偿权。

3. 保险人赔偿后第三者仍向被保险人作出赔偿的问题。因第三者对保险标的的损害而造成保险事故的,第三者在保险人已经向被保险人给付保险赔偿金后又向被保险人作出赔偿,保险人就重复支付部分的赔偿金主张被保险人返还的,应予支持。

4. 保险人不得就公估费等费用行使代位求偿权。《保险法》第六十四条规定:"保险人、被保险人为查明和确定保险事故的性质、原因和保险标的的损失程度所支付的必要的、合理的费用,由保险人承担。"因此,保险人就为查明和确定保险事故的性质、原因和保险标的的损失程度所支付的公估费等必要的、合理的费用,主张行使代位求偿权的,不予支持。

(四)涉车辆保险诈骗审查相关提示

综合行为人的行为类型和行为呈现的特征,涉车辆保险诈骗犯罪行为的核心特征为"行为人故意制造保险事故",预防保险诈骗的重点便是对这类行为的审查和发现。对保险事故表现为"落水、撞墙、树等固定物,自燃或纵火,侧翻,雨天涉水和坠入崖下或沟内"的,完善识别认证机制,谨慎识别其是否属于故意制造的保险事故。

对于行为人发生的"非单方、有人受伤的事故",也要完善识别机制,一方面识别是否系故意制造事故,另一方面强化对当事方提交的伤情鉴定、维修单据等的审查,防止其通过虚假的材料进行保险诈骗。

单方事故中,一是要审查是否造成人员伤亡。如果完全未造成人身损害,则要高度警惕骗保的可能性,应着重审查当事人投保时间与保险事故发生时间的间隔。二是要审查车辆本身情况。对二手车辆,尤其是高档二手车辆,要核实其购买时间是否与事故时间接近、投保金额与车辆价值之间是否存在较大落差,如两者皆是,则需加强对相关理赔损失依据的审查力度。三是如果案件当事人涉及汽车修理厂,则要重点审查投保人、被保险人以及事故发生时的驾驶人员,是否与维修的汽车修理厂具有关联。同时,涉案车辆的维修地点是否存在超出保险合同约定范围、异地维修等情形,维修费用及项目是否明显偏离合理范围或与事故发生经过不符，维修单据是否真实等，也应纳入审查范围。四是审查单方事故发生的时间、地点等，核对事故真实性，如驾驶员撞墙、树等固定物体造成的事故，需全面审查反映事故真实性的其他佐证材料，判断是否形成证据链。此外，关注报案人对疑点是否能够提供合理解释，包括但不限于是否在无监控地带、僻静的地方发生，是否在深夜或者人流量较少的时段发生，驾驶员选择行车路线的合理性；在驾驶员落水、雨天涉水、坠崖等事故中，认真审查事故发生时的天气状况、事故发生地附近的路况等。五是审查行为人是否多次出险，此类案件的审理，要特别注重类案检索的应用。通过保险公司数据共享，查询行为人是否具有在一定时期内多次发生交通事故申请理赔的情形。

当发生非单方事故时，一是要重点审查行为人是否多次出险。二是审查案发时行为人的报案记录与庭审时对事故发生经过的描述是否存在不一致之处，当二者出现较大不一致时，核对事发当日行为人的行程信息、所持驾驶证、驾驶车辆详细信息，审查其是否属于酒后驾驶或者无证驾驶。三是审查事故双方当事人的身份信息，明确其是否存在亲属、朋友等亲密关系。四是如果存在前述情形，且有人员伤亡或发生较大额度的修理费用时，还需着重审查受伤人员提交的伤情鉴定材料、维修费用明细等材料的真实性。

五、北京市高级人民法院关于审理汽车消费贷款纠纷案件及汽车消费贷款保证保险纠纷案件若干问题的指导意见（试行）

发文机关：北京市高级人民法院

文　　号：京高法发〔2005〕215号

发文日期：2005年8月10日

施行日期：2005年8月10日

效力级别：地方司法文件

为正确审理汽车消费贷款纠纷案件及汽车消费贷款保证保险纠纷案件，维护贷款、保证保险活动当事人的合法权益，根据《合同法》、《保险法》及其它有关法律、司法解释的规定，结合我市商事审判实践，制定本指导意见。

一、汽车消费贷款合同效力问题

第一条 在贷款合同履行过程中，有下列情形之一的，视为借款人擅自改变贷款用途，该行为并不影响贷款合同的效力，在审理中应认定贷款合同有效：

（一）贷款未用于购买车辆，而是挪作它用的；

（二）以借款人名义贷款，所购车辆或贷款的实际使用人为他人的。

前款所列情形构成本指导意见第三条规定的，适用该条款。

第二条 根据合同法第五十四条第二款的规定，借款人在贷款合同签订及履行过程中有下列行为之一的，债权人（银行）有权请求人民法院变更或撤销贷款合同：

（一）借款人在签订贷款合同时使用虚假资信证明（如虚假职业证明、虚假收入状况及还款能力证明等），与银行签订贷款合同；

（二）一车多贷，即只有一个真实的购车关系，却以此为由与多家银行签订多个贷款合同；

（三）贷款金额远远高于所购车辆的实际价格，或贷款金额中还包括首付款和车辆购置附加税等其它费用；

（四）用已经购买的车辆手续凭证，作为新购车辆，进行贷款。

前款所列情形构成本指导意见第三条规定的，适用该条款。

二、汽车消费贷款纠纷案件中涉及犯罪的问题

第三条 在汽车消费贷款纠纷案件的审理中，发现借款人以非法占有为目的，采用以下手段，骗取银行贷款，具有诈骗犯罪嫌疑的，应当裁定驳回起诉，将有关材料移送公安机关处理：

（一）盗用他人身份证明、伪造他人签字，签订贷款合同；

（二）使用伪造、变造的身份证明，隐瞒真实身份，签订贷款合同；

（三）以非法占有为目的，采用其它手段骗取银行贷款的。

三、汽车消费贷款纠纷案件责任认定的问题

第四条 借款人已按贷款合同的约定收到贷款或购买了车辆，无论该款项或车辆是否由借款人使用，均由借款人承担还款责任。本指导意见第五条规定的情形除外。

第五条 贷款合同约定银行将贷款划入汽车经销商帐户，借款人以汽车经销商未按约定交付贷款或贷款数额高于其实际购车所用贷款数额为由进行

抗辩，并有证据证明抗辩事由成立，且借款人对汽车经销商的行为并不知情的，借款人不承担或仅承担其实际使用贷款数额范围内的偿还责任，汽车经销商应对贷款合同未实际履行的部分承担偿还责任。审理中应按下列原则处理：

（一）借款人已按贷款合同约定的贷款数额部分还本付息，则将借款人实际使用的贷款本息与借款人已还本息的差额，作为借款人应向银行承担偿还责任的数额。贷款合同约定的本息与借款人实际使用的贷款本息的差额，由汽车经销商承担偿还责任；

（二）汽车经销商是担保人的，其除对使用的贷款承担偿还责任外，还应对借款人的还款数额承担保证责任。

银行仅起诉借款人，或银行虽一并起诉了担保人，但汽车经销商不是担保人的，借款人提出汽车经销商未按约定交付贷款或贷款数额高于其实际购车所用贷款数额的抗辩的，应追加汽车经销商作为被告参加诉讼。

对汽车经销商下落不明，但有证据证明汽车经销商将银行划入其帐户内的借款人的贷款全部或部分挪作它用，且借款人对汽车经销商的上述行为并不知情的案件，因具有犯罪嫌疑，应当裁定驳回起诉，将有关材料移送公安机关处理。

第六条 银行依据贷款合同向借款人、担保人主张权利时，借款人、担保人以银行应先向保险人主张权利为由提出抗辩的，人民法院不予支持。

四、汽车消费贷款保证保险合同效力问题

第七条 在以借款人为投保人、银行为被保险人的保证保险合同中，贷款合同是保证保险合同的基础合同，但二者之间不存在主从合同关系，保证保险合同具有独立性。

第八条 在以借款人为投保人、银行为被保险人的保证保险纠纷案件中，贷款合同被认定无效或被撤销，保险合同的效力及保险人的责任应依据合同法、保险法的相关规定以及保证保险合同的相关约定来认定。

五、"合作协议"的适用问题

第九条 "合作协议"是保险公司与银行、汽车经销商为合作开展汽车消费贷款保证保险业务签订的协议，该协议中有关保证保险合同的约定与之后签订的各个具体的保险单、批单、其它保险凭证以及保险单后所附保险条款共同构成保险合同的内容。"合作协议"中有关保证保险合同的约定和各个具体的保险单、批单、其它保险凭证以及保证保险条款均是认定各方责任、处理案件的依据。

第十条 当各个具体的保险单、批单、其它保险凭证以及保证保险条款与"合作协议"就同一事项约定不一致时，当事人对此有约定的，按约定；无约定的，以各个具体的保险单、批单、其它保险凭证以及保证保险条款为认定各方责任的依据。

六、保险人责任承担的问题

第十一条 保证保险合同中有"对贷款合同设定抵押或质押或连带保证责任的，被保险人索赔时应先行处分抵（质）押物或向担保人追偿以抵减欠款，抵减欠款后不足的部分，由保险人按本保险合同规定负责赔偿"等类似内容的约定，而在贷款合同中又设定了保证或物的担保时，被保险人（银行）不能在未向担保人追偿前，单独起诉保险人。

被保险人未先行处分抵（质）押物或未向其它担保人追偿前，单独起诉保险人的，人民法院应以被保险人尚不能就保险合同行使债的请求权为由，裁定驳回被保险人的起诉。

被保险人将借款人、担保人、保险人一并提起诉讼时，人民法院可判决保险人对处分物的担保或向其它担保人追偿后不足的部分承担保证保险责任，并根据本指导意见第十三条的规定，有权对借款人、担保人追偿。

第十二条 被保险人与保险人在"合作协议"中有"保险人本着先赔后诉的原则，按照《保证保险条款》承担保险责任"等类似内容的约定，且双方约定合作协议与保证保险条款不一致时适用合作协议的，被保险人可以直接起诉保险人。

第十三条 保险人承担保险责任后，有权按照保证保险合同的约定，要求被保险人将贷款合同项下的主债权及从债权转让给保险人，在保险人承担保险责任的范围内向借款人及担保人追偿。

第十四条 在保证保险合同有效的情况下，人民法院应当在审查贷款合同关系履行事实的基础上，严格依照保险法的规定以及保证保险合同的约定，认定各方当事人相应的民事责任。

七、举证责任的问题

第十五条 在借款人、汽车经销商未能出庭参加诉讼，导致案件主要履行事实无法查清时，被保险人对其是否按贷款合同约定履行放款义务负有举证责任。

保险人对被保险人提供的相关证据有异议，认为贷款合同及购车合同履行有瑕疵或未能履行，主张少承担或不承担保险责任，但未能提出反驳证据的，保险人应承担举证不能的法律后果。

八、保证保险合同解除的问题

第十六条 人民法院审理保险人以投保人未履行如实告知义务为由，提出解除保证保险合同的案件时，应按保险法和北京市高级人民法院《关于审理保险纠纷案件若干问题的指导意见》的相关规定处理。

第十七条 保险人起诉投保人（借款人）要求解除保证保险合同的，人民法院应追加被保险人（银行）作为无独立请求权第三人参加诉讼。

第十八条 被保险人起诉保险人要求其承担保证保险责任后，保险人又起诉投保人要求解除保证保险合同的，按照以下原则处理：

（一）对被保险人诉保险人保证保险纠纷案件已经审结、判决保险人承担保险责任的裁判文书已经发生法律效力后，保险人又起诉投保人要求解除保证保险合同的案件，人民法院应当判决驳回保险人的诉讼请求；

（二）根据《中华人民共和国民事诉讼法》第一百三十六条第一款第（五）项的规定，被保险人起诉保险人保证保险纠纷案件尚未审结，保险人又起诉投保人要求解除保证保险合同的，被保险人诉保险人保证保险合同纠纷案件的审理程序应当中止，等待解除保证保险合同之诉的最终结果。

九、管辖问题

第十九条 因汽车消费贷款纠纷提起的诉讼，根据《中华人民共和国民事诉讼法》第二十四条的规定确定管辖。当事人另有约定的除外。

第二十条 因汽车消费贷款保证保险纠纷提起的诉讼，根据《中华人民共和国民事诉讼法》第二十六条的规定确定管辖。当事人另有约定的除外。

保险人与被保险人在"合作协议"中对管辖问题另有约定的，依该约定确定保险人与被保险人之间汽车消费贷款保证保险纠纷案件的管辖。

十、附则

第二十一条 本指导意见自下发之日起实施。

下发之日起尚未审结的一、二审案件适用本指导意见；下发之日前已经终审，当事人申请再审或者按照审判监督程序提起再审的案件，不适用本指导意见。

如本指导意见中的具体意见与新颁布的法律、法规或司法解释不一致的，以法律、法规或司法解释为准。

六、《北京市高级人民法院关于审理汽车消费贷款纠纷案件及汽车消费贷款保证保险纠纷案件若干问题的指导意见（试行）》的说明

近期，全市法院受理的汽车消费贷款纠纷案件及汽车消费贷款保证保险纠纷案件呈大幅上升趋势。在案件的审理过程中，我们发现汽车消费贷款及保证保险纠纷法律关系十分复杂，同时还涉及千差万别的合同订立与履行的事实情况，但相关的法律规定却因我国汽车消费信贷业务起步较晚而十分滞后、不健全。特别是我国保险法对保证保险缺乏规定，无论理论界还是司法实务界对保证保险的性质、保证保险与保证的关系以及操作层面等诸多问题都存在重大争议。为妥善处理这类涉诉案件，我们认为有必要出台相关意见，统一当前审理这类案件适用的法律、司法解释以及处理原则，提供可操作的规定，以便我市商事审判人员统一思想、统一做法，从而进一步提高案件审判质量，实现裁判法律效果与社会效果的统一。我们于2004年10月设立了专项课题进行调研，多次召开有全市各级法院、银行、保险公司、专家学者参加的研讨会、论证会，以我市审理这类案件的情况、特点为基础，形成了《北京市高级人民法院关于审理汽车消费贷款纠纷案件及汽车消费贷款保证保险纠纷案件若干问题的指导意见（试行）》（以下简称指导意见），并于2005年7月18日经北京市高级人民法院审判委员会第147次会议通过。现将有关问题说明如下：

一、制定指导意见的基本思路及问题来源

对于汽车消费贷款纠纷案件及汽车消费贷款保证保险纠纷案件中涉及的诸多问题，无论是当事人各方，还是理论界均存在重大争议。在相关法律制度完善之前，我们把解决问题的重点放在现行法律框架下，对审判实务中出现的具体问题统一裁判思路，力争妥善地处理业已产生的大量纠纷，这也是制定本指导意见的初衷。因此，本指导意见所涉及的内容均来自于全市各级法院审理的相关具体案件中急需解决的问题，具有一定的普遍性。在审判实践中，尚有一些本指导意见中未涉及到的问题，由于不具有普遍意义，只是

作为个案研究，以判例指导的方式处理。

指导意见共计21条，解决了10个方面的问题，即汽车消费贷款合同效力问题、汽车消费贷款纠纷案件中涉及犯罪的问题、汽车消费贷款纠纷案件责任认定的问题、汽车消费贷款保证保险合同效力的问题、"合作协议"的适用问题、保险人责任承担的问题、举证责任的问题、保证保险合同解除的问题、管辖问题以及指导意见的适用问题。

二、主要问题的说明

（一）汽车消费贷款合同效力的问题

由于目前汽车消费贷款模式存在缺陷，许多银行将对借款人的资信调查委托汽车经销商完成。但汽车经销商普遍缺乏调查能力和调查动力，其为谋求经济利益，对借款人提供的资信情况并不严格审查，甚至擅自以借款人名义贷款，因此贷款合同在签订及履行过程中出现了许多不规范的现象。比如：在签订贷款合同时使用虚假资信证明、一车多贷、套贷、用已经购买的车辆手续凭证作为新购车辆贷款、以个人名义借款但车辆为公司使用、将贷款挪作它用等现象。对于这类贷款合同的效力应如何认定，实践中有较大分歧。一种意见认为，实务中发现，大量债务人单独或与汽车经销商合谋虚构交易行为，骗取贷款，该行为违反了我国金融管理法律法规的规定，其目的的非法性无可置疑。因此，应按《合同法》第五十二条第一款"一方以欺诈、胁迫的手段订立合同，损害国家利益"或第三款"以合法形式掩盖非法目的"的规定，认定贷款合同无效。另一种意见认为，应严格把握合同认定无效的适用，该类案件不符合适用《合同法》第五十二条第一、三款的条件。

我们认为，合同是否认定无效，应严格按照《合同法》的规定去判断。《合同法》第五十二条第一款"一方以欺诈、胁迫的手段订立合同，损害国家利益"的适用应建立在对国家利益损害的基础上，银行利益的损失并不能当然认定为国家利益的损害，因此该款不能适用。而第三款"以合法形式掩盖非法目的"应以合同当事人的共同故意为前提，虽然有的借款人在与银行签订贷款合同时就有非法骗贷的故意，但银行对此却不明知，所以也不能适用。因此，如果贷款或车辆的实际使用人是他人或将贷款挪作它用，我们将这类行为认定为借款人擅自改变贷款用途，合同有效。如果借款人在签订贷款合同的时候对银行有欺诈的行为，我们将其认定为由当事人申请可撤销、可变更的合同，并非当然无效。此外，如果借款人的骗贷行为有犯罪嫌疑的，应适用指导意见第 3 条，将案件移送公安机关。未将这类贷款合同认定为无效，除了严格适用合同法的规定外，我们还有以下几方面的考虑：一是认定贷款合同无效，不利于维护合同秩序的稳定；二是认定贷款合同无效，并不能真正保护债权人银行的利益。因为如果将贷款合同认定为无效，与贷款合同相关的担保合同也将认定无效，保证人不承担或承担部分赔偿责任。（车贷合同中担保人多是汽车经销商，而汽车经销商对借款人的欺诈行为往往又是明知的，甚至是贷款的实际使用人）。因此，从鼓励交易、保护交易安全的原则和合同有效解释的规则出发，也不宜将这类合同认定为无效。

其中有关贷款合同中涉及犯罪的问题，我们列举了几种情况，第一项"盗用他人身份证明"，主要是指借款人未经他人授权，擅自使用他人身份的情况。第二项"使用伪造、变造的身份证明"，主要是指借款人使用虚假的身份证明。将第一、二项所列情形认定为有犯罪嫌疑，主要是因为借款人均有隐瞒真实身份的故意，有非法占有贷款的恶意，犯罪目的明显。第三项是一个概括性的条款，如果指导意见第一、二条中规定的情形符合该项规定，应适用该项。

（二）汽车消费贷款纠纷案件责任认定的问题

这一部分主要解决了经销商擅自挪用贷款责任应如何认定的问题。实务中，银行为了方便贷款的监管，往往与借款人在贷款合同中约定，借款人授权银行将贷款划入经销商帐户。有一些经销商利用贷款在其帐户的便利，挪用部分或全部贷款。为此，在指导意见中采取了让经销商作为被告直接参加诉讼、承担相应责任的诉讼模式。这一规定在指导意见讨论的过程中引起很大争议，但我们还是将这部分内容保留了下来，主要有以下考虑：如果严格按照贷款合同的约定，贷款进入经销商账户，银行的放贷义务就已经履行完毕，不论借款人是否收到贷款，都应按照贷款合同约定的数额承担还款责任。但由于实务中借款人处于相对弱势的地位，经销商对于贷款合同的签订以及贷款的使用都起着主导性的控制作用，且这类纠纷的形成大部分起源于经销商的不良动机。因此这类纠纷中部分借款人对于经销商的挪用行为并不知情，也无过错。如果让这部分借款人承担全部还款责任，借款人还必须另外起诉经销商。同时，借款人大部分为自然人，还款能力相对较差，也不利于保护银行的债权。鉴于以上原因以及该类诉讼具有明显阶段性的特点，我们规定由实质权利义务主体作为合同当事人承担责任，这虽然是对形式上的合同主体相对性及合同关系独立性的一种突破，但这样规定既有助于让真正享受借款利益的经销商来承担还款义务及相关法律责任，又可以保护银行的利益，同时也避免了诉累。

审理这类案件还需要注意以下两点：1、对于经销商全部挪用贷款的案件，如果发现经销商的行为具有犯罪嫌疑，应按本指导意见第三条的规定，裁定驳回起诉，全案移送公安机关处理；对于经销商部分挪用贷款的案件，如果发现经销商的行为具有犯罪嫌疑，应裁定驳回对经销商的起诉，移送公安机关处理。如现有证据可以区分涉嫌犯罪数额的，该部分移送后，其余部分应判决借款人承担相应的偿还责任。2、有部分借款人对经销商的挪用行为是明知的，其签订贷款合同的目的就是帮助经销商融资，并非用于购买车辆。如果有证据证明借款人明知经销商的挪用行为，则应适用本指导意见第四条的相关规定。

（三）汽车消费贷款保证保险合同的效力

对于保证保险合同的定义，法律界和保险界有很大争议。本指导意见中所称的保证保险合同，仅指贷款合同的借款人作为投保人，将贷款合同的债权人银行作为被保险人，以债权人银行对借款人享有的债权为保险标的，在保险事故发生后，保险人按照约定向被保险人承担保险责任的合同。

对于保证保险合同属于保证合同还是保险合同，其是否具有从属性？这也是法律界和保险界关注的一个焦点问题。审判实践中很多被保险人在诉讼中也主张：保证保险合同的实质属于保证合同，保险公司是保证人，其依据保证保险合同所承担的保险责任就是保证责任，应当从属于被担保的主债权—贷款合同。而类似的主张亦为很多法院所接受。按照最高人民法院《关于审理保险纠纷案件适用法律若干问题的解释（送审稿）》的规定，审理保证保险合同纠纷首先适用《合同法》《保险法》的规定，《合同法》《保险法》没有规定的，才参照《担保法》的有关规定。因此，保证保险合同是保险合同的一种，是具有担保性质的保险合同。保险公司根据保证保险合同承担的是保险赔偿责任，不是连带保证责任。

需要强调的是，由于保证保险合同是保险合同的一种，保证保险合同具有独立性。因此，在参照《担保法》的有关规定时绝不能适用主从合同关系的规定。在保险合同法律关系中，其它民事合同的权利义务虽然是保险人确定承保条件的基础，但其不能改变两个合同在实体与程序上的法律独立性，保险合同与其它民事合同之间不存在主从关系。因此贷款合同被认定无效并不一定导致保证保险合同无效。

《保险法》第十二条规定，投保人对保险标的不具有保险利益的，保险合同无效。在以借款人为投保人、银行为被保险人的保证保险合同中，保证保险合同的保险标的就是债权。如果债权无效了，没有保险利益，保险合同也就无效了。但就贷款合同而言，其被认定无效，银行的债权仍然存在，并不存在保证保险合同因没有保险利益而无效的情况。当然，如果保险合同中约定是以特定的贷款合同债权作为保险标的（如约定"本保险合同所称的所欠款项是指汽车消费贷款合同中未偿还的贷款本金以及未偿还贷款本金在保险事故发生之日至保险事故结案之日期间的合同约定的贷款利息"），如果贷款合同无效，就丧失了特定的债权，保证保险合同也因保险利益自始不存在而无效。

综合以上观点，当我们判断一个保证保险合同是否有效时，有两个依据：一个是《合同法》《保险法》关于合同无效的规定，另一个就是保证保险合同的约定。

（四）"合作协议"的适用问题

此部分的争议主要在于："合作协议"是否为保证保险合同的组成部分？当其与保险单及保险单后所附保险条款约定不一致时，以哪一个为准？一种意见认为：保险单才是实质意义上的保险合同。"合作协议"对保险合同的内容只是意向性的规定，保险公司与银行之间并非由于履行"合作协议"而直接产生了纠纷，银行索赔的依据应当是保险单。同时，"合作协议"修改了保证保险条款的内容，这种修改未得到投保人的认可，亦未按《保险法》规定办理保险单批改手续，应属无效。另一种意见认为，此类"合作协议"虽然是意向性协议，但直接体现了保险合同当事人的合意，与保险条款互为补充关系，同属保险合同内容。约定不一致时，应以"合作协议"为准。

我们认为，"合作协议"订立在投保人与保险人签订具体的保险单、批单、其它保险凭证之前，是保险合同的预约，是合同当事人约定在未来一个时期对所发生的债权投保。由于当时债权并未产生，所以保险标的不确定，保证保险合同尚未成立。但当投保人与保险人签订了具体的保险单、批单、其它保险凭证后，该协议中有关保证保险合同的约定与之后签订的各个具体的保险单、批单、其它保险凭证以及保险单后所附保险条款共同构成了保险合同的内容。虽然"合作协议"修改了保证保险条款的内容，这种修改未得到投保人的认可，但保证保险合同与其他的保险合同的不同在于，保证保险的标的为债权，当保险事故发生时，对被保险人的赔偿客观上起到了对债权的担保作用，使债权的实现由不确定性变为确定，因此保险人往往由债权人指定或认可，同时保险单上也为债权人银行设定了更多的义务。因此银行可以对其与保险人之间的权利义务进行约定，"合作协议"中有关保证保险的约定直接体现了双方的合意，应视为保险合同的内容。

当各个具体的保险单、批单、其它保险凭证以及保证保险条款与"合作协议"就同一事项约定不一致时，应确立以下判断的原则：

1. 先看当事人对此是否有约定。当事人如果约定"合作协议"的效力高于保险单、批单、其它保险凭证以及保证保险条款的，应适用"合作协议"。这即是当事人意思自治的体现，也是保险法中禁反言原则的体现；

2. 当事人对此无约定的，以各个具体的保险单、批单、其它保险凭证以及保证保险条款为认定各方责任的依据。因为在当事人无约定的情况下，应以保险合同各组成部分成立的先后顺序作为判断的标准，"合作协议"在先，具体的保险单等在后，后订立的合同优于先订立的合同；

3. 当事人对此既无约定，又没有订立的先后顺序的，适用特别约定优先的原则。

（五）保险人责任承担的问题

保险合同被认定有效，并不等于保险人均应承担保险责任。实践中判断保险人应否承担保险责任所涉及的事实情况较为复杂，包括保险事故是否发生、是否存在责任免除的情形，是否存在投保人、被保险人不履行约定义务保险人不承担赔偿责任等情形，这些都是保险人承担保险责任的前提。因此在保证保险合同有效的情况下，人民法院应当在审查贷款合同关系履行事实的基础上，严格依照《保险法》的规定以及保证保险合同的约定，认定各方当事人相应的民事责任。

（六）保险人对保证保险合同解除权的行使

与《合同法》中有关合同解除规定不同的是，《保险法》第十六规定："除本法另有规定或者保险合同另有约定外，保险合同成立后，保险人不得解除保险合同"。这一规定是对保险人行使解除权的限制。保险合同成立后，保险人原则上不能解除保险合同，只有在《保险法》规定的原因出现或者保险合同条款中约定的条件成就时，保险人方可依法行使解除权。

保险人以投保人未履行如实告知义务为由，提出解除保证保险合同的，人民法院应按《保险法》和北京市高级人民法院《关于审理保险纠纷案件若干问题的指导意见》的相关规定处理。需要注意的是，按照《关于审理保险纠纷案件若干问题的指导意见》第十一条的规定，保险人在缔约或保险事故发生之前已经知道或应当知道投保人有违反如实告知义务的情形，但仍收取保险费的，对其要求解除合同或在保险事故发生后拒绝承担保险责任的主张，人民法院不予支持。

鉴于保证保险合同的特殊性以及实践中出现的被保险人起诉保险人要求其承担保证保险责任后，保险人又起诉投保人要求解除保证保险合同的情况，我们认为在审理解除保证保险合同的诉讼中，应追加银行作为无独立请求权第三人参加诉讼。这样既保护了银行利益，同时也便于人民法院了解就同一保证保险合同所涉其他诉讼的情况。

在保险事故发生前，保险人可以以投保人未履行如实告知义务为由，提出解除保证保险合同。但保险事故发生后，除《保险法》第四十三条的情形外，保险人仅能提出拒赔的抗辩，不能再提出解除保证保险合同的主张。

我们在指导意见第十八条第二项规定了"被保险人起诉保险人保证保险纠纷案件尚未审结，保险人又起诉投保人要求解除保证保险合同的，被保险人诉保险人保证保险合同纠纷案件的审理程序应当中止，等待解除保证保险合同之诉的最终结果"。有意见认为应区分解除之诉提出的时间，保险人在一审中没有提出解除合同的诉讼或抗辩，应视为放弃了该项权利，不能在二审中再提出。我们也认为该意见是正确的，但仍规定了保险人有提出解除合同的诉权，主要是基于审判实务中出现了一些法院在一审时对保险人提出的抗辩并未进行审理，或要求保险人另行提起解除合同诉讼的现象。为保护保险公司就该类案件诉权的行使，我们作了此项规定。因此，此项规定只是适用于特定时期出现的该类案件。

第三节　上海地区裁判倾向

一、上海市高级人民法院民事审判第五庭《关于审理保险代位求偿权纠纷案件若干问题的解答（一）》

发文机关：上海市高级人民法院
文　　号：沪高法民五〔2010〕2号
发文日期：2012年9月19日
施行日期：2012年9月19日
效力级别：地方司法文件

一、在医疗费用保险中，保险人能否向第三者行使保险代位求偿权？

答：根据中国银行保险监督管理委员会《健康保险管理办法》第二条、第四条的规定，医疗费用保险可以分为补偿性医疗保险（亦称费用补偿型医疗保险）和非补偿性医疗保险（亦称定额给付型医疗保险）。补偿性医疗保险适用补偿原则和保险代位制度，非补偿性医疗保险不适用补偿原则和保险代位制度。

在保险代位求偿权纠纷中，法院应根据保险合同的约定，确定系争保险是否属于补偿性医疗保险。

保险合同明确约定本保险适用补偿原则、"以实际支出医疗费作为赔付依据"等内容的，保险人在向被保险人支付保险赔偿金后，有权向第三者行使保险代位求偿权。

保险合同明确约定本保险为定额给付保险或不适用补偿原则等内容的，保险人在向被保险人支付保险赔偿金后，无权向第三者行使保险代位求偿权。

医疗费用保险合同对是否适用补偿原则未作约定或约定不明的，视为非补偿性医疗保险，保险人无权向第三者行使保险代位求偿权。

二、交强险保险人承担保险赔偿责任后，能否依据《保险法》第六十条的规定向第三者行使保险代位求偿权？

答：根据《侵权责任法》第四十八条、《道路交通安全法》第七十六条的规定，机动车发生交通事故致人身伤亡、财产损失的，交强险保险人在责任限额内予以赔偿，不足部分由机动车一方依法承担赔偿责任。因此，保险人所承担的赔偿责任是法定责任、终局性责任，而机动车一方承担的是补充赔偿责任。交强险保险人支付保险赔偿金后，依据《保险法》第六十条的规定向第三者行使保险代位求偿权的，法院不予支持。

三、保险人能否就已经投保再保险的部分，一并向第三者行使保险代位求偿权？在保险代位求偿权纠纷中，是否应当审查再保险合同的签订和履行情况？

答：再保险又称保险的保险，是指保险人将其对危险的承保责任，基于再保险合同关系，一部或全部转移给其他保险人。原保险和再保险之间，虽有关联，但在法律关系上各自独立。

根据合同相对性原则，保险人投保再保险的，保险人对第三者的保险代位求偿权不因此受到影响。保险人可以就全部金额向第三者行使保险代位求偿权，获得赔偿后按再保险合同分摊给再保险人。

在保险代位求偿权纠纷中，因再保险人无权向第三者行使保险代位求偿权，故法院无需审查再保险合同的签订和履行情况。

四、《保险法》第六十条的赔偿请求权是否限于《侵权责任法》上的赔偿请求权？

答：保险代位制度的立法目的在于防止被保险人借由保险合同获得超出实际损失以外的不当利益。当被保险人就其损失既可以向保险人主张保险赔偿金请求权，又可以向第三者主张任何一种赔偿请求权的，就有通过保险事故获得双重赔付的可能，也就应当适用保险代位制度。

故当被保险人因侵权、违约等对第三者享有请求权的，保险人均可以行使保险代位求偿权。具体而言，《保险法》第六十条的赔偿请求权不仅包括侵权行为所产生的损害赔偿请求权，也包括违约赔偿请求权，还包括不当得利返还请求权、所有物返还请求权、占有物返还请求权、连带责任的内部追偿权等。

五、就保险事故所致损失，被保险人对同一第三者享有数个竞合的赔偿请求权，保险人在承担保险赔偿责任后提起保险代位求偿权诉讼的，如何处理？

答：被保险人因同一法律事实，依据不同法律规定，可以向同一第三者主张两个以上请求权，而这些不同的请求权又不能同时得到满足的，属于请求权竞合。

根据《合同法》第一百二十二条、《最高人民法院关于适用<中华人民共和国合同法>若干问题的解释（一）》第三十条的规定，保险人依据保险代位制度行使原属被保险人的上述竞合的请求权时，法院应当予以释明，要求保险人进行选择。

保险人经法院释明后作出明确选择的，法院按照保险人确定的请求权进行审理。释明后，保险人未作选择的，法院应根据最有利于纠纷解决的原则依职权确定。

六、就保险事故所致损失，被保险人对多个第三者同时享有给付目的一致的赔偿请求权，保险人在承担保险赔偿责任后提起保险代位求偿权纠纷诉讼的，如何处理？

答：就保险事故所致损失，被保险人基于不同法律关系对多个第三者享有赔偿请求权，但给付目的一致的，属于不真正连带之债。例如甲投保财产险，并委托乙保管一台彩电、乙在保管期间借给丙使用，丙使用时不小心损毁。甲对乙的违约损害赔偿请求权与甲对丙的侵权损害赔偿请求权即构成不真正连带之债。

不真正连带之债的各债务人对同一债权人负有以同一给付为目的的数个债务，因一个债务人的履行而使全体债务均归于消灭。各请求权所依据的法律关系和债务人均不相同，故属于不同的诉讼标的，债权人有权分别起诉。债权人同时起诉数个债务人的，属于普通共同诉讼。对普通共同诉讼，法院应根据便利人民群众诉讼、便利法院审判案件的"两便"原则，确定案件是否合并审理。

保险人向被保险人支付保险赔偿金后，即取代被保险人，有权基于不同的法律关系，对数个第三者分别提起保险代位求偿权诉讼，也可以提起共同诉讼。

七、对受害人的损失，商业责任保险的被保险人与其他侵权人承担连带赔偿责任时，保险人的保险赔偿责任范围如何确定？商业责任保险的保险人承担保险赔偿责任后，如何行使保险代位求偿权？

答：商业责任保险中，保险人的赔偿范围应当根据保险合同的约定予以确定。

保险合同对赔偿范围有明确约定的，保险人应按照约定承担保险赔偿责任。但保险人为部分或者全部免除其保险赔偿责任，在其提供的格式合同中规定"按驾驶人在事故中所负事故责任比例，保险人承担相应赔偿责任"、免赔率，免赔额等条款的，法院应当认定为《保险法》第十七条第二款规定的免除保险人责任的条款。保险人未履行提示和明确说明义务的，上述条款不产生效力。

如上述条款有效，但保险人与被保险人对该条款含义有争议的，法院应当根据《合同法》第一百二十五条、《保险法》第三十条的规定进行解释。保险合同仅约定"对应由被保险人承担的赔偿责任，保险人负责赔偿"的，一般可以解释为保险人对被保险人所负的全部赔偿责任承担保险赔偿责任，包括对外的连带责任。

《侵权责任法》第十四条规定，支付超出自己赔偿数额的连带责任人，有权向其他连带责任人追偿、如保险人对被保险人给付的保险赔偿金已超出被保险人依法应自行承担部分的，保险人有权向其他连带责任人就超出部分行使保险代位求偿权。

八、保险人能否对第三者的保证人行使保险代位求偿权？

答：根据《担保法》第二十二条、《物权法》第一百九十二条的规定，让与主债权时，该债权的保证债权、抵押权一并转移给受让人，但法律另有规定或者当事人另有约定的除外。

赔偿请求权因保险代位求偿权转让给保险人时，被保险人对第三者的保证债权、抵押权等从权利一并转移给保险人，保险人可以对保证人、抵押人行使保险代位求偿权，但法律另有规定或者当事人另有约定的除外。

九、在保险理赔程序中，保险人为查明和确定保险事故的性质、原因和损失程度所支付的公估费、鉴定费等必要费用，能否在保险代位求偿权纠纷中要求第三者赔偿？

答：保险人向投保人收取的保险费（亦称毛保费）由两部分构成，一是纯保费，对应于每个单位保额的可能损失额；二是附加保费，即保险人就每单位保额支出的经营费用，包括保险公司的手续费、佣金和固定成本等各种费用。查明和确定保险事故的性质、原因和损失程度是保险人理赔工作的一部分，是理赔必须支出的费用，属于附加保费的范畴。

《保险法》第六十四条规定，在理赔程序中支出的公估费等必要费用，由保险人承担。保险人支出的公估费不属于《保险法》第六十条规定的保险赔偿金，在保险代位求偿权纠纷中，保险人要求第三者赔偿公估费的，法院不予支持。

十、保险人能否向投保人行使保险代位求偿权？

答：《保险法》第六十条规定的第三者是指保险人和被保险人以外的第三方，但被保险人的家庭成员或者其组成人员除外。

投保人和被保险人为同一人的，保险人不得对该投保人行使保险代位求偿权。

投保人和被保险人不是同一人的，因财产保险的保障对象是被保险人，投保人不在保险保障的范围内，故保险人可以根据《保险法》第六十条的规定对投保人行使保险代位求偿权，但保险合同另有约定的除外。

十一、如何理解《保险法》第六十二条规定的家庭成员？

答：《保险法》禁止保险人对"家庭成员"行使保险代位求偿权的原因在于，家庭成员与被保险人有共同生活关系，利害一致。若准许保险人对家庭成员行使保险代位求偿权，无异于使被保险人获得的保险赔偿金"左手进、右手出"，实际仍由被保险人承担了损失。共同生活是表象，利害一致是实质。判断"家庭成员"范围，不应拘泥于共同居住时间的长短，而应着重审查第三者与被保险人是否因共同生活或法定义务建立了共同的、经济上的利害关系。

《保险法》第六十二条规定的家庭成员，指与被保险人共同生活的近亲属及其他与被保险人有抚养、赡养、扶养关系的人。具体包括：

（一）保险事故发生时，与被保险人共同生活的配偶、父母、子女、兄弟姐妹、祖父母、外祖父母、孙子女、外孙子女；

（二）虽然不符合前项情形，但与被保险人有抚养、赡养、扶养关系的人。

十二、保险人根据保险合同的约定，仅就被保险人所受损失中的特定项目承担保险赔偿责任后，能否就其他赔偿项目向第三者行使保险代位求偿权？

答：保险代位求偿权的内容，必须与保险人填补损失的内容具有一致性，保险人才能代位行使。

当被保险人有多项损失，而保险人依据保险合同的约定仅就其中部分项目的损失予以赔付的，被保险人可以就未获赔付的损失项目，向第三者行使赔偿请求权。保险人则只能就已经给付保险赔偿金的损失项目行使保险代位求偿权。

比如在补偿性医疗费用保险中，被保险人因侵害产生医疗费用、误工费、护理费等损失。保险人仅就医疗费用损失承担保险赔偿责任后，被保险人可以就其他损失继续向侵权人主张赔偿请求权，保险人则只能就医疗费用行使保险代位求偿权。

二、上海市高级人民法院民事审判第五庭《关于审理保险代位求偿权纠纷案件若干问题的解答（二）》

发文机关：上海市高级人民法院

文　　号：沪高法民五〔2010〕3号

发文日期：2010年9月30日

施行日期：2010年9月30日

效力级别：地方司法文件

一、第三者在保险人承担保险赔偿责任前，已经向被保险人作出赔偿的，应如何处理

答：根据《保险法》第六十条第二款的规定，被保险人已经从第三者处取得赔偿的，保险人可以扣减相应的保险赔偿金。

如被保险人取得第三者赔偿后，对保险人隐瞒情况，导致保险人仍支付保险赔偿金，保险人行使代位求偿权，要求第三者重复承担赔偿责任的，法院不予支持。

保险人可以依据《保险法》第六十条第二款的规定，另行起诉，要求被保险人返还相应的保险赔偿金。

二、第三者在保险人承担保险赔偿责任后，仍向被保险人作出赔偿的，应如何处理

答：《合同法》第八十条规定，债权转让未通知债务人的，该转让对债务人不发生效力。保险代位求偿权是一种请求权的法定转移。给付保险赔偿金后，保险人或被保险人应当通知第三者。

第三者在保险人承担保险赔偿责任后，仍向被保险人作出赔偿的，应当根据通知到达的情况分别处理。

通知到达前，第三者已经向被保险人作出赔偿的，属善意清偿，可以产生债务消灭的法律效力。保险人对第三者行使保险代位求偿权的，法院不予支持。保险人可以另行起诉，要求被保险人返还从第三者处取得的赔偿金。

通知到达后，第三者仍向被保险人赔偿的，属恶意清偿，不产生债务消灭的法律效力。保险人对第三者行使保险代位求偿权的，法院应予支持。第三者与被保险人之间的关系可另案处理。

三、在保险事故发生前，被保险人放弃对第三者请求赔偿权利的，应如何处理

答：对被保险人在保险事故发生前放弃对第三者请求赔偿权利的，《保险法》没有明确规定。法院可以依照《民法通则》第五十八条、《合同法》第四十条、第五十二条、第五十三条的规定，审查放弃权利行为、免责条款的法律效力。

如被保险人的放弃权利行为、免责条款无效，第三者要求免责的，法院不予支持。

如被保险人的放弃权利行为、免责条款有效，保险人对被保险人放弃的赔偿权利部分主张保险代位求偿权的，法院不予支持。保险人可以依据《保险法》第十六条、第五十二条第二款、第六十一条第三款的规定，要求违反如实告知义务或危险增加告知义务的被保险人返还相应的保险赔偿金，但保险人知道或应当知道上述情形仍同意承保、继续承保或赔偿保险金的除外。

四、在保险事故发生后，被保险人与第三者就第三者的赔偿责任签订部分免除责任或以物抵债协议的，如何处理

答：《保险法》第六十一条第一款、第二款规定的保险事故发生后被保险人放弃对第三者请求赔偿的权利，应作广义理解，即包括全部放弃、部分放弃、以物抵债等。

在保险事故发生后，保险人未赔偿保险金之前，被保险人与第三者签订部分免除责任或以物抵债协议的，保险人可以依据《保险法》第六十条第二款的规定，相应扣减保险赔偿金额。因被保险人隐瞒上述情况，保险人支付保险赔偿金后，向第三者行使保险代位求偿权的，法院对该部分不予支持。保险人可以依据《保险法》第六十条第二款的规定，要求被保险人归还相应的保险赔偿金。

保险人向被保险人赔偿保险赔偿金后，被保险人未经保险人同意，与第

三者签订部分免除责任或以物抵债协议的，该协议无效。保险人向第三者行使保险代位求偿权的，法院应予支持。第三者与被保险人之间的关系可另案处理。

五、在不足额保险中，保险人的保险代位求偿权与被保险人对第三者赔偿请求权同时存在的，第三者的赔偿金额如何确定

答：不足额保险是指保险金额小于保险价值的保险。

根据《保险法》第六十条第三款的规定，在不足额保险中，被保险人从保险人处获得保险赔偿金后，可就其未取得赔偿的部分向第三者请求赔偿。同时，保险人基于保险代位求偿权对第三者也享有赔偿请求权。两者的赔偿金额按下列原则确定：

（一）第三者对外赔偿义务的范围维持不变；

（二）优先满足被保险人对第三者的赔偿请求权，使被保险人的损失获得最大补偿；

（三）保险人仅能向第三者代位求偿剩余部分；

（四）被保险人明确放弃自己对第三者的赔偿请求权的，保险人可以在全部赔偿金额的范围内行使保险代位求偿权。

六、在不足额保险中，保险人的保险代位求偿权与被保险人对第三者赔偿请求权同时存在的，诉讼程序如何处理

答：保险人的代位求偿权诉讼和被保险人对第三者的赔偿诉讼的诉讼标的不同。被保险人和保险人可以分别对第三者提起诉讼，法院也可以依法合并审理；保险人或被保险人单独诉讼的，法院不应主动追加另一方作为原告。

保险人单独提起保险代位求偿权诉讼的，法院应当审查该保险合同是否属于不足额保险。为防止保险人行使保险代位求偿权影响被保险人的赔偿请求权，法院可以根据《民事诉讼法》第五十六条第二款的规定，通知被保险人作为无独立请求权第三人参加诉讼。

七、在不足额保险中，保险人的保险代位求偿权与被保险人对第三者赔偿请求权同时存在的，判决主文如何表述？

答：根据《保险法》第六十条第三款的规定，当第三者的财产不足以同时满足被保险人和保险人赔偿请求权的，应当优先赔偿被保险人的损失，但被保险人明确放弃优先赔偿权利的除外。

因此，当被保险人和保险人为共同原告的，判决主文可以表述为，"被

告×××（即第三者）应于判决生效之日起十日内赔偿原告×××（即被保险人）人民币×××元，赔偿原告×××（保险人）人民币×××元，被告×××（即第三者）应优先赔偿原告×××（即被保险人）。"

八、不足额保险的保险人和被保险人对第三者提起共同诉讼的，如被保险人或保险人一方单独撤回起诉的，如何处理

答：保险人和被保险人共同诉讼的，属于普通共同诉讼。其中一个原告撤回起诉的，法院应准许其撤诉，但不影响另一原告继续诉讼。

九、在保险代位求偿权诉讼中，对第三者提出的有关保险合同无效、保险人不应承担保险赔偿责任、保险赔偿金额计算不当等抗辩，法院是否应予审查

答：保险代位求偿权的取得属于法定请求权转让，保险人行使的是原属于被保险人的赔偿请求权，该赔偿请求权和保险合同属于不同法律关系，法院应当仅就造成保险事故的第三者与被保险人之间的法律关系进行审理。对第三者提出的保险合同无效、保险人不应承担保险赔偿责任、保险赔偿金额计算不当等抗辩，法院不应审查。

十、保险人取得代位求偿权后，能否再行对外转让其取得的权利

答：《合同法》第七十九条规定，债权人可以将合同权利全部或部分转让第三人。

保险代位权是一种法定的请求权转让，保险人代位取得原属于被保险人对第三者的赔偿权利后，即成为债权人，可以对外转让其取得的赔偿请求权，但根据法律法规或当事人约定禁止转让的除外。

十一、保险代位求偿权是否适用单独的诉讼时效

答：保险代位求偿权不是一种独立的请求权，而是法定请求权转让，故《保险法》没有为其设定单独的诉讼时效期间。

保险人向第三者行使代位求偿权的诉讼时效期间应当与被保险人向第三者行使赔偿请求权的诉讼时效期间相同。

十二、保险代位求偿权诉讼时效期间应从何时开始计算

答：保险代位求偿权的诉讼时效期间从被保险人知道或者应当知道权利被第三者侵害时起计算。

十三、被保险人向第三者请求赔偿、提起诉讼的，能否产生保险代位求偿权诉讼时效中断的效力

答：保险人通过保险代位求偿权承继原属于被保险人的赔偿请求权，该赔偿请求权上附属的时效利益应当一并转移。被保险人在取得保险赔偿金前向第三者请求赔偿或提起诉讼的，产生保险代位求偿权诉讼时效中断的效力。

十四、取得保险代位求偿权后，保险人或被保险人通知第三者的，能否产生诉讼时效中断的效力

答：保险代位求偿权是一种法定请求权转让。根据《最高人民法院关于审理民事案件适用诉讼时效制度若干问题的规定》第十九条的规定，保险人取得保险代位求偿权后，保险人或被保险人通知第三者的，诉讼时效从通知到达第三者之日起中断。

十五、保险代位求偿权纠纷的管辖如何确定

答：保险人提起保险代位求偿权诉讼的，应当根据保险人代位行使的赔偿请求权所依据的法律关系确定管辖。

十六、交强险保险人依据《机动车交通事故责任强制保险条例》第二十二条的规定向致害人行使追偿权的，如何确定案由

答：交强险保险人依据《机动车交通事故责任强制保险条例》第二十二条向致害人行使追偿权提起的诉讼，案由可以适用保险代位求偿权纠纷。

十七、本解答适用于哪些保险

答：根据《保险法》第二条、第一百八十二条第二款的规定，本法所指保险仅限于商业保险，强制保险作为特殊商业保险也适用保险法的规定，但法律、行政法规另有规定的除外。

本解答是针对《保险法》规定的保险代位制度所作。故本解答仅适用于商业保险，包括机动车交通事故责任强制保险。

基本养老保险、基本医疗保险、失业保险，工伤保险等具有社会保障性质的社会保险和海上保险不适用本解答。

涉及政策性出口信用保险的保险代位求偿权纠纷案件，保险合同有约定的，按照约定处理；没有约定的，可参照本解答处理。

三、上海市高级人民法院民事审判第一庭关于机动车交通事故强制责任保险若干问题的解答

发文机关：上海市高级人民法院

文　　号：沪高法民一 [2006] 18 号

发文日期：2006 年 12 月 21 日

施行日期：2006 年 12 月 21 日

效力级别：地方司法文件

一、上海市地方立法规定的第三者责任强制保险与国务院规定的机动车交通事故责任强制保险的衔接

2005 年 4 月 1 日实施的《上海市机动车道路交通事故赔偿责任若干规定》（以下简称《规定》）与 2006 年 7 月 1 日国务院颁布实施的《机动车交通事故责任强制保险条例》（以下简称《条例》），在机动车交通事故强制保险的保险金额、理赔条件、理赔项目上，都有一些不同之处。《条例》实施前的行为，应依据当时的规定处理，《条例》实施后，按条例执行。对于跨越《条例》实施前后的案件，可以分三种情况来处理：第一，2006 年 7 月 1 日以前购买的第三者责任保险，其性质为商业保险，保险公司应根据保险合同约定承担责任。如果合同中对强制保险内容作了特别约定的从其约定；第二，2006 年 7 月 1 日后依据国务院的《机动车交通事故责任强制保险条例》购买的强制保险，按照《条例》规定处理；第三，对于未购买第三者责任保险或强制保险的，交通事故发生在 2006 年 7 月 1 日以前的适用当时的规定，事故发生在 7 月 1 日以后的适用《条例》的规定。

二、机动车和机动车之间发生道路交通事故的强制责任险

根据《中华人民共和国道路交通安全法》第 76 条规定，机动车发生交通事故造成人身伤亡、财产损失的，由保险公司在机动车第三者责任强制保险责任限额范围内予以赔偿。因此，机动车和机动车之间发生交通事故，也适用强制责任保险，由各方投保的保险公司在赔偿限额内分别赔偿对方的损失。超过强制责任保险理赔限额的，按照过错比例由当事人自行承担。

三、交通事故涉及多方当事人的，强制责任保险金的分配

一辆机动车与非机动车或行人发生一起交通事故，导致多方非机动车或

行人受到损害的，只能就一份强制责任保险平均分配。如果一方据此获得的强制责任保险赔偿数额超出其实际损失的，该超出部分由未能得到足额赔偿的其余各方继续分配。

两辆或两辆以上机动车与一方非机动车或行人发生一起交通事故，不论机动车有否责任及责任大小，机动车各方对非机动车或行人的损失，均应当在强制责任保险限额范围内平均分担。

强制责任金可在参加诉讼的当事人中赔付，未参加诉讼的当事人可在剩余金额中赔付。

四、交通事故强制责任保险在非道路交通事故中的适用

根据《中华人民共和国道路交通安全法》第77条规定，车辆在道路以外通行时发生的事故，公安机关交通管理部门接到报案的，参照本法有关规定办理。因此，非道路交通事故造成的损害赔偿亦适用交通事故强制责任保险相关规定。

五、本车人员离开机动车发生交通事故可适用交通事故强制责任保险

根据国务院《条例》第3条的规定，本条例所称机动车交通事故责任强制保险，是指由保险公司对被保险机动车发生道路交通事故造成本车人员、被保险人以外的受害人的人身伤亡、财产损失，在责任限额内予以赔偿的强制性责任保险。本车人员因机动车发生交通事故受到伤害，不受强制责任保险保护。如果，本车人员下车办事或指挥倒车等其它原因离开本机动车，发生交通事故的，已不属于《条例》所称"本车人员"范围，故可适用强制责任保险。

四、上海市高级人民法院关于票据和保险纠纷案件中若干问题的意见

发文机关：上海市高级人民法院

文　　号：沪高法民二〔2009〕15号

发文日期：2009年12月8日

施行日期：2009年12月8日

效力级别：地方司法文件

一、关于票据纠纷案件中的抗辩及其举证责任问题

1. 持票人要求其直接前手承担票据责任的，直接前手以持票人未按约供货等基础关系进行抗辩，举证责任由谁承担？

基础关系与票据行为的分离是票据的无因性和票据的创设证券性质所决定的。但我国票据法从实际国情出发，在票据法第十三条第二款规定"票据债务人可以对不履行约定义务的与自己有直接债权债务关系的持票人，进行抗辩"，还在票据法司法解释第十条规定"票据债务人依照票据法第十三条的规定，对与其有直接债权债务关系的持票人提出抗辩，人民法院合并审理票据关系和基础关系的，持票人应当提供相应证据证明已经履行了约定义务"，明确了我国票据的无因性为相对无因性，票据无因性不及于票据直接前后手关系。据此，在票据纠纷中，法院合并审理基础关系和票据关系的，直接前手向有直接债权债务关系的持票人提起基础关系抗辩的，举证责任可作如下处理：

（1）若直接前手提出持票人未履行基础关系中的约定义务，应当根据票据法司法解释第十条，由持票人提供相应的证据证明已经履行了约定义务。如果直接前手提出其与持票人不存在基础关系，根据票据法第十条第一款"票据的签发、取得和转让，应当遵循诚实信用的原则，具有真实的交易关系和债权债务关系"的规定，直接前手票据行为的行使，应当基于真实的基础关系，因此应由直接前手对双方之间存在基础关系承担初步的举证责任。

（2）如果直接前手提出，持票人未完全履行基础关系中约定义务，实际上直接前手对于持票人履行约定义务并无异议，只是认为其履行有瑕疵，所以仍应当依据谁主张，谁举证的原则，由直接前手对自己的主张承担举证责任。

2. 持票人要求票据债务人承担票据责任，票据债务人以持票人系恶意取得票据进行抗辩的，持票人对持票行为的合法性，是否承担举证责任？

票据债务人依据票据法第十、二十一条，否定持票人取得票据的行为合法性，认为持票人不享有票据权利。但是票据行为系无因行为，持票行为本身就表明了持票人的取得票据的合法性，持票人就取得票据的原因不负举证责任。况且持票人的票据权利是根据票据记载的内容确定，凡票据上记载的票据债务人，不问原因如何，均应对票据上记载的文义负责。应先由票据债务人提供证据，初步证明持票人系恶意取得票据的情况下，再根据票据法司

法解释第九条第二款规定,由持票人对持票的合法性负责举证。

3. 出票人交付空白票据给实际收款人后即被转让,持票人要求出票人支付票据款。出票人以票据上记载的直接前后手的关系不存在,未支付对价进行抗辩,该抗辩理由是否成立?

票据的核心价值在于它的流通性,而票据的文义性又是流通性的保障,因此判断票据直接前后手关系的重要依据是票据记载的内容。票据记载省略了实际的收款人,票据上的收款人后被补记为持票人。根据票据法司法解释第四十九条规定,持票人补记的内容合法有效,其享有票据权利。

至于票据法上的对价关系是指持票人获得票据的对价。根据票据法第十条第二款规定,票据的取得,必须给付对价,即应当给付票据双方当事人认可的相对应的代价。对价关系的关键在于持票人取得票据的合法性,持票人可以从票据记载的直接前手处取得,也可以从未在票据上记载的第三人处取得,如持票人从第三人处通过真实交易关系或债权债务关系取得票据,出票人以票据上记载的直接前后手的关系不存在,未支付对价为由提出抗辩,法院不予支持。

4. 出票人在出票时没有填写出票日期,但持票人在提示付款时,该票据已填写出票日期的,票据债务人以出票日期的填写人不适格以及填写日期错误为由提起的抗辩,法院是否应予支持?

在现实经济生活中,未记载出票日期的空白票据被大量地使用。票据法关于绝对必须记载事项的规定,目的在于强调票据行为的规范性,不是为票据的效力设置障碍。所以在审理此类案件时,应像审理合同纠纷案件一样,以鼓励交易和流通为宗旨,以保障交易安全为目的,不可轻易认定合同无效,亦不要轻易认定票据无效。虽然票据法未规定出票日期可以授权补记,如果轻易认定为无效票据,那么出票人可能故意签发无出票日期的票据,而给善意持票人带来损失。同时,持票人是出票人填写相应票据内容的履行辅助人,持票人只是依照出票人原来决定的意思,填写出票日期,这与出票人自行填写出票日期完成出票行为并无不同,所以持票人要求票据债务人按票据记载内容承担票据责任,法院应予支持。因此一方面出票人在出票时应当填写出票日期,否则一般应认定该票据无效。但另一方面持票人在提示付款时,该票据已填写了出票日期的,应当以票面记载内容为准,认定票据有效,票据债务人以出票日期的填写人不适格以及填写日期错误为由提起的抗辩，法院不予支持。

二、关于交强险与商业险赔付的法律适用问题

5. 机动车交通事故责任强制险（以下简称交强险）与商业第三者责任险（以下简称商业三者险），因精神损害赔偿不属于商业三者险的赔偿项目，精神损害赔偿和财产损害赔偿在交强险中的赔付顺序如何确定？

被害人死亡时，他人垫付相关费用的情况下，垫付人可以根据不当得利或无因管理等请求权请求赔偿，而精神损害赔偿只能由第三者（受害者）的直系亲属请求赔偿。这样多个债权人都可以要求保险人通过支付保险金的形式，履行被保险人的债务。法院无论是优先考虑财产损害赔偿还是精神损害赔偿，都是在多个债权人之间进行了先后顺序的区分，有违债权人平等性原则。

如果精神损害和财产损害按比例，在交强险赔偿金额中理赔，这实质上适用重复保险的理赔方式。但交强险和商业三者险一般都为同一保险人承保，且保险标的也不相同，不符合保险法第五十六条第四款对于重复保险的规定。所以不应采用比例原则确定赔付顺序。

因此，精神损害赔偿和财产损害赔偿在交强险中的赔付顺序，应当尊重被保险人的选择。对于被保险人而言，商业三者险赔付中并不包括精神损害赔偿，除非投保人另外投保了有关精神损害赔偿的险种，否则精神损害赔偿只能在交强险中获得补偿。所以应当赋予被保险人以选择权，使其可以通过选择，获得充分的赔偿。对于商业三者险的保险人而言，在合同订立时，就应当预见自己的合同义务就是在保险限额内赔偿财产损失，即使赔偿扣除全部精神损害赔偿之后的财产损失，也未超出保险人预期的合同义务范围。

三、关于财产保险纠纷中保险代位求偿权的问题

6. 保险代位求偿纠纷中被保险人的诉讼地位如何确定？

《最高人民法院关于在经济审判工作中严格执行民事诉讼法的若干规定》第十一条明确规定，人民法院对已经履行了义务，或者依法取得了一方当事人财产，并支付了对价的原被告法律关系以外的人，不得作为无独立请求权的第三人参加诉讼。在保险代位求偿权纠纷中，被保险人基于支付的保险费，在保险事故发生后获得了保险赔偿，应当属于该条规定的第二种情况，当然不能作为无独立请求权的第三人参加诉讼。

如果在保险代位求偿权成立后，被保险人已经向第三者提起诉讼的，保险人可以向受理该案件的法院申请变更当事人，法院应予准许。因为根据保

险法第六十条第一款之规定，此时被保险人对第三者请求赔偿的权利，已法定转移给保险人。

若是被保险人的损失未获保险人全部赔偿的，保险人和被保险人可以作为共同原告或分别向第三者请求赔偿。其依据也是保险法第六十条第一款和第三款，保险人在支付保险金后，只是获得了已支付保险金额范围内的代位求偿权，被保险人仍可向第三者要求保险金未覆盖的损失部分的赔偿。

7. 在保险代位求偿权案件中，保险人能否向投保人行使代位求偿权？

根据保险法的规定，投保人与被保险人可以为同一人，也可为不同的人。后者产生了保险人是否可以向投保人行使代位求偿权问题，在为他人利益的保险合同中投保人不是被保险人，因此也不是保险合同的保护对象，在保险事故发生后，如果投保人对保险事故的发生有责任，保险人在理赔后当然可对其行使代位求偿权。但根据保险法第六十二条，投保人系被保险人的家庭成员或其组成人员的，保险人不得向其行使保险代位求偿权，如果以上人员故意造成保险事故的除外。

8. 保险人是否可以基于合同关系产生的，第三者对被保险人应负的赔偿责任，行使保险代位求偿权？

保险人代位行使的被保险人对第三者请求赔偿权的范围，不以侵权行为所产生的损害赔偿请求权为限。该损害赔偿请求权即使不是基于侵权行为产生的，保险人亦可行使代位求偿权。此外的损害赔偿请求权不仅因第三者的侵权行为所产生，包括基于合同关系、法律规定产生的第三者对被保险人应负的赔偿责任。保险法第六十条第一款明确规定，"因第三者对保险标的的损害而造成保险事故的"，保险人可在赔偿金额范围内代位行使被保险人对第三者请求赔偿的权利。此处是用"因第三者对保险标的的损害而造成保险事故的"的措辞，并没有限制规定为"因第三者侵权行为对保险标的的损害而造成保险事故"。

9. 保险代位求偿权纠纷中，保险人向第三者行使代位求偿权，第三者就保险合同本身的效力提出异议，认为该保险合同无效，保险人不应对被保险人进行保险赔付。法院是否应当审查保险合同的效力？

根据最高人民法院《关于审理海上保险纠纷案件若干问题的规定》第十四条："受理保险人行使代位请求赔偿权利纠纷案件的人民法院应当仅就造成保险事故的第三者与被保险人之间的法律关系进行审理。"这虽是海商法对保险代位求偿权制度的规定,但都属于保险法的范畴,可以在陆上保险代位求偿权纠纷中参照适用。此外,保险合同是对被保险人的保障,对于第三者来说,是否承担法律责任与保险合同效力无关,而应当依据第三者与被保险人之间的法律关系确定。保险人是基于第三者与被保险人之间的法律关系提起的代位求偿之诉,如果轻易允许第三者对保险合同效力提出异议,将使得保险合同已经确定的保险责任再生变故,徒将法律关系复杂化。

五、上海市高级人民法院关于审理保险合同纠纷案件若干问题的解答(一)

发文机关:上海市高级人民法院

文　　号:沪高法民五〔2010〕4号

发文日期:2010年12月17日

施行日期:2010年12月17日

效力级别:地方司法文件

一、裁判文书中引用修订前、后保险法的,名称如何表述?

答:在裁判文书中引用修订前的《保险法》,一律称"2002年《中华人民共和国保险法》";引用修订后的《保险法》,一律称"《中华人民共和国保险法》"。

二、投保人向保险公司的分支机构投保,但保单由保险公司盖章的,如何确定保险合同纠纷案的当事人?

答:依法成立并领取营业执照的分支机构虽然不具有法人资格,但具有独立的诉讼主体资格。在审理保险合同纠纷案时,应当以与投保人订立保险合同的保险公司或保险公司分支机构作为当事人。

实务中,有的保险公司分支机构虽然直接向投保人推销保单、接受投保单,但其出具给投保人的保单加盖的是保险公司总公司或省级分公司的公章。接受投保单的保险公司分支机构不是保险合同当事人,亦不能作为该案诉讼的当事人。

三、商业责任保险的被保险人向保险人请求赔偿保险金的诉讼时效期间的起算点,如何确定?

答:被保险人向保险人请求赔偿保险金的,诉讼时效期间从被保险人向受害人履行民事赔偿义务之日起计算。

四、商业责任保险中,被保险人与受害人在保险人未参与的情况下达成调解或和解协议,其效力如何确定?

答:人身损害赔偿和保险合同属于不同法律关系。被保险人与受害人在保险人未参与的情况下达成的调解或和解协议只能约束被保险人和受害人,对保险人不具有法律上的约束力。在审理后续财产保险合同纠纷案中,法院应当根据法律的规定和保险合同的约定审查并确定保险人的保险赔偿责任。

五、保险人以被保险人未在指定定点医院就医或指定维修点维修车辆为由拒绝承担保险赔偿责任的,如何处理?

答:保险公司是经营风险的企业,保险公司指定定点医院或维修点的目的,是将其经营活动的某一环节,交由具备专门技术的单位协助把关。故保险合同对此有明确约定,且保险人已尽到提示和明确说明义务的,应当认定上述合同条款有效。被保险人应按约履行,违反约定所产生的费用,保险人有权拒绝赔偿,但被保险人因情况紧急必须立即实施必要的救护或维修的除外。

六、保险人根据《保险法》第四十九条第三款、第五十二条第一款的规定作出增加保险费或者解除合同的决定前,发生保险事故的,如何处理?

答:因保险标的转移或危险显著增加,受让人或被保险人通知保险人后,保险人有权增加保险费或者解除合同。但在保险人行使变更权或者解除权前,保险合同仍然有效,发生保险事故的,保险人应当根据保险合同承担保险赔偿责任。

七、主、挂车均投保责任保险,主、挂车连接使用时发生交通事故的,如何处理?

答:在交强险中,保险业对此问题已达成较一致的观点。中国保险行业协会《机动车交通事故责任强制保险承保、理赔实务规程要点(2006年版)》《交强险承保、理赔实务规程(2008版)》和《交强险互碰赔偿处理规则(2008版)》均规定,主车和挂车在连接使用时发生交通事故的,主车与挂车的交强险保险人分别在各自的责任限额内承担赔偿责任。银保监会《转发交通运输部等五部委关于促进甩挂运输发展的通知》(保监厅发[2010]11号)也指出,"认真做好挂车交强险承保和理赔服务工作。各公司不得拒绝或拖延承保挂车交强险;对于主车和挂车在连接使用时发生交通事故的,要严格按两个责任限额累加进行赔付。"上述行业惯例和银保监会的意见,可以作为审理交强险案件的参考依据。

在商业责任保险中,如合同明确约定"主车和挂车连为一体发生事故,两车的保险赔偿限额以主车的保险限额为限"等内容,并且保险人履行了提示和明确说明义务的,法院应当认定上述合同条款有效,并根据合同约定确定保险赔偿责任。如保险合同对此没有约定或者约定不明的,可以参照交强险的行业惯例处理。

八、精神损害抚慰金应列为交强险还是商业责任保险的赔偿范围?

答:如人身损害赔偿纠纷案的判决明确判令交强险保险人承担精神损害抚慰金的,商业责任保险保险人不再承担。

前诉判决主文未明确交强险保险人是否承担精神损害抚慰金的,后续审理保险合同纠纷案的法院应当询问交通事故受害人,由其确定交强险赔付范围是否包括精神损害抚慰金。受害人选择由交强险保险人承担的,按前款规定处理。受害人选择不由交强险赔偿精神损害抚慰金的,商业责任保险合同又明确约定精神抚慰金不予赔偿的,商业责任保险保险人可以不承担精神抚慰金。

九、保险标的转让、保险事故、理赔、代位求偿等行为或事件,部分发生于《保险法》施行前,部分发生在《保险法》实施后的,如何适用法律?

答:《最高人民法院关于适用〈中华人民共和国保险法〉若干问题的解释(一)》对此类情形的法律适用没有作出规定。因其法律适用特别复杂,个案处理遇到问题后,可及时逐级上报我庭。

六、上海市高级人民法院关于审理保险合同纠纷案件若干问题的解答(二)

发文机关:上海市高级人民法院

效力级别:地方司法文件

一、在执行上海市高级人民法院民五庭《关于审理保险合同纠纷案件若干问题的解答(一)》第二条时,如被保险人或受益人以保单上记载的保险人为被告,向其上海分公司所在地人民法院起诉的,人民法院如何处理?

部分保险公司的住所地在外埠,其上海分公司在本市开展保险经营活动中以保险公司名义出具保单,并加盖保险公司公章或业务专用章。如被保险人或受益人以保险公司为被告，向其上海分公司所在地人民法院起诉，且不违反级别管辖和专属管辖的，人民法院可以受理。

案件受理后，人民法院应当就管辖问题询问被告，被告同意接受管辖或不明确表示异议的，该人民法院有管辖权。被告提出管辖异议的，人民法院应当依法审查；异议成立的，裁定移送有管辖权的人民法院处理。

二、被保险人住所地人民法院对人身保险合同纠纷案有无管辖权？

《民事诉讼法》第二十六条规定："因保险合同纠纷提起的诉讼，由被告住所地或者保险标的物所在地人民法院管辖。"当事人因人身保险合同产生纠纷的，可以由被保险人住所地人民法院管辖。

三、被保险人与第三者事先达成的仲裁条款，对行使保险代位求偿权的保险人有无效力？

《最高人民法院关于适用〈中华人民共和国仲裁法〉若干问题的解释》第九条规定："债权债务全部或者部分转让的，仲裁协议对受让人有效，但当事人另有约定、在受让债权债务时受让人明确反对或者不知有单独仲裁协议的除外。"保险人行使保险代位权的，比照上述规定处理。即被保险人和第三者事先达成的仲裁协议，对行使保险代位求偿权的保险人有拘束力，但当事人另有约定或法律另有规定的除外。

四、在涉外案件中，被保险人与第三者事先达成的仲裁条款，对行使保险代位求偿权的保险人有无效力？

案件具有涉外因素的，应当按照最高人民法院有关涉外案件的规定处理。即保险人取得保险代位求偿权后，被保险人对第三人的实体权利相应的转移给保险人；但保险人未明确接受仲裁协议的，被保险人和第三者事先达成的仲裁协议对保险人不具有约束力。

根据《最高人民法院关于人民法院处理与涉外仲裁及外国仲裁事项有关问题的通知》第一条的规定，人民法院在决定受理此类案件之前，必须报请高院进行审查；如果高院同意受理，应将其审查意见报最高人民法院。在最高人民法院未作答复前，可暂不予受理。

五、商业三者险保险人以前案道路交通事故纠纷案判决确定被保险人的民事赔偿责任不当为由，拒绝以此为基础确定赔偿金额，要求人民法院重新核定的，如何处理？

保险人以前案道路交通事故责任纠纷判决不当为由，拒绝按前案生效判决被保险人承担的赔偿责任确定保险赔偿金，要求重新核定的，人民法院不予支持。审理后案的人民法院如认为前案判决确有明显错误或重大瑕疵，必须予以纠正的，可以中止案件审理，并建议审理前案的人民法院启动审判监督程序。审理后案的人民法院不得直接作出不同认定的判决。

但被保险人未经保险人同意，就其民事赔偿责任向受害人或审理前案的人民法院作出承认或赔偿，影响前案判决结果的，保险人以被保险人违反保险合同约定为由，要求重新核定的，审理后案的人民法院应当依据商业三者险合同的约定据实裁断。

六、人民法院应当如何审查财产保险的保险利益？

《保险法》第四十八条规定："保险事故发生时，被保险人对保险标的不具有保险利益的，不得向保险人请求赔偿保险金。"因欠缺保险利益并不导致财产保险合同无效，故人民法院无需依据职权对财产保险有无保险利益进行审查。被保险人请求保险人给付保险赔偿金的，应当向人民法院证明自己在保险事故发生时，对保险标的具有保险利益，即其对承保风险导致的损失具有法律所承认的、经济上的利害关系。被保险人不能证明的，人民法院对其保险金给付请求权不予支持。

七、人身保险有无保险利益。是否属于人民法院需要依据职权审查的范围？

为防范道德危险，《保险法》第三十一条第三款规定："订立合同时，投保人对被保险人不具有保险利益的，合同无效。"根据上述法律规定，人身保险合同欠缺保险利益的，合同无效。故人民法院应当依据职权审查投保人在订立人身保险合同时是否对被保险人具有保险利益，且不受当事人主张的约束。

八、人民法院是否应当依据职权审查保险合同条款有无违反《保险法》第十九条的规定？

《保险法》第十九条规定："采用保险人提供的格式条款订立的保险合同中的下列条款无效：（一）免除保险人依法应承担的义务或者加重投保人、被保险人责任的；（二）排除投保人、被保险人或者受益人依法享有的权利的。"保险人援引保险合同条款拒绝赔付的，人民法院应当依据职权审查该保险条款是否属于《保险法》第十九条规定的无效条款，且不受当事人主张的约束。

九、人民法院是否应当主动审查保险人履行《保险法》第十七条规定的提示和明确说明义务的情况？

人民法院对保险人是否按《保险法》第十七条的规定履行了提示和说明义务不采取职权审查方式。只有当保险人依据格式合同条款提出减免保险责任的主张，且被保险人或受益人明确要求人民法院依据《保险法》第十七条确认该保险合同条款不发生法律效力时，人民法院才应当予以审查。

保险人依据格式合同条款提出减免保险责任的主张，但被保险人或受益人未明确要求人民法院确认该条款不发生法律效力的，人民法院应当予以释明。被保险人或受益人仍不予明确的，人民法院对保险人是否履行上述义务不予审查。

十、当事人于一审时未要求人民法院确认保险合同条款未经提示和明确说明而不发生效力，二审时提出的，二审法院是否应予审查？

一审期间，被保险人或受益人未明确请求人民法院确认该格式合同条款不发生效力，但于二审期间要求二审法院确认该条款不发生效力的，二审法院不予支持。但保险人于二审期间提出依据格式合同条款应减免保险责任的新主张的，被保险人或受益人有权要求二审法院确认该格式合同条款因未履行提示和明确说明义务而不发生效力。

十一、在执行上海市高级人民法院民五庭《关于审理保险合同纠纷案件若干问题的解答（一）》第八条时，受害人联系困难，无法取得其意见的，如何处理？

道路交通事故纠纷的判决主文未明确交强险保险人是否承担精神损害抚慰金的，后续审理保险合同纠纷案的人民法院应当询问道路交通事故受害人，由其确定交强险赔付范围是否包括精神损害赔偿。

人民法院根据前案裁判文书或双方当事人提供的线索无法联络到道路交通事故受害人，或者道路交通事故受害人收到人民法院通知后拒绝选择的，人民法院可以从有利于受害人债权实现的角度出发，推定精神损害赔偿由交强险保险人承担。

七、上海市高级人民法院发布 2011 年度上海法院涉保险纠纷案件审判情况通报（节选）

发文机关：上海市高级人民法院

效力级别：地方司法文件

二、保险纠纷案件审理中需引起重视的问题及相关建议

（一）保险中介业务违规违法

通过委托保险营销员和保险中介机构开展业务，已成为各保险公司的主要业务经营方式。但由于保险营销员、保险中介机构与保险公司仅存在平等民事主体间的代理合同关系，中介业务已成为各保险公司管理的薄弱环节，不断引发纠纷，阻碍了保险市场的良性发展。

1. 保险代理人擅自承诺投保人额外利益

部分保险代理人缺乏必要的合规意识，利用保险公司管理漏洞，擅自向投保人承诺给予保险合同约定以外的利益。该行为违反了《保险法》第131条，破坏了保险对价平衡原则，损害了保险业诚信经营的社会形象。

如甲保险代理公司业务员张某在代理销售乙保险公司一人身险产品时，向投保人王某擅自许诺投保即可获赠等额的甲公司原始股，且该原始股一年后将于美国上市，预计可获得巨额收益。王某听信上述宣传，签约投保并缴纳了10万元保费。后因股票迟迟未上市，王某遂以欺诈为由，起诉乙保险公司，请求法院判令乙保险公司全额返还保险费并赔偿利息损失。法院审理后认为，甲公司业务员张某虚构股票即将于美国上市的事实，构成民事欺诈，王某有权依据《合同法》第54条撤销该保险合同，作为被代理人的乙保险公司应当全额返还全部保险费并赔偿利息损失。

【建议】

保险公司应结合中国银保监会《关于开展2012年保险公司中介业务检查和保险代理市场清理整顿的通知》精神，提高合规意识，健全内控机制，防范因保险代理人违规行为导致的经营风险。如在电话回访时，保险公司可以向投保人主动询问保险代理人有无《保险法》第131条所列违法违规行为。通过设立事后监督机制，防范中介业务出现违规行为。

2. 保险代理人篡改投保资料

诚实、守信，是民商活动的基本原则，保险更是建立在最大诚信原则基础上的契约，是保险业的生命线。但仍有一些保险代理人受短期利益驱动，为牟取佣金，实施代投保人签名、代填投保资料、篡改投保单等违法违规行为。而这种由保险从业人员实施的不诚信行为，远比投保人、被保险人的骗保行为更为恶劣，更有碍于保险业的健康发展。

如汪某在起诉甲保险公司时称，其填写的投保询问事项书中的年收入情况，被保险代理人李某擅自更改，其投诉后李某自愿补偿给汪某1500元。原告汪某请求判令保险合同无效，被告甲保险公司则辩称这是李某的个人行为，与公司无关。鉴于本案中保险代理人李某修改投保人收入情况并未导致原告发生重大误解或被欺诈，甲保险公司在知道投保人收入真实情况后也愿意继续承保，故法院最终未支持原告汪某要求确认合同无效的诉讼请求，但其中反应出的保险代理人行为规范问题需引起重视。

【建议】

完善将教育、制度、监督相结合的诚信建设体系。大力培育诚信经营的行业文化，用制度约束不诚信行为，强化失信惩戒机制，加大失信行为成本，提高从业人员诚实守信的自觉性和主动性。对已经暴露出来的问题，应当健全对应内控机制，堵漏补缺。如在查核中，对投保材料中笔迹不一、涂改等情况进行重点核查。在电话回访时，对存疑的保单采用传真、电子邮件等方式要求投保人再次确定。甚至可以要求部分有不诚信记录的代理人在将来的业务展业中全程录音，方便核查。

3. 委托不具资质的人员担任保险代理人

《保险法》第122条规定，保险代理人应当具备银保监会规定的资格条件。任意委托无资质人员担任保险代理人，虽然可能在短期内产生业务量上升的效果，但无助于保险业的长期健康发展。然而，实践中仍有少数保险公司无视法律法规规定，任用无资质人员担任保险代理人。

如法院在审理刘某诉甲保险公司保险代理合同纠纷一案中发现，刘某虽然长期担任甲保险公司的业务营销员，但并未取得《保险代理从业人员资格证书》，不具备保险营销员的主体资格。甲保险公司在明知上述情况下，长期与原告进行合作，纵容其违法展业，违反了《保险法》第122条、《保险营销员管理规定》第6条、第22条、第43条的规定。

【建议】

保险公司应对保险代理人的资质进行全面清查，发现不合规的，及时终止合同，并妥善处理未尽事宜。

4. 保险公司以口头方式通知保险人变更佣金标准引发纠纷

佣金提成标准是关乎保险代理人收入高低的重要合同条款，应当在合同中予以明确约定。变更佣金提成标准的，保险公司应当采取较为审慎的方式进行。但部分保险公司在变动佣金标准时，仅以口头通知方式告知保险代理人，引发纠纷。

如刘某诉甲保险公司保险代理合同纠纷案，甲保险公司辩称应按其口头变更通知，执行新的佣金标准。保险代理人刘某则以从未收到通知为由，拒绝按新佣金标准结算，引发纠纷。

【建议】

保险公司在变更佣金标准时，应严格按照《合同法》有关合同变更的法律规定处理，防止因变更程序不当，引发纠纷。

5. 部分保险公司佣金发放程序不规范

保险监管部门对保险代理人的佣金提成标准有严格的上限规定，保险公司还有依法代扣代缴保险代理人营业税和个人所得税等税款的法定义务。部分保险公司将同一笔保险业务佣金拆分后发放，为规避保险监管部门监管和税务机关稽查提供了可能，极易引发违法违规行为。

如法院在审理刘某诉甲保险公司保险代理合同纠纷案中发现，甲保险公司就同一笔业务向刘某的两张银行卡中支付佣金。上述行为虽不违反保险代理合同的约定，但为逃避监管提供了便利，应当引起重视。

【建议】

保险公司应从维护保险市场秩序，提高保险业的社会形象和公信力的高度出发，诚信经营，规范佣金发放制度。

(二) 保险公司的服务意识有待提高

保险合同不仅是一份契约，还是一份服务承诺。保险业的核心竞争力在于服务，只有不断在保险产品中设置创新服务，在销售展业中贴心服务，在理赔流程中高效服务，才能在日趋激烈的竞争中取得佳绩。但法院在保险案件的审理中发现部分保险公司的服务还有不少缺陷，不利于保险业的良性发展。

1. 保险公司主动要求异地诉讼，欠缺人文关怀

出险后，被保险人或受益人通常基于诉讼便利的考虑，向其所在地法院提起诉讼。有的保险公司却提出管辖异议，要求将案件移送至外区甚至是外埠法院审理。虽然《民事诉讼法》规定，因保险合同纠纷提起的诉讼，由被告住所地或者保险标的物所在地法院管辖。但该法同时也规定，合同的双方当事人可以在合同中协议选择合同履行地、合同签订地、原告住所地法院管辖。保险本来就是为了消减对不确定事故的恐惧、弥补不确定事故的损失

第五章 最高人民法院及部分高级人民法院司法观点汇编

而设定的制度。在原告业已不幸遭受保险事故，急需救济之时，利用管辖制度设置程序上的障碍，极易造成社会大众对保险制度和保险公司产生不良观感的不良后果。

如某法院受理一起人身保险合同纠纷案，被保险人意外身故后，甲保险公司拒绝了死者家属提出的理赔申请，引发纠纷。死者家属考虑到诉讼便利，向自己居住地的法院提起了诉讼。被告甲保险公司提出管辖异议，以人身保险不具有保险标的物、被告住所地在外省为由，要求法院将该案移送外省法院处理。

【建议】

保险公司应提高服务意识，充分体现对消费者应有的人文关怀，为保险消费者解决纠纷提供程序上的便利。对于责任保险、人身保险等以抽象的赔偿责任和人的寿命、健康为保险标的的险种，可以在保单上约定一旦发生纠纷由原告住所地或保险合同签订地法院管辖，为保险消费者解决纠纷提供便利。

2. 保险知识普及不够，引起投保人误解

保单中的专业名词通常易导致缺乏专业知识的投保人望文生义，发生理解误区。一旦发生事故，保险人根据保险合同约定进行定损理算并告知客户赔偿金额时，往往与投保人的心理预期存在巨大差距，引发诉讼。

如某物流公司起诉甲保险公司财产保险合同纠纷一案，物流公司认为自己投保了财产一切险，所以保险公司应对其一切财产损失予以赔偿，对甲保险公司在理算时扣除家具、家电损失的做法不满，引发诉讼。虽然法院最终根据保险合同约定确定了赔偿金额，未支持原告的观点，但如保险公司在投保前能做好产品的宣传教育工作，就有可能避免此类诉讼。

【建议】

通过公益宣传、新闻报道、网络宣教等多种形式向广大保险消费者普及保险知识，加大培育保险市场力度。对类似一切险这种名称极易导致理解误区的险种，应当在投保时向投保人充分说明哪些损失不属于赔偿范围。

3. 车险的定损服务存在缺陷，导致理赔难

车损险条款通常约定：发生事故造成车辆损坏时，在修理前被保险人必须会同保险公司检验，协商确定修理方案和费用。否则，保险公司有权重新核定；因被保险人原因导致损失无法确定的，保险公司不承担赔偿责任。但

车损险条款通常都没有约定，如协商不成的，应如何处理。部分保险公司也没有建立协商定损不成时的争议解决机制和继续提供服务帮助机制。导致大量被保险人在协商定损不成后，处于无所适从的窘境。在法院审理的车损险纠纷案中，大部分案件的起因都是协商定损不成，被保险人再单方委托第三方鉴定，保险公司不认可第三方鉴定结论，以至涉讼。许多案件的原告反应，协商定损不成后，由于保险公司不及时提出新方案，"不理不睬"，而自己又急需修复车辆继续使用，所以才单方委托第三方鉴定、修理。

如王某与甲保险公司保险合同纠纷案，王某驾驶车辆发生碰撞后，即向保险公司报案，因双方协商不能达成一致意见，王某遂委托某交通事故物损评估机构对车损进行评估，评估认为车损为4万元。王某提出4万元的理赔请求后，保险公司则认为车损仅为1万余元，不同意赔付。法院审理后认为，保险公司依法负有及时定损的义务，并应将定损结果通知被保险人。但甲保险公司直至事故发生4个月后才做出定损结论，显然不当。

【建议】

保险公司应尽快制定协商定损失败后的对应救济制度和服务措施。比如可以在保险合同条款中明确约定1周内无法协商达成一致意见的，由双方共同委托第三方定损。

（三）保险公司管理缺陷引发纠纷

在国内保险市场对外开放步伐日益加快和市场竞争日益加剧的情况下，只有认真制定和切实执行内控管理制度，才能及早发现经营风险，避免或者减少可能遭受的经营损失。部分保险公司在客户关系管理、法务管理、理赔管理等方面仍存在缺陷和不足，制约了保险业的健康发展。

1. 保险公司急于提出全部拒赔理由导致承担不利结果

在保险合同中，通常会约定多项减免保险公司赔偿责任的条款。诉讼时，保险公司应当及时将有利自己的主张和证据全部向法院提出，否则极有可能因为逾期举证或弃权导致不利的法律后果。

如某律师事务所诉甲保险公司责任保险纠纷一案，一、二审时，被告甲保险公司拒赔的唯一理由是认为原告没有发生任何实际损失，依据保险补偿原则不应进行保险赔偿。二审败诉后，甲保险公司又以保险合同约定有10%的绝对免赔率，二审法院未依据该条款扣减保险赔偿金属错判为由，提出再审申请。法院审查后认为，免赔率不属于法定免责条款，而是合同约定的减免责任条款。在保险合同中通常存在多项对抗被保险人保险金给付请求权的减免责任条款。是否依据合同约定提出减免责任主张属于保险公司享有的合同权利,保险公司有权据此提出抗辩,也有权放弃。甲保险公司在原审期间从未依据条款提出抗辩,应视为其放弃权利。原审法院不主动审查该条款的做法,并无不当,据此驳回了其再审申请。

【建议】

法院依据职权审查的范围,仅限于《保险法》规定的禁止超额保险、人身保险需有利益等强制性条款。保险条款约定减免保险人责任的,投保人因违反如实告知义务产生的解除权等,应由保险人主动行使权利。在诉讼时,保险公司应当及时、主动提出全部拒赔理由,避免因遗漏受到不利裁判。

2. 保险合同文本未对除外不保风险条款作必要提示

《保险法》第17条规定:"对保险合同中免除保险人责任的条款,保险人在订立合同时应当在投保单、保险单或者其他保险凭证上作出足以引起投保人注意的提示,并对该条款的内容以书面或者口头形式向投保人作出明确说明;未作提示或者明确说明的,该条款不产生效力。"依法履行上述法定义务,既是保险公司履行诚信义务的最高表现,也是保障消费者利益所必需的。除外责任属典型的"免除保险人责任的条款",保险人应当在保险合同文本中作出必要提示,并依法履行明确说明义务。否则,即使损失是由于合同约定的除外风险所致,保险公司仍需要承担赔付责任。

如李某驾车途中,车辆右前轮胎抱死,滑行导致轮胎高温,引燃轮胎起火成灾,造成车辆受损。甲保险公司以自燃属免责范围为由拒绝赔付引发诉讼。法院审理后认为,保单上的保险条款均以同一细小字体、字号和颜色印刷,对车辆"自燃免责"的条款没有特别标注,与其他条款在外观上难以区分,不足以引起投保人的注意,因此甲保险公司不能证明其已履行了提示和明确说明义务,有关"自燃免责"的条款不产生效力,遂判决甲保险公司败诉。

【建议】

保险公司对已制定的保险合同条款应进行系统性鉴别,如属于《保险法》第17条规定的"免除保险人责任的条款"的,在印制合同文本时宜采用不同字体、颜色、字号加下划线等形式加以标志。

3. 无故缺席庭审放弃自己的合法权利

根据法院传票准时到庭，既是当事人的一项诉讼法上的义务，也是一项权利。通过庭审，当事人可以向法院阐明自己的理由，反驳对方的主张和证据，提交有利于己的证据，提出和解方案。保险公司随意拒不到庭参加庭审，是放弃法律赋予其的合法权益，应承担由此引起的不利诉讼后果。

如某法院在审理一保险合同纠纷中，被告甲保险公司收到法院传票后，无正当理由，拒不到庭参加诉讼。原告在诉讼中主张虽然保险事故属于合同免责条款约定范畴，但该条款因保险公司未尽明确说明义务而不产生效力。由于甲保险公司没有到庭应诉，也没有提交证据证明自己对该条款履行了明确说明义务，法院采纳了原告的主张，判令保险公司败诉。

【建议】

保险公司应认真对待涉诉案件，积极行使诉讼权利，礼待涉诉保险消费者。

4. 退保手续审查不严

根据《保险法》的规定，投保人可以在保险合同成立后以"退保"方式解除保险合同。保险责任开始后，投保人要求解除合同的，保险人应当将已收取的保险费，按照合同约定扣除自保险责任开始之日起至合同解除之日止应收的部分后，退还投保人。退保作为保险合同履行过程中的重大民事法律行为，应当由投保人或其授权的代理人为之。有的投保人在投保时委托他人签订保险合同，但并未授权该代理人退保和领取保险费。部分保险公司在退保时，对受托人的委托权限审查不严，由此遭受不必要的损失。

如某物流公司诉甲保险公司保险费纠纷一案，原告某物流公司在投保时委托鲍某签订了数份保险合同。后因车辆转让，原、被告达成了退保协议，但被告甲保险公司未将退费如数汇入原告账户，而是交给了鲍某，引发纠纷。法院审理后认为，虽然鲍某代理原告办理了投保，但领取退款等事关原告切身利益的重要行为理应由原告亲自办理，或者被告在得到原告明确的授权书后方可由他人代领取，现被告未能提交相应的授权书，故鲍某的行为构成无权代理。据此判令被告败诉。

【建议】

在办理退保时，保险公司应认真审核当事人身份。对委托他人办理的，还应审慎确认委托书真伪和委托权限。对要求以现金方式代领退费或者要求将退费划入非投保人账户的，必须要求投保人提供记载明确授权范围的委托书或书面划款指令。

5. 收取理赔材料不够规范

根据《保险法》第 22 条规定，保险事故发生后，被保险人或者受益人请求保险人赔付时，应向保险人提供有关证明和资料。保险公司在核保时常会要求被保险人提交证明材料的原件。部分保险公司由于收取材料的程序不够规范，引起纠纷。

如某超市公司诉甲保险公司一案中，保险公司以某超市公司无法提供证明损失的证据为由拒赔，而某超市公司则坚称已将材料原件和关键性证据交予甲保险公司。法院审理发现，甲保险公司在接到报案后派员前往某超市公司收取理赔材料时，仅在报案清单上简单记载超市名称、时间、报案事由，未写明所收材料名称、是否原件，也未向某超市公司出具材料收据。法院认为，保险公司如能规范操作，即可以完全避免本案的发生。

【建议】

收取理赔资料时，必须认真核对材料的名称、数量和是否原件，由双方书面予以确认后出具记载详尽的收据，减少此类纠纷的发生。

（四）对法律适用理解存在误区引发纠纷

2009 年修订的《保险法》针对投保人、被保险人利益保障作了诸多新规定。部分保险公司对新规定的重要性认识不足，没有及时修正合同条款和改变习惯做法，导致保险公司面临法律风险。

1. 免责条款的范围界定错误

《保险法》第 17 条规定，对于格式保险合同中减免保险人责任的条款，保险人应当履行提示和明确说明义务，否则该条款不发生效力。部分保险公司对该条款含义存在理解差异，误将减免责任条款作为普通条款看待，没有尽到提示和明确说明，承担了不利的裁判结果。

如李某诉甲保险公司商业三者险纠纷一案，甲保险公司主张保险合同明确约定医疗费用的赔偿金额应按国家基本医疗保险的标准核定。该条款不属于责任减免条款，保险公司无须履行明确说明义务。由于被保险人李某赔付给受害人的费用中部分不属于基本医疗保险范围，应当按约扣除。法院审理则后认为，根据该条款约定，保险人在事故发生后可以减少应当承担的保险赔偿责任，故属于减免被保险人责任条款；诉争保单印刷时虽然已将该条款加黑，履行了提示义务，但由于甲保险公司未履行明确说明义务，该条款仍不发生效力。据此法院作出不利于甲保险公司的判决。

【建议】

加强法律研究，充分领会《保险法》及其相关司法解释精神，避免因对法律的理解差异，承担不必要的经营风险。并在此基础上，全面梳理各种常见产品的保险条款，对减免责任条款，应依法履行提示和明确说明义务。

2. 在电话营销业务中履行明确说明义务不符合法律规定

保险公司电销业务是直接销售业务的一种创新营销模式。电销业务一般多采取先电话推销，再委托专业公司投寄保险条款、收取保费，最后由保险公司电话回访的方式完成。由于《保险法》并未对电销业务作出特殊规定，故与采取其他方式完成的保险业务一样，保险公司应当履行法定的明确说明义务。保监发〔2007〕32号《关于规范财产保险公司电话营销专用产品开发和管理的通知》第9条亦规定，"在送达保单时，应采用客户告知书等适当方式向客户介绍产品的详细情况，使客户明确了解相关权利与义务。"但事实上，电销业务仍大量存在不符合上述法律规定和通知精神的现象。电销人员往往为促成业务，很少完整地在电话中宣读合同条款并说明其中的减免责任条款；投寄人员由于缺乏保险法专业知识，即使投保人主动询问条款含义，也无法有效履行明确说明义务；电话回访人员在回访时也很少真正主动解释减免责任条款。一旦因责任减免条款发生争议，保险公司常因无法证明自己履行了明确说明义务导致败诉。

如袁某、王某与甲保险公司人身保险合同纠纷一案，法院经审理发现，甲保险公司电销人员在电话营销保险产品和电话回访中仅提及"免责条款"一词，并询问投保人"对保险合同还有什么疑问"，从未对其合同具体的免责条款内容进行明确说明。因此，法院认定相关减免责任条款不发生效力，支持了原告的诉讼请求。

【建议】

加强电销人员的服务意识，提高管理和培训。在销售环节，电销人员应主动对减免责任条款逐一进行明确说明，除非投保人明确表示自己已充分理解，无须加以解释。在电话回访环节，回访人员应主动询问投保人，销售人员有无对合同全部责任减免条款履行明确说明义务，是否需要补充说明。在电销过程中探索运用科技手段，采用录音、录像、电子邮件等方式保全证据，避免将来发生纷争。

八、关于建立被执行人人身保险产品财产利益协助执行机制的会议纪要

发文机关：上海市高级人民法院

发文日期：2021年11月4日

效力级别：地方司法文件

为深入贯彻《中共上海市委全面依法治市委员会关于加强综合治理从源头切实解决执行难的实施意见》，全面优化上海法治化营商环境建设，加大对被执行人名下人身保险产品财产利益的执行力度，根据《民事诉讼法》及其司法解释、最高人民法院《关于民事执行中财产调查若干问题的规定》，经上海市保险同业公会协调，上海市高级人民法院（以下简称"上海高院"）与中国人寿上分、太保寿险上分、平安人寿上分、友邦人寿、工银安盛人寿、泰康人寿上分、新华保险上分、上海人寿上分等公司（以下简称"保险机构"）协商一致，就保险机构协助人民法院执行人身保险产品财产利益有关事项，达成纪要如下：

一、积极协助原则

人民法院因执行工作需要，依法要求保险机构协助查询、协助冻结或协助扣划被执行人人身保险产品财产利益的，保险机构应当予以协助。

二、办理形式要件

（一）协助查询

人民法院工作人员可至相关保险机构指定的网点现场查询保单信息，也可通过法院EMS专递方式开展查询。条件成熟的，鼓励通过电子文书传输方式开展查询。查询所需要的形式要件有：

1.《协助执行通知书》原件。《协助执行通知书》应注明被执行人姓名、证件号码，并明确需要协助查询反馈的被执行人名下保单信息的具体内容，包括：保单号、承保公司、投保人、生效日期、累计缴纳保费、现金价值（如有）等。

2.执行人员工作证件。现场执行的，执行人员应出示工作证件原件

（工作证、执行公务证），同时提供上述证件复印件；如通过法院专递寄送协助执行相关文书，则须一并寄送上述证件复印件；电子查询的，一并提交上述两证电子版。

（二）协助冻结

1.《协助执行通知书》《执行裁定书》原件。协助冻结文书应据相关查询反馈查询结果，明确需冻结、查封的保单号及冻结限额、期限。冻结期限不超过3年。

2. 执行人员工作证件（要求同上）。

（三）协助扣划

1.《协助执行通知书》《执行裁定书》原件。协助扣划文书应载明被执行人的身份信息、需协助扣划的保单信息、扣划金额、法院账户信息及其他要求协助的具体内容。

2. 执行人员工作证件（要求同上）。

三、规范执行与特殊免除

（一）明确被执行人及对应的执行标的

被执行人为投保人的，可冻结或扣划归属于投保人的现金价值、红利等保单权益。

被执行人为被保险人的，可冻结或扣划归属于被保险人的生存金等保险权益。

被执行人为受益人的，可冻结或扣划归属于受益人的生存金等保险权益。

（二）保单现金价值的执行

1. 冻结或扣划投保人（被执行人）的现金价值、红利等保单权益，投保人、被保险人或受益人均为被执行人同一人时，人民法院可直接冻结或扣划。

2. 冻结或扣划投保人（被执行人）的现金价值、红利等保单权益，投保人（被执行人）与被保险人或受益人不一致时，人民法院应秉承审慎原则，保障被保险人或受益人相关赎买保单的权益。人民法院冻结上述保单权益后，应给予不少于15日赎买期限。保险机构在办理协助冻结后，联系投保人（被执行人）、被保险人或受益人，告知赎买权益、行使期限以及不赎买时保单将被强制执行的事项。相关人员联系人民法院的，人民法院应向上述人员告知投保人（被执行人）保单被强制执行的相关情况。

被保险人或者受益人赎买支付相当于保单现金价值的款项的，由赎买人直接交予人民法院。人民法院应提取该赎买款项，不得再继续执行该保单的现金价值、红利等权益。但赎买期届满后无人赎买或者被保险人、受益人明确表示不赎买的，人民法院可以强制执行投保人（被执行人）对该保单的现金价值、红利等权益。

3. 保单减保的适用

人民法院要求协助执行的金额，小于投保人（被执行人）的保单现金价值的，保险机构可按规定对保单作减保处理，协助法院扣划相应现金价值；若保险机构无法对该保单作减保处理的，应作出说明，并在协助扣划保单全部现金价值后一并交由人民法院处理。

上述赎买政策同样适用于保单减保。

（三）特殊免除执行的保单类型

鉴于重大疾病保险、意外伤残保险、医疗费用保险等产品人身专属性较强、保单现金价值低，但潜在可能获得的保障大，人民法院应秉承比例原则，对该类保单一般不作扣划。

保险机构认为涉案保单不适宜扣划的，可通过本纪要第6条确定联络人沟通反馈，但应在回执中予以说明。

四、协助办理流程

协助查询，保险机构一般应在收到协助事项后，当场办理完成。特殊情况未能完成查询的，经与人民法院沟通后，应在7个工作日内完成书面反馈。

协助冻结、协助扣划，保险机构一般应在收到协助事项后15日内完成，特殊情况未能完成的，经与人民法院沟通后，可适当延长，但延长一般不超过7日。在协助冻结或协助扣划事项完成后，保险机构可向投保人、被保险人等告知法院协助执行的情况，并可提示其主动与人民法院联系，主动履行义务等。

人民法院要求协助冻结、协助扣划的现金价值、红利等保单权益，不在上海分公司业务区域的，接收协助执行材料的保险机构尽量通过内部渠道流转至相关有权办理的公司，内部渠道无法有效流转的，由人民法院委托异地法院执行，保险机构应将相关业务办理的公司联系人、联系方式告知人民法院。相关办理期限可参照上述条款基础作适当延长。

相关查询、冻结与扣划的反馈样式，参见附件要求（见书面印发稿）。

五、设立定点办理

有条件的保险机构，在本市辖区每个区设固定定点网点，对接司法协助事宜。

因业务实际情况未能在每个区设定点的保险机构，应在本市范围内尽可能确定2个以上定点网点，对接司法协助事宜。

保险机构相关定点办理网点，详见附件（见书面印发稿）。

六、联络人机制

保险机构与人民法院均设立固定联络人，推进日常工作沟通、问题反馈、业务培训交流的常态化。

七、争议化解机制

在协助执行过程中引起的纠纷与争议，分别报至上海市高级人民法院与有关保险机构总公司协商处理。有关保险机构在协作执行过程中遇到重大问题或争议，需及时向上海银保监局报备。

保险机构在协助法院执行被执行人人身保险产品财产利益过程中，遇有暴力抗拒等情形的，可通知人民法院。人民法院可依法对相关责任人员采取训诫、罚款、拘留等民事制裁措施。构成犯罪的，依法追究刑事责任。

八、实施日期

本纪要自公布之日起实施。

本纪要约定的保险机构之外的保险公司，参照本纪要开展协助执行工作。

第四节　福建地区裁判倾向

福建省高级人民法院民事审判第二庭《关于审理保险合同纠纷案件的规范指引》

发文机关：福建省高级人民法院

发文日期：2010年7月12日

施行日期：2010年7月12日

效力级别：地方司法文件

第一条 （保险利益的范畴）除保险法第三十一条规定外，被保险人因下列权利对保险标的具有保险利益：

（一）所有权；

（二）担保物权；

（三）用益物权；

（四）占有权；

（四）合同债权；

（五）侵权损害赔偿债权。

不同投保人对同一保险标的具有不同性质保险利益的，可以在各自保险利益范围内投保。

第二条 （车辆挂靠、分期付款购车、融资租赁购车的保险利益问题）车辆挂靠、分期付款购车（款项付清前卖方保留所有权）、融资租赁购车的情况下，挂靠人、买方、承租人对车辆具有保险利益。

除前款规定外，发生保险事故时，如被挂靠人、卖方或出租人对车辆享有运营利益或使用利益，则其对车辆亦具有保险利益；反之，则其对车辆不具有保险利益。

第三条 （近因原则）所谓近因，是指导致标的物损害发生的最直接、最有效、起决定性作用的原因，而非指时间上或空间上最近的原因。如果近因属于承保风险，保险人应承担赔付责任；如果近因属于除外风险或未保风险，则保险人不承担赔付责任。

第四条 （损失补偿原则）财产保险合同属于补偿性合同，适用损失补偿原则。损失补偿的范围为承保风险内被保险人遭受的实际损失，主要是保险事故发生时保险标的的直接损失，如维修费用、重置费用等，一般不包括间接损失，如贬值损失、交通费、误工费、违约损失等，但保险合同另有约定的除外。

保险合同成立、生效问题

第五条 （保险合同成立、生效条件）除双方对合同生效条件另有约定外，保险人同意承保并就合同内容与投保人达成一致之时，保险合同成立并生效。保险人签发的保险单或其他书面保险凭证，仅为保险合同内容的书面化形式，非保险合同成立或生效之要件。

第六条 （保险人预收保费）保险人接受投保单并预收保险费后，在合理期限内拒绝承保的，保险人对拒绝承保前发生的保险事故不承担赔付责任，但应当及时退还预收保险费，如未及时退还，还应赔偿投保人相应的利息损失。

保险人接受投保单并预收保险费后，非因投保人原因在合理期限内未对投保及时处理，合理期限届满后发生保险事故，保险合同有约定的从约定；没有约定的，如果符合合同约定的承保条件，应认定保险合同成立，保险人应当承担保险责任，反之则应认定保险合同不成立，保险人不承担保险责任，但应向投保人退还预收保费并赔偿相应的利息损失。

前款情况下，保险人对投保人是否符合承保条件，承担举证责任。

本条所指的合理期限，应根据保险行业的通常标准进行判断。

第七条 （续保活动的法律性质）保险合同续保非原保险合同继续，而是原保险合同期满后，投保人与保险人之间签订的一个新合同。投保人应履行如实告知义务，保险人应履行明确说明义务。

第八条 （续保条款的法律性质）保险合同中包含有"合同期满后可续保"等内容的条款，其法律性质为保险人向投保人发出的续保要约邀请，而非续保要约。

第九条 （综合保险合同部分无效）根据保险法第三十四条第一款及合同法第五十六条的规定，包含以死亡为给付条件保险条款的综合保险合同，以死亡为给付条件的保险条款无效，不影响综合保险合同其他保险条款的效力。

保险合同变更问题

第十条 （保险合同主体变更）根据保险法第四十九条，保险标的转让的，被保险人或受让人应及时通知保险人。保险标的的转让导致危险程度显著增加的，保险人在收到转让通知后有权在三十日内根据合同约定增加保费或者解除合同。在保险合同解除前发生的保险事故，保险人应当履行赔付义务。

如果保险人在三十日内未及时作出增加保费或者解除合同的决定，视为其放弃法定权利。后如果发生保险事故，保险人应按照合同约定对受让人承担赔付责任。

第十一条 （新增保险费缴纳前发生保险事故）保险标的转让，被保险人或受让人及时履行通知义务，保险人选择增加保险费的，如在受让人缴纳新增保险费前因转让导致保险标的危险程度显著增加而发生保险事故，保险合同对保险责任有约定的从约定；没有约定的，保险人仍应承担保险责任，但保险人承担保险责任时，有权扣除投保人未交付的保险费及相应的利息。

保险合同解释问题

第十二条 （格式条款不利解释原则）保险合同中的格式条款，系指保险人为了重复使用而预先拟定，并在订立合同时未与投保人协商的条款。

保险人与投保人、被保险人或受益人对格式条款发生争议的，人民法院应首先按照合同法第一百二十五条予以解释，争议格式条款有两种以上解释的，应当选择不利于保险人的解释。—5— 依法实施强制保险险种的统一保险条款及保险合同当事人通过协商确定的条款不属于前款所指的格式条款的范畴。

第十三条 （保险条款效力大小）在审理保险合同纠纷案件中，保险人与投保人、被保险人或者受益人对保险合同的条款效力大小发生争议时，应按照下列规则予以认定：

（一）书面约定与口头约定不一致时的，以书面约定为准；

（二）投保单与保险单或者其他保险凭证不一致的，以保险单或者其他保险凭证载明的内容为准；

（三）约定条款与格式条款不一致的，以约定条款为准；

（四）保险合同的条款内容因记载方式或者时间不一致的，按照"批单"优于"正文""后批注"优于"前批注""加贴批注"优于"正文批注""手写"优于"打印"的规则解释。

投保人如实告知义务

第十四条 （如实告知义务范围、内容、举证责任）订立保险合同时，投保人仅在保险人主动询问的情况下负有如实告知义务。投保人如实告知的范围以保险人询问问题为限，且限于保险人询问时投保人知道或应当知道的情况。

保险人设计的投保单和风险询问表，视为保险人询问的书面形式。

保险合同续保时，保险人就保险标的或者被保险人的有关情况提出询问的，投保人不因曾与该保险人订立过同类保险合同而减轻或免除如实告知义务。

保险人应对投保人未履行如实告知义务承担举证责任。

第十五条 （体检与如实告知义务）人身保险中，被保险人虽应保险人的要求进行指定体检，但投保人因故意或重大过失没有如实告知被保险人患有保险人询问范围内的疾病，且指定体检未发现该疾病，投保人不能免除如实告知义务。

投保人虽因故意或重大过失没有如实告知被保险人患有保险人询问范围内的疾病，但被保险人应保险人的要求进行了指定体检，且指定体检已发现未如实告知的疾病，视为投保人已经履行了如实告知义务。

第十六条 （违反如实告知义务解除保险合同的除斥期间）根据保险法第十六条规定，如果投保人违反如实告知义务，保险人在合同成立后二年内拥有解除权，同时自保险人知道有解除事由之日起，超过三十日不行使而消灭。上述两个期间系除斥期间，不因任何原因而中断、中止或延长。

保险人说明义务

第十七条 （免责条款的范围）保险合同的责任免除条款，是指任何可以实质性免除或减轻保险人赔付责任的条款，包括除外责任条款，以及保险人可以援以终止、解除保险合同或减轻、免除保险责任的条款。

第十八条 （免责条款的说明义务）除本条第二款规定外，订立保险合同时，采用保险人提供的免责条款的，保险人应当根据保险法第十七条第二款的要求，对投保人进行明确说明。

保险人对内容为保险人法定免责事由的保险条款，不负有明确说明义务，但仍应根据保险法第十七条第一款的规定对投保人进行说明。

保险人对履行说明义务承担举证责任。

第十九条 （说明义务的适用）保险人的分支机构与投保人订立保险合同时，不因为其他分支机构已与该投保人订立有同类保险合同而减轻或免除说明义务。

保险合同续保时，保险人不因曾与该投保人订立有同类保险合同而减轻或免除说明义务。

保险合同赔付问题

第二十条 （精神损害赔偿纳入理赔范围）保险合同对精神损害赔偿

项目是否纳入理赔范围有明确约定的，应从其约定；未约定的，应纳入保险理赔范围。

第二十一条 （保险人未及时履行赔付义务的责任）根据保险法第二十三条规定，保险人应及时履行赔付义务。违反该义务的，双方有约定从约定；无约定的，保险人除支付保险金外，还应当赔偿相应的利息损失。

机动车第三者责任险问题

第二十二条 （交强险无过错赔付原则）除机动车交通事故责任强制保险条例第二十一条第二款、第二十二条规定的五种情况外，机动车发生交通事故，造成人员伤亡、财产损失的，在机动车第三者责任强制险的各分项限额内，由保险人无条件赔偿。

第二十三条 （交强险的追偿）机动车交通事故责任强制险的保险人在理赔后，不得向被保险人追偿。但在机动车交通事故责任强制保险条例第二十二条规定的四种情况下，保险人有权向致害人追偿已垫付的抢救费用。

第二十四条 （交通事故民事责任认定）公安机关交通管理部门对机动车之间发生交通事故的责任认定结果，经审查，人民法院可以直接作为确定当事人民事责任的依据。但当事人有充分证据证明公安机关交通管理部门对事故的责任认定结果存在错误的，人民法院可以根据重新查明的事实作为确定当事人民事责任的依据。

公安机关交通管理部门对机动车与非机动车、行人之间发生交通事故的责任认定结果，人民法院不能直接作为确定当事人民事责任的依据。

第二十五条 （机动车责任险中保险人诉讼地位）机动车第三者责任保险纠纷中，如果赔偿权利人将保险人和被保险人列为共同被告，人民法院应当予以准许。如果赔偿权利人单独起诉被保险人，人民法院可以根据申请将保险人列为第三人，或者依职权通知保险人作为第三人参加诉讼。

保证保险合同问题

第二十六条 （保证保险合同的法律性质）保证保险合同是指借款合同或借款担保合同的债务人向保险人投保，当因债务人不履行借款合同或借款担保合同约定的义务，导致债权人权益受到损失时，由保险人承担保险赔偿责任的财产保险合同。

保证保险合同效力独立于借款合同或借款担保合同效力之外，不具有从属性。

第二十七条 （保证保险合同的法律适用）人民法院审理保证保险合同纠纷案件，应当适用保险法、合同法及其他相关法律、法规和司法解释。

其他问题

第二十八条 （部分受益人先于被保险人死亡时保险金分配）依据保险法第四十条和四十二条规定，部分受益人先于被保险人死亡时，投保人或被保险人对死亡受益人的保险金分配顺序和分配份额有安排从其安排，没有安排的，则该保险金应在其他受益人之间平分。

第二十九条 （判断格式条款无效依据的范围）保险法第十九条中所指的法，应包括法律、行政法规和司法解释。

第三十条 （规范指引的适用）全省法院民二庭在本规范指导下发之日起审理新受理的保险合同纠纷案件时可以参照适用。下发之前各级法院民二庭已经受理的保险合同纠纷案件，不参照适用本规范指引。本规范指引如今后与有关法律、法规、司法解释发生抵触，则以有关法律、法规、司法解释的规定为准。

第五节 广东地区裁判倾向

一、广东省高级人民法院关于如何确定机动车第三者责任保险中"第三者"范围的批复

发文机关：广东省高级人民法院

文　　号：粤高法民一复字〔2005〕11号

发文日期：2005年11月4日

施行日期：2005年11月4日

效力级别：地方司法文件

广州市中级人民法院：

你院报来的《关于中国平安财产保险股份有限公司增城支公司与朱伯获、郭带娣、罗景秋道路交通事故人身损害赔偿纠纷一案有关法律适用问题的请示》收悉。经研究，答复如下：

原则同意你院审判委员会的多数意见，即机动车第三者责任保险中的

"第三者"不包括保险车辆本车上的乘客。根据《中国保险监督管理委员会关于机动车辆保险条款解释》的规定和保险行业惯例及保险理论的通说，机动车第三者责任保险中的"第三者"是指除保险人、被保险人和保险车辆上人员以外，因保险车辆的意外事故遭受人身、财产损害的第三人。保险车辆上的乘客不属于本车投保的第三者责任保险中的"第三者"，其因交通事故遭受人身、财产损害的，可由本车车上乘客责任险和对方机动车投保的第三者责任保险予以保护。

此复。

二、广东省深圳市中级人民法院关于审理财产保险合同纠纷案件的裁判指引（试行）

发文机关：广东省深圳市中级人民法院

发文日期：2015年12月28日

施行日期：2015年12月28日

效力级别：地方司法文件

为了正确审理财产保险合同纠纷案件，统一全市法院此类案件的办案标准和裁判尺度，根据《合同法》《保险法》《机动车交通事故责任强制保险条例》等法律、行政法规及相关司法解释的规定，结合我市审判实践，制定本裁判指引。

一、投保人应如实告知的事项系保险代理人代为填写及签名，发生保险事故后保险人以投保人未履行如实告知义务抗辩的，人民法院不予支持，但有证据证明投保人对保险代理人代为填写的内容予以确认的除外。

二、投保人与被保险人不一致时，被保险人以保险人未向其履行提示或明确说明义务为由，主张免责条款不生效的，人民法院不予支持。

保险标的转让且经保险人批单同意变更被保险人的，保险人对原投保人履行了提示或明确说明义务，新的被保险人以保险人未向其履行提示或明确说明义务为由，主张免责条款不生效的，人民法院不予支持。

三、保险人仅以投保人已经交纳保险费为由，主张投保人已追认保险人在投保单"投保人声明"栏代签字效力的，人民法院不予支持。

四、保险人以投保人就同一保险标的、同一险种向同一保险人再次或多次投保，其已对免除保险人责任的条款履行过提示或明确说明义务为由，主张应该免除其对免除保险人责任条款变动内容的提示或明确说明义务的，人民法院不予支持。

五、在机动车保险合同纠纷案件中，与下列情形有关的免责条款，保险人已经履行提示义务，被保险人主张保险人未履行明确说明义务而不生效的，人民法院不予支持：

（一）未取得驾驶资格或者未取得相应驾驶资格的；

（二）驾驶无牌车辆或套牌车辆的；

（三）醉酒、服用国家管制的精神药品或麻醉药品后驾驶车辆的；

（四）事故发生后，被保险人或驾驶人在未依法采取措施的情况下驾驶保险车辆或者遗弃保险车辆逃离事故现场的。

事故发生后，由他人冒名顶替实际驾驶人的，视为交通肇事后逃逸，参照本条第一款第（四）项处理。

与下列情形有关的免责条款，保险人已经履行提示义务，被保险人主张保险人未履行明确说明义务而不生效的，人民法院应予支持：

（一）车辆超载的；

（二）持未按规定审验的驾驶证或持计分达到12分的驾驶证驾驶车辆的；

（三）车辆未在规定检验期限内进行安全技术检验的。

六、机动车未投保交强险，被保险人以保险人未履行提示或明确说明义务为由，主张应由交强险赔付的保险金保险人应在商业第三者责任险范围内赔付的，人民法院不予支持。

七、责任保险的被保险人给第三者造成损害，被保险人未向该第三者赔偿损失，诉请保险人向其支付第三者责任险的保险金的，人民法院可以追加第三者作为第三人参加诉讼，根据被保险人的请求，判决保险人直接向该第三者赔偿保险金。

八、由保险人印制的载明"该案一切赔偿责任业已终结"的收款收据不能单独作为认定保险人与被保险人或受益人达成最终赔偿或给付保险金协议的依据；但保险人有其他证据证明已经向被保险人或受益人说明了赔偿范围、标准、方法、数额等基本情况，被保险人或受益人已明确表示同意终结赔偿的，可以认定保险人的赔偿责任终结。

九、同一合同项下涉及多个保险险种，保险事故发生后，被保险人诉请保险人赔付的，各险种分别计算诉讼时效。

对同一合同项下同一险种涉及同一次事故导致多个保险赔付的，被保险人主张应以最后一个赔付请求权确定之日开始计算诉讼时效的，人民法院应予支持。

十、车上人员下车后因本车发生保险事故受到损害，主张保险人应按商业第三者责任险赔偿的，人民法院应予支持，但车辆驾驶员及被保险人除外。

车上人员因车辆发生危急状况而跳车或因发生保险事故被甩出车外受到损害，主张保险人应按车上人员责任险赔偿的，人民法院应予支持。

十一、发生保险事故，造成车辆全损或推定全损时，保险人主张应当按照保险条款规定的计算公式，以保险条款规定的新车购置价扣除已使用月数折旧后的价格作为车辆实际价值赔偿的，人民法院应予支持，被保险人举证证明保险人的赔偿金额显失公平的除外。人民法院在必要时应委托中介机构对车辆实际价值进行评估。

十二、《机动车交通事故责任强制保险条例》第二十二条第一款规定的致害人和《最高人民法院关于审理交通事故损害赔偿案件适用法律若干问题的解释》第十八条第二款规定的侵权人，均应理解为在道路交通事故损害赔偿责任纠纷中依法应当承担民事侵权责任的主体，包括单位与个人，如驾驶员的行为系职务行为，则致害人、侵权人应为其所在的单位。

十三、挂靠车主以被挂靠单位为被保险人向保险人投保，发生保险事故后，挂靠车主以本人名义向人民法院提起诉讼的，人民法院应裁定驳回其起诉。

被保险人以挂靠车主已向第三者承担赔偿责任为由，要求保险人承担保险责任的，人民法院应予支持。

诉讼中，可以通知挂靠车主作为第三人参加诉讼。被挂靠单位同意保险金直接赔付给实际车主的，人民法院可直接判决保险人向实际车主支付保险金。

十四、牵引车拖带挂车行驶时发生保险事故的，承保牵引车、挂车的各保险人应按其承保的保险金额占两车保险金额总和的比例，在各自保险责任限额内承担赔偿责任。

牵引车与挂车已投保商业第三者责任险，保险人以保险条款之"牵引车与挂车连为一体发生事故，两车的保险赔偿限额以主车的保险限额为限"的规定为由，主张其仅以牵引车的保险金额为限承担保险责任的，人民法院不予支持。

十五、被保险人以其在两人或多人共同致害的交通事故中已向受害人承担连带责任为由向保险人主张保险金的，保险人根据保险条款中之被保险机动车驾驶人在事故中所负的事故责任比例承担相应赔偿责任的规定进行抗辩的，人民法院应予支持。

十六、车辆损失险中，被保险人未及时联系保险人定损即进行维修，保险人经核损认为被保险人主张的车损价格过高并提出评估申请的，人民法院应予准许。

保险人怠于履行查勘、核损义务，被保险人委托依法登记的车辆维修企业正常维修后，主张保险人应向其支付保险金的，人民法院应予支持。

十七、《保险法》第六十条规定的赔偿请求权，不仅包括侵权赔偿请求权，也包括违约赔偿请求权等其他请求权。

十八、投保人与被保险人不是同一人，当被保险人有权向投保人主张赔偿请求权时，保险人根据《保险法》第六十条、第六十二条的规定对投保人行使代位求偿权的，人民法院应予支持。

十九、保险人赔偿托运人之后向承运人追偿，承运人以该货物运输险系其代托运人投保为由抗辩的，人民法院不予支持。

保险人赔偿托运人之后向承运人追偿，承运人以托运人在保险合同订立前已放弃对承运人的索赔权且已告知保险人为由抗辩的，人民法院应予支持。

二十、保险人行使代位求偿权，保险人要求第三者赔偿公估费的，人民法院不予支持。

二十一、保险人行使代位求偿权，就其支付的保险金向第三者主张利息的，人民法院应予支持，利息应自保险人实际支付保险金之日起计算。

二十二、保险人行使代位求偿权，第三者主张其与被保险人之间签订有仲裁协议，案件应由仲裁机构仲裁的，人民法院不予支持，但保险人明确表示接受仲裁条款的除外。

二十三、保险人向第三者行使代位求偿权，第三者抗辩主张保险人行使代位求偿权所依据的保险合同无效或保险人赔偿被保险人错误的，人民法院不予审查。

二十四、本指引与法律、法规或司法解释不一致的，以法律、法规或司法解释为准。

二十五、本裁判指引由深圳市中级人民法院审判委员会负责解释。

二十六、本裁判指引自印发之日起施行。本裁判指引实施后尚未审结的案件，适用本裁判指引。凡本院过去的规定与本裁判指引相抵触的，不再适用。

二十七、本指引施行后与新颁布的法律、法规或司法解释有冲突的，由相关业务部门提出修改意见报本院审判委员会进行修订。

三、广东省深圳市中级人民法院关于审理财产保险合同纠纷案件的裁判指引（试行）的说明

发文机关：广东省深圳市中级人民法院

效力级别：地方司法文件

1. 第一条是关于保险代理人代投保人填写应由投保人如实告知事项的效力的规定。

投保人可以通过保险代理人填写投保所需的相关资料，但要经过投保人签字确认。保险代理人代投保人填写需投保人如实告知的事项并代投保人签名，没有征得投保人同意，发生保险事故后保险人以投保人未履行如实告知义务而拒赔的，人民法院不予支持，但有证据证明投保人对保险代理人代为填写的内容予以确认的除外。

2. 第二条是关于保险人履行提示或明确说明义务的对象的规定。

保险人需对保险合同中免除保险人责任的条款履行提示或明确说明义务，这是法律规定的保险人的法定义务。本条规范的是保险人履行该义务的时间和对象，即保险人履行提示或明确说明义务的对象是投保人，履行提示或明确说明义务的时间是在投保时。保险人在投保人投保时已履行提示或明确说明义务，投保人与被保险人不一致的，保险人不需要再向被保险人履行

提示或明确说明义务；在保险期间内，被保险人变更的，保险人也不需要再向新的被保险人履行提示或明确说明义务。

3. 第三条是关于投保人已经交纳保险费能否发生追认保险人在投保单"投保人声明"栏代签字效力的规定。

一般情况下，投保单需要投保人签字或盖章的地方至少会有两处：1、以订约人（要约人）的身份在投保单相应部分签章；2、在"投保人声明栏"处签章。目前，保险人为履行《保险法》所要求的对免责条款的提示或明确说明义务而采用的较为普遍的做法是，在投保单上投保人声明栏载明的"保险人已向本人详细介绍了保险条款，并就该条款中有关责任免除的内容做了明确说明，本人接受上述内容，自愿投保本保险"，由投保人签名认可。一旦投保单上发生代签名现象，往往是上述两处本应由投保人签章的地方均系代签名。

诉讼中，被保险人主张投保单上的投保人签字系保险人业务员代签字，主张保险人未履行明确说明义务，而保险人则依据《最高人民法院关于适用〈中华人民共和国保险法〉若干问题的解释（二）》第3条第1款的规定，主张投保人已经交纳保险费的，应视为其对代签字或者盖章行为的追认。需要指出的是，上述两处签名的目的和意义不同，在发生代签名现象后认定投保人以缴纳保险费的形式追认的效果亦不同。投保人交纳保险费的，仅表明其愿意订立该保险合同，是对代签保险合同行为的追认，保险合同对其生效，但不能因此认为投保人认可保险人已经向其履行了免责条款的提示或明确说明义务，因为保险人是否已经向其履行了免责条款的提示或明确说明义务是个事实问题，应当实事求是地认定，如果保险人事实上并未向其履行该项义务，不能仅因为投保人交纳了保险费而推定保险人向其履行了该项义务。

4. 第四条是关于保险人对再次或多次投保的投保人是否应对免除保险人责任条款变动内容履行提示或明确说明义务的规定。

从立法本意来说，保险人在订立保险合同时，应对责任免除条款履行提示或明确说明义务，使投保人在订立保险合同时能够充分理解免责条款的内容、涵义及其法律后果。所以，即便投保人就同一保险标的、同一险种向同一保险人再次或多次投保，保险人已对免责条款履行过提示或明确说明义务，但在保险人对同一险种设定的责任免除条款内容有变动，且涉案争议的就是变动后的责任免除条款的情况下,保险人对此变动的内容仍负有提示或明确说明义务。

5. 第五条是关于部分常见免责条款哪些保险人需履行提示义务即生效、哪些还需履行明确说明义务才生效的规定。

《最高人民法院关于适用〈中华人民共和国保险法〉若干问题的解释(二)》第10条规定:保险人将法律、行政法规中的禁止性规定情形作为保险合同免责条款的免责事由,保险人对该条款作出提示后,投保人、被保险人或者受益人以保险人未履行明确说明义务为由主张该条款不生效的,人民法院不予支持。将法律、行政法规中的禁止性规定情形作为保险合同免责条款的免责事由,保险人仅需履行提示义务,该条款即生效。实践中,对于哪些情形属于法律、行政法规中的禁止性规定,尺度不一。我们认为,该类情形不应宽泛认定,而应将实践中常见的无证驾驶、醉酒驾驶、交通肇事后逃逸等几种明显违法、社会危害性较大的常见情形加以认定即可。在此,主要参考了最高人民法院《关于审理道路交通事故损害赔偿案件适用法律若干问题的解释》第18条规定的情形:保险人只要履行了提示义务,该类情形即得不到商业保险保障,社会效果较好。而其他一些免责情形,如车辆超载、持未按规定审验的驾驶证或持计分达到12分的驾驶证驾驶车辆、车辆未在规定检验期限内进行安全技术检验的,违法情节轻微,社会危害不大,则仍应要求保险人履行明确说明义务。

另外,交通肇事后逃逸属于较为严重的行政违法行为,《道路交通安全法》等法律、行政法规均规定了较重的法律责任。事故发生后,由他人冒名顶替实际驾驶人的,应视为交通肇事后逃逸,参照本条第1款第(四)项处理。

6. 第六条是关于机动车商业第三者责任险保险范围的规定。

保险人在机动车商业第三者责任险保险条款的"保险责任"部分规定,保险人对于超过交强险各分项赔偿限额以上的部分负责赔偿;在"责任免除"部分规定,应当由交强险赔偿的损失和费用,保险人不负责赔偿。免责条款的上述规定系关于商业第三者责任险保险责任范围的反向表述,我们认为,即便保险人未履行提示或明确说明义务,该免责条款不生效,也不影响保险条款"保险责任"部分规定的效力。

依据法律规定,机动车均应当投保交强险。交强险为法定险种,商业第三者责任险赔偿交强险各分项赔偿限额以上部分，此为商业第三者责任险的通例。无论从法律规定的角度还是险种设定的角度，该规定均不属于保险人单方免除自身赔偿责任的情形，保险条款关于保险责任的规定不属于免除保险人责任条款的范畴，被保险人以保险人未履行提示或明确说明义务为由主张应由交强险赔付的保险金保险人应在商业第三者责任险范围内赔付的，人民法院不予支持。

7. 第七条是关于责任保险的被保险人未向第三者赔偿损失时诉请保险人向其支付保险金时是否应追加第三者为第三人的规定。

《保险法》第65条第3款规定："保险人对责任保险的被保险人给第三者造成的损害，可以依照法律的规定或者合同的约定，直接向该第三者赔偿保险金。责任保险的被保险人给第三者造成损害，被保险人对第三者应负的赔偿责任确定的，根据被保险人的请求，保险人应当直接向该第三者赔偿保险金。被保险人怠于请求的，第三者有权就其应获赔偿部分直接向保险人请求赔偿保险金。责任保险的被保险人给第三者造成损害，被保险人未向该第三者赔偿的，保险人不得向被保险人赔偿保险金。"实践中，第三者向被保险人追索，若被保险人没有能力向第三者赔偿，则被保险人也不能直接向保险人主张赔偿保险金，由此陷入一个死结。本条的规定旨在在诉讼程序中解决这一问题，即可以追加第三者为第三人，如认定被保险人对第三者应负赔偿责任的，人民法院可以行使释明权，征得被保险人同意，可以判决保险人直接向第三者赔偿保险金。当然，如被保险人不同意，则应驳回被保险人的诉讼请求。

8. 第八条是关于被保险人在保险人印制的载明"该案一切赔偿责任业已终结"的收款收据上签字效力的规定。

保险事故发生后，有些被保险人急于使用保险金，保险人也同意支付部分保险金，往往要求被保险人在其印制有载明"该案一切赔偿责任业已终结"的收款收据上签字。之后，被保险人又提起诉讼，保险人提交该收据抗辩，因该收据上的上述文字系保险人事先印制，应属格式条款，限制了被保险人的索赔权利，减轻了保险人的赔偿责任，应认定为无效条款，则该收据不能单独作为认定保险人与被保险人或受益人达成最终给付保险金协议的依据，但保险人有其他证据证明被保险人或受益人已明确表示同意终结赔偿的，可以认定保险人的赔偿责任终结。

9. 第九条是关于保险合同纠纷诉讼时效的规定。

商业第三者责任险往往因为受害者需治疗或者第三者财产损失需进行评估等因素，较短时间内难以确定最终的损失数额，因此常常发生其他险种的赔偿需要等待第三者责任险赔偿数额确定的问题。如果要求多个险种一并赔付，势必会造成由于案外人因素拖延时间而对被保险人的索赔造成不利影响，因此不同险种适用不同的诉讼时效起算时间，不同赔偿请求权也按照不同的起算时间起算，既有利于督促被保险人及时申请理赔，也避免时过境迁导致保险事故难以核查，对于保护被保险人合同利益更为公平合理。

对一个合同项下同一险种涉及同一次事故造成财产损失或人身损害多个赔付的，应以最后一个赔付请求权确定之日计算诉讼时效，有利于最大限度地保护被保险人的利益。

10. 第十条是关于车上人员保险索赔适用何种险种的规定。

单纯的车上人员下车后因本车发生保险事故受到损害，应当认为其身份已经发生转化，应当认定为第三者，但车辆驾驶员及被保险人除外，因第三者责任险是被保险人或者驾驶员对第三者应当承担的赔付责任，驾驶员虽然下车，但车辆仍在其掌控之中，其实际身份仍属于车上人员，不应属第三者；同理，第三者是相对于保险人和投保人、被保险人而言的，被保险人也不应作为第三者。但是第二款中的受害者应为车上人员还是第三者，实务界和学术界均存在争议。本指引以事故发生时受害者所处的物理位置为主，结合事故发生原因产生时受害者的物理位置作为标准综合判断受害者身份。我们认为，车辆发生危险状况前，受害人是车上人员，由于车辆发生危急状况而跳车或因发生保险事故被甩出车外受到损害，即使对手造成最终的损害结果可能还有其他原因，如车上货物掉落砸伤，也不能因此认定其为第三者，而应认定为车上人员。

11. 第十一条是关于车辆全损或推定全损的保险赔偿的规定。

诉讼中，多数被保险人认为推定全损时计算车辆的实际价值存在两次折旧的问题，即在投保单上填写"新车购置价"时保险人已经计算了一次折旧，在推定全损计算实际价值时又按照保险条款规定的计算公式进行了一次折旧；另一方面，保险人又主张其"新车购置价"未对车辆价值进行折旧，对将保险单填写的新车购置价认定为车辆实际价值不能接受。较为公允的做法就是由中介机构进行评估。但是鉴于评估耗时较长且会产生一定金额的评估费用，诉讼成本较高，不宜将其作为诉讼解决车辆实际价值的主要方式。因此，在比较保险单上注明的"新车购置价"和该车的市场新车现价后，主张车辆实际价值与前述方法计算的价值有较大偏差的，应由主张的一方承担举证责任。必要时，人民法院应委托中介机构进行评估。

12. 第十二条是关于《机动车交通事故责任强制保险条例》第22条第1款规定的致害人和《最高人民法院关于审理交通事故损害赔偿案件适用法律若干问题的解释》规定的侵权人是否包括单位的规定。

本条主要是厘清单位是否可以成为致害人、侵权人的问题。

《最高人民法院关于审理道路交通事故损害赔偿案件适用法律若干问题的解释》第18条规定："有下列情形之一导致第三人人身损害，当事人请求保险公司在交强险责任限额范围内予以赔偿，人民法院应予支持：

（一）驾驶人未取得驾驶资格或者未取得相应驾驶资格的；

（二）醉酒、服用国家管制的精神药品或者麻醉药品后驾驶机动车发生交通事故的；

（三）驾驶人故意制造交通事故的。

保险公司在赔偿范围内向侵权人主张追偿权的，人民法院应予支持。追偿权的诉讼时效期间自保险公司实际赔偿之日起计算。"

保险人依据上述司法解释的规定，在赔偿范围内向侵权人追偿时，有些判决依据交强险条例第22条的规定（即：有下列情形之一的，保险公司在机动车交通事故责任强制保险责任限额范围内垫付抢救费用，并有权向致害人追偿：（一）驾驶人未取得驾驶资格或者醉酒的；（二）被保险机动车被盗抢期间肇事的；（三）被保险人故意制造道路交通事故的。有前款所列情形之一，发生道路交通事故的，造成受害人的财产损失，保险公司不承担赔偿责任。）认为致害人只能是自然人，保险人只能向驾驶员等实施侵权行为的自然人追偿。《机动车交通事故责任强制保险条例》第22条规定的致害人与《最高人民法院关于审理交通事故损害赔偿案件适用法律若干问题的解释》第十八条第二款规定的侵权人，不应仅仅理解为造成道路交通事故的肇事驾驶员，而应理解为应承担民事侵权责任的主体，既可以是个人，也可以是单位，如驾驶员的行为系职务行为，则致害人应为其所在的单位。

13. 第十三条是关于挂靠车辆保险索赔的规定。

在挂靠经营模式下，挂靠车主向第三者承担赔偿责任后，因挂靠车主不是被保险人，按照合同相对性原则，挂靠车主对保险人不享有诉权，故有权向保险人提起诉讼的是被保险人，即被挂靠运输企业。挂靠经营模式下，虽然挂靠车主不是保险合同的一方当事人，但实际上车辆运营及事故处理都是由挂靠车主负责的，因此挂靠车主对受害人的赔偿可以视为被保险人履行了赔偿责任。诉讼中，挂靠车主因与保险人不存在合同关系，不能依据保险合同向保险人提起诉讼主张赔偿，但在审理被挂靠企业和保险人的保险纠纷时，如果完全将直接车主排除在诉讼之外，有时会存在难以查明事实的问题，因此，根据案件的具体情况可将挂靠车主列为第三人参加诉讼。本条第3款规定人民法院可直接判决保险人向挂靠车主支付保险金，主要是从高效解决问题的角度考虑的。

14. 第十四条是关于牵引车拖带挂车的保险赔偿的规定。

第1款主要是解决牵引车、挂车均投保时，两车的保险人如何承担保险责任的问题。牵引车拖带挂车行驶时连为一体，发生事故时不应机械地认为是牵引车的责任或是挂车的责任，而是应共同承担责任，则承保牵引车、挂车的各保险人应按其承保的保险金额占两车保险金额总和的比例，在各自保险责任限额内承担赔偿责任。

关于第2款，虽然有些商业责任险保险合同特别约定"牵引车与挂车连为一体发生事故，两车的保险赔偿限额以主车的保险限额为限"，但如果牵引车与挂车均投保商业险，保险人根据该特别约定，主张其仅以牵引车的保险金额为限承担保险责任，应不予支持。因该特别约定免除了挂车保险人应承担的保险义务，根据《保险法》第19条第（一）项的规定，应认定为无效条款。故对于该条款，即便保险人已经履行了提示或明确说明义务，亦不影响人民法院对该条款的效力认定。

15. 第十五条是关于保险人是否就被保险人承担的连带责任承担保险责任的规定。

第三者责任险的保险标的为被保险人依法应当承担的赔偿责任，因此，只有被保险人依法向受害者承担了赔偿责任才可以从保险人处获得保险金的补偿。虽然被保险人与第三方承担连带责任，其对受害者均有承担全部责任的义务，但是在连带责任内部，其与第三方存在责任分担问题。如被保险人向受害人承担了全部责任，其可以就其超出责任份额部分向第三方行使追索权，最终被保险人承担的赔偿责任仍然是连带责任内部确定的责任份额。因此，在本条所列情形下，被保险人依法所承担的赔偿责任应为其最终承担的连带责任内部的责任份额。由于责任险是基于被保险人承担的赔偿责任来进行赔付的，保险合同条款明确约定保险人根据被保险机动车驾驶人在事故中所负的事故责任比例承担相应的赔偿责任，依据保险合同的约定，被保险人也只能就其最终应当承担的赔付责任获得保险人赔付的保险金，对于超出其内部份额部分的赔偿责任，其要求保险人进行赔付缺乏合同依据，人民法院不予支持。

16. 第十六条是关于如何确定车辆损失的规定。

《保险法》第21条规定："投保人、被保险人或者受益人知道保险事故发生后，应当及时通知保险人。故意或者因重大过失未及时通知，致使保险事故的性质、原因、损失程度等难以确定的，保险人对无法确定的部分，不承担赔偿或者给付保险金的责任，但保险人通过其他途径已经及时知道或者应当及时知道保险事故发生的除外。"被保险人未及时联系保险人即维修车辆，保险人有权重新核定损失，保险人经核损认为被保险人主张的车损价格过高并提出评估申请的，人民法院应予准许。但保险人怠于履行查勘、核损义务，被保险人委托依法进行工商登记成立的车辆维修企业正常维修后，主张保险人应在保险金额范围内支付车辆维修费用的，人民法院应予支持。

17. 第十七条是关于《保险法》第60条规定的赔偿请求权范围的规定。

《保险法》第60条规定：因第三者对保险标的的损害而造成保险事故的，保险人自向被保险人赔偿保险金之日起，在赔偿金额范围内代位行使被保险人对第三者请求赔偿的权利。保险代位求偿权的实质是债权让与制度在保险法律关系中的应用，即保险事故发生后，被保险人对第三者有损害赔偿请求权的，该请求权在保险人履行保险赔偿金给付义务后，依法当然地、直接地移转于保险人。关于保险代位求偿权的追偿对象，除法律规定明确禁止追偿的人以外，保险人均可以行使代位求偿权，其中包括交通事故责任人、承运人、车辆借用人等，不限于侵权行为所产生的损害赔偿请求权，也包括违约赔偿请求权，还可能是基于第三者无合法依据的不当得利行为等产生的请求权。

18. 第十八条是关于保险人是否可以向投保人行使代位求偿权的规定。

《保险法》第60条规定：因第三者对保险标的的损害而造成保险事故的，保险人自向被保险人赔偿保险金之日起，在赔偿金额范围内代位行使被保险人对第三者请求赔偿的权利。《保险法》第 62 条规定：除被保险人的家庭成员或者其组成人员故意造成本法第六十条第一款规定的保险事故外，保险人不得对被保险人的家庭成员或者其组成人员行使代位请求赔偿的权利。《保险法》第 60 条规定的第三者是指保险人和被保险人以外的第三方，但被保险人的家庭成员或者其组成人员除外。财产保险的保障对象是被保险人，当投保人和被保险人不是同一人的，投保人不在保险保障范围内；即便是投保人订立的保险合同、交纳的保险费，但因其不是被保险人，当被保险人有权向投保人主张赔偿请求权时，保险人根据《保险法》第 60 条、第 62 条的规定有权对投保人行使追偿权。

19. 第十九条是关于保险人向承运人行使代位求偿权的规定。

被保险人与保险标的的关系不同，被保险人对保险标的具有的保险利益也不同。在货运合同中，货物毁损、灭失给托运人造成的损失，是托运人具有的保险利益；因货物毁损、灭失，承运人应对托运人承担的赔偿责任，是承运人具有的保险利益。因保险利益不同，托运人可作为货物损失险的被保险人，承运人可作为承运人责任险的被保险人。在承运人为托运人投保了货物损失险，而其未投保承运人责任险的情形下，不能免除承运人的损失赔偿责任，保险人可代位托运人向其追偿。

托运人在保险合同订立前已放弃对承运人的索赔权，且已告知保险人的，保险人在此情况下不能再向承运人行使代位求偿权。

20. 第二十条是关于保险人行使代位求偿权时能否追偿公估费的规定。

根据《保险法》第 64 条的规定，保险人、被保险人为查明和确定保险事故的性质、原因和保险标的的损失程度所支付的必要的、合理的费用，由保险人承担。因此，在理赔程序中支出的公估费等必要费用，应由保险人承担，不应向第三者追偿。

21. 第二十一条是关于保险人行使代位求偿权时能否追偿利息的规定。

近年来，保险人代位求偿权纠纷案件增加，不少保险人起诉主张第三者支付利息，不同法院做法不一。《保险法》第 60 条规定：因第三者对保险标的的损害而造成保险事故的，保险人自向被保险人赔偿保险金之日起，在赔偿金额范围内代位行使被保险人对第三者请求赔偿的权利。《广东省高级人民法院关于审理保险合同纠纷案件若干问题的指导意见》第 34 条规定：保险人代位追偿权的范围，仅限于其实际支付的保险金。关于上述规定有两种不同的理解，一种是保险人只能就其支付的保险金本金要求第三者赔偿，不包含利息；一种是上述规定是限定保险人只能在赔偿的保险金这一项目范围内进行追偿，不包括其他项目如公估费等，但就保险金本身可以要求第三者支付利息。

我们认为：保险人的代位求偿权来自于被保险人的权益转让，保险人行使代位求偿权，既不能侵犯被保险人的权益，也不能加重第三者的负担。保险人向被保险人支付了保险金，产生于该保险金支付后的利息，被保险人不能再向第三者追偿，不损害被保险人的利益；作为应该承担赔付责任的第三者，逾期支付赔偿金或违约金等，应向被保险人支付逾期付款的利息，保险人追偿利息，没有加重第三者的负担。如果不允许保险人向第三者追偿保险金利息，无端使第三者免于被追究支付利息的责任，免受民事惩罚，放纵了第三者；保险人自支付保险金后，追偿利息损失，有利于保险人减少成本，降低保费，最终使投保人受益。保险人有权就其支付的保险金向第三者追偿利息，原则上应自保险人实际支付保险金之日起开始计算。

22. 第二十二条是关于保险人行使代位求偿权时是否受被保险人与第三者签订的仲裁协议约束的规定。

保险人赔偿保险金后取得代位求偿权，该权利系被保险人债权的法定转让，不是保险人与被保险人之间合同权利义务的转让。对于不愿意通过仲裁机构解决纠纷的保险人而言，依照仲裁协议提交仲裁机构解决纠纷，这是被保险人与第三人之间的合同设定的义务，其可以不受该协议的约束。仲裁协议是被保险人和第三者双方当事人的协商结果，由于行使代位求偿权的保险人并非协商订立该合同仲裁协议的当事人，仲裁协议并非保险人的意思表示，除非保险人明确表示接受，否则该仲裁协议对保险人不具有约束力。

23. 第二十三条是关于人民法院审理保险人代位求偿权纠纷案件时是否应审查保险合同效力以及保险人是否赔偿错误的规定。

保险人向第三者行使代位求偿权，被追偿的第三者经常以保险合同无效以及保险人赔偿被保险人错误为由进行抗辩。保险人代位求偿权是保险人向被保险人支付保险赔偿金后依法取得的向被保险人的损害方（侵权人或违约方）进行追偿的权利。保险人行使的代位求偿权在本质上仍是被保险人享有的对第三者的债权。保险人行使代位求偿权，并不会使第三者的债务扩大或者增加其债务责任，无论是由保险人行使代位求偿权，还是由被保险人直接向第三者行使赔偿请求权，在本质上并无任何区别。第三者是否承担法律责任应当根据第三者与被保险人之间的法律关系确定，与保险合同效力及保险人是否应当承担保险责任无关。《最高人民法院关于审理海上保险纠纷案件若干问题的规定》第14条规定：受理保险人行使代位请求赔偿权利纠纷案件的人民法院应当仅就造成保险事故的第三者与被保险人之间的法律关系进行审理。参照该规定，只要保险人与被保险人之间存在保险合同关系，且保险人向被保险人支付了保险金，人民法院应当仅就造成保险事故的第三者与被保险人之间的法律关系进行审理。保险人向第三者行使代位求偿权，第三者抗辩主张保险人行使代位求偿权所依据的保险合同无效或保险人赔偿被保险人错误的，人民法院不予审查。

24. 第二十四至二十七条是关于本裁判指引的解释、实施时间、修订以及与法律、法规或司法解释不一致、与我院以前相关规定相冲突时如何适用的规定。

四、广东省高级人民法院《关于规范保险公司为司法保全提供担保的若干意见（试行）》附保单保函样式

发文机关：广东省高级人民法院
文　　号：粤高法发〔2015〕10号
发文日期：2015年11月16日
施行日期：2015年11月16日
效力级别：地方司法文件

全省各级人民法院：

现将《广东省高级人民法院关于规范保险公司为司法保全提供担保的若干意见（试行）》印发给你们，请认真贯彻执行。执行过程中遇到问题，请及时报告省法院立案一庭。

广东省高级人民法院关于规范保险公司为司法保全提供担保的若干意见（试行）

为依法保障当事人实现合法债权，简化司法保全担保审查程序，根据《中华人民共和国民事诉讼法》、最高人民法院《关于适用〈中华人民共和

国民事诉讼法〉的解释》的规定，结合审判实践，制定本意见。

第一条 在中国保险监督管理委员会备案诉讼财产保全责任保险业务条款和保险费率条款的保险公司，可以为当事人申请司法保全向法院以保单保函的形式提供担保。

第二条 保险公司为当事人申请司法保全向法院提供担保的，应当出具书面保单保函。

保单保函应当载明下列内容：

（一）申请人与被申请人的基本情况；

（二）担保的金额；

（三）本保函为不可撤销保函；

（四）为申请人的错误保全申请造成被申请人的损失在担保金额范围内承担赔偿责任的明确意思表示。

第三条 为当事人申请司法保全向法院出具的书面保单保函，应当由符合本意见第一条规定条件的保险公司或者分公司出具并加盖公章。

第四条 保险公司为当事人申请保全提供保单保函时，应当向受理法院提交加盖公司或者分公司印章的营业执照复印件、保险合同或者保单复印件等书面材料。

第五条 被申请人提供保险公司的保单保函请求解除司法保全的，法院经审查符合条件，可以裁定解除保全。

第六条 出具单笔担保金额超过1亿元的保单保函的保险公司或者分公司，其公司注册资本应当不低于50亿元。

单笔担保金额超过1亿元的保单保函可以由两个或者两个以上的保险公司或者分公司共同或分别出具，但其注册资本总和应当符合前款的规定。

第七条 保险公司或者分公司出具保单保函过程中有违法违规行为的，一经发现，除根据法律规定进行处理外，法院将不再接受其保单保函并将其行为向中国保险监督管理委员会通报。

第八条 本意见所称的司法保全包括诉前、诉中及执行程序、仲裁程序中的财产保全、行为保全和证据保全。

第九条 本意见自发布之日起试行。本院此前发布的规范性意见与本意见不一致的，以本意见为准。

附件：

保单保函（样式）

编号：

致：××××××人民法院

一、申请人：××××××。

二、被申请人：××××××。

三、担保金额（赔偿限额）：人民币××××××元。

四、赔偿责任：申请人（被保险人）××××××因与被申请人×××××××××××纠纷一案（案号：××××××号），向法院提出保全申请，申请冻结被申请人银行账户存款××××××元或查封、扣押被申请人相当于××××××元的财产。本公司愿为申请人××××××的该申请提供担保，如申请人××××××保全申请错误致使被申请人遭受损失的，本公司保证向被申请人在赔偿限额内进行赔偿。

五、本保函为不可撤销保函。

担保人：××××××（公章）

　年　　月　　日

五、广东省高级人民法院民二庭关于民商事审判实践中有关疑难法律问题的解答意见（节选）

发文机关：广东省高级人民法院

发文日期：2012年3月7日

施行日期：2012年3月7日

效力级别：地方司法文件

五、适用保险法疑难问题

（一）名义车主投保的效力认定

针对机动车辆挂靠经营等真实车主与车辆行驶证上登记的名义车主不一致时名义车主以自己名义为车辆投保是否有效，首应当根据保险利益的有关规定予以处理。根据《中华人民共和国保险法》第十二条第二款的规定，财产保险的被保险人在保险事故发生时，对保险标的应当具有保险利益。因此，投保人对保险标的有无保险利益原则上对保险合同效力并无直接影响。

（二）定值保险中如何认定二手车辆的实际价值

通过特殊交易（如罚没车辆处理、拍卖等）取得的二手车辆，其取得对价往往低于保险合同约定的保险价值，在车辆保险期间遗失、毁损，对被保险人的实际损失的认定，实践中存在两类观点：一类观点认为不论该二手车的实际价值如何，均只能以投保人取得该车实际支付的对价为基础确定投保人的实际损失，保险公司理赔金额最多不超过投保人为取得该车实际支付的对价，否则有悖财产保险填补损失原则。一类观点认为不论投保人取得该车辆的实际对价如何，均应按照车辆出险时的实际价值确定投保人的实际损失。对于合同约定的保险价值超出投保人实际支付对价的应如何确定车辆实际价值的问题，该类观点又存在两种分歧：一种认为由于投保人实际支付的对价小于约定的保险价值，投保人又无其他证据证明约定的保险价值就是车辆的真实价值，在车辆已经毁损、灭失的情况下，也难以通过评估鉴定来确定车辆的真实价值，故应以投保人实际支付对价为基础确定车辆实际价值；一种认为虽然投保人实际支付的对价小于约定的保险价值，但根据生活经验，通过罚没处理、拍卖等交易取得的二手车辆，其取得对价往往就是低于实际价值的，而保险合同中的保险价值是合同双方在签订合同时的真实意思表示，两者相比较，约定的保险价值比实际支付的对价更能反映车辆的真实价值，因此，在没有相反证据的情况下，应以约定的保险价值为基础确定车辆的实际价值。

司法实践中，对于定值保险，无论投保人以多少的对价购得车辆，保险合同中的保险价值是合同双方在签订合同时的真实意思表示，且签订合同的一方当事人保险公司是一个专业的保险机构，具有专业的评估能力，因此，保险合同双方约定的保险价值应当是最能反映车辆的真实价值的。而且，在投保时保险公司是参照车辆的实际价值来确定保险价值从而核算保费的，在出险时却主张按照相对较低的购买价格来确定车辆的实际价值并据此进行理赔，有违公平诚信原则。《保险法》也明确了这一点。第五十五条第一款规定，投保人和保险人约定保险标的的保险价值并在合同中载明的，保险标的发生损失时，以约定的保险价值为赔偿计算标准。

（三）道路交通运输车辆挂靠经营合同的效力认定

对于货物运输企业和出租车公司凭借特许经营权以各种方式实行挂靠经营、收取高额管理费中相关车辆挂靠合同的效力如何认定，实践中存在两种观点：一种观点认为虽然国务院办公厅、交通部等部门多次发文要求清理、制止挂靠车辆，且交通部《道路旅客运输及客运站管理规定》中也明确规定"禁止挂靠经营"，但此只是行政规章的规定，现行法律法规并无明确禁止运输车辆挂靠经营；同时，运输车辆挂靠经营在实践中非常普遍、屡禁不绝，有其存在的现实条件基础，在客观条件没有改变前，贸然认定挂靠无效，将极大冲击运输市场现状，可能导致混乱；因此应认定为有效。另一种观点认为国务院《道路运输条例》第三十四条已明确规定"车辆营运证不得转让、出租"，此应认为行政法规已明确禁止车辆挂靠经营；同时，车辆挂靠经营也应认为是《中华人民共和国合同法》第七条规定的"扰乱社会经济秩序、损害公共利益"行为；此外，如认定挂靠合同有效，则与行政主管部门要求清理、制止车辆挂靠的政策相悖，司法认定与行政认定冲突，一样可能导致混乱；因此，应认定无效。

在案件实际处理中，因有关禁止运输车辆挂靠经营的规定主要见于行政规章，现行法律法规并没有明文规定禁止运输车辆挂靠经营，并不属于《中华人民共和国合同法》第五十二条规定的合同无效的情形，同时考虑到运输车辆挂靠经营在目前是普遍存在的现实情况，如果认定运输车辆挂靠经营合同无效，将会产生很多无法解决的问题，倾向于认定合同有效。

（四）保险公估报告的效力认定

公估公司是否偏袒保险公司，涉及公估公司的公信力的问题，然而，毕竟保险公估公司是专业的评估公司，而法官并不具备保险公估的专业知识，很难正确判断保险公估报告是否存在问题，同时，重新公估可能难以再现原来的现场，也难以保证后一家保险公估公司作出的公估报告就比前一家保险公估公司作出的公估报告公正。因此，在没有足够的证据证明保险公估报告存在瑕疵的情况下，应当采信保险公估报告，即原则上不能轻易否认保险公估报告的证明力、不允许重新评估。

（五）新增财产未约定的，能否成为财产保险合同保险范围

如果当事人意图为新增财产投保，应当在保险合同中进行明确约定财产保险标的除既有财产外，还包括新增财产，如果没有明确约定，应认定为只

是对保险合同签订时存在财产进行投保,新增因不是保险标的,不应认定为保险范围内的财产。

(六)物价局或者相关的价格认定部门作出的评估可否作为保险事故中的损失认定的依据

目前法律没有规定保险公估公司是唯一的评估机构,其它有资质的中介机构对保险事故中的损失作出的评估报告,法院经审查认为程序合法的,可以采信。

(七)保险公估公司作出的涉案事故不属于保险公司应当赔偿的范围的公估意见如何采信

法院应对公估公司的公估意见作审查,如果没有相反的证据,对公估意见可予采信;若有证据证明公估公司的公估意见有失公允的,对公估意见可不予采信,可以结合案件相关事实和证据作出认定,或者重新委托有资质的中介机构作出专业鉴定。

第六节 杭州地区裁判倾向

一、浙江省高级人民法院关于审理财产保险合同纠纷案件若干问题的指导意见

发文机关:浙江省高级人民法院

文　　号:浙高法〔2009〕296号

发文日期:2009年9月8日

施行日期:2009年9月8日

效力级别:地方司法文件

为正确审理财产保险合同纠纷案件,统一裁判尺度,根据《中华人民共和国保险法》《中华人民共和国合同法》及相关法律、法规的规定,结合我省财产保险合同纠纷审判实践,制定本指导意见。

一、财产保险合同的成立与生效

第一条 投保人提出财产保险要求,经保险人同意承保,财产保险合同成立。保险人虽未出具保险单或者其他保险凭证,但已接受投保单并收取了

保险费的，一般应认定双方财产保险合同关系成立，但投保人与保险人另有约定的除外。

第二条 财产保险合同约定以投保人交付保险费作为合同生效条件的，投保人已交付部分保险费但未交足的，应认定合同已生效，保险人按已交保险费与应交保险费的比例承担保险责任。但保险人在保险事故发生前已书面通知投保人解除合同的除外。

第三条 投保人未按约定交付保险费，合同中也未对投保人拖欠保险费的后果作出约定的，在保险事故发生后，保险人不能以投保人拖欠保险费为由免除其应承担的保险责任。

第四条 财产保险合同约定保险责任自保险费缴纳之日起计算，而投保人尚未支付保险费时，保险人以投保人未支付保险费为由主张其不承担保险责任的，应予支持。

二、投保人的如实告知义务

第五条 投保人询问内容不限于保险人在投保单中设置的询问内容，但保险人须对存在投保单中设置的询问内容以外的询问事项负举证责任。

第六条 保险法第十六条规定的投保人应当如实告知事实应为保险标的的重要事实，主要指足以影响保险人决定是否同意承保或者提高保险费率等事实情况。保险人应对此负举证责任。

第七条 投保人因重大过失未履行如实告知义务的内容不属保险事故发生主要原因，对保险人承担保险责任不具有决定性因果关系的，保险人以投保人未尽如实告知义务为由拒绝承担保险责任的，不予支持。

第八条 对保险代理人介入的情况下，投保人在订立保险合同时违反如实告知义务的责任可因代理人对其行为的影响而消灭或减弱。在需投保人亲自回答问题场合，如保险代理人对内容不明问题以自己理解或解释来确定，或对投保人在回答时所产生疑问自动加以排除的，则投保人可免责。

保险代理人代为填写告知书等保险凭证并经投保人亲笔签名确认的，代为填写的内容视为投保人、被保险人的意思表示，但能够证明代理人误导投保人的除外。

第九条 投保人对保险人所询问的下列事项不作回答，不应认定为如实告知义务的违反：

（一）为保险人所已知的；

（二）依常理判断保险人已知的；

（三）经保险人声明不必进行告知的。

三、免责条款及保险人的明确说明义务

第十条 保险人在投保单、保险单或其他保险凭证对免责条款有显著标志（如字体加粗、加大、相异颜色等），对全部免责条款及对条款的说明内容集中单独印刷，并对此附有"投保人声明"，或附有单独制作"投保人声明书"，投保人已签字确认并同时表示对免责条款的概念、内容及其法律后果均已经明了的，一般可认定保险人已履行明确说明义务，除非投保人、被保险人能提供充分的反驳证据。

涉及保险人是否履行说明义务争议的举证责任分配规则问题，可适用最高人民法院《关于适用〈中华人民共和国合同法〉若干问题的解释（二）》（法释〔2009〕5号）第六条第二款的规定。

第十一条 下列情形，保险人的明确说明义务可适当减轻但不得免除：

（一）同一投保人签订二次以上同类保险合同的；

（二）机动车辆保险合同中规定严重违反交通法规的免责条款，如无证驾驶、酒后驾车、肇事后逃逸等。

四、保险利益

第十二条 被保险人对保险标的没有保险利益，不论保险人是否主张保险合同欠缺保险利益，法院可依职权判决保险合同无效。

第十三条 财产保险的保险利益应具备合法、确定和可用货币衡量三个条件。保险标的不合法，不当然导致保险利益不合法。

财产保险的保险利益可分为财产上的既有利益、基于现有利益而产生的期待利益、责任利益等三类。

财产保险上的既有利益是指投保人或被保险人对保险标的所享有的现存利益。既有利益不以所有权利益为限，主要包括：（1）财产所有人对其所有的财产拥有的利益；（2）抵押权人、质权人、留置权人对抵押、出质、留置的财产拥有的利益（但债权人对债务人没有设定抵押权、质押权、留置权的其他财产则不应认定有保险利益）；（3）合法占有人对其占有的财产拥有的利益；（4）财产经营管理人对其经营管理的财产拥有的利益。

期待利益是指投保人或被保险人对保险标的利益尚未存在，但基于其既有权利预期未来可获得的利益。期待利益必须具有得以实现的法律根据或合同根据。

责任利益是指因被保险人依法应承担民事赔偿责任而产生的经济利益。

第十四条 下列情形，发生保险事故时，保险人以被保险人对保险标的不具有保险利益为由主张不承担责任的，不予支持：

（1）投保人投保时保险标的虽存在物权上的瑕疵，但在发生保险事故时，其已具备了合法的物权；

（2）保险标的物出险时虽存在物权上的瑕疵，但投保人实际占有该保险标的并具有经济上的利益，且投保人占有该保险标的并不违反法律强制性规定和公序良俗。

五、保险理赔和责任认定

第十五条 财产保险合同中约定受益人条款的，在受益人与被保险人非同一人的情形下，被保险人未主张保险金请求权时，受益人可以作为原告向保险人主张权利。

第十六条 保险标的转让后，未及时通知保险人，保险人以保险标的转让未及时通知，被保险人与受让人不同为由主张不承担保险责任的，不予支持。但保险标的转让后使用性质等发生变化，导致保险标的危险程度显著增加而发生保险事故，保险人不承担保险责任。

第十七条 以分期付款方式向汽车销售公司购买汽车，在车款未全部付清之前，登记车主为汽车销售公司，汽车销售公司以自己名义进行投保，期间发生保险事故，保险人以实际车主不是被保险人拒绝承担保险责任的，不予支持。但销售公司可向实际车主主张其已经实际支付的相应保费。

第十八条 如保险标的损失系由多种原因造成，保险人以不属保险责任范围为由拒赔的，应以其中持续性地起决定或有效作用的原因是否属保险责任范围内为标准判断保险人是否应承担赔偿责任。

第十九条 被保险人虽在保险人制作的赔款相关凭证"赔偿责任终结"一栏内签字，但保险人并未完全履行赔偿责任的，不能认定保险人赔偿责任终结，被保险人向保险人主张保险赔偿责任的差额部分，应予支持。

保险人有其他充分的证据证明已经向被保险人说明了赔偿范围、标准、方法、数额等基本事实，被保险人明确表示同意终结赔偿的，保险人的赔偿责任终结。

第二十条 在责任保险中，被保险人与第三者之间的赔偿金额已由生效判决确定的，被保险人据此请求保险人承担保险责任的，在保险合同约定的范围内，可予支持。如被保险人与第三者之间采取调解方式，法院出具民事调解书确认的，在审理后续财产保险合同纠纷案件中，法院根据需要可对相关事实进行必要的审核。

责任保险的被保险人凭生效民事判决书及已向第三者履行的凭证要求保险人承担保险责任，被保险人可不必另行出具费用票证或其他赔偿凭证。

第二十一条 牵引车、挂车分别投保了机动车第三者责任险，牵引车或挂车造成保险事故，被保险人主张按牵引车和挂车保险金总额要求保险人承担保险责任的，应予支持。

第二十二条 车辆保险中，因挂靠等原因导致车辆的实际所有人与投保人、被保险人相分离，车辆实际所有人在侵权案件中被法院或交通事故处理机关确定为赔偿义务人的，车辆实际所有人提出要求保险人承担保险责任的，应予支持。

第二十三条 投保人与保险人明确约定保险标的的保险价值，并在保险合同中载明的，为定值保险。保险人明知保险标的的实际价值与约定的保险价值不符，仍按约定的保险价值确定保险金额并收取保险费的，发生保险事故后，保险人应按约定的保险价值赔偿，但能够查明投保人与保险人恶意串通的除外。

第二十四条 在不足额保险的财产保险合同中，在保险事故造成的实际损失超过保险金额时，保险合同约定免赔率的，如免赔率乘以实际损失后的金额仍然超过保险金额时，保险人应按保险金额赔付。

六、保险代位求偿权

第二十五条 因第三者的侵权行为引起保险事故导致保险标的损失的，被保险人可以基于侵权法律关系，请求第三者承担保险标的损失的赔偿责任，也可以基于保险合同关系，请求保险人依保险合同履行保险赔偿责任。

保险人依法行使代位求偿权时，被保险人已向第三者提起诉讼的，如查明属于重复求偿的，应依法驳回诉讼请求。

第二十六条 再保险人对造成保险事故发生的第三者不享有保险法规定的代位求偿权，但再保险人对原保险人行使代位求偿权所获得的赔偿额有权要求按再保险比例予以返还。

七、重复保险

第二十七条 投保人就同一保险标的物分别向不同的保险公司订立保险合同的，如具有不同的保险利益，不属重复保险。但其中一个保险人依法承担保险责任后，另一保险人的保险责任消灭。

第二十八条 重复保险的投保人未将重复保险的事项通知各保险人的，保险人有权解除合同。保险人要求确认重复保险合同无效的，不予支持。

八、保险合同的解释

第二十九条 对保险合同条款发生争议的用语属于专业术语，应当按照其在专业上所具有的意义加以解释。

第三十条 对保险人提供的保险合同格式条款存在争议时，应从保险合同的用词、相关条款的文义、投保人的合理期待、合同目的、交易习惯以及诚实信用原则，认定条款的真实意思；按照上述方法仍有两种以上解释的，应作出不利于保险人的解释。

保险合同当事人通过协商确定的个别保险合同的特约条款，对保险人不适用"不利解释原则"。

第三十一条 保险合同非格式条款与格式条款不一致的，以非格式条款为准；明示（特约）条款与默示（一般）条款不一致的，以明示（特约）条款为准。

第三十二条 投保单与保险单或其他保险凭证记载不一致的，保险人已将保险单或其他保险凭证送达给投保人，投保人未提出异议的，以保险单或其他保险凭证的内容为准；保险人未将保险单或其他保险凭证送达给投保人，或投保人在收到保险单或其他保险凭证后已提出异议，保险人仍同意承保的，以投保人填写的投保单记载内容为准。

九、附则

第三十三条 本指导意见供全省商事审判法官在审理相关财产保险合同纠纷案件时参照适用。法律、法规和司法解释有新的规定的，适用法律、法规和司法解释的规定。

海上保险合同纠纷案件和涉外保险合同纠纷案件，不适用本指导意见。

根据本院《浙江省高级人民法院关于民事和商事案件主管划分的意见》（浙高法［2008］64号）和《浙江省高级人民法院关于全省法院案件字号编立的规定》（浙高法［2008］378号）的规定，人身保险合同纠纷、机动车交通事故责任强制保险合同纠纷案件不属于商事案件，人身保险合同纠纷、机动车交通事故责任强制保险合同纠纷案件之外的其他保险合同纠纷案件属于商事纠纷案件，立商字案号。

相关中级人民法院和基层人民法院将不属于商事案件的人身保险合同纠纷、机动车交通事故责任强制保险合同纠纷案件交由商事审判业务庭审理的，此类案件仍然立民事案号。

民事纠纷和商事保险纠纷交织的案件，根据本院《浙江省高级人民法院关于民事和商事案件主管划分的意见》（浙高法〔2008〕64号）第四部分"对民事和商事案件主管意见分歧的处理规则"规定的原则确定案件的条线主管和案由。

不同民商事审判业务庭分别审理民事纠纷和商事保险纠纷交织案件的，应加强法律适用问题的沟通，统一法律适用标准。

二、浙江省高级人民法院《关于加强和规范对被执行人拥有的人身保险产品财产利益执行的通知》

发文机关：浙江省高级人民法院

文　　号：浙高法执〔2015〕8号

发文日期：2015年3月6日

施行日期：2015年3月6日

效力级别：地方司法文件

本省各级人民法院执行局：

近年来，随着资金理财化倾向明显，加上我省法院通过"点对点"网络查控系统查询、冻结被执行人的银行存款越来越便捷、有效，不少被执行人转而购买具有理财性质的人身保险产品。为加强和规范对此类人身保险产品的执行，现就有关问题通知如下：

一、投保人购买传统型、分红型、投资连接型、万能型人身保险产品、依保单约定可获得的生存保险金、或以现金方式支付的保单红利、或退保后保单的现金价值，均属于投保人、被保险人或受益人的财产权。当投保人、被保险人或受益人作为被执行人时，该财产权属于责任财产，人民法院可以执行。

二、各级法院应加强对被执行人拥有人身保险产品的查控，保险机构负有协助法院查询、冻结、处置被执行人拥有的人身保险产品财产利益的义务。

三、人民法院要求保险机构协助查询、冻结、处置被执行人拥有的人身保险产品及其财产利益时，执行人员应当出具本人工作证和执行公务证，并出具执行裁定书、协助执行通知书（样式附后）等法律文书。

四、保险机构对人身保险产品财产利益的协助冻结内容，既包括不允许被执行人提取该财产利益，也包括不允许将保单约定有权获得该财产利益的权利人变更为被执行人以外的第三人，或对保单约定的红利支付方式进行变更，执行法院应在协助冻结通知书中载明要求协助的具体内容。

五、人民法院要求保险机构协助扣划保险产品退保后可得财产利益时，一般应提供投保人签署的退保申请书，但被执行人下落不明，或者拒绝签署退保申请书的，执行法院可以向保险机构发出执行裁定书、协助执行通知书要求协助扣划保险产品退保后可得财产利益，保险机构负有协助义务。

六、保单尚在犹豫期内的，保险产品退保后，人民法院可执行被执行人缴纳的保险费。

超过犹豫期未发生保险事故的，只能执行保单的现金价值，负有协助义务的保险机构应当根据相关法律法规的规定和保单的约定计算确定保单的现金价值，提供给执行法院。

七、保险机构没有正当理由拒绝履行协助执行义务的，执行法院可依据《中华人民共和国民事诉讼法》第一百一十四条的规定对相关保险机构采取民事制裁措施。

本通知执行中有何问题，请及时报告我局。

三、浙江省司法厅、国家金融监督管理总局浙江监管局、国家金融监督管理总局宁波监管局关于规范涉及保险理赔司法鉴定工作的实施意见

发文机关：浙江省司法厅 国家金融监督管理总局浙江监管局 国家金融监督管理总局宁波监管局

文　　号：浙司〔2023〕82号

发文日期：2023 年 10 月 1 日

施行日期：2023 年 10 月 1 日

效力级别：地方规范性文件

各市司法局，国家金融监督管理总局浙江监管局辖内各监管分局，各保险公司，各保险公司省级分公司、宁波分公司，各司法鉴定机构：

为全面贯彻落实《司法部办公厅 中国银行保险监督管理委员会办公厅关于规范涉及保险理赔司法鉴定工作的通知》精神，进一步规范涉及保险理赔司法鉴定工作，加强行业监管，提高司法鉴定质量和公信力，增强人民群众法治获得感、幸福感和安全感。结合我省实际，制定如下实施意见。

一、规范涉保司法鉴定执业行为

（一）鼓励当事人共同委托。对于受害人需要鉴定的，保险机构要主动与其他当事人（侵权人、受害人等）积极沟通，告知共同委托鉴定的意义、程序、法律后果等，引导当事人共同委托鉴定。双方可通过协商或委托市、县、乡三级人民调解组织，从司法行政机关公告的名册中选择司法鉴定机构，委托开展司法鉴定。共同委托鉴定的，鉴定材料应经双方签字确认。未经双方确认的，司法鉴定机构不得用于鉴定。

在出具司法鉴定意见书之前，保险机构和（或）对方当事人不得就同一鉴定事项另行委托鉴定。委托人已就同一鉴定事项委托其他司法鉴定机构进行鉴定的，司法鉴定机构不得受理。

（二）规范单方委托行为。司法鉴定机构应当告知当事人单方委托风险及鉴定标准，告知事项应当记录在《司法鉴定委托书》或司法鉴定告知书中，并由当事人签字确认。司法鉴定机构应严格审查鉴定材料，涉保当事人应当对鉴定材料的真实性、合法性负责。不符合程序规则的，司法鉴定机构不得受理。

（三）实行预约、通知制度。委托当事人可通过浙江政务服务网、浙里办或 12348 浙江法网预约司法鉴定。司法鉴定机构办理涉保司法鉴定时，应当将相关保险机构视为一方当事人，根据《浙江省司法鉴定机构委托受理规则》等规定通知对方当事人鉴定时共同到场，并及时登记到场人员相关信息。

司法鉴定机构要通过省司法鉴定案件管理系统将开展涉保鉴定的时间、

地点、涉案保险机构联系人姓名和联系方式等信息，经浙江省金融综合服务平台发送至保险机构来履行通知义务，保险机构应及时通过电话、短信或其他方式通知相关人员到场。预约鉴定的，司法鉴定机构至少提前1个工作日上传通知信息；非预约鉴定的，司法鉴定机构要至少提前3个小时上传通知信息；具体操作细则可由省保险行业协会和省鉴定行业协会商议实施。

司法鉴定机构通过电话、短信或其他方式履行通知义务的，应当将对方当事人的姓名、通知时间和通知方式，在省司法鉴定案件管理系统预约通知模块、司法鉴定意见书和司法鉴定档案中上传、载明和固定履行通知义务的证据。同一保险机构连续5次经通知无故不到场的，司法鉴定机构应当报告当地司法鉴定协会，通过当地司法鉴定协会通报相应保险行业协会，由保险行业协会依法依规进行处理。

（四）做好保险机构派员到场见证工作。保险机构接到司法鉴定机构到场见证通知后，应当积极派员到场。对省内跨地区鉴定的案件，被通知应到场的保险机构可委托该保险机构在本地区的分支机构代为到场。司法鉴定机构要为保险机构到场人员见证检验鉴定过程提供便利。司法鉴定机构对整个检验鉴定过程应有清晰的视频记录，检验测量数据应客观准确，双方签名的到场情况记录表可从视频材料中查获和提取。保险机构到场人员可通过当面或视频见证等方式了解检验鉴定过程。

到场人员在到场情况记录表上的签名仅代表到场。司法鉴定机构应当将到场人员的情况在到场情况记录表中全面体现并将到场情况记录表归档保存。

（五）严格执行司法鉴定程序和技术标准。司法鉴定机构、司法鉴定人从事涉保司法鉴定时，应当遵守有关法律法规和相关规章制度，遵守职业道德、执业纪律。严格执行《司法鉴定程序通则》，严格遵守《人体损伤致残程度分级》《人体损伤程度鉴定标准》等司法鉴定技术标准和操作规范。出具的司法鉴定文书应当客观、真实、准确、完整，并符合规范要求。

保险机构人员到场见证应当尊重司法鉴定机构独立、公正开展鉴定，遵守法律法规和司法鉴定程序规则。保险机构到场人员在司法鉴定机构指定区域，可见证检验鉴定过程，与鉴定人及被鉴定人了解伤情，提供现场查勘、人伤跟踪等书面材料，在到场情况记录表上签名等，但不得对伤者开展检查、测量、拍照等活动，不得妨碍正常的鉴定秩序。

保险机构和对方当事人无正当理由不配合鉴定，应当承担相应法律后果。

（六）进一步规范涉保理赔工作。保险机构应进一步完善理赔服务承诺内部考核和评价机制，完善理赔标准上墙公布、索赔须知发放等工作，不断提高保险理赔工作的透明度。合理使用司法鉴定意见，应将司法鉴定意见作为保险理赔的重要依据，不得以专家咨询意见代替司法鉴定意见。应建立科学的审核机制，尊重并客观、公正使用司法鉴定意见。保险机构应当通过教育培训、人才引进、业务交流等手段，不断提升核赔人员对司法鉴定意见的审查能力。

二、加强行业协作交流

（七）建立信息共享机制。积极推进保险行业和司法鉴定行业之间共同委托、通知到场、鉴定意见采信情况等信息的互联互通。以多跨协同场景监管应用为牵引，充分挖掘信息价值，拓宽数据共享度。建立行业间动态"机构白名单"制度。省、市司法行政部门和国家金融监督管理部门应定期互相提供司法鉴定机构名册和保险机构联络员信息。遴选在执业过程中有效投诉量少、服务质量高的机构，供共同委托时参考；对有效投诉量大、服务质量差的机构在双方信息平台上予以通报提醒，推进机构规范诚信执业。建立通知到场"一键式"服务。鉴定到场见证信息反馈至浙江省金融综合服务平台后，由各保险机构及时派员到场，切实解决通知到场"难点"问题。

（八）建立沟通会商机制。建立长效教育培训机制，统一涉保司法鉴定标准认识，不断提升保险从业人员的业务水平。建立行业间重大疑难案例的通报制度，定期举办交流研讨、技能培训、案例分析等形式沟通机制，遏制跨地区不正当竞争等违法违规行为。司法鉴定行业和保险行业要通过报刊、广播、"三微一端"等多种媒体形式宣传涉保司法鉴定典型经验和工作成果，并通过召开现场会、经验交流会等方式，总结交流推广经验，扩大影响力。

三、强化监管联动

（九）建立争议解决机制。畅通投诉处理渠道。省、市司法行政部门和国家金融监督管理部门应当引导司法鉴定机构和保险机构客观如实地向对方主管部门举报、投诉违法违规行为。对投诉的违法违规行为，省、市司法行政部门应当按照司法部《司法鉴定执业活动投诉处理办法》规定进行处理；

国家金融监督管理部门应当按照国家金融监督管理总局消费投诉有关制度规定进行处理。建立纠纷调解机制。保险机构对司法鉴定意见书内容有异议的，可与司法鉴定机构进行电话或书面沟通，也可向当地司法鉴定协会反映；司法鉴定机构在鉴定过程中发现保险机构存在违法违规等行为的，可向当地保险行业协会反映。建立专家论证制度。各级司法行政部门和国家金融监督管理部门要建立和完善司法鉴定意见专家论证咨询制度和运行机制。对重大、疑难、复杂案件以及争议较大的司法鉴定意见可以组织司法鉴定和保险行业专家共同进行专家论证，为保险理赔提供咨询意见，为相关投诉的行政处理和行业惩戒提供依据。

（十）建立联合执法机制。进一步加强事中事后监管，各级司法行政部门和国家金融监督管理部门根据职责分工，每年组织一次联合检查，共同打击违法违规鉴定、干涉鉴定、与"司法黄牛"勾结从事虚假鉴定、利用鉴定进行保险诈骗等严重扰乱司法鉴定秩序的行为和拖赔、惜赔、无理拒赔等保险理赔违法违规行为，共同规范涉保司法鉴定执业活动，切实保护保险消费者的合法权益。对被举报的违法违规行为，各级司法行政部门和国家金融监督管理部门根据职责依法依规依纪及时调查处理，并将相关情况通报相应行业协会，由相应行业协会根据相关自律惩戒制度予以处理；构成行政处罚的，依法给予行政处罚；涉嫌犯罪的，依法移送司法机关追究刑事责任。

本意见自2023年10月1日起施行。此前关于我省保险理赔司法鉴定工作有关的政策规定与本意见不一致的，以本意见为准。《浙江保监局 浙江省司法厅 宁波保监局关于进一步做好涉及保险理赔司法鉴定工作的通知》（浙保监发〔2013〕36号）、《浙江保监局 浙江省司法厅 宁波保监局关于修订〈关于做好涉及保险理赔司法鉴定工作的意见〉的通知》（浙保监发〔2014〕37号）同时废止。

四、杭州市住宅工程质量潜在缺陷保险试点实施办法

发文机关：杭州市工程建设项目审批制度改革试点工作领导小组

文　　号：杭建审改办〔2023〕4号

发文日期：2023年12月27日

施行日期：2024年3月1日

效力级别：地方规范性文件

第一章 总 则

第一条 （依据）为建立健全工程质量风险防控机制，积极引入住宅质量保险市场化运作，优化建筑业营商环境，全面提升杭州市住宅工程质量水平，维护住宅产权所有人的合法权益，提升群众"住有宜居"幸福感和获得感。按照《浙江省人民政府办公厅关于完善质量保障体系提升建筑工程品质的实施意见》（浙政办发〔2020〕85号）、《浙江省住房和城乡建设厅关于落实建设单位工程质量首要责任的实施意见》（浙建〔2021〕15号）和《杭州市优化营商环境条例》（市人大第十四届常务委员会第13号公告）有关要求，同时根据国家相关法律法规，制定本办法。

第二条 （定义）住宅工程质量潜在缺陷保险（以下简称住宅质量保险），是指由住宅工程建设单位投保，保险公司根据保险合同约定，对在保险范围和保险期限内出现的因工程质量潜在缺陷所导致的投保建筑物损坏，履行维修和赔偿义务的保险。

工程质量潜在缺陷，是指住宅工程质量不符合工程建设标准或合同的约定，并在使用过程中暴露出的质量缺陷。

住宅质量保险的投保人及被保险人为建设单位；保险人为保险公司；业主是指住宅工程所有权人，或尚未依法办理房屋所有权登记，但享有业主权利、承担业主义务的单位或自然人，为保险合同的受益人和索赔权益人；保险标的为投保项目。

工程质量风险管理机构（以下简称风险管理机构）是指受保险公司委托，对保险标的的质量潜在缺陷风险实施辨识、分析、评估、报告，提出处理建议，并最终对保险公司承担风险管理合同责任的机构。

第三条 （适用范围）杭州市域范围内新建保障房工程应依照本办法推行住宅质量保险试点工作，同时鼓励新建商品房工程依照本办法积极开展住宅质量保险试点工作。

第四条 （工作机制）市建设行政主管部门负责统筹全市住宅质量保险试点推进工作，并会同相关部门制定引导激励措施，形成工作合力。各区、县（市）建设行政主管部门负责辖区内住宅质量保险试点推进，做好住宅质量保险政策宣贯工作,共同推进住宅质量保险试点工作。

第二章 保险范围、期限及责任

第五条 (保险范围、期限) 住宅质量保险分基本险与附加险。

基本险承保范围为:

(一) 地基基础和主体结构工程:1. 整体或局部倒塌;2. 地基产生超出设计规范允许的不均匀沉降;3. 基础和主体结构部位出现影响结构安全的裂缝、变形、破损、断裂;4. 阳台、雨篷、挑檐、空调板等悬挑构件出现影响使用安全的裂缝、变形、破损、断裂;5. 其他地基基础和主体结构部位出现的影响结构安全、使用安全的工程质量潜在缺陷。

(二) 保温工程:围护结构保温层破损、脱落。

(三) 防水工程:1. 地下室、屋面、阳台、厕浴间等防水渗漏;2. 外墙(包括外窗与外墙交接处) 渗漏;3. 其它有防水要求的部位渗漏。

(四) 全装修住宅工程埋设在墙体、地面内的电气网络管线和给排水管道等隐蔽工程的质量潜在缺陷。

附加险承保范围为:

(五) 其他工程的质量潜在缺陷:1. 装修工程(包括全装修和非全装修,墙面、顶棚抹灰层工程等其他分项工程);2. 电气管线、给排水管道、设备安装;3. 供热与供冷系统工程。

保险期限自承保的工程竣工验收合格后满两年之日起计算。以上第(一) 项保险期限为10年,第(二) 项保险期限为5年,第(三)、(四) 项保险期限为6年,第(五) 项保险期限由建设单位和保险公司在保险合同中约定,但不得低于2年。

第六条 (保险责任) 保险期限开始前,建设单位应组织主承保公司、风险管理机构、施工单位对投保项目共同查验。对存在质量缺陷的,建设单位应督促施工单位进行维修。

保险合同约定的保险期限和保险范围,由保险公司履行维修或赔偿责任。

第三章 投保和承保

第七条 (投保) 建设单位应在开工前,与保险公司签订书面保险合同，保险合同中应包含基本险和附加险，并一次性支付保险费。原则上，一本工程规划许可证范围由一家主承保公司承保，一本施工许可证作为一个保险标的，出具一份保险合同，保险合同涵盖的范围应包括投保项目施工许可证范围内的所有建筑物。建设单位与保险公司签订的保险合同，承担的最大赔偿限额为保险合同记载的保险金额。住宅质量保险不得设置免赔额度。

第八条 （承保）建设单位购买住宅质量保险的，可采用单一承保模式或共保模式。采用共保模式的，共保体应由1家主承保公司和不少于2家从保公司组成。各承保公司应以共保协议的形式明确在项目上的承保份额、权利和义务，其中主承保公司承保份额不得低于50%。

住宅质量保险实施统一保险条款、统一理赔服务、统一信息平台等。

第九条 （保费计算）投保住宅质量保险的建设单位应当在建设工程概预算其他费用中列明该保险费，计入开发建设成本。保险费计算基数为承揽工程的签约合同价，具体保险费率应由建设单位和保险公司在平等自愿的基础上，结合工程风险及技术复杂程度、参建主体资质及诚信情况、风险管理要求、历史理赔数据等具体情况，由建设单位与保险公司协商确定。

第十条 （保险合同）建设单位应要求保险公司制定工程质量风险评估实施方案、保险告知书、保险理赔方案等，经建设单位确认后，作为保险合同的附件。建设单位应以书面形式向相关参建单位告知投保住宅质量保险的相关情况，明确参建单位配合保险公司开展工程质量风险检查评估工作的相关义务。

保险合同依法成立后，建设单位如要解除合同、变更保险公司或者变更保险合同内容，对已经销售的住宅工程，应当征得全部买受人的书面同意，同时上报所属建设行政主管部门。

第四章 工程质量风险管理

第十一条 （风险管理）住宅质量保险合同签订之后，建设单位应要求保险公司委托风险管理机构，对保险责任内容实施风险管理。

保险公司与风险管理机构签订书面委托合同，依法约定双方的权利和义务。风险管理费用由保险公司与风险管理机构在平等自愿的基础上，结合风险及技术复杂程度、风险管理要求等具体情况，由保险公司与风险管理机构协商确定。

风险管理机构凭保险公司出具的《风险管理授权书》（以下简称"授权书"）进入施工现场实施风险管理。工程参建单位应当配合提供便利条件，不得妨碍风险管理工作。

建设单位应要求保险公司落实对风险管理机构的管理责任，建立风险管理评价机制，制定工程质量风险评估实施方案，督促风险管理机构加强住宅工程建设质量控制。

风险管理机构不得与标的项目的参建单位存在隶属、关联关系或其他利害关系，不得直接或间接参与该工程的勘察、设计、施工、监理和材料供应等工作。

第十二条　（争议鉴定）建设、设计、施工、监理等单位与风险管理机构就工程质量缺陷的认定发生争议的，可委托共同认可的第三方机构进行鉴定，鉴定费用应由责任方承担。

第十三条　（发挥专业力量）鼓励建设工程相关行业协会、全过程工程咨询机构等社会中介机构积极参与住宅质量保险试点工作，充分发挥专业作用。

第五章　保险理赔

第十四条　（理赔告知）建设单位应要求保险公司编制《住宅质量保险告知书》（简称《保险告知书》），在业主办理房屋交付手续时，由建设单位随同《住宅工程质量保证书》《住宅使用说明书》一并交付业主。《保险告知书》内容应包括保险范围、保险期限、保险责任开始时间、保险理赔流程、负责保险理赔工作的单位及其联系方式、业主的通知义务等。

第十五条　（高效理赔）在保险期限内，建设单位应要求保险公司建立高效便捷、充分保护业主权益的理赔流程，在保险合同中具体约定保险理赔受理、现场查勘、索赔核定、理赔维修等具体服务标准。

第十六条　（争议处置）业主和保险公司对保险责任范围和维修结果是否符合要求存在争议的，可共同委托具备技术能力的第三方机构进行鉴定。鉴定结果明确属于保险责任的，保险公司承担鉴定费用并在 10 日内予以书面确认；鉴定结果明确不属于保险责任的，鉴定费用由业主承担。对赔偿金额存在争议的，按照相关法律法规或保险合同约定处理。

第十七条　（应急理赔）建设单位应要求保险公司制定《保险理赔应

急预案》，明确保险理赔应急预案启动的具体情形、应急流程和采取的应急措施等，并规定对于影响基本生活且属于保险责任范围内的索赔申请，保险公司在收到索赔申请后，依据应急预案先行组织维修。

第十八条 （代位追偿）保险公司有权代被保险人向责任方实施代位追偿，被保险人与相关责任方应予以配合。

第六章 服务保障

第十九条 （保障基金）依照建设部相关工作要求，各主承保公司应在保险费中计提一定比例的资金作为工程质量风险保障基金（以下简称保障基金），并统一设立保障基金专用账户和制订基金使用细则。保障基金为承揽工程签约合同价的 0.05%。

保障基金主要用于住宅工程交付后 3 个月之日至保险期限开始前，对住宅工程质量潜在缺陷的维修保障，以及地基基础和主体结构工程 10 年保险责任期后至房屋建成使用 25 年期间主体结构整体或局部坍塌以及人员伤亡的赔付，并探索纳入房屋养老金统一管理。

第二十条 （基金使用）住宅工程交付后 3 个月之日起至保险期限开始前，建设单位应要求主承保公司负责住宅工程质量投诉受理工作，并跟踪投诉处理进度。业主向保险公司提出首次维修主张当日，保险公司应告知建设单位，建设单位应于 3 日之内派员现场查看，积极与业主协商确定双方认可的维修方案，并及时组织施工单位进场维修。

自业主向保险公司提出首次维修主张当日起 2 个月内，建设单位未就维修方案与业主达成一致意见并启动维修的，业主可以向主承保公司提出书面申请，可以依据基金使用细则使用保障基金先行维修。

建设单位应和主承保公司另行书面约定，先行维修使用的保障基金费用，由建设单位在保险期限开始前向保障基金专用账户补足到位。建设单位和施工单位在施工合同中应明确，由建设单位补足的保障基金，属于施工单位责任的，建设单位可以从工程质量保证金中扣除相应金额。

住宅工程竣工验收合格后至保险期限开始前，建设单位及相应责任单位均无法履行维修义务的，可以依据基金使用细则代为履行维修义务，维修费用使用上限为该投保项目计提的保障基金金额的三倍。

建设行政主管部门对不履行保修义务的单位，可依法采取信用扣分、行政处罚等措施，加强监管。

第七章　附则

第二十一条　已投保住宅质量保险项目的，凭保险保单免予交存物业保修金。保险期内保险合同解除或失效的，应按规定交存物业保修金，保险期内未交存物业保修金之前，建设单位与保险公司均不得擅自解除保险合同。

投保住宅质量保险的项目，在同等条件下优先推荐参与优质工程评选；对积极参与住宅质量保险试点的建设单位，按相关办法给予信用激励。

第二十二条　为确保住宅质量保险试点工作取得实效，建设单位、保险机构及风险管理机构等遵照《杭州市住宅工程质量潜在缺陷保险试点工作指引》开展工作。

第二十三条　本办法自2024年3月1日起施行，有效期至2026年2月28日。

自2024年3月1日起，杭州市新申领施工许可证的住宅工程依照本办法实施。

附件：杭州市住宅工程质量潜在缺陷保险试点工作指引

附件

杭州市住宅工程质量潜在缺陷保险试点工作指引

1. 总则

为建立健全工程质量风险防控机制，全面提升杭州市住宅工程质量水平，确保住宅工程质量潜在缺陷保险（以下简称住宅质量保险）试点工作取得实效，特制定本指引指导建设单位、保险机构及风险管理机构有序开展工作。

2. 保险机构

2.1 为保障业主的合法权益，承接住宅质量保险业务的主承保公司宜符合下列条件：

（一）注册资本金不少于50亿元；

（二）近三年偿付能力充足率不低于150%；

（三）配备具有专业能力的工程质量管理部门；

（四）具有住宅质量保险主承保经验，且承保理赔服务优质。

2.2 保险费计算基数为承揽工程的签约合同价。保险费率参照保障房工程不低于1.43%以及商品房工程不低于1.5%，由建设单位与保险公司协商确定。

2.3 保险公司委托工程质量风险管理机构实施风险管理的，风险管理费用参照不低于保费的15%，确保风险管理工作质量，促进住宅工程质量的提高。

3. 风险管理

3.1 保险公司与风险管理机构签订书面委托合同，向风险管理机构出具《风险管理授权书》（以下简称"授权书"）。风险管理机构凭授权书进入施工现场实施风险管理。

3.2 风险管理机构应收集相关的工程资料，对工程中可能出现的质量风险进行评估，编制风险管理机构工作检查计划。

3.3 工程开工前，建设单位应组织保险公司、风险管理机构以及项目参建各方召开风险管理交底会，交底会上风险管理机构应对工程中可能存在的质量风险点、过程中质量检查方式以及参建各方需配合事宜等内容进行告知，并形成会议纪要。

3.4 风险管理机构按照风险管理合同、授权书等要求执行现场检查，在基础、主体、装饰等每个施工阶段且每个月至少开展两次过程质量检查，并及时编写《质量风险过程检查报告》（以下简称"过程检查报告"）报保险公司和建设单位，过程检查报告中应当包括检查情况的描述、存在的质量缺陷、缺陷处理建议和潜在缺陷风险分析等。建设单位收到过程检查报告后，应组织相关参建单位进行确认，经确认存在的工程质量缺陷，建设单位应立即责成相关责任单位进行整改，整改后，施工单位应将整改前后对比照、视频和整改情况说明，经监理单位、建设单位确认，由建设单位书面回复保险公司和风险管理机构。

3.5 工程完工后，风险管理机构应当对整个工程实施过程中的质量检查情况、质量缺陷整改情况等进行汇总评价，编制《质量风险最终检查报告》（以下简称"最终检查报告"），最终检查报告应包括：过程检查情况汇总，质量缺陷整改情况汇总、总体风险评价。主承保公司审核最终检查报告后，交于建设单位。建设单位应在竣工验收前对最终检查报告中重大质量潜在缺陷整改情况进行核验。

4. 保险理赔

4.1 保险公司应按照建设单位要求，编制《住宅质量保险告知书》（简称《保险告知书》），《保险告知书》内容应包括保险范围、保险期限、保险责任开始时间、保险理赔流程、负责保险理赔工作的单位及其联系方式、业主的通知义务等，在业主办理房屋交付手续时，由建设单位随同《住宅工程质量保证书》《住宅使用说明书》一并交付业主。

4.2 保险公司应按照建设单位要求，建立高效便捷、充分保护业主权益的理赔流程，与建设单位在保险合同中具体约定保险理赔受理、现场查勘、索赔核定、理赔维修等具体服务标准。

4.3 保险公司应在收到业主索赔申请后的10日内做出核定；情形复杂的应当在30日内做出核定，并将核定结果通知业主。对属于保险责任的，保险公司应当自与业主达成赔偿协议之日起7日内履行维修或赔偿义务；对不属于保险责任的，保险公司应当自做出核定之日起3日内向业主发出不予赔偿通知书，并说明理由。

4.4 保险公司对属于保险责任的质量缺陷履行维修义务后，同一部位的同一维修项目，给予180天的维修质保期，该维修质保期不受保单到期终止等因素的影响。

4.5 保险公司应建立专业的维修队伍或委托第三方单位负责维修处理工作。

5. 保障机构

5.1 承接住宅质量保险业务的主承保公司应加强行业自律，鼓励通过自发成立住宅质量保险服务保障机构（以下简称保障机构），建立协同机制，落实政策宣贯，归集信息数据，规范合同履约，加强服务管理，并定期向建设行政主管部门报告。

5.2 依照建设部相关工作要求，各主承保公司应在保费中计提一定比例的资金作为工程质量风险保障基金（以下简称保障基金）。保障基金为承揽工程签约合同价的0.05%。由保障机构设立保障基金专用账户，制定基金使用细则，负责统一管理、统筹使用。保障机构应及时向建设行政主管部门报告保障基金使用情况。

5.3 鼓励保障机构建立住宅质量保险管理信息平台，做好平台的运营维护工作。保险公司、风险管理机构、项目参建单位等应及时将相关信息传至平台。保障机构对录入平台的信息数据进行归集整理，并利用信息数据，指导、服务住宅质量保险工作规范有序开展。

6. 监督管理

建设行政主管部门将加强监管力度，对住宅质量保险试点工作实施过程中存在不诚信的有关单位和个人，采取通报、信用扣分、行政处罚等措施。

五、杭州仲裁委员会车辆保险案件速审速裁规则

发文机关：杭州市仲裁委员会

发文日期：2011年6月24日

施行日期：2011年6月24日

效力级别：地方规范性文件

第一条 为了公平、公正、及时、高效地化解车辆保险纠纷，维护当事人双方的合法权益，切实提高办案效率与质量，针对车辆保险纠纷案件的客观情况，结合杭州仲裁实际，制定本规则。

第二条 杭州金融仲裁院（以下简称金融仲裁院）受理的车辆保险纠纷案件均适用本规则。

第三条 适用本规则审理车辆保险案件，除当事人另有约定外，仲裁庭应当在组庭之日起30日内结案。

前款规定审限不包括仲裁程序中止期间；对专门事项进行审计、审价、评估、鉴定、检验期间；当事人双方书面同意和解或者调解期间；仲裁案件专家论证期间。

第四条 仲裁庭在审理案件过程中发现不宜适用本规则快速审理的，由仲裁庭根据实际情况决定将案件转为适用《杭州仲裁委员会仲裁规则》（以下简称仲裁规则）或者《杭州仲裁委员会金融仲裁规则》（以下简称金融仲裁规则）进行审理。

第五条 申请人本人不能书写仲裁申请书，或者委托他人代写仲裁申请书确有困难的，可以口头提出仲裁申请。

申请人口头提出仲裁申请，金融仲裁院应当将当事人的基本情况、联系

方式、仲裁请求、事实及理由予以准确记录，将相关证据予以登记。仲裁庭应当将上述记录和登记的内容向申请人当面宣读，申请人认为无误后应当签名或者捺手印。

第六条 金融仲裁院对收到的符合受理条件的仲裁申请，应当在当日予以受理。

金融仲裁院认为申请人提交的材料不全的，可以要求申请人限期补全；申请人在限期内补全材料的，视为符合受理条件；申请人逾期不补全的，视为未申请仲裁。

第七条 申请人提出仲裁申请时应当签署金融仲裁院《送达地址确认书》，并向金融仲裁院提供被申请人的送达地址或者其他联系方式。

被申请人应裁的，也应签署金融仲裁院《送达地址确认书》。

第八条 申请人申请仲裁后，金融仲裁院就仲裁有关事项可以通过电话、传真、电子邮件等简便方式通知当事人、证人，并对通知的时间及方式予以记录。

第九条 车辆保险案件仲裁庭由一名仲裁员组成。双方当事人应自收到受理通知书或者应裁通知书之日起三日内共同选定仲裁员，当事人未能共同选定或者逾期未选定，或者共同委托仲裁委员会主任指定的，由仲裁委员会主任指定仲裁员。

当事人选定仲裁员从仲裁委员会专业仲裁员名册中选定，也可以从《杭州仲裁委员会仲裁员名册》或者《杭州仲裁委员会金融仲裁员名册》中选定。

第十条 当事人应当在收到仲裁通知书之日起五日内或者仲裁庭规定的举证期限内提交答辩材料、反请求申请、证据材料、主体资格证明文件等相关材料。未在上述期限内提交的，视为放弃相应权利，不影响仲裁程序的进行。

第十一条 车辆保险仲裁案件，可以开庭审理，也可以书面审理。

书面审理的，需经双方当事人申请或者仲裁庭认为不必开庭审理并征得双方当事人同意。

第十二条 开庭审理的案件，首次开庭的通知应当在开庭日的三日前送达双方当事人，但双方当事人另有约定的或者仲裁庭征得双方当事人同意，可不受前述限制。

第十三条　双方当事人到达金融仲裁院后，均同意当即组庭、当即开庭审理的，仲裁庭可以当即开庭审理，由双方当事人约定放弃各自的举证期限、答辩期限等相应权利。

第十四条　对没有委托律师代理案件的当事人，仲裁庭应当对回避、质证、举证责任等相关内容向其作必要的解释或者说明，并在庭审过程中适当提示当事人正确行使仲裁权利、履行仲裁义务，指导当事人进行正常的仲裁活动。

第十五条　审理车辆保险案件，仲裁庭应当先行调解，达成调解协议的，仲裁庭可以当日制发调解书，也可以告知当事人在约定的日期到金融仲裁院领取调解书，或者由金融仲裁院在当事人达成调解协议的次日起五日内将调解书送达当事人。

调解书生效后，一方拒不履行的，另一方可以申请人民法院强制执行。

第十六条　车辆保险案件仲裁费用标准，由仲裁委员会另行制定。

第十七条　本规则的规定与仲裁规则、金融仲裁规则不一致的，以本规则为准。

本规则未尽事宜，适用仲裁规则或者金融仲裁规则的其他规定。

第十八条　本规则由仲裁委员会办公室负责解释。

第十九条　本规则自发布之日起施行。